KB069342

주류성 고고학총서 15

高句麗와 中原文化

崔夢龍·白種伍 編著

서문

필자가 編著者인「高句麗와 中原文化」란 책에 모인 글들은 중원문화의 역사적 맥락 속에서 간과하기 쉬운 백제, 고구려와 신라의 중원지방 남한강유역의 지배력과 대외 활동에 관한 것이다.

이러한 계획과 생각은 다음과 같은 학술발표회를 통해 이루어졌다.

1) 제 1회 중원문화 학술대회『중원문화의 발전 방향』[서기 2007년 12월 5일(수), 국립한국교통대학교 박물관, 여기에서 編著者는 기조 강연으로「고구려와 중원문화」(pp.69-85)에 대하여 발표하였다].
2) 제 2회 학술대회인『중원문화와 한강』[서기 2008년 11월 25일(화), 국립한국교통대학교 박물관, 여기에서 編著者는 기조 강연으로「남한강 중원문화와 고구려-탄금대 철 생산과 삼국의 각축-」(pp.13-32)에 대해 발표하였다. 이 글은 후일 崔夢龍 編著,『21세기의 한국고고학 Ⅱ』(2009, 서울: 주류성, pp.13-40)에 다시 소개되었다].
3)『중원 문화재 발굴-100년 회고와 전망-』[서기 2010년 11월 2일(화), 한국고대학회·국립한국교통대학교, 여기에서 編著者는 기조 강연으로「고고학으로 본 중원문화재」(pp.29-46)에 대해 발표하였다. 후일 이 글은『韓國 考古學 研究의 諸 問題』(2011, 서울: 주류성, pp.315-340)에 다시 소개되었다].
4) 국립중원문화재연구소 개소 5주년 기념 중원의 제철문화 학술대회[서기

2012년 11월 9일(금), 국립한국교통대학, 여기에서 編著者는 기조 강연으로 「중원문화와 철-철 생산과 삼국의 각축-」(pp.9-22)에 대해 발표하였다].

5) 崔夢龍 編著, 『21세기의 한국고고학 V』[서기 2012년 2월 8일(수), 서울: 주류성, 여기에서 編著者는 白種伍 교수와 공저로 권두논문인 「高句麗 積石塚과 百濟의 國家形成」(p.67-107)을 발표하였다].

中原文化란 충청북도 忠州시를 중심으로 百濟 13대 近肖古王(서기 346년-서기 375년), 高句麗 20대 長壽王(서기 413년-서기 491년)과 新羅 24대 眞興王(서기 540년-서기 576년) 12년(서기 551년) 사이 즉 서기 371년에서 551년 사이에 삼국의 각축이 일어난 역사적으로 주목받은 시기의 문화를 말한다. 그 문화중심지의 忠州시는 칠금동 탄금대 백제토성 내 백제 덩이쇠의 확인(철 생산유적), 충주 가금면 창동 쇠꼬지마을, 충주시 周德邑의 철광산, 충주시 木伐洞 滑石(talc) 광산을 중심으로 하는 백제·고구려·신라의 각축장이었으며, 여기에 백제, 고구려, 신라의 삼국문화가 중첩·복합적으로 나타나고 있는 것도 이러한 역사적 맥락에서 이해가 된다. 이 점이 '남한강의 중원문화'가 지니는 역사적 의미가 되며, 그 역사적 중요성은 서기 371년에서 서기 551년의 180년간에 해당할 수 있을 것이다. 그러나 중원문화 이전의 선사시대나 이후의 역사시대는 중원문화와 아무런 관련이 없기보다는 중원문화의 형성과 계승 쪽에 脈絡을 이어가는 생각이 수월하겠다. 그 범위는 충주시를 중심으로 하는 범 남한강유역이 될 것이다.

필자는 서기 1985년 「고고학적 자료를 통해본 백제초기의 영역고찰-도성 및 영역문제를 중심으로 본 한성시대 백제의 성장과정」(최몽룡·권오영 1985, 『천관우선생 환력기념 한국사학 논총』, pp.83-120 및 최몽룡 1987, 『한국고대사의 제 문제』(유인물, 서울: 관악사, pp.151-187)란 글을 통해 '高句麗의 積石塚을 만들던 사람들이 南下해 百濟를 건국하는 主體가 되었다'는 요지의 글을 발표한 바 있었다. 그리고 그 이후 26년간 새로이 발굴·조사된 적석총들과 출토 유물들을 통해 볼 때 필자의 견해가 틀리지 않았음을 확인하고, 적석총 상한연대가 기원전 2세기–기원전 1세기로 올라간다는 생각과 당시 高句麗(기원전 37년–서기 668년), 百濟(기원전 18년–서기 660년), 馬韓(기원전 3세기/기원전 2세기–서기 5세기/서기 6세기), 衛滿朝鮮(기원전 194년–기원전 108년), 新羅(기원전 57년–서기 935년), 樂浪(기원전108년–서기 313년), 沃沮, 東沃沮, 濊/東濊, 弁辰, 挹婁(폴체/Poltze, 기원전 7세기–기원전 4세기), 北沃沮(끄로우노프카/Kronovsky, 團結, 기원전 5세기–기원전 2세기) 사이의 정치적 상황을 보완하여 白種伍 교수와 공저로「高句麗 積石塚과 百濟의 國家形成」(최몽룡 편저,『21세기의 한국고고학 V』, 서울: 주류성, pp.67–107)이란 글을 다시 작성하게 되었다. 이러한 생각은『三國史記』의 초기 기록과도 부합되고 있다.

백제의 건국연대는『三國史記』의 기록대로 기원전 18년으로 올라간다. 이는 국립문화재연구소에서 서기 1999년 실시한 서울 풍납동 토성(사적 11호)의 성벽 발굴 최하층에서 확인한 제례용으로 埋納된 硬質無文土器의 연대는『三國史記』溫祚王 41년條(서기 23년) '...發漢水東北諸部落人年十五歲以上 修營慰禮城...'이란 성벽(동벽과 서벽)의 축조연대와 함께 기원전 1세기–서기 1세기경으로 추측할 수 있는 데에서도 알 수 있다. 그리고 春川 中島의 硬質(糟質)無文土器도 기원전 15±90년(1935±90 B.P., 기원전 105년–서기 75년)으로 경질무문토기의 하한은 늦어도 기원전 1세기–서기 1세기경이 될 것이다. 여기에 덧붙여 '...十五年春正月 作新宮室 儉而不陋 華而不侈.'라는 溫祚王 15년 (기원전 4년)에 궁궐의 신축은 근처에서 발견되는 孫吳/東吳(서기 222년–서기 280년)의 지역인 鎭江 근처에서 獸面文 수막새를 포함한 여러 종류의 개와의 출토례를 보아 溫祚王 15년(기원전 4년)에 이루어졌음도 믿을 수 있는 연대임을 알 수 있다.

그리고『三國史記』권 제 1 신라본기 시조 赫居世 居西干 38년(기원전 20년) 및 39년(기원전 19년)조에 보이는 마한왕(馬韓王) 혹은 서한왕(西韓王)의 기록 [三十八年春二月, 遣瓠公聘於馬韓. 馬韓王讓瓠公曰 辰卞二韓爲我屬國,.... 三十九年, 馬韓王薨. 或說上曰西韓王前辱我..] 그리고 백제본기 권 제23 시조 溫祚王 13년 조(기원전 6년)의 馬韓에 사신을 보내 강역을 정했다는 기록(八月, 遣使馬韓告遷都. 遂畫定疆埸, 北至浿河, 南限熊川, 西窮大海, 東極走壤) 등은 마한이 늦어도 기원전 1세기경에는 왕을 중심으로 하는 국가체계를 갖추었던, 신라와 백제보다 앞서 형성되었던 국가였음을 알려 준다.

당시의 百濟國의 형성과 관련된 국제적 관계로 보면 이제는『三國史記』의 초기 기록을 믿을 수 있게 되었으며 이러한 점들은 백제, 고구려와 신라 지역에서 출토하는 고고학 자료로도 입증된다. 여기에 실린 다른 필자들의 玉稿에서도 이러한 점이 확인될 수 있을 것이다. 자칫하면 看過될 수 있는 중원문화의 歷史的 脈絡이 문헌과 고고학 자료에 의해 복원되고 있다. 이 책의 발간도 이러한 목적 하에 이루어진 것이다.

그리고 이 책에 귀중한 玉稿를 싣게 허락해준 백종오(국립한국교통대학교 교수), 하문식(세종대학교 교수), 김병희(국립한국교통대학교 강사), 김인한(충청대학교 박물관 학예실장), 박중균(한성백제박물관 발굴조사팀장), 김정인(중원문화재연구원 연구원), 강진주(국립한국교통대학교 강사), 어창선(국립중원문화재연구소 학예연구사), 양시은(서울대학교 박물관 학예연구사), 정원철(동북아역사재단 연구위원) 필자들에게 무척 고마운 마음을 전한다.

서기 2014년 1월 1일(수)

필자들을 대표하여

서울대 명예교수

希正 崔夢龍 謹書

차 례

권두논문

中原文化와 鐵

- 鐵 生産과 三國의 角逐 -

崔夢龍 | 서울대학교 명예교수

中原文化와 鐵

- 鐵 生産과 三國의 角逐 -

중원문화에 속하는 지역은 충주시가 가장 중심이 되지만 제천시와 단양군도 포함시키고 있다. 즉 중원문화는 경기도 양수리(두물머리)로부터 시작되는 충주 중심의 南漢江유역권으로도 설정되고 있다.[1] 그러나 이 지역은 다른 지역과 달리 왕조의 개념이 포함된 古都文化圈이 아닌 것이 특징이다. 그러나 교통과 지역의 중요성으로 삼국시대 百濟·高句麗와 新羅의 角逐場이 되었다. 여기에는 충주시 칠금동 彈琴臺(명승 42호)토성에서 발견되는 덩이쇠와 충주시 木伐洞(일신동양 활석광산)과 충주호 근처 영우켐텍 滑石광산[2] 등이 이 지역의 확보에 대

1) 서기 2009년 1월 3일부터 12월 23일까지 강원고고문화연구원, 예맥문화재연구원와 강원문화재연구소가 발굴하고 있는 춘천시 槿花동 驛舍부지의 고고학적 성과는, 가. 臨屯(기원전 108년-기원전 82년), 나. 이사부의 悉直州(서기 504년)에서 善德女王 6년(서기 637년) 牛首州 설립 사이의 신라의 남·북한강유역의 진출, 다. 고려 成宗 1년(서기 992년) 昭陽江 漕倉의 설립, 라. 조선 高宗 24년(서기 1887년) 춘천 留守郡과 離宮의 설치 등 역사적 脈絡과 관련이 있으며 특히 신라의 한강 진출과 관련하여 新羅土器에 서해로부터 들어온 이란의 사산 왕조(Sassan, 서기 224년-서기 652년)의 영향이 미치고 있음이 주목된다.

2) 滑石[talc, $H_2Mg_3(SiO_3)_4$ 혹은 $Mg_3Si_4O_{10}(OH)_2$]은 靑銅器 제작의 鎔范/鑄型으로 직접 이용이 되고 있지만 무쇠솥과 같은 鐵製品의 제작에서 가루로 鑄型/주틀과 鑄物을 분리하는데 이용된다.

한 가속화를 부채질했을 것으로 보인다. 이러한 철 생산은 고려시대까지 이어졌다. 중원문화재연구원이 서기 2008년 10월 14일(화) 발굴결과의 발표에서 忠州市 대소원면(옛 利柳面 本里) 535-10번지 노계마을이 『高麗史』 地理志 忠州牧에 나오는 '多仁鐵所'[3]임을 밝히고 있다. 이곳은 高麗 23대 高宗 42년(서기 1255년) '다인철소' 의 鐵所民사람들이 蒙古軍을 막아내는 공로가 있어 所를 翼安縣으로 승격시켰다는 기록을 뒷받침하고 있다.

중원문화의 중심지로 인식되는 충주시 칠금동 彈琴臺(명승 42호)를 포함하는 충주 일원은 수로로는 南漢江을 통해 경기도 양평 양수리(두물머리)를 거쳐 서울-강원도(남한강의 상류는 강원도 오대산 西臺 于洞水/于筒水임)의 영월로 연결되고, 뭍으로는 鳥嶺(문경-충주, 조령 3관문은 사적 147호)街道와 竹嶺街道(丹陽-제천, 명승 30호)와도 이어지는 교통의 요지였다. 이는 조선시대까지 이용되던 당시의 고속도로인 남한강 수로를 이용한 漕運과 漕倉(고려 13조창의 하

3) 충주에서 산출되는 토산품 중에서 철은 그 첫째로 꼽히곤 하였다. 철은 충주 達川과 利安面 金谷철광에서 나왔을 것으로 추정된다. 그리고 이들 충주의 철이 장성리 성마루 부락산 토성에서 벌렸다고 추정되는 抗蒙전쟁 당시 실제로 일반 생활도구 이외에 각종 무기류의 제작 및 공급에 사용되고 있었음은 高宗 38년/39년경(서기 1251년-서기 1252년)에 지어진 것으로 추정되는 崔滋의 「三都賦」에서 다음과 같이 분명하게 언급되고 있다. "中原과 大寧(海州)의 철은 빈철(鑌, 鐵焉是產), 납(鋌鑢鍒錍), 강철, 연철을 내는데 바위를 뚫지 않아도 산의 골수처럼 흘러나와 뿌리와 그루를 찍고 파내되 무진장 끝이 없네. 홍로(洪爐)에 녹여 부으니 녹은 쇠가 물이 되어 불꽃에 달군 양문(陽紋), 물에 담근 음문(陰紋)을 대장장이 망치 잡아 백번 천번 단련하니 큰 살촉, 작은 살촉, 창도 되고 갑옷도 되고, 칼도 되고 긴 창도되며, 화살도 되고 작은 창도 되며, 호미도 되고 괭이도 되며, 솥도 되고 물통도 되니, 그릇으로는 집안에 쓰고 병기로는 전쟁에 쓰네"(叟曰中原大寧 鐵焉是產 鑌鉛鑾鐄 鋌鑢鍒錍 惟山之髓 匪石之鑽 斸掘根株 浩無畔岸 洪爐鼓鑄 融液熾爛 焰爍陽紋 水淬陰縵 老冶弄鎚 百鍊千鍛 爲鏃爲鏑 爲矛爲釬 爲刀爲槍 爲鑢爲钁 爲鋤爲鎛 爲釜爲鑵 器贍中用 兵充外扞).

나인 德興倉과 조선의 可興倉이 있었음)의 경영으로 증명된다. 따라서 충주 일원은 일찍이 삼국시대부터 그 전략적 중요성이 인식되어 잦은 분쟁이 있어 왔다. 즉 삼국 초기에는 한강 이남을 중심으로 한 백제가 이 일대를 점령하였으나, 서기 475년(長壽王 63년) 고구려의 남하 이후 國原城이 설치되어 영남지방 진출의 교두보 역할을 수행하다가, 24대 진흥왕이 丹陽 赤城碑(국보 198호, 진흥왕 12년 서기 551년)를 설립한 이후 이 일대를 점유해 오면서 통일신라시대로 이어지게 된다. 이곳에서의 삼국의 관계는 백제 13대 近肖古王(서기 346년–서기 375년), 고구려 20대 長壽王(서기 413년–서기 491년)과 신라 24대 眞興王(서기 540년–서기 576년)대 서기 371년에서 서기 551년 사이에 가장 활발하였다. 신라는 이곳에 中原京(9州 5小京 중의 하나, 진흥왕 18년 서기 557년 국원소경에서 중원경으로 바뀜)을 설치하여 삼국통일의 기반을 마련하는 근거가 되었다. 그러나 고구려가 국원성을 포함한 이 지역의 중요성을 다시 인식해 고구려 25대 平原王(서기 559년–서기 589년) 사위인 溫達장군으로 탈환하게끔 노력하였으나 온달장군의 전사로 실패를 하였다. 악사인 于勒과 문장가인 强首도 이곳을 중심으로 활약을 하였다.

충주시 칠금동 탄금대를 중심으로 하는 中原지역은 남한강의 중심지로 백제·고구려와 신라의 철의 확보[4)]와 영토 확장에 대한 시발점이다. 한강은 경기도

---

4) 전문화된 야금술에서 중요시하는 금속의 용융점(melting point)은 유리질(silica, SiO_2) 1712℃, 철(Fe) 1525/1537℃, 구리(Cu) 1083℃, 금(Au) 1063℃, 은(Ag) 960℃, 아연(Zn/Zinc) 420℃, 납(Pb) 327℃, 주석(Sn/Tin) 232℃, 청동(bronze)은 950℃이다. 그리고 청동기의 제작에서 비소(As/Arsenic)는 2–3% 합금되며, 최종 합금에서 견고성의 효과를 보기 위해서는 비소가 3% 정도 들어간다. 中國 青銅祭器의 경우를 보더라도 器表面의 光澤을 위해 구리에 납을, 그리고 兵器의 경우 堅固性을 위해 주석이나 아연을 합금했음이 밝혀졌다. 다시 말해 야금술을 포함한 고도로 발달한 기술의 축적

양평군 兩水里(두물머리)를 기점으로 북한강과 남한강으로 나누어진다. 그중 한강과 임진강을 포함하고 있는 경기도는 한국고고학 편년 상 철기시대 전기(기원전 400년-기원전 1년) 중에 나타나는 한국 최초의 국가이며 역사시대의 시작이 되는 衛滿朝鮮(기원전 194년-기원전 108년)부터 한반도에 있어서 중요한 무대가 된다. 특히 그 다음의 삼국시대가 되면 父子之間의 나라로 알려진 高句麗와 百濟의 각축전이 전개된다. 이러한 관계는 백제는 13대 近肖古王(서기

은 전쟁을 수행할 수 있는 國力을 나타낸다. 그리고 철은 세계 곳곳에 赤鐵鑛이나 黃鐵鑛 등의 광석으로 존재한다. 그리고 금속철로는 還元鐵을 제외하고는 그린란드(Green-land)에 있는 에스키모인들이 그대로 사용하고 있는 화산 분출물인 塊狀의 隕鐵(me-teorites, meteoric iron)이 있다. 이 운철에는 니켈이 10% 가량 포함되어 있어 쉽게 두들겨 펼 수 있어 그대로 도구로 사용되어 왔다. 철은 청동보다 단단하여 무기나 도구로 제작하는데 적합하다. 그래서 일단 그 존재가 알려지게 되면서 철은 매우 널리 이용되어 왔으며 인류문화발달상 철기시대(Iron Age)가 형성되었다. 철기의 제작방법에는 鍛造(forging iron)와 鑄造(casting iron)의 두 가지가 있다. 단조는 철을 半鎔融상태로 달구어 두드리는 과정에서 불순물을 제거하고 철을 강하게 만드는 방법으로 鎔鑛爐, 풀무, 망치, 집게, 모루 등의 장비가 필요하다. 한편 주조는 銑鐵을 녹여 틀(鑄型, 鎔范)에 부어 제품을 생산하는 방법으로 청동기시대(Bronze Age)의 武器와 道具의 제작방식과 유사하다. 철광석의 종류에는 黃鐵鑛(pyrite, FeS_2), 磁鐵鑛(magnetite, $FeFe_2O_4$), 赤鐵鑛 (hematite, Fe_2O_3), 褐鐵鑛(limonite, $FeO(OH)\cdot nH_2O$)이 있다. 이들 외에 砂鐵이 있는데 냇가나 해안가에서 주로 얻어진다. 고대에는 자연 選鑛이 되는 냇가철(川砂鐵)이나 바닷가 철(濱砂鐵)이 採鑛의 중심이 되었다. 그리고 사철은 자철광·적철광·티탄과 같은 광물 등으로부터도 얻어진다. 철광석과 사철을 목탄을 연료로 사용해 철을 생산해내는 공정을 製鍊(smelting)이라 한다. 철에는 鍊鐵(wrought), 鋼鐵(steel)과 銑鐵(pig iron)이 있다. 연철은 鍛打(forging iron)에 의해 만들어지며 탄소 함유량이 1% 이하로 손으로 구부릴 정도로 약해 利器의 제작에 적합하지 않다. 강철은 탄소 함유량이 0.1-0.7%로 강하지만 展性이 있어 단타에 의해 성형이 가능하여 농기구와 무기류의 제작에 널리 이용된다. 선철은 탄소함유량이 1.7-4.5%로 강하지만 부스러지기 쉬우며 틀(鑄型)에 의해 제작된다. 그리고 炭素가 함유되지 않은 純鐵이 있으나 실제 이용되지 않는다. 철은 加炭과 脫炭에 의해 연철에서 강철로, 선철에서 강철 또는 연철로 변화되기도 한다(최몽룡 1989, pp.1-2).

346-서기 375년) 때, 고구려에서는 가장 강성한 왕인 19대 廣開土王(서기 391년-서기 413년)과 20대 長壽王(서기 413년-서기 491년), 그리고 신라는 서기 551년-서기 553년 24대 眞興王(서기 540년-서기 576년)이 한강유역에 진출할 때까지 지속된다.

'中原文化'[5]란 충청북도 忠州시를 중심으로 百濟 13대 近肖古王(서기 346년-

한국고학에 있어서 최근의 자료는 철기시대의 상한은 점토대토기의 출현과 관련이 있고 늦어도 기원전 5세기로 올라가고 있다. 최근의 가속질량연대분석(AMS: Accelerator Mass Spectrometry)에 의한 결과 강릉 송림리유적이 기원전 700년-기원전 400년경, 안성 원곡 반제리의 경우 기원전 875년-기원전 450년, 양양 지리의 경우 기원전 480년-기원전 420년(2,430±50 B.P., 2,370±50 B.P.), 횡성군 갑천면 중금리 기원전 800년-기원전 600년 그리고 홍천 두촌면 철정리(A-58호 단조 철편, 55호 단면 직사각형 점토대토기)의 경우 기원전 640년과 기원전 620년이 나오고 있기 때문이다. 그리고 최근의 고고학적 자료에 의하면 철기시대의 기원지로 연해주의 뽈체(挹婁)와 끄로우노프카(團結, 北沃沮) 문화도 들 수 있다. 철기시대문화의 기원은 청동기시대와 마찬가지로 多元的이라고 말할 수 있다.

5) 忠北 忠州市(서기 1908년 이곳에 자리하던 도청소재지는 청주로 옮겨가고 서기 1956년 7월 시로 승격되었다.)일대는 삼국시대 이래 한반도 내륙의 중심이라는 지역적 특성으로 인해 그 중요성이 인식되어 왔다. 충주는 고구려의 國原城을 거쳐 통일신라시대 때 中原[淨土寺法鏡大師(서기 879년-서기 941년)자등탑비에는 中原府란 명칭이 나옴]이란 행정구역의 명칭으로 사용된 이래 고려시대는 제원군 獅子頻迅寺址석탑(보물 94호, 고려 8대 현종 13년, 서기 1022년)명에 보이는 中州로 불렸다. 그리고 고려 成宗 2년(983년)에는 12牧의 하나가 되었다. 이 일대가 학계의 관심을 끌게 된 것은 서기 1981년 정부에서 慶州圈·伽倻圈·中西部古都文化圈 등 전국을 5대 고도문화권으로 나누어 계획을 수립하면서 中原文化圈이란 명칭이 다시 떠오르게 된 이후이다. 서기 1983년 10월 8일-9일 충주시에서 한국미술사학회의 주관으로 '중원문화학술회의"를 개최하면서 전문가들이 모여 기존의 연구 성과를 종합적으로 검토하고 앞으로의 연구방향을 제시함으로써 중원문화권이란 명칭과 함께 연구의 새로운 전기가 마련되었다. 그리고 다시 서기 1995년 4월 28일(금)-9일(토) 양일과 서기 2007년 12월 5일(수)에 각각『중원문화의 위상정립과 발전방향』과『중원문화의 발전방향』(충주대학교 박물관 제1회 중원문화 학

서기 375년), 高句麗 20대 長壽王(서기 413년–서기 491년)과 新羅 24대 眞興王(서기 540년–서기 576년) 12년(서기 551년) 사이 즉 서기 371년[6]에서 551년 사

술회의)이란 학술회의가 열림으로써 그 명칭이 학계에 거의 공인되기에 이르렀다. 그리고 이러한 중요성 때문에 서기 2007년 12월 이곳에 국립중원문화재연구소가 설립되기에 이르렀다.

6) 백제초기의 유적은 충청북도 충주시 금릉동 백제초기 유적, 칠금동 탄금대 백제토성(철 생산 유적), 薔薇山城(사적 400호), 가금면 탑평리 집자리 1호(서기 355년, 365년, 385년)와 경기도 여주 언양 하거리, 충청북도 진천 석장리, 강원도 홍천 하화계리, 원주 법천리, 춘천 천전리, 화천군 하남 원천리에서 발견되고 있는데, 이들은『三國史記』百濟本紀 I 溫祚王 13년條(기원전 6년)의 '...遣使馬韓 告遷都 遂畫疆場 北至浿河 南限熊川 西窮大海 東極走壤... '이란 기록을 뒷받침해주고 있다. 서기 371년은 백제 13대 近肖古王 26년 평양에서 고구려 16대 故國原王(斯由)을 화살로 戰死시키고 南下해 漢山으로 移都한 해이다. 한산은 백제 최초의 石城인 河南 二聖山城(史蹟 422호)을 가리킨다. 이 시기와 관련된 유적은 원주 법천리, 홍천 하화계리, 충주 가금면 장천리의 장미산성(사적 400호), 가금면 탑평리와 칠금면 탄금대 등지가 있다. 그리고 최근 국립중원문화재연구소에서 발굴한 충주 탑평리의 백제유적은 凸자형 구조를 가진 집자리로 대장간과 같은 철제무기를 만들던 工房으로 연대는 서기 355년, 서기 365년, 서기 385년이 나오고 있다. 백제의 건국연대가『三國史記』의 기록대로 기원전 18년으로 올라간다. 이는 문화재연구소에서 서기 1999년 실시한 서울 풍납동 토성(사적 11호)의 성벽 발굴 최하층에서 확인한 제례용으로 埋納된 硬質無文土器의 연대는『三國史記』溫祚王 41년條(서기 23년) '...發漢水東北諸部落人年十五歲以上 修營慰禮城...'이란 성벽(동벽과 서벽)의 축조연대와 함께 기원전 1세기–서기 1세기경으로 추측할 수 있는 데에서도 알 수 있다. 그리고 春川 中島의 硬質(糟質)無文土器도 기원전 15±90년(1935±90 B.P.)으로 경질무문토기의 하한은 늦어도 기원전 1세기–서기 1세기경이 될 것이다. 여기에 덧붙여 '...十五年春正月 作新宮室 儉而不陋 華而不侈.'라는 궁궐의 신축은 溫祚王 15년 (기원전 4년) 이루어졌음도 믿을 수 있는 연대임을 알 수 있다. 그래서 문헌상 보이는 백제의 특징은 부여 또는 고구려로부터 이주한 정권으로서 나름대로 정통성을 확보해 나가는 동시에 주위 마한(馬韓王 또는 西韓王이 통치)에 대한 정복을 강화하여서 조금씩 세력을 확장해 나가는 것이다. 그들의 세력 확장은 고고학적 유적인 산성이나 고분을 통해 알 수 있다. 백제는 기원전 3세기–기원전 2세기에 성립한 앞선 馬韓의 바탕 위에서 성립한다. 그래서 삼국시대 전기에 속하는 백제 초기의 문화적 양상은 마한의 것과 그리 크

이에 삼국의 각축이 일어난 역사적으로 주목받은 시기의 문화를 말한다. 그 문화중심지의 忠州시는 칠금동 탄금대 백제토성 내 백제 덩이쇠의 확인(철 생산유적), 충주 가금면 창동 쇠꼬지마을, 충주시 周德邑의 철광산, 충주시 木伐洞 滑石(talc) 광산을 중심으로 하는 백제·고구려·신라의 각축장이었으며, 여기에 백제, 고구려, 신라의 삼국문화가 중첩·복합적으로 나타나고 있는 것도 이러한 역사적 맥락에서 이해가 된다. 이 점이 '남한강의 중원문화'가 지니는 역사적 의미가 되며. 그 역사적 중요성은 서기 371년에서 서기 551년의 180년간에 해당할 수 있을 것이다.[7] 그러나 중원문화 이전의 선사시대나 이후의 역사시대는 중원문화와 아무런 관련이 없기보다는 중원문화의 형성과 계승 쪽에 脈絡을 이어가는 생각이 수월하다. 그 범위는 충주시를 중심으로 하는 범 남한강유역이

게 다르지 않다. 그래서 백제의 건국은 『三國史記』 百濟本紀의 기록대로 기원전 18년으로 보아도 된다.

그리고 서기 2011년 6월 20일(월) 문화재연구소가 실시하는 풍납토성 8차 발굴(풍납동 197번지)에서 발견된 施釉陶器는 중국의 六朝 중 孫吳(서기 222년-서기 280년)로부터 수입되었을 가능성이 많다. 馬韓의 土室과 竪穴石槨墓가 발굴된 공주 의당면 수촌리(사적 460호)유적은 현재 이곳에서 나온 5점의 중국도자기로 서기 4세기 후반-서기 5세기 중반으로 편년되고 있는 마한 54국 중의 하나로 여겨진다. 그러나 최근 같은 도자가가 나오는 南京 江寧 上坊 孫吳墓(전축분)가 서기 264년-서기 280년으로 편년되고 있어 연대의 상향조정도 필요하리라 생각된다(南京市 博物館 2006, 『南京 上坊 孫吳墓』, 南京: 南京市 博物館 및 2008, 「南京 江寧 上坊 孫吳墓 發掘簡報」, 北京: 『文物』, 2008년 12호, pp.4-34).

7) 이 견해는 필자가 서기 2007년 12월 5일(수) 충주대학교 박물관에서 행한 제1회 중원문화 학술대회 『중원문화의 발전방향』에서 발표한 『고구려와 중원문화』(pp.69-85)와 2008년 11월 25일(화) 제 2회 학술대회인 「중원문화와 한강」에서 기조강연으로 발표한 「남한강 중원문화와 고구려-탄금대 철 생산과 삼국의 각축-」(pp.13-32)이란 원고로부터이다. 그리고 이 생각의 기본적인 출전은 필자의 『한국청동기·철기시대와 고대사회의 복원』(2008, 주류성, pp.419-557)과 『21세기의 한국고고학 Ⅱ』(2009, 주류성, pp.13-40)으로부터이다.

될 것이다.

필자는 서기 1988년-서기 2012년의 제5·6·7차 고등학교 교과서에서부터 서기 1997년-서기 2002년 국사편찬위원회에서 간행한『한국사』1-4권에 이르기까지 초기 철기시대와 원삼국시대[8]란 용어 대신 철기시대와 삼국시대 전기라

8) 이 원삼국시대란 용어를 삼국시대 전기(또는 철기시대 후기, 서기 1년-서기 300년)라는 용어로 대체해 사용하자는 주장은 1987년부터이다(최몽룡 1987, 한국고고학의 시대구분에 대한 약간의 제언, 최영희 선생 회갑기념 한국사학논총, 서울: 탐구당, pp.783-788). 국립중앙박물관에서도 2009년 11월 3일(화)부터 이 용어를 공식적으로 사용하지 않기로 결정하였다. 그리고 衛滿朝鮮(기원전 194년-기원전 108년)을 포함한 古朝鮮을 인정하면 原三國時代 대신 三國時代 前期라는 용어가 타당하며 현재 고고학과 역사학계는 그렇게 인식해나가고 있는 추세이다. 서기 2012년 2월 21일(화)에 열린 국립문화재연구소 주최 한국사 시대구분론 -외부전문가 초청포럼- 학술대회에도 그러한 경향을 보이고 있다. 특히 송호정은「청동기시대에서 철기시대에로의 이행시기에 대한 역사서술과 연구방법론」에서 고대를 고조선(시대)-삼국시대-남북국시대 순으로 보고 있다(p.25).

그리고 高句麗 出自의 百濟건국자들의 墓인 적석총을 통해 당시의 衛滿朝鮮(기원전 194년-기원전 108년), 樂浪(기원전 108년-서기 313년), 臨屯(漢 武帝 元封 3년, 기원전 108년 설치-기원전 82년 臨屯을 파하여 玄菟에 합침), 馬韓(기원전 3/기원전 2세기-서기 5세기말/6세기 초)과 끄로우노프카(기원전 5세기-기원전 2세기, 北沃沮, 團結문화), 뽈체(기원전 7세기-기원전 4세기, 挹婁) 사이의 國際關係를 살펴보는 것도 중요하다. 또『三國志』魏志 韓과 弁辰條에 그 사회의 정치적 우두머리인 族長인 渠帥(韓의 渠帥, 또는 將帥, 臣智, 邑借, 主帥)라는 명칭이 나타나고 있으며 이는 족장의 격이나 규모에 따라 臣智, 險側, 樊濊, 殺奚와 邑借로 불리어지고 있었음을 알 수 있다. 그리고 같은 시기에 존재했던 沃沮의 三老(東沃沮의 將帥), 濊의 侯, 邑君, 三老, 그리고 挹婁의 大人, 肅愼의 君長[唐, 房玄齡(喬) 等撰『晉書』四夷傳]도 비슷한 역할을 했던 족장(chief)에 해당한다. 그러나 天君이 다스리는 종교적 別邑인 蘇塗는, 당시의 血緣을 기반으로 한 階級社會(clan based hierarchical society)인 단순·복합 族長社會(chiefdom)의 우두머리인 渠帥 격에 해당하나 규모에 따른 이름인 신지, 검측, 번예, 살계와 읍차가 다스리는 세속적 영역과는 별개의 宗敎的인 것으로 보인다.『三國志』魏志 東夷傳 韓條에 나오는 王莽(新 서기 9년-서기 25년, 왕망은 서기 23년 사망)地皇 時(서기 20년-서기 23년) 辰韓의 右渠帥인 廉斯鑡를 들 수 있다. 그래서 이들의 政治的關係와 役割을 살펴보는 것도

는 새로운 編年을 設定해 사용해오고 있다. 한국고고학편년은 구석기시대-신석기시대-청동기시대(기원전 2000년-기원전 400년)-철기시대(기원전 400년-기원전 1년)-철기시대 후기(삼국시대 전기 또는 삼한시대: 서기 1년-서기 300년: 종래의 원삼국시대)-삼국시대 후기(서기 300년-서기 660/668년)-통일신라시대(서기 668년-서기 918년)-고려시대(서기 918년-서기 1392년)-조선시대(서기 1392년-서기 1910년)로 설정된다.[9] 그러나 지역문화를 대표하는

중요하다. 한국 최초의 古代國家이었던 衛滿朝鮮(기원전 194년-기원전 108년, 위만-이름을 알 수 없는 아들-손자 右渠-太子 長의 3/4대 87년)의 멸망과 漢四郡의 설치[漢 7대 武帝 (기원전 141년-기원전 87년) 元封 3년]는『史記』의 편찬자인 司馬遷(기원전 145년-기원전 87년)이 37세에 일어난 사건으로, 위만조선, 樂浪과 그 다음을 잇는 帶方의 존재들은 모두 歷史的 事實로 인정되어야 한다. 그렇다면 衛滿朝鮮의 王儉城과 樂浪의 위치는 오늘날의 평양 일대로 보아야 당연하다. 이들 국제관계, 정치적 역할과 사회·경제·문화적 바탕은 모두 韓國考古學 編年上 철기시대 전기(기원전 400년-기원전 1년)에 형성된 것이다. 이 시기에는 기원전 1500년부터 한국의 土着勢力을 형성하고 있던 支石墓社會가 해체되어 三韓社會로 이행하고 있었다. 이러한 國際·政治的 力學關係위에서 나타난 것이 漢城時代 백제의 건국이며 이는 三國時代 前期(鐵器時代 後期, 서기 1년-서기 300년)에 해당한다. 그리고 한성시대 백제의 본격적인 성장과 발전의 상징인 二聖山城의 初築은 서기 371년으로 三國時代 後期(서기 300년-서기 660년/서기 668년)때 나타난 중요한 歷史的 事件 중의 하나이다.

9) 한반도의 선사시대는 각 시대별로 시기가 세분되어 있다. 구석기시대는 전기·중기·후기로, 신석기시대는 조기·전기·중기·후기로, 그리고 청동기시대(기원전 2,000/1,500년-기원전 400년)는 조기·전기·중기·후기로, 철기시대는 전기(기원전 400년-기원전 1년, 초기 철기시대)와 후기(서기 1년-서기 300년, 삼국시대 전기)로 각각 구분되고 있다. 현재까지의 전기구석기 유적의 연대는 단양 금굴이 70만년, 충북 청원(강외면) 만수리가 55만 년 전, 경기 연천 전곡리가 35-30만 년 전, 후기 구석기시대 유적인 경기 남양주 호평동이 3만년-16,000년 전(1문화층은 30,000년-27,000년 전, 2문화층은 24000년-16000년 전)으로 나오고 있다. 그리고 신석기시대는 1. 기원전 8,000년-기원전 6,000년: 원시무문/민무늬토기(原始無文土器: 高山里), 2. 기원전 6,000년-기원전 5,000년: 돋을무늬토기 (隆起文土器: 牛峰里), 3. 기원전 5,000년-기원전 4,000년: 누름무늬토기(押印文土器: 蘊山里), 4. 기원전 4,000년-기원전 3,000년: 빗살무늬토기(櫛

일례인 중원문화를 언급할 때 남한강유역의 선사문화(구석기시대-철기시대 후기)와 중원문화(삼국시대 후기)를 따로 구별하여 언급할 필요가 있다고 생각된다. 충주시를 중심으로 하여 현재까지 확인·조사된 고고학·미술사자료들을 한국고고학의 시대구분과 실제 연대에 적용해보면 다음과 같이 정리된다.

1) 남한강유역의 선사시대(구석기·신석기·청동기·철기시대)

① 구석기시대

구석기시대를 전기·중기·후기(전기와 후기의 두기로 분류하기도 함)로 구분하는 데에는 별다른 이견이 없으나 전기 구석기시대의 상한에 대해서는 연구자들 사이에 상당한 이견이 있다. 전기 구석기시대유적들로는 평양 상원 검은 모루, 경기도 연천 전곡리[서기 2003년 5월 5일 日本 同志社大學 松藤和人 교수팀에 의해 최하층이 30만 년-35만 년 전으로 측정됨. 산소동위원소층서/단계(Oxygen Istope Stage, 사적 268호) 또는 해양동위원소층서/단계(Marine Istope Stage)로는 9기(334,000 B.P.-301,000 B.P.)에 해당함, 사적 268호], 충북 단양 금굴과 청원 강외면 만수리, 파주 교하읍 와동유적 등이 있으나 그 상한은 학자에 따라 70-20만 년 전으로 보는 등 상당한 이견이 있다. 최근 충청북도 청원군 강외면 만수리(오송 만수리) 4지점의 제5문화층의 연대가 우주기원 핵종을 이용한 연대측정[dating by cosmogenic nuclides 26Al/10Be (Aluminium/Beryllium)]으로 479000±153000년 전, 407000±119000년 전

目文土器: 東三洞), 5. 기원전 3,000년-기원전 2,000년: 부분빗살무늬(部分櫛目文土器: 鳳溪里), 6. 기원전 2,000년-기원전 1,500년: 부분빗살문토기와 청동기시대의 돌대문토기(突帶文土器: 春城 內坪里)가 공존하는 과도기인 청동기시대 조기(기원전 2,000년-기원전 1,500년)로 편년한다.

으로 측정되어 만수리 유적 구석기제작 연대가 50만 년 전 가까이 올라갈 수 있음이 추정되고 있다. 그리고 아직 발표가 확실하지 않지만 만수리의 석기가 나온 층은 산소동위원소층서/단계(Oxygen Isotope Stage, 有孔蟲의 O^{16}/O^{18} 포함으로 결정), 또는 해양동위원소층서/단계(Marine Isotope Stage, MIS)로는 14기(568000–528000년 B.P.)에 해당한다고도 한다. 그러나 광학여기형광법[OSL(Optically Stimulated Luminescence)]에 의한 연대는 103000±8000년 B.P.로 측정되어 구석기시대의 상한연대는 아직도 미해결로 남아있다. 그리고 후기에 속하는 남양주 호평동에서는 벽옥(jasper), 옥수(chalcedony)를 비롯한 흑요석(obsidian)으로 만들어진 석기들이 많이 출토되었으며, 유적의 연대는 30,000 B.P.–16,000 B.P.로 후기 구석기시대에 속하는데 응회암제 돌날, 석영제 밀개가 나오는 1문화층(30,000 B.P.–27,000년 B.P.)과 흑요석제 석기와 좀돌날 제작이 이루어진 2문화층(24,000 B.P.–16,000 B.P.)의 두 층으로 나누어진다. 그리고 지금까지 사적으로 지정된 구석기시대유적은 연천 전곡리(사적 268호), 공주 석장리(사적 334호), 파주 가월리·주월리(사적 389호)와 단양 수양개(사적 398호)가 있다. 이들과 비교해본 중원지방의 구석기유적은 다음과 같다.

전기 충청북도 단양 도담 금굴 1문화층(Ⅷ 지층)70만년전, Ⅱ 문화층 ESR(電子스핀共鳴年代測定) 연대로 185,870 B.P.

충청북도 청원군 강외면 만수리(오송 만수리) 구석기시대 제5문화층 55만 년 전

중기 청원 문의면 노현리 두루봉 동굴유적 2굴, 9굴, 15굴, 새굴, 처녀굴(제2굴 중기홍적세, 20–30만 년 전)

제천 점말 용굴(66,000±30,000/18,000 B.P.)

단양 금굴(3문화층 17,450 B.P.)

청주 봉명동(49,860±2710 B.P., 48,450±1,370 B.P.)

단양 적성면 애곡리 수양개유적 V층

후기 단양 금굴 4(II층)·5문화층

단양 상시 I 바위그늘 7-5 지층 30,000±7,000 B.P.

단양 적성면 애곡리 수양개유적(사적 398호, 후기 구석기문화층 IV층은 18630, 16400, 15410±130 B.P.)

단양 가곡면 여천리 구낭굴(12,500±1,200 B.P.)

청원 문의면 노현리 흥수굴

충주 금릉동(23,500 B.P.)

제천 창내, 명오리의 한데유적

여주 연양리유적(63,000, 67,000 B.P.)

② 신석기시대

기원전 10,000/8,000년-기원전 2,000/1,500년. 신석기시대의 경우 제주도 한경면 고산리유적(사적 제412호)[10)]에서 우리나라에서 가장 연대가 올라가는 기원전 8,000년(10180±65 B.P.)이란 연대측정결과가 나왔는데, 이 유적에서

---

10) 서기 2012년 7월 25일 제주문화유산연구원이 시행하고 있는 '제주 고산리 선사유적지'(사적 제412호) 학술발굴조사 결과 원형주거지 10여 기, 수혈유구 80여 기, 집석유구(추정 야외 노지) 10여 기 등의 유구가 확인됐다. 유구 내부에서는 태토(胎土·바탕흙)에 갈대류 등 유기물이 첨가된 저화도 소성 토기인 고산리식 토기, 융기문토기 등의 토기류와 함께 화살촉, 찌르개, 밀개, 돌날, 망치돌 등 다양한 석기류가 출토됐다고 밝히고 있다. 유구 내부에서는 태토(胎土·바탕흙)에 갈대류 등 유기물이 첨가된 低火度 소성 토기인 고산리식 토기, 융기문토기 등의 토기류와 함께 화살촉, 찌르개, 밀개, 돌날, 망치돌 등 다양한 석기류가 출토됐다고 밝히고 있다. 저화도소성의 토기는 러시아 아무르강의 노보페트로브스카, 그라마투하, 오시포프카, 가샤, 사카치 알리안 등지에서 보이며 사카치 알리안 유적출토 토기는 350℃에서 구워졌다.

는 융기문토기와 유경삼각석촉이 공반되고 있다(또 이와 유사한 성격의 유적이 제주시 오등동 병문천 제4저류지에서도 발견되고 있다). 강원도 고성 문암리(사적 제426호)와 양양 오산리유적(사적 394호, 기원전 6,000년/기원전 5,200년)은 이와 비슷한 시기에 속한다. 부산 동삼동(사적 266호)의 최하층(I층, 조기)의 연대는 기원전 6,000년-기원전 5,000년에 속한다(조기층은 5,910±50, 6,910±60 BC/기원전 5,785년, 기원전 5,650년임, 그리고 그 다음의 전기층은 5,640±90, 5,540±40 BC/기원전 4,450년, 기원전 4,395년임). 그리고 전형적인 빗살문토기가 나오는 서울 암사동(사적 267호)유적의 연대는 기원전 4,000년경이다. 그러나 이 유적들은 아무르 강 중부 평원 북부의 범위에 있는 11,000-12,000 B.P.(기원전 10,000년 전후)의 오시포프카 문화에 속하는 가샤 유적(12,960±120 B.P.), 우스티-울마 I, 훔미 유적(13,260±120 B.P.), 바이칼 호 근처의 우스트 카랭카(기원전 7,000년경), 그리고 일본 長崎県 北松浦郡 吉井町 福井동굴(12,700, 10,750 B.P.), 佐世保市 泉福寺동굴이나 愛媛県 上浮穴郡 美川村 上黑岩(12,165, 10,125 B.P.) 岩陰유적들과 비교해 볼 때 한반도 내에서도 상한연대가 비슷한 유적들이 출현할 가능성이 많다 하겠다. 이제까지 알려진 중원지방의 신석기유적은 매우적다.

충청북도 충주 동량면 早洞里 51호(3구덩, 5,295±545 B.P./기원전 3,325년. 6,140, 6,200 B.P./기원전 4,190, 4,250년)

단양 垂楊介

제천 신월동(신석기시대 말기-청동기시대 조기, 기원전 2,050년)

③ 청동기시대

기원전 2,000년-기원전 400년. 기원전 1,500년은 남북한 모두에 적용되는 청동기시대 전기의 상한이며, 연해주지방(자이사노프카, 리도프카 유적 등)-

아무르 하류지역, 만주지방과 한반도 내의 최근 유적발굴조사의 성과에 따라 이에 앞서는 청동기시대 조기는 기원전 2,000년까지 올라간다. 이 시기에는 빗살문토기와 무문토기의 결합으로 과도기적인 토기가 나오고 있는데 인천 옹진 백령도 말등패총, 시흥 능곡동, 가평 청평면 대성리와 산청 단성면 소남리가 대표적이다. 또 현재까지 확인된 고고학 자료에 따르면 빗살문토기시대 말기에 약 500년간 청동기시대의 시작을 알려주는 돌대문토기가 공반하며[청동기시대 조기: 기원전 2,000년-기원전 1,500년, 돌대문/각목돌대문(덧띠새김무늬)토기의 경우 신석기시대의 小珠山 유적 상층(신석기시대 후기)에 해당하는 大連市 石灰窯村, 交流島 蛤皮地, 遼寧省 瓦房店市 長興島 三堂村유적(이상 기원전 2,450년-기원전 2,040년), 吉林省 和龍県 東城鄉 興城村 三社(早期 興城三期, 기원전 2,050년-기원전 1,750년)에서, 그리고 연해주의 신석기시대 보이즈만 문화의 말기 자이사노프카의 올레니와 시니가이 유적(이상 기원전 3,420년-기원전 1,550년)과 아무르 강의 보즈네세노프카, 리도프카와 우릴 문화(우릴 문화는 철기시대로 기원전 15세기까지 올라가는 연대가 나오고 있어 주목을 받고 있다)], 그리고 우리나라에서는 돌대문토기가 강원도 춘성군 내평, 정선 북면 여량 2리(아우라지), 춘천 천전리(기원전 1440년), 홍천 두촌면 철정리, 홍천 화촌면 외삼포리(기원전 1,330년, 기원전 1,350년), 평창 천동리, 경주 충효동, 경기도 가평 상면 연하리와 인천 계양구 동양동, 충청남도 금남면 대평리(기원전 1,300년-기원전 1,120년)와 대전 용산동유적을 비롯한 여러 곳에서 새로이 나타나고 있기 때문이다. 그리고 지석묘는 기원전 1,500년에서부터 시작하여 철기시대 전기 말, 기원전 1년까지 존속한 한국토착사회의 묘제이다. 현재까지 확인된 고고학 자료에 따르면 櫛文土器시대 말기에 약 500년간 청동기시대의 시작을 알려주는 突帶文(덧띠새김무늬)토기가 공반하며(청동기시대 조기: 기원전 2,000년-기원전 1,500년), 그 다음 單斜線文이 있는 二重口緣토기(청동기시대 전기: 기원전 1,500년-기원전 1,000년), 구순각목이 있는 孔列토기(청동기시

대 중기: 기원전 1,000년–기원전 600년)와 硬質무문토기(청동기시대 후기: 기원전 600년–기원전 400년)로의 이행과정이 나타나고 있다. 그리고 지석묘는 기원전 1,500년에서부터 시작하여 철기시대 전기 말, 기원전 1년까지 존속한 한국토착사회의 묘제로서 이 시기의 多源(元)的인 문화요소를 수용하고 있다. 급변하는 청동기시대의 상한조정과 편년에 대입해본 중원지방의 청동기시대유적은 다음과 같다.

전기(기원전 1,500년–기원전 1,000년: 단사선문이 있는 이중구연토기)

충청북도 충주 동량면 조동리(1호: 2,700±165 B.P., 2,995±135 B.P./기원전 1,045년경)

중기(기원전 1,000년–기원전 600년: 공렬토기, 구순각목토기)

충청북도 충주 동량면 조동리(7호 기원전 2,715 B.P./기원전 765년, 2,700 B.P./기원전 750년)

후기(기원전 600년–기원전 400년)

충주 가주동 고인돌 2기(홍도 출토)

충주 하천리 지석묘(기원전 6세기경)

제천 황석리 고인돌(2,360 B.P./기원전 410년)

④ 철기시대

기원전 400년–기원전 1년. 종래의 초기 철기시대. 최근 粘土帶토기 관계유적의 출현과 관련하여 기원전 400년으로 상한을 잡는다. 이 시기는 점토대토기의 단면 형태 즉 원형, 방형(타원형)과 삼각형에 따라 Ⅰ기(전기), Ⅱ기(중기)와 Ⅲ기(후기)의 세 시기로 나누어진다. 그리고 마지막 Ⅲ기(후기)에 구연부 斷面三角形 粘土帶토기와 함께 다리가 짧고 굵은 豆形토기가 나오는데 이 시기에게 新羅와 같은 古代國家가 형성된다. 이 중 우리나라 최초의 고대국가와 문명의 형성을 이루는 衛滿朝鮮(기원전 194년–기원전 108년)은 철기시대 전기 중 III기(후기)에 속한다. '중원문화'의 직전단계인 철기시대 전기와 후기의 유적은 다음과 같다. 이 시기에는 북쪽 고구려지방에서 내려오는 적석총이 뚜렷한 유적으로 이 주체세력이 백제의 건국과 밀접한 관련이 있다.

전기(기원전 400년–기원전 1년)

충주 본리 세형동검

단양 垂楊介 凸형 집자리유적 15기(기원전 1세기 전후, 2,000–1,900 B.P., 春川 中島 지석묘의 연대는 15±90 B.C.: 105 B.C.–75A.D.임)

제원 양평리

제원 도화리: 기원전 2세기–기원전 1세기 고구려계통의 백제 건국자들의 적석총. 낙랑도기와 함께 현재 유물은 청주박물관에 전시되어 있음.[11]

11) 또한『三國史記』의 초기 기록을 신뢰하지 않더라도 이미 이 시기에는 북부지역에서 고구려가 온전한 고대국가의 형태를 가지게 되며, 자강도에 積石塚이 축조되게 된다. 고구려계통의 적석총이 남하하면서 임진강, 남한강, 북한강유역에 적석총이 축조되며 그 세력이 백제의 건국을 형성하게 된다. 그 대표적인 예로 경기도 連川 郡南面 牛井里, 中面 三串里와 橫山里, 白鶴面 鶴谷里, 충북 堤原 淸風面 桃花里 등지의 기원전 2세기–기원전 1세기경의 적석총을 들 수 있다. 한편 남부지역에서도 三韓社會가 古代國家로 발돋움하게 된다. 그리고 최근 국방문화재연구원에 의해 발굴된 경기도 연천군 중면 횡산리의 적석총은 무기단식 적석총(돌각담무덤, 적석총) 중 다곽식 무기단식 적석총에 해당한다. 고구려무덤은 석묘(돌무덤)와 토묘(흙무덤)로 나누어지며, 석묘는 적석묘(돌각담무덤: 적석총)와 봉석묘(돌간돌무덤)로 적석묘(적석총)는 무기단적석총(계단상의 축조가 없는 것)과 기단식 적석총으로 분류된다(정찬영 1973, p.2). 그리고 각 무덤의 명칭은 봉토석실분(돌간흙무덤), 적석총(돌각담무덤), 기단적석총(돌기단무덤), 봉석묘(돌간돌무덤)으로 불리며 축조순서는 다곽식 무기단 적석총–이음식 적

후기(서기 1년–서기 300년) 철기시대 후기: 서기 1년–300년. 또는 삼국시대 전기/삼한시대

충주 금릉동 백제초기 유적

충주 가금면 탑평리 백제·고구려·신라유적

가. 백제유적: 凸자형 구조를 가진 집자리(1호)로 같은 철제무기, 鉗子, 물미, 낫, 도기 철촉, 작두와 낚시 바늘을 만들던 송풍관이 설치된 대장간과 같은 工房으로 연대는 서기 355년, 서기 365년, 서기 385년이 나오며 이 연대는 百濟 13대 近肖古王(서기 346년–서기 375년), 14대 近仇首王(서기 375년–서기 384년)과 15대 枕流王(서기 384년–서기 385년)에 해당한다.[12)]

석총–기단식 적석총–계단(층단)식 적석총으로 발전한다. 여기에 대해서는 필자는 서기 1985년「고고학적 자료를 통해본 백제초기의 영역고찰,–도성 및 영역문제를 중심으로 본 한성시대 백제의 성장과정」(최몽룡·권오영 1985,『천관우선생 환력기념 한국사학 논총』, pp.83–120 및 최몽룡 1987,『한국고대사의 제 문제』(유인물), 관악사, pp.151–187)란 글을 통해 高句麗의 積石塚을 만들던 사람들이 南下해 百濟를 건국하는 主體가 되었다'는 요지의 글을 발표한 바 있었다. 그리고 그 이후 26년간 새로이 발굴·조사된 적석총들과 출토 유물들을 통해 볼 때 필자의 견해가 틀리지 않았음을 확인하고, 적석총 상한연대가 기원전 2세기–기원전 1세기로 올라간다는 생각과 당시의 정치적 상황을 보완하여「高句麗 積石塚과 百濟의 國家形成」(최몽룡 편저,『21세기의 한국고고학 V』, 서울: 주류성, pp.67–107)이란 글을 다시 작성하게 되었다. 이러한 생각은『三國史記』의 초기기록과도 부합되고 있다.

12) 김영일(계명대학교 한국어문학과 교수)의 "어형 '쇠[金, 鐵]'와 '새[鳥]'의 고형(古形)"에 의하면 '金, 鐵'을 뜻하는 어형의 최고형(最古形)은 '솔'이고 이것의 어말음 변화형이 '쇠'인데 이 '쇠'가 현대 국어에 존속하고 있다고 하겠다. 충청북도 괴산–증편–남하–금염실 동북쪽에 있는 마을에는 쇠와 관련된 솔모루[金盤]란 지명이 남아있다고 한다(도수희 1999,「『三國遺事』의 할주 지명에 관한 해석 문제들」,『언어학』 제24호). 그리고 쇠를 다루던 대장간과 관련된 명칭인 '불무골', '불무'와 관련된 지명이 청군군 옥산

나. 고구려유적: 壁煖爐(페치카, pechika/neyka)

다. 신라유적: 回廊과 같은 구조물

충주 可金面 倉洞里 쇠꼬지마을[13]

충주 漆琴洞 彈琴臺 백제토성(철 생산유적)

충주 周德邑 어래산에 있는 어래 철광산

충주시 木伐洞(일신동양 활석광산)과 충주호 근처 영우켐텍 滑石(talc) 광산

2) 삼국시대 후기(중원문화: 서기 369년-서기 551년)

이 시기는 '중원문화'가 형성되는 시기로 삼국의 각축장이 된다.[14]

면과 미원면에도 보인다(徐明仁 1998, 「청원군 지명에 관한 지리학적 연구」, 한국교원대 대학원 사회교육과 지리교육전공 석사학위청구논문, pp.24-25). 清州市 上黨區 金川(쇠내개울), 梧根場洞 明岩川(쇠내개울)등의 쇠와 관련된 지명도 보인다(충북도교육청 2009, 『충북지명유래』). 또 古山子 金正浩가 서기 1861년 제작한 大東輿地圖(보물 제850호)에서 忠州 老隱面 水龍里에서 蘇古라는 지명이 보이는데 이는 蘇塗의 존재와 더불어 冶鐵地가 산재한 곳으로도 추정된다. 숯대울, 수철과 금부리란 말은 쇠똥밭이라고도 하는데 이는 야철지의 쇠똥구리(제철 찌꺼지)를 의미하기 때문이다.

그리고 실제 忠淸北道 鎭川郡 德山面 石帳里에서 서기 1994년-서기 1995년 국립청주박물관이 발굴 조사를 하여 鐵斧范芯片, 製鍊爐, 送風管 등의 존재를 통해 이곳이 製鍊, 精鍊과 鍛冶를 한꺼번에 하던 서기 3세기-서기 4세기 漢城時代 百濟 初期의 製鐵遺蹟임을 확인하였다.

13) 서기 2011년 국립중원문화재 지표조사에 의하면 可金面 倉洞里를 중심으로 製鐵유적 90, 炭窯유적 39를 포함한 129개소가 확인되었다(어창선 2011, 「충주 제철유적의 조사현황과 성격」, 제 5회 중원문화 학술포럼, p.170).

14) 한강유역에서 마한으로부터 할양받은 조그만 영역에서 출발한 백제가 점차 강성해져 영역을 확장해 나가는 동시 마한은 그 범위가 축소되어 稷山, 成歡과 天安 龍院里 일대(서기 369년 백제 近肖古王 26년에 점령당함)-公州·益山-羅州로 그 중심지가 이동이 됨을 볼 수 있다. 백제를 포함한 『三國史記』의 초기 기록을 인정해야만 현재의 한국고대사가 제대로 풀려나갈 수 있다. 이는 최근 문제가 되는 고구려 초기 역사와 신라·

청주 흥덕구 신봉동(사적 319호, 서기 4세기-서기 6세기)

청원 문의면 米川里(서기 5세기-서기 6세기 신라고분)

충주 龍貫洞(6세기 후반 신라)과 丹月洞 고분군

충주시 가금면 장천리 장미산성(사적 400호, 백제)

백제와의 歷史的 脈絡에서 살펴볼 수 있다. 그리고 한성시대 백제(기원 18년-서기 475년)의 서기 371년 이후 石城이 존재해 있었으며 이는 하남시 二聖山城(사적 422호)을 필두로 하여, 이천 雪峰山城(사적 423호), 雪城山城[경기도 기념물 76호, 4차 조사 시의 가속질량연대분석(AMS: Accelerator Mass Spectrometry)은 서기 370년-서기 410년 사이의 축조임을 알려줌], 안성 竹州山城(경기도 기념물 69호)과 望夷山城(경기도 기념물 138호, 현재까지의 조사로는 토성만이 백제의 것으로 확인됨)에서 볼 수 있다. 백제 석성 축조의 기원은 13대 近肖古王이 서기 371년 평양에서 벌인 16대 故國原王과의 전투에서부터로 볼 수 있다. 청주 부용면 부강리 남성골 산성의 발굴의 결과 이 성이 고구려 군에 의한 함락이 서기 475년이 그 하한이 되는 점도 이러한 역사적 맥락을 잘 보여준다. 이곳의 방사성탄소(C^{14})연대는 서기 340년-서기 370년과 서기 470년-서기 490년의 두 시기로 나온다. 이 남성골산성은 청주 井北洞土城(사적 415호: 서기 130년-서기 260년경 축조)과 같이 아마도 馬韓時代의 初築으로 후일 百濟城이 되었다가 서기 475년경 20대 長壽王 63년 高句麗軍에 함락 당한 것으로 여겨진다. 한성시대 백제의 영역에 속하는 지역에서의 백제성은 抱川 半月城(사적 403호), 漣川 堂浦城(사적 468호), 隱垈里城(사적 469호), 瓠蘆古壘城(사적 467호)과 연기 雲舟城 등이 있다. 호로고루성은 발굴결과 처음에는 백제시대의 판축으로 이루어진 토성으로 그 후 고구려의 석성으로 대체되었던 것으로 보인다. 이는 연천군 전곡읍 隱垈里 토성(사적 469호)이 원래 백제의 版築土城이었는데 서기 475년경 고구려군의 침입으로 고구려 석성으로 바뀐 것과 역사적 맥락을 함께 한다. 그리고 최근 조사된 연천 당포성(堂浦城, 사적 468호) 동벽도 역시 백제의 판축토성을 이용하여 高句麗城을 쌓은 것으로 확인되었다. 이들은 13대 근초고왕의 북진정책과 19대 廣開土王과 20대 長壽王의 남하정책과 관련이 있다. 그리고 이들 모두 漢城時代 百濟가 망하는 서기 475년경 전후의 역사적인 맥락을 알려주는 중요한 유적이다. 파주 舟月里(六溪土城, 경기도 기념물 217호, 서기 260년-서기 400년, 서기 240년-서기 425년)와 포천 자작리의 백제시대 집자리의 존재는 이들을 입증해준다. 한성시대의 백제의 영역은 13대 近肖古王 때가 가장 강성했으며 그 영역도 경기도 여주 연양리와 하거리, 진천 석장리, 삼룡리(사적 344호)와 산수리(사적 325호)를 넘어 충청북도 충주시 금릉동, 칠금동 탄금대, 薔

충주 가금면 樓岩里(사적 463호, 서기 6세기 후반, 신라, 中原京이 만들어지는 진흥왕 18년 서기 557년 이후의 무덤)

중원 新尼面 견학리 토성(기단이 없는 판축토성, 백제 초축)

단양군 영춘면 사지원리[傳 溫達 (?-서기 590년 영양왕 1년) 장군묘]의 적석총

薇山城(사적 400호), 가금면 탑평리, 강원도 홍천 하화계리, 원주 법천리, 춘천 천전리, 화천군 하남 원천리에서도 발견되고 있다. 또 충남 연기 雲舟山城의 경우 이제까지 통일신라시대의 성으로 추정되었으나 발굴결과 백제시대의 初築인 석성으로 밝혀지고 있다. 백제시대의의 석성으로는 하남시 二聖山城(사적 422호), 이천 雪峰山城(사적 423호), 雪城山城(경기도 기념물 76호), 안성 竹州山城(경기도 기념물 69호), 평택 慈美山城, 그리고 충주의 薔薇山城(사적 400호)과 彈琴臺의 토성(철정/덩이쇠가 나옴) 등이 알려져 있어 서로 비교가 된다. 그리고 파주 月籠山城(경기도 기념물 196호), 의왕시 慕洛山城(경기도 기념물 216호)과, 고양시 법곶동 멱절산성(경기도 기념물 195호) 유적 등도 모두 백제시대에 만들어졌다. 그리고 당시 무역항구나 대외창구의 하나로 여겨진 화성 장안 3리와 멀리 광양 馬老山城(사적 492호)에서도 고구려 계통의 유물(개와)이 발견되거나, 그 영향이 확인된다. 최근 새로이 발견된 유적들로 서울 근교의 삼성동토성, 아차산성(사적 234호, 아차산 일대 고구려 보루군은 사적 455호임), 광동리, 태봉산, 도락산, 불곡산, 수락산, 국사봉, 망우산, 용마산, 아차산, 홍련봉, 구의동, 자양동, 시루봉 보루, 연천 무등리 2보루, 양주 천보산 2보루 등을 들 수 있으며, 이들을 통해 한성시대 백제의 멸망 당시 고구려군의 남하한 육로를 알 수 있다. 백제는 13대 近肖古王(서기 346년-서기 375년), 고구려는 19대 廣開土王(서기 391년-서기 413년)과 20대 長壽王(서기 413년-서기 491년), 그리고 신라는 24대 眞興王(서기 540년-서기 576년 재위) 때 가장 활발한 영토 확장을 꾀한다. 신라는 眞興王 12년(서기 551년) 또는 14년(서기 553년) 한강유역에 진출하여 新州를 형성한다. 백제는 근초고왕 때(서기 369년경) 천안 龍院里에 있던 馬韓의 目支國세력을 남쪽으로 몰아내고, 북으로 평양에서 16대 고국원왕을 전사시킨다. 그 보복으로 고구려의 廣開土王-長壽王은 海路로 강화도 대룡리에 있던 것으로 추정되는 華蓋山城과 寅火里 分水嶺과 백제시대의 인천 영종도 퇴뫼재 토성을 거쳐 한강과 임진강이 서로 만나는 지점인 해발 119m, 길이 620m의 퇴뫼식산성인 關彌城(사적 351호 坡州 烏頭山城 또는 華蓋山城으로 추정, 서기 392년 고구려 광개토왕에 의해 함락됨)을 접수한다. 강화도 교동

문경 마성면 신현리(서기 5세기경, 신라고분)

단양 온달산성(사적 264호)·적성(사적 265호)·忠州山城

三年山城(신라 자비왕 13년, 서기 470년, 사적 235호)

中原 高句麗碑(국보 205호, 장수왕 69년, 서기 481년)

대룡리 華蓋山城앞 갯벌에서 백제와 고구려시대의 유물이 발굴·조사되었으며, 이는 『三國史記』 百濟本紀 제3, 16대 辰斯王 8년(阿莘王 元年 서기 392년, 고구려 廣開土王 2년) "冬十月高句麗攻拔關彌城"의 기록과 관련이 있다. 그리고 강화 교동 화개산성에서 파주 烏頭山城에 이르는 寅火里-分水嶺의 길목인 교통의 요지에 위치한 김포시 하성면 석탄리의 童城山城(해발 90-100m, 퇴뫼식 석성)도 앞으로 주목해야 할 곳 중의 하나이다. 고구려군은 육로로 瓠蘆古壘城(사적 467호), 漣川 堂浦城(사적 468호), 隱垈里城(사적 469호), 왕징면 무등리(2보루, 장대봉), 파주 月籠山城과 德津山城을 거쳐 임진강과 한강을 관장하고 계속 남하하여 하남 二聖山城(사적 422호)까지 다다른다. 그리고 고구려군은 남한강을 따라 영토를 확장하여 中原(충주: 고구려의 國原城) 고구려비(국보 205호, 長壽王 69년 481년), 정선 애산성지, 포항 냉수리, 경주 호우총(경주 호우총의 경우 國岡上廣開土地好太王壺杅十이라는 명문이 나와 고구려에서 얻어온 祭器가 부장된 것으로 보인다)과 부산 福泉洞에 이른다. 그리고 신라 21대 炤知王 10년(서기 488년)에 月城(사적 16호)을 수리하고 大宮을 설치하여 궁궐을 옮긴 월성의 해자 유적에서 고구려의 기와(숫막새)와 玄武와 力士像이 양각으로 새겨져 있는 土製方鼎이 발굴되었다. 이는 고구려 20대 長壽王 69년(서기 481년)에 고구려가 경주부근에까지 진출하였다는 설을 뒷받침한다. 토제방정의 역사상은 순흥 於宿墓에서, 현무는 서기 427년 평양 천도 후 고구려 벽화분에서 발견되는 것과 비슷하다. 고구려의 묘제 중 석실묘는 연천 신답리(방사선 탄소연대는 서기 520/535년이 나옴), 연천 무등리, 여주 매룡리, 포항 냉수리와 춘천 천전리에서도 나타난다. 고구려의 영향을 받거나 고구려의 것으로 추측될지 모르는 것으로는 영풍 순흥 태장리(乙卯於宿知述干墓, 서기 499/559년, 사적 238호)와 순흥 읍내리(사적 313호) 벽화분들을 들 수 있으며, 고구려 유물이 나온 곳은 맛졸임(귀죽임, 抹角藻井) 천장이 있는 두기의 석실묘가 조사된 경기도 용인시 기흥구 보정동, 성남시 판교 16지구, 경기도 이천 나정면 이치리, 대전 월평동산성, 화성 장안 3리, 서천 봉선리(사적 473호), 충주 탑평리와 홍천 두촌면 역내리 유적, 경기도 연천군 왕징면 강내리 등이 있다. 이 곳들은 고구려가 가장 강하던 19대 廣開土王(서기 391년-서기 413년)과 20대 長壽王(서기 413년-서기 491년 재위) 때의 남쪽 경계선이라고 해도 무방하다. 이는 서기 4세기-서기 5세기 때의 삼국시대

丹陽 赤城碑(국보 198호, 진흥왕 12년, 서기 551년)

중원 鳳凰里 햇골산 반가사유상을 主尊으로 하는 마애군상(보물 1401호)

3) 서기 551년 [新羅 24代 眞興王 (서기 540년-서기 576년) 12년] -서기 1910년 (조선시대 말)

건조물, 倉과 불교유적 등 많은 유적들이 남한강유역에서 보이지만 여기에서는 구체적인 지명의 나열은 생략하기로 한다.

청원 飛中里 삼존석불, 충주 철불좌상(보물 98호)

가금면 塔坪里寺址의 칠층석탑(中央塔, 국보 6호)

정토사법경대사자등탑비(보물 17호)

향산리 삼층석탑(보물 405호)

중원 미륵리사지(사적 317호)

이들 中原지방에서 나타나는 유적들과 자료들의 고고학적 배경을 살펴보면 『三國史記』의 기록대로 백제·고구려·신라는 역사적으로 긴밀한 관계를 갖게 되며, 이는 시계의 톱니바퀴처럼 서로 엇물려 있다. 이런 의미에서 중원지방에 진출한 백제·고구려·신라의 역사와 남겨진 유적·유물들은 새로운 역사적 맥락에

후기(서기 300년-서기 660/668년) 때의 일이다. 廣開土王과 長壽王 때 백제를 침공하기 위한 해로와 육로의 경유지를 살펴보면 선사시대 이래 형성된 羅濟通門과 같은 通商圈(interaction sphere/exchange system) 또는 貿易路와도 부합한다. 주로 당시의 고속도로인 바다나 강을 이용한 水運이 절대적이다. 이러한 관계는 고구려 小獸林王(서기 372년), 백제 枕流王(서기 384년)과 신라 23대 法興王(서기 527년) 때 정치적 기반을 굳히게 하기 위한 佛教의 수용과 전파를 통해 확대된다. 아직 발굴결과가 확실하지 않지만 서기 384년(백제 15대 枕流王 元年) 이후 백제의 불교수용 초기 절터로 하남 天王寺址를 추정해 볼 수 있다.

서 다시 한번 검토를 거쳐야 할 필요가 생긴다. 다시 말해 충주는 칠금동 탄금대 백제토성(철 생산유적), 충주 칠금면 창동과 주덕의 철광산과 충주시 목걸동 滑石(talc) 광산을 중심으로 하는 백제·고구려·신라의 각축장이었으며, 近肖古王 26년(서기 371년)에서 眞興王 12년(서기 551년) 사이가 역사적으로 주목받고 있다. 백제, 고구려와 신라의 삼국문화가 중첩·복합적으로 나타나고 있는 것도 이러한 역사적 맥락에서 이해가 된다. 이 점이 '中原文化'가 지니는 역사적 의미가 되며. 그 역사적 중요성은 서기 371년에서 서기 551년 사이의 180년간으로부터 나올 수 있을 것이다.[15)]

15) 따라서 충주 일원은 일찍이 삼국시대부터 그 전략적 중요성이 인식되어 잦은 분쟁이 있어 왔다. 즉 삼국시대 후기에는 한강 이남을 중심으로 한 백제가 이 일대를 점령하였으나, 서기 475년(長壽王 63년) 고구려의 남하이후 國原城이 설치되어 영남지방 진출의 교두보 역할을 수행하다가, 24대 眞興王이 丹陽 赤城碑(국보 198호, 진흥왕 12년 서기 551년)를 설립한 이후 이 일대를 점유해 오면서 통일신라시대로 이어지게 된다. 이곳에서의 삼국의 관계는 백제 13대 近肖古王(서기 346년-서기 375년), 고구려 20대 長壽王(서기 413년-서기 491년)과 신라 24대 眞興王(서기 540년-서기 576년)대 서기 369년에서 서기 551년 사이에 가장 활발하였다. 신라는 이곳에 中原京(9州 5小京 중의 하나, 24대 眞興王 18년 서기 557년 국원소경에서 중원경으로 바뀜)을 설치하여 삼국통일의 기반을 마련하는 근거가 되었다. 그러나 고구려가 國原城을 포함한 이 지역의 중요성을 다시 인식해 25대 平原王(서기 559년-서기 589년) 사위인 溫達장군으로 탈환하게끔 노력하였으나 온달장군의 전사로 실패를 하였다. 이때가 고고학 편년 상 삼국시대 후기에 속한다. 이들 中原지방에서 나타나는 유적들과 자료들의 고고학적 배경을 살펴보면『三國史記』의 기록대로 백제·고구려·신라는 역사적으로 긴밀한 관계를 갖게 된다. 다시 말해 충주는 칠금동 탄금대 철 생산과 확보를 위한 백제·고구려·신라의 각축장이었고 이를 통해 중원문화가 형성되었다. 그래서 백제 13대 近肖古王 26년(서기 371년)에서 신라 24대 眞興王 12년(서기 551년) 사이의 연대가 역사적으로 주목받고 있다. 백제, 고구려와 신라의 삼국문화가 중첩·복합적으로 나타나고 있는 것도 이러한 역사적 맥락에서 이해가 된다. 이 점이 '中原文化'가 지니는 意味가 되며. 그 重要性은 서기 371년에서 서기 551년 사이의 180년간의 歷史的 脈絡에서 찾을 수 있을 것이다. 이 시기는 三國時代 後期에 속한다.

참고문헌

국립문화재연구소 고고연구실, 2012, 「한국사 시대구분론-외부전문가 초청 포럼-」.

국립중원문화재연구소, 2009, 「제 2차 충주 탑평리 내(중원경 추정지역) 유적 시굴조사 현장설명회의 자료」.

국립중원문화재연구소, 2009, 「충주 탑평리 유적」, 『한국고고학 저널』, 대전: 국립문화재연구소, pp.118-119.

국립중원문화재연구소, 2011, 「충주 탑평리유적 발굴조사(중원경 추정지역) 자문위원자료」, 10월 28일 및 12월 5일.

국립중원문화재연구소, 2011, 『고대도시유적 중원경-유물편-』, 서울: 예맥.

강창화, 2009, 「제주도 고산리 초기 신석기 문화의 성격과 위치설정」, 최몽룡 편저, 『21세기의 한국고고학 Ⅱ』, 서울: 주류성, pp.117-154.

백종오, 2002, 「임진강 유역 고구려 관방체계」, 『임진강 유역의 고대사회』, 인하대학교 박물관.

백종오, 2003, 「고구려와 신라기와 비교연구-경기지역 고구려성곽 출토품을 중심으로」, 『백산학보』 67, 백산학회.

백종오, 2003, 「朝鮮半島臨津江流域的高句麗關防體系硏究」, 『東北亞歷史與考古信息』 總第40期.

백종오, 2004, 「포천 성동리산성의 변천과정 검토」, 『선사와 고대』 20, 한국고대학회.

백종오, 2004, 「백제 한성기산성의 현황과 특징」, 『백산학보』 69, 백산학회.

백종오, 2004, 「임진강 유역 고구려 평기와 연구」, 『문화사학』 21, 한국문화사학회.

백종오, 2005, 「고구려 기와연구」, 단국대 대학원 박사학위 논문.

백종오, 2005,「최근 발견 경기지역 고구려 유적」,『북방사논총』7.

백종오, 2006,『남녘의 고구려 문화유산』.

백종오, 2006,『고구려기와의 성립과 왕권』, 주류성.

서울대학교 박물관, 1975,『석촌동 적석총 발굴조사보고』.

서울대학교 박물관, 2000,『아차산성』.

서울대학교 박물관, 2000,『아차산 제4보루』.

서울대학교 박물관, 2002,『아차산 시루봉보루』.

서울대학교 박물관, 2006,『용마산 2보루』.

서울대학교 박물관, 2007,『아차산 4보루 성벽 발굴조사』.

서울대학교 박물관, 2011,「연천 무등리 2보루 2차 발굴조사 현장설명회 자료집」.

서울대학교 박물관, 2012,『양주 천보산 2보루 발굴조사 약보고서』.

서울대학교 박물관, 2013,『석촌동고분군 Ⅰ』.

서울대학교 박물관·구리시, 2013,『시루봉보루 Ⅱ』.

어창선, 2011,「충주 제철유적의 조사현황과 성격」,『중원의 생산유적』, 충주대학교 박물관 제 5회 중원문화 학술포럼, pp.167-198.

최몽룡, 1989,「人類와 鐵」,『鐵鋼文明發達史』, 浦項綜合製鐵株式會社, pp.1-4.

최몽룡, 1991,「마한목지국의 제 문제」, 최몽룡·심정보 편저,『백제사의 이해』, 서울: 학연문화사, pp.7-45.

최몽룡, 1993,「호남지방 고대문화의 성격」,『호남의 자연환경과 문화적 성격』, 한국문화원연합회 전라남도지부, pp.23-32.

최몽룡, 1994,「전남지방의 마한의 연구」, 논총간행위원회 편,『마한·백제문화와 미륵사상』, 문산 김삼룡 박사 고희 기념논총, 익산: 원광대학교 출판국, pp.71-98.

최몽룡, 2000,「전남지방 마한·목지국 연구의 문제점」,『흙과 인류』, 서울: 주류성, pp.117-129.

최몽룡, 2003, 「한성시대의 백제와 마한」, 『문화재』 36호, pp.5-38.

최몽룡, 2004, 「고고학으로 본 마한」, 『마한·백제문화』 16집, 원광대학교 마한·백제문화연구소, pp.23-34.

최몽룡, 2004, 「한국문화의 계통」, 『동북아 청동기문화연구』, 서울: 주류성, pp.11-46.

최몽룡, 2005, 『한성시대의 백제와 마한』, 서울: 주류성.

최몽룡, 2006, 『최근의 고고학 자료로 본 한국고고학·고대사의 신 연구』, 서울: 주류성.

최몽룡, 2007, 『인류문명발달사』(2009년 3판 개정판), 서울: 주류성.

최몽룡, 2007, 「고구려와 중원문화」, 제 1회 중원문화 학술대회(12월 5일, 수), 충주: 충주대학교 박물관, pp.69-85.

최몽룡, 2008, 『한국청동기·철기시대와 고대사회의 복원』, 서울: 주류성.

최몽룡, 2008, 「남한강 중원문화와 고구려-탄금대 철 생산과 삼국의 각축-」, 『중원과 한강』, 제 2회 중원문화 학술대회(11월 25일, 화), 충주: 충주대학교 박물관, pp.13-32.

최몽룡, 2009, 「南漢江 中原文化와 高句麗, 탄금대의 철 생산과 삼국의 각축-」, 최몽룡 편저, 『21세기의 한국고고학 Ⅱ』, 서울: 주류성, pp.13-40.

최몽룡, 2009, 「중국 허무두(浙江省 余姚縣 河姆渡)신석기 유적」, 『Unearth(계간 한국의 고고학)』 가을호, pp.14-15.

최몽룡, 2009, 「馬韓研究의 새로운 方向과 課題」, 『전주박물관 마한전시회 도록』, pp.4-19.

최몽룡, 2010, 「호남의 고고학」, 『21세기의 한국고고학 Ⅲ』, 서울: 주류성, pp.19-87.

최몽룡, 2010, 「한국 문화기원의 다양성-구석기시대에서 철기시대가지 동아시아의 제 문화·문명으로부터의 전파-」, 『동아시아 문명 기원과 교류』,

단국대학교 동양학연구소, pp.1-45.

최몽룡, 2011, 「부여 송국리 유적의 새로운 편년」, 『21세기의 한국 고고학 Ⅳ』, 서울: 주류성, pp.211-226.

최몽룡, 2011, 「고등학교 국사교과서 교사용 지도서-Ⅱ. 선사시대의 문화와 국가의 형성(고등학교)」, 『21세기의 한국고고학 Ⅳ』, 서울: 주류성, pp.27-130.

최몽룡, 2011, 「한국에서 토기의 자연과학적 분석과 전망」, 국립나주문화재연구소의 학술대회 제1주제 『자연과학에서의 대형옹관과 제작기법』, pp.9-25.

최몽룡, 2011, 『창원 성산 패총 발굴의 회고, 전망과 재평가』, 창원: 창원문화원, pp.1-16.

최몽룡, 2011, 「二聖山城과 百濟」, 『이성산성에 관한 학술대회』, 하남시 문화원 제 3회 학술대회(10월 7일, 금), pp.11-37 및 2011, 『위례문화』 14호, 하남시문화원, pp.89-118.

최몽룡, 2011, 『韓國考古學硏究의 諸 問題』, 서울: 주류성.

최몽룡, 2012, 「스키타이, 흉노와 한국고대문화—한국문화기원의 다양성-」, 『흉노와 그 동쪽의 이웃들』, 국립중앙박물관·부경대학교 인문사회과학연구소, pp.7-31.

최몽룡, 2012, 「한국고고학·고대사에서 종교·제사유적의 의의-환호와 암각화-」. 『한국 동남해안의 선사와 고대문화』, 제 40회 한국상고사학회 학술발표대회, pp.7-43.

최몽룡·백종오, 2012, 「고구려 적석총과 백제의 국가형성」, 최몽룡 편저, 『21세기의 한국고고학』, 서울: 주류성, pp.67-106.

최성락, 2012, 「초기철기 시대론에 대한 비판적 검토」, 최몽룡 편저, 『21세기의 한국고고학 Ⅴ』, 서울: 주류성, pp.233-254.

최성락, 2012, 「한국고고학의 시대구분은 변화되어야 한다」, 『계간 한국의 고고학』 vol.19, 서울: 주류성, pp.50-53.

高句麗 積石塚과 百濟의 國家形成

崔夢龍·白種伍 | 서울대학교 명예교수·국립한국교통대학교 교수

高句麗 積石塚과 百濟의 國家形成

百濟國은 기원전 3세기-기원전 2세기에 성립된 馬韓의 바탕위에 기원전 18년에 성립되었다.[1)] 이는 물론『三國史記』초기의 백제 기록을 믿고 또 최근 조사된 적석총의 연대가 기원전 2세기-기원전 1세기로 올라간다는 것을 인정한

1) 필자가「전남지방 소재 지석묘의 형식과 분류」(최몽룡, 1978, 역사학보 78집, pp.1-50), '고고학 측면에서 본 마한'(최몽룡, 1986,『마한·백제문화연구』9집, 원광대학교 마한·백제연구소, pp.5-16)과「考古學上으로 본 馬韓硏究」(최몽룡, 1994, 원광대학교 마한·백제문화연구소 주최 학술 심포지엄, pp.71-98)라는 글에서 "한국청동기·철기시대 土着人들의 支石墓社會는 鐵器시대가 해체되면서 점차 馬韓사회로 바뀌어 나갔다."는 요지를 처음 발표할 때만 하더라도 한국고고학계에서 '馬韓'이란 용어는 그리 익숙한 표현이 아니었다. 그러나 최근 경기도, 충청남북도 및 전라남북도 지역에서 확인되고 있는 고고학적 유적 및 문화의 설명에 있어 지난 수십 년간 명확한 개념정의 없이 통용되어 오던 原三國時代란 용어가 '馬韓時代' 또는 '馬韓文化'란 용어로 대체되는 경향이 생겨나고 있는데, 이는 마한을 포함한 三韓社會 및 문화에 대한 학계의 관심이 증폭되고, 또 이를 뒷받침할 만한 고고학 자료가 많아졌음에 따른 것이다. 지석묘사회의 해체 시기는 철기시대 전기로 기원전 400년-기원전 1년 사이에 속한다. 최근에 발굴 조사된 철기시대 전기에 속하는 유적으로 전라남도 여수 화양면 화동리 안골과 영암 서호면 엄길리 지석묘를 들 수 있다. 여천 화양면 화동리 안골 지석묘는 기원전 480년-기원전 70년 사이에 축조되었다. 그리고 영암 엄길리의 경우 이중의 개석 구조를 가진 지석묘로 그 아래에서 흑도장경호가 나오고 있어 그 연대는 기원전 3세기-기원전 2세기경으로 추정된다. 그리고 부여 송국리 유적(사적 249호)의 경우도 청동기시대후기에서 철기시대 전기로 넘어오면서 마한사회에로 이행이 되고 있다(최몽룡, 2011,「부여 송국리 유적의 새로운 편년」,『韓國考古學硏究의 諸 問題』, pp.207-223). 馬韓사회는

다는 전제에 따른 것이다.[2] 마한으로부터 臨津江과 漢江유역의 영역을 할양받으면서[3] 점차 정치적 국가체로 발전할 수 있었던 백제는 초기의 문화적 양상이 마한의 것과 거의 다르지 않았을 것으로 생각된다. 이러한 흔적은 백제시대의 무덤과 유구에서 찾을 수 있는데 積石塚, 土壙墓, 甕棺墓, 馬韓土室의 변형인 福

고고학 상으로 기원전 3/기원전 2세기에서 서기 5세기 말/서기 6세기 초에 속하는 것으로 보인다. 마한은 한고국고고학 편년 상 철기시대 전기에서 삼국시대 후기(서기 300년–서기 660/668년)까지 걸치며, 百濟보다 앞서 나타나서 백제와 거의 같은 시기에 共存하다가 마지막에 백제에 행정적으로 흡수·통합되었다. 『三國志』 魏志 東夷傳 弁辰條에 族長격인 渠帥(또는 長帥, 主帥라도 함)가 있으며 이는 격이나 규모에 따라 신지(臣智, 또는 秦支·踧支라고도 함), 검측(險側), 번예(樊濊), 살계(殺奚)와 읍차(邑借)로 불리어지고 있었음을 알 수 있다. 이는 정치 진화상 같은 시기의 沃沮의 三老, 東濊의 侯, 邑長, 三老, 挹婁의 大人, 肅愼의 君長과 같은 國邑이나 邑落을 다스리던 혈연을 기반으로 하는 계급사회의 行政의 우두머리인 族長(chief)에 해당된다. 그리고 『三國史記』 권 제1 신라본기 시조 赫居世 居西干 38년(기원전 20년) 및 39년(기원전 19년)조에 보이는 마한왕(馬韓王) 혹은 서한왕(西韓王)의 기록(三十八年春二月, 遣瓠公聘於馬韓. 馬韓王讓瓠公日 辰卞二韓爲我屬國, 比年不輸職貢, 事大之禮, 其若是乎 對日我國自二聖肇興, 人事修, 天時和, 倉庾充實, 人民敬讓. 自辰韓遺民, 以至卞韓樂浪倭人, 無不畏懷, 而吾王謙虛, 遣下臣修聘, 可謂過於禮矣. 而大王赫怒, 劫之以兵, 是何意耶 王憤欲殺之, 左右諫止, 乃許歸. 前此中國之人, 苦秦亂, 東來者衆. 多處馬韓東, 與辰韓雜居, 至是寖盛, 故馬韓忌之, 有責焉. 瓠公者未詳其族姓, 本倭人, 初以瓠繫腰, 度海而來, 故稱瓠公 .三十九年, 馬韓王薨. 或說上日西韓王前辱我使, 今當其喪征之, 其國不足平也, 上日幸人之災, 不仁也, 不從. 乃遣使弔慰.)과 『三國史記』 백제본기 권 제23 시조 溫祚王 13년 조(기원전 6년)의 馬韓에 사신을 보내 강역을 정했다는 기록(八月, 遣使馬韓告遷都. 遂畫定疆場, 北至浿河, 南限熊川, 西窮大海, 東極走壤) 등은 마한이 늦어도 기원전 1세기경에는 왕을 중심으로 하는 국가체계를 갖추었던, 신라와 백제보다 앞서 형성되었던 국가였음을 알려준다.

2) 백제의 건국연대가 『三國史記』의 기록대로 기원전 18년으로 올라간다. 이는 문화재연구소에서 서기 1999년 실시한 서울 풍납동 토성(사적 11호)의 성벽 발굴 최하층에서 확인한 제례용으로 埋納된 硬質無文土器의 연대는 『三國史記』 溫祚王 41년條(서기 23년) '...發漢水東北諸部落人年十五歲以上 修營慰禮城...'이란 성벽(동벽과 서벽)의 축조연대와 함께 기원전 1세기–서기 1세기경으로 추측할 수 있는 데에서도 알 수 있다. 그리고 春川 中島의 硬質(糟質)無文土器도 기원전 15±90년(1935±90 B.P., 기원전 105년–서

주머니 형태의 지하저장고 등이 해당된다.[4] 이 가운데 積石塚은 高句麗 이주 세력의 분묘로 백제 초기의 지배세력에 의해 축조되었으며, 당시 백제의 성격을 이해하는데 매우 유용한 자료이다.[5] 적석총이 축조되던 시기는 기원전 2세기–

기 75년)으로 경질무문토기의 하한은 늦어도 기원전 1세기–서기 1세기경이 될 것이다. 여기에 덧붙여 '...十五年春正月 作新宮室 儉而不陋 華而不侈.'라는 궁궐의 신축은 溫祚王 15년(기원전 4년)에 이루어졌음도 믿을 수 있는 연대임을 알 수 있다.

3) 백제초기의 유적은 충청북도 충주시 금릉동 백제초기 유적, 칠금동 탄금대 백제토성(철 생산 유적), 장미산성(사적 400호), 가금면 탑평리 집자리 1호(서기 355년, 365년, 385년)와 강원도 홍천 하화계리, 원주 법천리, 춘천 천전리, 화천군 하남 원천리에서 발견되고 있는데, 이들은『三國史記』百濟本紀 I 溫祚王 13년條(기원전 6년)의 '...遣使馬韓 告遷都 遂畫疆場 北至浿河 南限熊川 西窮大海 東極走壤... '이란 기록을 뒷받침해주고 있다.

4) 土室의 유적들은 경기도, 충청남북도 그리고 전라남북도 일대에 분포하는데, 이들 유적들은 馬韓의 세 시기 중 천안(I기)–익산(II기)의 두 시기에 속한다고 볼 수 있겠다. 토실은 단실(單室)과 두 개 이상을 장방형 수혈주거와 묶어 만든 복합형의 두 형식으로 구분되는데, 전자의 예는 남한산성, 용인 죽전과 공주 의당면 수촌리(사적 460호 자리)에서, 후자의 경우는 용인 보정리, 익산 사덕과 공주 장선리(사적 433호) 등지에서 확인된 바 있다. 이는 토실들을 외형을 기준으로 형식 분류할 수 있음을 의미하며, 이외에도 암반을 깎아 판 것과 군산 내흥동의 경우처럼 저습지에 조성된 것도 있어, 토실을 분류할 때에는 지역에 따른 환경에의 적응 및 기능도 고려해야 한다. 용인 보정리와 익산 여산리 유성의 경우에서는 불을 피웠던 흔적이 확인되었고, 가구시설이 발견되었음을 고려할 때 토실의 주된 기능은 실제 주거였을 것이다. 현재까지 나온 토실의 형식을 분류해보면 土室의 깊이가 깊은 것(가. 단실형, 나. 두 개 이상의 토실이 합쳐져 연결된 복합형, 다. 원형의 토실과 장방형 수혈주거와의 결합형)–토실의 깊이가 얕은 것–백제 초기의 福주머니형태의 순으로 발전하는 것으로 추측된다(최몽룡,「호남의 고고학–철기시대 전·후기와 마한–」,『21세기의 한국고고학 IV』, 서울: 주류성, p.38).

5) 여기에 대해서는 필자는 서기 1985년「고고학적 자료를 통해본 백제초기의 영역고찰,–도성 및 영역문제를 중심으로 본 한성시대 백제의 성장과정」(최몽룡·권오영, 1985,『천관우선생 환력기념 한국사학 논총』, pp.83–120 및 최몽룡, 1987,『한국고대사의 제 문제』(유인물), 관악사, pp.151–187)란 글을 통해 '高句麗의 積石塚을 만들던 사람들이 南下해 百濟를 건국하는 主體가 되었다'는 요지의 글을 발표한 바 있었다. 그리고 그 이후

기원전 1세기경으로 韓國考古學 編年上 鐵器時代 前期(기원전 400년-기원전 1년)末이며 이를 통해 百濟의 建國이 형성되고 三國時代 前期(서기 1년-서기 300년)에로 進入하게 된다.

백제 적석총은 크게 無基壇式과 基壇式 적석총으로 나뉜다. 무기단식 적석총은 多槨式 무기단식 적석총과 이음식 적석총으로 축조되었으며, 기단식 적석총은 階段(層段)식 적석총으로 발전되어진다. 고구려의 무덤도 石墓(돌무덤)와 土墓(흙무덤)으로 나누어진다. 석묘는 적석묘(돌각담무덤)와 封石墓(돌간돌무덤)으로 세분되며 積石墓(積石塚)는 다시 무기단식적석총(계단상의 축조가 없는 것)과 기단식 적석총(돌기단무덤)[6]으로 구분되어 백제 적석총과 유사함을 알 수 있다. 독로강 유역의 심귀리와 로남리 남파동, 간파동, 연상리와 풍청리 하천장, 압록강유역의 조아리, 서해리, 법동리 하구비와 신풍동, 연풍리, 토성리, 장성리 등지에서 발견되는 강돌 돌각담무덤의 연대는 철기시대에 속하는 平北 時中郡 魯南里와 寧邊郡 細竹里 출토의 유물과 같은 것으로 보아 기원전 2세기-기원전 1세기로 추정하였다(정찬영 1973, pp.40-41). 백제 적석총에 대한 발굴·조사는 서기 1970년대 양평 문호리(1974)와 서울 石村洞을 시작으로 춘천 中島, 제원 청풍면 桃花里·陽坪里(1983)가 차례로 이루어졌으며 서기 1980년대까지는 주로 한강을 중심으로 진행되었다. 서기 1990년대 이후에는 임진강유역의 연천 삼곶리 적석총(1994)이 새롭게 조사되면서 최근까지 이 지역에서 조사가 활발히 이루어졌다. 특히 개성 장학리, 연천 中面 三串里와 白鶴面 鶴谷里

26년간 새로이 발굴·조사된 적석총들과 출토 유몰들을 통해 볼 때 필자의 견해가 틀리지 않았음을 확인하고, 적석총 상한연대가 기원전 2세기-기원전 1세기로 올라간다는 생각과 당시의 정치적 상황을 보완하여 이 글을 다시 작성하게 되었다. 이러한 생각은 『三國史記』의 초기기록과 부합된다.

6) 정찬영, 1973, 「기원 4세기까지의 고구려묘제에 관한 연구」, 『고고민속 논문집』 5, p.2.

(2004), 中面 橫山里(2009-2010) 등이 발굴되면서 초기 백제의 적석총에 대해 보다 자세히 알 수 있게 되었다. 현재까지 백제 적석총 연구의 쟁점은 성격과 용어문제, 기원 및 피장자의 출자, 연대, 고구려와 초기 백제와의 관련성 등으로 정리된다.[7)]

최근에 이루어진 적석총의 發掘 調査現況은 다음과 같다.

1. 개성 장학리 적석총[8)]

개성시 장풍군 장학리에 자리한 장학리 적석총은 천광산 줄기 끝 약간 높은 지대에 위치한다. 강돌과 막돌로 축조한 무덤의 규모는 기단 길이 17m, 높이 2.7m이다. 평면은 장방형이며 북쪽과 동쪽에 5단의 기단이 잔존하여 階段式 積石塚으로 파악된다. 墓槨은 두 개가 확인되었으며 길이 2.25m, 너비는 각각 1m, 0.95m이다. 묘곽의 바닥에는 자갈층이며 내부에서 승문이 시문된 적회색 토기 편, 관 못, 쇠칼 등 철제유물, 구슬과 식물종자 등이 출토되었다.

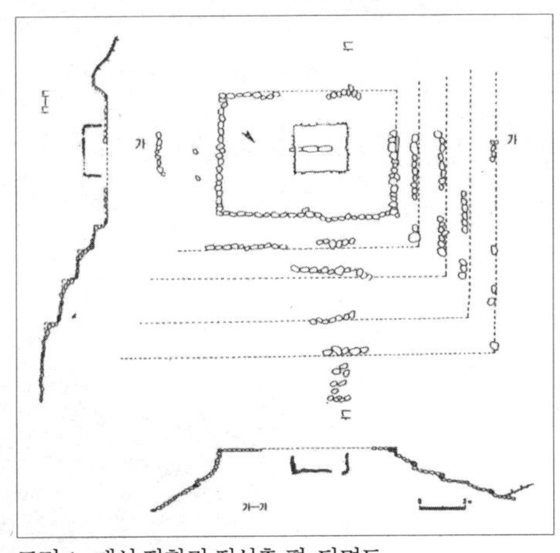

도면 1. 개성 장학리 적석총 평·단면도

7) 이동희, 2008,「최근 연구 성과로 본 한강·임진강유역 적석총의 성격」,『한국사학보』32호, 고려사학회, p.12.

8) 조선유적유물도감편찬위원회, 1996,『朝鮮遺蹟遺物圖鑑』20, 평양: 외국문종합출판사.

2. 연천 삼곶리 적석총[9]

경기도 연천군 중면 삼곶리에 소재한 삼곶리 적석총은 임진강변의 충적대지상에 돌출된 모래언덕 위에 자리한다. 서기 1992년 국립문화재연구소에 의해 발굴조사 되었는데 모래구릉의 상면을 정지하고 정지면 위에 지름 0.4m-0.5m의 큰 강돌(川石)을 1벌 깔아 기초를 만들었다. 이 기초면 위에 적석 분구(墳丘)를 장방형(長方形)에 가깝게 2-3단의 높이로 조성하였고 돌무지 분구의 북편으로는 자갈돌을 기초 바닥면에 한 번 더 깔아 일종의 제단과 같은 부석시설(敷石施設)을 마련해 두었다. 분구는 단일하게 조성된 것이 아니라 동서로 접해 있는 장방형의 적석이 결합되어 하나의 세장(細長)한 적석처럼 보인다. 후대에 교란이 심하게 진행된 탓에 돌무지 축조방법을 복원해 보기 어렵고 형태조차 명확히 정의하기 어렵지만 서편이나 동편의 분구 모두 희미하게나마 2단의 方壇

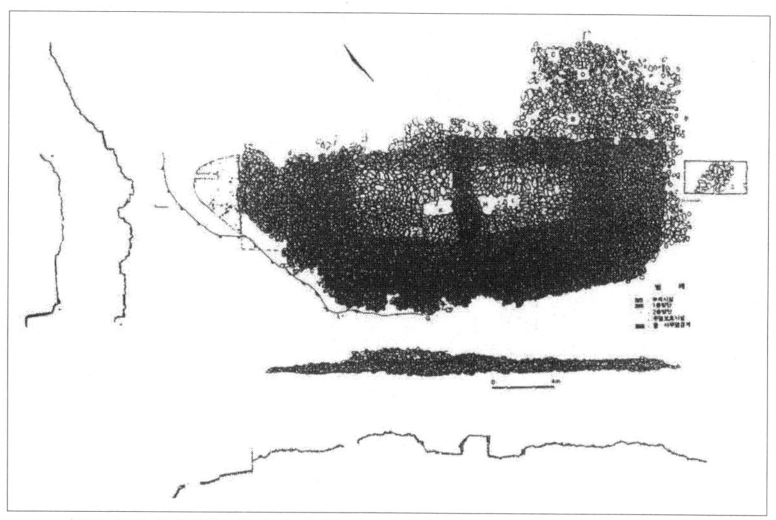

도면 2. 연천 삼곶리 적석총 평·단면도

9) 文化財管理局 文化財硏究所, 1994,『漣川 三串里 百濟積石塚 發掘調査報告書』.

階段式으로 조성하였다. 동편의 제1방단은 길이, 너비가 15m×6.5m 정도이고 서편의 제1방단은 12m×6m 정도이다. 제1방단보다 6m, 혹은 9m 가량이나 들어와 제2의 방단이 축조되는데, 제2방단의 상면에 덧널을 설치하였다. 동편 분구와 서편 분구의 덧널은 서로 맞대어 마주보도록 축조한 것이 특이하다. 양쪽 덧널 모두 길이는 2.5m−2.7m 정도이고 너비는 1.4m 가량 된다. 일종의 구덩식 돌덧널과 같은 구조라고 하겠는데 바닥에는 특별한 시설이 없고, 나무로 뚜껑을 한 듯 덧널은 함몰된 양상으로 나타난다. 출토유물은 유리, 호박, 마노 등의 소옥으로 만들어진 목걸이 2점이 양쪽 덧널에서 각각 출토되었고, 철촉도 1점씩 나왔다. 나머지 타날문 토기편이 부석시설, 분구의 보강적석시설 등에서 출토되었다. 삼곶리 적석총은 방단계단식이라는 점에서 고구려의 적석총과 유사하며 이음식 적석총과 제단이 있는 점은 桓仁県 古力墓子村 M19호와도 연관이 있어 보인다.

3. 연천 학곡리 적석총[10)]

경기도 연천군 백학면 학곡리의 임진강변 단구상 충적대지에 입지한 학곡리 적석총은 기전문화재연구원에 의해 서기 2002년에 발굴·조사되었다. 전체규모는 동서 25m, 남북 10m, 북동−남서방향으로 길게 조성하였다. 이 무덤은 무기단식 적석총으로 적석부와 즙석시설로 이루어졌다. 적석부의 평면 형태는 부정형의 장타원형이었을 것으로 추정되며, 중앙 경계면을 중심으로 동반부와 서반부로 구분되는데, 동반부에 서반부를 연접시킨 구조이다. 묘곽은 동반부에서 3기, 서반부에서 1기 등 모두 4기가 확인되었다. 묘곽은 2호곽→3호곽→1호곽→4호곽 순으로 축조된 것으로 보이며, 이 가운데 1호, 2호, 3호곽은 서로 한

10) 기전문화재연구원, 2004, 『연천 학곡리 적석총』 및 경기문화재연구원·경기도박물관, 2009, 『경기 발굴 10년의 발자취』.

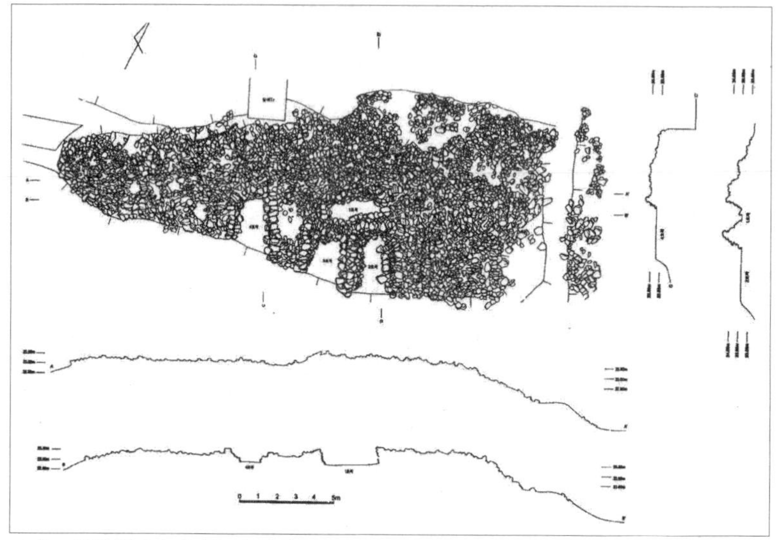

도면 3. 연천 학곡리 적석총 평·단면도

벽을 격벽삼아 연접된 구조이다. 묘곽을 축조하는데 사용된 석재는 전혀 가공하지 않은 30㎝-50㎝ 크기의 하천석을 사용하였다. 축조방식은 하천석의 길이방향이 서로 맞대도록 연결하면서 종으로 쌓았다. 묘곽 바닥에는 시상을 위한 시설은 확인되지 않았다. 묘곽의 평면 형태는 대부분 남벽이 유실되었으나 잔존형태로 미루어 장방형이었을 것으로 추정된다. 묘곽 바닥에서는 특별한 시설이 확인되지 않았다. 즙석시설은 자연사구 전면에 걸쳐 깔지 않고, 물의 영향을 직접적으로 받는 사구의 남사면과 동쪽 경사면에만 시설하였던 것으로 여겨진다. 유물은 묘곽과 적석부, 즙석시설 등에서 소량의 타날문토기와 낙랑도기편, 구슬(마노, 유리제), 청동방울, 청동환 등이 출토되었다.

4. 연천 횡산리 적석총[11)]

경기도 연천군 중면 횡산리 233번지에 위치한 횡산리 적석총은 서기 2009년-서기 2010년에 걸쳐 국방문화재연구원에 의해 조사되었다. 유적의 입지는 하천변 자연제방 위 나지막한 구릉(해발 39m-42m)을 이용하여 조성하였다. 규모는 남북방향 기저부 폭 58m, 동서방향 기저부 폭 28m, 높이(동)5.8m-(서)3.5m으로 파악되었으며, 경사는 약 (동)40°~(서)52°를 이루고 있다. 매장주체부는 훼손되어 규모와 형태를 알기 어려우나 현지 주민의 전언과 삼곶리와 학곡리 적석총의 규모로 추정해 볼 때 적석부의 높이는 1.5m 내외 가량 되었을 것으로 추정된다. 추정 근거는 1985년경 유적 상부에 군부대 시설이 자리하여 유적이 파괴되었고 계단·쓰레기 구덩이 있었다는 제보가 있었으며, 특히 권영우(78세)의 증언에 따르면 서기 1950년 겨울에는 현재보다 약 1.5m 높았다고 전한 바 있다.

출토유물들은 타날문토기편, 토기 구연부편, 철겸·철촉·철모 등 철기류, 관옥 등이 확인되었는데 대부분 적석총 가장자리와 사면에서 수습되었으며, 매장주체부가 위치했을 것으로 추정되는 상면 중앙부에서는 유물이 찾아지지 않았다.

유경편병철촉(고구려 초기, 평북 용천 신암리 고구려 층, 연천 삼곶리)과 철겸, 철모(충북 제원 桃花里, 청원 송대리, 완주 갈동, 고창 만동, 평남 강서군 태성리 토광묘 6, 8, 15호), 碧玉제 관옥(대롱구슬) 등은 鐵器時代 前期 末에 해당하는 시기에 쓰인 것으로 추정되며 고구려와 낙랑의 영향을 많이 받은 유물로 생각된다. 따라서 유적의 조성연대는 대략 기원전 2세기-기원전 1세기경인 철기시대 전기(기원전 400년-기원전 1년)말에 해당할 것으로 추정된다. 조사자는 무덤의 축조주체를 고구려에서 남하한 백제건국자(高句麗 出自의 百濟건국자들의 墓)로 파악하고 있다.

이 유적은 임진강변의 얕은 구릉 위에 위치한 신석기 유적(황해도 봉산 智塔

11) 국방문화재연구원, 2010.4, 「연천 군남 홍수조절지 내 횡산리 적석총 발굴조사 3차 지도위원회의 자료」.

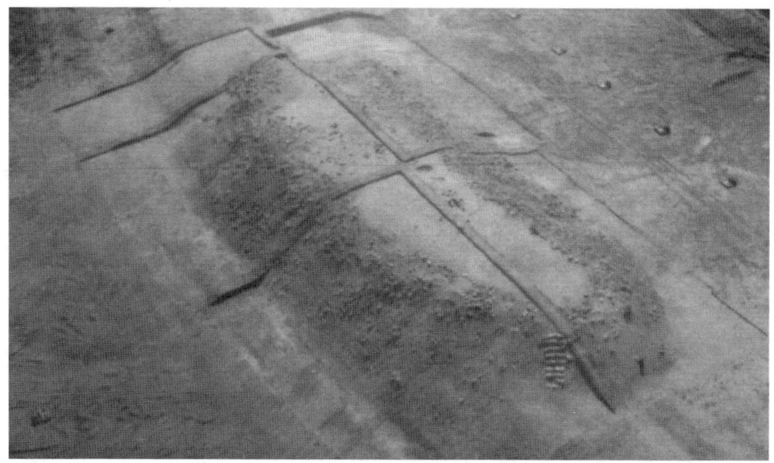

사진 1. 연천 횡산리 적석총 전경사진(국방문화재연구원 서기 2009년 9월 발굴 중 항공촬영)

里와 평남 해운면 弓山里와 유사한 유적)을 파괴하고, 정지한 후 모래를 쌓아 올리고 그 위에 積石을 하여 多槨式 無基壇 積石塚을 축조한 특징을 갖고 있다.

적석총 상부에는 돌을 이용하여 원형으로 축조한 신석기시대의 爐址가 확인되었다. 이러한 노지는 신석기시대 말기-청동기시대 조기에 5각형(원주 태장 4지구, 충주 조동리, 회녕 오동, 영월 연당 쌍굴, 파주 문산 당동)을 이루었으며 청동기시대에 이르러 사각형로 변천해 나갔다.

5. 양평 신원리 적석총[12)]

경기도 楊平군 양서면 新院里 554번지 일대에 위치한 신원리 적석총은 남한강 북안의 경사면에 자리한다. 중앙선 복선전철화 공사구간에 해당되어 경기대학교 박물관에 의해 서기 2003년-서기 2004년에 조사 되었으며 조사결과 적

12) 유태용, 2007, 「양평 신원리 백제 적석총의 연구」, 최몽룡 편저, 『경기도의 고고학』, 서울: 주류성, pp.163-193.

석총 1기가 발굴되었다.

이 적석총의 규모는 남북 16.5m, 동서 15.8m, 높이 20㎝-50㎝이다. 평면 형태는 서남쪽 일부가 파손되었으나 방형에 가깝고, 내부에서 단곽의 묘실이 조사되었다. 상부에는 부정형 판석과 할석 등으로 적석하여 마무리하였으며, 유구 동쪽에는 등고선과 평행하게 부석시설이 노출되었다. 적석총의 중심부에는 대형 할석을 일정한 간격으로 배치하였고, 이들 할석 사이에는 소형의 부정형 할석과 판석을 평적하여 270㎝×130㎝×55㎝ 크기의 묘실을 축조하였다. 그리고 적석총의 동북부에는 등고선과 평행하게 할석을 700㎝ 폭으로 얇게 깔아 부석시설을 하였다. 유구의 층위를 보면 맨 아래층에 지형에 따라 할석을 약 20㎝-40㎝두께로 적석하였으며, 바로 위에 다시 10㎝ 정도 두께로 점토다짐을 하였고, 맨 위층에는 다시 부정형 판석과 할석이 혼합된 상태의 30㎝-40㎝ 두께로 적석하였다.

유물은 적석 사이에서 흑갈색 연질토기편이, 서북쪽에서 타날문토기 호가 출토되었다. 토기편은 단경호로 추정되는데 외부 표면에 격자문이 타날되어 있다. 이와 같은 유형의 토기는 연천 중면 삼곶리와 백학면 학곡리 적석총 등에서 확인된 바 있다.

도면 4. 양평 양서 신원리 적석총 평·단면도

신원리 적석총은 안쪽에 점토를 채우고 외면에는 석재로 석축하고 외면에 대형할석으로 기단을 세운 基壇式 方形 積石塚이며, 내부

구조에 있어서는 묘실이 하나인 단곽식으로 분류된다. 하지만 적석총의 상층부가 매우 심하게 교란되어 단순히 기단만 있는 형식인지, 방형의 계단형 기단 적석총인지의 여부는 알 수 없다.

〈표 1〉 漢江·臨津江유역의 積石塚 발굴조사 현황

연번	유적명	수계	입지	분구규모 (단위:m)	형식	축조재료	매장주체부 형식	매장주체 부수	출토유물	비고
1	서울 석촌동 1호분(남분)	한강 하류	평지	9.8×9.6×(1.1)	기단식	할석	석곽	4	소형은제품	
2	서울 석촌동 1호분(북분)	〃	〃	9.9×8.9×(1.0)	〃	〃	석곽	미상		
3	서울 석촌동 2호분	〃	〃	17.4×16.2×3.8	〃	〃	목관	1	단경호, 도자편, 철검편, 무개고배 등	
4	서울 석촌동 3호분	〃	〃	50.8×48.4×(4.5)	〃	〃	석곽	1	東晋대자기편, 금제영락	
5	서울 석촌동 4호분	〃	〃	17.2×17.2×2.1	〃	〃	미상	미상		
6	춘천 중도	북한강	강안 충적 대지	15×15×2	무기단식	천석	석곽	1	철도자, 철촉, 청동환, 타날문토기	
7	양평 문호리	〃	〃	11×11×2.7	기단식	천석	석곽	1	꺾쇠, 철도자, 청동방울, 관옥, 타날문토기	
8	제원 청풍 도화리	남한강	〃	30×25×4.5	무기단식	천석	석곽	1	철겸, 철부, 철도자, 구슬, 청동환, 청동팔찌, 樂浪陶器	
9	제원 청풍 양평리 1호분	〃	〃	28×24×7.5	무기단식	천석	?	?	철도자, 청동환, 타날문토기편	
10	제원 청풍 양평리 2호분	〃	〃	60×57×9	무기단식	천석	석곽(?)	?	철부, 철도자, 청동환, 청동방울, 관옥, 타날문토기편	
11	개성 장학리	임진강	〃	17×?×2.7	기단식	천석 판석	석곽	2	철도자, 관정, 구슬, 타날문토기편	
12	연천 중면 삼곶리	〃	〃	28×11×1.3	기단식	천석	석곽	2	단경호, 철촉, 청동환, 구슬	
13	연천 백학 학곡리	〃	〃	25×11×0.7	무기단식	천석 할석	석곽	4	철겸, 청동방울, 청동환, 구슬, 타날문토기편, 樂浪陶器	
14	연천 중면 횡산리	〃	〃	45×24×6	무기단식				타날문토기편, 樂浪陶器, 철겸·철촉·철모, 관옥	
15	양평 양서 신원리	한강		16.5×5.8×0.2~0.5	기단식	할석 판석	석곽	1	흑갈색 연질토기편, 타날문토기 호	

백제 초기 주변지역 政治體의 현황은 다음과 같다. 우선 衛滿朝鮮[13](기원전 194년–기원전 108년)이 있다. 그리고 위만조선에 이어 漢四郡이 기원전 108년에 들어선다. 주로 경기도[樂浪 漢 武帝 元封 3년(기원전 108년)–晉 建興 元年/美川王 14년(서기 313년), 帶方 獻帝 建安(서기 196년–서기 220년)–서기 313년]과 강원도[臨屯, 漢 武帝 元封 4년(기원전 108년漢 武帝 元封 3년 기원전 108년 설치–기원전 82년 임둔을 파하여 현도에 합침, 玄菟(기원전 107년–기원전

---

13) 한반도 최초의 고대국가는 衛滿朝鮮(기원전 194년–기원전 108년)이다. 국가는 무력, 경제력과 이념(종교)이 바탕이 되며, 무력을 합법적으로 사용하고 중앙집권적이고 전문화된 정부조직을 갖고 있다. 세계에서 도시·문명·국가는 청동기시대에 나타나는데 우리나라의 경우 중국의 영향 하에 성립되는 이차적인 국가가 되며, 또 세계적인 추세에 비해 훨씬 늦은 철기시대 전기에 나타난다. 고인돌은 기원전 1500년에서부터 시작하여 경상남도, 전라남도와 제주도에서는 철기시대기 말까지 존속한 한국토착사회의 묘제로서 그 사회는 혈연을 기반으로 하는 계급사회인 족장사회로, 교역, 재분배경제, 직업의 전문화, 조상숭배 등을 바탕으로 하고 있었다. 그리고 그 다음에 오는 고대국가의 기원은 앞으로 고고학적인 자료의 증가에 따라 단군조선에까지 더욱 더 소급될 수도 있으나, 문헌에 나타나는 사회조직, 직업적인 행정관료, 조직화된 군사력, 신분의 계층화, 행정중심지로서의 왕검성(평양 일대로 추정)의 존재, 왕권의 세습화, 전문적인 직업인의 존재 등의 기록으로 보아서 위만조선이 현재로는 한반도내 최초의 국가체제를 유지하고 있었던 것으로 보인다. 또한 국가형성에 중요한 역할을 차지하는 시장경제와 무역의 경우 위만조선 이전의 고조선에서도 교역이 있었으며, 변진과 마한, 왜, 예 등은 철을 중심으로 교역이 행해졌던 것으로 보인다. 위만조선의 경우 한반도 북쪽의 지리적인 요충지에 자리잡음으로 해서, 그 지리적인 이점을 최대한으로 이용한 '중심지무역'으로 이익을 얻고, 이것이 국가를 성립시키고 성장하는데 중요한 요인이 되었을 것이다. 漢 高祖 12년(기원전 195년) 燕王 盧綰이 漢나라에 叛하여 匈奴로 도망감에 따라 부하였던 衛滿은 입국할 때에 상투를 틀고 조선인의 옷을 입고 있었던 것으로 보아 연나라에서 살던 조선인으로 생각된다. 위만은 나라 이름 그대로 조선이라 하였고, 그의 정권에는 토착민 출신으로 높은 지위에 오른 자가 많았다. 따라서 위만의 고조선은 단군의 고조선을 계승한 것으로 볼 수 있다. 그리고 국가가 되기 위해서는 '무력의 합법적인 사용과 중앙 관료체제의 확립'이나 '전문화나 전문화된 정부 체제를 지닌 사회'라는 조건을 갖추어야 하는데 위만조선의 경우 이에 해당

75년 興京·老城지방으로 옮김)-현도군에 합쳤던 임둔의 고지는 昭帝 5년(기원전 82년) 낙랑군에 귀속시킴]와 濊(또는 東濊)지역에 집중해서 낙랑도기가 나오고 있어 그들이 설치된 위치를 파악할 수 있다. 적석총에서 낙랑도기편들이 나오고 있는 점은 고구려계통의 적석총이 남하하면서 낙랑과 임둔의 影響을 잘 받아들이고 있음을 보여주고 있다 하겠다. 그리고 남쪽에 마한(馬韓, 기원전 3/기원전 2세기-서기 5세기 말/서기 6세기 초), 북쪽에 그로우노프까(기원전 5

한다고 하겠다. 따라서 위만조선은 중국의『史記』와『漢書』등의 기록에 의하면 우리나라에서 처음으로 확실한 국가의 체제를 갖추었다고 하겠다. 고조선의 발전과 관련하여 기자조선에 대한 기록이 있다. 중국 사서에는 周의 武王이 箕子를 조선에 봉하였다고 되어 있다. 그리고 그 연대를 기원전 12세기경(기원전 1122년)으로 추정하기도 한다. 그러나 기자조선을 조선의 발전 과정에서 사회 내부에 등장한 새로운 지배 세력을 가리키는 것으로, 또는 동이족의 이동 과정에서 기자로 상징되는 어떤 부족이 고조선의 변방에서 정치 세력을 잡은 것으로 보는 견해가 많다. 위만은 입국할 때에 상투를 틀고 조선인의 옷을 입고 있었던 것으로 보아 연나라에서 살던 조선인으로 생각된다. 위만은 나라 이름 그대로 조선이라 하였고, 그의 정권에는 토착민 출신으로 높은 지위에 오른 자가 많았다.

고조선은 초기에는 야오닝 지방에 중심을 두었으나, 후에 와서 대동강유역의 왕검성을 중심으로 독자적인 문화를 이룩하면서 발전하였다. 고조선은 연나라의 침입을 받아 한때 세력이 약해지기도 하였다. 4대 87년간은 존속했던 위만조선은 衛滿에서 이름이 전해지지 않는 아들을 거쳐 손자인 右渠에 이르는 혈연에 의한 세습왕권이었다. 위만과 우거 이외에 기록에 나타나는 裨王長, 朝鮮相 路人, 相 韓陶(韓陰), 大臣 成己, 尼鷄相 參, 將軍 王唊, 歷谿卿, 濊君 南閭 등은 그러한 세습왕권을 유지하는 고위각료들이었던 것으로 생각되며 이들이 곧 전문화된 군사·행정집단인 것으로 보인다. 또한 朝鮮相 路人의 아들 最가 등장하는 것으로 보아 왕위와 마찬가지로 상류층에서도 지위세습이 존재했으며 그러한 상위계층에 대응하는 하나 이상의 하위 신분계층이 더 존재했을 가능성을 시사해주고 있다. 이러한 신분체계와 아울러 기록을 통해서 알 수 있는 위만조선의 사회구조에 관한 것은 내부의 부족 구성과 인구수 등이다. 위만조선의 인구규모는『漢書』와『後漢書』의 기록을 종합해 볼 때 약 50만에 이른 것으로 추정된다. 족장단계(chiefdom society)를 넘어서는 이러한 인구규모를 통제하기 위해서는 경제적 배경이나 영토, 이외에 법령과 치안을 담당할 군대도 필요하다.『漢書』지세기-기원전 2세기, 北沃沮, 團結문화)와 뽈체(기원전 7세기-기원전 4세기, 挹婁)가 상호 通商圈(interaction sphere)을 형성하고 있었다.

衛滿朝鮮이 漢나라 7대 武帝(기원전 140년-기원전 87년 재위)의 원정군에 의해 멸망한 해는 기원전 108년으로 『史記』를 편찬한 사마천(司馬遷, 기원전 145년-기원전 87년)이 37세 때이다. 위만조선의 도읍지였던 평양에 樂浪, 그 아래 지역에 帶方이 설치되었고, 이들을 통해 한나라의 발달된 문물이 한반도로 쏟아져 들어온다. 한나라로부터 유입된 대표적인 문물로 土壙墓와 漢字를 꼽을 수 있으며, 秦나라와 漢나라에서 사용되던 무기, 특히 戈와 漢式陶器의 유입 역시 당시 상황을 고고학적으로 입증해 준다. 가평 달전 2리에서 확인된 토광묘에서는 前漢代(기원전 206년-서기 24년)의 鐵戈[극(戟)으로 이야기할 수도 있으나 최근 중국 西安博物館에서 戈로 표현함]와 한식도기 그리고 위만조선시대의 화분형토기가 출토되었다. 강원도의 강릉 안인리, 병산동, 동해 송정동과 춘천 율문리를 비롯해 경기도 가평 대성리 '철(凸)'자형 집자리에서는 경질무문토기(700℃-850℃에서 구워짐)와 낙랑도기가 함께 출토되었으며, 양평군 양수리 상석정, 가평 대성리와 상면 덕현리와 연천 청산면 초성리에서 '철(凸)'자형, '여(呂)'자형 및 팔각형 집자리에서 한나라 도기가 여러 점이 보고 되었는데, 華城 旗安里(풍성아파트) 製鐵遺蹟에서도 같은 양상이 확인되었다. 또 연천 학곡리 적석총에서 출토된 한나라도기의 연대는 공반유물을 통해 기원전 1세기경으로 추정되었으며, 연천 중면 삼곶리와 군남면 牛井里에서도 적석총이 발굴되어 같

리지에는 한의 풍속이 영향을 미친 이후 80여 조에 달하는 法令이 제정되었다는 기록이 있고, 『後漢書』 東夷傳 濊條에도 역시 그와 유사한 기록이 있다. 위만조선(衛滿朝鮮)의 멸망과 한사군(漢四郡)의 설치는 『史記』의 편찬자인 사마천이 살아있을 때 일어난 사건으로, 위만조선과 낙랑·대방의 존재는 역사적 사실로 인정되어야 하며 위만조선의 왕검성(王儉城)과 낙랑(樂浪)은 오늘날의 평양 일대로 보아야 한다.

은 양상을 보인다.

기원전 108년 위만조선이 漢武帝의 원정군에 망한 후 그 자리에 남아있던 衛滿朝鮮의 원주민과 중국 戰國時代(기원전 475년-기원전 221년)의 亂을 피해온 亡命人들인 漢人(樂浪人)들과의 관계에 대한 고고학 자료의 입증은 土壙墓, 화분형(花盆形)토기, 細形銅劍(韓國式銅劍) 관계 일괄유물들과 漢나라 인들이 가져온 漢式陶器(樂浪陶器[14])들의 분포지 파악 등으로 이루어질 수 있다.

최근 漢式陶器(樂浪陶器)가 나오는 유적은 풍납동토성(사적 11호), 경기도 漣川 硝城里와 鶴谷里, 加平 大成里, 達田 2리와 上面 德峴里, 楊州 兩水里 上石亭, 河南市 二聖山城(사적 422호), 華城 旗安里, 廣州市 墻枝洞, 강원도 江陵 安仁里와 柄山洞, 東海 松亭洞, 旌善 禮美里, 春川 牛頭洞과 栗文里, 충청남도 牙山 湯井 鳴岩里와 경상남도 泗川 勒島 등 십여 군데에 이른다. 주로 강원도(臨屯 기원전 108년-기원전 82년, 濊, 東濊 지역)와 경기도(樂浪 기원전 108년-서기 313년, 帶方지역)지역에 집중해서 樂浪陶器/漢式陶器[15]가 나오고 있으며 이 점은 樂浪과 臨屯의 영향을 잘 보여 준다. 현재까지 樂浪陶器/漢式陶器가 나오는 유적들은 다음과 같다.

14) 500℃-700℃(엄밀한 의미에서는 700℃-850℃)의 화도에서 소성된 무문토기 또는 경질토기로 이를 사용하던 철기시대 전기의 주민들에게는 화도가 1000℃~1100℃에 이르는 樂浪陶器(china)는 상당한 문화적 충격이었을 것이다.

15) 토기, 도기류를 통칭하는 쎄라믹(ceramic)이란 말은 어원상 "불에 타버린 물질"을 뜻한다. Prudence M. Rice(1987, p.5)는 Terra-cotta(1000℃ 이하), Earthen-ware(폭 넓게 900℃-1200℃ 사이), China(1100-1200℃), Stoneware(약 1200℃-1350℃), Porcelain(1300℃-1450℃)으로 구분해 사용한다. 우리나라에서는 土器(500℃-850℃)-陶器(1100℃ 전후)-炻器(stoneware 1200℃ 전후)-磁器(1300℃ 전후)로 분류하며 無文土器, 樂浪陶器, 新羅炻器, 高麗靑瓷(celadon), 朝鮮白磁(porcelain) 등으로 부른다, 燒成度는 지붕이 없는 仰天窯(open kiln)에서 지붕이 있는 登窯(tunnel kiln, climbing oven)에 이르는 가마(窯)제작의 기술적인 발달과정에 따른다.

가. 서울 송파구 風納土城(사적 11호)

나. 경기도 연천 청산면 哨城里

다. 경기도 연천 백학면 鶴谷里

라. 경기도 가평 達田 2里(漢戟, 衛滿朝鮮土器)

마. 경기도 가평 청평면 大成里 驛舍(기전, 겨레에서 발굴)

바. 경기도 양평 兩水里 上石亭[가장 연대가 올라가는 것은 A10-S1(A-10호 주거지 중앙기둥)으로 2150±60 B.P. 보정연대는 기원전 330년 또는 기원전 170년이 된다.]

사. 경기도 하남시 二聖山城(사적 422호)

아. 경기도 화성 발안면 旗安里

자. 강원도 강릉시 安仁里와 柄山洞

차. 강원도 춘천 槿花洞(驛舍), 牛頭洞과 栗文里

카. 강원도 동해 松亭洞

타. 강원도 정선 禮美里

파. 충청북도 제원 청풍면 桃花里(사적 2호인 金海貝塚에서 나오는 회청색 樂浪陶器가 출토)

하. 경상남도 사천 勒島[史勿國, 半兩錢: 기원전 221년-기원전 118년, 7대 漢 武帝 元狩 5년, 樂浪陶器와 彌生土器가 공존)

경기도 지역에서 확인된 적석총은 백제의 건국신화와 아울러 백제가 고구려로부터 남하한 세력인 점과 부합한다. 또 적석총의 분포상은 한성시대 백제 초기의 영역과 밀접한 관련이 있는 고고학 자료이기도 하다. 이런 점에서 철기시대 전기(기원전 400년-기원전 1년) 중 단면 삼각형이 나오는 Ⅲ기(후기) 기원전 2세기-기원전 1세기의 고고학적 유적과 유물의 검토도 필요하다.[16] 그리고 경기도 加平 清平面(옛 外西面) 清平 4里, 경기도 廣州市 墻枝洞, 강원도 橫城 公

根面 鶴潭里와 춘천 擧頭里와 泉田里에서 출토된 해무리굽과 유사한 바닥을 지닌 경질무문토기는 아무르강 중류 리도프카 문화와 끄로우노프카(北沃沮, 黑龍江省 東宁県 団結村 團結문화)에서도 보이므로 한반도의 철기시대에 러시아 문화의 영향을 고려할 필요가 있다. 그리고 春川 泉田里, 新梅里와 牛頭洞 등지에서 최근 발견되는 리도프카(기원전 10세기-기원전 5세기)의 주걱칼, 따가르의 철도자(鐵刀子)도 이와 관련해 주목을 받아야 한다.

한나라가 현재의 평양으로 추정되는 衛滿朝鮮의 고지(故地)에 설치했던 樂浪과 후일의 帶方郡과의 직접적인 접촉을 통한 무역 또는 通商圈의 관계는『三國

16) 慶州 蘿井(사적 245호)은 발굴 결과 철기시대 전기의 유적으로, 수원 고색동, 파주 탄현, 갈현리 등지의 점토대토기 유적에서 나오는 台脚에 굵은 豆形토기도 보이는 점토대토기문화가 바탕이 되었음이 드러났다. 따라서 기원전 57년 신라가 건국했던 연대도 이들의 시기와 일치한다. 또 실제 그곳에는 朴赫居世의 신당(神堂), 또는 서술성모의 신궁이 팔각(八角)형태의 건물로 지어져 있었음으로 신라의 개국연대가 기원전 57년이라는 것도 믿을 수 있게 되었다. 그리고 秋史 金正喜의 海東碑攷에 나오는 신라 30대 文武王(서기 661년-서기 681년 재위)의 비문(2009년 9월 4일, 金, 碑의 상부가 다시 발견됨)에 의하면 慶州 金氏는 匈奴의 후예이고 碑文에 보이는 星漢王(15대조, 金閼智, 서기 65년-?)은 흉노의 秺侯(투후) 休屠王의 太子 祭天之胤 金日磾(김일제, 기원전 135년-기원전 85년)로부터 7대손이 된다. 그리고 13대 味鄒王(서기 262년-서기 284년, 金閼智-勢漢-阿道-首留-郁甫-仇道-味鄒王,『三國史記』제2, 新羅本紀 제2)은 경주 김씨 김알지의 7대손으로 이야기된다. 따라서 경주 김씨의 出自는 匈奴-東胡-烏桓-鮮卑-突厥-吐藩-위굴(回紇, 維吾爾)-契丹-蒙古/元 黑水靺鞨-女眞-生女眞-女眞/金(서기 1115년-서기 1234년)-後金(서기 1616년-서기 1636년)-滿洲/淸(서기 1616/1636년-서기 1911년) 등의 유목민족과 같은 복잡한 배경을 가진다. 휴도왕의 나라는 본래 중국 북서부 현 甘肅省 武威市로, 이는 新羅 積石木槨墳의 기원도 중국 遼寧省 朝陽에서 보이는 鮮卑족의 무덤·출토유물과 관련하여 생각해 볼 가능성이 열리게 되었다. 결국 초원의 스키타이인(Scythian)들이 쓰던 쿠르간 封土墳과의 관련도 배제할 수 없게 되었다(최몽룡, 1993,『한국문화의 원류를 찾아서』, 서울: 학연문화사, p.134).

志』魏志 東夷傳(晋初 陳壽, 서기 233년–서기 297년)에 자세히 기록되어 있으며, 그 기록은 최근 고고학적 자료를 통해서도 입증되고 있다. 즉, 경남 사천 늑도(史勿國)에서도 진시황이 중국을 통일한 해인 기원전 221년부터 한나라 7대 무제 5년 기원전 118년까지 사용되었던 반량전(半兩錢), 회청색 경질도기를 비롯한 한나라도기, 무문토기와 일본의 야요이[彌生] 토기 등이 함께 출토된 바 있는데, 이러한 共伴관계는 위지 동이전의 기록을 고고학적으로 입증해 주는 고고학 자료임은 물론 기존 학계에서 통용되던 한국 철기시대 전기의 문화상과 편년을 재고할 필요성을 강력하게 제기한다.[17)]

그리고 이 시기의 특징 중 한 가지 간과해서는 안 될 것은 사회진화과정상 혈연을 기반으로 하는 계급사회인 족장사회(chiefdom society)에서 혈연을 기반으로 하지 않는 계급사회인 고대국가(ancient state)로 발전하는 가운데 나

---

17) 半兩錢(기원전 221년–기원전 118년)과 五洙錢(기원전 118년, 7대 漢 武帝 5년 鑄造를 시작하여 後漢 光武帝 建武 6년 서기 30년까지 사용)을 포함한 중국 秦–漢대의 동전은 오늘날의 세계 基軸貨인 달라[美貨]에 해당하는 당시 교역 수단으로 당시 활발했던 국제 무역에 관한 고고학적 증거들이다. 기원전 1세기경으로 편년되는 경상남도 泗川 勒島(史勿國)유적에서는 경질무문토기, 일본 彌生土器, 樂浪陶器, 漢式硬質陶器 등과 함께 半兩錢이 같은 층위에서 출토되었다. 반량전은 기원전 221년 진시황의 중국 통일 이후 주조되어 기원전 118년까지 사용된 동전으로 알려져 있다. 이외에도 중국 동전은 해남 군곡리, 나주 오량동 시량, 제주 산지항, 금성리, 김해, 고성과 창원 성산패총 등지에서도 출토되었다. 이는『三國志』魏志 東夷傳 弁辰條의 '國出鐵 韓濊倭皆從取之 諸市買皆用鐵如中國用錢又以供給二郡'의 기사와 倭人傳에 보이는 海(水)路萬里의 무역로(trade route, exchange system, interaction spheres, barter, logistics)를 감안해 볼 때 樂浪(帶方)–海南 郡谷里–泗川 勒島(史勿國)–固城(古史浦)–昌原 城山(骨浦國)–金海(狗邪韓國)–제주도 山地港–對馬島(國)–壹岐(一支國)–末盧國–伊都國–奴國–邪馬臺國으로 이어지는 바닷길이 예상될 것이다. 이외에도 국가 발생의 원동력 중의 하나인 무역에 관한 고고학 증거는 계속 증가하고 있다.

타나는 필연적인 원동력(prime mover)의 하나인 종교적인 측면도 강조되어야 하는 점이다. 그런 점에서 최근 조사된 청동기시대 중기를 대표하는 경기도 楊平 楊西 新院里의 종교·제사유적은 철기시대 전기의 蘇塗인 安城 元谷 盤諸里 유적[18]과 함께 한국고고학 고대사에 있어서 정치 문화사적 연구에서 매우 중요하다. 안성 반제리, 부산 기장 일광면 청광리와 같은 환호와 관련된 종교유적은 울산 북구 연암동과 경주 충효동의 경우와 같이 청동기시대부터 그대로 이어져 내려오는 전통으로 볼 수 있겠다. 그리고 환호 안팎에 형성된 집자리들은 전문직의 제사장과 제사에 관련된 사람들이 살던 특수구역인 別邑(asylum)으로 이것이 『三國志』 魏志 東夷傳에 나오는 蘇塗일 가능성이 많다. 솟대(大木)를 세운 蘇塗는 邑落의 경계표시이고, 신성지역인 別邑으로 여겨져 왔으며, 天君을 중심으로 다스리던 祭政分離의 사회를 반영한다. 철기시대 전기 말에는 북쪽 평양 근처에 衛滿朝鮮(기원전 194년–기원전 108년)이라는 최초의 국가가 형성되었다. 그리고 남쪽 馬韓의 고지에는 기원전 1500년 이래 한반도의 토착세력을 형성하던 支石墓社會의 정치기반인 族長社會(chiefdom society)가 기원전 3세기–기원전 2세기 마한의 시작 단계에까지 그대로 존속해 와서 점차 복잡해진 사회진화의 발전과 더불어 單純 族長社會(simple chiefdom)와 이보다 좀 더 발달한 複合 族長社會(complex chiefdom)도 공존해 있었다. 『三國志』 魏志 東夷傳 弁辰條에는 族長격인 渠帥(또는 長帥, 主帥라도 함)가 있으며 이는 격이나 규모에 따라 臣智(또는 秦支·踧支라고도 함), 險側, 樊濊, 殺奚와 邑借로 불리고 있었음을 알 수 있다. 이는 정치 진화상 같은 시기의 沃沮의 三老, 東濊의

18) 최몽룡, 2006, 「한국고고학·고대사에서 양평 양서 신월리와 안성 원곡 반제리의 종교·제사유적의 의의」, 『최근 자료로 본 한국 고고학·고대사의 신 연구』, 서울: 주류성, pp.155–198, 및 이상엽 2007, 「경기지역 환호의 성격검토」, 최몽룡 편저, 2007, 『경기도의 고고학』, pp.97–124.

侯, 邑長, 三老, 그리고 挹婁의 大人, 肅愼의 君長[唐 房玄齡(喬)] 等 撰의『晉書』四夷傳)과 같은 國邑이나 邑落을 다스리던 혈연을 기반으로 하는 계급사회의 행정의 우두머리인 족장(族長, chief)에 해당된다. 여기에는 별읍의 우두머리인 天君과 달리 단순 족장사회(simple chiefdom)의 우두머리는 정치진화론 상 族長으로, 그리고 복합 족장사회(complex chiefdom)의 우두머리는『三國志』魏志 東夷傳의 기록대로 渠帥·侯·大人으로도 불릴 수 있겠다. 여기에는 영토의 규모나 혈연의 서열 또는 순서대로 군장격인 족장의 渠帥 밑에 臣智, 險側, 樊濊, 殺奚와 邑借가 있었다. 또 여러 복합 족장사회들을 대표하는 王이 다스리는 국가단계의 目支國도 있었다. 이는 기원전 18년 백제의 국가형성 당시 溫祚가 영역을 할당받기 위해 사신을 보낸 나라는 馬韓王이[19] 다스리던 목지국이었고 이

19)『三國史記』권 제1 新羅本紀 始祖 赫居世 居西干 38년(기원전 20년) 및 39년(기원전 19년)조에 보이는 馬韓王 혹은 西韓王의 기록과『三國史記』백제본기 권 제23 시조 溫祚王 13년 조(기원전 6년)의 마한에 사신을 보내 강역을 정했다는 기록(遣使馬韓告遷都. 遂畫定疆場, 北至浿河, 南限熊川, 西窮大海, 東極走壤 九月立城闕. 十四年春正月遷都 二月王巡撫部落 務勸農事 秋九月 築城漢江西北 分漢城民.(기원전 5년) 등은 마한이 늦어도 기원전 1세기경에는 왕을 중심으로 신라와 백제보다 앞서 국가체제를 갖추었음 알려 준다. 그리고 이 기록에서 필자는 河北慰禮城은 中浪川(최몽룡 외, 1985,「고고학자료를 통해본 백제 초기의 영역고찰-도성 및 영역문제를 중심으로 본 한성시대 백제의 성장과정」,『천관우 선생 환력기념 한국사학 논총』, pp.83-120 및 1991,「한성시대 백제의 도읍지와 영역」, 최몽룡·심정보 편저,『백제사의 이해』, 서울: 학연문화사, p.82)으로 비정하였는데 현재는 연천군 중면 삼곶리(1994년 발굴, 이음식 돌무지무덤과 제단. 桓仁 古力墓子村 M19와 유사), 연천 군남면 우정리(2001), 연천 백학면 학곡리(2004), 연천 중면 횡산리(2009)와 임진강변에 산재한 아직 조사되지 않은 많은 수의 적석총의 존재로 보아 臨津江변의 漣川郡 일대로 비정하려고 한다. 그리고 西窮大海는 강화도 교동 華蓋山城, 東極走壤은 춘천을 넘어 화천 하남면 원촌리까지 이어지고, 南限熊川은 안성천, 평택, 성환과 직산보다는 천안 용원리, 공주 의당 수촌리(사적 460호)와 장선리(사적 433호), 서산 음암 부장리(사적 475호) 근처로 확대 해석하고, 北至浿河는 예성강으로 보다 臨津江으로 추정하고자 한다. 이는 현재 발굴·조사된

러한 관계 속에서 마한과 백제와의 역사적 맥락도 형성되었던 것이다. 비록 철기시대 전기에 祭政이 기록상으로는 이미 분리되고 있었지만 이러한 別邑 또는 蘇塗의 전신으로 생각되는 환호를 중심으로 직업적인 祭司長이 다스리던 神政政治(theocracy)도 가능했을 것이다. 그 다음 삼국시대 전기에는 世俗王權政治(secularism)가 당연히 이어졌을 것이다. 즉 고고학 자료로 본 한국의 종교는 신석기시대의 精靈崇拜(animism)-청동기시대의 토테미즘(totemism)-철기시대의 巫敎(shamanism)와 祖上崇拜(ancestor worship)로 이어지면서 별읍의 환호와 같은 전문 종교인인 天君이 이 다스리는 소도의 형태로 발전하는 것으로 보면 무리가 없을 것이다. 따라서 적석총을 축조하던 사회는 血緣을 기반으로 하던 階級社會(hierarchical society)인 족장사회로 우두머리는 族長이었을 것이다. 이 사회가 다음 혈연을 기반으로 하지 않는 계급사회인 百濟國으로 발전하게 된다.[20)]

고고학 자료와 비교해 볼 때 가능하다.

20) 族長社會와 國家는 階級社會이면서도 血緣의 기반에 의해 세분된다. Elman Service의 모델인 統合論(Integration theory)에서는 인류사회는 경제나 기술이 아닌 조직이나 구조에 기반을 두어 군집사회(band)-부족사회(tribe)-족장사회(chiefdom)-고대국가(ancient state)로 구분하고 있다. 그리고 기본자원에 대한 불평등한 접근에서 일어나는 갈등에 기반을 둔 Morton Fried의 갈등론(Conflict theory)의 도식인 평등사회(egalitarian society)-서열사회(ranked society)-계층사회(stratified society)-국가(state)라는 발전단계도 만들어진다. 서비스는 국가단계에 앞선 족장사회를 잉여생산에 기반을 둔 어느 정도 전문화된 세습지위들로 조직된 위계사회이며 재분배 체계를 경제의 근간으로 한다고 규정한 바 있다. 족장사회에서는 부족사회 이래 계승된 전통적이며 정기적인 의식행위(calendric ritual, ritual ceremony, ritualism)가 중요한 역할을 하는데, 의식(ritualism)과 상징(symbolism)은 최근 후기/탈과정주의 고고학(post-processual archaeology)의 주요 주제이기도 하다. 국가단계 사회에 이르면 권력(power), 경제(economy)와 함께 종교형태를 띤 이념(ideology)이 발전하게 된다. Timothy Earle은 국가를 '무력을 합법적으로 사용하고

적석총을 통해 본 초기 백제의 성격은 문헌의 기록으로 파악할 수 있다. 백제의 건국자는 朱蒙(高朱蒙/東明聖王, 기원전 37년-기원전 19년 재위)의 셋째 아들인 溫祚(기원전 18년-서기 28년 재위)이다. 그는 아버지인 주몽을 찾아 부여에서 내려온 첫째 아들 琉璃(禮氏子孺留)王子(고구려의 제2대왕, 기원전 19년 서기 18년 재위)의 존재에 신분의 위협을 느껴 漢 成帝 鴻嘉 3년(기원전 18년) 형인 沸流와 함께 남하하여 河北慰禮城(중랑구 면목동과 광진구 중곡동 의 中浪川 一帶에 比定, 溫祚王 元年, 기원전 18년-기원전 5년, 그리고 온조왕 14년/기원전 5년에 옮긴 河南慰禮城은 송파구에 위치한 사적 11호 風納土城으로 추정됨, ...遂至漢山, 登負兒嶽, 望可居之地... 惟此河南之地, 北帶漢水, 東據高岳, 南望沃澤, 西阻大海. 其天險地利, 難得之勢, 作都於斯, 不亦宜乎?....)에 도읍을 정하고, 형인 비류는 미추홀(彌鄒忽, 인천)에 근거를 삼는다. 이들 형제는『三國遺事』에 의하면 고구려의 건국자인 朱蒙의 아들로(卞韓 百濟....謂溫祚之系, 出自

통치권을 행사할 수 있는 지배체제의 존재와 힘/무력(power)·경제(economy)와 이념(ideology, 또는 religion)을 바탕으로 한 중앙집권화 되고 전문화된 정부제도'라 정의하였다. 한편 Kent Flannery는 '법률, 도시, 직업의 분화, 징병제도, 세금징수, 왕권과 사회신분의 계층화를 국가를 특징짓는 요소들로 추가로 하였다. Timothy Earle, Jonathan Haas와 Yale Ferguson과 같은 절충론(eclecticism)자들도 "경제·이념·무력의 중앙화, 그리고 새로운 영역(new territorial bounds)과 정부의 공식적인 제도로 특징지어지는 정치진화 발전상 뚜렷한 단계"가 있는 것으로 정의한다. 도시(city, urban)는 Clyde Kluckhohn이 언급하듯이 약 5,000명 이상 주민, 문자와 기념비적인 종교 중심지 중 두 가지만 있어도 정의할 수 있다고 한다. 또 그들 사이에 있어 노동의 분화, 복잡한 계급제도와 사회계층의 분화, 중앙집권화 된 정부구조, 기념비적인 건물의 존재, 그리고 문자가 없는 경우 부호화된 상징체계나 당시 풍미했던 미술양식과 지역 간의 교역의 존재"를 통해 찾아질 수 있다. 그리고 이를 유지해 나가기 위해 사회신분의 계층화를 비롯해 조세와 징병제도, 법률의 제정과 아울러 혈연을 기반으로 하지 않는 왕의 존재와 왕권, 그의 집무소, 공공건물 등이 상징적으로 부가된다(최몽룡, 2013,『인류문명발달사』5판, pp.40-43).

東明故云耳....), 그리고 『三國史記』 百濟本紀 別傳(권 23)에는 그의 어머니인 召西奴가 처음 優台의 부인이었다가 나중에 주몽에게 개가하기 때문에 주몽의 셋째 아들로 기록된다. 溫祚는 天孫인 解慕漱, 용왕의 딸인 河伯女인 柳花의 신화적인 요소와, 알에서 태어난 주몽의 탄생과 같은 난생설화가 없이, 처음부터 朱蒙-召西奴-優台라는 구체적이고 실존적인 인물들 사이에서 태어난다. 그래서 백제에는 부여나 고구려다운 건국신화나 시조신화가 없다. 이것이 백제가 어버이의 나라인 고구려에 항상 열등의식을 지녀온 요소가 될 수 있을 것이다. 이 점은 온조왕 원년에 東明王廟를 세운 것이나,[21] 백제 13대 近肖古王(서기 346년-서기 375년 재위)이 서기 371년 평양으로 쳐들어가 고구려 16대 故國原王(서기 331년-서기 371년 재위)을 사살하지만 평양을 백제의 영토로 편입시키는 노력을 기울이지 않고 漢城으로 되돌아오는 점 등에서 이해된다. 그래서 백제의 왕실은 고구려 왕실에 대한 열등감의 극복과 아울러 왕실의 정통성을 부여하려고 애를 써왔던 것으로 보인다. 이와 같이 고구려와 백제는 朱蒙(東明聖王)과 溫祚王의 父子之間의 나라[22]로, 이는 神話와 文獻을 통해 알 수 있다.

---

21) 『三國史記』 百濟本紀 1에 溫祚王이 기원전 18년에 나라를 세우고, 그해 5월 여름 아버지인 朱蒙을 위해 東明王廟를(元年夏五月, 立東明王廟), 또 17년(기원전 2년) 어머니 召西奴의 묘를 세워(十七年夏四月, 立廟以祀國母) 제사 지내는 기록이 보인다.

22) 『三國史記』 百濟本紀 1 百濟始祖溫祚王, 其父鄒牟, 或云朱蒙. 自北扶餘逃難, 至卒本扶餘. 扶餘王無子, 只有三女子, 見朱蒙, 知非常人, 以第二女妻之. 未幾, 扶餘王薨, 朱蒙嗣位. 生二子, 長曰沸流, 次曰溫祚. 或云朱蒙卒本 娶越郡女, 生二子. 及朱蒙在北扶餘所生子來爲太子, 沸流溫祚恐爲太子所不容, 遂與烏干馬黎等十臣南行, 百姓從之者多. 遂至漢山, 登負兒嶽, 望可居之地, 沸流欲居於海濱. 十臣諫曰 惟此河南之地, 北帶漢水, 東據高岳, 南望沃澤, 西阻大海. 其天險地利, 難得之勢, 作都於斯, 不亦宜乎?.....一云始祖沸流王, 其父優台, 北扶餘王解扶婁庶孫, 母召西奴, 卒本人延陁勃之女, 始歸于優台, 生子二人, 長曰沸流, 次曰溫祚. 優台死, 寡居于卒本. 後,朱蒙不容於扶餘, 以前漢建昭二年(元帝, 기원전 37년) 春二月, 南奔至卒本, 立都號高句麗, 娶召西奴爲妃. 其於開基創業, 頗有內助, 故朱蒙寵接之特厚, 待沸流等如己子. 及朱蒙在扶餘所生, 禮氏子孺留來, 立之爲太子, 以至嗣位焉. 於

그리고 문헌과 신화 상으로 볼 때 고구려 및 백제와 같은 계통이라는 추정이 가능하며 이는 고고학 자료로도 입증된다. 석촌동에서 제일 거대한 3호분은 방형 기단형식의 돌무덤이다. 계단은 3단까지 확인되었으며, 그 시기는 서기 3세기 중엽에서 서기 4세기에 축조된 것으로 보인다. 4호분은 방형으로 初層 1면에 세 개미만의 호석(護石. 받침돌, 보강제 등의 명칭)으로 받쳐 놓아 장군총(將軍塚)과 같은 고구려의 계단식 적석총 축조수법과 유사하다(新羅의 경우 31대 神文王陵(사적 181호)과 33대 聖德王陵(사적 28호)에서 이와 같은 호석들이 보인다). 석촌동 4호분의 여대는 서기 198년(10대 山上王 2년, 서기 197년-서기 227년 재위)에서 서기 313년(15대 美川王 14년, 서기 300년-서기 331년 재위) 사이에 축조된 것으로 추정된다. 그러나 이 연대는 3호분과 비슷하거나 약간 늦은 것으로 추측된다. 왜냐하면 적석총보다 앞선 시기부터 존재했을 토광묘와 판축기법을 가미하여 축조했기 때문에 순수 고구려 양식에서 약간 벗어난 모습을 보여주기 때문이다. 여기에는 사적 11호 풍납토성의 경당지구에서 출토된 것과 같은 漢-樂浪 계통으로 보이는 기와 편이 많이 수습되었다. 이는 집안(集安, 輯安)의 太王陵, 將軍塚과 千秋塚 등의 석실이 있는 계단식 적석총의 상부에서 발견된 건물터나 건물의 지붕에 얹은 기와 편들로부터 구조상 상당한 유사점을 찾을 수 있다.[23] 즉 고구려의 적석총은 무덤(墓)인 동시에 제사를 지

是沸流謂弟溫祚曰 始大王避扶餘之難, 逃歸至此, 我母氏傾家財, 助成邦業, 其勸勞多矣. 及大王厭世, 國家屬於孺留, 吾等徒在此, 鬱鬱如疣贅, 不如奉母氏, 南遊卜地, 別立國都. 遂與弟率黨類, 渡浿·帶二水, 至弥鄒忽以居之. 北史及隋書皆云 東明之後,仇台 篤於仁信, 初立國于帶方故地, 漢遼東太守公孫度以女妻之, 遂爲東夷强國 未知孰是.

23) 세계문화유산으로 등재된 고대 고구려 도읍지와 무덤군(Capital Cities and Tombs of the Ancient Goguryo Kingdom : 문화, 2004)에는 옛 고구려시대의(기원전 37년-서기 668년) 수도인 吉林省 輯安 3개 도시의 40기의 무덤(14기 왕릉과 26기 貴族陵)군이 있다. 여기에는 대부분 서기 472년(長壽王 15년, 서기 413년-서기 491년 재위) 평양으로 천도하기 이전의 고분군인 요녕성 桓仁 오녀산성, 길림성 集安시 丸都山

낼 수 있는 廟의 기능인 享堂의 구조를 무덤의 상부에 가지고 있었다. 이런 점에서 羨道가 있는 석실/석곽을 가진 석촌동 4호분 적석총도 축조 연대만 문제가 될 뿐 고구려의 적석총과 같은 기능을 가지고 있었던 고구려 계통의 무덤 양식인 것이다. 석촌동 1호분의 경우 왕릉급의 대형 쌍분임이 확인되었다. 그 쌍분 전통은 압록강 유역의 桓仁県 古力墓子村에 보이는 이음식 돌무지무덤과 연결되고 있어 백제 지배세력이 고구려와 관계가 깊다는 것에 또 하나의 증거를

城과 國內城, 通口고분군, 將軍塚, 太王陵과 好太王碑, 五盔(塊)墳 1-5호, 산성하 고분군(積石塚)·王子墓, 角抵塚·舞踊塚, 장천 1·2호, 牟頭婁총(冉牟墓)·서대묘·千秋墓 등 모두 43건이 위치한다. 그중에는 將軍塚, 太王陵과 好太王碑, 산성하 고분군(積石塚)들은 적석총이다.

이들 적석총의 기원은 세계문화유산으로 등재된 진시황릉(Mausoleum of the First Qin Emperor : 문화, 1987)에서 찾아볼 수 있다. 秦始皇은 진나라를 기원전 246년-기원전 210년에 통치하였으며 기원전 221년 戰國時代를 통일하였다. 그의 무덤은 섬서성 임동현 여산(陝西省 臨潼県 驪山)에 위치하며 발굴에서는 보병의 1호(11열로 배치, 1열은 230m임), 각렬의 보병, 궁수·전차와 기마부대의 2호, 그리고 지휘통솔부의 3호의 兵馬坑이 확인되었다. 그리고 최근 중앙 왕릉 근처에서 발견된 80여 개의 坑중 이어 만든 갑옷인 石製札甲만 수백 벌을 매장한 坑이 새로이 발굴·조사 중이다. 이는 진시황이 전사자들의 영혼을 위로하기 위해 매장한 것으로 추측된다. 그리고 이 묘는 진시황이 기원전 247년 13세로 등극하자마자 만들기 시작해 50세에 죽을 때까지 완성을 보지 못하였다. 그리고 그의 능도 기원전 207년 楚의 霸王 項羽(또는 項籍: 기원전 232년-기원전 202년)에 의해 도굴당했으며 그 속에서 가져온 보물의 일부는 애첩 虞美人에게로 흘러들어 간 것으로 여겨진다. 그리고 秦始皇帝의 兵馬坑은 다음 漢나라에서도 계속 만들어졌는데 陝西省 咸陽市 楊家灣에서 발견된 4·5호묘(이들은 周勃과 周亞夫 父子묘로 기원전 195년 죽은 漢高祖무덤인 長陵의 陪葬墓로 추정된다. 서기 1970년-서기 1976년 발굴)와 江蘇省 蘇州 西樵山에서 서기 1988년-서기 1995년 발굴된 諸侯國 楚나라 3대 왕인 劉禹(기원전 155년에 일어난 吳楚七國의 亂이 실패하여 기원전 154년 35세 나이로 자살, 이때는 西漢 6대 景帝 劉啓 前元 3년임)의 것이 잘 알려져 있다. 기원전 247년부터 만들기 시작해 38년이 걸린 전체 면적 56.25㎢ 내 封土墳만 25만㎡의 범위를 가진 秦始皇陵의 地下高樓(궁전, 무덤)를 찾기 위한 물리적 탐사가 서기 1981년 水銀의 함유량 조사이후 계속 진행되고 있는데 서기 2002년부터 836물리탐

보태준다. 자강도 시중군 로남리, 집안 양민과 하치 등지의 고구려 초기의 무기단식 적석총과 그 다음에 나타나는 집안 통구 우산하(禹山下), 환도산성하 통구(洞溝)와 자강도 자성군 서해리 등지의 기단식 적석총들은 서울 석촌동뿐만 아니라 남한강 및 북한강의 유역에서 많이 발견되고 있다. 남한강 상류에는 평창군 여만리와 응암리, 堤原郡 清風面 陽坪里와 桃花里 등지에서 발견된 바 있으며, 북한강 상류에서는 화천군 간척리와, 춘성군 천전리, 춘천 중도에서도 보고되었다. 또한 경기도 漣川郡 中面 三串里(경기도 기념물 146호)와 橫山里를 비롯해, 郡南面 牛井里와 白鶴面 鶴谷里(경기도 기념물 212호)에서는 이보다 앞서

사계획 탐사(단장은 劉土毅, 考古隊長은 段清波임)에서 진시황릉의 槨室(墓室)주위에 보안과 봉토를 쉽게 쌓기 위한 동서 145m, 남북 120m, 높이 30m의 담장을 두르고 그 위에 전체 三段의 구획에 각 단 3개의 계단을 갖은 모두 9개의 層段(무덤 하변의 폭 500m, 묘실바닥에서 봉토까지 전체높이 115m, 계단 한 층의 높이 3m, 각 계단 폭 2.5m)을 갖고 각 계단의 끝 에는 개와를 덮은 極數인 9층의 樓閣지붕을 가진 목조건물의 피라미드 구조가 확인되고 있다. 그 구조 위에는 6-7㎝로 다진 版築의 細夯土(封土下 30-40㎝에서 발견됨, 묘실 위에는 40-60㎝의 두께의 粗夯土로 덮여 있음)로 다진 후 봉토로 덮고 그 위에 享堂(王堂)의 祭祀用 목조 건물을 세운 것으로 밝혀지고 있다. 이는 中國社會科學院 考古研究所 楊鴻勛 研究員의 생각이기도하다. 이와 같은 형태는 기원전 323년의 河北省 平山県 城北 靈山 下에서 서기 1974년-서기 1978년에 발굴된 戰國말기 中山國 5대 중산왕릉에서 그 기원을 찾아볼 수 있다고 한다. 이 중산왕릉이 만들어진 50년 후 진시황릉이 만들어지게 된다. 그렇다면 高句麗 輯安의 將軍塚(廣開土王陵으로 추정, 서기 391년-서기 413년 재위)의 기원도 밝혀질 수 있을 것이다. 묘실 안에는 司馬遷의 史記 秦始皇 本紀 第 六에서 언급된 바와 같이 인부 70만 명을 동원해 세 개의 모래층을 판 穿三泉을 한 후 槨(묘실)을 만들고 천장에서 天文(보석으로 별자리를 만든 것으로 추측), 바닥은 水銀(100톤 이상으로 추산)으로 中國의 지형에 따라 강과 바다를 만들고 人魚膏(고래기름)로 長明燈의 불을 밝혀 오래 가도록 하였다. 그리고 弓矢를 장착해 문이 열릴 때 자동적으로 발사하도록 장치를 갖추었다한다. 수은은 지형 상 바다가 면한 동북쪽과 동쪽에서 많이 含有된 중국의 水界分布를 나타내고 있음이 밝혀졌다. 이는 시체와 부장품들의 腐敗를 防止하기 위한 목적도 있다. 현재 황릉에 대한 다각적인 연구가 진행 중이다.

는 백제의 초기 무기단식 적석총이 발견되었다. 임진강변인 漣川郡 中面 橫山里에서도 무기단식 적석총이 발견되었다는 것은 백제 적석총이 북에서 남하했다는 설을 재삼 확인시켜주는 것이며, 아울러 백제 적석총에 대한 많은 시사를 한다고 볼 수 있다. 그러나 고구려인이 남한강을 따라 남하하면서 만든 것으로 추측되는 丹陽郡 永春面 斜只院里〈傳 溫達(?-서기 590년 26대 嬰陽王 1년)將軍墓(方壇積石遺構, 충북기념물 135호)〉의 적석총이 발굴되었는데 이것은 山淸에 소재한 가야의 마지막 왕인 仇衡王陵(사적 214호)의 기단식 적석구조와 같이 편년이나 계통에 대한 아직 학계의 정확한 고증을 받지 못하고 있다. 그러나 한강유역의 각지에 퍼져있는 적석총의 분포상황으로 볼 때 고구려에서 나타나는 무기단식, 기단식과 계단식 적석총이 모두 나오고 있다. 이들은 당시 백제는 三國史記 溫祚王 13년(기원전 6년)의 기록에서 보이는 바와 같이 동으로는 走壤(춘천, 춘천을 넘어 화천 하남면 원촌리), 서로 仁川(西窮大海, 彌鄒忽, 강화도 교동 華蓋山城), 남으로는 熊川[안성천, 평택, 성환과 직산보다는 천안 용원리, 공주 의당 수촌리(사적 460호)와 장선리(사적 433호)], 북으로는 浿河(예성강, 예성강으로 보다 臨津江으로 추정)까지 세력을 확보하고 있었음을 확인시켜준다. 이와 같이 한강유역에 분포한 백제 초기의 적석총들은 이러한 백제초기의 영역을 알려주는 고고학적 자료의 하나이며, 이는 오히려 고구려와 백제와의 역사적 백락에 대한 문헌과 신화의 기록을 보충해주고 있다 하겠다.

한성시대 백제의 대표적인 묘제는, 적석총, 토광묘, 옹관묘, 석곽묘와 석실분(방이동 고분 사적 270호) 등으로 나눌 수 있다. 적석총은 고구려 이주세력의 분묘로 보이며, 초기 백제의 지배세력이 사용한 것으로 보인다. 또한 무기단식 적석총과 기단식 적석총으로 대별된다. 한강지역의 적석총에서는 무기단식이 보이지 않는데, 이것은 기단식을 축조할 때 남하해 왔거나, 아니면 하천근처에 있던 무기단식 적석총이 모두 물에 의해서 없어진 것 때문으로 보인다.

석촌동 고분군(石村洞 古墳群, 사적 243호)이 있는 석촌동에는 백제시대의 대형 적석총 7기와 함께 토광묘, 옹관묘 등이 30여 기 이상 확인되었다. 고구려의 영향인 돌무지무덤이 석촌동에 산재한다는 것은 고구려와 문화적으로 한성백제의 건국세력과 밀접한 관계에 있었음을 보여준다. 또 이 고분군에는 3·4호분(서기 198년, 山上王 2년–서기 313년, 美川王 14년 사이 축조로 추정됨)과 같은 대형분 이외에도 소형의 토광묘와 같은 평민이나 일반 관리들의 것도 섞여 있으며, 서로 시기를 달리하면서 중복되게 형성된 것도 있어서 석촌동 일대에는 오랜 기간 동안 다양한 계급의 사람의 묘지가 써진 것으로 보인다. 이는 백제가 기원전 18년 앞서 살고 있던 마한의 기반 위에 건국하고 있기 때문이다. 다시 말해 여기에는 기원전 18년 건국한 백제에 앞서 마한이 존재했으며 백제인은 그들 토착세력과 공존해 살았기 때문에 여러 가지 묘제가 혼재하고 있는 것으로 보인다. 백제 건국 전부터 있어왔던 토광묘가 후일 석곽묘로 발전해 나간다든지, 석곽묘·석실묘의 기원과 그들의 선후관계를 밝히는 것은 앞으로 풀어야할 고고학계의 과제이다. 아마도 이들 묘제의 변화는 한성시대 백제의 성장에 따른 토착세력인 마한의 축소와 관련이 있으며, 그 시작은 13대 근초고왕이 서기 369년 천안 龍院里를 중심으로 하는 목지국(目支國)으로 대표되는 마한세력을 토벌하고, 마한의 중심세력이 公州 儀當面 水村里(사적 460호)나 익산 永登洞 쪽으로 옮겨지는 것과 무관하지 않다. 마지막의 마한의 目支國은 나주 반남면 大安里·德山里·新村里(사적 76·77·78호)와 伏岩里(사적 404호) 일대에 위치하게 되며, 그 멸망 연대는 서기 5세기 말이나 6세기 초가 된다. 이는 羅州 錦川面 新加里 唐加 窯址(서기 2001년 동신대 박물관 발굴)와 나주 五良洞 토기 가마(사적 456호)에서 확인된다. 청동기시대의 세장방형–장방형–방형–원형의 수혈움집을 거쳐 나타나는 철기시대 전기–철기시대 후기(삼국시대 전기)의 凸자–呂자–백제시대의 육각형 수혈움집의 변천과정과 아울러 토광묘–주구토광묘–옹관묘의 발달과정, 그리고 최근 公州 灘川面 長善里(사적 433호), 龍仁市

器興邑 舊葛里와 논산 院北里의 土室과의 상호 문화적 관계를 좀 더 구체적으로 살펴보면 鐵器時代 前期(기원전 400년–기원전 1년)와 後期(삼국시대 전기, 서기 1년–서기 300년)에 걸쳐 나타나는 東濊, 沃沮, 弁韓, 辰韓, 馬韓, 挹婁와 肅愼 그리고 이들을 기반으로 하여 형성된 고구려, 백제, 신라와 伽倻 등 기록에 나타나는 구체적이고 역사적인 국가의 형성과 발전도 고고학적으로 입증해낼 수 있을 것이다. 최근 抱川 半月城(사적 403호), 漣川 瓠蘆古壘城호로고루성(사적 467호), 堂浦城(사적 468호), 隱垈里城(사적 469호), 하남 二聖山城(사적 422호), 이천 雪峰山城(사적 423호), 雪城山城(경기도 기념물 76호), 연기 雲舟城과 清原 芙蓉面 芙江里 남성골 산성(서기 340년–서기 370년, 서기 470년–서기 490년의 두 연대측정치가 나옴)의 발굴은 백제 초축(13대 近肖古王 26년)–고구려 증축(서기 475년: 고구려 20대 長壽王 63년)–新羅 보축(서기 553년: 24대 眞興王 14년)–統一新羅–高麗–朝鮮 등 여러 역사적 사건이 얽혀진 맥락을 보여 준다. 이는 고구려의 國內城과 丸都山城에서 영향을 받아 만들어 졌던 사적 422호인 河南市 二城山城에서 찾아볼 수 있다. 이 산성은 백제 13대 近肖古王(서기 346년–서기 375년 재위)이 서기 371년 평양전투에서 고구려 16대 故國原王(서기 331년–서기 371년 재위)을 사살하고[24] 고구려의 보복을 막기 위해 쌓은 백제

24) 『三國史記』 百濟本紀 近肖古王條 …近肖古王 二十六年 高句麗擧兵來 王聞之 伏兵於浿河上, 俟其至急擊之, 高句麗兵敗北 冬 王與太子帥精兵三萬 侵高句麗 攻平壤城 麗王斯由 力戰拒之 中流矢死, 王引軍退. 移都漢山(서기 371년). 近仇首王(一云諱〈須〉)條, 近肖古王之子 先是, 高句麗國岡王斯由親來侵, 近肖古遣太者拒之 至半乞壤將戰 高句麗人斯紀 本百濟人 誤傷國馬蹄, 懼罪奔於彼 至是環來 告太子日 彼師雖多 皆備數疑兵而已其驍勇唯赤旗若先破之 其餘不攻自潰 太子從之 進擊 大敗之, 追奔逐北, 至於水谷城之西北. 將軍莫古解諫日 嘗聞道家之言 知足不辱, 知止不殆 今所得多矣, 何必求多 太子善之止焉 乃積石爲表, 登其上 顧左右日 今日之後 疇克再至於此乎 其地有巖石罅若馬蹄者 他人至今呼爲太子馬迹 近肖古在位三十年(서기 375년)薨, 卽位. 여기에서 將軍莫古解諫日하는 "知足不辱, 知止不殆"란 구절은 老子의 名與身(44장)에 나오는 글로 이미 서기 371년에 도교가 백제에

최초의 百濟 石城인 '漢山'[서기 371년(13대 近肖古王 26년)에 축조해서 서기 391년(16대 辰斯王 7년, 17대 阿莘王 卽位年)에 하남시 春宮里 일대에 比定되는 '漢城'으로 옮겨감]으로 볼 수 있다. 고구려는 2대 瑠璃王 22년(서기 3년)에 집안의 國內城을 축조하고 10대 山上王 2년(서기 198년)에 丸都山城을 쌓았기 때문에 근초고왕이 석성의 축조를 받아들인 것 같다. 현재까지 발굴 조사된 風納土城(사적 11호)[25]과 夢村土城(사적 297호)은 中國에서 영향을 받아 만든 版築 土城이다. 고고학 유적의 발굴결과가 『三國史記』 초기 기록의 신빙성을 높여주고 있다 하겠다.

비록 백제 적석총의 기원이 고구려 압록강지역에 있다고 하더라도, 한강유역에서 나타나는 것은 고구려의 영향을 받은 백제시대 초기의 것으로 볼 수 있다. 이들은 석촌동 3호분과 같이 백제 건국자들이 남하했던 역사적 사실을 뒷받침 해준다. 그리고 석촌동 4호분의 경우 3단의 基壇式 積石塚으로 위에 石室과 형식상의 羨道가 남아 있는 것으로 보아, 석실묘 이전의 단계로 적석총으로서는 가장 발전된 모습이다. 이것은 서기 475년(21대 蓋鹵王 21년) 백제의 蓋鹵

들어와 있음을 입증한다(최몽룡, 1997, '백제의 향로, 제사유적 및 신화', 도시·문명·국가, 서울: 서울대학교 출판부, pp.117-130).

25) 서기 2011년 6월 20일(월) 문화재연구소가 실시하는 풍납토성 8차 발굴(풍납동 197번지)에서 발견된 施釉陶器는 중국의 六朝 중 孫吳(서기 222년-서기 280년)로부터 수입되었을 가능성이 많다. 馬韓의 土室과 竪穴石槨墓가 발굴된 공주 의당면 수촌리(사적 460호)유적은 현재 이곳에서 나온 5점의 중국도자기로 서기 4세기 후반-서기 5세기 중반으로 편년되고 있는 마한 54국 중의 하나로 여겨진다. 그러나 최근 같은 도자가가 나오는 南京 江寧 上坊 孫吳/東吳墓(전축분)가 서기 264년-서기 280년으로 편년되고 있어 적어도 1세기를 올리는 연대의 상향조정도 필요하리라 생각된다(南京市 博物館 2006, 『南京 上坊 孫吳墓』, 南京: 南京市 博物館 및 2008, 「南京 江寧 上坊 孫吳墓 發掘簡報」, 北京: 『文物』, 2008년 12호, pp.4-34).

王이 욱리하(郁里河: 지금의 한강)에서 대석을 캐어 석곽을 만들고 아버지를 묻었다는 『三國史記』의 기록과도 부합될 수 있는 것으로, 축조연대는 서기 3-서기 4세기 정도로 여겨진다. 석촌동 3호와 4호의 경우 고구려 10대 山上王 2년(서기 198년)에서 15대 美川王 14년(서기 313년) 사이에 축조된 것으로 추정된다. 忠北 堤原郡 淸風面 桃花里 적석총의 경우, 3단의 기단은 갖추어져 있으나 석촌동 4호분에서와 같이 羨道와 石室은 만들어지지 않았다. 桃花里의 축조연대는 출토유물 중 樂浪陶器, 철제무기, 경질 무문토기 편들로 보아 기원전 2세기-기원전 1세기로 추측된다. 적석총들은 특히 남·북한강 유역에 주로 분포되어 있다. 시기도 백제가 公州로 천도하기 이전의 기간인 기원전 18년-서기 475년의 약 500년 동안으로, 漢城時代 百濟라는 지리적인 위치와도 관련을 맺고 있다. 이 유적들은 백제 초기 한성시대의 연구에 중요한 실마리를 제공해주고 있다. 또한 『三國史記』의 초기 기록을 신뢰하지 않더라도 이미 이 시기에는 북부지역에서 고구려가 고대국가를 형성하면서, 자강도에 적석총을 축조되게 된다. 그 연대는 기원전 3세기까지도 올라간다고 한다. 이러한 고구려 계통의 적석총이 남하하면서 임진강, 남한강, 북한강유역에 적석총이 축조된다. 그 대표적인 예로 경기도 연천 군남면 우정리, 중면 삼곶리와 횡산리, 백학면 학곡리, 제천 청풍면 도화리의 기원전 2세기-기원전 1세기경의 적석총들을 들 수 있다. 적석총 발굴·조사의 고고학적 성과를 통해 역사적 맥락에서 본 초기 백제의 성격은 고구려의 문화를 계승한 이주민의 문화로 파악된다. 이들은 마한의 영역 내에서 왕국으로 점차 성장하는 과정에서 적석총을 축조하였으며 공주(熊津) 천도 이전까지 漢城時代 百濟(기원전 18년-서기 475년)왕실의 대표 묘제로 자리매김하였다. 다시 한 번 강조하고 싶은 점은 백제 적석총 가운데 無基壇式 積石塚은 『三國史記』에 기록된 백제 초기기역사의 신빙성을 높여주는 가장 유력한 단서이다. 그러나 이는 철기시대 전기(기원전 400년-기원전 1년) 말의 衛滿朝鮮(기원전 194년-기원전 108년)부터 기원 전후까지의 백제 주변의 국제정세를 이해해야 풀릴 수 있다고 생각한다.[26] 다시 말해 적석총이 사용되던 시기는 기원전 2세기-기원전 1세기경으로 韓國考古學編年上 鐵器時代 前期 末이며 이를

---

26) 선사시대(prehistory)는 문자로 역사적 사실들을 기록하기 시작한 이전의 시대로 문자를 사용하고 있는 역사시대(history)라는 용어와 대칭되는 개념이다. 그리고 선사시대와 역사시대 사이의 과도기 시대를 원사시대(protohistory)라고 설정한다. 이러한 개념의 용어가 최초로 사용되어 학계에 공인 받게 된 것은 영국의 지질학자 찰스 라이엘(Lyell, Sir Charles)이 1968년 지질학개론(Principles of Geology, 1868년 10판)에서 에브버리 경(Avbury 경, Sir Lord Lubbock)의 『Prehistoric Times』(1865-1913년 7판)의 'Palaeolithic과 Neolithic'란 용어를 채택하는데서부터 비롯되었다. 그러나 실제 이보다 앞선 1851년 스콧틀랜드-캐나다 계인 윌슨(Daniel Wilson, The Archaeology and Prehistoric Annals of Scotland)이 'Prehistory'를, 프랑스에서는 1831년 투흐날(Paul Tournal)이 처음으로 'Préhistorique'란 단어를 사용했었다. 그리고 선사시대에서 역사시대로 넘어가는 과도기시대인 원사시대(protohistory)도 중요하게 다루어지며, 또 역사시대에 있어서도 일반 문헌을 다루는 역사학자들이 다룰 수 없는 물질문화의 분야도 중요한 연구대상이 된다. 원사시대는 기록이나 고문서가 나오기 이전으로 거슬러 올라가는 인류역사의 일부를 지칭하기 위해 만들어진 것인데 프랑스의 투흐날의 '선사시대' 개념에서 비롯되었다. 원사시대란 한 문화집단이 자체의 문자를 가지고 있지 못할 때 주변의 선진 문화집단이 외부의 입장에서 역사기록을 남겨놓는 과도기적인 경우이다. 예를 들어 문자가 없는 집단인 삼한(三韓)에 대해 중국 측에서 『삼국지』 위서 동이전을 기술한 것이 이 경우에 해당한다. 선사시대의 종말과 역사시대의 발생은 도시·문명·국가의 발생(도시혁명, Urban revolution)과 아울러 문자의 출현을 기준으로 할 때, 가장 이른 지역은 중동지역으로서 세계 최초의 수메르 문명이 나타나는 기원전 3000년경이다. 중국은 기원전 1750년대인 상(商), 영국은 로마(시저의 기원전 56년, 클라우디우스의 서기 43년 등)가 침입하는 서력기원 전후시기, 신대륙은 유럽인들이 들어온 서기 14세기 이후(아즈텍은 에르난 코르테즈/Hernan Cortez의 서기 1325년-서기 1521년 8월 13일, 잉카는 프란시스코 피자로/Francisco Pizzaro가 서기 1438년-서기 1532년 11월 16일에 침입)가 역사시대로 된다.

한반도의 경우, 이런 선사시대의 개념을 적용시킨다면 구석기시대·신석기시대·청동기시대(기원전 2000/1500년-기원전 400년)가 선사시대에 속하며 그 다음에 오는 철기시대 전기(기원전 400년-기원전 1년)는 선사시대-역사시대에, 철기시대 후기(서

통해 百濟의 建國이 형성되어 三國時代로 進入하게된다. 衛滿朝鮮 때부터 한국 고고학에 있어서 先史時代를 벗어나 世俗王權政治(secularism)를 바탕으로 한 진정한 歷史時代가 시작되며 백제의 건국은 고구려, 신라와 더불어 三國時代의

기 1년-서기 300년, 삼국시대 전기, 삼한시대)는 원사시대-역사시대에 해당한다고 할 수 있다. 그러나 철기시대 전기에 우리나라 최초의 고대국가인 위만조선(衛滿朝鮮, 기원전 194년-기원전 108년)이 들어서서, 실제 역사시대의 시작은 철기시대 전기 말인 기원전 194년부터라고 할 수 있다.고고학에 있어서 선사시대를 다루는 연구 분야를 선사학 또는 선사고고학이라 하며 이는 선사고고학자가 담당하고 있다. 이와 대비해 문자기록이 나타난 이후의 시기를 다루는 분야를 역사고고학자라 칭한다. 그러나 역사시대에 들어와서도 문자로만 사회·문화 변동을 해석할 수 없을 때 당시의 유물을 가지고 연구하는 고고학자들의 도움을 받기도 한다. 선사시대에 대한 연구는 문자가 없으므로 거의 전적으로 지상 또는 물밑에 남겨진 유적과 유물을 중심으로 진행할 수 밖에 없다. 연구방법으로는 유적·유물의 형태적 분석, 분포관계를 밝히는 지리적 분석, 선사시대와 비슷한 상황에서 도구를 제작해보는 실험적 분석, 현존 미개·원시집단의 생활 자료로부터 선사시대의 생활을 추정하는 민족지적(民族誌的)인 유추방법 등이 있다. 또한 선사시대 인간들은 자연환경에 적응해 살아나가기 때문에 당시의 의·식·주가 중심이 되는 문화를 복원하는데 있어 당시의 환경을 다루는 생태학적 연구도 자연히 중요한 자리를 차지하고 있다. 이에는 지질학·고생물학·물리학과 생화학 등의 자연과학적 뒷받침이 절대적으로 필요하다.

한반도의 선사시대는 각 시대별로 시기가 세분되어 있다. 구석기시대는 전기·중기·후기로, 신석기시대는 조기·전기·중기·후기로, 그리고 청동기시대(기원전 2000/1500년-기원전 400년)는 조기·전기·중기·후기로, 철기시대는 전기(기원전 400년-기원전 1년, 초기 철기시대)와 후기(서기 1년-서기 300년, 삼국시대 전기)로 각각 구분되고 있다. 현재까지의 전기구석기 유적의 연대는 단양 금굴이 70만년, 충북 청원(강외면) 만수리가 55만 년 전, 경기 연천 전곡리가 35-30만 년 전, 후기 구석기시대 유적인 경기 남양주 호평동이 3만년-16000년 전(1문화층은 30000년-27000년 전, 2문화층은 24000년-16000년 전)으로 나오고 있다. 그리고 신석기시대는 1. 기원전 8000년-기원전 6000년: 원시무문/민무늬토기(原始無文土器: 高山里), 2. 기원전 6000년-기원전 5000년: 돋을무늬토기(隆起文土器: 牛峰里), 3. 기원전 5000년-기원전 4000년: 누름무늬토기(押印文土器: 蘊山里), 4. 기원전 4000년-기원전 3000년: 빗살무늬토기(櫛目文土器: 東三洞), 5. 기원전 3000년-기원전 2000년: 부분빗살무늬(部分櫛目文土器: 鳳

開始를 열고 있다. 積石塚이 갖는 考古學과 古代史的인 意味와 重要性이 바로 여기에 있다.

溪里), 6. 기원전 2000년-기원전 1500년: 부분빗살문토기와 청동기시대의 돌대문토기(突帶文土器: 春城 內坪里)가 공존하는 과도기인 청동기시대 조기(기원전 2000년-기원전 1500년)로 편년한다.

참고문헌

겨레문화유산연구원, 2009, 「경춘선 복선전철 제4공구 대성리 유적 발굴조사 2차 지도위원회자료」.

과학백과사전 출판사, 1977, 『조선고고학개요』.

과학원출판사, 1957, 「궁산 원시유적 발굴보고」, 『유적발굴보고』 제 2집.

과학원출판사, 1959, 「태성리 고분군 발굴보고」, 『유적발굴보고』 제 5집.

과학원출판사, 1961, 「지탑리 원시유적 발굴보고」, 『유적발굴보고』 제 8집.

경남문화재연구원, 2011, 「부산 기장군 월드컵 빌리지 및 에코파크 조성사업 구간 내 문화유적 발굴조사 자문위원회(3차)」.

국립전주박물관, 2009, 『마한-숨쉬는 기록』, 서울: 통천문화사.

국립중앙박물관, 2001, 『낙랑』, 서울: 삼화인쇄주식회사.

기전문화재연구원, 2004, 『연천 학곡리 적석총-연천 학곡제 개수공사지역 내 발굴조사보고서-』, 학술조사보고 제 38책.

기전문화재연구원, 2004, 『경춘선 복선전철 사업구간(제 4공구)내 대성리 유적 발굴조사』.

김용간·리순진, 1966, 「1965년도 신암리 유적발굴보고」, 『고고민속』 1966년 3월, p.24.

리창언, 1991, 「최근에 조사 발굴된 압록강유역의 돌각담 무덤들에서 주목되는 몇 가지 문제」, 『조선고고연구』 3호, pp.41-44.

리창언, 1993, 「압록강유역에서 고구려 돌칸흙무덤의 발생과 연대」, 『조선고고연구』 2호, pp.13-16.

문화재관리국 문화재연구소, 1994, 『연천 삼곶리 백제적석총』.

박진욱, 1964, 「3국 시기의 창에 대한 약간의 고찰」, 『고고민속』 1964년 1호,

pp.20-28.

박진욱, 1964, 「삼국시기의 활과 화살」, 『고고민속』 1964년 3호, pp.3-18.

박진욱, 1967, 「우리나라 활촉의 형태와 그 변천」, 『고고민속』 1967년 1호, pp.29-32.

배기동, 1983, 「제원 양평리 A지구 유적발굴 약보」, 『충주댐 수몰지구 문화유적 발굴조사보고서』, 충북대학교 박물관, pp.299-314.

서울대학교 박물관·서울대학교 인문대 고고학과, 1975, 『석촌동 적석총 발굴조사보고』 서울대학교 고고인류학총간 제 6책.

서울대학교 박물관·서울대학교 인문대 고고학과, 2013, 『석촌동고분군 Ⅰ』.

서울대학교 박물관·구리시, 2013, 『시루봉보루 Ⅱ』.

유태용, 2007, 「양평 신원리 백제 적석총의 연구」, 최몽룡 편저, 『경기도의 고고학』, 주류성, pp.163-193.

육군사관학교 화랑대연구소·수자원개발공사, 2004, 『군남 홍수 조절지 사업구역 수몰예정지구 문화재 지표조사보고서』.

이동희, 1998, 「남한지역의 고구려계 적석총에 대한 재고」, 『한국상고사학보』 28집, pp. 95-146.

이동희, 2008, 「최근 연구성과로 본 한강·임진강유역 적석총의 성격」, 『한국사학보』 32호, 고려사학회, pp.9-60.

이주업, 2010, 「석촌동 4호분 출토 기와의 용도와 제작시기」, 최몽룡 편저, 『21세기의 한국고고학 Ⅲ』, 서울: 주류성, pp.229-274.

이현혜·정인성 외, 2008, 『일본에 있는 낙랑유물』, 서울: 학연문화사.

전주농, 1958, 「고구려 시기의 무기와 무장(Ⅰ)-고분 벽화 자료를 주로 하여-」, 조선민주주의 인민공화국 과학원 출판사, 『문화유산』 5, pp.25-45.

정찬영, 1961, 「고구려 적석총에 관하여」, 『문화유산』 5호, pp.25-45.

정찬영, 1962, 「자성군 조아리, 서해리, 법동리, 송암리, 고구려 고분발굴보고」,

『각지 유적정리보고』, 사회과학출판사, pp.102-135.

정찬영, 1973, 「기원 4세기까지의 고구려묘제에 관한 연구」, 『고고민속 논문집』 5, pp.1-62.

정찬영, 1983, 「압록강, 독로강 류역 고구려유적발굴보고」, 『유적발굴보고』 13집, 평양: 평양종합인쇄공장.

조선유적유물도감편찬위원회, 1996, 『朝鮮遺蹟遺物圖鑑』 20, 평양: 외국문종합출판사.

주영헌, 1962, 「고구려적석무덤에 관한 연구」, 『문회유산』 2호 pp.61-80.

최몽룡, 1978, 「전남지방 소재 지석묘의 형식과 분류」, 『역사학보』 78집, pp.1-50.

최몽룡, 1985, 「한성시대 백제의 도읍지와 영역」, 『한국 문화 심포지움-백제초기문화의 종합적 검토-』, 서울: 진단학회 및 『진단학보』 제 60호, pp.215-220.

최몽룡, 1986, 「고고학 측면에서 본 마한' 고고학 측면에서 본 마한」, 『마한·백제문화』 9집, 원광대학교 마한·백제문화연구소, pp.5-15.

최몽룡, 1987, 「考古學上으로 본 馬韓研究」, 『마한·백제문화의 성과와 과제』, 원광대학교 마한·백제문화연구소.

최몽룡, 1989, 「마한·목지국연구의 제 문제」, 『한국상고사-연구현황과 과제』, 서울: 민음사, pp.129-136.

최몽룡, 1991, 「馬韓-目支國 研究의 諸 問題-」, 최몽룡·심정보 편저, 『백제사의 이해』, 서울: 학연문화사, pp.7-28.

최몽룡, 1993, 「호남지방 고대문화의 성격」, 『호남의 자연환경과 문화적 성격』, 한국문화원연합회 전라남도지부, pp.23-32.

최몽룡, 1994, 「고고학 상으로 본 마한의 연구」, 원광대학교 마한·백제문화연구소 주최 학술 심포지엄, pp.71-98 및 논총간행위원회 편, 『마한·백제문화와 미륵사상』, 문산 김삼룡 박사 고희기념논총, 익산: 원광대학교 출판국, pp.129-136.

최몽룡, 2000, 「전남지방 마한·목지국 연구의 문제점」, 『흙과 인류』, 서울: 주류성, pp.117-129.

최몽룡, 2003, 「한성시대의 백제와 마한」, 『문화재』 36호, pp.5-38.

최몽룡, 2003, 「考古學으로 본 馬韓, 益山文化圈研究의 成果와 課題」, 원광대학교 마한·백제문화연구소 창립 30주년 기념 학술대회, 16회 국제학술회의(5월 23일) 및 2004 『마한·백제문화』 16집, 익산: 마한·백제문화연구소, pp.23-34.

최몽룡, 2004, 「한국문화의 계통」, 『동북아 청동기문화연구』, 서울: 주류성, pp.11-46.

최몽룡, 2005, 『한성시대의 백제와 마한』, 서울: 주류성.

최몽룡, 2006, 『최근의 고고학 자료로 본 한국고고학·고대사의 신 연구』, 서울: 주류성.

최몽룡, 2006, 「마한연구의 새로운 방향과 과제」, 충청남도역사문화원(12월 21일, 목), pp.1-35.

최몽룡, 2007, 「마한·백제문화의 성격」, 『마한·백제문화의 성격과 주거생활』, 목포대학교박물관·영암군, pp.7-27.

최몽룡, 2007, 「나주 반남면 고분군과 마한」, 『계간 한국의 고고학』 여름호, 주류성, pp.56-71.

최몽룡, 2009, 「馬韓研究의 새로운 方向과 課題」, 『전주박물관 마한전시회 도록, 마한-숨 쉬는 기록』, 서울: 통천문화사, pp.4-19.

최몽룡, 2008, 『한국청동기·철기시대와 고대사회의 복원』, 서울: 주류성.

최몽룡, 2009, 「남한강 중원문화와 고구려」, 최몽룡 편저, 『21세기의 한국고고학 vol. Ⅱ』, 서울: 주류성, pp.13-40.

최몽룡, 2009, 「중국 허무두(浙江省 余姚縣 河姆渡)신석기 유적」, 『Unearth(계

간 한국의 고고학)』 가을호, pp.14-15.

최몽룡, 2009, 「馬韓研究의 새로운 方向과 課題」, 『전주박물관 마한전시회 도록』, pp.4-19.

최몽룡, 2010, 「호남의 고고학」, 『21세기의 한국고고학 Ⅲ』, 서울: 주류성, pp.19-87.

최몽룡, 2010, 「한국 문화기원의 다양성-구석기시대에서 철기시대까지 동아시아의 제 문화·문명으로부터의 전파-」, 『동아시아 문명 기원과 교류』, 단국대학교 동양학연구소, pp.1-45

최몽룡, 2010, 「호남의 고고학-철기시대 전·후기와 마한-」, 최몽룡 편저, 『21세기의 한국고고학 vol. Ⅲ』, 서울: 주류성, pp.19-87.

최몽룡, 2011, 「高句麗 積石塚과 百濟의 建國」(공저), 최몽룡 편저, 『21세기의 한국고고학 Ⅴ』, 서울: 주류성, pp.1-41.

최몽룡, 2013, 「마한-연구 방향과 과제-」, 『益山, 마한·백제연구의 새로운 중심-』, 원광대학교마한·백제문화 연구소 설립 40년 기념학술대회, pp.9-29 및 『마한·백제문화연구』 22집, pp.3-60.

최몽룡, 2011, 「부여 송국리 유적의 새로운 편년」, 『韓國考古學研究의 諸 問題』, 서울: 주류성, pp.207-223.

최몽룡, 2011, 「고등학교 국사교과서 교사용 지도서-Ⅱ. 선사시대의 문화와 국가의 형성(고등학교)」, 『21세기의 한국고고학 Ⅳ』, 주류성, pp.27-130.

최몽룡, 2011, 「한국에서 토기의 자연과학적 분석과 전망」, 국립나주문화재연구소의 학술대회 제1주제 『자연과학에서의 대형옹관과 제작기법』, pp.9-25.

최몽룡, 2011, 「창원 성산 패총 발굴의 회고, 전망과 재평가」, 『동철 산지인 창원의 역사적 배경』, 야철제례학술대회, 창원: 창원문화원, pp.1-16.

최몽룡, 2011, 「二聖山城과 百濟」, 이성산성에 관한 학술대회, 하남시 문화원 제

3회 학술대회(10월 7일, 금), pp.11-37 및 2011, 『위례문화』 14호, pp.89-118.

최몽룡, 2011, 『韓國考古學硏究의 諸 問題』, 서울: 주류성.

최몽룡, 2012, 「스키타이, 흉노와 한국고대문화-한국문화기원의 다양성-」, 『흉노와 그 동쪽의 이웃들』, 국립중앙박물관·부경대학교 인문사회과학연구소, pp.7-31

최몽룡, 2012, 「중원문화와 철-철 생산과 삼국의 각축-」, 국립중원문화재연구소 개소 5주년 기념 중원의 제철문화 학술대회, 국립한국교통대학, pp.9-22.

최몽룡, 2012, 「한국고고학·고대사에서 종교·제사유적의 의의-환호와 암각화-」, 제 40회 한국상고사학회 학술발표대회, pp.7-43 및 2012, 『위례문화』 15호, pp.91-118.

최몽룡, 2013, 「여주 흔암리유적의 새로운 편년」, 『여주 흔암리 유적과 쌀 문화의 재조명』, 동방문화재연구원 부설 마을조사연구소, 서울대 박물관, pp.5-26.

최몽룡, 2013, 『인류문명발달사』(5판 개정판), 서울: 주류성.

최몽룡·이헌종·강인욱, 2003, 『시베리아의 선사고고학』, 서울: 주류성.

최몽룡·이희준·박양진, 1983, 「제원 도화리지구 유적발굴 약보고」, 『충주댐 수몰지구 문화유적 발굴조사보고서』, 충북대학교 박물관, pp.315-328.

최몽룡·권오영, 1985, 「고고학적 자료를 통해본 백제초기의 영역고찰-도성 및 영역문제를 중심으로 본 한성시대 백제의 성장과정-」, 『천관우선생 환력기념 한국사학 논총』, pp.83-120.

한국토지공사 토지박물관·서울지방국토관리청, 2001, 『연천 군남제 개수공사지역 문화재시굴조사 및 삼거리고분 발굴조사 약보고서』.

한양대학교문화재연구소·농업기반공사, 2004, 『연천 횡산지구 경지정리사업 구역 내 문화재 현황조사 보고서』.

한양대학교박물관·단양군, 2002,『단양 사지원리 태장이묘 제 2차 발굴조사보고서』.

황기덕·박진욱·정찬영, 1971,「기원전 5세기-기원 3세기 서북조선의 문화」,『고고민속논문집』 3, 사회과학출판사.

황용훈, 1974,「양평군 문호리지구 유적발굴보고」,『팔당·소양댐 수몰지구 유적발굴 종합조사보고서』, 문화공보부 문화재관리국, pp.327-378.

徐光輝, 1993,「高句麗積石墓研究」, 吉林大學考古學係編,『吉林大學考古專業成立二十年考古論文集』, 北京: 知識出版社, pp.349-360.

陣大爲, 1960,「桓仁縣考古調査發掘簡報」,『考古』1期, pp.5-10.

陣大爲, 1981,「試論桓仁高句麗積石墓類型」,『年代及其演變』, 遼寧省考古博物館學會成立大會會刊.

曹正榕·朱涵康, 1962,「吉林楫安榆林河流域高句麗古墓調査」,『考古』11期, pp.572-574.

楫安縣文物保管所, 1979,「楫安兩座高句麗積石墓的淸理」,『考古』1期, pp.27-32.

福岡市立歷 史資料館, 1986,『早良王墓とその時代』, 福岡: ダイヤモンド印刷株式會社.

Joussame, R., 1998, *Dolmens for Dead : Megalith-building through the World*. translated by A. Chippindale and C. Chippindale. Ithaca: Cornwell University Press.

Peacock, J. E., 1962, Pasema Megalithic Historical, Functional and Conceptual Interrelationship. *Bulletin of the Institute of Ethnology* No.19.

Prudence Rice, 1987, *Pottery Analysis-A source book-*, Chicago & London: University of Chicago

Abstract

Stone Cairn of the Koguryo and State Formation of the Baekje Dynasty

The population who had built solely stone–made–cairn(積石塚), which is oval, square and rectangular in shape and a representative of the early Koguryo(高句麗, B.C.37–A.D.668) tomb was the main group of the Baekje(百濟, B.C.18–A.D.660) state formation, whose founder was the king Onjo(溫祚王, reign: B.C.18–A.D.28), allegedly the 3rd son of king Jumong(朱蒙/東明王, reign: B.C.37–B.C.19) of the founder of Koguryo Dynasty according to the historical documents of the Samguksasgi(三國史記). King Onjo with his elder brother Biryu(沸流) had moved Habuk Uiryeseong(河北慰禮城, 중랑구 면목동과 광진구 중곡동의 中浪川 一帶에 比定, 溫祚王 元年, 기원전 18년–온조왕 14년, 기원전 5년까지 거주했으며, 기원전 5년에 사적 11호 風納土城인 河南慰禮城으로 옮김, 현재 臨津江유역 漣川郡으로 추정) from northern part of Koguryo/Buyo(夫餘) area to avoid a struggle for the supremacy against the 2nd king Yuri(瑠璃王, reign: B.C.19–A.D.18) of Koguryo dynasty. And due to the such archaeological evidence as the excavation of the stone cairns done recently in Korean peninsula and historical documents, we can safely indicate that Baekje dynasty had been not only forming a fraternal friendship with Koguryo, but also forming international interaction sphere among the foreign states such as Mahan(馬韓, B.C.3cen./B.C.2cen.-A.D.5cen./A.D.6cen.), Wimanjoseon(衛滿朝鮮, B.C.194-B.C.108), Silla(新羅, B.C.57-A.D.935), Lolang(樂浪, B.C.108-A.D.313), and even chiefdoms like Okjeo(沃沮), 東沃沮(Dongokjeo), Ye(濊)/Dongye(東濊), Byeonjin(弁辰), Kronovsky(北沃沮, 團結) and Poltze(挹婁). Such archaeological material as chinas of Han/Lolang china(漢/樂浪陶器, 1100℃-1200℃), glass-beads and iron artefacts of the early Three Kingdoms period(三國時代) excavated from stone cairn nationwide and even the historical, legendary and mythological documents make it possible for archaeologists and ancient historians establish the mutual interaction sphere, confirm again and revalue that the historical materials of the Samguksagi are reliable in connection with the archaeological data and the history of the Three Kingdoms. We can demonstrate archaeologically a proposition that stone cairns orginated from Koguryo during later part of the Former Iron Age(B.C.400-B.C.1) had made important role to establish Baekje state formation.

中原 先史遺蹟의 회고와 전망

하문식 | 세종대학교 교수

中原 先史遺蹟의 회고와 전망*

Ⅰ. 시작하면서

한반도의 허리를 가로질러 흐르는 한강은 이른 시기부터 옛사람들이 터전을 잡고 살림을 꾸려 왔으며, 곳곳에 그 자취가 남아 있다. 지금까지 이곳의 문화상(文化相)에 대한 조사·연구 결과, 북부와 남부를 이어주는 점이적인 성격이 강한 것으로 밝혀지고 있어 상당히 중요한 의미를 지닌다.

남한강을 중심으로 한 중원지역에 대한 문화유산의 조사는 일제 강점기부터 일본인 학자들에 의하여 부분적으로 실시되었다. 이 시기의 조사 성격은 대부분 지표조사와 유물이 출토된 지역에 대한 답사이므로 전반적인 유적의 성격을 가늠하는데 어려움이 많은 실정이다. 그러나 이 지역의 문화유산에 대한 연구사적 관점에서는 그 나름대로의 중요한 뜻이 담겨 있는 것으로 이해된다.

근래에 들어 이렇게 지리적·역사적·문화적으로 상당한 의미를 지닌 남한강의 언저리에 발달한 문화를 중심으로 '중원문화'라고 이름붙여 그 성격을 논의하는 자리가 여러 차례 있어 왔다. 이러한 논의의 배경에는 정부에서 추진하고 있는 고도문화권(古都文化圈) 설정과 밀접한 관련이 있기 때문에 하나의 문화

---

* 이 글은 2010년 12월 '중원문화재 발굴 100년 회고와 전망'이란 주제로 발표된 것이 토대가 되어 2011년 『先史와 古代』 34집에 실린 것임.

(권)로 설정하기 위하여는 그 특성과 성격을 규명하는 것이 먼저 이루어져야 할 것이다. 하지만 지금까지 많은 논의를 하여왔음에도 불구하고 하나로 모아지는 뚜렷한 결론은 없는 실정이다.

이 글에서는 먼저 이제까지 여러 차례 논의가 진행되어 다양한 견해가 제시된 중원문화권에 대한 문제를 검토해 보고자 한다. 이어서 중원지역의 문화유산에 대한 조사 성과를 살펴볼 것이다. 시기를 구분한 기준은 이 지역에서 최대 규모의 발굴이 실시되어 다양한 조사 성과를 얻게 된 충주댐 수몰지역에 대한 발굴과 문화재보호법 개정으로 문화유산에 대한 발굴조사가 활발히 이루어진 1999년을 근거로 설정하였다.

Ⅱ. '중원문화'와 '중원문화권'

중원문화와 중원문화권에 대하여는 그동안 많은 논의가 있어 왔지만 아직까지 하나로 통일된 견해는 없다. 그렇기 때문에 일부에서는 행정적인 편의에 의하여 광범위하게 지금의 행정구역에 따라 충청북도 전역을 대상으로 하는 것과 중원경(中原京)의 옛터인 충주지역을 중심으로 하는 협의의 의견이 있다.

따라서 여기에서는 많은 논의가 있어 왔던 여러 견해를 소개하고 선사 분야의 관점에서 중원문화(권)에 대한 문제를 검토해 보겠다.

1. 지금까지의 여러 논의들

중원문화 또는 중원문화권이라는 낱말이 맨처음 사용된 것은 1981년 충청북도 중원군과 충북대 박물관에서 주관하여 중원문화권 유적 기초조사의 일환으로 실시된 『中原文化圈 遺蹟 分布圖』 작성 과정에 등장한다.[1)]

이 기초조사는 중원문화권 설정을 위한 예비조사의 성격으로 실시되었다. 조사의 공간적인 범위는 남한강 유역과 소백산맥 언저리인 경북의 북부지역이 포함되었는데 북쪽으로는 여주, 원주, 평창, 정선, 남쪽으로는 상주, 안동, 서쪽은 이천, 청주, 동쪽은 태백산을 경계로 하였다. 조사 대상 유적은 크게 교통통신 관방, 불적, 선사 및 기타 유적으로 구분하였다. 선사유적에는 선사유적지(先史遺蹟址)와 고인돌(支石墓)로 단순하게 나누었다.

이 유적분포도 작성은 문화권 설정을 전제로 하였지만 문화의 특성에 따른 역사적 배경이나 구체적인 기준이 제시되지 않았다.

한편 이런 조사의 배경에는 1981년 정부에서 추진한 경주권, 가야권, 중서부 고도문화권 등 5대 고도문화권 설정과 사업 추진이 있었던 것으로 짐작된다.

다음은 1982년부터 시작된 중원문화권 설정을 위한 '중원문화권 유적 정밀조사'가 있다. 이 조사는 정부 당국(문화재관리국 문화재연구소)에서 중원문화권 설정을 위한 기초자료를 확보하기 위하여 1982~1984년, 1986년에 실시하였다. 조사 대상지역은 충청북도의 전지역과 여주, 이천, 영주(영풍)가 포함되었다. 여기서 관심을 끄는 것은 1981년의 유적분포도 작성 과정에 제외된 영동과 옥천지역은 1982년에 기초조사를 하고 1984년에 정밀조사를 하였다는 점이다.

중원문화권 설정을 위한 이러한 유적분포도 작성과 정밀조사는 어떤 기준과 원칙에 따라 이루어진 것이 아니고 조사기관의 임의대로 공간적인 범위가 설정되었음을 알 수 있다. 그것은 '안동문화권' 설정을 위하여 경상북도의 주관으로 1980년부터 진행된 경상북도 문화재 지표조사 제2차년도 계획에 의하여 안동, 영주(영풍), 봉화지역이 이미 조사가 완료되어 안동문화권에 포함되어 있었지만,[2] 2차례에 걸쳐 중복조사가 이루어졌다는 점이다.

1) 충청북도 중원군·충북대 박물관, 1981, 『中原文化圈 遺蹟分布圖(1 : 250,000)』 참조.

2) 영남대 박물관, 1981, 『安東文化圈地表調査報告－安東市·安東郡·榮州市·榮豊郡·奉化郡』 참조 .

1983년에는 충주시 주관으로 중원문화 학술발표회가 개최되었다. 이 자리에서는 중원문화의 특색과 문화권, 향후 추진 방향과 과제 등 여러 측면에서 다양한 의견이 발표되었지만,[3] 결국 앞서 논의된 내용을 크게 벗어나지는 못하였다. 여기서는 중원문화(권)가 백제, 신라, 가야의 고도문화권처럼 어떤 시대에 국한되거나 한정된 지역에서 나타나는 특성을 지닌 문화(권)가 아니고 단순히 행정적인 편의에 의하여 임의로 설정되었다는 내용이 밝혀졌다.[4]

그리고 1985년부터 1989년까지 해마다 한국방송공사 충주 방송국에서는 충주를 중심으로 한 이 지역의 고대문화 성격을 규명하자는 취지에서 중원문화 학술토론회를 개최하였고, 1987년에는 건국대 중원연구소에서 중원문화개발 학술심포지움을 열었다. 이것은 충주가 중원문화권의 중심이라는 점을 강조하기 위한 지역의 활동 가운데 하나로 평가된다.

1990년대 들어와 중원문화(권)는 신라문화권, 가야문화권, 백제문화권, 영산강유역 문화권과 함께 5대 고도문화권으로 설정되어 관계 당국에서는 유적의 정비, 조사, 복원에 대한 보다 구체적인 계획을 수립하기 시작하였다. 여기서 주목되는 것은 중원문화권이 다른 문화권처럼 시대와 시간의 개념에 따라 설정된 것이 아니고 지역의 개념으로 정해졌기 때문에 앞으로 문화의 특성과 문화권의 범위에 대하여는 논란이 있을 것으로 예상되는 상황이었다. 또한 그 일환으로 1990년 중원문화 사적 관광개발을 위한 문화유적 정비에 관한 보고서가 나왔다.[5]

여기에서는 중원문화권의 설정 범위와 문화 특성, 기존의 관광 문화자원과

3) 한국미술사학회 엮음, 1983, 『考古美術』 160 참조.

4) 이 발표회에 정부 당국자로 참가한 정재훈(당시 문화재관리국 기획관)님이 밝힌 것이다(한국미술사학회, 『위 책』, p.92).

5) 충북대 박물관, 1990, 『중원문화 사적 관광개발계획 문화유적 조사보고서』 참조.

의 관계, 시급히 요망되는 문화유적 정비안, 문화유적·유물 분포 현황표가 마련되었으며 옛인물과 유적에 대하여 소개되어 있다.

먼저 이 자료에서 언급하고 있는 중원문화권의 공간적인 범위는 남한강유역을 중심으로 한 인접지역으로 잡고 있는데 충주(중원), 제천(제원), 단양을 그 대상으로 하여 아주 좁은 지역으로 한정시키고 있다. 그리고 중원문화권의 특성으로는 남한강유역을 따라서 발달한 매우 독특한 '강안문화(江岸文化)'라고 규정하면서 지리적으로 한반도의 중심에 위치하여 중원의식(中原意識)이 강하고, 삼국의 문화가 서로 융화되어 독특한 문화를 형성하였다고 해석하였다. 또한 중원지방은 호국적 부도(副都)로서의 성격을 지녔고, 충렬·호국 및 학문·예술의 중심지이며, 중부 내륙지방의 중요한 경제활동의 중심지로서 기능을 지닌 것으로 파악하였다.

중원문화에 대한 이러한 범위 규정과 특성 그리고 대상 유적의 분석은 기존에 언급되고 있던 다양한 의견과는 상당 부분 거리가 있어 앞으로 중원문화권에 대한 여러 가지를 시사하였다고 볼 수 있다. 특히 대상 유적(인물 포함)의 분석을 보면 139곳의 유적 가운데 선사유적은 제천 점말동굴과 단양 도담 금굴, 충주 조동리유적 등 3곳 뿐이다. 이것은 기존에 논의되어 왔던 중원문화에 대한 인식의 문제 뿐만 아니라 향후 문화권의 정비에 관하여도 기본적으로 문제를 안고 있었다고 여겨진다.

1993년에는 충북대 선사문화연구소 주관으로 '선사시대의 중원문화—연구의 현황과 과제'라는 주제로 구석기시대, 신석기시대, 청동기시대의 중원문화에 대한 학술발표회가 있었다.[6] 여기에서는 중원문화의 공간적인 범위를 충북지역

6) 이융조, 1994, 「舊石器時代의 中原文化」, 『先史文化』 2, pp.53~81 : 신숙정, 1994, 「新石器時代의 中原文化」, 『위 책』, pp.83~106 : 하문식, 1994, 「靑銅器時代의 中原文化」, 『위 책』, pp.107~131.

(또는 남한강유역의 경기 일부 지역 포함)으로 설정하고 기존에 조사된 유적을 중심으로 시기별 문화 특징을 분석하였다. 이 발표회는 선사시대에 한정되었다는 점에서 중원문화에 대한 전체 맥락을 파악하기에는 기본적으로 한계가 있었다.

1995년에 '중원문화권의 위상 정립과 발전 방향'이란 주제로 충청북도가 주최하고 충북대 호서문화연구소에서 주관한 학술회의가 있었다.[7] 이 회의의 주제는 기조강연에 이어 선사고고학 분야, 역사고고학 분야, 역사 분야, 고건축 분야, 불교미술 분야, 전통의식·신앙 분야 등 6개로 나누어 진행되었는데 주제와 발표 내용은 1983년의 중원문화 학술발표회와 크게 다르지 않은 것 같다. 이 회의에서 찾아지는 특징은 하나의 주제에 대하여 3명의 토론자가 중원문화와 관련된 내용을 전반적으로 언급하고 있다는 점이다. 토론자들 대부분이 중원문화와 직·간접적으로 관련이 있어 지금까지 있었던 어느 학술대회보다 다양한 견해가 제시되었다.

1996년에도 '충북 100년 기념' 행사의 일환으로 중원문화 학술회의가 있었다.[8] 이 학술회의는 지금까지 관련회의에서 있었던 주제와는 다르게 기조강연에 이어 「동북아시아 선사문화와 중원 선사문화 시원」, 「新羅中原小京の成立」, 「佛教文化에 있어서의 中原地域 佛教遺蹟의 位相」, 「역사·지리적 관점에서 본 중원문화권의 새로운 인식」 등으로 발표가 있었다. 그런데 여기서는 중원문화 관련 회의에 처음으로 중국과 일본의 연구자가 발표자와 토론자로 참가하였다. 발표 내용은 부분적으로 기존에 알려졌던 것보다 심화된 것도 있지만, 중원문화의 특색과 문화권의 공간 범위에 대한 의견이 또다시 제시되었다.

이밖에도 충주를 중심으로 한 예성동호회와 충주대 박물관에서 중원문화에

7) 충청북도·충북대 호서문화연구소, 1995, 『中原文化圈의 位相定立과 發展方向』 참조.
8) 충청북도·충북대 호서문화연구소, 1996, 『中原文化 國際學術會議 結果報告書』 참조.

대한 학술발표회가 진행되어 왔다.

2. 중원문화권의 설정 문제

중원문화권의 범위는 앞에서도 언급하였지만, 처음부터 여러 의견이 제시되어 많은 혼란을 일으키고 있다.

1981년의 유적분포도 작성이나 1982년부터 실시된 문화재연구소의 유적 정밀조사는 충북의 전역과 주변지역(영주, 이천, 여주)을 포함하고 있지만, 1983년에 열린 학술회의에서는 중원문화권의 범위에 대한 규정을 하지 못하고 다양한 의견만 제시되었다. 이런 문제는 처음부터 중원문화(권)에 대한 충분한 검토와 논의 없이 문화의 특성과 문화권의 범위를 임의로 설정하고 여러 일들을 추진하였기 때문이다. 특히 1983년의 학술회의조차도 문화권의 설정 범위에 대하여 여러 견해가 있었다.[9]

중원문화권에 대한 여러 의견이 제시되고 있을 때, 1990년 중원문화 사적 관광개발 계획 문화유적 조사가 실시되어 그 보고서에 중원문화권의 범위를 충주 중심의 남한강유역인 충주(중원), 제천(제원), 단양으로 한정시켜 이 지역에 대한 자료를 정리하였다. 이 견해도 중원문화의 특성에 대한 정확한 이해와 근거 없이 행정구역 중심의 범위 설정을 벗어나지 못한 한계가 있다.

또 중원문화(권)는 전국 5대문화권의 하나로 설정하기 위하여 행정적으로 가칭한 것이므로 다른 지역의 문화와 차이나는 특성이 규명되어야 하고 일정한 문화 영역이 조사되어야 하기에 문제가 있다는 지적이 있어 왔다. 그리고 충북

9) 이 회의에서는 1) 중원지구(中原地區)란 오늘날의 충주시와 그 인접한 중원군의 일부, 2) 중원문화권의 핵심 지역은 충주(중원)를 중심으로 한 충청북도 일원, 3) 고고학적인 측면에서 청주, 청원, 옥천, 괴산, 음성까지 포함 등 다양한 의견이 있어 중원문화권의 설정에 대한 논란이 있었다.

지역은 금강과 남한강으로 서로 다른 수계(水系)가 있고 이 물줄기에 따라 문화적인 특징이 다르므로 충북지역을 중원문화로 통틀어 하나의 문화권으로 규정하기에는 어렵다는 것이다. 이러한 점에서 '충북문화권'이라고 부르자는 제안이 있다.[10] 그리고 이러한 관점에서 중원문화는 충주지역을, 청주지역은 '호서문화' 또는 '서원문화'로 규정하면서 두 문화를 포함하는 의미에서 포괄적으로 '충북문화', '중부지역 문화', '충청문화'라고 주장하는 견해가 제시되었다.[11]

한편 중원문화권의 공간적인 배경 문제는 크게 충북지역을 포함하느냐, 아니면 충주를 중심으로 한 남한강 상류지역으로 할 것이냐 하는 것으로 구분된다. 이 문제는 5대문화권의 하나로 중원문화(권)를 설정할 때 충주(중원)지역은 삼국문화가 서로 융합되어 독특한 특성을 지닌 곳으로 한정된 범위에서 인식을 하였기 때문으로 해석된다. 특히 중원문화(권)를 통일신라 때의 소경(小京)이나 중원경과 연관시켜 그 이후에 형성된 충주지역의 역사문화로 한정시켜야 한다는 견해도 있다.[12] 하지만 어떤 바탕 위에서 형성된 문화라고 하여도 역사적으로 볼 때 기층문화에 대한 이해가 되지 않고는 그 문화의 특성을 올바로 이해할 수 없다. 이런 점에서 중원문화(권)를 중원경과 관련시켜 충주지역으로 한정하여도 통일신라 이전의 여러 기층문화에 대하여는 반드시 규명되어야 할 문제가 많다.

중원문화(권)는 5대문화권의 다른 문화와는 근본적인 차이가 있는데 그 핵심은 시대나 왕조의 중심으로 문화권이 설정되지 않고 지역적인 관점에서 제시되

10) 김영진, 1995, 「中原文化圈의 範圍와 特性-전승문화를 중심으로」, 『中原文化圈의 位相定立과 發展 方向』, pp.302~322.

11) 신형식, 1996, 「역사·지리적 관점에서 본 중원문화권의 새로운 인식」, 『中原文化國際學術會議結果報告書』, pp.134~138.

12) 이러한 맥락에서 중원이라는 낱말은 통일신라 이후에 사용하여야 하며 대표적으로 '중원의 선사문화'라는 용어는 맞지 않는다는 것이다(김영진, 1995, 「앞 글」, p.321).

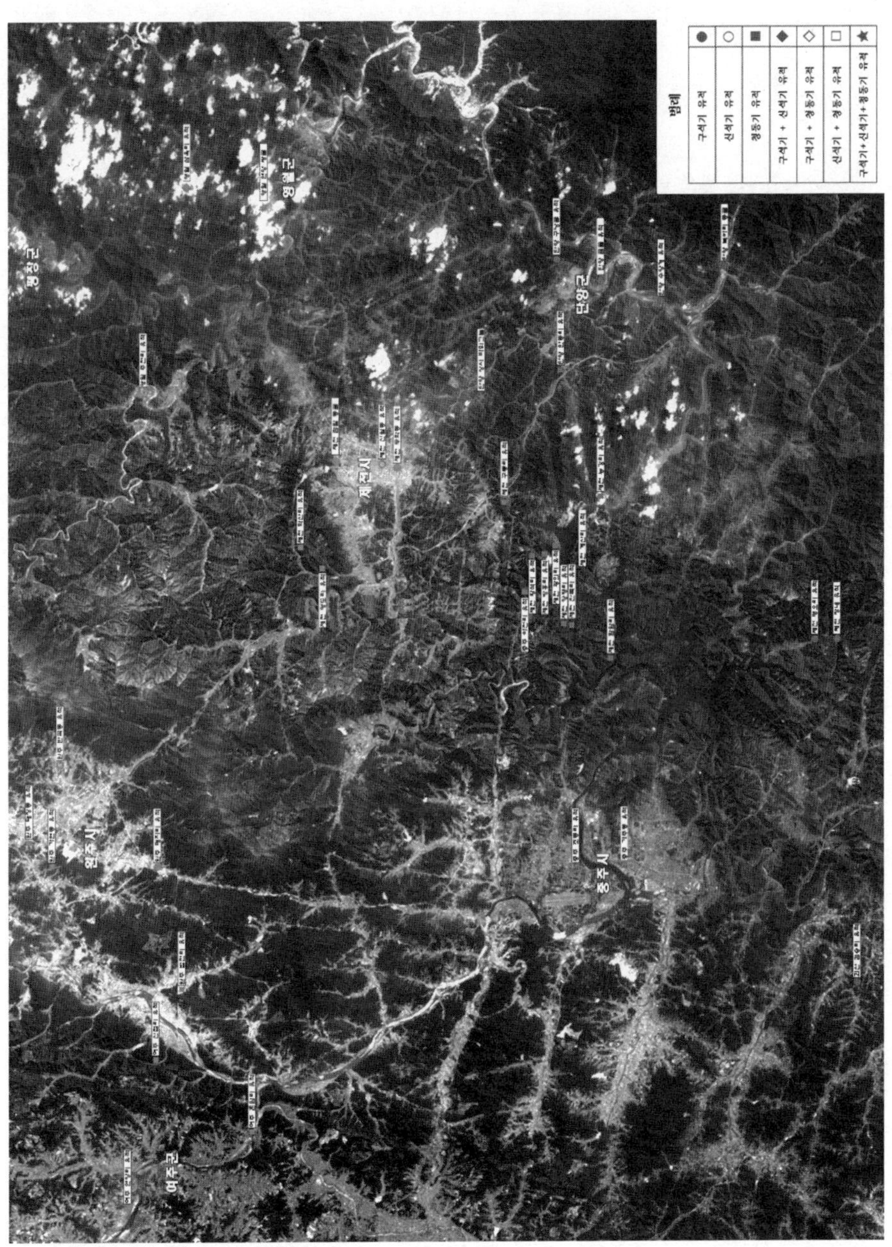

지도 1. 중원문화권의 선사유적 분포도

었다는 것이다. 이런 점에서 중원문화는 독특하기 때문에 다른 문화보다 역사성이 길고 문화권역이 예상 밖으로 광범위할 수 있다.

이처럼 중원문화(권)가 1980년대 초반에 설정될 때만 하여도 잠정적인 그 성격이나 특성은 백제나 고구려 그리고 신라 문화가 혼합된 양상이고 한편으로는 그 자체가 특색으로 인식되었다. 그러나 남한강유역을 중심으로 충주댐 수몰지역의 발굴조사 결과, 삼국시대나 그 이후의 역사시대 유적은 물론 구석기를 비롯한 독특한 성격의 선사시대 유적이 조사되면서 중원문화의 성격과 특성에 관하여 새로운 시각을 갖게 하였다.[13)]

이 글에서는 선사시대의 중원지역에 대한 발굴 성과를 주제로 하고 있기 때문에 먼저 남한강유역을 중심으로 그 범위를 설정하고자 한다. 선사시대의 사람들은 강줄기를 따라 이동하고 삶의 터전을 마련하면서 그들 나름대로 문화를 이룩하였기 때문에 선사문화와 물줄기는 밀접한 관련이 있다.

여기서 언급하고자 하는 공간적인 범위는 남한강 유역을 중심으로 한 단양, 영월, 제천, 충주, 원주, 여주와 샛강인 제천천, 달천, 섬강 일대로 한정시키고자 한다. 이렇게 좁은 범위내에서 제한적으로 선사유적을 검토하고자 하는 것은 무엇보다도 강줄기에 따른 문화 특성 문제를 살펴보기 위한 것이다(지도 1).

Ⅲ. 충주댐 수몰지역 발굴 이전: ~1981년

중원지역에서의 선사유적에 대한 조사는 일제강점기부터 시작되었다. 이 시기의 조사는 다른 지역에서와 마찬가지로 지표에 나타난 구조물이나 유물산표

---

13) 이융조, 1987, 「충주댐 수몰지구 문화유적 조사와 그 전개」, 『崔永禧先生華甲紀念韓國史學論叢』, pp.787~824.

지에 대한 것이 대부분인데 충주와 청풍에서 고인돌이 조사된 기록이 있다.[14]

이 지역에서의 본격적인 발굴조사는 광복이후에 이루어졌는데 시대별 내용은 다음과 같다.

1. 구석기시대

1) 단양 북하리 동굴

이 유적은 1956년 11월 미국 인류학자 C. S. Coon 교수와 김정학 교수가 답사한 후 간단한 시굴을 하였다.[15]

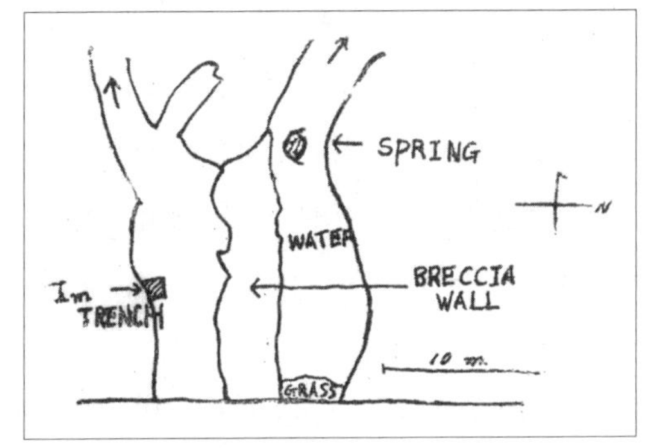

도면 1. 단양 북하리 동굴 약실측도

'뒤뜰굴'이라고 알려진[16] 이 동굴의 조사결과(도면 1), 선사유적의 입지 조건으로는 가장 이상적인 강언저리에 위치하고 동굴안에는 샘(spring)이 있어 구석기시대 사람들의 살림터일 가능성이 많은 것으로 해석하였다. 특히 중

14) 鳥居龍藏, 1946, 「中國石棚の研究」, 『燕京學報』 31, p.6. 이 논문은 1926년에 프랑스어로 발표된 것을 일본어로 다시 번역·발표되었다.

15) 동굴 안의 퇴적층은 연한 황색이고 지표에서 약 80㎝쯤 아래로 팠지만, 구석기 유물은 찾지 못하고 그 가능성만 시사하였다.
C. S. Coon, 1958, "Anthropogeographic excursion around the World" *Human Biology* 30-1(C. S. Coon, 김완식 옮김, 1962, 「人類學 踏査記」, 『史叢』 7, p.194) : 김정학, 1958, 「韓國에 있어서의 舊石器文化의 問題」, 『高麗大學校 文理論集』 3, p.11.

16) 이융조, 2006, 『충북의 선사문화』, 충청북도·충북학연구소, p.33.

국 주구점에서 북경원인(*Sinanthropus pekinensis*)이 발견되었기에 한반도에서도 이 시기와 관련있는 유물이 동굴 유적에서 발견될 가능성이 높다는 것을 강하게 시사하였다.

2) 제천 점말동굴

제천시 송학면 포전리 점말에 위치하며, 1973년부터 1980년까지 7차에 걸쳐 연세대 박물관에서 발굴하였다.[17] 이 유적은 남한에서 처음 조사·발굴된 구석기시대의 동굴유적으로 학사적인 중요성을 지니고 있다.

3개층에서 유물이 주로 출토되는데 Ⅲ층(흰모래층, 제3빙기)에서는 사슴, 노루, 동굴곰, 족제비 등의 짐승화석이 찾아졌다. Ⅳ층(붉은갈색 찰흙층, 제3간빙기)에서는 큰 짐승인 코뿔소, 하이에나, 들소, 곰, 원숭이, 사슴, 갈밭쥐와 뼈연모가 발굴되었고 Ⅴ층과 Ⅵ층에서는 호랑이, 곰, 옛비단털쥐 등이 찾아졌다.

또한 점말 동굴에서는 꽃가루 분석을 하여 구석기시대의 식물 화석을 많이 찾아 옛기후와 당시의 식생관계를 이해하는데 중요한 자료가 되고 있다.

연대측정결과 Ⅴ층은 66,000bp가, Ⅵ층은 18660bp로 밝혀졌다.

3) 단양 상시 바위그늘

단양군 매포읍 상시리에 있으며, 1981년 연세대 박물관에서 발굴하였다.[18] 시기를 달리하는 3개의 바위그늘이 있으며 1그늘과 3그늘에서 구석기유물이 확인되었다.

1그늘의 퇴적층은 3.5m쯤 되고 11개의 층위로 구분된다. 석기와 뼈연모 그리고 짐승화석이 여러 층에서 출토되었다. 짐승화석은 12목 21과 35종으로 분

17) 연세대 박물관, 2009ㄱ, 『제천 점말동굴유적 종합보고서』.

18) 손보기, 1984, 『상시 1그늘 옛살림터』, 연세대 선사연구실.

류되었다. 석기는 찍개·망치·톱니날석기가 있으며, 짐승뼈에 구멍을 뚫거나 X 표를 새긴 것이 찾아져 주목된다.

5층에서는 2개체분에 해당하는 사람의 윗머리뼈, 뒷머리뼈, 주걱뼈, 앞팔뼈, 뒤팔뼈등이 출토되었다. 사람뼈를 분석한 결과, 20살이 지난 160㎝ 안팎의 키를 가진 슬기사람으로 밝혀졌다. '상시사람(*Homo sapiens sangsiensis*)'이라고 부르는 이 사람뼈는 인류의 진화과정을 이해하는데 중요한 자료이다.

3그늘의 6층인 찰흙층에서는 하이에나 뼈가 나온 후기 구석기시대에 해당하는 것으로 여겨진다. 아직까지 완전한 발굴이 이루어지지 않아 그 성격을 파악하기에는 어려움이 있다.

2. 신석기시대

1) 제천 점말동굴

가장 위층인 Ⅶ층(겉흙층)에서 여러점의 토기가 출토되었다.[19] 토기 조각에는 석회석으로 인한 더깨가 붙어 있으며, 검댕이가 묻은 토기가 많아 화식기로 사용되었을 가능성이 있다.[20] 무늬는 물고기등뼈무늬, 손톱무늬 등이며 남해안 토기의 특징인 골아가리도 있다.

2) 단양 상시 바위그늘(도면 2)

2그늘과 3그늘에서 신석기 시대의 유물이 확인되었다. 문화성격을 알 수 있는 3그늘을 보면 빗살무늬토기, 석기, 뼈연모, 나무열매등이 출토되었다.[21]

---

19) 연세대 박물관, 1980, 『점말 용굴 발굴 보고』.

20) 신숙정, 2005, 「강원 영서지방의 신석기문화」, 『남한강유역의 신석기문화』, 원주시립 박물관, p.123.

토기는 두께, 흡수율, 성형방법, 바탕흙 등을 분석한 결과 다른 지역과 비슷한 것으로 밝혀졌다. 무늬는 찍은 무늬와 새긴 무늬로 구분되며 찍은 무늬는 꺾쇠무늬가 대표적인데 입술 부분에만 있다. 새긴 무늬는 물고기 등뼈무늬 외에 긴 빗금과 짧은 빗금을 불규칙하게 그은 것이 있다. 무늬로 보면 이 토기들은 신석기 후기에 해당하는 것 같다.[22]

특히 입술지름 30㎝쯤 되는 덧무늬 토기 1개체가 출토되었다. 토기의 안벽에 그을음이 있어 불씨를 담았던 화로로 이용되었던 것 같다. 덧띠의 두께는 0.3~0.4㎝, 입술 끝에서 4㎝쯤 내려와 2㎝ 간격으로 4줄을 돌렸다.

한편 단면 모양이 주판알 모양인 가락바퀴가 1점 있는데 앞·뒤쪽에 방사선 방향으로 점이 찍혀 있다. 이것은 주로 서포항 3기층부터 출토되고 있어 주목된다.

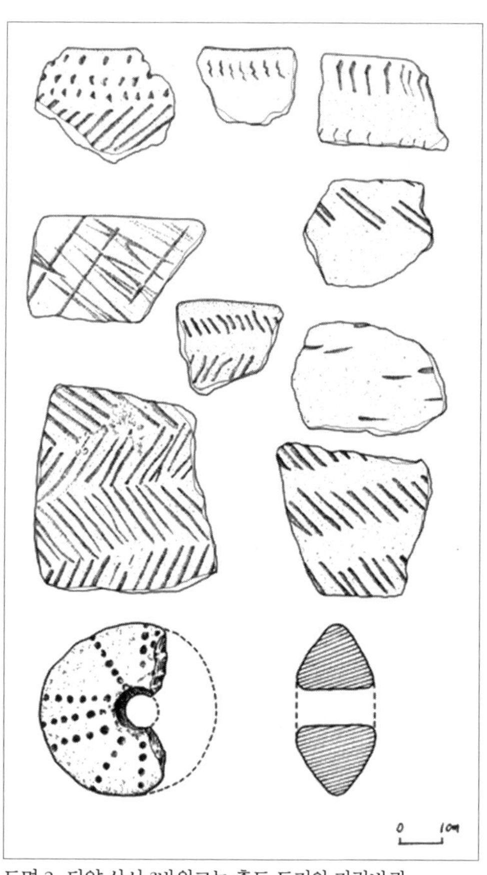

도면 2. 단양 상시 3바위그늘 출토 토기와 가락바퀴

21) 홍현선, 1987, 『상시 3바위그늘의 문화 연구』, 연세대 대학원 석사학위논문.
22) 신숙정, 2005, 「앞 글」, pp.125~126.

석기는 뗀석기와 간석기가 섞여 있는데 1~4층에서 출토되었다. 재질은 주변에서 구하기 쉬운 것으로 화살촉, 대팻날, 갈돌과 갈판, 자르개, 곰배괭이 등을 만들었다.

짐승화석은 12목 21과 32종이 발굴되었는데 여러 사슴종과 멧돼지, 오소리, 남생이 등이 있다. 뼈연모는 뗀 것과 간 것이 섞여 있다. 또한 4층에서는 팽나무 열매가 출토되었는데 당시 사람들의 먹거리였을 가능성이 있다. 조가비는 22종으로 상당히 다양한데 손질된 것은 1·3·5층에서 주로 찾아지며 치레걸이로 사용된 것이다. 특히 투박조개는 동남해안지역에서 서식하는 것으로[23] 당시 사람들의 교역관계나 문화교류를 연구할 수 있는 좋은 자료이다.

3. 청동기시대

1) 단양 안동리 유적

단양군 매포읍 안동리에 있으며, 1963년 한일시멘트회사의 건물을 지으면서 발견되어 조사하게 되었다.[24] 유적이 위치한 곳은 남한강 상류에 합하여지는 조그마한 냇가가 있는 계곡으로 석회암지대이다.

무덤방은 긴 방향이 동서로 이루어져 있었으며, 두께가 6㎝쯤 되는 판판한 혈암을 가지고 만든 돌널은 안쪽 길이가 100㎝, 너비와 높이가 각각 50㎝쯤 되었다. 바닥은 2~3장의 판판한 돌을 깔았던 것 같으며 뚜껑돌은 200×110㎝ 되는 큰 돌이었다. 그리고 뚜껑돌 위에는 돌을 쌓아 놓은 것으로 보이는 돌무지가 있었다.

유물은 점판암으로 만든 화살촉 13점과 사람뼈, 조가비로 만든 장식품이 나

23) 유종생, 1976, 『원색 한국 패류 도감』, p.115.

24) 김원룡, 1967, 「丹陽 安東里 石壙墓報告」, 『震檀學報』 31, pp.43~50.

왔다.

2) 제천 황석리 유적

제천시 청풍면 황석리의 남한강 옆 충적대지에 위치하며, 1962년 3월과 7월 국립박물관에서 2차례에 걸쳐 18기의 고인돌을 발굴하였다.[25] 이 유적은 일제 강점기때부터 일본 학자들에 의하여 알려져 왔다.

황석리 고인돌유적은 1961년 마을 사람에 의하여 간돌검과 화살촉, 붉은 간토기가 찾아져 발굴되는 계기가 마련되었다. 이 유적의 발굴은 중원문화권의 선사유적으로는 첫 번째로 이루어진 학술 조사였다. 또한 이것이 계기가 되어 국립박물관에서는 전국의 중요한 고인돌 유적 12곳을 발굴하여 한국 고인돌 문화의 성격을 밝히는 토대를 마련하였다.

13호 고인돌의 덮개돌 크기는 130×80×12㎝며, 무덤방은 판자돌로 만들어져 있었다. 무덤방의 크기는 180×60×30㎝로 덮개돌보다 더 크며, 뚜껑돌은 없고 바닥은 판자돌을 깔았다. 묻힌 사람의 머리 방향은 남쪽이고 옆으로 바로 펴묻기를 하였으며, 뼈로 보아 키가 174㎝고 30대 초반의 남자였다. 유물로는 간돌검이 나왔으며, 뼈부스러기를 방사성 탄소 연대측정을 한 결과 2360±370 bp가 나왔다.

C호 고인돌의 덮개돌은 180×100×30㎝다. 무덤방은 돌널이고 크기는 135×50×40㎝며 옆에 돌을 쌓았다. 서쪽 1.5m 거리에 작은 돌널이 있다. 무덤방의 긴 방향이 강 흐름과 나란하며, 껴묻거리는 붉은 간토기와 목이 긴 민무늬토기다.

25) 김재원·윤무병, 1967, 『韓國支石墓硏究』, 국립박물관, pp.99~135.

3) 여주 흔암리 유적

여주군 점동면 흔암리 흔바위마을에 있으며, 서울대 박물관이 1972년부터 1978년까지 7차례에 걸쳐 모두 16채의 집터를 발굴하였다.[26)]

집터는 산경사면을 이용하여 안쪽을 파는 ㄴ자 모습이며 평면은 모두 긴 네모꼴이다. 거의 대부분 산흐름의 방향과 나란하여 주변의 지형을 최대한 활용하였던 것 같다.

집터에서 찾아진 시설로는 나들이자리·화덕자리·구멍자리·벽과 선반이 있다. 화덕자리는 5호·8호·12호 집터에서만 조사되었으며(도면 3), 8호 것은 찰흙을 쌓아 만든 U자 모양으로 지금까지 찾아진 예가 없는 독특한 것이다. 12호와 14호 집터는 긴 네모꼴이면서 바닥에 찰흙을 깔아서 다진 점·화덕은 바닥을 파거나 그대로 이용한 점·바닥 안쪽에 3줄의 기둥구멍이 있고 또 벽쪽에 일정 간격으로 작은 기둥구멍이 있는 점 등은 팽이형토기가 나오는 유적의 집터와 비슷하여 서북지역 팽이형토기문화와의 교류 가능성을 시사한다.[27)] 13호와 14호에서는 흙벽으로 이루어진 칸막이가, 14호에서는 선반이 찾아졌다.

집터에서 나온 석기는 간돌검·돌화살촉·돌창·반달돌칼·가락바퀴·갈돌과 갈판·모루돌·돌도끼·바퀴날도끼 등이 있다. 간돌검은 12호에서 한꺼번에 5점이 나와 주목되며 1단과 2단자루식이 섞여 있다. 돌화살촉은 삼각형만입촉·슴베촉(1단·2단)·원통모양·돌바늘모양 등이 있으며, 이 가운데 삼각형만입촉이 가장 많다.

토기는 민무늬토기를 비롯하여 늦은 빗살무늬토기·구멍무늬토기·팽이형토기·여러 생김새의 붉은간토기·골아가리토기·덧띠토기가 있다. 토기로 보아 구

---

26) 서울대 박물관, 1973,『欣岩里住居址－1973年度』; 1974,『欣岩里住居址－1974年度』; 1976,『欣岩里住居址』3 ; 1978,『欣岩里住居址』4 참조.

27) 한영희, 1983,「角形土器考」,『韓國考古學報』14·15, pp.88~96.

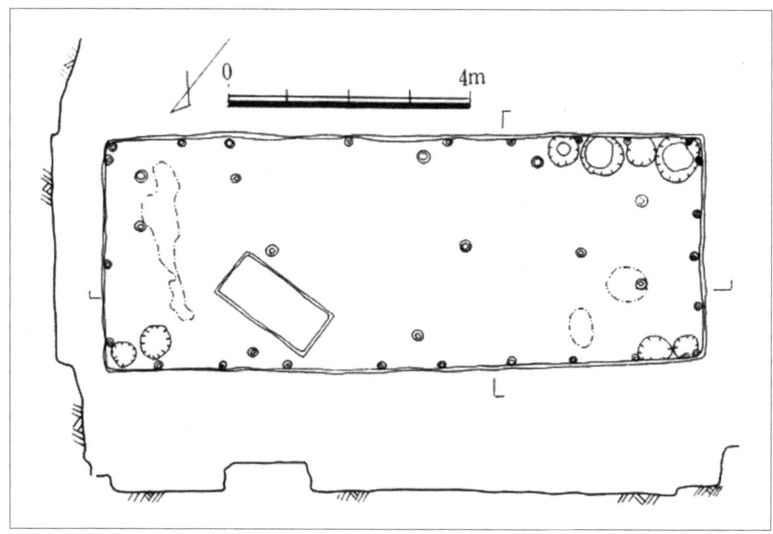

도면 3. 여주 흔암리 12호 집터 평면도

멍무늬토기·붉은간토기·골아가리토기 등의 동북지역요소와 팽이형토기 계통의 서북지역 문화요소가 섞여 있는 양상이다. 그리고 구멍무늬와 빗금무늬, 골아가리와 빗금 무늬가 있는 독특한 것을 '흔암리식토기'라고 부르기도 한다.[28)]

4) 단양 상시 바위그늘

상시 2그늘에서 청동기시대의 유물이 조사되었다.[29)] 3개의 층위로 구분되는데 맨 위층은 검은 모래층(1층)이고 그 아래는 붉은 모래 염토층(2층), 검은 모래층(3층)이다.

1층에서는 말뼈와 간토기, 검은 토기, 칠한 토기, 숫돌 등이 찾아졌다.

---

28) 이청규, 1988, 「南韓地方 無文土器文化의 展開와 孔列土器文化의 位置」, 『韓國上古史學報』 1, pp.59~670.

29) 손보기, 1984, 『앞 책』, p.11.

2층은 비문화층이고 3층에서는 사슴뼈, 말뼈, 간토기, 납작바닥의 새김토기, 만들다가 그만 둔 간화살촉과 반달돌칼 등이 출토되었다. 그리고 돌을 돌려놓은 곳에서 고둥을 구워 먹던 흔적도 조사되었다.

Ⅳ. 충주댐 수몰지역 발굴과 그 이후 : 1982~1998년

중원지역의 선사유적에 대한 발굴은 이 시기에 본격적으로 이루어졌다. 1982년부터 실시된 충주댐 수몰지역과 중앙고속도로 건설에 따라 여러 유적이 조사되었다.

1. 구석기시대

1) 단양 금굴

단양군 매포읍 도담리에 위치한 석회암 동굴이며, 충주댐 수몰지역 발굴조사의 일환으로 연세대 선사연구실에서 1983~1985년까지 3차례에 걸쳐 조사하였다.[30)]

발굴조사 결과 14개의 퇴적층이 확인되었고 문화층은 7개인 것으로 밝혀졌다. 구석기는 1~4문화층이고, 5문화층은 중석기로 보고되었다. 출토된 석기와 짐승화석을 근거로 1문화층(Ⅷ층)과 2문화층(Ⅶ층)은 전기 구석기, 3문화층은 중기 구석기, 4문화층은 후기 구석기시대에 속하는 것으로 보고되었다.

30) 손보기, 1984, 「丹陽 島潭里地區 遺蹟發掘調査報告」, 『忠州댐 水沒地區 文化遺蹟 發掘調査 綜合報告書-考古·古墳 分野(Ⅰ)』, 충북대 박물관, pp.15~99(이 책은 다음부터 『忠州댐(Ⅰ)』로 한다) ; 1985, 「丹陽 島潭里 금굴遺蹟 發掘調査報告」, 『忠州댐 水沒地區 文化遺蹟 延長發掘 調査報告書』, 충북대 박물관, pp.1~99.

전기 구석기층에서는 외날의 긴 찍개, 휘인 날 주먹도끼, 긁개 등이 출토되었는데 부딪쳐 떼기와 직접 떼기로 만든 수법이 아주 간단하고 무거운 것이 특징이며 중기 구석기층에서는 38종의 짐승 화석과 홈날, 톱니날의 석기가 출토되었다. 후기 구석기층에서는 14종의 짐승 화석과 돌날, 밀개, 새기개 등의 발달된 수법으로 만들어진 석기가 찾아졌다(도면 4).

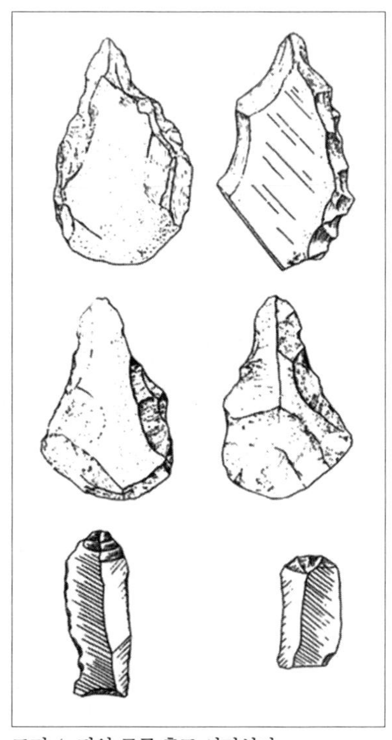

도면 4. 단양 금굴 출토 여러석기

한편 금굴유적의 전기 구석기층을 연대측정한 결과, 185,870bp가 나와 출토 유물과 비교할 때 젊은 값으로 밝혀져 앞으로 이에 대한 보완 연구가 이루어져야 할 것이다.

2) 단양 수양개유적

단양군 적성면 애곡리 수양개마을의 남한강 언저리에 위치하며, 유적은 제2단구에 발달한 자갈층에 있다. ‘Ⅰ지구’라 이름붙여진 이곳은 충주댐 수몰지역 발굴조사의 일환으로 1983년부터 1985년까지 4차에 걸쳐 충북대 박물관에서 발굴하였다.[31)]

31) 이융조, 1984, 「丹陽 수양개 舊石器遺蹟 發掘調査報告」, 『忠州댐(Ⅰ)』, pp.101~186 ; 1985, 「丹陽 수양개 舊石器遺蹟 發掘調査報告」, 『忠州댐 水沒地區 文化遺蹟 延長發掘調査報告書』, pp.101~252.

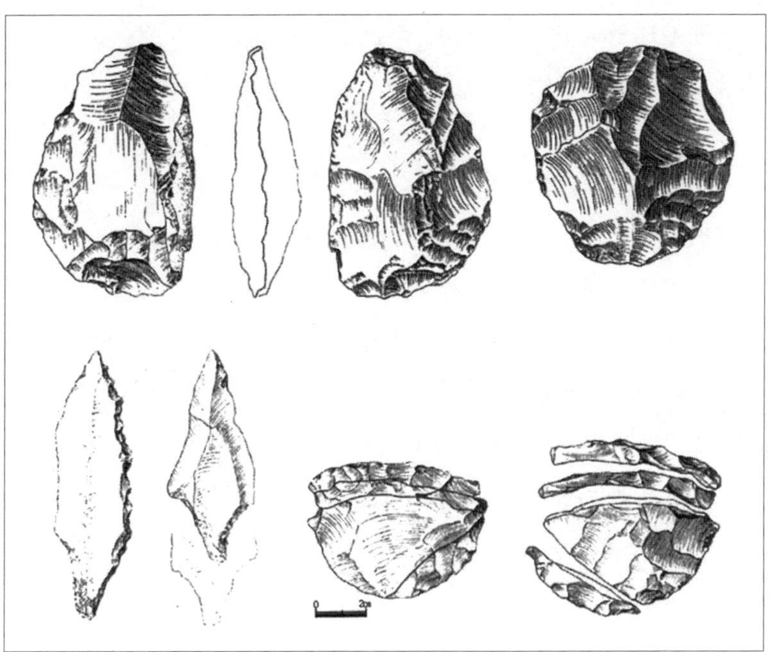

도면 5. 단양 수양개 출토 여러석기

조사 결과, 중기 구석기층(Ⅴ층)과 후기 구석기층(Ⅳ층)이 층위를 이루고 있는 것으로 밝혀졌다.

중기 구석기층에서는 굵은 입자의 자갈돌을 이용하여 직접떼기의 수법으로 만든 긁개, 주먹대패, 찌르개 등의 연모가 발굴되었다(도면 5).

후기 구석기층에서 만든 석기의 돌감은 대부분 셰일이고 직접떼기와 간접떼기(돌날떼기, 눌러떼기) 수법이 섞여 있다. 특히 이곳에서 직접 석기를 만든 제작터가 50여 곳 찾아져 주목된다. 제작터에서는 모룻돌, 망치, 접합 유물 등이 출토되었다. 발굴된 연모는 주먹도끼와 찍개, 슴베찌르개, 돌날 몸돌 등이 있는데 슴베찌르개와 돌날 몸돌은 연해주, 북중국, 일본 등 동북아시아의 이 시기 석기들과 비교된다.[32]

한편 후기 구석기층은 절대연대 측정 결과 18,630bp와 16,400bp로 밝혀져 한국 구석기 연대 설정에 참고가 된다.

3) 제천 창내유적

충주댐 수몰지역 조사의 일환으로 1982~1983년에 서원대에서 발굴한 이 유적은 제천시 한수면 사기리에 자리한다.[33]

발굴 결과, 당시 사람들이 사냥을 위하여 만든 10㎡ 크기의 막집터가 조사되었는데 나들이 문 옆에 화덕자리가 있었고 3~4명이 살았던 것 같다. 석기는 후기 구석기의 전통을 지닌 둥근 밀개와 긁개 등이 발굴되었다(도면 6).

이 유적은 공주 석장리와 화순 대전유적의 후기 구석기시대 집터와 비교된다.[34]

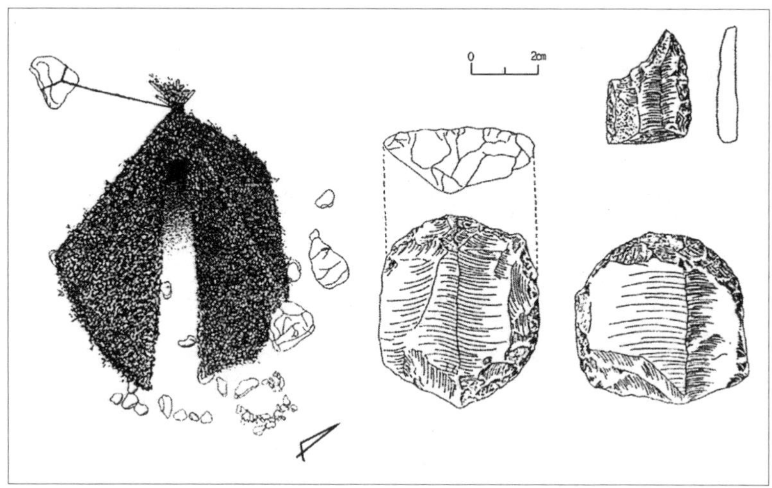

도면 6. 제천 창내 막집 복원도와 출토 석기

32) 이융조, 2006, 『앞 책』, pp.105~109.

33) 박희현, 1984, 「堤原 沙器里 後期舊石器遺蹟 發掘調査報告」, 『忠州댐(Ⅰ)』, pp.187~269.

4) 제천 명오리유적

제천시 한수면 명오리 큰 길가에 위치하며 1983년과 1984년에 충주댐 수몰지역 조사의 일환으로 건국대에서 발굴하였다.[35)]

석기를 만든 돌감은 석영과 점판암, 규암, 천매암으로 주변에서 쉽게 구할 수 있는 것이다. 몸돌 석기인 주먹도끼를 비롯하여 자르개, 뾰족끝 찍개 등의 큰 석기와 긁개, 밀개, 새기개, 송곳, 톱니날 등의 작은 석기가 출토되었다. 긁개와 톱니날 석기는 잔손질한 흔적이 뚜렷하다.

발굴자는 이 유적을 연천 전곡리와 중국 정촌(丁村)유적과 비교하고 있다.

5) 단양 구낭굴

단양군 가곡면 여천리에 위치하며, 충북대 박물관에서 1986년과 1988년, 1998년 3차에 걸쳐 발굴을 하였다.[36)]

3개의 석회마루층이 층위를 이루고 있는데 맨 위쪽의 제1석회마루층(2층)의 연대가 12,500bp로 밝혀졌다. 그리고 제2퇴적층(3층)에서 사람뼈, 석기, 뼈연모 등의 여러 가지 유물이 발굴되어 이 층을 주된 문화층으로 해석하고 있다. 이 층은 연대측정 결과 4만년 전후로 밝혀졌다.

사람뼈는 성인 남자의 발목뼈, 발가락뼈, 손등뼈 등이며 짧은 꼬리 원숭이, 사슴, 말사슴, 코뿔소, 곰 등 17과 25종의 짐승 화석이 발굴되었다. 발굴된 짐승 화석은 거의가 사슴과(科)이며, 뼈에는 사냥과 도살의 흔적인 자른 자국, 찍힌 자국 등이 관찰되었다. 특히 1살 미만의 어린 사슴이 많아 늦은 가을~이른

---

34) 박희현, 1990, 「창내 후기 구석기시대 막집의 구조와 복원」, 『박물관기요』 6, 단국대 중앙박물관, pp.23~25.

35) 최무장, 1984, 「堤原 鳴梧里B地區 遺蹟發掘調査報告」, 『忠州댐(Ⅱ)』, pp.3~122.

36) 충북대 박물관, 1991, 「단양 구낭굴 발굴보고(Ⅰ)」; 1999, 『丹陽 九郎窟遺蹟(Ⅱ)』.

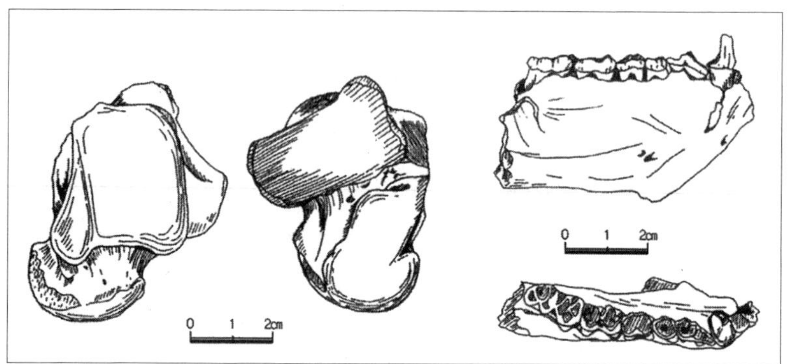

도면 7. 단양 구낭굴 출토 사람뼈와 짧은꼬리 원숭이뼈

겨울에 주로 사냥을 하였던 것으로 밝혀졌다.

이런 점으로 볼 때 구낭굴유적은 구석기 사람들이 사냥을 위하여 계절적으로 머무는 장소였을 가능성이 많다(도면 7).

2. 신석기시대

1) 단양 금굴

신석기시대 유물은 6문화층(Ⅱㄴ층)에서 출토되었다.[37] 이 층은 회색빛의 모래찰흙층으로 작은 숯가루가 포함되어 있었다.

이 층에서 빗살무늬토기, 여러 가지 석기, 뼈연모, 투박조개 치레걸이, 좁쌀무늬 고둥, 말조개, 구슬 다슬기, 물달팽이 등이 출토되었다. 특히 여러 고둥류와 자라뼈가 화덕자리 바로 옆에서 출토되어 당시 사람들이 구워 먹었던 것으로 여겨진다. 투박조개는 상시 3그늘에서도 출토되어 서로 비교된다.

토기의 바탕흙은 모래 섞인 찰흙이고 무늬는 문살무늬가 많고 물고기뼈 무

37) 손보기, 1984, 「앞 글」, pp.32~36.

늬, 빗금무늬가 있다. 토기의 무늬는 입술과 몸통 부분을 나누어 정연하게 베푼 것도 있으나 대부분 입술 아래쪽에는 없다. 무늬를 베푼 방법에는 가로 물고기뼈 무늬를 입술에서부터 베풀되 토기의 가운데를 반으로 갈라 서로 반대쪽에서 베풀어 나간 것이 있다. 이런 무늬 새김이 충주 조동리 유적의 토기에서도 관찰된다.[38]

2) 충주 조동리유적

충주시 동량면 조동리 조돈마을의 남한강 옆 충적대지 위에 위치하며, 1996년과 1997년 2차에 걸쳐 발굴이 이루어졌다.[39] 이 조사에서 신석기시대 유구는 확인되지 않고 상당히 많은 양의 빗살무늬토기와 숯이 발견되었다.

토기의 바탕흙은 찰흙에 많은 양의 석영과 운모가 섞인 것으로 민무늬토기와 비슷하다. 토기의 끝손질로 덧입힘이 뚜렷하여 겉면과 속의 색깔이 뚜렷이 구분되며 입술이 곧고 바닥은 뾰족한 것이 대부분이다.

토기의 무늬는 물고기뼈 무늬, 문살무늬, 빗금무늬, 손톱무늬, 줄점무늬 그리고 여러 가지가 섞인 복합 무늬가 있는데 물고기뼈 무늬와 빗금무늬가 많다. 무늬를 베푼 수법은 누른 수법과 새긴 수법이 관찰되는데 누른 수법으로는 짧은 빗금무늬와 줄점무늬를 새겼다.

무늬의 모양과 베푼 수법을 보면 주변의 금굴, 점말 그리고 영월 쌍굴유적 출토 토기와 비교되며,[40] 한강과 남해안의 빗살무늬토기와도 유사성을 보이고 있다.

한편 신석기시대층의 숯을 연대측정한 결과, 5,295±545bp와 4,580±175bp

---

38) 신숙정, 2005, 「앞 글」, pp.126~127.

39) 충북대 박물관, 2001, 『忠州 早洞里 先史遺蹟(Ⅰ)-1·2次 調査報告』.

40) 신숙정, 2005, 「앞 글」, pp.127~128.

가 나와 2개의 문화층이 있을 가능성을 시사한다.

3) 충주댐 수몰지역 유적들

충주댐 수몰지역에 대한 발굴조사과정에 빗살무늬토기가 찾아진 유적이 제법 많다. 처음부터 신석기유적으로 발굴된 것이 아니고 발견된 대부분의 토기가 지표나 퇴적층에서 조사되었기 때문에 그 성격을 파악하는 데에는 어려움이 많다.[41)]

토기가 찾아진 유적은 단양 수양개, 제천 황석리, 제천 양평리, 제천 광의리, 제천 진목리, 제천 사기리, 제천 도화리, 제천 함암리, 충주 명서리, 충주 하천리, 충주 지동리 등이다.

이들 토기들의 바탕흙은 대부분 찰흙에 석영이 섞인 것으로 민무늬토기와 큰 차이가 없는 점이 특징이다.

2. 청동기시대

청동기시대 유적은 크게 집터와 무덤으로 구분되며, 대부분 충주댐 수몰지역과 중앙고속도로 건설과정에 발굴되었다.

1) 집터유적

(1) 제천 양평리 유적

제천시 청풍면 양평리에 있으며 1982년 충주댐 수몰지역 발굴조사 때 서울대에서 발굴하였다.[42)]

1기의 집터가 발굴되었는데 그 크기는 동서쪽이 6m, 남북이 4m로 긴 타원

41) 신숙정, 1994, 「앞 글」, pp.84~92.

형이며, 북쪽으로 치우친 곳에 강자갈로 만든 지름 1m, 깊이 20㎝의 둥근 화덕자리가 있었다.

출토유물 가운데 석기는 간돌검·돌도끼·대팻날·반달돌칼·화살촉 등이다. 토기는 민무늬토기를 비롯하여 아가리에 톱니바퀴무늬가 있는 구멍무늬토기·붉은간토기와 빗살무늬토기조각이 찾아졌다. 토기를 분석한 결과 구운 온도는 573℃ 이하인 것으로 밝혀져 비교적 낮은 온도에서 구워졌음을 알 수 있다. 빗살무늬토기는 짧은 선들이 서로 만나게 되어 생선뼈무늬와 비슷하다.

이 집터는 빗살무늬토기의 전통이 남아 있는 민무늬토기 시기의 것으로 생각된다. 숯을 연대측정한 결과 2785±165bp로 밝혀졌다.

⑵ 제천 광의리 유적

제천시 청풍면 광의리의 남한강 옆 충적대지에 위치하며 1982년 충주댐 수몰지역 조사의 일환으로 경희대 박물관에서 발굴하였다.[43)]

집터는 탁자식 고인돌의 아래쪽에서 찾아졌는데 고인돌 축조과정에 파괴가 많이 되었다.

집터의 평면생김새는 긴 네모꼴이며 남은 길이는 동서 420㎝, 남북 120㎝쯤 된다. 파괴가 심하여 내부시설은 확인되지 않았다.

출토유물은 민무늬토기의 바닥, 입술 등이다.

---

42) 최몽룡·임영진, 1984ㄱ, 「堤原陽坪里B地區遺蹟發掘調查報告」, 『忠州댐(Ⅰ)』, pp.293~335.

43) 황용훈, 1984ㄱ, 「堤原 廣儀里 A地區 支石墓 및 住居址 發掘調査報告」, 『忠州댐(Ⅰ)』, pp.341~343.

(3) 충주 조동리 유적

1·2차 발굴 조사에서 집터 9기, 야외 화덕자리 31기, 움 13기, 도랑 6기, 돌무지 1기 등의 유구와 다양한 종류의 토기·석기 등이 발굴되었다.[44]

집터는 평면 생김새가 네모꼴(1기), 긴네모꼴(6기), 둥근꼴(2기)등 여러 가지다. 내부시설은 강자갈로 만든 화덕자리가 있으며, 7호 집터는 서쪽벽에서 가공한 판자를 잇대어 벽체를 만든 불탄 판자가 찾아졌다.

야외 화덕자리는 집의 바깥에 자리하는데 만든 방법을 보면, 움 모양, 돌무지 모양, 돌 돌림 모양 등 3가지로 구분된다. 11호 화덕은 자갈돌을 돌려 2개의 화덕을 만들고 가운데에 판판한 돌을 연결하여 마치 안경테 모양을 한 특이한 모습이다.

토기는 대부분 조각들이며, 민무늬토기를 비롯하여 구멍무늬토기, 골아가리토기, 빗금무늬토기, 겹아가리토기, 구멍무늬+골아가리토기, 구멍무늬+빗금무늬토기, 골아가리+빗금무늬토기, 붉은 간토기 등 여러 가지이다. 특히 동북계요소인 구멍무늬와 골아가리토기가 많은 점이 주목된다. 붉은 간토기는 항아리와 굽잔 토기가 찾아졌다. 이 밖에도 흙 그물추와 가락바퀴가 출토되었다.

석기는 돌도끼, 그물추, 화살촉이 대부분이고 간돌검, 그물추, 대패날, 자귀날, 망치, 숫돌 그리고 ㄱ자모양 돌낫등이 있다. 화살촉은 슴베(1단, 2단) 있는 것과 만입형이 섞여 있고 간돌검은 통자루식과 2단 자루식이 함께 찾아졌다.

특히 ㄱ자 모양 돌낫은 최근 동북계 문화요소의 전파 관계와 연관시켜 새로운 해석을 하고 있는 연모로 제천 능강리 유적에서도 출토되어 서로 비교된다.[45]

유적의 연대는 집터와 화덕자리 등에서 출토된 숯을 측정한 결과 2,065±130

---

44) 충북대 박물관, 2001, 『앞 책』.

45) 하문식·권기윤, 2007, 「제천 능강리 청동기시대 집터의 성격」, 『忠北史學』 18, pp.269~283.

~2,995±135bp 사이로 밝혀져 B.C.12~10세기에 해당하는 것 같다.

2) 무덤 유적

(1) 제천 황석리 유적

1962년 발굴조사에 이어 1982~1983년에는 충주댐 수몰지역 조사의 일환으로 충북대에서 8기의 고인돌을 발굴하였다.[46)]

충6호 고인돌은 덮개돌이 탄질 편암으로 260×160×25㎝며 12개의 구멍이

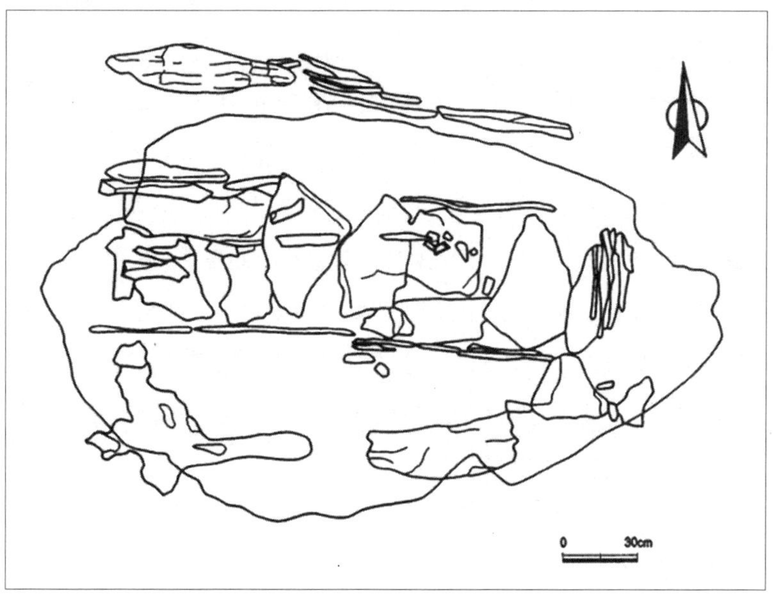

도면 8. 제천 황석리 충6호 고인돌 평면도

46) 이융조·신숙정·우종윤, 1984, 「堤原 黃石里 B地區 遺蹟發掘調査報告」, 『忠州댐(Ⅰ)』, pp.391~464.

있다. 무덤방의 긴 쪽은 강물 흐름과 나란하고, 네 벽은 판자돌을 잇대어 만들었다. 그리고 긴 벽 쪽에서 30㎝쯤 떨어져 판자돌을 세워 받침돌 구실을 하도록 한 특이한 구조가 찾아졌다.[47] 무덤방은 195×60×30㎝며, 바닥은 판자돌을 깔았다. 바로 펴묻기를 하였고, 20살이 채 안 된 남자의 아래턱뼈·이·정강이뼈·위팔뼈와 사슴 위팔뼈가 나왔다(도면 8).

충7호는 덮개돌이 석회질 쉐일로 크기가 120×120×20㎝며, 돌널인 무덤방은 165×45×25㎝다. 편평한 편암 조각을 잇대어 세워 네 벽을 만들고 길쭉한 석회질 쉐일과 할석 6개를 가로질러놓아 뚜껑돌을 만들었다. 무덤방의 긴 방향은 강물 흐름과 나란하며, 20대 후반에서 30대 초반의 완전한 남자뼈가 나왔다. 유물로는 턱과 가슴둘레에서 곱은옥·대롱옥이, 머리 쪽 위에서 소과(科)의 뼈가 찾아졌다.

충13호는 덮개돌이 석회질 편암으로 134×109×10㎝며, 무덤방의 긴 벽은 서로 한 개의 판판하고 긴 돌을 세워 놓지 않고 뉘여 놓았다. 바닥은 맨바닥이었고 크기는 104×28×25㎝이다. 뼛조각과 붉은 간토기 조각이 나왔다.

충16호는 450×203×50㎝인 덮개돌이 운모 편암이며, 덮개돌을 떼어낼 때 생긴 구멍이 3개 있었다. 무덤방의 크기는 365×100㎝며, 덮개돌의 무게를 지탱하지 못하여 남쪽으로 쓰려졌다. 무덤방의 긴 방향은 강물 흐름과 나란하며, 가운데를 가로질러 세운 칸막이 돌이 두 곳 있고, 여러 가지 생김새의 붉은 간토기와 가지무늬토기 조각이 나왔다.

(2) 제천 방흥리유적

제천시 청풍면 방흥리에 있는데 1983년 충주댐 수몰지역 조사때 충북대에서

---

47) 발굴보고자는 이러한 구조를 '황석리 Ⅰ식'이라고 하며, 충13호의 구조는 '황석리 Ⅱ식'으로 구분하고 있다.

발굴하였다.[48]

덮개돌은 편마암으로 265×260×25㎝고 구멍이 3개 있었다. 개석식 고인돌로 무덤방은 330×156㎝고, 긴 방향이 강물 흐름과 나란하다. 그리고 무덤방의 위쪽에 작은 강돌이 깔려 있고 껴묻거리는 붉은 간토기 조각, 민무늬토기 조각, 간돌검 조각, 갈판이 찾아졌다.

(3) 제천 광의리유적

제천시 청풍면 광의리에 있으며, 충주댐 수몰지역 조사의 일환으로 1982년 경희대 박물관에서 발굴하였다.[49]

덮개돌이 없어진 탁자식 고인돌이다. 굄돌은 남쪽과 북쪽에 있고, 남쪽에는 강돌로 된 쐐기돌이 3개 있어 무덤을 만들 때 이용된 축조 기술을 알 수 있었다. 무덤방의 긴 방향은 남북쪽이고, 크기 150×175㎝로 바로펴묻기를 하였던 것 같다.

(4) 제천 계산리유적

제천시 청풍면 계산리에 있으며 1982년 충주댐 조사때 경희대 박물관에서 발굴하였다.[50]

1호 고인돌의 덮개돌 재질은 점판암이며 크기는 112×108×35㎝이고 개석식이다. 무덤방은 크기가 120×65㎝며, 묻기는 구덩이를 만들어 주검을 묻은 다음 슴베 있는 화살촉을 주검 위에 얹고 덮개돌을 놓았다.

48) 이융조, 1984, 「堤原 芳興里遺蹟 發掘調査報告」, 『忠州댐(Ⅰ)』, pp.465~477.

49) 황용훈, 1984ㄱ, 「앞 글」, pp.340~342.

50) 황용훈, 1984ㄴ, 「堤原 鷄山里 B·C地區 支石墓 發掘調査報告」, 『忠州댐(Ⅰ)』, pp.353~374.

2호는 덮개돌이 부서졌고, 무덤방의 크기는 210×100㎝다. 묻기는 구덩이에 주검과 화살촉, 간돌칼, 민무늬토기조각의 껴묻거리를 넣은 다음 흙으로 덮고, 그 위에 자갈돌과 모난돌을 깔고 덮개돌을 얹었다.

(5) 제천 양평리유적

제천시 청풍면 양평리에 2기의 고인돌이 있었는데, 1983년 충주댐 수몰지역 조사 때 서울대에서 발굴하였다.[51)]

1호 고인돌의 덮개돌은 석회규산염암을 재질로 이용하였으며 깨어졌다. 무덤방은 200×100㎝며, 50×40㎝ 되는 뚜껑돌이 찾아졌다. 머리뼈조각·허벅지뼈 등 사람뼈가 나왔는데, 묻힌 사람은 18살에서 35살쯤으로 보이고 동쪽 끝에서 대팻날이 나왔다.

한편 2호 고인돌에서 나온 붉은 간토기를 과학적으로 분석한 결과 석영이 장석에 비하여 많이 섞여 있으며, X선 회절분석으로 붉은 칠은 석회 장석임이 밝혀졌다.

(6) 제천 진목리유적

제천시 청풍면 진목리에 있는 유적으로 8기의 고인돌이 산의 경사를 따라 한 줄로 강 옆 대지에 자리잡고 있으며, 1982년 한양대 박물관에서 발굴하였다.[52)]

1호 고인돌의 덮개돌은 편마암을 재질로 이용하였는데, 60~100㎝되는 마름모꼴이다. 그리고 덮개돌의 긴 방향은 산줄기와 강물의 흐름과 나란하다(도면 9). 무덤방의 북동쪽에 돌덧널이 있었는데, 크기는 120×43×12㎝고, 바닥은 강

---

51) 최몽룡, 1984ㄴ, 「堤原 陽坪里 D地區 遺蹟 發掘調査報告」, 『忠州댐(Ⅰ)』, pp.375~389.
52) 김병모·김명진, 1984, 「堤原 眞木里 A·B地區遺蹟 發掘調査報告」, 『忠州댐(Ⅰ)』, pp.479~528.

돌을 깐 다음 산돌을 놓았다.

2호의 덮개돌은 편마암이고 크기는 275×218×75㎝며, '장수바위', '검은돌'이라 부른다. 무덤방은 1호 돌 깐 것이 이어지고 있는데, 이런 예는 제천 함암리, 황주 천진동에서 볼 수 있다. 서쪽에 130×40×17㎝의 돌덧널이 있으며, 바닥은 산돌을 깔았다.

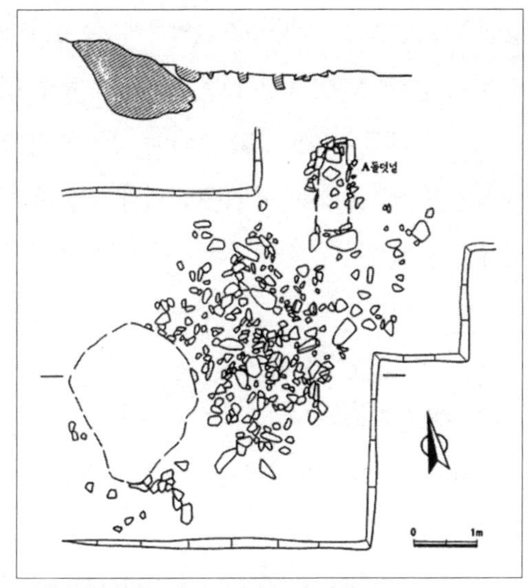

도면 9. 제천 진목리 1호 고인돌 평·단면도

진목리 고인돌유적에서는 껴묻거리가 찾아지지 않았으며, 4기의 고인돌은 덮개돌 밑의 깔린 돌이 이어져 있었는데, 높이에 따라 다르므로 시간적인 차이를 두고 만든 가족무덤으로 해석된다.

(7) 제천 함암리유적

제천시 한수면 함암리에 있던 유적으로 1983년 충주댐 수몰지역 조사 때 청주대 박물관에서 발굴하였다.[53)]

이곳에서는 강을 따라 한 줄로 있던 9기의 고인돌이 조사되었으며, 이 고인돌을 '칠성바위'라고 불렀다. 발굴조사 결과 타날문토기와 쇠뚱이 나와 고인돌의 하한 연대를 밝히는 중요한 유적이다.

1호는 덮개돌이 거북 모양이고, 재질은 편마암으로 크기가 205×162㎝다. 무

---

53) 이동복, 1984, 「堤原 咸岩里地區遺蹟 發掘調査報告」, 『忠州댐(Ⅱ)』, pp.143~198.

덤방은 80×70㎝고 강자갈을 깔았는데 2호까지 이어진다. 껴묻거리는 민무늬토기, 구멍무늬토기, 붉은 간토기, 타날문토기 조각이다.

5호의 덮개돌은 275×100×75㎝다. 무덤방은 205×85㎝며, 덮개돌 밑에 강돌을 깔았는데, 이 속에서 많은 토기와 석기 조각들이 나와 제의(祭儀)가 있었던 것으로 해석된다. 껴묻거리는 여러 토기조각들과 구멍 파인 돌, 말이빨, 쇠똥, 간석기이다.

(8) 제천 명도리유적

제천시 봉양읍 명도리에 위치하며, 1990년 중앙고속도로 유적조사 때 충북대학교에서 발굴하였다.[54)]

덮개돌의 재질은 화강편마암으로 가장자리를 많이 손질하여 거북 모양을 하고 있다. 덮개돌의 크기는 164×106×60~54㎝이며 놓인 긴 방향은 남북쪽이다. 덮개돌 위에는 지름 3㎝, 깊이 3㎝쯤 되는 원통모양의 구멍이 2개 있다.

무덤방은 돌을 쌓아 만든 돌덧널이며, 크기는 170×50×44~49㎝다. 긴 방향은 유적 앞의 작은 물줄기와 나란하다. 한편 무덤방의 동쪽 벽은 덮개돌과 수평을 이루기 위하여 높낮이가 다른 것으로 조사되어 주목된다.

(9) 충주 하천리유적

충주시 동량면 하천리의 창내(제천천) 옆 밭에 있으며 충주댐 수몰지역 조사의 일환으로 1983년과 1984년 한양대 박물관에서 발굴하였다.[55)]

발굴결과, 고인돌 1기와 덮개돌이 없어진 6기의 돌덧널이 조사되었다.

---

54) 이융조·이윤석, 1991ㄱ, 「堤原 明道里 고인돌 發掘調査報告」, 『中央高速道路 文化遺蹟 發掘調査報告書(忠北地域)』, pp.9~33.

55) 김병모 등, 1984, 「中原 荷川里 D地區遺蹟 發掘調査報告」, 『忠州댐(Ⅱ)』, pp.231~326.

1호는 덮개돌이 182×90×36㎝이며, 무덤방의 바닥과 벽은 판자돌을 가지고 만들었고, 붉은 간토기가 출토되었다. 1호 돌덧널은 크기가 155×44×27~36㎝로 바로펴묻기를 하였으며 머리 방향은 강물 흐름과 나란하다. 나무로 덮은 다음 납작한 돌을 뚜껑으로 한 것 같으며 붉은간토기와 타날문토기가 함께 찾아져 고인돌의 하한 연대를 이해하는데 도움이 된다.

2호 돌덧널은 긴 방향이 1호와 같고 곱돌로 만든 가락바퀴, 많이 쓴 반달돌칼이 출토되었고, 5호는 묻힌 사람의 머리 방향이 강의 하류쪽에 놓여 주목된다. 출토유물은 간돌검, 반달돌칼, 돌화살촉 등이다.

Ⅴ. 문화재보호법 개정 이후 : 1999년~

이 시기에는 문화재보호법의 강화에 따라 매장문화재의 조사가 보다 광범위하게 이루어졌다. 대부분의 발굴이 개발사업에 따른 구제발굴이었기 때문에 조사의 범위와 방법에는 일정한 한계가 나타나기도 하였다. 발굴은 이 시기에 출범한 전문발굴법인에 의하여 많이 이루어졌다.

1. 구석기시대

1) 영월 삼옥리유적

영월군 영월읍 삼옥리에 위치하며 동강 리조트 부지 조성사업에 의하여 2009년 강원문화재연구소에서 발굴하였다.[56)]

석기의 재질은 대부분 규암이나 석영암의 자갈돌이고 여러면 석기와 찍개, 몸

56) 강원문화재연구소, 2009, 『영월 동강리조트 조성부지내 유적 발굴조사 약보고서』.

돌이 많다.

물줄기를 따라 상당히 넓은 범위에 걸쳐 고토양이 분포하며 구석기 유물이 발견되고 있어 남한강 최상류의 구석기문화를 이해하는데 중요한 의미를 지닌다.

2) 영월 연당 쌍굴

영월군 남면 연당2리의 마을 뒷산 중턱에 자리하며, 2004년 연세대 박물관에서 발굴하였다.[57)]

구석기문화층은 1굴과 2굴에서 모두 조사되었다. 1굴에서는 뗀석기, 자른자국이 있는 뼈, 사람뼈와 짐승화석이, 2굴에서는 자른자국이 있는 뼈, 짐승화석, 강자갈돌이 출토되었다.

1굴에서 출토된 석기는 밀개, 긁개, 뚜르개 등이며, 석영, 안산암, 규암등 재질이 다양한 편이다. 또한 잔손질된 석기도 많다. 자른자국이 있는 뼈는 짐승잡이를 한 증거로 사슴의 사지뼈에서 조사되었다.

사람뼈는 이와 손, 발뼈이며 작은 조각이라 체질적인 특징을 헤아리기는 어렵다. 짐승화석은 20여종이며, 원숭이, 코뿔소, 소, 꽃사슴, 말, 곰 등 큰 포유류가 많다.

모래를 가지고 OSL연대를 측정한 결과 47,000±4,000BC와 51,000±3,000년이 나왔다.

쌍굴유적은 구석기시대의 사람뼈와 짐승화석 그리고 석기 등 당시의 살림살이를 종합적으로 알 수 있는 여러 자료가 출토되어 중원지역의 선사문화를 이해하는데 중요한 자리를 차지한다.

57) 연세대 박물관, 2009ㄴ, 『영월 연당 피난굴(쌍굴)유적』.

3) 단양 구낭굴

2007년 4차 발굴이 한국선사문화연구원에 의하여 이루어졌다.[58]

동굴 입구의 제3층에 대한 퇴적 양상과 특징을 파악하기 위한 조사에서는 5개의 퇴적층을 확인하였다. 짐승화석은 포유류 12종, 양서류 1종, 조류 1종이 찾아졌고 대부분 사슴뼈 화석이었다. 발굴된 숯을 분석한 결과 벚나무속, 고로쇠나무류, 물푸레나무속으로 밝혀져 당시의 기후가 따뜻했음을 알 수 있다. 숯을 연대측정한 결과 25,100±700bp, 28,400±700bp로 밝혀졌다.

한편 자른 자국이 남아있는 뼈, 뿔과 뼈연모, 불탄 뼈 등은 구낭굴에서 살림을 하였던 당시 사람들의 생활상을 규명하는데 도움이 될 것이다.

4) 단양 수양개유적

Ⅲ지구에 대한 8차 발굴이 2001년에는 충북대 박물관에서, 2008년에는 한국선사문화연구원에서 각각 이루어졌다.[59]

현재 수양개유물전시관이 있는 곳으로 3개의 문화층이 확인되었다. 석기를 만든 재질은 주로 셰일이고 가끔 석영도 있다.

1문화층은 표토층 바로 아래로 몸돌과 격지, 부스러기 등 석기 제작 관련 유물이 많고 돌날몸돌과 자갈돌들이 출토되었다. 2문화층에서는 돌날, 돌날몸돌, 슴베찌르개가 찾아졌고, 3문화층 위쪽에서는 몸돌과 여러면 석기가 발굴되었다.

---

58) 한국선사문화연구원, 2007, 『丹陽 九郎窟 舊石器遺蹟(Ⅲ)』.

59) 이승원, 2010, 「새로 발굴한 중부지역 구석기유적」, 『인류지혜의 첫 꽃 돌에 피다』, 한국선사문화연구원·국립청주박물관, p.235.

5) 제천 계산리유적

제천시 청풍면 계산리에 위치하며, 2005년 제천 계산관광지 조성예정지역 문화재 조사에 따라 충북대 박물관에서 시굴하였다.[60]

조사지역은 남한강의 하성단구 퇴적층 가운데 가장 높은 곳에 있는 고위하성 단구자갈층으로 암갈색 찰흙층과 명갈색 찰흙층에서 찍개, 긁개, 여러면 석기 등이 출토되었다.

이 조사는 앞으로 남한강주변의 단구퇴적층 형성시기와 형성배경을 이해하는데 하나의 기준을 제시할 것으로 파악된다.

6) 제천 두학동 중말유적

제천시 두학동 중말마을에 위치하며 2007년 한국선사문화연구원에서 시·발굴하였다. 충적대지 위의 완만하게 뻗은 능선의 끝자락에 고토양층이 발달하였고 이곳에서 후기 구석기시대의 유물이 발굴되었다.[61]

몸돌과 격지, 모루, 부스러기 등의 석기 제작 관련 유물과 슴베찌르개, 긁개, 찍개, 새기개 등의 유물이 출토되었다. 재질은 유적 주변에서 구할 수 없는 응회암, 셰일, 쳐트 등이 있어 당시 사람들의 이동이나 교류 관계를 이해할 수 있는 중요한 자료이다.

7) 괴산 검승리유적

괴산군 괴산읍 검승리에 위치하며, 2006년 괴강 관광지 부지조성사업으로 한국선사문화연구원에서 발굴하였다.[62]

---

60) 충북대 박물관, 2007, 『堤川 鷄山里 舊石器遺蹟』.

61) 한국선사문화연구원, 2009, 『堤川 頭鶴洞 중말 舊石器遺蹟』.

62) 한국선사문화연구원, 2009, 『槐山 儉承里遺蹟』.

조사 결과 제3단구에 속하는 적갈색 사질찰흙층(3층)인 구석기 유물 포함층에서 찍개, 몸돌, 격지, 긁개, 대패날 등의 석기가 출토되었다. 석기를 만든 재질은 유적 주변에서 구할 수 있는 석영이 대부분이고 규암도 섞여 있다.

검승리유적은 유물이 출토된 지점의 퇴적 상황으로 볼 때 여주 연양리, 양구 상무룡리유적과 비교된다.

8) 원주 매지리유적

원주시 흥업면 매지리에 위치하며 2007년 한림대 박물관에서 발굴하였다.[63]

유적의 퇴적층은 7개층이며 석기는 3지층과 4지층의 경계 부분에서 찾아졌다. 출토된 석기는 긁개, 홈날, 밀개와 긴 격지를 떼어낸 몸돌 등이다.

석기 가운데에는 부분적으로 잔손질을 베푼 것이 있어 이 유적의 연대를 가늠하는데 도움이 된다.

9) 여주 연양리유적

여주군 여주읍 연양리의 남한강언저리에 위치하며, 2004년과 2005년 기전문화재연구원에서 발굴하였다.[64]

이 유적은 해발 67m 되는 구릉에 위치하며 하안단구퇴적층에 형성되었다. 적갈색찰흙층(4지층)에서 석영과 규암을 가지고 만든 찍개, 주먹대패, 긁개, 홈날, 톱니날, 여러면 석기 등이 찾아졌다. 특히 한쪽날 찍개가 많이 조사되어 특징적인 유물로 여겨진다.

연대측정(OSL) 결과 67,000±3,000년 안팎으로 밝혀졌다.

---

63) 한림대 박물관, 2007, 『원주 매지리 호반아파트 건설부지내 문화재 발굴조사 약보고서』.

64) 기전문화재연구원, 2007, 『驪州 淵陽里 舊石器遺蹟』.

2. 신석기시대

1) 영월 삼옥리 바위그늘

동강리조트 부지 조성사업으로 신석기시대의 바위그늘 2곳이 발굴되었다.[65)]

1호는 동강의 언저리에 위치하며, 입구는 동남쪽이다. 뒤쪽은 큰 바위가 막고 있어 선사시대 사람들이 터전을 잡고 살림을 하기에는 아주 좋은 환경이다.

바위그늘의 안쪽 평탄한 곳에서 자갈돌을 가지고 만든 야외 화덕자리 3기가 발굴되었고 그 옆에서 많은 유물이 찾아졌다.

출토 유물은 빗살무늬토기, 뗀석기와 간석기, 짐승화석, 조가비 등이다. 토기의 무늬는 빗금무늬, 물고기 등뼈무늬, 줄점무늬가 있다.

2호는 1호에서 남동쪽으로 230m쯤 떨어진 곳에 있다. 산기슭의 계곡 사이에 위치하며 빗살무늬토기 조각과 뗀석기가 찾아졌다.

이 바위그늘 유적은 남한강 최상류에서 찾아진 것으로 중원지역의 신석기시대 살림 양상을 이해하는데 참고가 된다.

2) 영월 연당 쌍굴

1굴과 2굴의 신석기문화층에서 빗살무늬토기, 간석기와 뗀석기, 치레걸이, 뼈연모, 자른자국이 있는 뼈, 짐승화석, 사람뼈 등이 찾아졌다.[66)] 그리고 2굴에서는 돌을 둘러 만든 5각형의 화덕자리가 조사되었다.

토기는 2굴의 Ⅲ층에서 많이 출토되었고, 일반적인 빗살무늬토기보다 두터운 편이며 단단하다. 손으로 빚어서 만들었고 무늬는 빗금무늬, 물고기등뼈무늬, 찰과무늬 등이다. 바탕흙에 가는 모래가 많고, 구운 다음 뚫은 구멍, 새김

---

65) 강원문화재연구소, 2009, 『앞 책』.

66) 연세대 박물관, 2009ㄴ, 『앞 책』.

무늬 등은 남해안토기와 비교된다.

석기는 간돌도끼와 돌끌, 화살촉, 그물추, 갈돌과 갈판이 있다. 뼈연모는 짐승뼈와 조가비로 만들었는데, 낚시바늘, 귀바늘, 찌르개, 조가비칼 등이다.

치레걸이는 투박조개로 만든 팔찌와 구멍뚫은 조가비가 있는데 투박조개는 상시 바위그늘, 금굴 등에서 찾아졌다.

사람뼈는 1굴과 2굴에서 거의 모든 부위가 출토되었고, 짐승 화석은 24종이 발굴되었는데 대부분 소, 물소, 돼지, 꽃사슴 등 큰 포유류이다.

숯을 연대측정한 결과 2230~2750BC로 밝혀졌고, 여러 문화상이 상시 3그늘과 비교된다.

3) 영월 주천리유적

영월군 영월읍 주천리에 위치하며 2006년과 2007년에는 소규모 주택부지에 대하여 강원문화재연구소에서, 2008년에는 하수 종말처리장 건설공사 때문에 예맥문화재 연구원에서 발굴하였다.[67]

유적이 위치한 이곳은 주천강이 굽이치는 넓은 충적대지로 선사시대 사람들이 터전을 잡고 살림을 하기에는 아주 좋은 곳이다.

소규모 발굴에서는 야외화덕자리 23기가 확인되었는데 생김새는 둥근꼴과 타원형이고 숯이 많은 것으로 보아 조리나 취사에 사용되었던 것 같다. 화덕자리 주변에서 출토된 빗살무늬토기의 무늬는 빗금무늬를 비롯하여 물고기등뼈무늬, 문살무늬 등이 있다.

67) 한국문화재조사연구기관협회, 2008, 「영월 주천리 1619번지 소규모 주택 부지 발굴조사」·「영월 주천리 375번지 개인주택 부지 발굴조사」, 『2006~2007년도 소규모 발굴비지원사업 현황과 성과』, pp.25~44 ; pp.371~400 : 예맥문화재연구원, 2010, 『영월 주천리유적-영월 주천리 하수종말처리장 건설부지내 발굴조사 보고서』.

숯을 연대측정한 결과 4,670±50bp, 4,840±50bp로 밝혀졌다.

하수종말처리장지역에서는 집터 3기가 발굴되었다.

평면생김새는 네모꼴과 모줄임네모꼴이고 강돌을 이용한 위석식 화덕자리와 무시설 화덕자리가 찾아졌다. 출토된 토기는 무늬와 바탕흙이 소규모 발굴 것과 비슷하다.

4) 제천 신월동유적

제천시 신월동에 위치하며, 토지구획정리사업에 따라 2001년부터 2003년까지 2차에 걸쳐 한국문화재 보호재단에서 발굴조사하였다.[68]

신석기시대의 집터 1기와 야외화덕자리 3기가 조사되었다. 집터의 평면 생김새는 둥근꼴이고 가장자리에는 기둥구멍이 있었다. 집안에서 막돌을 쌓아서 만든 화덕자리도 찾아졌다.

유물은 모래질의 찰흙에 석영이 섞인 바탕흙으로 만든 빗살무늬토기가 많이 출토되었다. 무늬는 짧은 빗금무늬, 물고기등뼈무늬, 가로줄무늬 등을 베풀었다.

한편 토기의 아가리부분에 가로방향으로 1줄의 침선을 돌리고 그 아래에 물고기등뼈무늬, 빗금무늬, 가로줄무늬등 복합무늬를 베푼 것이 출토되어 주목된다. 이런 토기는 청원 쌍청리, 합천 봉계리, 평양 금탄리 Ⅱ기 유적에서 출토되었다.

이 유적의 연대는 방사성탄소동위원소 측정결과 3670±50bp로 밝혀졌다.

68) 한국문화재보호재단·제천시, 2003,『堤川 新月土地區劃整理事業地區 文化遺蹟 試·發掘調査報告書』.

5) 충주 조동리유적

2000년 2월~4월에 3차 발굴조사가 실시되어 갈색사질 찰흙층에서 야외 화덕자리와 빗살무늬토기, 석기등이 찾아졌다.[69]

출토된 빗살무늬토기의 바탕흙은 모래가 많은 찰흙으로 민무늬토기의 것과 비슷하며, 무늬는 누르기와 긋기를 하여 베풀었다. 무늬종류는 빗금무늬, 집선무늬, 물고기뼈무늬 등이며, 복원가능한 토기를 보면 뾰족밑에 오므라든 아가리이고 몸통에는 줄점무늬와 집선문이 베풀어져 있다. 토기의 생김새나 무늬로 볼 때 1·2차 조사때와 차이가 없으며 남해안과 한강유역의 신석기토기와 비교된다.

신석기 층에서 출토된 숯을 연대측정한 결과 5540±40~6200±40bp로 밝혀졌다.

6) 원주 반곡동유적

원주시 반곡동에 위치하며 원주혁신도시 개발에 따라 2009년 한강문화재연구원에서 발굴하였다.[70]

집터 2기가 구릉 기슭의 끝부분에서 조사되었는데 평면 생김새는 모줄임 네모꼴과 긴 네모꼴이다. 화덕자리는 집터 가운데 있었고 빗살무늬토기가 출토되었다.

---

69) 충북대 박물관, 2002,『忠州 早洞里 先史遺蹟(Ⅱ)-3次調査報告』.

70) 한강문화재연구원, 2009,『강원 원주혁신도시 개발사업부지내 문화유적 발굴조사 6차 지도위원회의 자료집』.

3. 청동기시대

1) 영월 연당 쌍굴

2굴에서 무덤이 조사되었다. 크기는 200×120×60㎝로 어린이 1사람을 비롯하여 최소 3사람이 묻힌 것으로 밝혀졌다. 묻힌사람의 머리는 굴 안쪽방향을 향하고 있었다. 또한 단지에서 머리뼈조각 3점이 출토되어 두벌묻기의 가능성도 있다.[71]

출토유물은 민무늬토기와 뼈연모, 간석기, 치레걸이, 짐승화석 등이 있다.

석기는 화살촉과 간돌검, 가락바퀴가 있고 토기는 붉은칠이 되었다. 치레걸이는 조가비 팔찌와 멧돼지 송곳니를 가지고 만들었다.

짐승화석은 10여종이 출토되었으며, 조개류에는 바다에 사는 둥근 전복조각이 있어 주목된다.

2) 영월 주천리유적

하수종말처리장 건설부지에서 집터와 움유구등 21기가 발굴되었다.[72]

집터는 18기가 조사되었는데 평면 생김새는 긴네모꼴과 네모꼴이 섞여 있고 내부시설은 위석식 화덕자리, 저장구덩, 초석이 있는 기둥구멍 등이 찾아졌다(도면 10).

토기는 샛김덧띠무늬토기를 비롯하여 구멍무늬토기, 겹입술, 빗금무늬, 골아가리+겹입술, 붉은간토기(단지와 굽잔) 등 여러가지가 출토되었고 흙그물추도 찾아졌다. 석기는 화살촉, 간돌검, ㄱ자형돌칼, 돌창, 가락바퀴가 있고 곱은옥과 대롱옥 그리고 조각이 찾아져 이곳에서 옥가공을 하였던 것으로 보인다.

---

71) 연세대 박물관, 2009ㄴ, 『앞 책』.

72) 예맥문화재연구원, 2010, 『앞 책』.

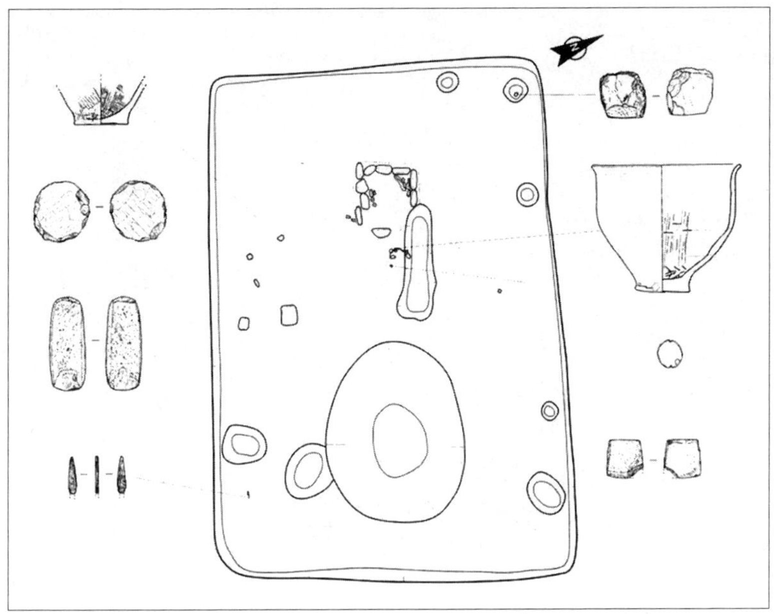

도면 10. 영월 주천리 4호 집터 평면도

3) 제천 능강리유적

제천시 수산면 능강리에 위치하며, 2000년 세종대 박물관에서 2기의 고인돌과 3기의 집터를 발굴하였다.[73)]

1호 고인돌은 발굴 조사 전에 충주댐의 물의 영향으로 무덤방의 일부가 파손된 상태였다. 덮개돌의 재질은 흑운모 화강암이었으며, 크기는 350×200~220×62~66㎝쯤 되었다. 발굴조사 결과 4개의 굄돌이 있는 바둑판식 고인돌로 밝혀졌으며, 무덤방은 바닥돌이 깔린 돌덧널이었다.

껴묻거리는 여러 가지의 화살촉과 갈돌, 그리고 민무늬토기 조각이 찾아졌다(도면 11). 이 고인돌은 남한강 상류지역에서 발굴된 바둑판식으로 고인돌의

73) 세종대 박물관, 2001, 『堤川 綾江里』.

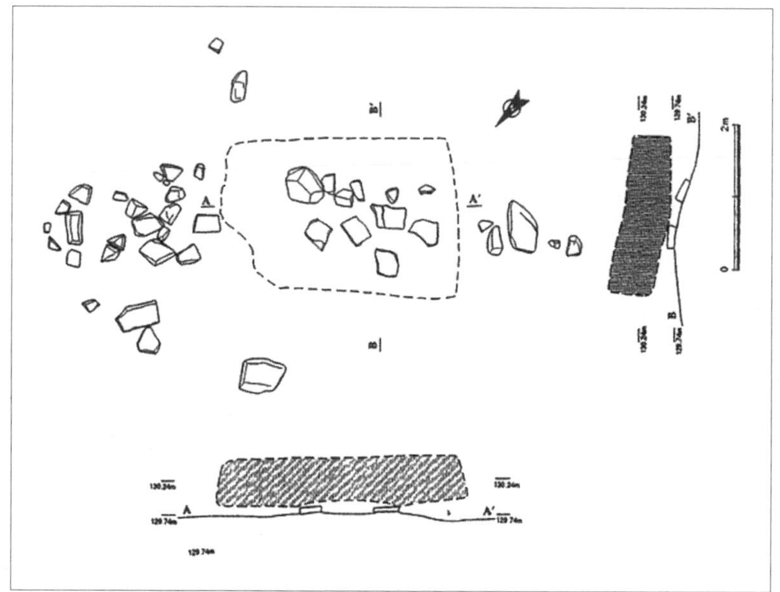

도면 11. 제천 능강리 1호 고인돌 평·단면도

형식에 따른 시기 문제와 분포·전파 관계를 이해하는 데 중요하다.

집터는 고인돌 바로 옆에서 발굴되었는데 고인돌처럼 물의 영향으로 일부 파괴가 되었다.

1호는 긴 방향이 남서-북동쪽이며 9.6×1.5~2.1×20~32㎝크기이다. 집 안쪽에는 북벽을 따라 배수구로 보이는 벽구가 있었다. 집터 바닥에서 찾아진 숯을 조사한 결과 소나무, 들메나무, 복장나무로 밝혀졌다. 복장나무와 들메나무는 생태적인 특성이 비교적 습윤한 지역에서 잘 자라는 것으로 우리나라 선사유적에서는 처음 찾아졌다. 출토유물은 ㄱ자형 돌칼을 비롯하여 슴베가 있는 화살촉, 돌도끼, 돌끌, 숫돌, 붉은간토기, 입술부분에 빗금무늬가 새겨진 민무늬토기 등이다. 숯을 연대측정한 결과 2810±70bp로 밝혀졌다.

4) 제천 구룡리유적

제천시 금성면 구룡리 금성초등학교 운동장 옆에 자리하며, 2001년 세종대 박물관에서 고인돌의 정확한 위치 파악과 유적성격을 규명하기 위하여 발굴한 결과, 3기의 고인돌을 찾았다.[74]

1호 고인돌은 묻혀 있었는데, 조사 결과 제자리인 것으로 밝혀졌다.

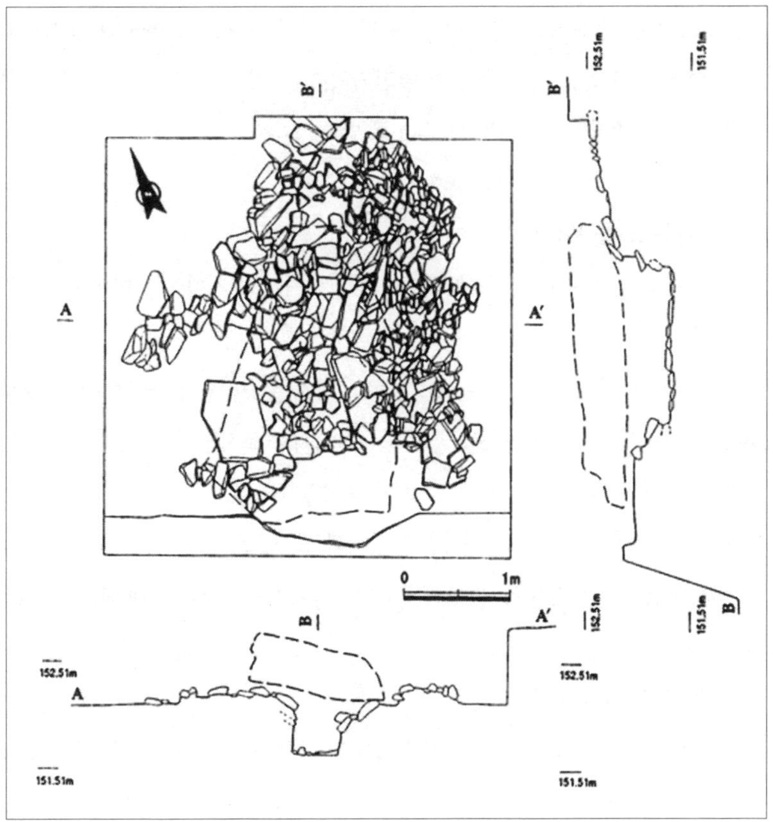

도면 12. 제천 구룡리 1호 고인돌 평·단면도

74) 세종대 박물관, 2002, 『堤川 九龍里』.

덮개돌의 재질은 화강암질 편마암이었고, 놓인 긴 방향은 북동–남서쪽이었다. 그리고 크기는 262×54~184×45㎝며 평면 생김새는 삼각형이다. 무덤방은 막돌을 가지고 만든 돌덧널이었으며, 크기는 190×40×50㎝쯤 된다. 쌓은 방법을 보면 위쪽으로 올라갈수록 점차 좁아지며, 바닥에는 넓적한 돌을 깔아 놓았다. 한편 무덤방 주위의 가장자리에는 막돌을 가지고 돌깔림을 하여 놓았는데, 이것은 무덤방의 보호와 관련이 있는 것으로 판단된다(도면 12).

출토유물은 민무늬토기와 붉은 간토기, 그리고 반달돌칼, 돌도끼, 3각 만입형과 슴베가 긴 화살촉, 돌끌 등이 발견되었다. 그리고 고인돌 출토 숯을 방사성탄소 연대 측정한 결과 2830±40bp로 밝혀졌다.

5) 충주 조동리유적

2000년에 실시된 3차 조사에서는 야외 화덕자리 20기를 비롯하여 움, 도랑 등이 발굴되었다.[75]

화덕자리의 생김새나 크기는 1·2차 조사때와 비슷하며 돌을 쌓아놓은 돌무지형식은 신석기시대의 영종도·삼목도유적에서도 조사되었다. 움에서는 모두 깨어진 토기와 간돌검, 돌보습조각이 출토되었다.

조동리유적의 청동기시대문화층은 집터를 중심으로 그 언저리에서 당시 사람들의 살림살이 자취가 조사되고 있어 살림의 유형을 이해하는데 참고가 된다.

6) 충주 가주동유적

충주시 가주동에 위치한 이 유적은 2003년 중앙문화재연구원에서 개석식 고인돌 2기를 발굴하였다.[76]

75) 충북대 박물관, 2002, 『앞 책』.

76) 중앙문화재연구원, 2003, 『忠州 佳州洞遺蹟』.

덮개돌이 매우 작은(길이 128㎝) 고인돌인데 윗면에는 26개의 구멍이 파여 있다.

무덤방의 긴 벽은 돌을 세워 놓거나 눕혀서 만들었으며 짧은 벽은 넓적한 할석을 1매 세워 놓았다. 무덤방의 바닥은 1호가 넓적한 돌을 깔았지만, 2호는 풍화 암반층을 그대로 이용하였다. 1호와 2호 고인돌의 무덤방은 서로 잇대어 있어 묻힌 사람은 혈연을 바탕으로 한 서로 가까운 관계인 것 같다.

출토 유물은 밑이 납작한 붉은간토기 조각이 찾아졌다.

Ⅵ. 중원문화권의 선사유적 성격

중원문화권의 선사유적에 대한 조사는 단양 뒤뜰굴에서부터 비롯되었는데 이것은 한국 선사고고학의 발굴과 그 궤를 같이 하는 것으로 이해된다. 이만큼 남한강을 중심으로 한 선사유적은 상당히 일찍부터 관련자들로부터 관심을 끌어 왔다고 할 수 있다.

앞에서 언급한 선사유적의 발굴을 통하여 이지역의 유적조사가 갖는 몇 가지 의미를 정리하면 다음과 같다.

1. 처음에 이루어진 많은 유적의 발굴조사가 연차적으로 진행되었다는 점이다. 물론 선사유적의 특성상 연차발굴이 필요한 측면도 있지만, 무엇보다 학술조사의 성격을 지닌 발굴이었기 때문으로 이해된다.

대표적인 조사는 단양 수양개 구석기유적이 1983년부터 9차에 걸쳐 발굴이 이루어진 것을 비롯하여 제천 점말동굴과 여주 흔암리유적이 7차, 제천 황석리 유적과 단양 구낭굴이 4차, 단양 금굴과 충주 조동리유적 등이 3차에 걸쳐 발굴되었다.

이렇게 한 유적에 대하여 연차적으로 조사가 실시된 것은 고고학의 특성으로 볼 때 계획적이고 체계적인 조사가 이루어졌다는 것을 의미한다.

2. 중원지역에서 발굴된 유적을 보면 주변 지역과는 다르게 다양한 성격을 지니고 있다는 것이다. 이것은 남한강 상류를 중심으로 발달한 독특한 지질환경과 밀접한 관련이 있는 것으로 판단된다. 특히 이곳에는 캠브로-오르도비스기에 형성된 조선계 대석회암층이 폭넓게 분포하는 석회암지대이다.

따라서 구석기~청동기시대의 한데유적(open site)은 물론 동굴유적(cave site), 바위그늘(rock shelter)유적 등이 분포하고 있어 다른 지역보다 다양한 선사시대 사람들의 살림살이와 자연환경을 살펴볼 수 있다.

3. 중원문화권의 선사유적 가운데 상당히 많은 유적에서 시기를 달리하는 문화층이 연속적으로 발달한 복합유적이 발굴되었다. 이것은 선사문화의 계승성을 이해할 수 있는 중요한 자료이며, 당시 사람들의 살림유형을 살펴보는데에도 의미가 있는 것으로 여겨진다.

이러한 유적으로는, 영월 연당 쌍굴에서 구석기부터 청동기시대까지의 문화층이 연속적으로 이어지는 것으로 밝혀졌고 영월 삼옥리 바위그늘, 단양 상시 3바위그늘, 제천 점말동굴, 단양 금굴과 수양개유적이 신석기시대 문화층아래에서 구석기 문화층이 조사되었다. 또한 영월 주천리유적, 상시 2바위그늘, 제천 황석리유적과 충주 조동리유적은 신석기문화층 위쪽에 청동기문화층이 자리 잡고 있는 것으로 밝혀졌다.

4. 중원문화권의 선사유적에 대한 발굴조사결과, 이 지역의 문화특징이나 독특한 문화성격으로 파악되는 몇 가지를 시대에 따라 설명하면 다음과 같다.

1) 구석기시대

• 중원문화권역에서 조사된 유적 가운데 동굴이나 바위그늘이 다른 지역보다 상당히 많다. 앞에서도 설명하였듯이 이것은 이곳의 지질환경과 밀접한 관련이 있기 때문이다.

자연동굴은 대부분 석회암동굴이기에 동굴내의 토양은 알카리성이므로 한데유적의 산성토양과는 많은 차이가 있다. 알카리성 토양에서는 사람뼈나 짐승화석 그리고 뼈로 만든 인공유물과 자연유물 등 유기물질이 잘 보존되기 때문에 선사시대의 다양한 자료가 발굴되고 있다. 이러한 자료를 통하여 옛사람들이 살림을 꾸렸던 당시의 자연환경, 살림살이의 모습과 성격 그리고 옛사람들의 체질적 특징을 알 수 있는 다양한 연구의 토대가 만들어지고 있어 중요한 의미를 지닌다.

• 동굴유적에서 출토된 다양한 짐승화석은 고환경 복원에 좋은 자료가 될 것이다.

특히 원숭이, 코뿔소, 동굴 하이에나, 동굴 곰 등은 지금 살지 않는 사멸종으로 유적의 연대 추정과 자연환경 연구에 하나의 기준이 될 수 있다. 중원지역의 이러한 자료가 보다 체계화되면 주변지역은 물론 동북아시아의 갱신세 고환경을 복원할 수 있을 것으로 기대된다.

또한 짐승화석의 종(種) 분류 결과와 자른 자국이 있는 뼈 등은 구석기 사람들의 사냥 행위를 알 수 있는 증거가 되기 때문에 중요한 의미를 지닌다.

• 구석기시대의 한데유적 가운데 대표적인 단양 수양개에서는 석기 제작터가 50여 곳 조사되어 당시 사람들의 연모 제작 행위를 복원할 수 있는 자료가 마련되었다.

이곳에서 발굴된 모룻돌과 망치, 다양한 종류의 연모들, 격지와 부스러기 등은 석기 제작을 알 수 있는 직접적인 자료들이다. 특히 '점돌'이라고 부르는 부합 유물은 구석기 사람들의 석기 만드는 방법과 과정을 살펴볼 수 있으며 최근 조사된 철원 장흥리나 순천 죽내리유적의 자료와 비교된다.

2) 신석기시대

• 중원문화권에서 조사된 신석기유적에 동굴과 바위그늘이 있다는 점이 돋보인다. 이것은 이곳의 지질 환경과 밀접하지만, 또한 이것을 통하여 당시 사람들의 살림에 대한 유형을 살펴볼 수 있을 것이다. 특히 영월 연당 쌍굴과 단양 상시 바위그늘에서 조사된 짐승화석을 비롯한 여러 자연유물은 신석기시대의 자연환경을 이해할 수 있는 좋은 자료가 될 것이다.

• 발굴된 신석기시대의 토기 가운데 바탕흙이나 무늬를 보면, 중원문화권의 신석기시대 토기 특징을 보여주는 것이 몇 가지 있다.

토기의 바탕흙을 보면 찰흙에 많은 양의 석영이나 운모가 섞여 있어 민무늬토기와 별다른 차이가 없는데 이것이 남한강 상류지역의 신석기 토기의 한 특징으로 가늠된다. 또한 토기에 새겨진 골아가리, 새김무늬, 줄점무늬와 구운 다음 구멍을 뚫은 것은 남해안 지역의 신석기시대 토기와 비슷한 점이 많아 서로 비교 연구가 가능할 것으로 여겨진다.

이처럼 중원문화권의 신석기시대 토기에서 보이는 몇 가지 특징은 다른 지역과 비교가 가능하기 때문에 당시 사람들의 살림 범위를 이해하는데 참고가 된다.

• 신석기유적에서 출토된 유물 가운데 투박조개로 만든 팔찌가 있다. 출토

유적은 단양 금굴과 상시 3바위그늘, 영월 연당 쌍굴 등이다.

이 투박조개의 생태조건을 보면 동남해안 지역에 서식하는 것으로 알려져 있어, 한반도의 중부 내륙지역인 중원문화권의 유적에서 이것이 찾아졌다는 것은 여러 측면에서 시사하는 점이 많다. 무엇보다 당시 사람들이 이 조가비를 어떻게 마련하였을까? 하는 점이다. 이것을 통하여 중원문화권의 신석기시대 사람들이 남해안지역과 교역이나 교류를 하였을 가능성이 있는 것으로 이해되며 양 지역 간의 문화 교류에 대한 것도 짐작해 볼 수 있다.

3) 청동기시대

• 마을 유적으로 볼 수 있는 집터가 중원문화권에서 발굴되었다는 점이다. 이렇게 한 곳에 여러 집터가 모여 대규모의 살림을 꾸려나간 것은 당시 사회 배경과 관련이 있을 것이며, 이러한 청동기시대 문화상은 다음 단계의 기반 문화가 형성되는데 큰 역할을 하였을 것이다.

이런 점에서 중원문화권에서 발굴된 청동기시대 마을 유적은 역사시대의 중원문화를 이해하는 단초가 될 수 있다.

• 제천 능강리유적의 집터에서 조사된 숯을 분석한 결과, 들메나무(Fraxinus mandshurica)와 복장나무(Acer mandshurica)로 밝혀졌다.

이들 나무는 비교적 습윤한 기후 조건에서 잘 자라는 북방계로 알려져 있는데, 그렇다면 능강리 집터는 습윤하고 다소 추운 기후였을 때 만들어졌을 가능성을 시사한다.

따라서 청동기시대의 숯 분석을 통한 이러한 자료는 중원문화권의 당시 기후 환경이나 식생 조건을 알 수 있는 자료라고 여겨진다.

• 중원문화권의 선사유적에서는 제법 많은 고인돌이 발굴되었다.

대표적인 유적으로 제천 황석리 고인돌이 있는데, 무덤방의 구조가 특이하여 주목된다. 발굴 보고자는 무덤방의 긴 벽에서 일정 거리 떨어진 곳에 판자돌을 세워 받침돌 구실을 하는 구조를 '황석리 Ⅰ식', 무덤방의 긴 벽을 이루는 돌을 세워 놓지 않고 뉘어 놓는 것을 '황석리 Ⅱ식'이라고 하였다.

그런데 최근 황석리 Ⅱ식과 비슷한 고인돌의 구조가 경기 남부지역의 오산 외삼미동, 화성 병점동과 수기리, 하남 광암동 고인돌에서도 조사되어 서로 비교된다. 다만 황석리 고인돌과 다른 점은 덮개돌 바로 밑에 있는 구조로 지상에 드러나 있다는 것이다.

이런 점에서 보면 황석리 고인돌의 특이한 무덤방 구조는 유적이 위치한 곳의 지반 문제, 무덤방의 구조 변화에 따른 요인들과 관련이 있을 수도 있다. 따라서 고인돌의 형식 변화 과정에서 나타나는 하나의 과도기적 구조일 가능성도 생각해 볼 수 있다.

• 중원문화권의 고인돌에서 나타나는 또 다른 특징은 고인돌의 하한 연대를 시사하는 유물이 찾아지고 있다는 점이다.

제천 함암리 고인돌에서는 타날문토기와 쇠똥이, 충주 하천리에서는 타날문토기가 출토되어 주목된다. 이렇게 고인돌의 무덤방에서 시기가 뚜렷한 특징을 지닌 유물이 발굴되었다는 것은 고인돌의 축조 시기에 대한 문제를 해결할 수 있는 단서를 제공하였기 때문에 앞으로 고인돌의 연대를 밝히는데 하나의 기준이 될 것이다.

• 청동기시대 집터 출토 유물 가운데 독특한 것으로 최근 여러 유적에서 발견되어 관심을 끌고 있는 ㄱ자형 돌칼이 있다. 출토 유적은 영월 주천리, 제천 능강리, 충주 조동리, 원주 가현동 등이 있다.

ㄱ자형 돌칼은 주걱칼, 이형 석도, 동북형 석도라고도 하며 지금까지 주로 중국 동북지역의 길림, 한반도 동해안지역, 중부 내륙의 몇 곳에서 찾아졌다. 그런데 지역적인 특징을 지닌 이런 유물이 중원문화권의 관련 유적에서 발견되어 주목된다.

이렇게 중원문화권역에서 동북지역의 문화요소인 ㄱ자형 돌칼이 출토되고 있다는 것은 청동기시대 남한강 상류지역의 문화교류나 전파와 밀접한 관련이 있을 것이다. 다시 말하여 동북계의 문화요소가 남한강 상류지역에 어떤 과정으로 전파되었는지 밝혀지면 한반도 초기 민무늬토기의 문화 형성과정을 해결하는 데에도 큰 도움이 될 것이다.

참고문헌

강원문화재연구소, 2009, 『영월 동강리조트 조성부지내 유적 발굴조사 약보고서』.

기전문화재연구원, 2007, 『驪州 淵陽里 舊石器遺蹟』.

김병모 등, 1984, 「中原 荷川里 D地區遺蹟 發掘調査報告」, 『忠州댐水沒地區文化遺蹟發掘調 査綜合報告書(Ⅱ)』.

김영진, 1995, 「中原文化圈의 範圍와 特性-전승문화를 중심으로」, 『中原文化圈의 位相定立과 發展 方向』.

김원룡, 1967, 「丹陽 安東里 石壙墓報告」, 『震檀學報』 31.

김재원·윤무병, 1967, 『韓國支石墓硏究』, 국립박물관.

김정학, 1958, 「韓國에 있어서의 舊石器文化의 問題」, 『高麗大學校 文理論集』 3.

김현길, 2003, 「중원문화의 특징」, 『충북문화론』, 충북개발연구원.

박희현, 1984, 「堤原 沙器里 後期舊石器遺蹟 發掘調査報告」, 『忠州댐(Ⅰ)』.

박희현, 1990, 「창내 후기 구석기시대 막집의 구조와 복원」, 『박물관기요』 6, 단국대 중앙박물관.

서울대 박물관, 1973, 『欣岩里住居址-1973年度』.

서울대 박물관, 1974, 『欣岩里住居址-1974年度』.

서울대 박물관, 1976, 『欣岩里住居址』 3.

서울대 박물관, 1978, 『欣岩里住居址』 4.

서울대 박물관, 2001, 『堤川 綾江里』.

서울대 박물관, 2002, 『堤川 九龍里』.

서울대 박물관, 2005, 『여주 신접리 고인돌 발굴보고서』.

손보기, 1984, 『상시 1그늘 옛살림터』, 연세대 선사연구실.

손보기, 1984, 「丹陽 島潭里地區 遺蹟發掘調査報告」, 『忠州댐(Ⅰ)』, 충북대 박물관.

손보기, 1985, 「丹陽 島潭里 금굴遺蹟 發掘調査報告」, 『忠州댐 水沒地區 文化遺蹟 延長發掘調査報告書』, 충북대 박물관.

신숙정, 1994, 「新石器時代의 中原文化」, 『先史文化』 2.

신숙정, 2005, 「강원 영서지방의 신석기문화」, 『남한강유역의 신석기문화』, 원주시립박물관.

신형식, 1996, 「역사·지리적 관점에서 본 중원문화권의 새로운 인식」, 『中原文化國際學術會議結果報告書』.

연세대 박물관, 1980, 『점말 용굴 발굴 보고』.

연세대 박물관, 2009ㄱ, 『제천 점말동굴유적 종합보고서』.

연세대 박물관, 2009ㄴ, 『영월 연당 피난굴(쌍굴)유적』.

영남대 박물관, 1981, 『安東文化圈地表調査報告-安東市·安東郡·榮州市·榮豊郡·奉化郡』.

예맥문화재연구원, 2010, 『영월 주천리유적-영월 주천리 하수종말처리장 건설부지내 발굴조사 보고서』.

유종생, 1976, 『원색 한국 패류 도감』.

이동복, 1984, 「堤原 咸岩里地區遺蹟 發掘調査報告」, 『忠州댐(Ⅱ)』.

이승원, 2010, 「새로 발굴한 중부지역 구석기유적」, 『인류지혜의 첫 꽃 돌에 피다』, 한국선사문화연구원·국립청주박물관.

이융조, 1984, 「丹陽 수양개 舊石器遺蹟 發掘調査報告」, 『忠州댐(Ⅰ)』.

이융조, 1985, 「丹陽 수양개 舊石器遺蹟 發掘調査報告」, 『忠州댐 水沒地區 文化遺蹟 延長發掘調査報告書』.

이융조, 1987, 「충주댐 수몰지구 문화유적 조사와 그 전개」, 『崔永禧先生華甲紀念韓國史學論叢』.

이융조, 1994, 「舊石器時代의 中原文化」, 『先史文化』 2.

이융조, 2006, 『충북의 선사문화』, 충청북도·충북학연구소.

이융조·이윤석, 1991, 「堤原 明道里 고인돌 發掘調査報告」, 『中央高速道路 文化遺蹟 發掘調査報告書(忠北地域)』.

이청규, 1988, 「南韓地方 無文土器文化의 展開와 孔列土器文化의 位置」, 『韓國上古史學報』 1.

중앙문화재연구원, 2003, 『忠州 佳州洞遺蹟』.

충북대 박물관, 1990, 『중원문화 사적 관광개발계획 문화유적 조사보고서』.

충북대 박물관, 1991, 「단양 구낭굴 발굴보고(Ⅰ)」.

충북대 박물관, 1999, 『丹陽 九郎窟遺蹟(Ⅱ)』.

충북대 박물관, 2001, 『忠州 早洞里 先史遺蹟(Ⅰ)-1·2次 調査報告』.

충북대 박물관, 2002, 『忠州 早洞里 先史遺蹟(Ⅱ)-3次調査報告』.

충북대 박물관, 2007, 『堤川 鷄山里 舊石器遺蹟』.

충청북도 중원군·충북대 박물관, 1981, 『中原文化圈 遺蹟分布圖(1:250,000)』.

충청북도·충북대 호서문화연구소, 1995, 『中原文化圈의 位相定立과 發展方向』.

충청북도·충북대 호서문화연구소, 1996, 『中原文化 國際學術會議 結果報告書』.

하문식, 1994, 「靑銅器時代의 中原文化」, 『先史文化』 2.

하문식·권기윤, 2007, 「제천 능강리 청동기시대 집터의 성격」, 『忠北史學』 18.

한강문화재연구원, 2009, 『강원 원주혁신도시 개발사업부지내 문화유적 발굴조사 6차 지도위원회의 자료집』.

한국문화재보호재단·제천시, 2003, 『堤川 新月土地區劃整理事業地區 文化遺蹟 試·發掘調査報告書』.

한국문화재조사연구기관협회, 2008, 「영월 주천리 1619번지 소규모 주택 부지 발굴조사」·「영월 주천리 375번지 개인주택 부지 발굴조사」, 『2006~2007년도 소규모 발굴비 지원사업 현황과 성과』.

한국미술사학회 엮음, 1983, 『考古美術』 160.

한국선사문화연구원, 2007, 『丹陽 九郎窟 舊石器遺蹟(Ⅲ)』.

한국선사문화연구원, 2009, 『堤川 頭鶴洞 중말 舊石器遺蹟』.

한국선사문화연구원, 2009, 『槐山 儉承里遺蹟』.

한림대 박물관, 2007, 『원주 매지리 호반아파트 건설부지내 문화재 발굴조사 약보고서』.

한영희, 1983, 「角形土器考」, 『韓國考古學報』 14·15.

홍현선, 1987, 『상시 3바위그늘의 문화 연구』, 연세대 대학원 석사학위논문.

鳥居龍藏, 1946, 「中國石棚の研究」, 『燕京學報』 31.

C. S. Coon, 1958, "Anthropogeographic excursion around the World" Human Biology 30-1(C. S. Coon, 김완식 옮김, 1962, 「人類學 踏査記」, 『史叢』 7).

中原 城郭遺蹟의 회고와 전망

백종오 | 국립한국교통대학교 교수

中原 城郭遺蹟의 회고와 전망

Ⅰ. 머리말

우리나라는 예로부터 '성곽의 나라'라고 할 만큼 많은 성곽을 곳곳에 남기고 있다. 유구한 역사 동안 수 많은 외침을 슬기롭게 극복하는 데는 성곽이라는 구조물을 적절하게 이용하였기 때문임은 두말할 나위가 없다. 조선시대 태조 이성계는 '城이라는 것은 국가의 울타리요 强暴한 것을 방어하고 민생을 보호하기 위하여 없을 수 없는 것'으로 규정하였다. 또 유형원은 '郡邑에 크고 작음이 있고 民庶에 많고 적음이 있어도 모두가 保障이 있어야 하는데 여기서 보장은 성곽을 말하고 성곽은 예부터 험하고 요해한 곳에 설비하여 국토를 보전하는 것이 일반적인 규칙'이라 하여 성곽의 중요성을 피력하기도 하였다.

현재 남한지역에는 약 2,100개소에 달하는 성곽이 남아있는데 이 중 230여 개소가 중원지역[1]에 분포한다. 주지하듯이 중원지역은 한반도 중심부에 위치하며 고대로부터 이 지역을 누가 영유하느냐에 따라 국가의 흥망성쇠가 좌우되

1) 중원의 공간적 범위는 문화권 설정과 깊은 관련을 가지는데, 충주와 청주를 중심으로 한 충북지역, 경기남부와 강원남부, 경상북부를 포함하는 견해와 충북지역으로 한정하는 견해, 충주를 중심에 두고 충북 북부와 강원남부 일부를 포함하는 견해 등이 있다. 여기에서는 현재 행정구역상의 충북지역으로 국한하고자 한다.

었다. 그만큼 물질적 생산이 풍요롭고 인적자원이나 물적자원의 이동이 용이하다는 것이다. 여기에는 지정학적 요인이 크다. 즉 남한강과 금강 등의 큰 하천과 함께 소백산맥의 죽령, 조령 등에 의해 형성된 水路와 陸路의 結節地라는 점이 무엇보다 중요하다. 때문에 삼국시대부터 조선에 이르기까지 많은 수의 성곽이 축조되어 사용되었다.

이러한 중원지역 성곽에 대한 정보는『世宗實錄地理志』,『東國輿地勝覽』,『大東輿地圖』등 각종 지지류와 근대 이후의『朝鮮寶物古蹟調査資料』,『全國遺蹟目錄』,『文化遺蹟總覽』,『韓國의 城郭과 烽燧』,『韓國城郭研究論著總攬』, 각 시군의 광역지표조사보고서와 문화유적분포지도 등을 통해 얻을 수 있다.

이 글에서는 기존의 조사와 연구 성과를 토대로[2] 중원지역 성곽의 분포양상과 발굴조사 현황을 언급한 후 보존 정비의 문제점에 대하여 살펴보고자 한다. 이러한 문제점에 대한 나름의 분석을 통해 향후 활용방안을 제시하도록 하겠다. 현재 한국성곽학회를 중심으로 중부내륙산성군에 대한 세계문화유산 등재 작업을 지속적으로 추진하고 있으며 이에 대한 연구 성과물이 체계적으로 집대성되고 있다.[3] 본고 역시 앞으로 보다 원활한 등재 준비와 보존 관리에 조그마

2) 중원지역 성곽 연구의 성과와 과제에 대한 대표적인 논고는 다음과 같다.
차용걸, 2008,「중원지역 성곽 연구의 성과와 과제」,『중원문화 정립을 위한 조사 연구 방향』, 국립중원문화재연구소; 2008,「중원의 산성」,『중원의 산성』, 국립문화재연구소.
현남주, 2001,「충청북도의 관방유적」,『학예지』8, 육군사관학교 육군박물관.
그리고 성곽의 성격과 특징에 대해서는 한국성곽학회에서 2007년에 발간한『한반도 중부내륙 옛 산성군 UNESCO 세계문화유산 등재대상 선정 학술회의 발표집』의 논고가 참고된다.
차용걸,「중부내륙지역 옛 산성군의 성격과 특징의 검토」·심광주,「중부내륙지역 고대 산성의 성격과 특징」·유재춘,「중부내륙지역 중세산성의 성격과 특징」·노병식,「남한강 유역 석축산성군의 성격」·조순흠,「금강 상류지역의 산성군과 그 성격」·김병희,「낙동강 상류지역의 산성군과 그 성격」등이다.

3) 韓國城郭學會, 2007,『韓國中部內陸圈 山城群의 基礎資料調査報告書』.

한 보탬이 되기를 기대한다.

Ⅱ. 分布와 發掘現況

1. 分布現況

성곽유적의 현황을 파악하는 일차 사료는 조선시대 편찬된『世宗實錄地理志』, 『新增東國輿地勝覽』, 『東國與輿地圖』, 『海東地圖』 등의 각종 지리지와 고지도를 통해 분포 현황을 알 수 있다. 중원지역 성곽에 대한 근현대 조사는 일제강점기에 우리나라의 산림자원을 수탈하려는 기본 자료로 작성한『朝鮮寶物古蹟調査資料』가 있다. 1942년에 간행된 이 책에서는 성지·봉수·사지·고분 등 30여 종류로 분류하여 목록화하였는데 중원지역의 10개군에 대한 유적 명칭과 위치, 규모 등을 간략하게 소개하였다. 이 중 성곽은 모두 98개소가 수록되었으며 군별로 보면 영동이 15개소로 가장 많고 청주와 옥천이 13개소, 제천과 괴산이 10

<표 1> 중원지역 성곽 현황(문헌별) *2010. 10. 31현재

	충주	제천	단양	음성	진천	증평	괴산	보은	청주	청원	옥천	영동	합계
A	6	11	7	9	8		10	7	13		13	15	99
B	6	11	7	9	9		10	7		12	13	16	100
C	12	12	5	10	10		13	8	6	21	13	15	125
D	12	11	6	9	11		16	13	10	29	18	18	153
E	13	14	15	13	16	4	19	14	10	29	46	34	227

A. 朝鮮總督府, 1942, 『朝鮮寶物古蹟調査資料』 B. 文化公報部文化財管理局, 1971, 『全國遺蹟目錄』
C. 한국보이스카우트연맹, 1989, 『韓國의 城郭과 烽燧』
D. 白種伍·金炳熙·申永文, 2004, 『韓國城郭研究論著總覽』, 서경출판사. E. 각시군별 문화유적분포지도

한국성곽학회, 2008, 『충주산성』: 『덕주산성』: 『삼년산성』: 『상당산성』.

개소, 음성 9개소, 진천 8개소, 보은과 단양이 7개소이며 충주가 가장 적은 6개소이다.

해방 이후 문화유적 대한 관심은 1970년대 중반부터 일기 시작하였다. 문화공보부 문화재관리국에서 작성한 『全國遺蹟目錄』, 『文化遺蹟總覽』이 참고된다. 그러나 이들 책은 『朝鮮寶物古蹟調査資料』를 그대로 인용하고 있어 성곽 수량에는 큰 변화가 없다. 단양과 영동에 1개소씩 추가되었을 뿐이다. 일제강점기에 간행된 자료에 비해 조사 대상이나 내용의 소략함은 면하기 어렵다. 이후 1990년대 한국보이스카웃연맹에서 편찬한 『韓國의 城郭과 烽燧』에는 11개시군 125개소의 성곽에 대한 문헌자료와 규모, 현황 등은 물론 도면과 사진자료까지를 함께 수록하여 집대성한 성과를 보여주었다. 이 책은 한국성곽연구의 지본자료로서 그 역할을 충실히 담당한 것으로 평가된다.

2000년대 들어 『韓國城郭研究總覽』을 발간하여 당시까지의 성곽문헌목록을 DB화 하였는데 여기에 성곽 목록도 함께 정리하여 수록하였다. 모두 153개소로 중원 남부지역에는 3~5건씩 시군별로 증가하였고 북부지역은 한두 건 증가하거나 감소하는 차이를 보인다. 특히 수량이 감소하는 경우는 시군 경계 산정에 위치하는 중복 기록된 성곽을 바로 잡았기 때문이다.

2000년대 중반부터 각 시군의 文化遺蹟 分布地圖 작업이 문화재청의 주도로 대대적으로 실시되었는데 그 결과 중원지역에서는 229개소의 성곽이 그 위치 및 현황을 보여주게 되었다. 이전에 비해 67.4%가 증가한 수량으로 옥천 28개소, 영동 16개소, 단양 9개소, 음성 5개소가 증가하였다. 1930년대에 비해 두 배 정도 증가한 수치이다. 이는 1990년대 후반부터 2000년대 초반 경기도 일대에서 활발하게 조사된 堡壘 유적의 발견과도 무관하지 않은 것으로 여겨진다. 보루는 적이 쳐들어오는 것을 막거나 아군을 보호하기 위하여 돌이나 흙 따위로 쌓은 군사요새로 둘레 300m 이하이다.[4] 기존에는 이들 보루에 대한 학계의 인식이 부족한 관계로 조사 대상에서 큰 비중을 차지하지 못했지만 경기 북부지역의 고구려유적 현황 파악에 힘입어 폭 넓은 관심을 가지게 되었다. 이들 보루는 삼국시대 공히 사용되었으며 일부는 고려시대와 조선시대까지도 활용된 것으로 여겨진다. 일반적으로 보루는 방어체제 형성, 성곽의 副城 역할 등 두 가지의 성격 추정이 가능하다.

그리고 청원 29개소, 괴산 19개소, 보은 14개소 등으로 중원 남부지역에 밀집 분포하고 있는데 이것은 백제와 신라의 접경지역에 많은 축성이 이루어진 것으로 풀이된다. 이외 충주·제천·단양·음성·진천은 13~16개소 정도로 균일하게 분포한다. 이렇게 중원의 북부지역인 남한강과 남부지역인 금강유역은 성곽의 분포 수에 있어서도 큰 차이를 보이는데 여기에는 앞서 언급한 보루의 인식 확대가 큰 역할을 한 것으로 생각된다. 이는 향후 면밀한 조사가 이루어지면 더욱 많은 성곽유적이 확인될 가능성이 크다고 볼 수 있다.

앞서 언급한 〈표 1〉의 중원지역 성곽 중에서 국가 사적이나 충청북도 기념물 등 문화재로 지정되어 보호받는 유적은 아래 〈표 2〉와 같이 20개소이다. 국가 사적은 8개소(명승 1개소 포함)이고, 충청북도 기념물이 12개소이다. 중원지역에 분포하는 230여 개소의 성곽 중 8.7%에 해당하는 수치로 대부분이 문화재보호법에 의해 보호받지 못하는 실정이다. 그리고 지정문화재도 보호구역을 벗어나면 인위적인 훼손가능성이 매우 높다.

〈표 2〉 중원지역 성곽 지정 문화재 현황 *2010. 10. 31현재

번호	유적명	위 치	지정사항
1	단양 온달산성	단양면 영춘면 하리	사적 제264호
2	단양 적성	단양군 단양면 하방리	사적 제265호

4) 白種伍, 1999, 「京畿北部地域 高句麗城郭의 分布와 性格」, 『京畿道博物館年報』, 京畿道博物館, p.61.

번호	유적명	위 치	지정사항
3	충주 장미산성	충주시 가금면 장천리	사적 제400호
4	청주 상당산성	청주시 상당구 산성동	사적 제212호
5	청주 정북동토성	청주시 상당구 정북동	사적 제415호
6	보은 삼년산성	보은군 보은읍 어암리	사적 제235호
7	괴산 미륵산성	괴산군 청천면 고성리	사적 제401호
8	충주 탄금대	충주시 칠금동	명승 제42호
9	제천 덕주산성	제천시 한수면 송계리	충청북도기념물 제35호
10	청풍 망월산성	제천시 청풍면 물태리	충청북도기념물 제93호
11	충주 충주산성	충주시 직동	충청북도기념물 제31호
12	충주 대림산성	충주시 살미면 향산리	충청북도기념물 제110호
13	충주 견학리토성	충주시 신니면 견학리	충청북도기념물 제137호
14	음성 수정산성	음성군 읍성읍 읍내리·평곡리·한벌리	충청북도기념물 제111호
15	음성 망이산성	음성군 삼성면 양덕리·대사리	충청북도기념물 제128호
16	증평 이성산성	증평군 도안면 노암리	충청북도기념물 제138호
17	진천 대모산성	진천군 진천읍 성석리	충청북도기념물 제 83호
18	청주 부모산성	청주시 흥덕구 비하동	충청북도기념물 제121호
19	청원 양성산성	청원군 문의면 미천리	충청북도기념물 제125호
20	청원 남성골산성	청원군 부용면 부강리	충청북도기념물 제130호

※ 충주 탄금대토성은 탄금대 자체가 국가 명승 제42호 및 충청북도 기념물 제3호로 지정됨.

다음으로 개별 성곽에 대한 정밀지표조사는 〈표 3〉과 같이, 충북대학교 박물관에 의해 1982년 청주 상당산성을 시작으로 충주공업전문대학 박물관(현 한국교통대학교 박물관)에서 1984년 충주산성에 대한의 조사가 다른 지역에 비해 상당히 빨리 진행되었다. 아마도 우리나라 성곽조사는 중원지역에서는 가장 먼저 실시되지 않았나 싶다. 90년대 들어 충주공업전문대학 박물관의 충주 탄금대토성(1990)과 덕주산성(1991), 충북대학교 박물관의 단양적성(1991)·충주 장미산성(1992), 충청전문대학 박물관의 증평 이성산성(1997), 충북대학교 호서문화연구소의 청풍 망월산성(1994)·괴산 미륵산성(1996), 충북대학교 중원문화연구소의 보은 매곡산성(1997)·제천 덕주산성(1998)·청원 저산성(1998)·청주 부모산성(1998)·청주 부모산성(1998)·제천 성산성(1999)·제천 와룡산성(1999)·청주 상당산성(1999)·괴산 다락산성(2000)·괴산 아성리토성(2000)·청원 구라산성(2000)·청원 양성산성(2000)·음성 망이산성(2001)·옥천 관산성(2001)·제천 대덕산성(2001)·제천 제비랑산성(2001)·제천 황석리산성(2001), 중원문화재연구원의 청원 부용면산성(2003)·괴산 서부리토성(2004)·청원 낭비성(2005)·영동 황간읍성(2005) 등이 조사되었다. 특히 중원문화재연구원에 의해 청원 남성골산성이 밝혀지면서 중원 성곽에 대한 중요성을 일깨웠다. 이와 더불어 청원군 부용면 일대의 고대 산성 10개소가 지표조사되었는데 이는 면 단위에서 진행된 첫 성곽조사로 여겨진다.

지금까지의 정밀지표조사는 발굴조사를 위한 사전 단계의 성격이 강하며 시기적으로는 1990년대 후반부터 2000년대 전반에 집중 실시되었는데 가시적인 성과를 위해 土城보다는 石城을 택하는 경향이 많이 보인다. 특히 제천시와 충북대학교 중원문화연구소에 의한 제천관내 성곽과 봉수에 대한 체계적인 조사는 우리나라의 다른 시군에서 이루어진 적이 없는 모범적인 사례로 평가된다. 현재는 2005년 영동 황간읍성에 대한 지표조사를 마지막으로 정밀지표조사는 더 이상 진행되지 않고 있다.[5] 이는 개발 수요가 폭증하며 학술조사보다는 구제조사 위주로 진행되는 사회 분위기가 반영되었기 때문으로 생각한다. 그 대신 종합정비계획 수립(청주 정북동토성과 상당산성, 보은 삼년산성, 괴산 미륵산성, 단양 온달산성, 충주 장미산성, 충주산성, 탄금대토성 등), 현상변경처리 기준안 작성(각 시군 지정 성곽) 등이 활발히 진행되고 있다.

---

5) 2010년 현재 중원문화재연구원에 의해 보은 함림산성에 대한 정밀지표조사가 유일하게 진행 중이다.

<표 3> 중원지역 성곽 정밀지표조사 현황(연도순) *2010. 10. 31현재

번호	조사연도	유 적 명	조사기관	보고서명(출판연도)
1	1982	청주 상당산성	충북대학교 박물관	『上黨山城 地表調査報告書』(1982)
2	1984	충주 충주산성	충주공업전문대학 박물관	『忠州山城綜合地表調査報告書』(1984)
3	1989	단양 온달산성	충북대학교호서문화연구소	『溫達山城 地表調査報告書』(1989)
4	1990	충주 탄금대토성	충주공업전문대학 박물관	『彈琴臺 地表調査報告書』(1991)
5	1991	단양 적성	충북대학교 박물관	『丹陽 赤城 -地表調査報告書-』(1991)
6	1991	제천 덕주산성	충주공업전문대학 박물관	『德周寺磨崖佛과 德周山城 地表調査報告書』(1992)
7	1992	충주 장미산성	충북대학교 박물관	『中原 薔薇山城』(1992)
8	1994	청풍 망월산성	충북대학교 호서문화연구소	『清風 望月山城 地表調査報告書』(1994)
9	1996	괴산 미륵산성	충북대학교 호서문화연구소	『槐山 彌勒山城 地表調査報告書』(1996)
10	1996	진천 대모산성	충북대학교 호서문화연구소	『鎭川 大母山城 地表調査報告書』(1996)
11	1997	영동 영동읍성	충북대학교 중원문화연구소	『永同邑城 地表調査報告書』(1997)
12	1997	증평 이성산성	충청전문대학 박물관	『會坪 二城山城 -地表調査報告書-』(1997)
13	1997	보은 매곡산성	충북대학교 중원문화연구소	『報恩 昧谷山城 地表調査報告書』(1998)
14	1998	제천 덕주산성	충북대학교 중원문화연구소	『제천 덕주산성 -지표조사보고서-(제천의 성곽 1)』(1999)
15	1998	청원 저산성	충북대학교 중원문화연구소	『清原 猪山城 -地表調査報告書-』(1999)
16	1998	청주 부모산성	충북대학교 중원문화연구소	『清州 父母山城』(1999)
17	1999	제천 성산성	충북대학교 중원문화연구소	『堤川 城山城·臥龍山城·吾峙烽燧-地表調査報告書-』(2000)
18	1999	제천 와룡산성	충북대학교 중원문화연구소	『堤川 城山城·臥龍山城·吾峙烽燧-地表調査報告書-』(2000)
19	1999	청주 상당산성	충북대학교 중원문화연구소	『上黨山城-綜合地表調査 및 文獻資料集』(1999)
20	2000	괴산 다락산성	충북대학교 중원문화연구소	『槐山 阿城里土城·多樂山城 地表調査報告書』(2001)
21	2000	괴산 아성리토성	충북대학교 중원문화연구소	『槐山 阿城里土城·多樂山城 地表調査報告書』(2001)
22	2000	청원 구라산성	충북대학교 중원문화연구소	『清原 謳羅山城』(2001)
23	2000	청원 양성산성	충북대학교 중원문화연구소	『清原 壤城山城』(2001)
24	2001	음성 망이산성	충북대학교 중원문화연구소	『望夷山城-忠北 區間 地表調査報告書』(2002)
25	2002	옥천 관산성	충북대학교 중원문화연구소	『沃川 新羅·百濟戰地(管山城) 地表調査報告書』(2003)
26	2002	제천 대덕산성	충북대학교 중원문화연구소	『堤川 黃石里山城·齊飛郎山城·大德山城 I 地表調査報告書』(2004)
27	2002	제천 제비랑산성	충북대학교 중원문화연구소	『堤川 黃石里山城·齊飛郎山城·大德山城 I 地表調査報告書』(2004)
28	2002	제천 황석리산성	충북대학교 중원문화연구소	『堤川 黃石里山城·齊飛郎山城·大德山城 I 地表調査報告書』(2004)
29	2003	청원 부용면산성	중원문화재연구원	『清原 芙蓉面地域山城地表調査報告書』(2003)
30	2004	괴산 서부리토성	중원문화재연구원	『槐山 西部里山城 地表調査報告書』(2004)
31	2005	청원 낭비성	중원문화재연구원	『清原 狼臂城 地表調査報告書』(2005)
32	2005	영동 황간읍성	중원문화재연구원	『永同 黃澗邑城 地表調査報告書』(2006)
33	2010	보은 함림산성	중원문화재연구원	지도위원회자료집

〈표 4〉 중원지역 성곽 발굴조사 현황(연도순) *2010. 10. 31현재

번호	조사연도	유 적 명	조사(次數)	조사기관	보고서명(출판연도)
1	1983	보은 삼년산성	발굴(1)	충북대학교 박물관	『三年山城 -추정 연못터 및 수구지 발굴조사-』(1982)
2	1984	청풍 청풍토성	발굴	충북대학교 박물관	『淸風 土城址 發掘調査 略報告』『83忠州댐 水沒地區 文化遺蹟發掘調査略報告』(1984)
3	1986	충주 충주산성	발굴(1)	충주공업전문대학 박물관	『忠州山城 및 百濟古墳群 發掘調査報告書』(1986) 『忠州山城 및 直洞古墓群 發掘調査報告書』(1988)
4	1991	충주 견학리토성	발굴(1)	충북대학교 박물관	『中原 見鶴里土城』(1992)
5	1993	충주 충주산성	발굴(2)	충주산업대박물관	『忠州山城 2次發掘調査報告書』(1995)
6	1994	안성 망이산성	발굴(1)	단국대학교 중앙박물관	『망이산성 발굴조사 보고서(1)』(1996)
7	1995	청주 상당산성	발굴(1)	충북대학교 호서문화연구소	『上黨山城 -西將臺 및 西門外 遺蹟址 調査報告-』(1997)
8	1997	청주 정북동토성	발굴(1)	충북대학교 중원문화연구소	『淸州 井北洞土城Ⅰ-1997年度發掘調査報告書-』(1999)
9	1998	안성 망이산성	발굴(2)	단국대학교 중앙박물관	『안성 망이산성 2차 발굴조사보고서』(1999)
10	1998	충주 충주산성	발굴(2)	충북대학교 중원문화연구소	『忠州山城 東門址 發掘調査報告書』(1999)
11	1999	청주 정북동토성	발굴(2)	충북대학교 중원문화연구소	『淸州 井北洞土城Ⅱ-1999年度發掘調査報告書-』(2002)
12	2000	충주 견학리토성	발굴(2)	충북대학교 박물관	『충주 견학리토성Ⅱ』(2002)
13	2001	청주 상당산성	시·발굴	한국문화재보호재단	『上黨山城-城壁補修區間內試·發掘調査報告書-』(2004)
14	2001	음성 수정산성	시굴(1)	청주대학교 박물관	『陰城 水精山城 試掘調査報告書』(2002)
15	2001	충주 장미산성	시굴(1)	충북대학교 중원문화연구소	『薔薇山城-整備豫定區間 試掘調査報告書-』(2003)
16	2001	청원 남성골산성	시굴	충북대학교 박물관	『淸原 南城谷(남성골)山城 試掘調査 報告書』(2002)
17	2001	청원 남성골산성	발굴	충북대학교 박물관	『淸原 南城谷 高句麗遺蹟』(2004)
18	2002	충주 충주산성	발굴(3)	충북대학교 중원문화연구소	『忠州山城-東門 南側 貯水池 試·發掘調査報告書-』(2005)
19	2002	단양 온달산성	시굴	충북대학교 박물관	『丹陽 溫達山城-北門址·北雉城·水口 試掘調査報告書-』(2003)
20	2003	제천 덕주산성	시굴	중원문화재연구원	『堤川 德周山城 -北門址 東側 城壁 基底部 試掘調査報告書-』(2003)
21	2003	충주 장미산성	발굴(2)	중원문화재연구원	『忠州 薔薇山城 -1次 發掘調査報告書-』(2006)
22	2003	보은 삼년산성	발굴(2)	중원문화재연구원	『報恩 三年山城 -城郭城壁 發掘調査 略報告書-』(2006)
23	2003	음성 수정산성	시굴(2)	청주대학교 박물관	『陰城 水精山城 2次 試掘調査報告書』(2003)
24	2003	보은 삼년산성	발굴(3)	충북대학교 중원문화연구소	『報恩 三年山城 -2003年度 發掘調査報告書-』(2005)
25	2003	청원 양성산성	발굴	충북대학교 중원문화연구소	『淸原 壤城山城 圓池 發掘調査報告書』(2005)
26	2003	진천 도당산성	시굴	중원문화재연구원	『鎭川 都堂山城 -地表·試掘調査報告書-』(2005)
27	2004	제천 덕주산성	시굴	충북대학교 중원문화연구소	『堤川 德周山城 上城 試掘調査 略報告書』(2004)

번호	조사연도	유적명	조사(次數)	조사기관	보고서명(출판연도)
28	2004	보은 삼년산성	발굴(4)	중원문화재연구원	『報恩 三年山城 -2004年度 發掘調査報告書-』(2006)
29	2005	충주 충주산성	발굴(4)	중원문화재연구원	『忠州山城 -北門址 發掘調査 報告書-』(2008)
30	2005	청주 부모산성	발굴(1)	중원문화재연구원	「청주 부모산성 -북문지 발굴조사 약보고서-」(2006)
31	2005	청주 부모산성	발굴(2)	중원문화재연구원	「청주 부모산성 -2차발굴조사(수구부일대)약보고서-」(2006)
32	2005	보은 삼년산성	발굴(5)	중원문화재연구원	『報恩 三年山城 -蛾眉池 整備區間內 發掘調査-』(2007)
33	2005	안성 망이산성	발굴(3)	단국대학교 매장문화재연구소	『안성 망이산성 3차발굴조사보고서』(2006)
34	2006	제천 덕주산성	시굴	중원문화재연구원	『堤川 德周山城 -上城 門址 및 西側城壁 整備區間 試掘調査報告書-』(2006)
35	2006	충주 탄금대토성	발굴	중원문화재연구원	「忠州 彈琴臺土城 發掘調査略報告書」(2007)
36	2007	음성 망이산성	발굴	중원문화재연구원	「음성 망이산성 발굴조사 현장설명회의 자료집」(2007)
37	2007	보은 삼년산성	발굴(6)	중원문화재연구원	「報恩 三年山城 -남문지 추가발굴 및 서남곡성 발굴조사 약보고서-」(2007)
38	2009	청주 정북동토성	발굴(3)	중원문화재연구원	「청주 정북동토성 화장실 및 관리사 신축부지 내 문화유적 발굴조사 약보고서」(2009)
39	2009	증평 이성산성	발굴	중원문화재연구원	「증평 이성산성 남성 남문지 일원 발굴조사 약보고서」(2009)
40	2010	충주사직동토성	시굴	충북문화재연구원	지도위원회자료집
41	2010	충주장태산토성	발굴	충북문화재연구원	지도위원회자료집
42	2010	증평이성산성	발굴(2)	중원문화재연구원	지도위원회자료집

2. 發掘現況

1) 北部地域

(1) 단양 온달산성

충청북도 단양군 영춘면 하리 산67번지 일원에 위치한 테뫼식 석축산성으로 1979년에 사적 제264호로 지정되었다. 고구려 평원왕 때 온달장군이 전사했다는 전설이 전해져 오있는 곳으로 일명 성산성, 아단성이라고도 불린다. 유적에서는 북쪽으로부터 남향하여 흐르는 남한강과 인접해 있으며 주변의 영춘면 일대의 조망이 매우 좋다.

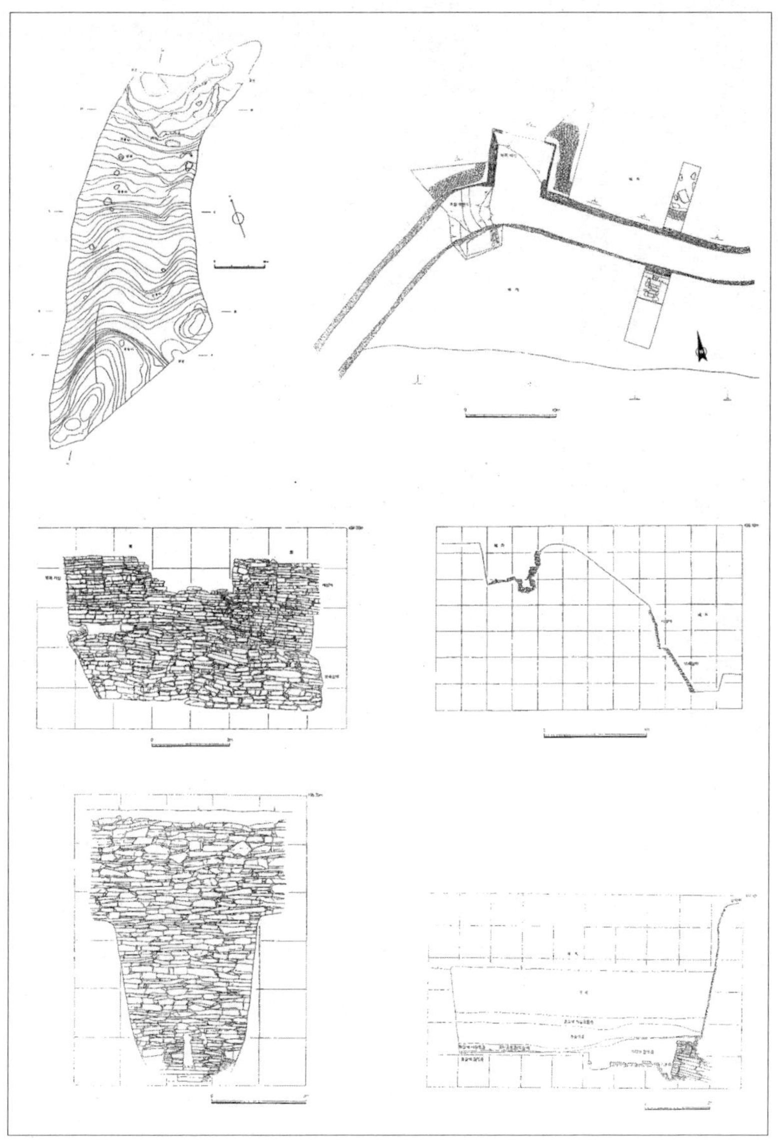

도면 1. 단양 온달산성 평면도 및 성벽 입·단면도

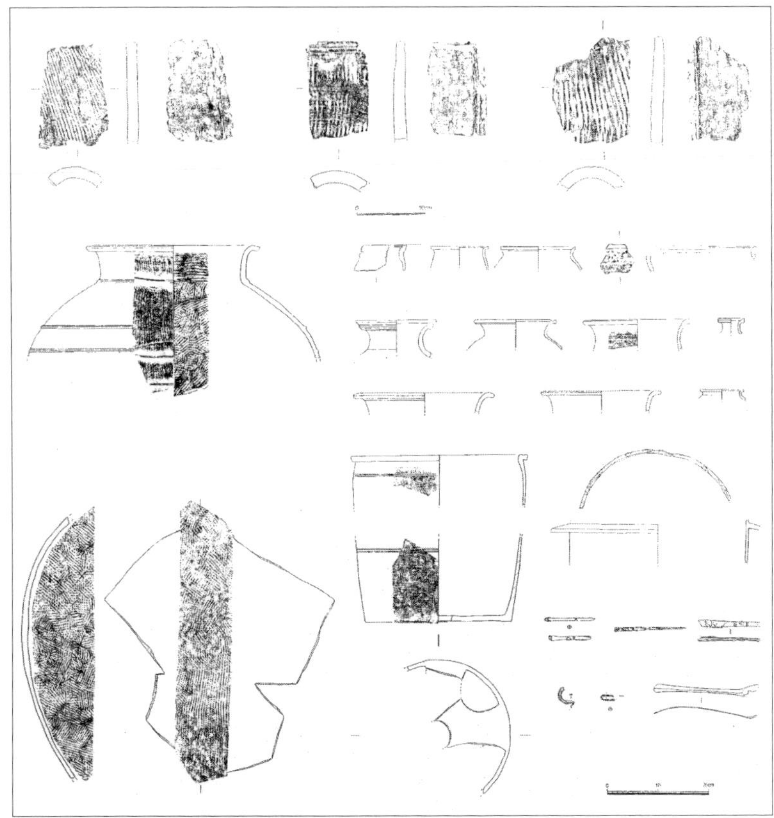

도면 2. 단양 온달산성 출토 유물

산성은 성산(해발 427m)의 정산 부근을 둘러싸며 둘레 682m에 걸쳐 축조되었다. 평면은 반월형태이고 성 내부는 북향한 완경사면을 따라 형성된 남고북저의 지형이다. 지표조사와 시굴조사로 인해 동·남·북의 문지와 남·북 치성, 우물지, 수구 등의 시설 그리고 3개소의 건물지가 확인되었다.[6]

6) 忠北大學校湖西文化硏究所, 1989,『溫達山城 地表調査報告書』.
忠北大學校博物館, 2003,『溫達山城 北門址·北雉城·水口 試掘調査 報告書』.

성벽은 내외협축으로 남·동·북벽은 잘 남아있으며 서쪽 성벽은 거의 무너졌다. 성벽은 석회암을 사용하였으며 잔존하는 최대 높이가 9.6m이다. 북쪽과 남쪽에 치성이 위치하며 북치성의 동남 성벽에서 14.5m의 간격을 두고 출수구를 조성하였다. 또한 수구가 있는 성벽 아랫부분에서는 보축성벽이 확인되었다.

문지는 남문, 동문, 북문이 남아있는데 모두 현문식으로 보고되었다. 다만, 북문은 시굴조사에서 현문식으로 개설되었다가 암문처럼 사용된 시기가 있었으며 이후에 메워진 것으로 보고되었다. 성내에는 삼국시대에서 고려시대까지의 기와와 토기편들이 수습되었다.

온달산성이 위치한 곳은 남한강이 인접하여 수운을 통제할 수 있고, 육로로는 영월, 단양, 순흥지역으로 통하는 교통의 요충지에 있어 고대부터 중요한 지역이었음을 알 수 있다.

(2) 충주산성

충청북도 충주시 목벌동과 안림동의 경계인 남산(해발 636m) 정상부에서 동쪽으로 두 개의 계곡 상단을 둘러싼 둘레 1,120m의 석축산성이다(충청북도 기념물 제31호). 충주 분지와 사방을 한눈에 조망할 수 있고 마주하는 계명산(해발 774m) 사이에는 교통로가 형성되어 있다.

1984년, 중부지역에서는 처음 성곽에 대한 지표조사[7]가 이루어진 이래 모두 6차례에 걸친 시·발굴조사가 이루어졌다.[8] 주로 북벽과 동벽 그리고 북문지,

7) 忠州工業專門大學 博物館, 1984,『忠州山城 綜合地表調査報告書』.

8) 忠州工業專門大學 博物館, 1986,『忠州山城 및 直洞古墳群 發掘調査 報告書』.
忠州産業大學校 博物館, 1995,『忠州山城 2次 發掘調査報告書』.
忠北大學校 中原文化硏究所, 1999,『忠州山城 東門址 發掘調査 報告書』.
忠北大學校 中原文化硏究所, 2005,『忠州山城-東門 南側 貯水池 試·發掘調査 報告書-』.
中原文化財硏究院, 2008,『忠州山城-北門址 發掘調査 報告書-』.

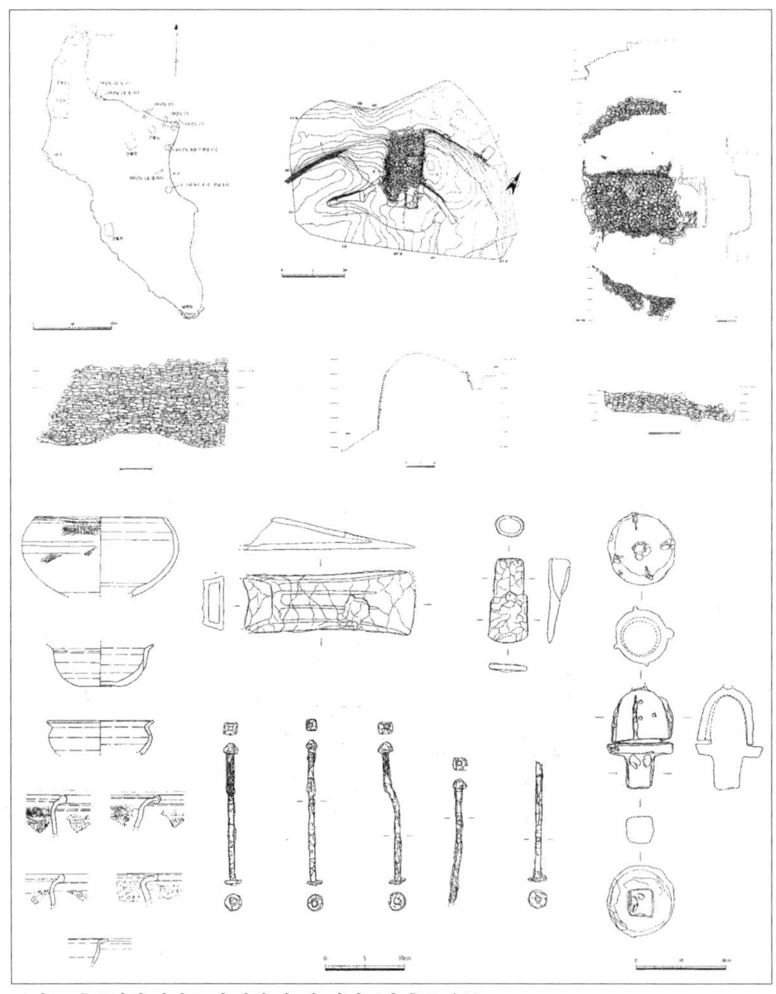

도면 3. 충주산성 평면도 및 성벽 평·입·단면도와 출토 유물

동문지, 저수시설 등이 조사되었다. 성벽은 대부분의 구간에서 잘 남아있으며 평면형태는 부정형이다. 내탁으로 축조된 것으로 알려졌으나 발굴조사 결과 일정한 높이까지는 내탁한 뒤 중간 이상부터 협축한 것이 밝혀졌다. 문지는 사방에서 모두 확인되며 현문으로 조성되었다. 출토되는 유물이 6세기 중반의 신라

토기가 주류를 이루고 있어 신라에 의해 사용된 것으로 보이는데 성벽 보축은 확인되지 않았다. 북문지에서는 확쇠가 확인되어 주목되었다. 동쪽에서는 평면 사다리꼴의 계단식 저수지와 함께 수구가 조사되었다. 유물은 6~7세기 대의 신라토기가 주류를 이루며 아직까지 고려나 조선시대의 유물은 확인되지 않고 있다. 때문에 신라의 국원소경 설치와 관련이 있는 것으로 추정되며 기존에 알려진 바와 달리 고려 몽고 항쟁기의 김윤후와는 관련이 없는 것으로 보여진다.

(3) 충주 장미산성

장미산성(사적 제400호)은 가금면 장천리, 가흥리, 하구암리 일대에 솟아 있는 해발 337.5m인 장미산(薔薇山·長尾山)의 정상부와 계곡을 포함하여 축조된 둘레 2,940m의 삼국시대의 대규모 고로봉형 석축산성이다. 충주산성과는 직선거리로 약 16㎞ 가량 떨어져 있다. 산의 정상부는 남북 방향으로 긴 대지를 이루고 있는데 이곳에서 갈라져 각각 동쪽, 동남쪽, 남쪽으로 뻗은 능선의 정상부 외연을 따라 성벽이 축조되었다. 동북쪽과 남향한 계곡을 에워싸고 있는데 남향의 길고 가파른 계곡을 포용하여 남쪽 성벽의 가장 낮은 지점에 남문지와 수구지가 있다. 장미산성에 대한 여러 차례의 조사[9] 결과 출토된 유물들이 4세기 후반에서 6세기 초반으로 편년되는 점, 토기류 중 한성 백제기의 유물이 다수 확인되는 점, 이 시기가 장수왕의 남하정책과 관련된 시기로 주변에 중원고구려비가 남아있는 점 등으로 보아 이 지역이 일찍이 백제지역으로 있다가 5세기 말경에 고구려의 영역으로 바뀌었던 역사적 상황과 밀접한 관련이 있을 것으로 여겨진다.

---

9) 忠北大學校 博物館, 1992, 『中原 薔薇山城』.
忠北大學校 中原文化硏究所, 2003, 『薔薇山城-整備 豫定區間 試掘調査 報告書-』.
中原文化財硏究院, 2006b, 『忠州 薔薇山城-1次 發掘調査 報告書-』.

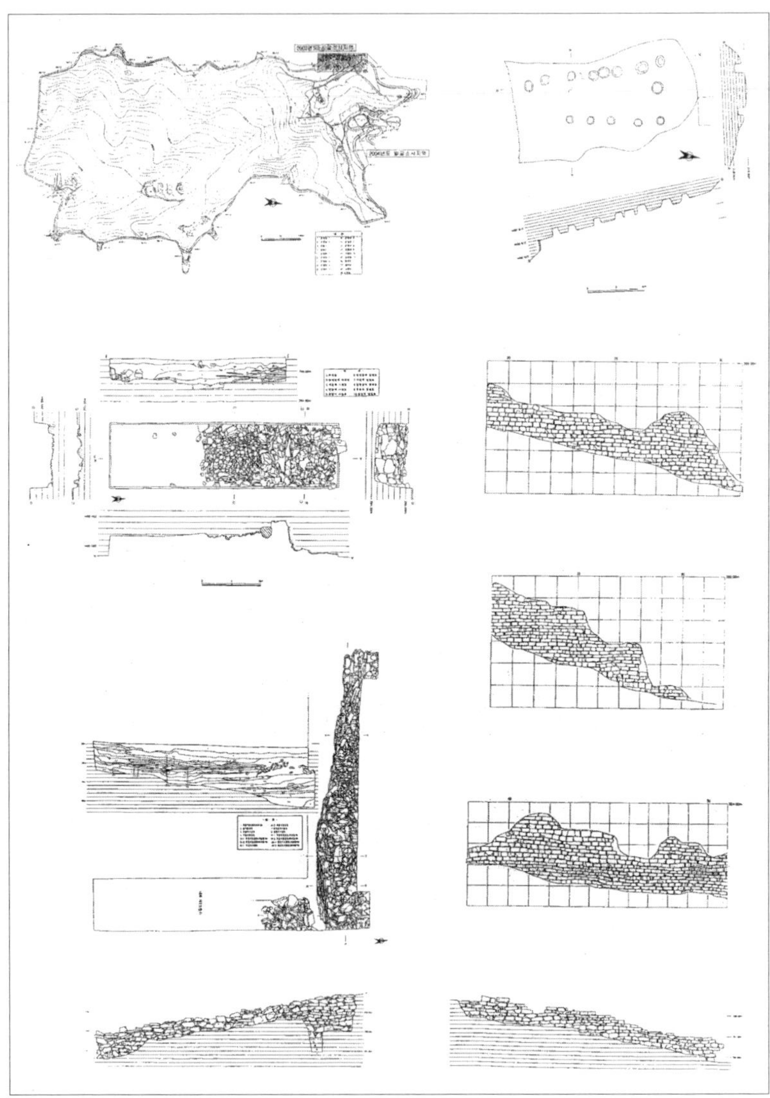

도면 4. 충주 장미산성 평면도 및 성벽 평·입·단면도

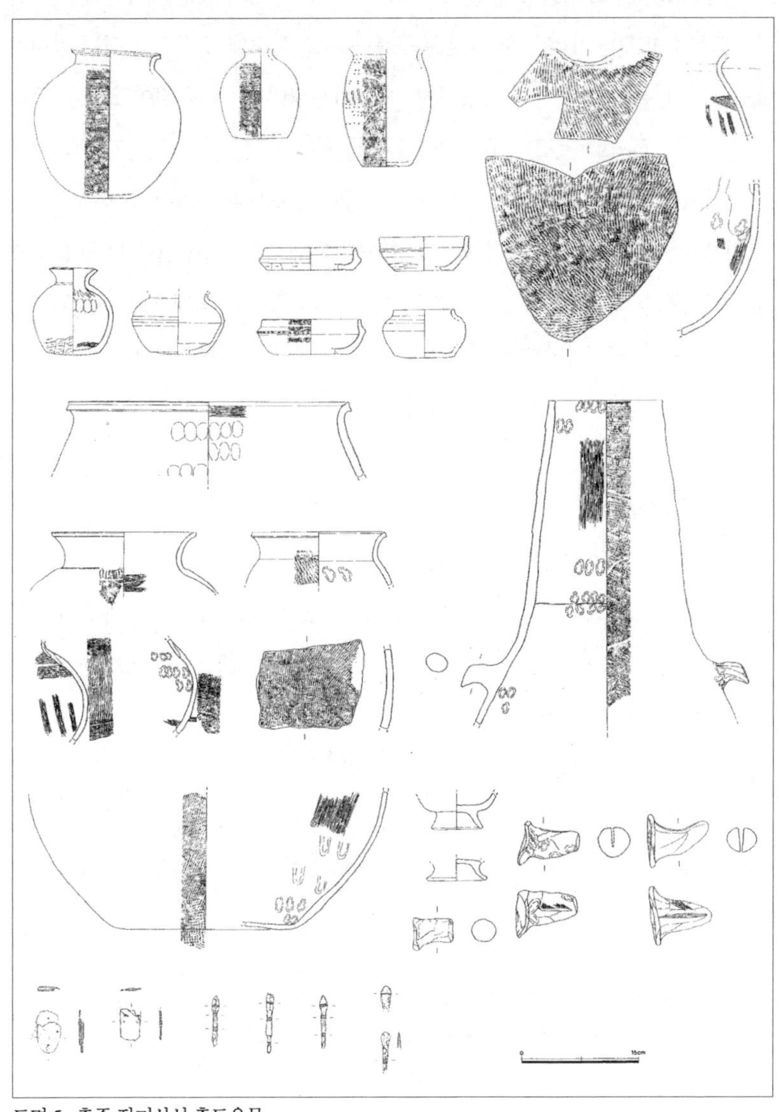

도면 5. 충주 장미산성 출토유물

(4) 충주 탄금대토성

탄금대토성은 충주산성에서 서북쪽으로 7.5㎞ 떨어져 있는 대문산에 위치한다. 남한강과 달천이 합류하는 낮은 구릉에 축조된 고대 토성으로 평면 형태는 동서로 길다란 불규칙한 말각장방형 내지 타원형이다. 동서 길이 150m, 남북 너비 100m 정도로 전체 둘레는 가파른 경사를 이루고 있다. 남한강변의 북쪽 절벽지대를 포함하여 약 415~420m로 이 중에서 토루가 축조된 구간은 동서남벽의 234m이다. 2007년 발굴조사[10] 결과를 통해 4세기 중후반에 탄금대를 중심으로 분포하고 있는 철을 생산하는 세력에 의해 축조된 것으로 추정되어진다. 특히 순수 백제 유물만이 출토되는 점으로 보아 고구려나 신라가 영향력을 행사하기 이전에 백제계 세력에 의해 경영되었음을 알 수 있다.

(5) 충주 견학리토성

견학리토성(충청북도 기념물 제137호)은 신니면 견학리의 낮은 구릉지역의 끝자락에 축조된 토축 성으로 둘레가 124m이다. 성벽은 공장 신축과정에서 서벽이 유실되어 북벽 26m, 동벽 58m, 남벽 17m로 전체적으로 97m 가량이 남아있으며, 성벽의 높이는 바깥에서 약 5~5.5m, 성내에서는 최고 2m 정도이다. 두 차례에 걸친 발굴조사[11]를 통해 토성에 관한 자세한 내용을 파악하게 되었다. 토성의 성벽은 기본적으로 바깥에 해자를 만들었는데 깊이 1.5m로 생토층을 파내어 조성하였다. 성벽의 판축은 대체로 5~10㎝ 간격을 이루며 수평으

10) 忠州工業專門大學 博物館, 1991,『彈琴臺 地表調査 報告書』.
중원문화재연구원, 2007,『충주 탄금대 토성 발굴조사 약보고서』.
조순흠, 2008,「忠州 彈琴臺土城 發掘調査 槪報」,『중원문화 정립을 위한 조사 연구 방향』, 국립중원문화재연구소.

11) 忠北大學校 博物館, 1992,『中原 見鶴里 土城』.
忠北大學校 博物館, 2002,『忠州 見鶴里土城(Ⅱ)』.

로 쌓았는데 아래로 갈수록 점성과 밀도가 높아 단단하다. 남벽은 축조할 때 3.3m 간격으로 기둥 구덩을 파고 축조하였으며 안쪽으로 석렬을 둔 배수로를 인위적으로 조성하였다. 성벽 안쪽의 배수구 홈은 판상석을 세워 U자형으로 만

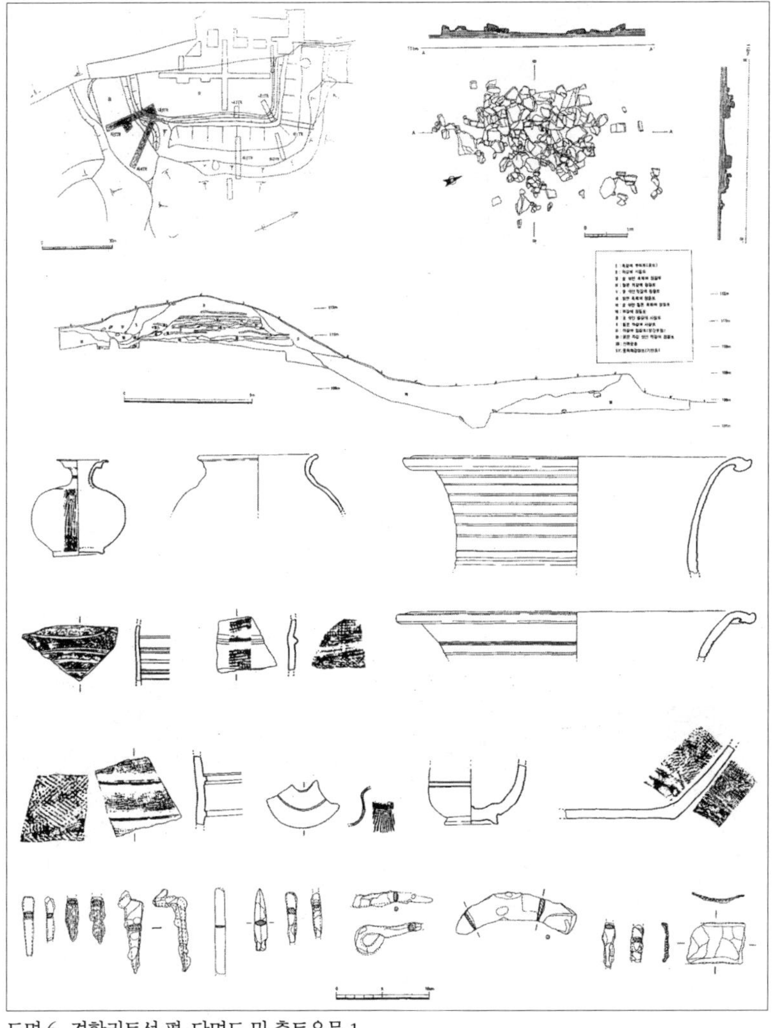

도면 6. 견학리토성 평·단면도 및 출토유물 1

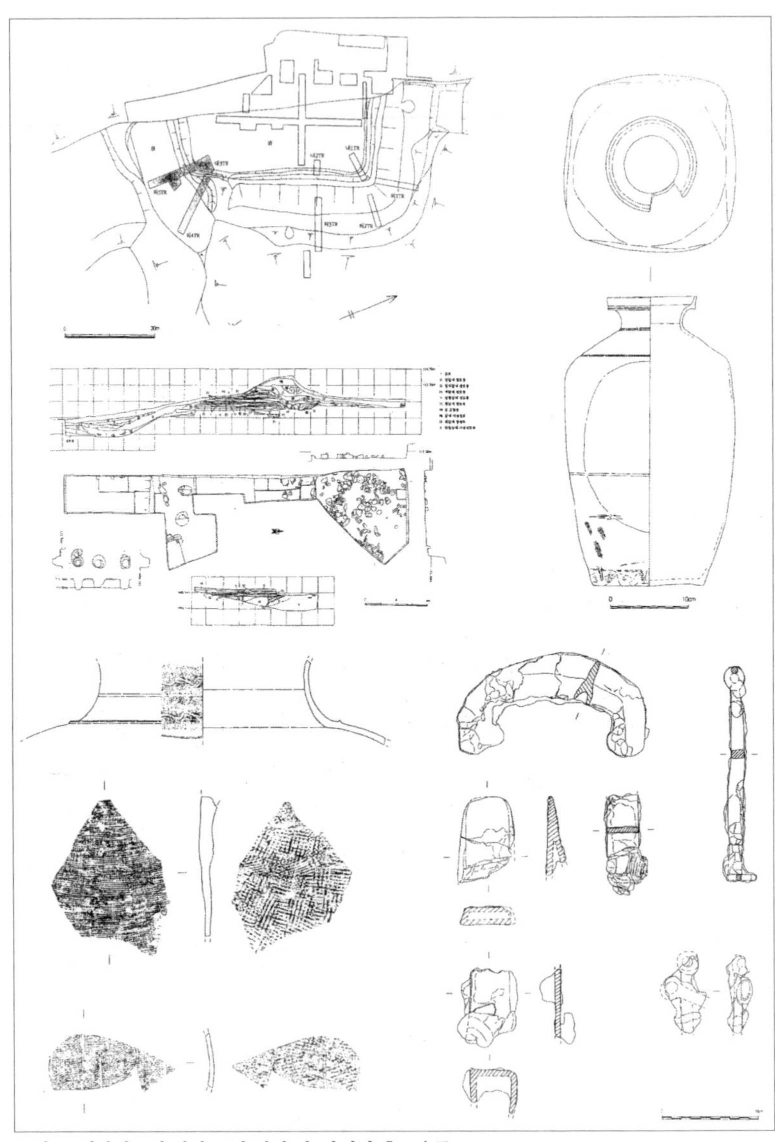

도면 7. 견학리토성 평면도 및 성벽 평·단면과 출토유물 2

들었는데 숯과 뻘로 채워져 있었다. 성 내부의 건물터는 모두 할석을 이용하였는데 이곳에서 출토된 유물은 모두 9세기를 전후한 시기의 특징적인 양상을 보여주고 있다. 이 시기는 전국적으로 호족이 발생하던 시기로 견학리토성의 건립 배경 역시 충주 일대를 근거지로 하여 발호한 호족과 관련이 깊을 것으로 여겨진다. 9세기를 중심으로 한 신라 후기의 사회상을 살필 수 있는 유적으로서 특히 단일 시기에 축조되고 사용된 점에서 당시 시대상을 파악하는 특별한 의미가 있다.

(6) 충주 호암동토성

호암동토성은 충주읍성의 서쪽에 해당하는 충주시 호암동 560번지 일원에 위치하고 있으며, 배후에 대림산성과 충주산성을 두고 있다. 토성은 충주 社稷山(해발 135.5m) 서쪽의 낮은 구릉과 이에 이어진 평지를 따라 돌아가고 있다.

2010년 발굴조사 결과 토성의 기초부는 1차적으로 바닥면을 정지한 후 지형에 따라 계단식구조로 조성되었다.[12] 성벽의 기단은 체성부의 中心土壘 안쪽과 바깥쪽에 基壇石列이 조사되었는데 각각 1단과 2단으로 확인되었다. 기단부 조성 이후 성벽을 올리는데 사용되었던 거푸집과 관련한 木住穴이 列을 이루며 확인되었다. 성벽의 진행방향과 직교하여 배치된 목주열은 中心土壘, 外皮土壘, 護城坡 부분으로 구분되어진다. 한편, 체성벽의 토층은 순수 점질토가 거의 확인되지 않아 접합력이 약한 유사판축의 구조를 보이고 있다.

출토유물로는 통일신라시대의 것으로 보이는 '官'字 銘 印刻瓦와 12C경으로 보이는 고려백자편 등이 수습되었으며, 토성벽에서 목탄[13]이 확인되었다. 한

12) 충청북도문화재연구원, 2009, 『충주 호암동 게이트볼장 및 배드민턴전용구장건립부지내 문화유적 발굴조사 약보고서』.

13) 호암동토성에서 출토된 절대연대는 ①성벽기저부 출토목탄 B.P730±50, AD1260년.

편, 토성벽 바로 밖에서 조사된 분묘유적에서는 대부분 고려시대로 편년되는 자기류가 확인되었다.

토성벽은 9세기경에 축조된 것으로 보여지는 견학리토성과 유사한 구조를 보이고 있으나 출토유물과 목탄분석 등으로 보았을 때, 현재 구간은 고려 후기에 축조된 것으로 여겨진다.

(7) 음성 망이산성

충북 음성군 삼성면 양덕리와 경기도 안성시 일죽면 금산리, 이천시 율면 산양리의 경계에 위치한 마이산(해발 472m) 정상부에 축조된 포곡식 산성이다(충청북도 기념물 제128호, 경기도기념물 제138호).

망이산성에 대한 고고학적 조사는 1992년에 지표조사를 실시한 이후, 3차에 걸쳐 발굴조사가 진행되었다.[14] 2차까지 발굴조사에서는 내부에 백제시대에 축조된 것으로 추정되는 토성이, 외부에는 통일신라부터 고려시대까지 추정되는 석성이 확인되어 내성과 외성으로 이루어진 이중성으로 밝혀졌다. 둘레는 약 2,080m이고 외성의 성벽은 대부분 편축법으로 축조되었다. 3차 발굴조사는 산성의 서쪽 성벽과 내부 평탄지에서 이루어졌는데, 8각건물지가 확인되어 주목되었다.

망이산성에는 5개의 성문지가 알려져 있는데, 현재는 등산로로 이용되고 있

---

②석렬 주변 출토 목탄 B.P850±50, AD1205년. ③판축토층내 출토목탄 B.P870±50, AD1190년이다.

14) 단국대학교 중앙박물관, 1992, 『망이산성 학술조사보고서』.
단국대학교 중앙박물관, 1996, 『망이산성 발굴 보고서(1)』.
단국대학교 중앙박물관, 1999, 『안성 망이산성 2차 발굴조사 보고서』.
충북대학교 중원문화문연구소, 2002, 『망이산성 충북 구간 지표조사 보고서』.
단국대학교 매장문화재연구소, 2006, 『안성 망이산성 3차 발굴조사 보고서』.
中原文化財硏究院, 2007, 「음성 망이산성 -충북구간 발굴조사 완료약보고서-」.

다. 그중 4개는 동서남북에 위치한 외성의 문지이고, 나머지 한 곳은 성안에서 봉수대로 드나드는 내성의 문지이다. 또한, 모두 5개의 치성이 확인되었다. 치성은 모두 돌로 쌓은 외성에만 있으며, 평면형태는 네모꼴로 거의 비슷한 모습을 하고 있다. 대부분의 치성은 많이 허물어져 있다.

유물은 청동기시대 무문토기부터 확인되며 성과 관련해서는 백제시대~조선시대에 이르기까지 많은 토기·기와·자기를 비롯한 금속류와 석제류 등의 유물이 수습되었다.

한편, 2001년에는 음성군에 포함된 우물터 주변에 약수터 휴식공간을 마련하기 위하여 시설물을 설치하는 과정 중에 철제갑옷 등 매장문화재가 발견되었다. 이에 국립청주박물관에 의하여 긴급 조사가 이루어져 유물을 수습하였다.[15]

(8) 청풍 망월산성

충청북도 제천시 청풍면 물태리 산6-2번지 일원에 위치한 테뫼식 석축산성으로 1994년에 시도기념물 제93호로 지정되었다. 산성은 사열이산성, 사열산성, 성열산 등의 명칭으로 불리기도 한다. 유적의 북측으로 충주호가 접해 있어 일대의 조망이 매우 수려하다.

산성은 태산(해발 237.2m)의 정상부를 에워싸며 495m에 걸쳐 축성되었다. 평면은 말각방형에 가까운 형태이며 성내부는 서향한 경사면을 따라 형성된 동고서저의 지형이다. 지표조사로 내환도와 추정 곡성, 민묘, 추정 건물지 등이 확인되었다.[16]

---

15) 권상열 외, 2005, 「望夷山城 出土遺物의 性格」, 『考古學志』, 韓國考古美術硏究所.
김현정 외, 2006, 「방사선투과시험에 의한 망이산성 횡장판갑(橫長板甲)의 제작기법 연구」, 『박물관보존과학』 7, 국립중앙박물관.

16) 忠北大學校 湖西文化硏究所, 1994, 『淸風 望月山城 地表調査 報告書』.

성벽은 동벽 일부구간을 제외하고 대부분 붕괴되었다. 성벽은 석회암을 사용하여 수평눈줄맞춤 방식으로 축조하였으며, 성돌 사이에는 쐐기돌을 사용하였다. 잔존성벽의 최대 높이는 3.4m이다. 성벽의 서북쪽 회절부에는 곡성이 있었을 것으로 추정된다. 북서쪽 성벽의 중앙부에 문터가 있었다고 전해지고 있으나 그 흔적은 확인되지 않는다.

성내에서는 민묘와 4개소의 추정건물지가 확인되었다. 추정건물지에서는 다량의 와편들이 수습되었는데 대부분 신라의 북진과 관련된 유물로 파악된다. 성벽의 축조방식과 수습되는 유물의 양상으로 보아 축조연대는 삼국시대 말로 추정된다.

(9) 음성 수정산성

충청북도 음성군 음성읍 읍내리와 평곡리, 한벌리 사이의 수정산(해발 396.3m)에 위치한 테뫼식의 석축산성이다(충청북도 기념물 제111호).

성의 둘레는 577m이고 평면은 삼각형태를 띠고 있다. 1998년 실시된 지표조사에서는 3동 이상의 건물지와 동문과 서문, 북문 등 3개소의 문지가 있는 것으로 보고되었다.[17)]

2차에 걸친 발굴조사에서 성벽은 내외 협축으로 축조되고 성벽 안쪽에는 점토다짐의 토루(土壘)가 확인되었다.[18)] 성벽은 2~3m 정도의 높이를 유지하며 가장 높은 곳이 7m에 이른다. 유물은 연화문수막새와 당초문암막새 또는 "水"자가 양각된 명문와가 수습되었으며, 주로 삼국시대~고려시대에 이르는 기와와 토기가 확인되었다. 유물의 출토양상으로 보아 토루는 삼국시대까지 소급

---

17) 忠州産業大學校博物館, 1998,『陰城 水精山城 情密地表調査 報告書』.

18) 청주대학교 박물관, 2002,『陰城 水精山城 試掘調査 報告書』.
청주대학교 박물관, 2003,『水精山城 2次 試掘調査 報告書』.

되며 석축은 이후에 축조된 것으로 보고되었다. 조선시대 유물은 출토되지 않아 이전에 폐성된 것으로 여겨진다.

(10) 제천 덕주산성

충청북도 제천시 한수면 송계리 일원에 위치한 포곡식 석축산성으로 1983년에 시도기념물 제35호로 지정되었다. 신라 경순왕의 딸인 덕주공주의 피난지라는 전설이 있는 곳으로 산성의 명칭도 이를 따라 정해졌다고 전해진다. 유적은 문경과 충주 사이의 교통로를 막는 차단성의 역할을 하였던 것으로 추정된다.

산성은 4겹의 겹성으로 이루어져 있는데 월악산 최고봉에서 남쪽으로 뻗은 봉우리와 남쪽의 골짜기를 에워싼 제1곽(내성, 상성), 동문지를 중심으로 남·북벽이 이어진 제2곽(중성), 제2곽에서 서쪽으로 내려와 수경대에 이르러 남북으로 조성된 제3곽(차단성, 하성), 송계계곡 전체를 가로막은 남문과 북문을 잇는 성벽이 제4곽이 그것이다. 성벽은 자연암벽을 최대한 이용하였고, 취약한 부분은 석축성벽으로 조성하였다.

지표조사와 시굴조사로 성곽의 전체적인 모습이 확인되었다. 제1곽은 총둘레가 4㎞이며 문지와 수문, 여장이 확인되었다. 제2곽은 총둘레가 7㎞이고, 여장이 잔존하고 있다. 제3곽과 제4곽은 차단성의 역할을 수행하였던 것으로 여겨지며, 3곽은 대부분 유실된 반면, 4곽은 3.5㎞의 성벽이 잔존하고 있다.[19] 문지는 북문·남문·동문이 잔존하고 있으며 홍예식의 구조를 가지고 있다. 이처

19) 충주공업전문대학 박물관, 1992, 『德周寺磨崖佛과 德周山城 地表調査報告書』.
충북대학교 중원문화연구소, 1999, 『제천 덕주산성 -지표조사보고서-(제천의 성곽 1)』.
중원문화재연구원, 2003, 『堤川 德周山城 -北門址 東側 城壁 基底部 試掘調査報告書-』.
중원문화재연구원, 2006, 『堤川 德周山城 -上城 門址 및 西側城壁 整備區間 試掘調査報告書-』.

림, 4중의 성곽은 유례를 찾기 힘들며 기록으로 보아 각기 축조시기 또한 다른 것으로 보여져 그 중요성이 부각된다. 그러나 현재로서는 4겹의 성벽이 가운데 어느 시기에 축조되었는지 확실한 구분이 어려운 실정이다.

(11) 제천 청풍토성

청풍토성은 충청북도 제천시 금성면 성내리 459번지에 위치하는 토성이다. 1983년 충주댐 수몰지 발굴조사로 토성이 확인되었는데 수몰 전 이곳은 남한 강변의 충적평야로서 '성들'이라 불렸다. 성의 둘레는 450m이다.

서벽의 경우 70m 정도가 발굴[20]되었는데 성벽의 내측과 외측에 기단석렬을 놓은 후 성벽을 축조하였고 성벽 기단부의 폭은 약6m이다. 내측 성벽의 기단 석렬과 직교하여 나타나는 석렬의 간격이 4.7m로 석축렬이 구획단위가 되었음을 알 수 있다. 현재 잔존 석렬은 2~3단이며, 일부 구간은 계단식으로 축조하기도 하였다.

천안 목천토성과 충주 견학리토성, 양산 순지리토성과 비교해볼 때 통일신라시대에 초축되어 읍치로서의 기능을 수행하였을 가능성이 높은 것으로 판단된다.

2) 南部地域

(1) 증평 이성산성

충청북도 증평군 도안면 노암리와 증평읍 미암리의 경계인 이성산(해발 259.1m) 정상에 축조된 테뫼식 토성이다(충청북도 유형문화재 제138호).

---

20) 忠北大學校 博物館, 1980,『忠州댐 水沒地域 文化財地表調査報告書』.
忠北大學校 博物館, 1984,『忠州댐 水沒地區 文化遺蹟發掘調査綜合報告書(歷史分野)』.

이성산성은 충청대학 박물관에 의해 1997년 지표조사가 진행되었다.[21] 조사 결과 이성산성은 남성과 북성으로 나란히 배치되었으며 남성은 내성과 외성을 갖춘 2중 구조이고, 북성은 내성과 외성 그리고 외성에 덧붙여 두 개의 자성이 있는 4중 구조임이 밝혀졌다.

북성은 전체둘레가 429m이며, 내성이 219m, 외성이 310m이고, 내·외성의 공유벽은 100m이다. 외성의 자성은 각각 101.8m, 98.8m 정도이다. 남성은 산의 정상부를 중심으로 7부에서 9부 능선상을 감아 돌면서 축조되었다. 남성의 규모는 내성이 741m, 외성이 1,052m이다. 성 내부 시설물로는 건물지 8개소 지역, 문지 6개소, 치성 1개소, 적대 2개소, 추정 망대지 2개소, 수구지 1개소 등이 있다.

최근 이루어진 남성의 외성 남문지 발굴조사에서는 문지와 성벽 그리고 성내 시설물에 대한 조사가 이루어졌다. 성벽은 판축법과 성토법에 의해서 축조되었으며 문지는 통행로와 배수의 기능을 동시에 했던 것으로 밝혀졌다. 또한 유물이 4~5세기대의 한성기 백제시대 유물만이 출토되어 성의 운영시기를 가늠할 수 있다.

(2) 청주 상당산성

충청북도 청주시 상당구 산성동에 축조된 포곡식 산성으로 1970년에 사적 제212호 지정되었다. 둘레는 약 4.2㎞로 대규모이며 평면은 불가사리 형태로 축조되었다. 상당산성이 위치한 곳은 이 일대에서 가장 높은 해발고도를 형성하여 주변의 조망이 매우 좋다.

성벽은 능선과 계곡부의 지형지세를 충분히 활용하여 축성하였으며, 남쪽의

---

21) 忠淸大學博物館, 1997,『二城山城 地表調査報告書』.
중원문화재연구원, 2009,「증평이성산성 남성 남문지 일원 발굴조사 완료약보고서」.

성벽은 비교적 직선으로 단조로운 반면 나머지는 구불구불한 지형을 그대로 이용하였다. 남문을 제외한 나머지 구간에 성벽이 대부분 잘 남아있으며 90~470㎝의 높이로 조성되었다. 문은 성벽을 따라 접근이 용이한 동·남·서쪽으로 큰 문을 두고 동북쪽과 서남쪽으로는 암문을 두었다. 성내에는 계곡물이 흘러들어와 큰 연못을 형성하고 있다.

상당산성에 대한 고고학적 조사는 1970년대부터 시작되었으며 현재까지 2차에 걸쳐 발굴조사가 진행되었다.[22] 1995년 발굴조사 때는 서장대 및 남문 밖을 대상으로 조사되었는데, 서장대는 18세기 전반에 축조된 것이 밝혀졌으며 남문 밖에서는 신석기시대 빗살무늬 토기편을 비롯하여 통일신라기 토기편까지 확인되어 관심이 집중되었다. 2001~2002년에는 북벽 출수구에서 서문에 이르는 구간에 대해 시굴조사를 실시하였으며 기와산포지 2개소, 기우단 1개소, 수구 1개소에 대한 발굴조사를 실시하였다. 이 조사를 통해 성벽이 오랜 시간 동안 개·보수가 진행되었던 것을 알 수 있었으며 시기별 축성기법의 변화를 살필 수 있었다. 유물은 백제시대의 토기부터 조선 후기에 이르는 토기·기와·자기편들이 수습되어 성벽의 초축과 개·보수 시기를 가늠해볼 수 있다.

(3) 청주 부모산성

청주시 흥덕구 비하동과 지동동에 걸쳐 있는 부모산(해발 231m) 정상부에 축조된 테뫼식 석축산성이다(충청북도 기념물 제121호). 미호천을 가운데 두고 상당산성을 마주보고 있으며 미호평야와 주변이 한눈에 들어와 중요한 관방시설임을 알 수 있다.

---

22) 忠北大學校博物館, 1982, 『上黨山城 地表調査報告書』.
忠北大學校湖西文化硏究所, 1997, 『上黨山城 西將臺 및 南門 外 遺蹟址 調査報告書』.
韓國文化財保護財團, 2004, 『上黨山城 城壁補修區間內 試·發掘調査報告書』.

부모산성은 1999년에 지표조사되어 규모와 현황이 밝혀졌으며[23] 2004년에는 시굴조사가 진행되어 추정 연못이 확인되었다.[24] 이어서 2004년부터 2차에 걸쳐 발굴조사가 진행되었는데, 1차는 북문지 및 수구부, 체성 내외벽에 대하여 이루어졌으며 2차는 북서쪽의 수구부 성내외 일원에 대한 조사가 실시되었다.[25]

성의 평면형태는 부정형으로 북서쪽이 돌출된 삼각형에 가까우며 전체 둘레는 1,135m～1,185m이다. 성벽은 내외 협축이며 성벽 바깥 하단부에서 보축성벽이 확인되었다. 성문지는 동서남북에 모두 위치하며, 이 가운데 북문지는 1차 발굴조사에서 현문구조임이 밝혀졌다. 성 내부 시설물로는 건물지와 수혈주거지, 원형의 구덩이 유구, 둔덕시설, 기단석렬유구 등이 확인되었다. 유물은 前'·'北'·'大'銘 등의 인각와를 비롯한 선문계통의 평기와가 출토되었으며 5세기대의 타날문 백제토기와 6세기대의 신라토기인 고배와 뚜껑을 비롯한 완류 등의 토기류도 다수 수습되었다. 이외에도 이형토기, 전달린 토기 등과 벼루·석환 등 석재류, 확쇠와 성석문결구용 철제 못·철촉 등의 철기류가 확인되었다. 이를 통해 6세기경에 이 지역을 두고 백제와 신라의 치열한 접전을 벌였음을 알려주고 있다.

(4) 청주 정북동토성

충청북도 청주시 상당구 정북동 350·368번지 일원의 토성마을을 에워싼 방형의 토성으로 1999년에 사적 제415호로 지정되었다. 이 토성은 현존하는 토성 가운데 잔존상태가 가장 좋고 고대 중국식 방형토성을 형태를 갖추고 있다고 알려져 일찍부터 주목을 받았다.

23) 충북대학교 중원문화연구소, 1999, 『청주부모산성 지표조사보고서』.
24) 중원문화재연구원, 2006, 『청주 부모산 연화사 대웅전 증축부지 시굴조사 보고서』.
25) 김병희·김정인, 2007, 「청주 부모산성유적의 조사성과」, 『충북사학』 19, 충북사학회.

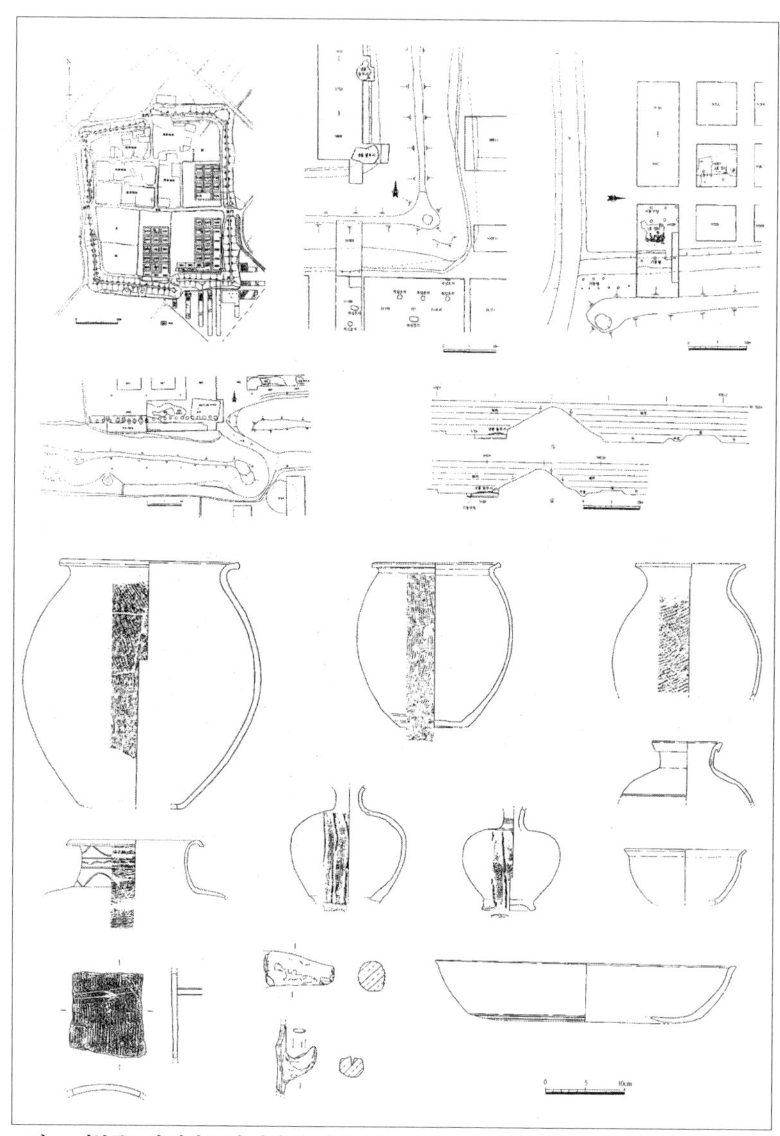

도면 8. 정북동토성 평면도 및 성벽 평·단면도와 출토유물

유적에 대한 발굴조사는 2차에 걸쳐 진행되었는데, 북쪽을 제외한 남·동·서벽에 조사를 실시하여 성의 구조와 사용시기가 밝혀졌다.[26] 성의 평면은 거의 정방형 형태이며 둘레가 675m이다. 성문은 동·서·남·북 성벽의 중간부에 위치하며 남문과 북문성벽은 어긋문 형태이다. 또한 네 모서리와 문터 사이에는 반원 모양의 돌출된 곡성이 형태가 있어 모두 12개의 치성이 있는 것으로 추정되고 있다. 내부에서는 청동기시대의 장방형주거지와 목주용 구덩이 열, 토성 축조 및 경영시기와 관련된 야철 혹은 제철과 관련된 유구·부석(敷石)을 포함한 주거지·굴립주 건물지·동벽 안쪽을 따라 분포한 자갈돌무지 유구, 조선시대의 우물터 등이 확인되었다.

남벽의 외부 조사에서는 해자가 확인되었는데, 성벽의 주위를 1회 휘감은 연결형의 해자가 아닌 단절 및 복회식의 해자로 조성된 것으로 추정하였다. 유물은 청동기시대~조선시대에 이르기까지의 토기·자기편이 확인되어 유적의 활용시기를 알려주고 있다.

(5) 진천 도당산성

충청북도 진천군 진천읍 벽암리 산36번지 일원에 위치한 포곡식산성이다. 조선시대 지리지에서 도당산성은 都堂山城, 都唐山城, 陶唐山城 등의 명칭이 혼재되어 확인되고 있다.

산성은 봉화산(해발 426m)에서 뻗은 가지능선의 정상부(해발 201m)와 동쪽 계곡을 둘러싸며 둘레 약 850m에 걸쳐 축조되었다. 평면 형태는 마름모꼴의 형태이고 성 내부는 사모봉형의 지형이다. 지표조사와 시굴조사로 인해 동·남서·서북문지와 성내 저수시설, 수구, 장대지 등이 확인되었다.[27]

---

26) 충북대학교 중원문화연구소, 1999, 『청주 정북동토성 Ⅰ』.
충북대학교 중원문화연구소, 2002, 『청주 정북동토성 Ⅱ』.

성벽은 내외협축으로 조성되었다. 세장방형 석재를 살짝 가공하여 수평눈줄 맞춤 쌓기로 축조된 성벽의 높이는 5~8m로 추정되고 있다. 성벽을 따라 일부 구간에서 1~2단의 기단보축성벽이 축조되어 있으며, 외곽으로는 外隍의 흔적이 확인되었다.

문지는 동문, 남서문, 서북문이 확인되며 세 문지 모두 현문식 구조를 가지고 있다. 수구는 동쪽에서 확인되었으나, 동쪽의 문지와 수구는 길상사 신축사업에 의해 훼손되었다. 장대지는 남서쪽 성벽 회절부에 있었던 것으로 추정된다.

도당산성의 초축시기는 성내 출토유물과 주변 고분군과의 관계, 산성의 축조방식 등으로 보아 삼국시대 말기인 7세기대에 축성된 것으로 판단되고 있다.

(6) 청원 양성산성

충청북도 청원군 문의면 문산리에 솟아 있는 양성산의 동쪽과 서쪽 그리고 남쪽의 봉우리를 에워싸고 축조된 포곡식 석축산성이다(해발: 서쪽 297m, 동쪽 280m, 남쪽 246m).

두 차례 걸친 발굴조사 결과 석축된 성벽, 곡성, 문터, 수구, 큰못, 차단벽, 건물터 등이 확인되었다.[28] 평면은 부정형이나 삼각형태를 띠고 있으며 둘레는 석축의 기초가 보이는 선을 따라 측정한 결과 대략 1,020~1,030m이다. 성벽은 자연지형을 이용하여 세 개의 봉우리와 동쪽 계곡 및 북쪽 계곡의 상단부를 에워싸고 있다. 석축은 지형과 경사면에 따라 축조방법을 달리 하여 내외협축과 내탁으로 축조되었다. 문지는 남문지와 동문지가 확인되었으며 능선의 안부나 계곡부에 위치한다. 수구는 성내의 가장 낮은 동쪽 계곡부에 위치해 있다.

---

27) 中原文化財硏究院, 2005, 『鎭川 都堂山城 地表·試掘調査 報告書』.

28) 충북대학교 중원문화연구소, 2001, 『淸原 壤城山城』.
충북대학교 중원문화연구소, 2005, 『淸原 壤城山城 圓池 發掘調査 報告書』.

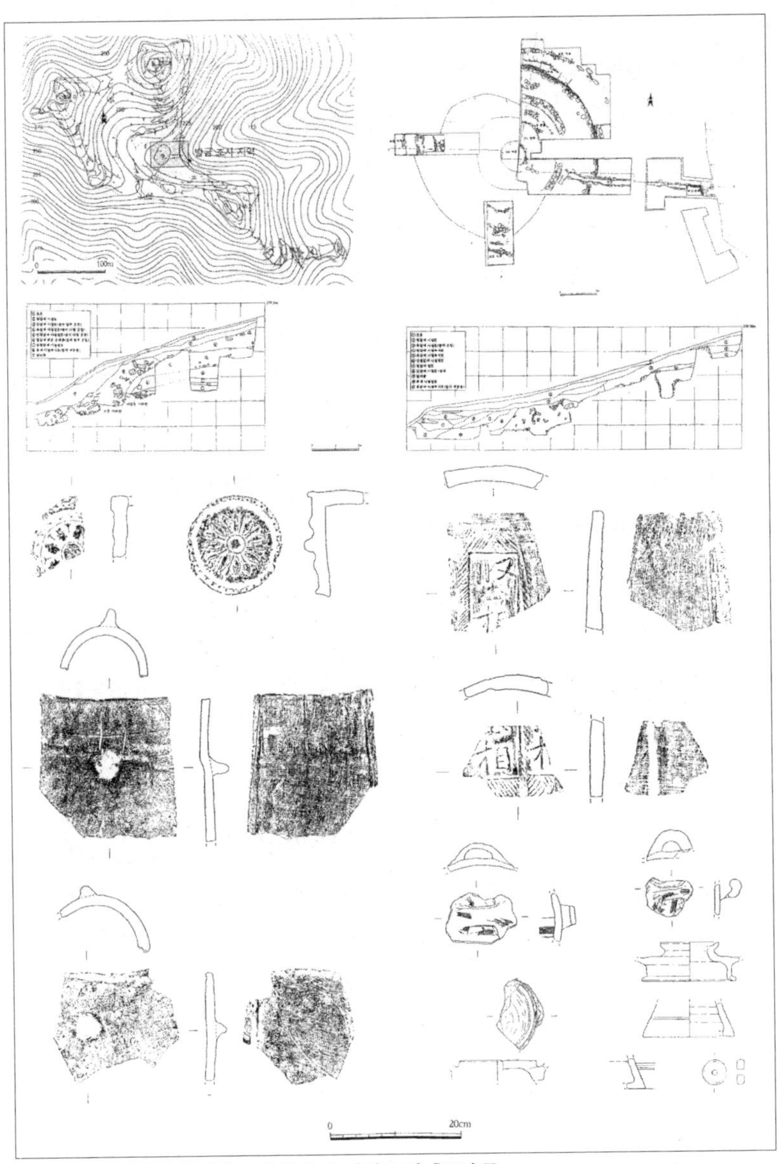

도면 9. 청원 양성산성 평면도 및 원지 평·단면도 및 출토유물

유물은 신라~고려 전기까지의 토기·기와·자기류가 출토되었다.

(7) 청원 남성골산성

청원군 부용면 남성골 일대의 해발 106m의 야산 정상부와 사면에 걸쳐 축조되었다. 금강상류의 북안에 해당되며 고구려 산성으로 알려져 학계에 주목을 받고 있다. 낮은 해발이나 사망의 조망이 양호하고, 이 성을 주변으로 10개의 산성이 밀집 분포하고 있어 단일 지역 내에서 최대의 산성 밀집도를 보여주고 있다.

2001년부터 진행된 두 차례의 발굴조사를 통해 내·외곽을 이중으로 돌린 목책과 내곽으로 이어지는 능선을 가로지르는 방어호겸 배수호의 기능을 지닌 4개의 호가 확인되었다.[29] 또한 성벽이 회절하거나 돌출된 부분에 시설된 치와 내곽 정상부 동문터의 석축벽체가 있는 독특한 구조를 보이고 있다. 성내 시설로는 구들 집자리와 목곽고, 수혈유구, 원형의 형태가 주를 이루는 수혈구덩이군 등 주거·생산·저장과 관련된 시설들이 밝혀졌다. 유물로는 토기류와 철기류가 다수 출토되었다. 토기류는 장동호, 옹, 시루, 동이, 이배, 완, 반 등의 고구려계가 주류를 이루며 드물게 백제토기편이 수습되었다. 철기류는 화살촉과 주조도끼가 대부분으로 이 역시 고구려적인 특징을 보이고 있다. 또한 추가로 이루어진 발굴조사에서 고구려 양식의 금귀걸이와 철제표비가 출토되었다. 이를 통해 남성골산성은 단순한 군사시설이 아닌 주거와 생산 기능까지 갖춘 고구려 남진정책의 주요 거점 중에 하나였음을 알 수 있다.

29) 忠北大學校博物館, 2004, 『淸原 南城谷 高句麗遺蹟』.
中原文化財硏究院, 2008, 『淸原 南城谷 發掘調査 -2006年度 追加 發掘調査』.

(8) 보은 삼년산성

충청북도 보은군 보은읍 어암리 산1-1번지 일원에 위치한 포곡식 석축산성으로 1973년에 사적 235호로 지정되었다.

산성은 오정산(해발 325m)의 세 봉우리와 서쪽 계곡을 둘러싸며 둘레 1,700m에 걸쳐 축조되었다. 평면은 방형의 형태이고 성 내부는 외부가 높고 내부가 오목한 고로봉형의 지형이다. 기초조사와 발굴조사로 인해 동·서·남·북 문지와 12~14개소의 곡성, 수구, 아미지, 우물터, 조선시대 연못터 등이 확인되었다.[30)]

성벽은 내외협축으로 조성되었다. '井'자형 쌓기와 '品자'형 쌓기를 주로 사용하였다. 성벽의 높이는 약 14~16m, 상면 너비는 6.6~8.0m의 단면 사다리꼴 모양이다. 성벽을 따라 12~14개소의 곡성이 있으며, 일부 구간에서 기단보축 성벽과 여장이 남아있다. 수구는 동쪽과 서쪽에 조성되었는데 서쪽 수구 내측으로 '蛾(娥)尾池'라는 집수지가 자리한다.

문지는 동서남북의 사방에 모두 남아있는데 남문과 북문은 현문식 구조이다. 이 중 남문에서는 확쇠와 성문결구용 철정이 출토된 바 있다. 유물은 토기·기와·금속·목제류 등이 수습되었으며 특히, 5세기에 해당되는 신라토기에서 나말여초에 이르는 토기들이 수습되어 유적의 활용시기를 말해주고 있다.

---

30) 報恩郡, 1979, 『報恩 三年山城 』-基礎調査報告書-.
충북대학교 박물관, 1982, 『三年山城 -추정 연못터 및 수구지 발굴조사-』.
충북대학교 중원문화연구소, 2005, 『報恩 三年山城 -2003年度 發掘調査報告書-』.
중원문화재연구원, 2006, 『報恩 三年山城 -2004年度 發掘調査報告書-』.
중원문화재연구원, 2006, 『報恩 三年山城 -城郭城壁 發掘調査 略報告書-』.
중원문화재연구원, 2006, 『報恩 三年山城 -蛾眉池 整備區間內 發掘調査-』.
중원문화재연구원, 2007, 『報恩 三年山城 -남문지 추가발굴 및 서남곡성 발굴조사 약보고서-』, 2007.

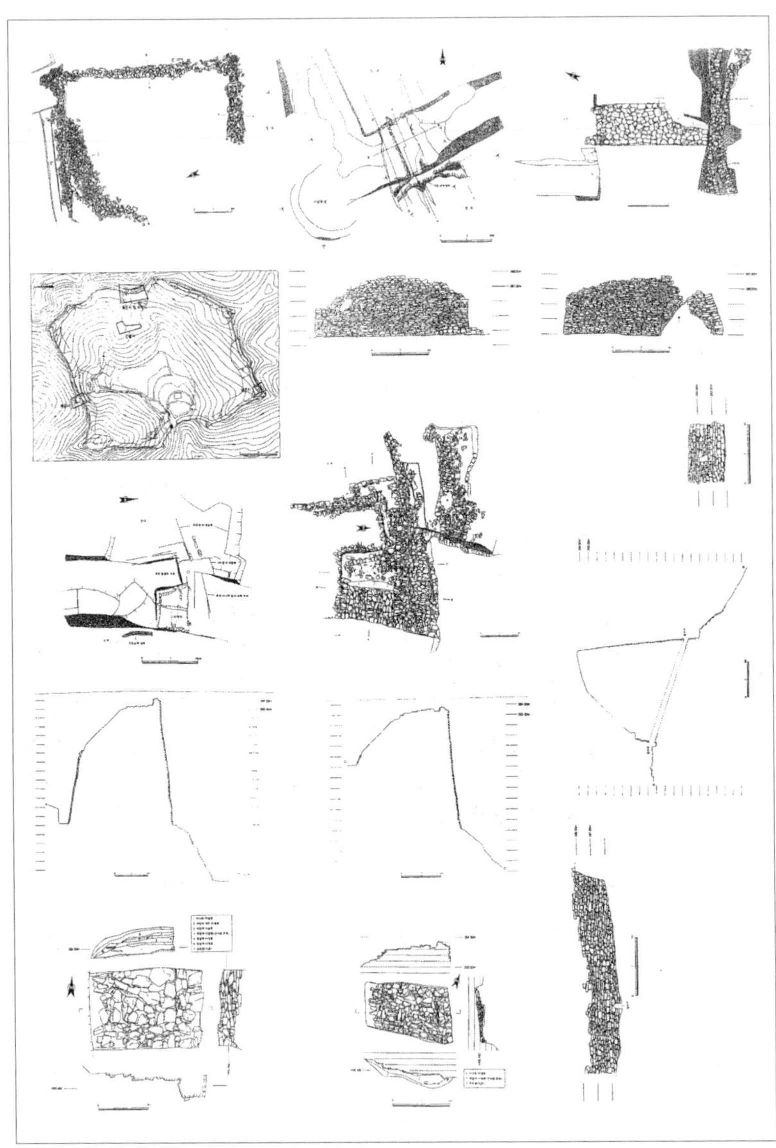

도면 10. 보은 삼년산성 평면도 및 성벽 평·입·단면도

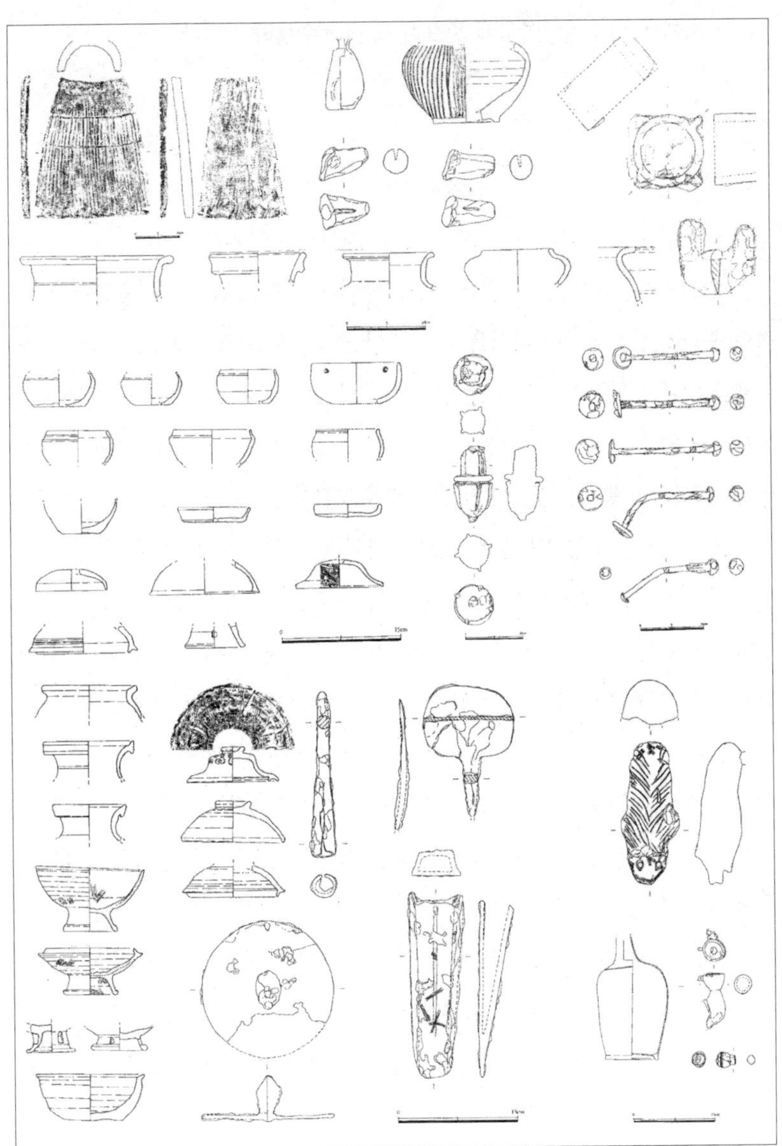

도면 11. 보은 삼년산성 출토유물

삼년산성은 사료에 명시되어 있어 정확한 초축 시기를 알 수 있는 산성으로 여타 산성과의 비교편년연구에 중요한 역할을 수행하고 있다.

3. 小結

이 절에서는 중원지역에서 발굴된 삼국시대 성곽들의 주요유구를 체성벽과 문지, 치성, 여장, 집수지 등으로 나누어 살펴보고자 한다.

먼저 체성벽은 외벽 기저부로부터 일정한 높이까지는 편축으로 축성한 후 성벽의 중간 이상에서부터 내벽을 함께 쌓아 겹축으로 축조하였다. 외벽의 기저부에서 기단보축은 확인되지 않는다. 충주산성의 경우 성벽은 외벽의 기저부에서부터 약 1.5m까지는 수직으로 쌓고 그 위로는 80~85° 정도 경사지게 하였다. 원성벽의 높이는 6m 내외 정도로 추정된다.

성벽의 기저부 조성방법은 2가지로 구분된다. ① 암반이 노출된 구간은 암반에 턱을 주어 기단석이 밖으로 밀리는 것을 막고, ② 암반이 없는 구간은 산자갈과 점질토를 이용하여 일정한 높이까지 다져 기저부를 조성하였다. 이러한 방법은 백제 한성기 산성의 축성법[31]으로 알려졌으나 단양 온달산성 서벽, 충주산성 북문지 주변 성벽과 삼년산성 서남곡성 기단보축성벽에서도 확인되고 있다. 앞으로 백제와 신라 산성의 축성법 검토가 필요하게 되었다. 성돌은 장방형 또는 세장방형으로 치석하여 바른층 쌓기를 하였으며 부분적으로 쐐기돌을 사용하였다.

그리고 기단보축은 그 시설유무와 일부 구간에만 조성했는지에 따라 크게 3가지로 구분된다. ① 기단보축이 시설된 경우는 보은 삼년산성, 문경 고모산성 등이 있다. ② 기단보축을 계곡부 등 일부 구간에만 시설하는 경우는 단양 온

31) 김호준, 2007, 「한성 백제시대 산성 축조방법에 대하여-경기도지역을 중심으로」, 『학예지』 14, pp.20~23.

달산성과 문의 양성산성 등이 있다. ③ 기단보축이 확인되지 않는 경우는 충주 산성, 단양 적성, 청풍 망월산성, 청원 구라산성 등이 있다. 이와 달리 외벽 밖으로 일정한 너비의 회곽도를 조성하듯이 시설한 진천 도당산성이 있다.

이처럼 신라산성에서 확인되는 전형적인 기단보축은 5세기 후반 축성된 삼년산성과 고모산성 등에서 사용되다가 신라가 한강유역으로 진출한 6세기 중반 이후 적성과 충주산성 등에 나타나지 않는 것으로 보아 그 효용성과 축성공력의 문제 등으로 점차 축소되거나 사라지는 것을 알 수 있다.

다음으로 문지는 3~4개소 정도 시설되었다. 충주산성과 삼년산성, 수정산성, 망이산성, 부모산성은 사방에 1개소씩 4개소의 문지가 있으며, 온달산성은 3개소가 확인되었다. 이들 문지는 입지조건을 볼 때 크게 2가지 형태로 나누어진다. ① 계곡의 중심에서 능선방향으로 약간 벗어난 지역에 문을 조성하는 형태는 충주산성 동문지와 청원 구라산성 동문지,[32] 청원 양성산성 동문지,[33] 청주 부모산성 북문지, 삼년산성 서문지, 대전 계족산성 서문지,[34] 영월 왕검성 남문지,[35] 문경 고모산성 서문지 등이 있다. 특히 충주산성 동문지의 경우 계곡부를 지나는 성벽의 안쪽에는 저수지가 조성되었으며 성벽에는 입면 사다리꼴의 성벽통과식 수구를 설치하였다. ② 성안에서 성밖으로 뻗는 능선에서 약간 빗겨나 입지하는 문지는 충주산성 남문지·북문지·서문지와 함께 청원 구라산성 북문지·서문지, 단양 온달산성 북문지·동문지, 단양 적성 동문지,[36] 진천 도당산성 북문지·남문지,[37] 대전 계족산성 남문지, 대전 보문산성 남문지,[38] 금

32) 忠北大學校 中原文化硏究所, 2001, 『淸原 謳羅山城』.
33) 忠北大學校 中原文化硏究所, 2001, 『淸原 讓城山城』.
34) 大田大學校 鄕土文化硏究所, 1992, 『鷄足山城』.
35) 忠北大學校 中原文化硏究所, 2000, 『寧越 王儉城』.
36) 忠北大學校 博物館, 1991, 『丹陽 赤城-地表調査 報告書』.
37) 中原文化財硏究院, 2005, 『鎭川 都堂山城-地表·試掘調査報告書』.

산 백령산성 남문지·북문지,[39] 영월 왕검성 남문지, 문경 고모산성 북문지, 상주 견훤산성 서문지·북문지,[40] 이천 설성산성 서문지[41] 등이 있다.

이들 문지가 계곡과 능선의 중심부에 위치하지 않고 약간 벗어나 위치하는 것은 능선과 계곡을 따라 올라온 출입자들을 다시 성벽을 따라 우회시키기 위한 것으로 성문의 방어력을 입지조건만으로도 극대화하기 위한 방법이다. 아울러 계곡부에 위치하는 성문의 경우 우수에 의한 성문의 유실방지를 꾀한 것으로 보인다. 이러한 입지조건은 삼국시대 산성의 성문이 출입이 편리한 곳보다 방어에 유리한 곳을 먼저 선택하였으며,[42] 아울러 계곡부에 조성되는 성문은 유실방지의 목적이 추가된 것을 알 수 있다.[43]

문지 구조는 일반적으로 개구된 형식에 따라 평문식과 현문식으로 구분되는데 현문식의 경우 통행의 편리함보다는 방어적인 측면이 적극적으로 반영된 것으로 여겨진다. 충주산성 동문지와 북문지, 온달산성 북문지와 남문지·동문지, 삼년산성 남문지와 동문지 등 모두 성벽을 일정 높이 이상 축조한 후 개구부를 시설하는 현문식이다.

그런데 현재까지 현문식 성문은 신라산성의 대표적인 특징으로 알려져 왔으나 최근에 금산 백령산성 남문지에서도 현문식이 확인되어[44] 신라산성에서만

38) 大田直轄市, 『寶文山城 發掘調査報告書』.

39) 忠淸南道 歷史文化院, 2004, 『錦山 柏嶺山城』.
忠淸南道 歷史文化院, 2007, 『錦山 柏嶺山城-1·2次 發掘調査 報告書-』.

40) 韓國文化財保護財團, 1997, 『尙州 甄萱山城 地表調査 報告書』.

41) 단국대학교 매장문화재연구소, 2000, 『이천 설성산성 지표·시굴조사 보고서』.
단국대학교 매장문화재연구소, 2002, 『이천 설성산성 1차 발굴조사 보고서』.

42) 徐程錫, 2002, 『百濟의 城郭』, 學硏文化社, pp.227~233.

43) 김병희, 2007, 「新羅 城郭 城門의 特徵과 變遷過程 檢討」, 『학예지』 14, p.39.
윤선영, 2008, 「古代山城의 門址에 대한 硏究」, 서울경기고고학회.

44) 忠淸南道歷史文化院, 2007, 『錦山 栢嶺山城』, pp.62~76.

나타나는 것이 아님이 밝혀졌다. 그러나 현문식 성문의 세부적인 구조에 있어서는 차이가 확인된다. 즉 신라산성의 현문은 개구부 측벽의 선후단이 모두 직각으로 조성되는데 반하여, 백령산성은 측벽 선단부가 곡면을 이루고 있는 것이다. 백제산성은 평문식에서도 개구부의 선단부 또는 후단부를 곡면으로 조성하는 특징을 보이고 있다.[45)]

아울러 충주산성 북문지에서 출토된 직육면체의 아래확쇠는 기존에 삼년산성 남문지와 고모산성에서 출토된 원통형의 아래확쇠와 형태상 차이가 있다. 출토위치 또한 삼년산성과 고모산성에서는 개구부의 중간부에서 출토되었으나, 충주산성의 북문지를 비롯한 부모산성 북문지, 대모산성에서는 개구부 안쪽에 치우쳐서 출토되었다. 이는 확쇠를 목재나 확석에 고정시키는 방법이 변화하였음을 보여주는 것이다. 이를 통해 문의 위치가 개구부의 중간부에서 안쪽으로 이동한 것을 알 수 있다.

雉城은 성벽에서 돌출된 구조물로 평면이 方形인 경우는 雉城, 半圓形인 경우는 曲城으로 부른다. 치성은 온달산성의 북벽과 남벽에 1개소씩, 망이산성은 5개소이며 곡성은 삼년산성에 14개소가 시설되어 있다. 그런데 일반적으로 성벽과 같은 재질로 치성이나 곡성을 조성하지만 장미산성의 치성은 석축이 아닌 목제구조물로 이루어진 것이 특징적이다. 북벽부의 북서회절부에서 확인된 木柵雉城은 길이가 11m이고 폭 3.7m로 평면이 긴 장방형이며 암반을 굴착한 주칸거리는 1.8m 내외로 조성하였다. 이 같은 예는 청원 남성골산성에서도 확인되며 고구려 남진시 점유하거나 축성한 유적에서 발굴되는 점이 주목된다.[46)]

여장은 체성위에 설치하는 낮은 담으로 유사시 몸을 가리고 적을 방어하는 시설물이다. 여담이나 성가퀴 등으로 불리운다. 이 여장은 충주산성과 삼년산

45) 車勇杰, 2003, 「漢城時代 百濟山城의 諸問題」, 『호서지역의 성곽』, pp.1~11.

46) 국립중원문화재연구소, 2008, 『중원의 산성』, p.18.

성에서 발굴되었다. 삼국시대나 통일신라시대의 여장이 확인된 예는 상당히 드문 편으로 중원지역의 두 성에서만 그 사례를 볼 수 있다. 충주산성에서는 체성벽 조사시 1986년에 북동 계곡부와 동벽 돌출부,[47] 그리고 1998년에 동문 북측 성벽[48] 등에서 확인되었다.

북동 계곡부 성벽에는 판상할석이 성벽의 내외쪽으로 길게 깔리듯이 남겨져 있으며 경사도는 10-20도 가량이다. 여장 아래쪽의 너비는 1.1m이며 높이는 72㎝인데 내벽은 작은 할석을 6-7단 쌓았다. 또 동벽 돌출부의 여장은 당초 眉石이 없이 아래쪽 너비 1.15m에 높이 70㎝가 남아 있었다. 후에 수개축시 3단 위에 있는 석재가 15㎝ 정도 밖으로 내민 미석을 둔 사실을 알 수 있다. 따라서 초축된 여장이 무너진 다음에 새로 여장을 보수하면서 새롭게 미석을 설치한 것으로 파악된다. 동문 북측 성벽에 시설된 여장으로 길이 1m 정도가 남아있다. 여장의 윗면은 성벽 내측으로 기울기를 두고 있는데 외측으로 미석이 없다.

이러한 여장은 보은 삼년산성의 동문지 계곡부 성벽과 남문지 구간에서 확인된 적이 있다. 역시 미석이 없고 크기는 아래쪽 너비 1.5m, 높이 1.2m 정도이다. 그러나 축조시기는 통일신라시대로 추정하고 있다. 앞서 언급한 충주산성의 여장은 현재까지 발굴된 삼국시대 산성 중에서는 최고로 오래되었으며, 초축시 미석이 없다가 후에 보수하면서 미석을 시설한 것으로 보아 그 발생과 변화과정을 보여주는 좋은 자료로 여겨진다.

集水池[49]는 성내 샘(泉), 정(井), 지(池) 등 음료유구를 통칭하여 부른다. 집수

47) 忠州工業專門大學 博物館, 1986, 앞의 책, pp.29~34.

48) 忠北大學校 中原文化硏究所, 1999, 앞의 책, pp.23~25.

49) 집수유구를 각종 문헌에는 城池라고 불리우는데 이와는 별도로 개별 연구자들에 따라 蓮池, 集水井, 集水池, 集水施設, 貯水池, 池塘 등으로 부르고 있다. 이때 연지는 연꽃이 핀 못이라는 뜻으로 관방유적인 성내 못의 성격에는 맞지 않는다. 또 우물(井)은 물이 솟아나는 것을 의미하므로 계곡을 따라 흐르는 물을 집수하는 기능이 우선이므로

지는 충주산성 동벽 내부와 양성산성 동벽 내부, 망이산성 남벽 내부, 삼년산성 서벽 내부 등에서 확인되었다. 평면은 원형이나 방형을 기본형으로 하며 2~3차례 정도의 개축을 거치면서 규모가 축소되거나 확대된 경우가 대부분이다. 예컨대 충주산성은 저수지는 바닥 평면을 사다리꼴형태로 만든 다음 계단식으로 쌓아 올렸으며 계곡부에 인접한 남서쪽 모서리는 후대에 석축하였다. 바닥의 평면 사다리꼴형태는 일정한 높이에 이르면 모서리의 모를 죽인 말각다각형으로 바뀐다. 상단의 평면 말각다각형의 지안은 수압과 토압에 의해 저수지 내측으로 심하게 밀렸다. 양성산성은 저수량 조절이 가능하게 높이를 달리하는 입수구와 개축을 거치며 규모가 축소되는 형태를 보인다.

이처럼 저수지의 평면 형태가 불규칙한 것은 저수지가 입지하는 성내 지형이 복잡한 것을 반영한 것으로 여겨지며 동시에 수압과 토압을 지탱하기 위해 고려된 것으로 추정된다. 아울러 저수지의 지안을 계단상으로 축조한 것은 갈수기 저수지에 저장된 물이 적을 때 용수의 이용을 용이하기 위한 것으로 여겨진다.

Ⅲ. 保存·整備의 問題點

우리나라는 삼국시대 이전부터 성곽을 축조하기 시작하여 조선시대에 이르기까지 많은 수의 성곽이 축조되었다. 현재까지 기 보고된 유적 이외에 최근에도 보고되는 등 얼마나 많은 성곽이 축조되었는지 파악하는 것이 어려울 정도이다. 성곽은 축조되어 운영되다가 전쟁에 의해 파괴되어 그 기능을 다하여 폐

집수정보다는 집수지라고 용어가 타당하다고 생각된다(鄭義道, 2007, 「祭場으로서 山城 硏究」, 『文物硏究』 11, 동아시아문물연구학술재단·한국문물연구원, p.35).

기되기도 하고, 전략적 효용성의 소멸로 인하여 폐기된 후 자연재해에 의해 파괴되기도 한다. 하지만 성곽은 우리의 선조가 축조한 대규모 건축물로서 본래의 위치에서 역사의 흔적을 고스란히 간직하고 있기 때문에 역사적 가치는 높다고 할 수 있다.

현재 성곽은 문화재 지정권자에 따라 국가 '사적'과 시·도 '기념물' 또는 '문화재자료'로 지정·보호받고 있으며, 문화재로서의 분류는 문화재보호법 제2조 1항에 의해 기념물로 분류된다. 중원지역의 경우 문화재로 지정된 성곽은 〈표 2〉와 같이 모두 20개소로 전체 유적의 8.7% 정도에 그치고 있다. 즉, 지정되지 않은 대부분의 성곽은 제도적으로 보호를 받을 수 있는 장치가 전무한 실정이다. 중원지역에 위치하는 많은 수의 성곽들 중에서 정비 또는 복원이 이루어진 유적은 그리 많지 않다. 손으로 꼽을 수 있을 정도로 적은 유적에서 정비·복원이 이루어졌음에도 불구하고 다양한 문제점이 나타나고 있다. 이러한 이유는 정비·복원 전 유적에 대한 정확한 이해가 없어 체계적인 조사가 선행되지 못하였고 아울러 엄밀한 고증이 이루어지지 않은 상황에서 졸속으로 정비·복원이 이루어지고 있는데 그 주요한 이유가 있다고 할 수 있다.

이러한 문제점을 해결하기 위해서 최근에는 해결책 마련을 위한 노력을 진행하고 있으나 유적은 이미 심각한 훼손을 입었으며, 대두된 문제점 해결에 따른 추가 예산 소요 등 예산 낭비 또한 큰 문제점으로 부각되고 있다. 그러나 성곽은 후손들에게 물려주어야 하는 훌륭한 문화유산으로서 지난 과오를 반성하며 씻어내기 위한 작업은 성실히 이루어져야 할 것이다. 이번 장에서는 그동안 이루어진 정비·복원에서 나타난 문제점들에 대해 살펴보고자 한다.

1. 非指定 城郭의 毁損

비지정 성곽유적의 경우 기초 조사나 관련 전문가의 의견을 반영하지 않고 성곽을 파괴하거나 훼손하는 사례가 자주 발생한다. 이는 개발우선주의 또는 행정편의주의가 빚어낸 현상으로 일부 기초자치단체가 종합유적인 성곽의 중요성을 망각한 결과이다. 대표적인 사례로 문경 고모산성과 보은 매곡산성이 있다.

문경 고모산성은 2008년 "유교문화권 관광개발사업"의 일환으로 성벽정비 사업을 수행하며 잔존성벽을 파괴하였다. 파괴가 진행될 당시 문경시는 시민과 민간문화단체의 파괴중지요청에 대해 "유교문화권 관광개발사업"은 문화재위원회 등의 심의를 거쳐 합법 절차에 의해 추진하는 것이라 중지할 수 없다고 하였으며, 문화재청은 비지정문화재는 어떠한 직접적인 조치도 취할 수 없다[50]고 하여 행정관청의 개발우선주의와 행정편의주의의 실상을 확인할 수 있었다.

이와 함께 2008년 보은군 회인면에 위치한 매곡산성이 성내 농경지와 연결하는 도로를 개설하는 과정에서 30여m 가량의 성벽을 파괴하였다. 포크레인을 이용하여 성벽의 기저부까지 훼손하고 성벽에서 나온 성돌들을 도로 바닥에 깔기도 하였다.

이외에 옥천 삼양리산성은 경부고속도로 건설과정에서 훼손되었으며, 청원의 저산성은 1945년 단군의 제단을 만든 이후 지속적으로 훼손되어 오다가 1986년 단군성전을 짓는 과정에서 대부분 파괴되었다. 그러므로 유사한 예들을 적극적으로 찾아내어 앞으로 더 이상의 파괴나 훼손을 막을 수 있도록 하는 방법이 모색되어야 할 것이다.

2. 學術調査 不在인 整備·復原[51]

성곽의 정비·복원은 무엇보다도 먼저 정밀한 학술조사가 선행된 이후에 실시되어야만 한다. 문헌자료가 빈약한 성곽유적의 정비·복원은 학술조사 결과

50) 오마이뉴스, 2008년 11월 1일, 〈굴착기에 의해 허물어지는 신라시대 산성〉.

51) 문화재청은 이러한 문제점을 개선하기 위해 국가지정문화재 중 사적으로 지정된 성

얻어진 상세한 현상자료가 반드시 필요하다. 그동안 조사 없이 정비·복원이 이루어진 성곽으로는 단양 온달산성과 적성, 제천 덕주산성, 망월산성, 청주 상당산성 등을 대표적 사례로 들 수 있다. 이들 성곽은 조사 자료를 바탕으로 한 종합적이고 체계적인 정비·복원과정을 거치지 않고, 호국 선현의 유적에 대한 성역화 사업이나 문화권 사업에 포함시켜 단위문화재별로 추진하는 과정에서 졸속으로 이루어졌다.[52] 그 결과 유적은 인위적으로 훼손되어 원형보존이라는 본래의 목적을 달성하지 못하였다.

학술조사를 통해 축적된 자료는 성곽유적을 정비·복원하는데 있어 절대적으로 필요하다. 그러나 축적된 학술자료는 관계전문가의 엄밀한 고증을 거치지 않는다면 자료로서의 가치를 상실하며, 반드시 정비·복원 전 자료의 고증을 통해 복원이 유적의 또 다른 훼손을 초래하는 결과를 생성하지 않도록 해야만 한다. 중원지역내 성곽 중 일부 구간에 대해서라도 복원이 이루어진 성곽들은 대부분 자료의 고증 절차를 밟지 않은 채 복원이 이루어져 왔다. 단양 온달산성과 적성의 경우 간단한 지표조사만 실시된 후 성벽에 대한 발굴조사가 이루어지지 않은 상태에서 성벽이 복원되고 있다. 충주산성과 장미산성도 마찬가지로 성벽에 대한 고증없이 상당 부분 지표조사 후 성벽복원이 이루어졌다. 이처럼 중원지역에 위치하는 성곽유적들의 대부분이 간단한 지표조사 후 성벽복원이 이루어지고 있는 현실이다.

한편 성벽의 기저부만 남아있는 경우에는 무리한 복원보다는 더 이상 훼손

곽문화재를 문화재보호법 제15조, 제16조, 및 제17조 등에 의거 효율적인 보존을 도모하고자 『성곽의 보존과 관리에 관한 일반지침』(2009.05.22.)을 제정하였다. 이 지침 제32조(준용규정)에는 시·도지정문화재의 보존·관리 및 활용에 준용하며 지정되지 아니한 성곽문화재의 보존·관리 및 활용도 적용할 수 있다고 명시하고 있다.

52) 이춘근, 2003, 「우리나라 성곽의 보존관리 정책」, 『한국성곽연구회 추계학술대회』, 한국성곽연구회, p.15.

되지 않도록 최소한의 정비만 이루어져야 마땅할 것이다. 성벽에 대한 자료가 전무한 상태에서 무리하게 복원이 이루어진다면 유적의 원형을 완전히 상실할 수 있고 이는 추후 큰 문제로 지적될 수 있다.

끝으로 성곽의 정비·복원 전 충분한 학술자료를 축적하고 최선의 고증 작업이 이루어졌다고 하여도 돌을 이용하여 축성하는 석축 성벽의 복원은 재료인 돌감과 이를 다루는 기술력의 차이로 인하여 많은 문제가 발생할 수도 있다. 특히 주재료인 석재의 암질 차이, 치석방법의 차이, 성돌의 크기 차이 등은 성곽의 원형을 훼손하는 결과를 초래할 수도 있다.

3. 管理團體의 二元化 問題

우리나라의 성곽은 몇몇의 평지성을 제외하고는 산에 입지하는 산성이 대부분이다. 산성이 입지하는 산들은 주변지역보다 높아 대개 시군의 경계가 되는 곳에 위치하는 경우가 많다. 이에 따라 하나의 유적이 2개 이상의 자치단체가 개별적으로 관리하는 경우도 있다. 대표적인 유적으로는 충청북도와 경기도에 걸쳐 있는 망이산성[53]과 충청북도와 경상북도에 나뉘어져 있는 죽령산성을 꼽을 수 있다. 이 중에서 망이산성의 경우에는 학술조사의 주체가 달라 학술자료의 관리가 일원적으로 이루어지지 못하였으며, 학술조사 및 정비·복원의 사업 진행도 시행구간의 소속 자치단체에서 별도로 진행하는 등 행정력이 낭비되고 있다. 아울러 정비·복원의 경우도 각각의 지자체에서 각기 유리한 방향으로 진행하려고 하는 등 자치단체 간 비효율적인 경쟁이 이루어지고 있다. 이와 동일한 경우가 서울시와 경기도에 걸쳐있는 북한산성에서도 발생하였는데 북한산성은 구간에 따른 복원 주체가 다르기 때문에 그 결과에도 차이점이 나타나고

53) 망이산성의 경우 경기도 기념물 제138호와 충청북도 기념물 제128호에서 각각 해당 도의 기념물로 지정되어 있다.

있다. 즉, 두 자치단체에서 추진하는 사업이 제각각이어서 서로 다른 석재를 사용하여 복원하기도 하고 규격이나 마감처리가 서로 달라 동일 유적임에도 불구하고 이질감을 나타내고 있다.[54] 이와 같은 문제는 문화유산이 각 지역의 홍보와 문화관광자원으로서 활용하기에 가치가 매우 높기 때문이기도 하지만 국가 차원에서의 적극적인 조정노력이 부족했음에도 그 원인이 있다고 할 수 있다. 그러므로 관리단체의 이원화에 따른 적절한 정부정책이 수립되어야 할 것이다.[55]

4. 文化財 指定 範圍 問題

성곽은 문화재보호법시행규칙의 성곽보호구역에 대한 지정기준[56]에 의해 지정 보호받고 있으나 포괄적인 보호를 받고 있는 것은 아니다. 현재 문화재로 지정된 대부분의 성곽은 성벽을 중심으로 보호구역을 설정하고 있는 실정이다. 이는 사유재산권 규제와 관련한 민원을 우려한 결과로서[57] 공익과 사유재산권의 충돌을 피하기 위한 행정편의적 발상에서 비롯된 것이다. 그러나 성곽의 기능을 고려한다면 성곽 내부에 대한 적극적인 보호구역 편입 및 보존대책의 수립이 반드시 필요하며, 유적에 대한 조망권을 설정하여 성 내부에서의 조망권 확보를 위해서도 성곽 외부지역에 대한 보호조치도 필요하다.

충주 탄금대토성의 경우 주변에 인접하여 공설운동장, 장례식장 등이 들어섰으며 남한강변으로 국도 교량이 개설되어 국가 명승인 탄금대까지 경관을 저

54) 이춘근, 2005, 「성곽 문화재의 보존 방안」, 『한국성곽학회 2005년도 추계학술대회』, 한국성곽학회, p.21.

55) 백종오, 2007, 「경기지역 성곽유적의 문화콘텐츠 개발에 관한 연구」, 『경기도의 고고학』, p.297.

56) 문화재보호법시행규칙 제3조 제1항 관련 별표 2.

57) 이춘근, 2003, 앞의 글, p.17.

해하고 있다. 진천 대모산성 역시 평지토성임에도 불구하고 인접지역까지 창고, 상가 등이 지속적으로 들어서고 있다.

따라서 앞으로 기 지정 성곽에 대해서는 성 내부 및 외부지역을 추가 지정하여 보호하는 합리적인 방법을 모색하고, 새로 지정되는 경우에는 조망권 등의 여러 문제를 고려하여 범위의 확대 지정 등이 적극적으로 반영되어야 할 것이다.

Ⅳ. 맺는말 -向後 活用方案을 제시하며-

이상에서 살펴본 바와 같이 중원지역은 삼국이 패권을 다투던 지역으로 고대 삼국의 문화가 서로 만나 융합하고 새로운 활력을 제공하는 역할을 지속적으로 수행해 왔다. 이에 삼국시대부터 조선시대에 이르는 기간 동안에 축조·운영되어온 관방유적이 높은 산지를 중심으로의 가운데 형성된 고갯길과 남한강 유역 및 그 지류 일대에 집중적으로 분포하고 있다. 이는 중원지역이 고대로부터 지녔던 역사지리적 중요성을 확인해 주는 것이다.

현재까지 중원지역에서는 230여 개소에 이르는 많은 수의 성곽유적이 확인되었다. 그러나 230여 개소의 성곽 중에 학술조사로 볼 수 있는 정밀지표조사나 발굴조사 등이 이루어진 유적은 몇몇에 불과할 정도로 미미한 실정이다. 대다수의 유적들이 광역지표조사를 통해 간단히 유적을 소개하는 정도의 자료를 제공하고 있을 뿐 성곽 전반에 대한 정확한 현상자료의 보고는 이루어지지 않았다. 이는 추후 성곽의 정비·복원 및 활용방안 개발이 이루어질 때, 심각한 기초자료의 부족 문제에 봉착할 수 있는 여지가 있다. 그리고 이러한 문제점은 몇몇 유적에서 이미 여러 가지 문제로 나타났으며 앞으로도 지속적으로 문제화될 수 있다.

여기서는 향후 활용방안인 콘텐츠 개발 가능 과제와 더불어 콘텐츠 개발을 위한 선결과제를 함께 제시하며 맺는말을 대신하고자 한다.

첫째, 지역문화 정체성 확립이다. 성곽은 성곽 자체로서 가지는 특수성 때문에 연구 및 정비·활용의 효과가 단순히 하나의 성곽유적에 국한되지 않고 여타 다른 유적보다 지역문화에 미치는 파급효과가 크다고 하겠다. 성곽은 전근대 사회를 일관하여 지역의 중심지이자 수호자로서의 기능을 수행하였으며 생활의 대부분이 성곽을 중심으로 영위되었던 만큼 지역문화 형성에 크게 이바지 하였다. 현대적인 의미에서는 단일 유적으로서 지역내에서 가장 큰 면적을 차지하고 있으며 대부분 높은 산지에 위치하고 있기 때문에 그 상징성 또한 매우 높다.

한편 성곽 내부에는 넓은 공간이 확보되어 많은 유적을 함께 포함하고 있으며 증가하는 여가시간의 활용을 위한 시민의 각종 편의시설물을 포용할 수 있는 여유 공간도 확보할 수 있다. 때문에 수원시는 수원화성을 지역의 문화적 정체성을 대변하고 심화시켜주는 주체로서 활용하고 있으며, 다른 지방자치단체들은 관내의 성곽을 통해 지역문화의 정체성을 찾을 수 있을 것으로 기대한다. 이러한 이유로 성곽은 지역의 문화적 정체성을 찾고자 할 때에 가장 처음으로 접근하고 있는 대상이 되었다.

둘째, 다양한 문화행사의 개최이다. 성곽의 콘텐츠화는 성곽을 중심으로 한 문화행사의 발굴과 개발을 중심으로 실시되어야 한다. 일례로 충주시 관내에 위치하는 많은 수의 관방유적은 충주의 지정학적·군사적 위치를 잘 나타내고 있다. 먼저 장미산성은 주변에 산재한 많은 유적들과 함께 전략적 요충으로서의 위치를 잘 보여주는 유적이다. 장미산성의 주변에는 백제유적인 탄금대토성이 있으며, 고구려유적으로는 중원고구려비가 있고, 신라유적으로는 루암리·하구암리 고분군과 중원경 추정지로 비정되는 탑평리 유적 등이 위치하고 있다. 이렇듯 좁은 지역에 고대 삼국의 유적이 밀집 분포하는 것은 삼국이 패권을 다투던 중요한 요충이었음을 알려주는 직접적인 자료라고 할 수 있겠다.

충주산성은 남산으로 불리는 금봉산에 축조된 성곽으로 신라에 의해 축조되어 운영되었다고 알려진 유적이다. 충주산성에 오르면 충주시가지와 굽이쳐 흐르는 남한강을 한눈에 조망할 수 있다. 신라가 소백산맥을 넘어 한강하류지역으로 진출하기 이전 남한강을 바라보면서 삼국통일의 야망을 꿈꾸던 곳이다.

탄금대토성은 꾸준한 조사를 통해 4세기 중후반에 백제에 의해 축조된 것으로 알려졌다. 성내에서는 백제 유물만 출토되어 중원지역에 고구려와 신라가 진출하기 이전에 이 지역이 백제의 세력하에 있었다는 기록을 증명하고 있다. 탄금대란 지명에서 알 수 있듯이 우륵이 신라로 망명한 후 이곳 국원에 안치되어 가야금을 연주하던 곳으로도 알려져 있으며, 임진왜란 때에는 신립 장군이 배수진을 치고 왜군과 맞서 싸운 전적지로 다양한 이야기 소재가 있어 콘텐츠 개발에 매우 유용한 유적이다.

이렇듯 다양한 유적들은 표현하고 상징화하는 과정을 거쳐 다양한 문화행사를 개최한다면 최근 대두되고 있는 문화의 소통과 맥을 같이하며 성공 가능성을 높일 수 있다.

셋째, 성곽 문화 축제의 모색이다. 성곽 중심 문화권의 구현과 지역문화 정체성의 확립은 성곽을 대상으로 하거나 그것을 중심으로 한 문화축제를 개최하는 것으로 활성화 시킬 수 있다. 다양한 형태의 성곽문화축제는 지역주민들의 관심을 유도하고 성곽의 중요성을 홍보하는데 가장 효과적인 방안일 것이다. 다른 지역의 사례이기는 하나 고창읍성의 '모양성 답성놀이'는 이미 유명한 성곽문화축제 가운데 하나로 자리잡아가고 있다. 초창기 단순한 답성놀이에서 근래에는 지역의 자랑거리인 판소리와 지역축산물이 어우러진 지역축제로 발전하고 있는데 이 같은 지역축제는 성곽과 지역민들을 하나로 유대 시키는 역할을 할 뿐 아니라 지역의 관광수입 증대에도 크게 기여하고 있다.

중원지역에는 이 같은 성곽 관련 민속놀이는 없지만 성곽을 둘러 싼 전설과 민담을 재현하는 등 적극적인 방향에서 성곽문화축제를 재현해야 할 것이다. 특히 탄금대토성은 우륵이 가야금을 연주했다는 전설이 있지만 임진왜란 때 신립이 배수의 진을 치고 왜군과 결전을 치른 호국유적이다. 그러나 충주시는 우륵의 가야금 연주에만 초점을 맞추어 우륵문화재만 개최하고 있어 유적의 다양한 이야기 소재를 모두 활용하지 못하고 있고 이는 매우 안타까운 현실이라고 하겠다.

이외 장미산성과 보련산성에서는 남매축성설화가 남아 있어 지역문화축제의 내용을 더욱 풍부하게 할 수 있는 소재를 간직하고 있다. 그리고 충주지역이 남한강 수운에서 가장 중요한 위치를 점하였던 것을 감안하여 목계나루에서 황포돛배를 띄워 축제를 황포돛배축제를 연다면 남한강문화와 성곽문화가 어우러진 새로운 형태의 지역축제를 만들어 낼 수도 있을 것으로 전망된다.

넷째, 성곽 가꾸기와 등산객 유치활동이다. 성곽을 문화자원으로 활용하는 방법은 여러 가지가 있다. 성곽문화축제를 개최하여 축제의 장으로 활용하는 것도 그중 하나이다. 그러나 축제기간에 한하여 일회성으로 활용하게 된다면 성곽 전체의 복원·정비는 필요치 않다. 성곽은 살아 숨쉬는 유적으로서 항상 지역민과 함께 동화되어야 하고 주민과 등산객이 항상 찾아 생명의 호흡을 같이 해야만 유지될 수 있다고 본다. 예를 들면 이전에는 보기 드문 현상이었지만 요즘 TV드라마 등 매스컴의 잦은 등장은 일반인들이 성곽을 찾게 하는 또 다른 방법이 될 수 있을 것이다.

충주시와 청주시 같이 인구밀집지역에 소재한 성곽은 성곽 홍보방안을 계속 창출하여 단순한 답사코스나 등산코스로만 활용할 것이 아니라 지역주민들의 단합의 장소로 활용하고 학생들을 위한 사진 콘테스트, 그림그리기 대회, 백일장 등 여가생활과 교육을 연계한 행사가 자치단체의 주도로 이루어져야 하겠다. 그리고 이 가운데 실효성 있는 방안과 아이템을 채택하여 적극적으로 추진해야 할 것이다.

그와는 반대로 단양군과 보은군 등 인구가 적은 지역에 위치한 성곽은 도민들을 위한 여가선용의 장소로 개발되어야 한다. 이를 위해 대중교통의 불편함을 해소하고 대형 주차시설의 설치 등으로 많은 등산객들을 유치하여야 할 것이다. 또한 산과 주변 경치 이외에도 성곽이라는 또 다른 볼거리를 제공할 수 있어 성곽이 가지는 문화자원으로서의 가치는 여느 국립공원에 못지않을 것이다.

성곽과 관광이 어우러진 대표적인 사례로는 북한산성과 북한산국립공원을 들 수 있는데 세계적으로 유례가 없는 많은 등산객이 찾는 북한산은 서울 근교에 위치한 편리한 교통 때문에 인기를 끌고 있지만 다른 이유는 공원 내에 위치한 북한산성 등 많은 문화유산들이 다양한 볼거리를 제공하고 있기 때문이기도 하다. 공원과 성곽을 연계시켜 주말과 공휴일에는 많은 등산객들이 찾고 지역주민들에게는 지역행사의 중심으로 거듭나게 된다면 중원지역의 성곽은 폐허가 된 문화유산이 아니라 살아있는 문화유산으로 탈바꿈하게 될 것이다.[58)]

따라서 지역문화의 정체성이라면 역사고도인 서울, 경주, 부여, 공주 등에 국한된 것으로 오해하기 쉽다. 특히 지역의 전통문화는 지역발전을 저해하는 요소로 낙인 찍혀 있기 때문에 지방자치단체에서도 이를 적극적으로 개발하지 못하는 한계를 가지고 있다. 그러나 수원화성을 중심으로 한 수원시의 성공사례를 참고한다면 지역의 문화적 정체성 제고가 지역의 산업과 경제에 얼마나 큰 영향을 끼치고 있는지 실감할 수 있을 것이다.

---

58) 백종오, 2007, 「경기지역 성곽유적의 문화콘텐츠 개발에 관한 연구」, 『경기도의 고고학』, p.309.

참고문헌

■ 고문헌

『三國史記』

『高麗史』

『高麗史節要』

『朝鮮王朝實錄』

『新增東國輿地勝覽』

『湖西勝覽』

『上黨山城古今事蹟記』

『輿地圖書』

『練藜室記述』

『增補文獻備考』

『忠淸都邑地』

『大東地志』

『湖西邑誌』

■ 단행본

경기도박물관, 2005, 『우리 곁의 고구려』.

국립경주박물관, 2001, 『新羅 黃金』.

국립문화재연구소, 1996, 『전국문화유적총람』 제2집 上.

국립문화재연구소, 2001, 『韓國考古學事典』.

국립문화재연구소, 2006, 『남한의 고구려 유적-현황조사 및 보존정비 기본계획(안)-』.

국립청주박물관·중원문화재연구원, 2007, 『중원의 새로운 문화재』.
김성호·윤수경, 2001, 『兩白之間(丹陽)의 城郭과 烽燧』.
김원룡·안휘준, 2003, 『한국미술의 역사』, 시공사.
聞慶文化院, 1999, 『姑母山城』.
문경새재박물관, 2002, 『길 위의 역사, 고개의 문화』 문경새재박물관 조사연구 총서7, 문경시.
문화재청, 2007, 『한국성곽 용어사전』.
白種伍·金炳熙·申泳文, 2004, 『韓國城郭研究論著總攬』.
복천박물관, 2006, 『선사·고대의 제사—풍요와 안녕의 기원』.
徐榮一, 1999, 『新羅 陸上交通路 研究』, 學研文化史.
서울역사박물관, 2006, 『이찬 기증 우리 옛 지도』.
심정보, 2004, 『백제 산성의 이해』, 주류성.
張俊植, 1998, 『新羅 中原京 研究』, 學研文化史.
이상태, 1999, 『한국 고지도 발달사』, 혜안.
朝鮮總督府, 1942, 『朝鮮寶物古蹟調査資料』.
차용걸, 2002, 『보은의 성곽』, 보은문화원.
차용걸, 2005, 『백제 지역의 고대 산성』, 주류성.
清州大學校 博物館, 2002, 『忠州市 文化遺蹟』.
충북학연구소, 2000, 『삼국통일의 격전지 충북의 성곽을 찾아서』.
忠淸北道, 1982, 『文化財誌』.
한국문화역사지리학회, 2008, 『지명의 지리학』, 푸른길.
한국보이스카웃연맹, 1989, 『韓國의 城郭과 烽燧』 上·中·下.

■ 지표조사보고서

단국대학교 중앙박물관, 1992, 『망이산성 학술조사보고서』.

祥明大學校 博物館, 1997,『忠州 大林山城-精密地表調査報告書-』.

안동대학교박물관, 2004,『문경새재』(문경새재지표조사보고서).

中原文化財硏究院, 2004,『槐山 西部里山城 地表調査報告書』.

中原文化財硏究院, 2005,『清原 芙蓉面地域 山城 地表調査報告書』.

中原文化財硏究院, 2005,『清原 狼臂城 地表調査報告書』.

中原文化財硏究院, 2006,『永同 黃澗邑城 地表調査報告書』.

忠北大學校 博物館, 1980,『牛岩山地域 文化遺蹟 地表調査報告書』.

忠北大學校 博物館, 1982,『上黨山城 地表調査報告書』.

忠北大學校 博物館, 1983,『月岳山 地表調査報告書』.

忠北大學校 博物館, 1991,『丹陽 赤城-地表調査報告書-』.

忠北大學校 博物館, 1992,『中原 薔薇山城』.

忠北大學校 博物館, 2000,『芙蓉~清原 I.C.間 道路擴張 및 鋪裝工事區間 文化遺蹟 地表調査 報告書』.

忠北大學校 博物館, 2003,『溫達山城-北門址·北雉城·水口 試掘調査 報告書-』.

忠北大學校 中原文化硏究所, 1997,『永同邑城 地表調査報告書』.

忠北大學校 中原文化硏究所, 1998,『報恩 昧谷山城 地表調査報告書』.

忠北大學校 中原文化硏究所, 1999,『제천 덕주산성-지표조사보고서-(제천의 성곽 1)』.

忠北大學校 中原文化硏究所, 1999,『清州 父母山城』.

忠北大學校 中原文化硏究所, 1999,『清原 猪山城-地表調査報告書-』.

忠北大學校 中原文化硏究所, 2000,『堤川 城山城·臥龍山城·吾峙烽燧-地表調査報告書-』, 제천의 성곽 2.

忠北大學校 中原文化硏究所, 2001,『清原 謳羅山城』.

忠北大學校 中原文化硏究所, 2001,『清原 壤城山城』.

忠北大學校 中原文化硏究所, 2001,『槐山 阿城里土城·多樂山城 地表調査報告書』.

忠北大學校 中原文化硏究所, 2002,『望夷山城－忠北 區間 地表調査報告書』.

忠北大學校 中原文化硏究所, 2003,『沃川 新羅·百濟戰地(管山城) 地表調査報告書』.

忠北大學校 中原文化硏究所, 2004,『堤川 黃石里山城·齊飛郎山城·大德山城Ⅰ地表調査報告書』.

忠北大學校 湖西文化硏究所, 1989,『溫達山城－地表調査報告書－』.

忠北大學校 湖西文化硏究所, 1993,『報恩 帳內里 東學遺蹟』.

忠北大學校 湖西文化硏究所, 1994,『淸風 望月山城 地表調査報告書』.

忠北大學校 湖西文化硏究所, 1996,『鎭川 大母山城 地表調査報告書』.

忠北大學校 湖西文化硏究所, 1996,『槐山 彌勒山城 地表調査報告書』.

忠州工業專門大學 博物館, 1984,『忠州山城綜合地表調査報告書』.

忠州工業專門大學 博物館, 1991,『彈琴臺 地表調査報告書』.

忠州工業專門大學 博物館, 1992,『德周寺磨崖佛과 德周山城 地表調査報告書』.

忠淸專門大學 博物館, 1997,『會坪 二城山城－地表調査報告書－』.

忠淸專門大學 博物館, 1998,『陰城 水精山城 精密地表調査 報告書』.

■ 발굴조사보고서

단국대학교 중앙박물관, 1996,『망이산성 발굴조사 보고서(1)』.

단국대학교 중앙박물관, 1999,『안성 망이산성 2차 발굴조사보고서』.

단국대학교 매장문화재연구소, 2006,『안성 망이산성 3차발굴조사보고서』.

中原文化財硏究院, 2003,『堤川 德周山城－北門址 東側 城壁 基底部 試掘調査報告書－』.

中原文化財硏究院, 2005,『鎭川 都堂山城－地表·試掘調査報告書－』.

中原文化財硏究院, 2005,「문경 고모산성－서문지·남문지일원 발굴조사 현장설명회자료」.

中原文化財硏究院, 2006,『堤川 德周山城－上城 門址 및 西側城壁 整備區間 試掘

調査報告書-』.
中原文化財研究院, 2006,『忠州山城-北門址發掘調査報告書-』.
中原文化財研究院, 2006,『忠州 薔薇山城-1次 發掘調査報告書-』.
中原文化財研究院, 2006,『清州 父母山 蓮華寺-大雄殿 增築敷地 試掘調査報告書』.
中原文化財研究院, 2006,『청주 부모산성-북문지 발굴조사 약보고서-』.
中原文化財研究院, 2006,『청주 부모산성-2차 발굴조사(수구부 일대) 약보고서-』.
中原文化財研究院, 2006,『報恩 三年山城-2004年度 發掘調査報告書-』.
中原文化財研究院, 2006,『보은 삼년산성-발굴·정비 기초설계보고서-』.
中原文化財研究院, 2006,『報恩 三年山城-城郭城壁 發掘調査 略報告書-』.
中原文化財研究院, 2007,『報恩 三年山城-蛾眉池 整備區間內 發掘調査-』.
中原文化財研究院, 2007,『報恩 三年山城-남문지 추가발굴 및 서남곡성 발굴조사 약보고서-』.
中原文化財研究院, 2007,『忠州 彈琴臺土城 發掘調査略報告書』.
中原文化財研究院, 2007,『聞慶 姑母山城 1-南門·南東曲城 發掘調査-』.
中原文化財研究院, 2007,「음성 망이산성 발굴조사 현장설명회의 자료집」.
中原文化財研究院, 2008,『忠州山城-北門址 發掘調査 報告書-』.
중앙문화재연구원, 2006,「음성 육군 913-01사업부지내 유적 발굴조사 지도위원회의 자료」.
중앙문화재연구원, 2006,『清原 雙清里 多重環濠』.
清州大學校 博物館, 2002,『陰城 水精山城 試掘調査報告書』.
清州大學校 博物館, 2003,『陰城 水精山城 2次 試掘調査報告書』.
忠北大學校 博物館, 1982,『三年山城-추정 연못터 및 수구지 발굴조사-』.
忠北大學校 博物館, 1984,「清風土城址 發掘調査報告」,『忠州댐 水沒地區 文化遺蹟 發掘調査 綜合報告書-歷史分野-』.
忠北大學校 博物館, 1992,『中原 見鶴里土城』.

忠北大學校 博物館, 2002,『충주 견학리토성Ⅱ』.

忠北大學校 博物館, 2002,『清原 南城谷(남성골)山城 試掘調査 報告書』.

忠北大學校 博物館, 2003,『清原 I.C.~芙蓉間 道路工事區間 內 遺物散布址 試掘調査報告書』.

忠北大學校 博物館, 2003,『丹陽 溫達山城-北門址·北雉城·水口 試掘調査報告書-』.

忠北大學校 博物館, 2004,『清原 南城谷 高句麗遺蹟』.

忠北大學校 博物館, 2007,『忠州 金陵洞 遺蹟』.

忠北大學校 中原文化硏究所, 1999,『忠州山城 東門址 發掘調査報告書』.

忠北大學校 中原文化硏究所, 1999,『清州 井北洞土城Ⅰ-1997年度 發掘調査報告書-』.

忠北大學校 中原文化硏究所, 2002,『韓國의 近世山城-江華山城·上黨山城 試掘調査 報告書-』.

忠北大學校 中原文化硏究所, 2002,「진천 옥성리 발굴조사보고서」,『오창-진천간 도로확포장공사구간내 문화유적 시굴·발굴조사보고서』.

忠北大學校 中原文化硏究所, 2002,『清州 井北洞土城Ⅱ-1999年度 發掘調査報告書-』.

忠北大學校 中原文化硏究所, 2003,『薔薇山城-整備豫定區間 試掘調査報告書-』.

忠北大學校 中原文化硏究所, 2005,『報恩 三年山城-2003年度 發掘調査報告書-』.

忠北大學校 中原文化硏究所, 2005,『清原 壤城山城 圓池 發掘調査報告書』.

忠北大學校 中原文化硏究所, 2005,『忠州山城-東門 南側 貯水池 試·發掘調査報告書-』.

忠北大學校 湖西文化硏究所, 1997,『上黨山城-西將臺 및 西門外 遺蹟址 調査報告-』.

忠州工業專門大學 博物館, 1986,『忠州山城 및 直洞古墳群發掘調査報告書』.

忠州工業專門大學 博物館, 1995,『忠州山城 2次發掘調査報告書』.

韓國文化財保護財團, 2004,『上黨山城-城壁補修區間內 試·發掘調査報告書-』.

■ 학위논문

노병식, 2005, 「청주지역 고대성곽의 성격」, 충북대학교 대학원 석사학위논문.

라경준, 2000, 「신라 서원경 치지연구」, 단국대학교 대학원 석사학위논문.

文基守, 1985, 「新羅 娘城考」, 동국대학교 대학원 석사학위 논문.

민만식, 2000, 「고대 청주·청원의 성곽과 서원경」, 한국교원대학교 대학원 석사학위논문.

박상일, 2000, 「충북의 산성에 관한 역사지리적 연구」, 청주대학교 대학원 석사학위논문.

백영종, 2007, 「5-6세기 신라산성 연구-소백산맥 북부일원을 중심으로-」, 단국대학교 대학원 석사학위논문.

이경식, 2000, 「충북지역 백제산성에 대한 연구」, 공주대학교 대학원 석사학위논문.

李元根, 1975, 「三國時代 山城研究-清州·清原地區을 中心으로-」, 檀國大學校 大學院 碩士學位論文.

李元根, 1980, 『三國時代 城郭研究』, 檀國大學校 大學院 博士學位論文.

張俊植, 1981, 「高句麗 國原城 治址에 관한 研究」, 檀國大學校 大學院 碩士學位論文.

조순흠, 2007, 「한국 중세의 기둥홈을 가진 석축산성 성벽에 대한 연구」, 충북대학교 대학원 석사학위논문.

조정권, 1984, 「옥천지구 산성을 통해 본 나제항쟁」, 단국대학교 대학원 석사학위 논문.

한병길, 2001, 「중부지방 백제토성의 축조기법」, 충북대학교 대학원 석사학위논문.

■ 학술지

權鍾川·車勇杰·朴杰淳, 「清州 大母山城과 그 周邊遺蹟의 研究」, 『湖西文化研究』 6,

忠北大學校 湖西文化硏究所.

김병희, 2005, 「청주 부모산성 출토 인각와에 대한 연구」, 『선사와 고대』 23, 한국고대학회.

김병희, 2007, 「신라성곽 성문의 특징과 변천과정 검토」, 『학예지』 14, 육군사관학교 육군박물관.

김병희, 2007, 「낙동강 상류지역의 산성군과 그 성격」, 『한반도 중부내륙 옛 산성군 UNESCO 세계문화유산 등재대상 선정 학술회의 발표집』, 한국성곽학회.

김병희·김정인, 2007, 「청주 부모산성 유적의 조사성과」, 『충북사학』 18, 충북사학회.

김병희·백영종, 2005, 「청주 부모산성」, 『한국성곽학보』 7, 한국성곽학회.

金在鵬, 1981, 「新羅 眞平王代 娘臂城의 歸屬과 芙江의 蓋蘇文山城에 대하여」, 『西原學報』 2, 西原學會.

金榮官, 1999, 「三國戰爭期 阿旦城의 位置와 領有權」, 『高句麗硏究』 8, 高句麗硏究會.

김윤우, 1987, 「낭비성과 낭자곡성」, 『史學志』 21, 檀國大學校 史學會.

김주홍, 2009, 「忠州地域의 烽燧」, 『中原文物』 第21號, 충주대학교박물관.

金顯吉, 1990, 「忠州地域의 歷史地理的 背景」, 『國史館論叢』 16, 國史編纂委員會.

金顯吉, 1992, 「國原京과 中原京」, 『中原京과 中央塔』, 忠州工業專門大學 博物館.

金顯吉, 1999, 「溫達에 관한 硏究」, 『中原文化論叢』 2·3, 忠北大學校 中原文化硏究所.

盧秉湜, 2005, 「淸州地域 古代城郭의 性格」, 『忠北史學』 15, 忠北史學會.

盧秉湜, 2007, 「淸州地域 古代城郭의 築造樣相」, 『忠北史學』 18, 忠北史學會.

盧秉湜, 2007, 「남한강유역 석축산성군의 성격」, 『한반도 중부내륙 옛 산성군 UNESCO 세계문화유산 등재대상 선정 학술회의 요지문』, 한국성곽학회.

盧秉湜, 2007, 「상당산성 서문 북쪽 성벽구조에 대한 소고」, 『한국성곽학보』 12,

한국성곽학회.

盧秉湜, 2008, 「상당산성의 현황 및 특징 검토」, 『한반도 중부내륙 옛 산성군 UNESCO 세계문화유산 등재 학술대회』, 한국성곽학회.

盧秉湜, 2010, 「새로이 찾은 충주지역의 성곽」, 『한국성곽학회 2010년도 춘계학술대회 발표요지』, 한국성곽학회.

都文善, 2006, 「防禦施設로서 竪穴에 대한 再認識」, 『研究論文集』 第2號, 中央文化財研究院.

閔德植, 1980, 「鎭川 大母山城의 分析的 研究」, 『한국사연구』 29, 한국사연구회.

閔德植, 1994, 「百濟 阿旦城 研究」, 『韓國上古史學報』 17, 韓國上古史學會.

박상일, 1987, 「죽령로의 개통과 주변유적의 연구」, 『박물관보』 2, 淸州大學校 博物館.

박상일, 1990, 「小白山脈地域 交通路와 遺蹟」, 『國史館論叢』 16, 國史編纂委員會.

박상일, 1995, 「청주 와우산의 유적과 유물」, 『박물관지』 4, 충청전문대학 박물관.

박상일, 2008, 「덕주산성의 현황 및 특징 검토」, 『한반도 중부내륙 옛 산성군 UNESCO 세계문화유산 등재 학술대회』, 한국성곽학회.

박순발, 2004, 「호서지역 평지·야산성에 대하여—축조 시점 및 성격을 중심으로—」, 『호서고고학』 10, 호서고고학회.

박종익, 2005, 「성곽을 통하여 본 신라의 한강유역 진출」, 『畿甸考古』.

박중균, 2003, 「장미산성의 구조 및축성 주체에 대한 일고찰」, 『한국성곽연구회 정기학술대회』, 한국성곽학회.

朴泰祐, 1987, 「統一新羅時代의 地方都市에 대한 研究」, 『百濟研究』 18, 忠南大學校 百濟研究所.

백영종, 2009, 「소백산맥 북부일원의 신라산성 이해」, 『中原文化財研究』 3, 中原文化財研究院.

白種伍, 1999, 「京畿北部地域 高句麗城郭의 分布와 性格」, 『京畿道博物館年報』 제

3호, 경기도박물관.

白種伍, 2007,「韓國 城郭遺蹟의 文化資源 活用方案 硏究」,『학예지』제14집, 육군사관학교 육군박물관.

白種伍, 2008,「충주산성의 현황 및 특징 검토」,『한반도 중부내륙 옛 산성군 UNESCO 세계문화유산 등재 학술대회』, 한국성곽학회.

徐榮一, 1995,「高句麗 娘臂城考」,『史學志』28, 檀國大學校 史學會.

徐榮一, 2005,「5-6세기 신라의 한강유역 진출과 경영」,『박물관기요』20, 단국대학교 석주선기념박물관.

成周鐸, 1973,「助川城의 位置에 대하여」,『百濟硏究』4, 忠南大學校 百濟硏究所.

成周鐸, 1976,「新羅 三年山城 硏究」,『百濟硏究』7, 忠南大學校 百濟硏究所.

成周鐸, 2003,「초기 조사 당시의 삼년산성」,『한국성곽연구』3, 한국성곽연구회.

孫弘烈, 1981,「忠州 奴軍의 亂과 對蒙抗爭」,『湖西文化硏究』1, 忠北大學校 湖西文化硏究所.

신상준, 1975,「청주소재 唐羨山土城에 관한 조사연구」,『호서문화논총』1, 서원대학교 호서문화연구소.

신형식, 2005,「고구려의 남진과 국원성」,『박물관기요』20, 단국대학교 석주선기념박물관.

심광주, 2001,「남한지역 고구려유적」,『고구려유적 발굴과 유물』, 제7회 고구려연구회 국제학술회의 발표요지.

심광주, 2007,「중부내륙지역 고대산성의 성격과 특징」,『한반도 중부내륙 옛 산성군 UNESCO 세계문화유산 등재대상 선정 학술회의 요지문』, 한국성곽학회.

梁起錫, 1993,「新羅 五小京의 設置와 西原京」,『湖西文化硏究』11, 忠北大學校 湖西文化硏究所.

梁起錫, 2002,「고구려의 충주지역 진출과 경영」,『中原文化論叢』6, 忠北大學校

中原文化研究所.

梁起錫·姜珉植, 2000,「新羅 西原京城의 位置와 運用」,『忠北史學』11·12, 忠北史學會.

유재춘, 2007,「중부내륙지역 중세산성의 성격과 특징」,『한반도 중부내륙 옛 산성군 UNESCO 세계문화유산 등재대상 선정 학술회의 요지문』, 한국성곽학회.

尹武炳·朴泰祐, 1992,「五小京의 位置와 都市構造에대한 一考察」,『中原京과 中央塔』, 忠州工業專門大學 博物館.

윤용혁, 1996,「忠州民의 對蒙抗戰과 몇 가지 關係 問題」,『蘂城文化』16·17, 蘂城文化研究會.

이도학, 1997,「신라의 북진경로에 대한 신고찰」,『경주사학』6.

이도학, 1988,「영락 6년 광개토왕의 남정과 국원성」,『손보기박사정년기념 한국사학논총』, 지식산업사.

이도학, 2003,「고구려사에서의 국원성」,『白山學報』67, 白山學會.

이동주, 2008,「중부내륙 산성군과 영남지역과의 비교」,『한반도 중부내륙 옛 산성군 UNESCO 세계문화유산 등재 학술대회』, 한국성곽학회.

이상주, 1996,「괴산 德峴里산성과 그 주변 문화유적」,『박물관보』9, 청주대학교 박물관.

이송란, 2002,「新羅의 말信仰과 馬具裝飾」,『미술사논단』15, 한국미술연구소.

李在俊, 1981,「沙啄部銘 平瓦에 대한 考察」,『西原學報』2, 西原學會.

李元根, 1976,「清州 唐羨山 遺蹟研究-城址와 佛蹟 중심으로-」,『학술논총』1, 檀國大學校 大學院.

李元根, 1976,「百濟 娘臂城考」,『史學志』10, 檀國大學校 史學會.

李元根, 1978,「청주 상당산성과 그 복원 시고」,『학술논총』2, 檀國大學校 大學院.

李宇泰, 1992,「新羅 西原京 小考」,『湖西文化論叢』7, 西原大學校 湖西文化研究所.

이판섭, 2005, 「삼국시대 산성과 고대 교통로에 대한 고찰」, 『호서고고학』 13.

張俊植, 1992, 「中央塔과 中原京의 治址」, 『中原京과 中央塔』, 忠州工業專門大學 博物館.

鄭永鎬, 1972, 「百濟 助川城考」, 『百濟硏究』 3, 忠南大學校 百濟硏究所.

鄭永鎬, 1972, 「金庾信의 百濟攻擊路 硏究」, 『史學志』 6, 檀國大學校 史學會.

鄭永鎬, 1975, 「百濟 古利山城考」, 『百濟硏究』 4, 忠南大學校 百濟硏究所.

鄭永鎬, 1980, 「陰城 望夷山城에 대한 小考」, 『月刊文化財』 1980-8.

鄭永鎬, 1980, 「丹陽 加隱巖山城에 대한 小考」, 『軍史』 創刊號 國防部 軍史編纂委員會.

鄭永鎬, 1990, 「尙州方面 및 秋風嶺 北方의 古代交通路 硏究」, 『國史館論叢』 16, 國史編纂委員會.

鄭永鎬, 1999, 「京畿南部와 忠淸地域의 高句麗城」, 『高句麗山城과 防禦體系』, 高句麗硏究會.

조순흠, 2005, 「보은 삼년산성」, 『한국성곽학보』 7, 한국성곽연구회.

조순흠, 2006, 「보은 삼년산성의 구조와 변화」, 『한·일 고대산성연구 세미나 발표요지문』, 한국성곽학회.

조순흠, 2007, 「삼년산성 곡성 축조방법 검토」, 『충북사학』 19, 충북사학회.

조순흠, 2007, 「금강상류지역의 산성군과 그 성격」, 『한반도 중부내륙 옛 산성군 UNESCO 세계문화유산 등재대상 선정 학술회의 요지문』, 한국성곽학회.

조순흠, 2007, 「忠州 彈琴臺土城 發掘調査 槪報」, 『中原文化 定立을 위한 調査硏究方向』, 國立中原文化財硏究所.

조순흠, 2008, 「삼년산성의 현황 및 특징 검토」, 『한반도 중부내륙 옛 산성군 UNESCO 세계문화유산 등재 학술대회』, 한국성곽학회.

田中俊明, 1996, 「新羅 中原小京의 成立」, 『중원문화 국제학술회의 결과보고서』, 충북대학교 호서문화연구소.

조진숙, 2004, 「壁畵에 나타난 高句麗 裝身具에 關한 研究-金屬裝身具를 中心으로-」, 『高句麗研究』 17, 高句麗研究會.

車勇杰, 1981, 「鳥嶺關防施設에 대한 研究(1)」, 『史學研究』 32, 韓國史學會.

車勇杰, 1984, 「方形土城의 二例」, 『尹武炳博士回甲紀念論叢』, 通川文化史.

車勇杰, 1984, 「三年山城 門址遺蹟의 檢討」, 『忠南史學』 1, 忠南大學校 史學會.

車勇杰, 1987, 「槐山 太子城」, 『湖西文化論叢』 4, 西原大學校 湖西文化研究所.

車勇杰, 1987, 「鳥嶺關防施設에 대한 研究」(Ⅱ)-鷄立嶺路問題의 整理-, 『崔永禧先生華甲紀念韓國史學論叢』, 探求堂.

車勇杰, 1989, 「소백산맥 북록식 석축산성 수구형식 시론」, 『용암차문섭박사화갑기념사학논총』.

車勇杰, 1989, 「마즈막재(心項峴)의 麻木峴의 가능성」, 『蘂城文化』 10號, 蘂城同好會.

車勇杰, 1990, 「竹嶺路와 그 부근 嶺路沿邊의 古城址 調査研究」, 『國史館論叢』 16, 國史編纂委員會.

車勇杰, 1990, 「淸州地域 百濟系山城의 調査研究」, 『百濟論叢』 2, 百濟文化開發研究院.

車勇杰, 1992, 「國原小京의 遺蹟과 遺物」, 『中原京과 中央塔』, 忠州工業專門大學博物館.

車勇杰, 1993, 「西原京의 位置와 構造」, 『湖西文化研究』 11, 忠北大學校 湖西文化研究所.

車勇杰, 1997, 「阿旦城과 溫達山城 問題의 再檢討」, 『온달산성의 문화와 역사』, 단양문화원.

車勇杰, 1997, 「高麗末 1290年의 淸州山城에 대한 豫備的 考察」, 『金顯吉教授定年紀念 鄕土史學論叢』, 修書院.

車勇杰, 1999, 「南韓 內 高句麗山城의 現況과 特性」, 『高句麗研究』 8, 高句麗研究會.

車勇杰, 2000, 「충주지역 성곽의 역사적 성격」, 『蘂城文化』 19·20, 蘂城文化硏究會.

車勇杰, 2000, 「忠北地域 出土 文字와 記號遺物」, 『한국 고대의 문자와 기호유물』, 국립청주박물관.

車勇杰, 2002, 「청원 남성골 고구려 성책 유적」, 『韓國城郭硏究』 1, 韓國城郭硏究會.

車勇杰, 2003, 「삼년산성 발굴조사 성과」, 『한국성곽연구』 3, 한국성곽연구회.

車勇杰, 2003, 「충청지역 고구려계 유물출토 유적에 대한 소고-남성골 유적을 중심으로-」, 『湖西地方史硏究』, 경인문화사.

車勇杰, 2004, 「한성시기 백제산성의 제문제」, 『호서고고학』 10, 호서고고학회.

車勇杰, 2006, 「금정산성의 역사·고고학적 성격과 특징」, 『금정산성 종합복원계획수립학술세미나』, 경성대학교 부설한국학연구소.

車勇杰, 2007, 「조선시대 성곽-회고와 전망-」, 『한국성곽학보』 제12집, 한국성곽학회.

車勇杰, 2007, 「중부내륙지역 옛 산성군의 성격과 특징 검토」, 『한반도 중부내륙 옛 산성군 UNESCO 세계문화유산 등재대상 선정 학술회의 발표집』, 한국성곽학회.

車勇杰, 2007, 「중부내륙지역 옛 산성군의 성격과 특징의 검토」, 『한반도 중부내륙 옛 산성군 UNESCO 세계문화유산 등재대상 선정 학술회의 요지문』, 한국성곽학회.

車勇杰, 2007, 「한국 중부내륙지역 산성군의 역사적 성격-한국 산성의 일반적 성격과 특징-」, 『韓國 中部內陸群의 基礎 資料 調査報告書』, 忠淸北道·韓國城郭學會.

車勇杰, 2008, 「중부내륙지역 옛산성군의 현황 및 특징 검토」, 『한반도 중부내륙 옛 산성군 UNESCO 세계문화유산 등재 학술대회』, 한국성곽학회.

車勇杰, 2009, 「鳥嶺關防施設에 對한 硏究Ⅲ -鳥嶺山城의 沿革變遷-」, 『中原文化財硏究』 3, 財團法人 中原文化財硏究院.

車勇杰·蘆秉湜, 1997, 「槐山 阿城里山城」, 『中原文化論叢』 1, 忠北大學校 中原文化研究所.

車勇杰·梁起錫, 1985, 「鎭川의 都堂山城과 吉祥祠」, 『邊太燮博士華甲紀念私學論叢』.

최규성, 1998, 「대림산성이 충주산성일 가능성에 대한 고찰」, 『蘂城文化』 18, 蘂城文化研究會.

최규성, 1998, 「제5차 려몽전쟁과 충주산성의 위치비정」, 『祥明史學』 6, 祥明史學會.

최규성, 2000, 「충주산성 비정문제 검토」, 『蘂城文化』 19·20, 蘂城文化研究會.

최근영, 2000, 「忠州 大林山城考-忠州山城과의 關係性을 中心으로」, 『中原文化論叢』 4, 忠北大學校 中元文化研究所.

최일성, 1988, 「탄금대토성 소고」, 『蘂城文化』 9, 蘂城文化同好會.

한선경, 2006, 「청원 부강 남성골 유적 검토」, 『한·일 고대산성연구 세미나 발표요지문』, 한국성곽학회.

현남주, 2001, 「忠淸北道의 關防遺蹟」, 『학예지』 8, 육군사관학교 육군박물관.

남한강 중상류와 금강유역의 고구려 유적·유물

김병희 | 국립한국교통대학교 강사

남한강 중상류와 금강유역의 고구려 유적·유물

Ⅰ. 유적 개관

고구려 유적(高句麗 遺蹟)은 현재 중국 혼강 일대의 졸본(卒本)과 압록강 유역의 집안(지안 : 輯安), 그리고 대동강 유역의 평양(平壤) 등 고구려 도읍이 있던 중국 동북지역과 북한에 밀집되어 있다. 남한 지역에는 한강유역을 두고 삼국의 치열한 각축전이 벌어졌던 시기에 경기도 임진강과 한강을 중심으로 소규모 성과 보루 등 관방유적이 주로 분포하고 있다.

『삼국사기』에 의하면 광개토왕 즉위 원년(391)부터 백제를 공격하였으며 즉위 6년에는 수군을 이끌고 백제를 공격하여 아리수(阿利水 : 한강)를 건너 백제 왕성을 공격하기도 하였다. 이후 백제는 475년 수도 한성을 잃게 되었으며, 고구려 장수왕은 수도를 평양으로 옮기고 강력한 남진정책을 추진하여 한강유역을 확보하고 이를 기반으로 경기도 남양만에서 충청도 북부지역까지 영토를 넓히게 되었다. 이에 신라와 백제는 고구려를 견제하기 위하여 나제동맹(羅濟同盟)을 맺어 연합정책을 추진하게 된다. 『삼국사기』 지리지에 의하면 한강 이남의 경기도 및 충청남북도 일부지역을 고구려의 영토로 기록하고 있다. 즉 경기도 여주·안성 및 화성 일대, 충청북도 진천·음성·괴산·충주 지역, 충청남도 직산 등이 포함되어 있다. 이들 지역에 대한 고구려의 지배는 6세기 초반까지 지속되었다. 고구려는 그 기세를 타고 남한강 지역까지 단숨에 정복하였는데 충북 충주에서 발견된 중원고구려비(中原高句麗碑)는 5세기 중반 고구려의 영토가 소백산 일대까지 확장되었으며 한강 유역 전체가 고구려의 행정구역으로 편제되었음을 보여준다. 고구려의 남한강 일대 점령 즉 중부 내륙지방의 장악은 신라로 들어가는 첩경을 확보했다는 점에서 역사적 의의가 높으며, 이후 남한강 유역은 고구려의 신라관계에서 중요한 무대가 된다. 이로써 고구려는 5세기 중반~후반까지 동쪽과 북쪽으로는 북부여 및 동부여지역을 정복하고 거란 및 숙신지역에 영향력을 행사하였으며, 서쪽으로는 요동지역을 영토화하였고 남으로는 백제와 신라를 공격하여 한강유역 및 충청도 북부지역과 소백산맥 이남의 영일만에 이르는 지역까지 넓은 영토를 차지하기에 이르렀다.[1]

남한 내 고구려 유적은 고구려가 직접 조영한 것도 있지만, 점령지 내의 기존 시설물을 일부 보수한 뒤 일정기간 사용한 경우도 많으며, 또한 고구려 세력이 직접 축조하였거나, 활용한 흔적을 밝히기 어려우나 고구려적인 요소가 반영된 경우도 있다. 그 외에도 여러 가지 측면에서 고구려와 직접 또는 간접적으로 관련 있는 유적·유물도 있다.[2]

1979년 단국대학교 조사단에 의하여 중원고구려비가 조사되면서 고구려가

1) 백종오, 2006,『남녘의 고구려 문화유산』, 서경, p.30.

2) 남한 내 고구려 유적에 대해서는 국립문화재연구소에서 아래 네 가지 유형으로 나누어 범주를 포함하여 92개 유적의 현황을 소개하였다.
첫째, 고구려가 직접 축조하여 사용한 흔적이 확인되는 유적으로 '순수 고구려 유적'이라고 할 수 있다. 아차산보루군, 중원고구려비 등이 여기에 해당한다. 둘째, 고구려가 기존 시설물을 점유한 흔적이 확인되는 유적으로 '고구려 점유 유적'이라 할 수 있다. 서울 몽촌토성 등이 여기에 해당한다. 셋째, 조영 주체가 불분명하나 고구려적인 요소가 확인되는 유적으로 '고구려계 유적'이라 할 수 있다. 연천 신답리고분, 춘천 신매리고분, 청원 비중리일광삼존불상 등이 여기에 해당한다. 넷째, 여러 가지 측면에서 고구려와 관련 있거나 가능성이 있는 '기타 고구려 유적'이 있다.
국립문화재연구소, 2006,『남한의 고구려 유적』-현황조사 및 보존정비 기본계획, p.12.

남한강일대에 진출하여 국원성(國原城)[3]을 설치하여 충주 지역을 지배하였다는 사실이 명확해졌으며, 최근 두정리 고분, 탑평리 유적 등 고구려 고분과 생활유적이 충주지역을 중심으로 발굴 조사되어 고구려 관련 유적·유물의 실체가 확인되고 있다. 또한 진천 대모산성, 청원 남성골산성, 대전 월평동산성 등 금강유역 일대에서도 고구려 유적과 유물이 발견되고 있다.

충주지역을 중심으로 한 남한강 중상류유역과 금강유역의 고구려 유적 및 유물은 위의 발간서(백종오 2005, 2006[4]/국립문화재연구소-2006)와 최근 조사자료(두정리고분, 탑평리 유적, 고대도시유적 중원경[5]) 그리고 충주 노은면에서 수습되었다고 알려진 국립청주박물관 소장 건흥5년명 금동불상 등을 수합·정리하면 다음 〈표 1〉과 같다.

〈표 1〉 남한강 중상류 및 금강 유역 고구려 유적 및 유물

	유적 및 유물	위 치	유역	비고
1	충주 고구려비 (중원고구려비)	충청북도 충주시 가금면 용전리 입석부락 280-11	남한강	기념비 국보 205호
2	충주 봉황리 마애불상군	충청북도 충주시 가금면 봉황리 산27	남한강	불교유적 보물 1401호

3) 『삼국사기』 지리지에 고구려의 고지(故址) 대부분이 군, 현으로 기록되어 있는 것과 대조적으로 국원성은 성(城)으로 되어 있다.
"중원경(中原京)은 본시 고구려의 국원성인데, 신라가 평정하여 진흥왕이 소경(小京)을 설치하였다. 문무왕 때에 성을 쌓으니 주위가 2,592보이다. 경덕왕이 이를 고쳐 중원경으로 하였다. 지금 충주다." 『三國史記』 卷35, 雜志4, 地理2 新羅.
"충주목은 본래 고구려 국원성이었는데 신라가 이를 취하여 소결을 설치하였다가 경덕왕이 중원경으로 고쳤다." 『高麗史』 卷56 志10, 地理1 忠州牧.

4) 백종오, 2005, 『고구려 남진정책 연구』 -임진강에서 금강까지-, 서경.

5) 국립문화재연구소, 2010, 『고대도시유적 中原京』 -遺蹟篇-.
국립문화재연구소, 2011, 『고대도시유적 중원경』 -유물편.

	유적 및 유물	위 치	유역	비고
3	충주 장미산성	충청북도 충주시 가금면 장천리·하구암리	남한강	관방유적 사적 제400호
4	충주 두정리고분군	충청북도 충주시 이류면 두정리 355번지	남한강	고분유적
5	건흥오년명 금동불 광배	충청북도 충주시 노은면 출토 국립청주박물관 소장	남한강	불교유물
6	충주 탑평리 유적 고구려 온돌시설 및 유물	충청북도 충주시 가금면 탑평리 전116-1번지 외	남한강	생활유적
7	온달장군 공기돌	충청북도 충주시 수안보면 미륵리 56	남한강	민속신앙
8	음성 망이산성	경기도 안성시 일죽면 이천시 율면 충청북도 음성군 삼성면	남한강	관방유적 경기도 기념물 138호 충북 기념물 128호
9	진천 대모산성	충청북도 진천군 진천읍 성석리 산 1-4	금강	관방유적 충북 기념물 제83호
10	청원 비중리 일광삼존불상	충청북도 청원군 내수읍 비중리 209-1	금강	불교유적 충북 유형문화재 114호
11	청원 남성골산성	충청북도 청원군 부용면 부강5리	금강	관방유적 충북 기념물 130호
12	월평동산성	대전광역시 서구 월평동 산 20-1	금강	관방유적 대전 기념물 제7호

Ⅱ. 남한강 중상류 유역 고구려 유적

1. 충주 고구려비(忠州 高句麗碑)

· 위 치 : 충청북도 충주시 가금면 용전리 입석부락 280-11

· 지 정 : 국보 제205호 (1981.03.18)

· 규 모 : 높이 약 2.03m, 너비 0.55m

· 서 체 : 예서(隸書) / 해서(楷書)

■ 유적 현황

충주 가금면 용전리 입석부락 입구에 있는 충주 고구려비(중원고구려비)는 1979년 2월 예성동호회 회원들에 의해 발견되었으며, 동년 4월 단국대학교 박물관 학술조사단에 의해 조사가 실시되어 학계에 알려졌다. 2000년에는 고구려연구회에 의하여 비문의 건립연대와 내용에 대한 국제학술회의가 개최되었다.[6]

석비는 돌기둥 모양의 자연석을 이용하여 4면에 모두 글을 새겼는데, 그 형태가 중국 만주에 있는 광개토대왕비(호태왕비)와 비슷하다. 비문은 심하게 닳아 앞면과 왼쪽 측면 일부만 읽을 수 있는 상태로, 내용 중 처음에 '고려대왕(高麗大王)'이라는 글자가 보이는데 여기에서 고려는 고구려를 뜻한다. '전부대사자(前部大使者)'·'제위(諸位)'·'사자(使者)' 등 고구려 관직 이름과 광개토대왕 비문에서와 같이 '고모루성(古牟婁城)' 등의 글자가 보이고, '모인삼백(募人三百)'·'신라토내(新羅土內)' 등 고구려가 신라를 불렀던 말들이 쓰여 있어 고구려비임

6) 단국대학교 사학회, 1979, 『史學志』 13(중원고구려비 특집호).
고구려연구회, 2000, 『高句麗研究』 제10집-中原高句麗碑 研究, 학연문화사.

사진 1. 충주 고구려비(국립문화재연구소, 2006)

을 확인하게 되었다.

비문의 내용 중에 고구려와 신라 사이에 형제관계임을 천명하는 의식을 치루고, 고구려왕이 신라왕인 '동이매금(東夷寐錦)'과 신하들에게 의복 등을 하사했음이 기록되어 있다. 여기서 신라를 동이(東夷)라고 부른 표현은 당시 고구려의 독자적인 천하관(天下觀)을 엿볼 수 있는 자료로서 평가되고 있다. 특히 '신라토내당주(新羅土內幢主)'라는 기록은 당시 신라의 영토 안에 고구려 군대가 주둔했던 사실을 알려주고 있어 5세기경 양국의 관계를 보여주는 자료로서 주목받았다. 이밖에 고구려에서 직명-부명-관등명-인명의 순으로 표기했다는 점, '절교사(節教事)' 등의 표현에서와 같이 이미 5세기 이전부터 이두가 사용되었다는 점을 알려준다.

고구려 영토의 경계를 표시하는 비로, 백제의 수도인 한성을 함락하고 한반도의 중부지역까지 장악하여 그 영토가 충주지역에까지 확장되었음을 말해준다. 또한 역사적으로 고구려와 신라, 백제 3국의 관계를 밝혀주는 귀중한 자료로서, 우리나라에 남아있는 유일한 고구려비라는 점에서 커다란 역사적 가치를 지닌다.

건립 연대에 대해서는 확인할 수 있는 부분이 마멸되어서 정확한 시기를 알 수 없다. 1979년 「중원비」가 발견된 직후 비의 건립 연대에 대해 5세기 중반설과 5세기 후반설이 제기되었다. 2000년 고구려연구회 주관으로 진행된 학술대회에서도 논의의 주된 방향은 연대 비정에 있었으며, 이때 5세기 초반설도 가세하였다. 현재 「중원비」의 건립 연대에 대해 5세기 초반, 중반, 후반 등 매우 다양한 견해가 제기되어 있으며, 최근에는 앞면 첫째 줄의 몇 글자(高麗太王祖王令)를 새롭게 판독하여 495년(문자명왕 4)으로 보는 견해와 비문에 보이는 '십이월삼일갑인(十二月三日甲寅)'이란 간지와 날짜를 고려하여 449년(장수왕 37)으로 보는 견해가 폭넓게 지지를 받고 있다.

사진 2. 충주 고구려비

비의 성격에 대해서도 의견이 엇갈린다. 고구려의 중원진출을 기념하기 위하여 비를 건립하였다고 보는 견해, 문자명왕의 중원지역 순행을 기념하기 위하여 비를 건립하였다고 보는 견해, 고구려 태자 공(共)이 신라와 싸워 다시 우벌성(于伐城 : 충주지방)을 되찾은 사실을 기념하기 위하여 비를 세운 것으로 보는 견해, 고구려와 신라 사이에서 어떤 문제를 둘러싸고 회맹(會盟)한 사실을 기념하여 비를 세웠다고 보는 견해 등이 있다.

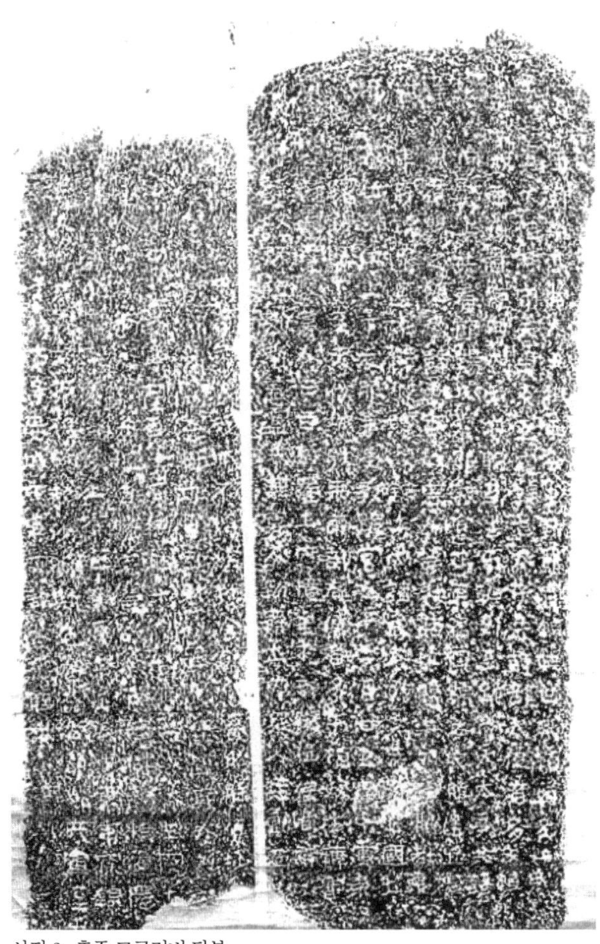

사진 3. 충주 고구려비 탑본

■ 비문의 판독과 해석[7)]

〈前面〉

五月中高麗太王祖王令▨新羅寐錦世世爲願如兄如弟」

上下相和守天東來之寐錦[忌]太子共前部大使者多亏桓

奴主簿貴道[德][ ][類][王][安][ ]▨[去]▨▨到至跪營天(大?, 夭?)太子共[ ]

尙望上共看節賜太霍鄒敎(授?)食[在]東夷寐錦之衣服建立處

用者賜之隨▨節▨▨奴客人▨敎諸位賜上下[衣]服敎東

[夷]寐錦遝還來節敎賜寐錦土內諸衆人▨▨▨▨[王]國土

大位諸位上下衣服[束(來)]受敎跪營之十二月卄三[日]甲寅東

夷寐錦上下至于伐城敎來前部太使者多亏桓奴主簿貴

▨▨▨[境]▨募人三百新羅土內幢主下部[拔]位使者補奴

▨疏奴[ ]▨[凶]鬼盖盧共[ ]募人新羅土內衆人跓[動]▨▨

〈左側面〉

▨▨▨[忠]▨▨[于]伐城不▨[ ]▨村舍▨▨▨[ ][胜]▨[沙]▨▨

▨▨▨▨▨▨▨▨刺功▨▨射▨▨▨▨▨節人刺▨▨」

▨▨▨▨▨▨[辛][酉]▨▨▨▨▨▨▨▨▨▨太王國土▨」

▨▨▨▨▨▨▨▨▨▨▨▨▨黃▨▨▨▨▨▨▨[安]▨▨」

▨▨▨▨▨▨▨▨▨▨上[右]▨▨辛酉▨▨▨▨東夷寐錦土

▨▨▨▨▨▨方(万?, 右?)祖[故]▨桓)▨沙▨斯色▨太古鄒加共軍至于」

▨▨[去]于▨古牟婁城守事下部大兄耶

〈右側面〉

▨▨▨▨▨▨▨▨▨前部[大]兄▨▨▨▨▨▨▨▨▨▨

▨▨▨▨▨▨▨▨▨▨[ ]▨▨部[小▨+▨▨泊▨▨▨▨▨

▨▨▨▨▨▨▨▨▨▨容▨▨▨▨▨▨▨▨▨▨▨ ▨▨▨▨▨▨▨▨▨

▨▨▨▨▨▨▨▨▨▨▨▨▨▨▨▨▨▨▨▨▨▨

▨守[自]▨▨▨▨▨▨▨▨▨▨▨▨▨▨▨」

7) 한국고대사회연구소, 1992, 『譯註 韓國古代金石文』 I .

(전면) : 5월 중 고려대왕(高麗大王)의 조왕(祖王)께서 영(令) ... 신라 매금(寐錦)은 세세(世世)토록 형제같이 지내기를 원하여 서로 수천(守天)하려고 동으로 (왔다). 매금(寐錦) 기(忌) 태자(太子) 공(共) 전부(前部) 대사자(大使者) 다우환노(多亐桓奴) 주부(主簿) 귀도(貴道) 등이 ... 로 가서 궤영(跪營)에 이르렀다. 태자(太子) 공(共) ... 尙 ... 上共看 명령하여 태적추(太翟鄒)를 내리고 ... 매금(寐錦)의 의복(衣服)을 내리고 建立處 用者賜之 隨者 ... . 奴客人 ... 제위(諸位)에게 교(教)를 내리고 여러 사람에게 의복을 주는 교(教)를 내렸다. 동이(東夷) 매금(寐錦)이 늦게 돌아와 매금(寐錦) 토내(土內)의 제중인(諸衆人)에게 절교사(節教賜)를 내렸다. (태자 공이) 고구려 국토 내의 대위(大位) 제위(諸位) 상하에게 의복과 수교(受教)를 궤영에게 내렸다. 12월 23일 갑인에 동이(東夷) 매금(寐錦)의 상하가 우벌성(于伐城)에 와서 교(教)를 내렸다. 전부 대사자 다우환노와 주부 귀도(貴道)가 국경 근처에서 300명을 모았다. 신라토내당주 하부(下部) 발위사자(拔位使者) 보노(補奴) ... 와 개로(盖盧)가 공히 신라 영토 내의 주민을 모아서 ... 로 움직였다.

(좌측면) : ... 中 ... 城不 ... 村舍 ... 沙 ... 班功 ... 節人 ... 신유년(辛酉年) ... 十 ... 太王國土 ... 上有 ... 酉 ... 東夷 寐錦의 영토 ... 方 ... 桓▨沙▨斯色 ... 고추가(古鄒加) 홍(共)의 군대가 우벌성에 이르렀다. ... 고모루성수사(古牟婁城守事) 하부(下部) 대형(大兄) 야▨((耶▨)

■ 비문의 판독과 내용[8)]

A-(1) 五月中高麗太王祖王令□新羅寐錦世世爲願如兄如弟上下相和守天東來之
(2) 寐錦(忌)太子共前部大使者多亏桓奴主簿貴(德)□(類)□(安)(耳台)□(去)□□到至跪營□
(3) 太子共□向(壂)上共看節賜太霍鄒
(4) (敎)(食)(在)東夷寐錦之衣服(建)立(處)用者賜之隨□節□□奴客人□敎諸位賜上下(衣)服
(5) 敎東(夷)寐錦遝還來節敎賜寐錦土內諸衆人□□□(太)王國土大位諸位上下衣服(來)受敎跪營之
B-(1) 十二月廿(五)(日)(甲)寅 東夷寐錦上下至于伐城
(2) 敎來前部大使者多亏桓奴主簿貴德□□(境)□募人三百新羅土內幢主下部(拔)位使者補奴□(疏)奴□□(凶)鬼盖盧共□募人新羅土內衆人跓(動)…

A-(1) 5월에 고려태왕이 조왕(장수왕)의 令으로써 신라매금과 세세로 형제와 같이 상하가 서로 화합하고 守天하기 위해 동으로 왔다.
(2) 매금(기), 태자공, 전부대사자 다우환노, 주부 귀덕……이르러 跪營하였다.
(3) 태자공이 향하여…올리니 (고려태왕이) 보고 太霍鄒를 賜하였다.
(4) (고려태왕이) 교하여 동이매금의 의복…쓰임에 따라 의복을 사여하고…諸位에게 敎하여 상하 의복을 賜하였다.
(5) (고려태왕이) 교하여 동이매금을 불러 돌아왔을 때 寐錦土內 諸衆人……太王國土 大位諸位上下 의복을 사여하고, 와서 受敎·

8) 서지영, 2011, 「中原高句麗碑를 통해 본 5세기 말~6세기 초 新羅의 대고구려 관계」, 경북대학교 문학석사학위논문, pp.5~14.

跪礬하도록 하였다.

B-(1) 十二月卄五日甲寅(496) 동이매금 상하가 우벌성에 이르렀다.

(2) 전부대사자 다우환노, 주부 귀덕 등에게 교하여 국경(?)에서 募人 三百하고, 신라토내 당주 하부발위사자 포노…함께 募人 하였다. 신라토내 衆人을 이동하여…(이하생략)

2. 충주 봉황리 마애불상군(忠州 鳳凰里 磨崖佛像群)

· 위 치 : 충청북도 충주시 가금면 봉황리 산 27번지

· 지 정 : 보물 제 1401호 (2004.03.03)

■ 유적현황

충주 봉황리 마애불상군은 가금면 봉황리 안골부락 북쪽의 햇골산 중턱의 비탈 암면과 근접한 바위면 상·하부 두 곳에 조각되어 있다. 반가상을 중심으로 좌측에 1구와 우측으로 4구의 보살이 있고 인접하여 여래상과 공양상이 조성되어 있다. 그리고 서쪽으로 약 50m 떨어진 곳에 또 하나의 마애불좌상이 조상되어 있어 도합 9구의 마애불상이 조성되어 있다. 남동향의 마애불상군 앞쪽으로 봉황천이 흐르고, 넓은 봉황들을 넘어 동쪽으로는 굽이쳐 흐르는 남한강이 멀리 바라다 보이는 곳에 위치한다.

마애불상 중 비교적 초기의 예로, 고식의 전통과 함께 새로운 양식도 보이고 있어 7세기 초에 조성된 것으로 추정되고 있다. 이 시기에 중원은 비록 신라의 통치 지역에 속해 있었으나 고구려 백제 세력의 출입이 잦았던 것이 사실이고, 마애불상군 전체에서 복합양상과 함께 강한 고구려적인 조형성을 느낄 수 있는 것은 당시 이 지역의 역사적, 지정학적 배경과 관련이 깊은 것으로 생각해 볼 수 있다.[9]

사진 4. 충주 봉황리 마애불상군

■ 마애여래좌상

마애불상군 위쪽으로 약 50m 떨어진 바위면에 마애불좌상이 단독으로 조성되어 있다.

마애여래좌상(본존불 : 전고 260.0㎝, 불신고 206.0㎝, 견폭 100.0㎝, 슬폭 229.0㎝ / 화불 : 전고 36.0㎝)은 높이 3.5m, 폭 8.0m 크기의 바위면에 양각되어 있는 상으로 넓게 벌어진 무릎과 어깨로 당당하고 건장한 신체를 하여 마치

9) 정영호, 1980, 「中原 鳳凰里 磨崖半跏像과 佛·菩薩群」, 『考古美術』 146·147, 한국미술사학회.
박성상, 2004, 『三國·統一新羅時代 磨崖佛像 硏究』, 단국대학교 박사학위논문, pp.37~39.
국립문화재연구소, 2006, 『남한의 고구려 유적』, pp.292~295.

사진 5. 마애여래좌상과 화불(국립문화재연구소, 2006)

환조(丸彫)와도 같은 부피감이 있어 보인다. 굵은 나발(螺髮)의 흔적이 역력한 머리는 육계의 구분이 뚜렷하고, 뺨에 살이 올라 팽만되어 보이는 얼굴은 각이 지고 부은 듯 눈꺼풀이 두툼해진 눈에 입을 굳게 다물고 있어 긴장감이 느껴지는 등 삼국기의 고졸미가 엿보인다. 귀는 적당한 크기로 늘어져 있으며, 목에는 삼도(三道)가 보이지 않는다. 손 모습은 오른손을 위로 들고 왼손을 아래로 하여 시무외여원인(施無畏與願印)을 지은 듯 하며, 통견의(通肩衣)로 여겨지는 법의는 암면이 깨어지고 마멸이 심하여 옷주름의 흐름 파악에 어려움이 있다. 신체에 비하여 무릎이 유난히도 넓게 벌어진 발은 결가부좌(結跏趺坐) 자세와는 달리 발을 대퇴부에 두지 않고 서로 맞댄 채 아래로 내려 유희좌(遊戱坐)의 모습과도 같아 보인다. 바위면 끝까지 닿아 있는 둥근꼴의 머리광배(두광(頭光))에는 5구의 화불(化佛)이 새겨져 있는데, 마치 입체 조각과도 같이 매우 도드라지게 조각하여 본존불과 함께 부피감이 돋보인다. 두 손을 배 앞에 모으고 연화좌 위에 앉아 있는 화불 또한 근엄한 표정에 오른발을 누이고 왼발을 비스듬히 세워 결가부좌가 아닌 교각상(橋脚像)을 하여 본존불과 유사한 점이 흥미롭다.

■ 마애반가상과 불·보살·공양상

마애불상군은 하나의 큰 바위(높이 1.7m, 너비 약 5m)에 연결되어 있지만 중간에 깨어진 곳을 경계로 우측에는 반가사유상을 중심으로 한 5구의 보살상이 조성되어 있고, 좌측에는 여래좌상과 공양상, 사자상이 배치되어 있다. 모두 8구가 남아 있다.

상단의 여래상(불상 : 현고 123.0㎝, 견폭 62.5㎝ / 공양상 : 전고 66.5㎝)은 삼존상(三尊像)이었을 것으로 생각되나, 좌측(향우(向右)) 암반이 크게 떨어져 나가 지금은 불좌여래상 1구와 공양상 1구만 남아 있다.

본존은 좌상으로 머리는 소발로 큼직한 육계가 있으며 눈은 두툼하게 표현하고 입가에는 미소를 띠고 있다. 귀는 길게 늘어져 있으며 어깨에 닿았고, 목에는 삼도가 없다. 법의는 두꺼운 통견으로 가슴에서 'U'자형으로 표현되었으며, 수인은 시무외여원인을 결의하였고 무릎이하는 결실되었다.

공양상은 여래상을 향한 우측면 상으로 왼쪽 무릎을 세우고, 오른쪽 무릎을 꿇고 있다. 머리를 약간 숙이고 오른손에 보주를 들고 있다. 허리에는 큼직한 환식이 표현되었고 환식으로부터 허리띠가 흘러 하단(반가상 : 전고 135.5㎝, 불신고 115.5㎝, 견폭 39.0㎝, 슬폭 48.5㎝ / 보살상 : 불신고 47.0㎝~90.5㎝)의 상은 반가상을 중심으로 좌측(향우(向右))에 1구, 우측(향좌(向左))에 4구 등 다섯 구의 보살입상이 배치되어 있다. 이 가운데 반가상 우측면에 자리한 4구의 보살상은 앞·뒤로 겹치게 배열하여 원근(遠近)이 구사된 흔치 않은 도상을 보여주고 있으며, 또한 하단 6구의 상 아래로 연화대좌(蓮花臺座)를 나타내어 마치 연못에 피어난 연꽃 위에 있는 듯 생동감이 엿보여 특징적이다.

반가상은 안면에 손상을 입어 얼굴의 세부적인 수법은 알 수 없다. 오른발은 왼쪽 무릎에 올리고 왼발은 내려 연화좌를 밟고 있어 전형적인 반가상을 이루었다.

좌협시도 얼굴이 파손되어 세부형식은 알 수 없다. 원추형을 뒤집어 놓은 듯

사진 6. 마애반가상과 불·보상·공양상

대좌 위에 정면한 입상으로 대좌는 주존의 연화좌에서 파생한 연줄기에 그 하단부가 연결되어 있다. 팔은 앞으로 보주를 들고 있으며 천의는 길게 흘렀으며 X자의 영락이 양쪽 무릎까지 조각되었다.

우협시는 좌협시와 거의 같은 형태이다. 얼굴은 파손되어 각부의 세부양식을 파악할 수 없고 대좌와 수인 등은 동일한 형태를 취하고 있다. 법의는 길게 흘러 옆으로 펼쳐졌고, 어깨부터 흘러내린 영락은 X자로 교차되어 무릎까지 조각되었다.

우협시와 반가상 사이의 보살은 입상으로 추정되며 상반신만 나타나 있다. 머리에는 보관이 뚜렷하고 관대가 길게 어깨 위까지 내려졌다. 상호는 갸름하고 눈, 코, 입등이 뚜렷하다.

우협시 우측의 2구의 보살상이 조각되어 있는데 바로 옆의 보살은 반가상을 향하여 몸을 약간 돌리고 있다. 보관을 쓰고 있으며 관대가 길게 늘어져 어깨에 닿았고 얼굴은 약간 길며 눈, 코, 입 등의 세부양식이 잘 남아있다. 법의는 통견이며 양손은 아래로 내려 천의를 잡고 입는 듯하다.

가장 오른쪽의 보살상은 머리에 보관을 쓰고 관대가 어깨까지 내려왔다. 얼굴은 역시 길며 눈과 코, 입 등의 세부양식이 잘 남아있다. 법의는 통견이고 영락의 표현이 부분적으로 남아있으며 양쪽 손에 각각 보주를 들고 가리키고 있다.

반가상과 협시보살들의 상호와 천의 및 교차된 영락, 특히 연줄기에서 연결된 고식의 대좌 등에서 삼국기의 조성으로 추정할 수 있다. 각 보살의 상호는 고구려 불상들에서 느껴지는 인상이며 상광하촉형(上廣下促形)의 대좌는 연가칠년명금동여래입상과 금동신묘명삼존불 등의 고구려 금동불대좌를 그대로 옮긴 것 같아서 더욱 주목된다. 그리고 보상들에 장식된 영락은 삼국기 조성의 보살상에서 흔히 볼 수 있다. 여래상은 큼직한 육계와 늘어진 귀, 두툼한 눈을 표현하고 있고, 목에는 삼도가 없으며 삼국기의 통인인 시무외여원인을 결하였다. 공양상은 복대와 환식의 처리에서 고식을 보이고 있어 조성연대는 7세기 전반으로 추정된다.

상부의 마애여래좌상은 당당한 어깨와 가슴, 그리고 고대 불상의 통인을 결한 점, 상호의 두툼한 눈의 표현 등에서 고식을 나타내고 있다. 모든 양식과 각부의 조각수법을 종합해 볼 때 조성연대는 7세기 후반으로 추정된다.

또한 이 불상군은 마애불상(磨崖佛像) 중 비교적 초기의 예로 한강 유역과 낙동강 유역을 연결하는 중간지점이라는 특수한 지정학적 배경과 함께, 역사적·정치적 상황에 따라 조성되었다고 여겨진다. 따라서 신라시대 불상조각의 흐름은 물론 고구려 불상의 경향까지도 함께 보여주는 매우 귀한 불상으로 그 학술적 가치가 높다.

도면 1. 마애불상군 실측도(국립문화재연구소, 2006)

사진 7. 여래좌상과 공양상(탑본)(정영호, 1980)

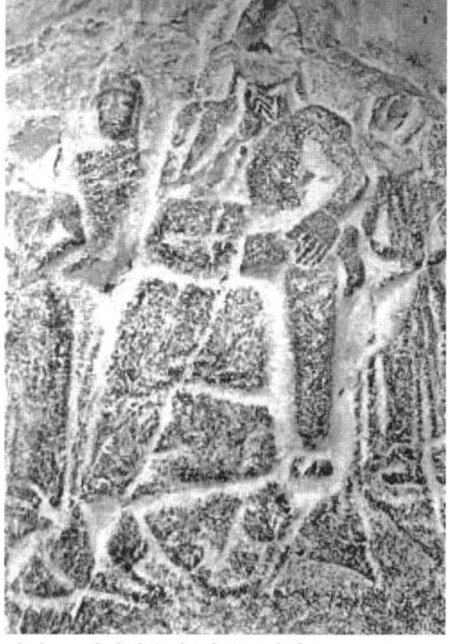

사진 9. 반가사유상(탑본)(정영호, 1980)

사진 8. 반가사유상과 보살상(탑본)(정영호, 1980)

3. 충주 장미산성(薔薇山城)

· 위 치 : 충청북도 충주시 가금면 장천리·하구암리

· 지 정 : 사적 제400호 (1997.11.11)

· 규 모 : 둘레 2,900m

■ 유적 현황

충주 장미산성은 충주시 가금면 장천리와 하구암리에 위치하고 있는 장미산(해발 337.5m)에 축조된 삼국시대 산성이다. 1992년 충북대학교 박물관에서 실시한 정밀 지표조사 결과 내부에서 수습된 유물을 통하여 삼국시대에 축성된 사실이 알려졌으며, 이후 2001~2002년에 걸쳐 정비예정구간인 북서벽 성벽에 대한 시굴조사가 실시되었고, 2004년에 시굴지역을 포함한 북쪽 성벽 일대를 중심으로 발굴조사가 이루어졌다.[10)]

중원 탑평리 7층석탑이 있는 탑평리에서 북쪽으로 바라보이는 장미산에 축조된 포곡식 석축산성이다. 한강을 이용하는 수로와 주변 육로 등의 교통로를 통제할 수 있는 요충지에 자리한다.

산성의 규모는 총연장 둘레 2,940m로 포곡식 석축산성이다. 평면지형은 'Y'자 모양이며, 가장 낮은 곳에 주 통행로인 남문이 위치하고, 성내의 계곡물이 남문쪽에서 합쳐져 나가고 있다. 남문 밖은 바로 남한강의 강안(江岸)이다. 성벽은 정상부나 능성이 부분보다는 외향 비탈면의 상부를 지나고 있다. 성벽이 통과하는 지점의 가장 높은 곳은 서북쪽의 해발 330m지점이며, 가장 낮은 곳

10) 충북대학교 박물관, 1992, 『중원 장미산성』.
충북대학교 중원문화연구소, 2003, 『장미산성』.
중원문화재연구원, 2006, 『忠州 薔薇山城-1次 發掘調査 報告書』.

사진 10. 장미산성 전경(항공사진)

은 남벽의 동남부인 "큰골"계곡에서 115m지점에 해당되어 215m의 고저차이가 있다. 성 밖의 능선을 이룬 부분에는 성벽의 외측에 설상(舌狀)의 대지를 만든 곳이 9군데나 있다. 이 대지는 형태와 규모가 일정하지는 않지만 단상(段狀)의 테라스로 되어 있다는 공통점이 있으며, 적이 가장 성안으로 공격하기 쉬운 능선에 대지상을 이루어 이곳으로 진입한 적을 공격하기 위한 목적에서 만들어진 것으로 보인다.

중원지역은 내륙 중부권에 있어 지리적 요충지에 해당되며 예로부터 삼국의 주요 분쟁 지역 중 하나였다. 이 지역은 초기 백제에서 6세기 중반 신라로 편입되기 이전의 일정기간 동안 고구려 남하세력의 영향권 아래 있었고, 당시 장미산성도 남쪽의 인접한 중원고구려비, 북서쪽의 봉황리 마애불상군 등 주변 고구려 유적과 함께 조성되었거나 적어도 점유되었던 것으로 추정되고 있다.

■ 축조방법

성곽은 돌을 이용하여 쌓은 석축성벽으로 체성은 내벽의 대부분이 지하에 묻혀 있는 내탁(內托)의 방법으로 축조되었지만, 성벽이 회절하는 일부 구간에서는 협축(夾築)도 나타나고 있다. 성벽 외측은 별도의 기단을 두지 않고 지형을 최대한 활용하여 높이는 6m, 너비 5m 정도이다. 기저부는 계단상의 'L'자 형으로 암반층을 다듬은 다음 정지작업을 하거나, 생토면을 'ㄴ'자로 다듬은 다음 기단석을 놓았다. 다음으로 생토면 위로 점질토를 다져 기단석을 덮을 정도로 다짐하였다. 기단석은 수평눈금을 철저히 고려하여 견고하게 정지한 다음 외면의 면석을 쌓아올렸다. 외측 면석은 잘 다듬어진 장방형 면석으로 가공하여 사용하였으며, 철저하게 수평을 이루되 성벽 진행 방향을 따라 경사면을 계단식으로 다듬어 시공하였다.

내벽의 내탁부는 일정 높이만 뒷채움하여 동시에 축조하였다. 내벽은 외면만큼 면을 맞추지는 않았다. 성벽의 윗면 너비와 높이는 성벽의 벽면이 굴곡이 자주 반복되어 곳에 따라 너비와 높이에 변화가 있지만 대체로 너비는 3~4.5m에 이른다. 성벽 회절부에서는 너비를 넓히고 계곡을 향한 경사면에서 성벽의 너비가 얇게 축조되는 양상을 보이고 있다.

사진 11. 탑평리에서 바라본 장미산성
(충주대학교박물관, 2010)

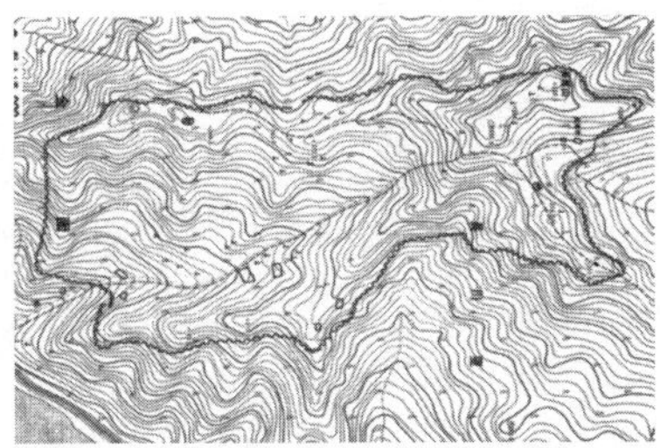
도면 2. 장미산성 평면도

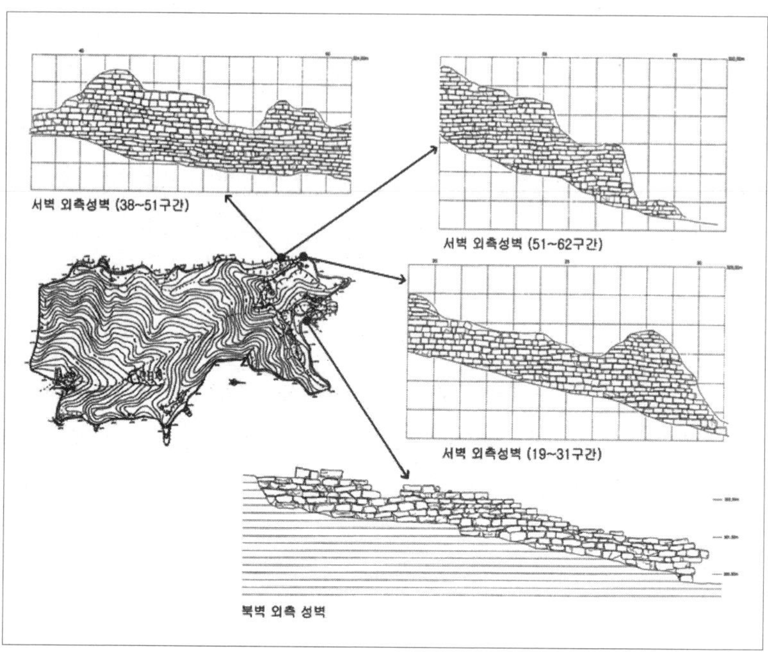

도면 3. 장미산성 성벽 입면도

사진 12. 장미산성 북벽과 석환(국립문화재연구소, 2006)

■ 시설물

목책치성 : 북서쪽과 북동쪽 회절부 외측에서 장방형의 목책을 설치한 치성이 확인되었다. 목책치성은 모두 석축 성벽을 쌓은 후 시설하였는데 청원 남성골산성의 목책치성과 유사한 구조이다. 북서 회절부 목책치성은 장방형으로 목책을 둘러 마련하였는데 규모는 길이 11m, 너비 370m이다. 목책을 설치하였던 목주의 주간거리(기둥간격)는 180㎝ 내외이며, 주혈의 지름은 70~90㎝, 깊이 40~60㎝ 정도이다.

북동 회절부 목책치성은 성축성벽에 잇대어 암반의 상면에 기둥구멍을 굴착한 후 설치하였다. 기둥구멍은 능선과 암반의 진행방향과 일치하게 2열로 조성되었으며, 바깥부분에 가운데 기둥구멍 2개를 나란히 배치하였다. 규모는 길이 11.5m, 너비 5.2m, 면적 59.8㎡이다. 확인된 기둥구멍은 평면원형으로 총 15개이며 평면 원형의 모습이다. 주혈의 지름 60~90㎝, 깊이 20~70㎝ 정도이며, 주간거리는 남북 110~190㎝, 동서 160~340㎝이다.

사진 13. 북서회절부 목책치성

사진 14. 북동회절부 목책치성

배수로 : 배수로는 성벽 내측으로 성벽 상면 보다 조금 낮게 'U'자형으로 시설하였다. 내벽에서 3~3.3m 정도 떨어져 너비 40~50㎝의 측구(側溝)를 만든

사진 15. 내벽(국립문화재연구소, 2006)

사진 16. 배수로(국립문화재연구소, 2006)

시설이다. 바닥은 경사를 따라 물이 빠지도록 점질토를 바닥에 깐 후 판석을 계단식으로 놓고 틈 사이에 잡석을 채워 넣었다. 양쪽 측벽은 판석 모양의 할석으로 축조하여 1~3층을 쌓았는데 성벽 내측의 측벽을 보다 높게 하였다. 양쪽의 측벽 밖에서 배수로로 빗물이 집수(集水)되어 계단식 바닥을 따라 물이 빠지도록 하였으며, 계곡부분을 향하여 이어져 내려가고 있다.

석환시설 : 성벽 안쪽에서 투석용 석환을 비축한 석곽시설이 조사되었다. 석곽시설은 방형 내지 장방형의 계단식 평탄면을 할석으로 쌓아 만들고, 그 안에 강돌로 된 투척용 석재를 비축하고 있다. 석곽의 규모는 큰 것은 사방 1.8m이며, 작은 것은 90㎝에 불과하다. 석곽시설은 성곽을 따라 4.5m~9m 간격으로 배치되었다.

■ 출토유물

산성 내부에서는 원저단경호 및 원통형토기를 비롯한 각종 토기류와 함께 보습편, 소찰갑편, 철촉, 철정 등의 철기류가 출토되었다. 5세기 후반에서 6세기 전반으로 편년되는 유물이 중심을 이루고 있다.

토기류 : 토기류는 원저단경호, 세격자문 토기병, 점열문과 파상문이 시문된

사진 17. 출토 토기류(국립중원문화재연구소, 2011)

사진 18. 출토 철제류 화살촉

토기발 등이 수습되었는데 조족문토기를 비롯한 원저단경호 등으로 산성의 초축연대를 추정할 수 있는데 조족문토기는 증평 이성산성, 청주 신봉동유적, 안성 망이산성, 이천 설봉산성, 설성산성, 용인 수지 백제주거지, 평택 현화리유적 등과 유사하여 4~5세기로 추정된다. 그 외 소수의 단각고배편이 있는데, 다리가 八자상으로 벌어진 무투창과 일단투창의 형식으로 6세 후반 이후의 신라 단각고배편이다.

철기류 : 철촉이 대부분으로 유엽형, 사두형, 착두형, 도자형 등이 있으며, 5세기 후반~6세기 초반으로 편년된다. 이 중에는 착두형(鑿頭形) 철촉 등 고구려 계통의 유물도 포함되어 있다.

4. 충주 두정리 고구려 고분군

· 위 치 : 충청북도 충주시 이류면 두정리 355번지

· 규 모 : 석실분 6기

■ 유적 현황

두정리 고분은 충북 충주시 이류면 두정리의 완만한 구릉에 위치한다. 국귀

봉에서 남쪽으로 뻗어 내려온 가지능선의 끝자락 사면에 해당한다. 2008년 충주 클린에너지파크 건설사업 과정(B지구)에서 확인되어 중원문화재연구원에 의해 모두 6기의 석실분이 조사되었다.[11)]

석실분은 능선을 따라 1m 내외의 간격으로 분포하고 있다. 고분은 기반암층이 아닌 자갈이 많이 포함된 갈색 사질토 위에 묘광을 넓게 마련하고 석실을 축조하였다. 입구와 연도는 2호분과 4호분, 6호분만 남아있어 정확한 양상을 파악할 수 없으나 형태가 다른 1호를 제외하고 남벽의 오른쪽에 치우쳐 남향하고 있는 것으로 파악되며, 2호분과 4호분에서는 부정형의 할석을 이용한 연도 폐쇄석이 확인되었다. 석실 바닥의 평면 형태는 장방형이며 각 벽의 축조는 잔존 상태로 보아 1~2단은 길이가 길고 얇은 두께의 돌을 이용하여 각각의 모서리가 직각을 이루도록 정연하게 쌓고 그 이상은 부정형의 할석들을 비스듬하게 맞물리게 쌓아 위로 갈수록 점차 좁아지게 조성하였다. 각 할석들 사이의 공간에는 작은 할석과 회 등을 채워 마무리 했는데 일부 벽면에서 회칠의 흔적이 확인되었다. 석실 바닥 중앙부분에서는 자갈이 많이 포함된 갈색 사질토인 생토면을 불다짐하여 단단하게 정지한 것이 확인되었으나 다른 시설은 찾아지지 않았다. 천정은 모두 유실되어 그 자세한 양상을 알 수 없다.

유물로는 고구려 토기의 형태적 특징을 보여주는 연질 소성의 적갈색 호와(2호분) 흑갈색을 띠는 장동호(6호분)가 각각 1점씩 출토되었고 그 밖에 인골편(2호분)과 은반지(4호분) 1점, 그리고 많은 수의 관정이 출토되었다.

두정리 고분은 충주 지역에서 확인된 초초의 고구려 고분이라는 점에서 조사 당시부터 많은 주목을 받았으며, 고구려 석실분은 역사적 중요성이 높은 것으로 판단되어 원위치에 현상보존을 하였는데 2·4호분은 관람을 위한 전시시

11) 중원문화재연구원, 2010, 『충주 두정리 유적』 충주 클린에너지파크 조성부지 발굴조사보고서.

<표 2> 두정리 고구려 석실분 속성표

	장축방향	묘광의 잔존규모(㎝)			석실의 잔존규모(㎝)			바닥면	모서리	연도	관정 수	출토 유물
		길이	너비	깊이	길이	너비	높이					
1호	N−26°−S	265	162	36	200	81	36	암반	말각 방형	·	29	
2호	N−27°−S	512	238	39	248	135	56	불다짐	말각 방형	잔존	17	단경호
3호	N−20°−S	342	252	32	260	137	35	불다짐	말각 방형	·	39	
4호	N−25°−S	420	268	30	238	131	50	불다짐	말각 방형	잔존	14	은제 지환
5호	N−14°−S	315	234	19	238	142	32	불다짐	·	·	30	
6호	N−14°−S	410	243	29	250	132	23	불다짐	·	잔존	25	장동호

사진 19. 두정리 고구려 고분군 전경 (항공사진)

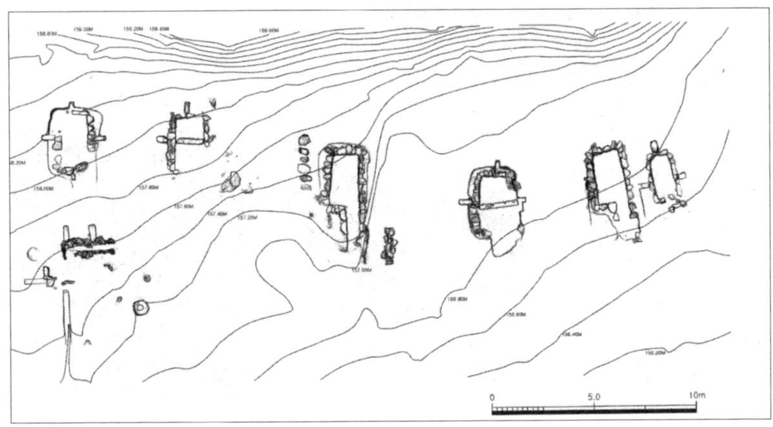

도면 4. 두정리 고구려 고분군 분포도

사진 20. 1·2호 석실분

사진 21. 5호 석실분

사진 22. 6호 석실분

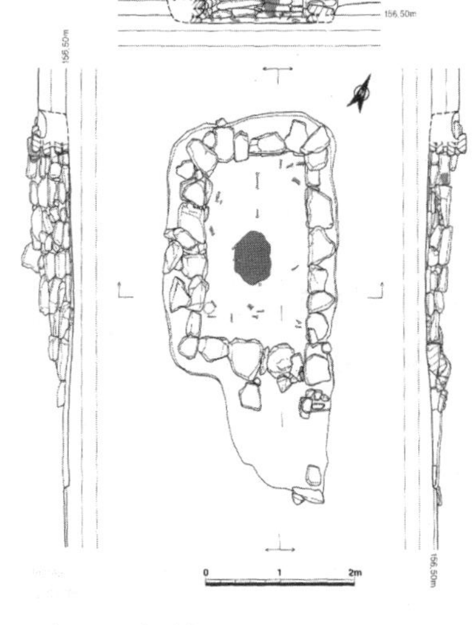

도면 5. 2호분 실측도

사진 23. 2호분 출토 단경호

사진 24. 6호분 출토 장동호

사진 25. 온돌유구 출토 동이

설을 갖추고, 나머지는 원상복구를 하였다.

충주 두정리 유적에 대한 발굴조사는 충주 지역에서 확인된 최초의 고구려 고분이라는 점에서 조사 당시부터 많은 주목을 받은 바 있다. 조사된 예가 많지 않은 남한 내 고구려 고분 중 가장 많은 숫자로 평탄지 상의 지상식 고분 조성과 일정한 간격의 횡렬 고분 배치 양상, 벽면 회칠 등 중국과 북한에서 확인되고 있는 고구려 고분의 특징적 요소를 갖추고 있다. 또한 바닥면의 불다짐과 다수의 관정을 사용한 목관 사용 등 지금까지 알려지지 않은 요소들도 나타나고 있어 주목된다. 한편 석실분의 남쪽에 인접하여 확인된 구들집터는 'ㄱ'자 형의 쪽구들이 확인되고 내부에서 동이와 경질토기편이 출토되어 고대 생활 유적의 흔적을 보여준다.

■ 유적 성격

입지 : 두정리 고분군은 6기의 고분이 평탄지에 가까운 매우 완만한 경사면에 2~3m의 일정한 간격을 두고 등고선 방향을 따라 배치된 양상을 보인다. 또 경사가 가파른 능선을 석실의 배후로 삼고 석실의 입구를 물이 흐르는 개천 방향으로 낸 형태를 보이는데 이러한 입지 형태는 충주지역에 위치한 신라 및 백제 고분군들이 경사가 있는 능선 상에 집단으로 조영되는 것과 차이를 보인다. 이것은 고구려가 조성한 것으로 알려진 집안(集安)의 산성하고분군,[12] 평양의 대성산고분군,[13] 평안남도 강서군 보림리 대동 무덤떼[14]의 입지 형태와 유사하다. 특히 평양 대성산고분군의 경우 5~6기를 단위로 횡 방향 배치가 이루어지

12) 吉林省文物考古研究所·集安市博物館, 2004, 『集安高句麗王陵』, 文物出版社.

13) 김일성종합대학 고고학 및 민속학강좌, 1973, 『대성산의 고구려유적』, 김일성종합출판사, pp.265~315.

14) 文化財管理局 文化財研究所, 1991, 『北韓文化遺蹟發掘槪報』, 文化財管理局 文化財研究所, pp.149~154.

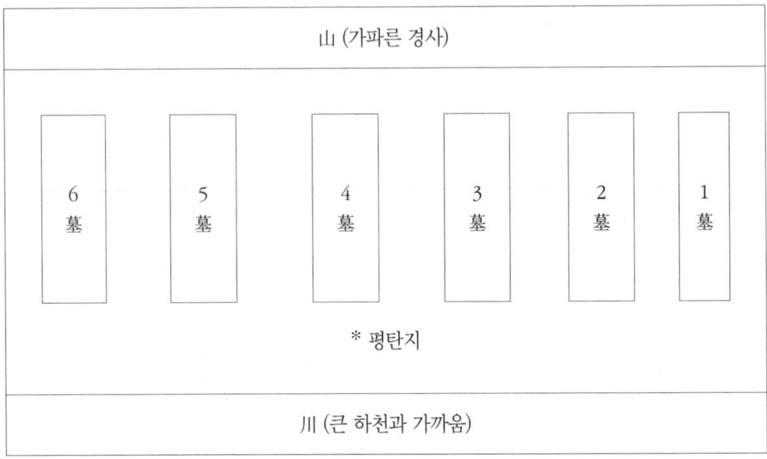

도면 6. 두정리 고분군 입지 모식도

고 각각의 고분의 형태가 비슷하다는 점이 두정리 유적에서 나타나는 양상과 매우 유사하다.

고구려 고분군이 이러한 입지를 갖는 이유는 고구려의 주요 교통로와 관련이 있다는 견해[15]가 있다. 이에 따르면 고구려는 강 주변에 형성된 자연 교통로를 중심으로 중앙의 영향력이 미칠 수 있도록 하고 거점 지역에 산성이나 보루 등을 축조하여 방어망을 구성하였다는 것이다. 따라서 고분들도 조망이 양호한 완만한 구릉의 경사면이나 경사면에 이어진 평탄면에 입지하는 공통점이 있다고 한다.

봉토 : 고분군은 최근까지 밭으로 경작되던 지역으로 최대 잔존높이가 56㎝ 정도로 잔존상태가 모두 좋지 않은 편이다. 따라서 봉토가 잔존하지 않아 형태

15) 백종오, 2009, 「남한의 고구려고분–최근 발굴 사례를 중심으로–」, 『중원문화권 고분의 전개양상과 성격』, 제2회 국립중원문화재연구소 학술심포지엄 자료집, pp.63~65.

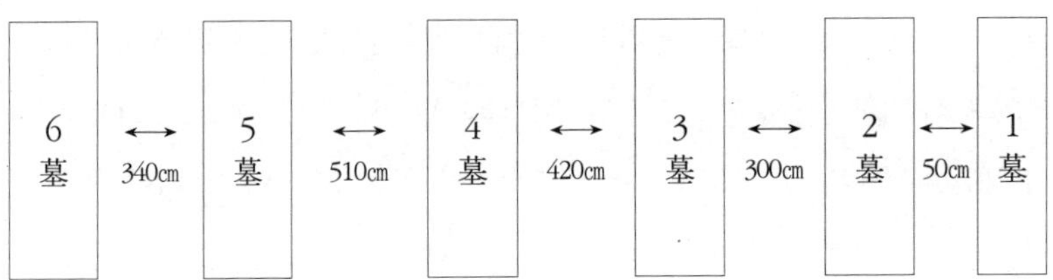

도면 7. 두정리 고분군 석실묘 간격

나 규모, 축조 방식 등을 확인할 수 없었다. 또한 봉토와 관련하여 별도의 호석을 돌리거나 주구를 시설한 흔적이 없으며 기단을 쌓은 흔적도 전혀 확인할 수 없다. 따라서 평면 형태가 원형인지 방형인지 알 수 없다. 다만 석실의 크기가 1호분을 제외하고 모두 비슷하고, 각 석실 간의 간격이 일정하므로 이를 가지고 대체적인 규모에 대해 추정할 수 있다.

석실묘 간의 간격을 보면 1호분과 2호분의 거리는 50㎝ 정도로 무척 가깝기 때문에 단일한 봉토에 안치된 쌍실분일 가능성이 높은 것으로 보인다. 1·2호분을 제외하고 가장 간격이 짧은 것은 2호분과 3호분과의 거리로 3m의 간격을 보인다. 3호분과 4호분과의 거리는 420㎝로 두 고분의 간격에 각각의 봉토가 1/2씩 차지한다고 가정했을 때 3호분의 묘광 폭 252m를 더하면 3호분 봉토의 지름은 610m 내외가 될 것이다. 이런 방식으로 계산할 경우 각각의 봉토 지름은 1·2호분은 700㎝, 4호분은 728㎝, 5호분은 570㎝, 6호분은 583㎝ 내외가 된다. 즉 1석실당 1봉분이 있다고 가정하면 봉토의 크기는 570㎝에서 730㎝ 내외의 규모였을 것으로 추정된다. 또 석실의 잔존 최대높이인 56㎝를 고려하여 생각하면 봉토의 최소 지름은 540㎝ 이상이 되어야 함을 알 수 있다.

묘광 : 두정리 고분은 모두 바닥면을 이루는 갈색 사질토층에 묘광을 굴착하여 석실의 축조할 수 있는 기반을 마련하는 것으로 나타난다. 묘광의 크기는 길이 350~420㎝, 폭 250~260㎝ 정도로 일정한 모습을 보이며 바닥 높이도 해발

156.50~157.50m 사이로 일정하다. 묘광의 평면 형태는 말각장방형의 형태를 보이며 석실의 형태와 모두 유사한 것으로 나타난다. 일부 석실분에 pit를 넣어 확인한 묘광의 단면 형태는 거의 직각에 가깝게 내경하며 바닥면까지 이어지는 것으로 보인다.

묘광을 조성한 후 바닥면의 중앙에는 약하게 불을 피워 바닥을 소결시키는 '불다짐' 작업을 한 것이 1호분을 제외한 모든 고분에서 확인된다. 불을 피운 곳은 항상 석실의 중앙이며 소결된 부분이 밝은 적갈색을 띠는 것으로 보아 소성온도는 그리 높지 않았음을 알 수 있다. 3호분에 소결면에 대한 pit 조사를 실시한 결과 소결된 깊이는 3㎝ 정도이며 모든 고분에서 60㎝ 내외 폭으로 소결된 모습을 보인다. 이러한 불다짐을 하는 이유로는 기반암이 아닌 갈색 사질토층 상에 고분을 조성하면서 바닥면을 고정시키고 유실을 방지하고자 한 것으로 여겨진다. 이러한 불다짐 기법은 성남 판교동 1-①호분[16]에서도 확인된 바 있어 일부지역의 고구려 고분에서 활용된 축조 기법의 하나로 여겨진다.

석실 : 두정리 유적은 최대 56㎝ 정도의 4~5단이 잔존할 뿐이며 천정은 모두 붕괴되고 유실되어 하단의 일부 구조만 확인된다. 석실의 평면 형태와 크기는 1호분을 제외하고 모두 길이 240~260㎝, 너비 130~140㎝ 내외의 비슷한 크기를 보이고 있다. 이는 동일한 축조 기준을 가진 집단에 의해 연속적으로 석실의 제작이 이루어진 것을 뜻하며 상대적으로 조성 시기의 차이가 크지 않다는 것을 나타내는 것으로 생각된다.

잔존하는 벽면의 축조 방식은 크게 하단의 1~2단과 그 위의 3~4단으로 나누어 파악할 수 있다. 1~2단의 경우 편평한 할석을 세로눕혀쌓기 방식으로 쌓

16) 한국문화재보호재단, 2007, 『성남 판교지구 문화유적 2차 발굴조사-5차 지도위원회의 자료-』.

아 석실을 구획하고 벽면의 기초를 이루도록 하였다. 모서리는 직각을 이루며 할석은 개별적으로 떨어져 있다. 3단 이상의 경우 석실에 따라 차이가 있으나 대부분 가로눕혀쌓기 방식으로 쌓아 축조 방식의 변화를 주며 모서리는 할석을 45° 정도 비스듬히 돌려서 놓아 평면 말각방형이 되도록 하였다. 각 모서리의 할석들은 서로 맞물려 고정되도록 하였다. 천정부와 벽면의 상단은 유실되어 정확한 축조 방식은 알 수 없으나 천정의 구조가 잔존하는 용인 보정동과 성남 판교동 고분의 형태를 볼 때 비교적 큰 판석을 이용하여 모줄임 방식으로 조성되었을 것으로 추정된다. 조사지역 바깥에서 이러한 판석들이 있는 것을 확인하였으나 천정석으로 사용되었던 것인지 확인하기는 어려운 것으로 생각된다.

벽면의 축조에 사용된 할석들은 비교적 편평하고 긴 할석으로 크기 및 형태는 일정하지 않다. 축조상태는 정연하지 못하고 빈틈은 작은 할석과 회 등을 채워 넣어 보강한 것이 확인된다. 회칠은 2호분에서만 확인되는데 잔존 상태가 좋지 않아 정확한 양상은 파악하기 어렵다. 다른 석실에서는 회칠의 흔적은 확인되지 않는다.

연도의 경우 2호분과 4호분에서 폐쇄석을 쌓아 연도 막음을 한 것이 확인된다. 2호분의 경우 폐쇄석을 쌓은 위치가 석실로 이어지는 안쪽 지점에 있으나 4호분은 연도의 중간 지점에서 폐쇄석을 쌓은 차이점을 보인다. 한편 연도의 극히 일부만 잔존하는 3·5·6호분의 경우도 폐쇄석으로 막았을 것으로 추정되나 성남 판교동 1-①호분의 경우 문비석으로 연도를 막는 것이 확인되고 있어 단정하기 어렵다.

木棺 : 석실 내부에는 시상대를 두지 않고 목관을 직접 바닥에 안치했던 것으로 나타나는데 관은 모두 부식되어 棺釘만 잔존한다. 관정은 각 석실분마다 수량에서 큰 차이를 보이는데 크게 15~25개 가량 확인된 것과 30~40개 정도 확인된 것으로 나눌 수 있다. 1호·2호·4호·6호분이 전자에 해당하고 3·5호분

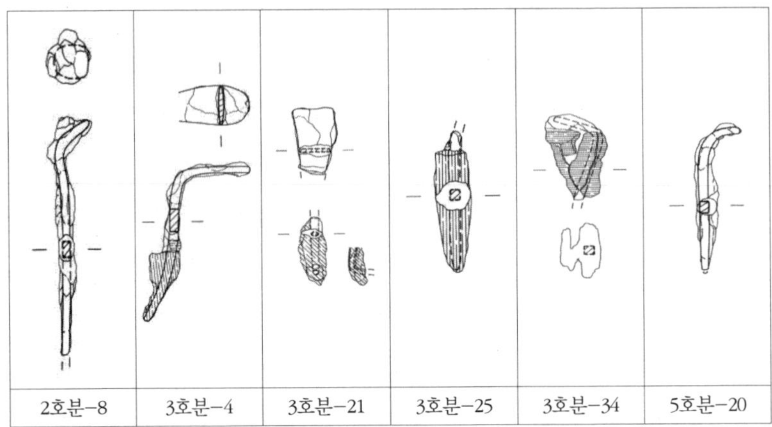

도면 8. 두정리 고분 출토 이형 관정

이 후자에 해당한다. 이러한 관정 수의 차이는 사용된 목관의 형태에 따라 다를 가능성도 있으나 각 석실의 규모와 형태가 유사한 점을 통해 볼 때 모든 고분이 비슷한 목관을 사용했을 가능성이 더 높을 것으로 생각된다. 따라서 관정의 수가 많은 3호와 5호의 경우 追加葬 또는 合葬이 이루어졌을 가능성이 있다. 평안남도 대동리 쌍곽분 유적[17]에서는 쌍실분에서 동곽 34점, 서곽 14점이 부장된 것으로 나타나고 있다. 보고자는 동곽의 경우 2개체의 유해를 같이 안치한 것으로 보고 있다. 동곽의 크기가 398×256㎝로 두정리 유적의 석실 크기와 비슷하고, 출토 관정의 수도 유사한 것으로 볼 때 두정리 5·6호분의 경우도 복수의 피장자를 안치한 구조로 생각된다.

한편 목관과 관련하여 두정리 고분군의 특이점은 관고리가 발견되지 않는 점이다. 관고리는 무령왕릉에서 출토된 관재에 부착된 관고리를 통해 부착 위치와 목관과의 접합 방식이 알려져 있다.[18] 고구려 고분에서 관고리가 확인된 것

17) 과학원 고고학 및 민속학연구소편, 1958, 「평안남도 대동군 화성리 쌍곽분 정리 보고」 『고고학자료집 대동강류역 고분 발굴 보고』, 과학원출판사, pp.34~37.

은 남한에서는 용인 보정동 고분이 있고 북한에서는 평양 대성산 고분, 대동리 쌍곽분 등 많은 고분에서 확인된다. 관고리가 확인되지 않은 대신 대다수를 차지하는 버섯 형태의 관정과 형태 및 두께가 다른 특이한 형태의 철정이 확인되는데 대부분 관정보다 身部의 두께가 얇고 頭部가 존재하지 않는 형태로 나타난다.(표 2) 이러한 특이 형태의 철정은 목질흔이 부착되어 확인되는 것으로 보아 목관에 사용된 것으로 보이지만 관재를 연결하는 용도가 아닌 다른 목적으로 부착한 것으로 생각된다. 비교적 형태가 분명한 3호분 출토 4번 관정의 경우 끝부분을 넓게 펴고 구부린 형태가 손잡이의 기능을 할 수 있을 것으로 추정되나 확실하지 않으며 오직 3호분에서 1개만 출토되었으며 보편적으로도 볼 수 없다. 추후 더 많은 자료를 통해 비교가 필요하다고 생각한다.

출토 유물 : 출토유물은 2호분에서 확인된 단경호와 4호분의 은제 지환, 6호분의 장동호 3점뿐이다. 고구려 고분의 경우 석실 안에 부장되는 유물이 드문 것으로 알려져 있다.[19] 출토된 토기는 평저, 조질 태토의 공통점을 보이나 기형 및 표면 처리 방법, 시문형태 등에서 차이를 가진다. 또 2호분 토기는 쓰러진 상태로, 6호분 토기는 정지된 상태로 확인된 점도 다르다.

구체적으로 살펴보면 2호분 단경호의 경우 완형으로 출토되었으며 적갈색의 연질 소성을 보인다. 외면을 격자문을 타날한 뒤 회전물손질하여 문양을 지운 것이 확인된다. 단경호는 남한 내 고구려 고분에서 가장 많이 출토되는 기종인데 두정리 출토품의 경우 조질태토에 적갈색을 띠는데 비해 화성 청계리와 용

---

18) 尹武炳, 1975, 「武寧王陵의 木棺」, 『百濟研究 6』, 충남대학교 백제문화연구소, pp.179~191.

19) 현재까지 알려진 남한지역 고구려 고분 출토 토기는 모두 7개뿐이며 각 유적별로 1점씩 확인되고 있다. 이는 남성골 및 아차산 보루군 등 관방유적에서 확인되는 것에 비해 매우 적은 수이다.

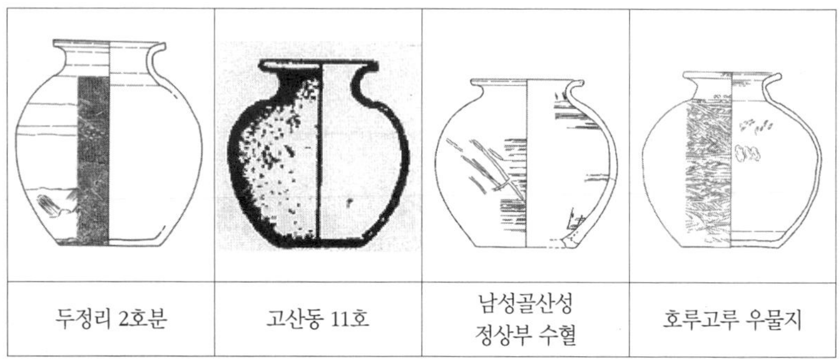

도면 9. 고구려토기 중 단경호 비교

인 보정동 출토품의 경우 회흑색에 니질태토를 보이며 표면은 승문타날한 후 마연하여 정면하는 차이를 보인다.

구연부는 직선으로 외반하며 구단부는 단을 이루는데 1조의 침선이 희미하게 돌아간다. 이러한 형태의 구연부는 최종택의 편년안[20]에 따르면 B형에 해당하는데 이에 따르면 남성골산성, 몽촌토성, 은대리성, 월평동 유적과 같은 5세기 후반으로 편년된다.

6호분 출토 장동호는 잔존 상태가 좋지 않으나 동상위까지의 기형이 확인된다. 동최대경이 동상위에 있으며 동최대경을 따라 횡침선을 돌리고 상하로 파상문을 시문하였다. 표면은 회흑색을 띠는데 상하, 좌우 방향으로 마연하여 정면하였다. 횡침선의 상하로 파상문을 시문한 예는 남성골산성 정상부 수혈유구 출토품과 은대리성 출토 토기편 등에서 확인된다. 양시은의 편년[21]에 따르면 이러한 파상문과 중호문 등의 문양이 동상위에 시문되는 것은 서기 500년 이후(중기)에 나타나기 시작한다고 하며 동체의 기형도 점차 세장한 방향으로

20) 崔種澤, 1999b, 『高句麗土器 硏究』, 서울대학교 대학원 박사학위논문, p.38.

21) 梁時恩, 2007, 「中國 內 高句麗遺蹟에서 出土된 高句麗土器 硏究」, 『중국사연구 50』, 중국사학회. p.84.

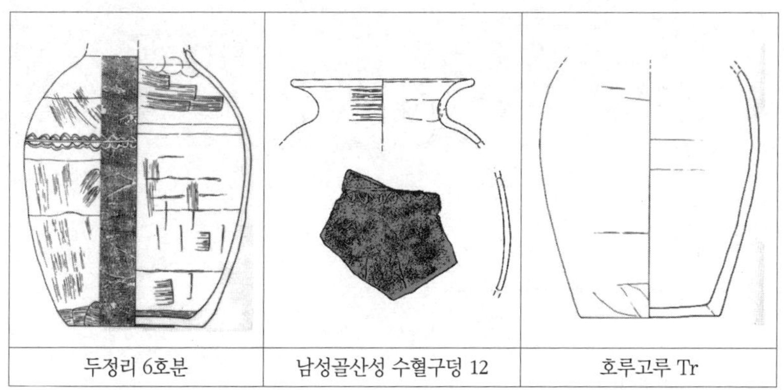

도면 10. 고구려토기 중 장동호 비교

변화한다고 한다. 두정리 출토 장동호는 비교적 세장한 형태로 중기 이후의 토기로 생각된다. 동체의 하단부는 그어서 정면한 흔적이 희미하게 확인되나 暗文인지 확실하지 않다.

고분 출토 토기들의 세부적 속성을 통해 볼 때 토기들의 편년은 5세기 후반을 전후로 비정하는 것이 가장 타당할 것으로 생각된다.

은제 지환의 경우 고분에서 출토되는 예가 드문 유물 중 하나로 두정리에서는 1점이 4호분에서 확인되었다. 형태는 손등면을 길게 늘인 형태로 부가적인 장식이 전혀 없는 단순한 모습을 보인다. 지환의 경우 백제지역에서는 출토 예가 드물고 경주의 신라 고분에서 다수 확인되는데 황남대총 98호 북분의 예와 같이 대부분 금제 지환으로 부가적인 장식이 붙은 것이 나타나고 수량도 4개 이상이 확인되는 경우가 많아 두정리 유적에서 확인된 지환의 부장 양상과 차이를 보인다. 평양 대성산 고분군을 비롯한 북한 지역에서 보고된 지환과 형태와 부장 양상이 가장 유사한 것으로 보인다. 주목할 점은 인근에 위치한 충주 단월동 고분에서 확인된 1쌍의 은제 지환이 두정리 출토품과 매우 유사한 것으로 나타나는 것이다. 단월동 고분은 보고자에 의하면 통일신라시대 고분으로 비정[22]하고 있는데 고분의 형태 및 출토유물과 관련하여 새롭게 검토가 필요한

도면 11. 고분 출토 은제 지환 비교

부분으로 생각된다.

■ 종합 검토

현재까지의 고고학적 자료와 자연 지형을 통해 볼 때, 두담마을 지역에 고분이 조성된 것은 교통로의 문제라기보다 지형상 집안과 평양에서 보이는 고구려 고분의 전통적 입지조건과 유사하기 때문에 이곳에 집단적인 고분을 조성하였던 것으로 생각하는 것이 타당하다고 볼 수 있다. 또 고립된 지형을 이용하여 지속적인 매장이 가능한 분묘 전용 공간으로 활용하고자 했던 의도가 고분의 입지에 반영되었을 것으로 생각된다.

그러나 조사된 석실분은 6기뿐이며 6호분의 서쪽으로 유구의 흔적이 확인되지 않는 것으로 볼 때 석실분 축조 시기는 상대적으로 오랫동안 지속되지 못했던 것으로 보인다. 또한 6기 중 1호분을 제외한 모든 석실이 거의 동일한 크기와 축조 방법을 보이는 양상을 볼 때 여러 세대에 걸쳐 축조된 고분들이 아닌 비교적 짧은 시간에 동일 세대에 의해 축조가 이루어졌던 것으로 보인다.

축조 방법은 평탄지상에 묘광을 파고 불다짐을 한 뒤 길고 편평한 판석을 눕

22) 건국대학교박물관, 1994,『忠州 丹月洞 古墳群 : 發掘調査報告書』학술조사보고 제1집, pp.37~39.

혀 쌓아 석실을 만드는 순서로 축조하였으며 내부에는 목관을 안치하였다. 목관에 사용된 관정은 비교적 많은 수가 확인되며 원형두의 관정이 대부분을 차지한다.

출토유물은 토기 2점과 은제 지환 1점으로 빈약하나 토기는 고구려토기의 공통적 요소들이 뚜렷하게 확인되며, 특히 은제 지환의 경우 평양 대성산 출토품 등과 유사한 모습을 보인다. 출토유물들은 세부적 속성에서 고구려 장수왕의 한성 함락을 기준으로 상한을 잡을 수 있는 몽촌토성, 남성골 유적 출토 토기들과 유사하며 아차산, 호루고루 등 한강 북부지역 고구려 관방 유적 출토품과는 차이를 보인다. 따라서 출토유물을 고려해 볼 때 석실분의 축조 시기는 5세기 후반에서 6세기 초였을 것으로 생각된다.

고구려의 충주 지역 진출과 밀접하게 관련된 중원고구려비의 경우 건립연대를 두고 5세기 전반 광개토대왕 건립설부터 6세기 후반 평원왕 건립설까지 다양한 주장이 제기되고 있어 정확한 연대를 판가름하기 어렵다.[23] 최근에는 449년 장수왕대 건립설이 가장 많은 지지를 얻고 있는데 이와 관련하여 두정리 고분군을 살펴보면 출토유물의 편년과 잘 부합된다고 생각한다.

석실분의 전체적인 양상을 볼 대 두정리 고분군의 축조 집단은 고구려의 국원성 경영과 관련된 집단으로 이들은 두정리 지역에 집단 묘역을 조성하고 이 지역에 정착하고자 노력했던 것으로 생각된다.

---

23) 高句麗硏究會, 2000, 『中原高句麗碑 新照明-第6回 高句麗 國際學術大會-』, 高句麗硏究會.

5. 건흥오년명 금동불 광배(建興五年銘 金銅佛 光背)

· 위 치 : 국립청주박물관 소장품

· 출토지 : 충청북도 충주시 노은면

· 규모 : 높이 12.4㎝

· 서체 : 해서(楷書)

· 연대 : 536년(안원왕6년) / 596년(영양왕7년)

■ 현 황

1915년 충청북도 충주시(구 중원군) 노은면에서 발견된 주형광배(舟形光背)로서, 지금은 국립청주박물관에 소장되어 있는데, 높이는 12.4㎝이다.

광배는 금동으로 제작되었으며 가운데 배치된 본존불은 남아 있지 않고 좌우에 보살상과 3구의 화불(化佛) 등이 배치되었다. 광배의 전체적인 형태는 거신광배(擧身光背)로, 하부는 좌우에 보살입상을 배치하였으며, 상부는 화불과 화염문이 표현되었다. 광배 하부에 사각형 관통홈이 있는 것으로 보아 원래는 본존불이 배치되었음을 알 수 있고, 본존불의 등 쪽에 광배촉을 달아 고정하였음을 알 수 있다. 본존불상은 없어졌고 좌우의 협시보살상은 광배와 함께 주조되었기 때문에 남아있다.

사진 26. 건흥오년명 금동불 광배
(국립중원문화재연구소, 2010)

이 광배의 윗부분은 불꽃무늬가 선각으로 표현되었고, 그 사이에 세 구의 화불이 양각되어 있다. 가운데 부분은 두광과 신광이 약간 도드라지게 표현되고 있다. 광배의 뒷면에는 5행 39자로 된 해서체의 명문이 있는데, 그 내용은 아엄(兒奄)이라는 여성이 내세에도 불교에 귀의하기를 바라는 의미에서 석가불상을 만들었다는 것이다.

이 광배는 발견된 곳이 충청도란 사실 때문에 그동안 백제의 작품으로 여겨져 왔으나, 최근에는 고구려의 것으로 보고 있다. 그것은 ①「중원고구려비」를 통해 확인할 수 있는 바와 같이 중원군이 한때 고구려 땅이었다는 점, ② 백제에서는 연대를 표기함에 있어 연호를 사용하지 않고 6갑간지만 사용했다고 한 점, ③ 연호가 먼저 나오고 연간지(年干支)가 나오는 형식은 다른 고구려 조상기(造像記) 명문(銘文)의 형식과 일치한다는 점, ④ 광배의 불꽃무늬나 화불의 형태가 고구려의「경사년명금동삼존불(景四年銘金銅三尊佛 : 금동신묘명삼존불)」과 흡사하며 협시보살의 옷주름의 조각이 강건한 양식인 점 등을 근거로 하고 있다.

제작 시기는 596년(고구려 영양왕 7년)으로 여겨지고 있지만, 536년(안원왕 6년)으로 올라갈 가능성도 없는 것은 아니다. 연호와 불상의 형식으로 보아 이 광배는 고구려계 불상으로 생각되며, 중원고구려비와 함께 충북에서 발견된 대표적인 고구려계 유물이다.[24]

24) 국립문화재연구소, 〈한국금석문 종합영상정보시스템〉.
문화재청 국립중원문화재연구소, 2010,『고대도시 유적 中原京』-遺蹟篇-.
문화재청 국립중원문화재연구소, 2011,『고대도시 유적 중원경』-유물편-.

■ 명문 내용

建興五年歲在丙辰」
佛弟子淸信女上部」
兒奄造釋迦文像▨」
願生生世世値佛聞」
法一切衆生同此願」

건흥(建興) 5년 병진(丙辰)에 불제자 청신녀(淸信女) 상부(上部) 아엄(兒奄)이 석가문상(釋迦文像)을 만드니, 바라건대 나고 나는 세상 마다에서 불(佛)을 만나 법(法)을 듣게 되고, 일체중생(一切衆生)이 이 소원을 같이 하게 하소서.

사진 27. 건흥 5년명 금동불 광배 뒷면
(국립중원문화재연구소, 2011)

■ 광배 양식과 특징

본존불 후면에는 1조의 돌기대(突起帶)로 신광(身光)과 두광(頭光)이 표현되었다. 두광 가운데에는 8엽의 연화문이 장식되고 3조의 원형 문양이 이를 둘러싸고 있다. 좌우에 협시불(脇侍佛)로 배치된 보살상은 1단의 연화대좌 위에 입상으로 조각되었다. 부분적으로 마모와 금박(金箔)이 탈락되기는 했지만 보존상태가 양호한 편이다.

보살상은 옷주름이 양 어깨를 타고 내려와 무릎 부분에서 ×자형으로 교차되고 있으며, 수인(手印, 손 모양)은 소원을 들어주고 무사안녕을 기원하는 시무외인(施無畏印)과 여원인(與願印)을 이루고 있다. 이러한 옷주름과 수인은 고식 수법으로 이 불상의 조성 시기가 이른 시기임을 증명해 주고 있다. 머리 위에 육계(肉髻)를 높게 표현한 점도 고식 수법에 해당된다.

화불은 3구가 배치되었는데 연봉 위에 앉아 있는 모습으로 연화화생을 표현하였다. 화불은 높은 육계와 화염형의 두광이 표현되었다. 보살상 위로는 불타오르는 듯 화염형 문양이 굵은 선각으로 가득 표현되어 신성한 기운을 느끼게 한다. 광배 후면에는 불상 조성과 관련된 5행 39자의 명문이 음각되어 있다.

보살 입상과 화불의 조각 기법에서 옷주름과 높은 육계, 두광과 신광의 간략한 표현법, 두광 가운데 표현된 연화문, 신성한 기운을 느끼게 하는 화염형 문양 등이 삼국시대 불상의 특징을 잘 보여주고 있다. 또한 금동삼존불상을 어떻게 제작하였는지 알려주는 학술적인 자료이기도 하다. 특히 광배 후면에 남아 있는 명문은 이 불상의 조성 시기와 배경 등을 알려주고 있어 가장 중요한 특징이기도 하다.

건흥5년명 금동불 광배는 보살입상과 화불 등의 조각 기법이 고식을 보이고 있다. 광배 후면에 남아 있는 명문으로 구체적인 제작 시기를 알 수 있는 작품으로, 편년 기준작이라는 점에서 큰 의의가 있다. 또한 우리나라에서 불교 전래 초기에 조성된 불상 양식을 알려주고 있다는 점에서도 주목된다.

건흥5년명 금동불 광배는 충주 지역에서 출토되었으며 고구려 양식을 취하고 있어 고대의 일정한 시기에 충주 지역이 고구려의 영향권 내에 있었음을 간접적으로 알려주는 유물이기도 하다. 중원 고구려비와 함께 충주 지역과 고구려와의 직접적인 관련성을 짐작하게 하는 유물로 평가된다. 한편 이 광배는 중국 산둥[山東] 지역을 중심으로 한 중국 고대 불상과의 영향 관계를 살필 수 있는 자료이다.

6. 충주 탑평리 유적

· 위 치 : 충북 충주시 가금면 탑평리 전116-1번지 외

충주 탑평리 유적은 국립중원문화재연구소에서 '고대 중원경 종합학술연구'

사업의 일환으로 중원문화의 중심지인 국원소경(이후 중원경으로 개칭)의 추정 지역에 대하여 중원문화의 실체 규명을 위한 시·발굴조사에서 확인된 유적이다.[25)]

2010년도 시굴조사 결과 11기의 수혈주거지, 4기의 건물지와 초석적심석군 2개소, 9기의 수혈유구, 소토유구 등 28개의 유구가 발굴조사되었다. 대규모의 백제 주거지가 거의 전 구역에 걸쳐 밀집도 높게 분포하고 있는데 평면 '呂'자 형의 구조이며, 외곽에 도랑(構)이 있다. 주거지에서는 단경호, 장란형토기 등 연질토기가 다수 확인되는데 4~5세기대 백제 한성기의 취락시설로 추정되고 있다.

고구려 문화층은 1호 주거지 상면에서 확인되었다. 주거지 중앙에서 동편으로 약 1m 정도 치우친 곳에 주거지 폐기 후 설치된 고구려 계통의 터널식 쌍고래 구들시설이 자리하고 있으며, 이와 함께 상부에서 고구려계 토기도 수습되었다. 주거지 주변에는 직경 2~2.8m 정도의 수혈유구 3기가 배치되어 있다.

사진 28. 고구려 구들유구 출토 토기류(국립중원문화재연구소, 2010)

25) 국립중원화재연구소, 2010,「충주 탑평리유적(중원경 추정지역) 제3차년도 시굴조사」 2차 자문회의 자료.
국립중원문화재연구소, 2011,「충주 탑평리유적 발굴조사(중원경 추정지역)」 현장설명회 자료.
국립중원문화재연구소, 2011,『고대도시 유적 중원경』-유물편-.

사진 29. 탑평리 유적 전경(국립중원문화재연구소, 2011)

사진 30. 탑평리 유적 출토 삼국 각종 유물(국립중원문화재연구소, 2011)

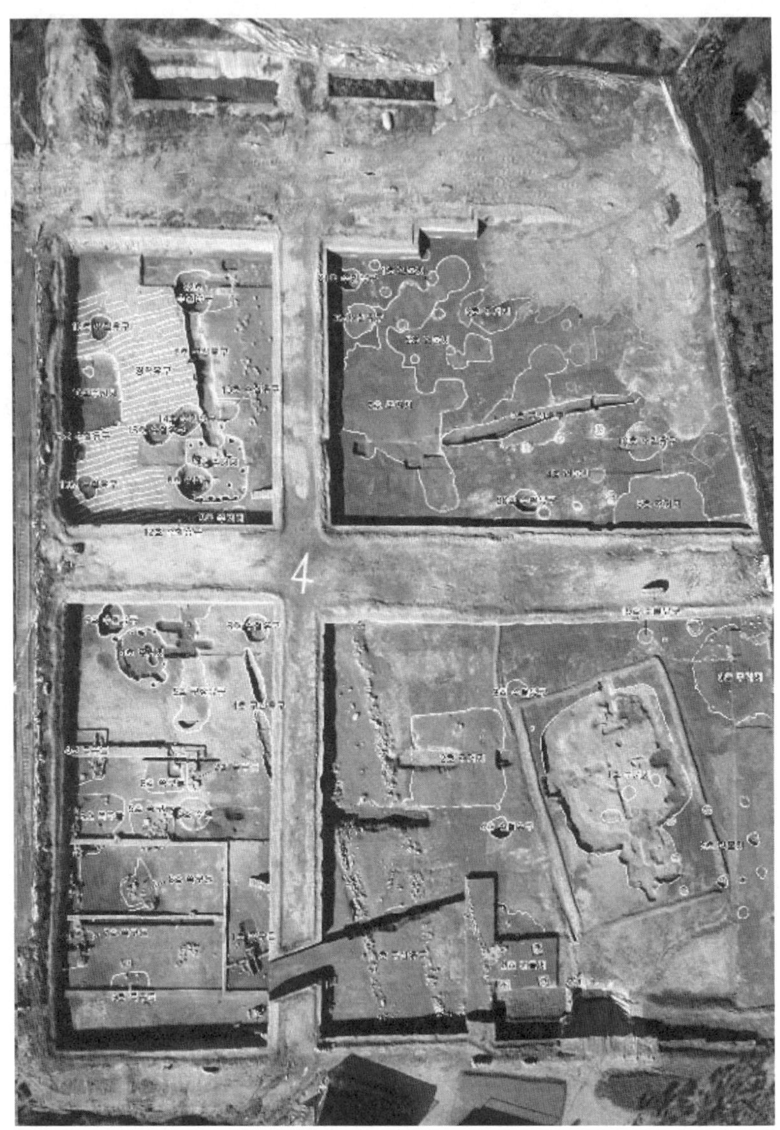

사진 31. 탑평리 유적 현황(국립중원문화재연구소, 2011)

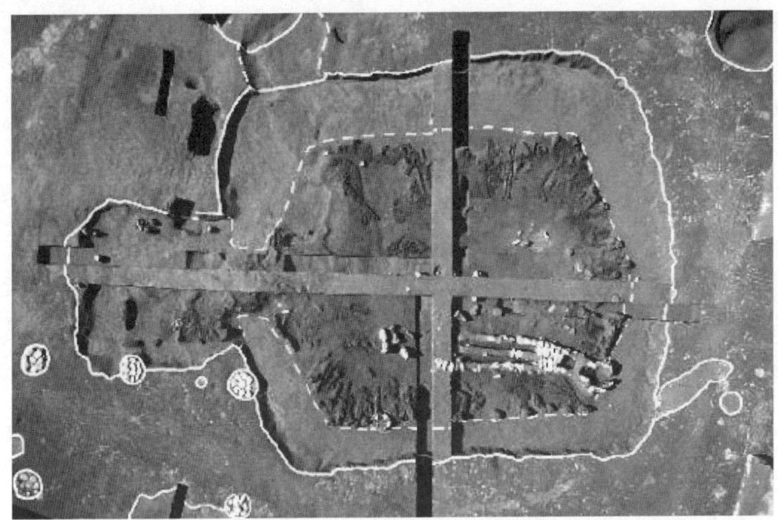

사진 32. 백제 1호 주거지 전경 및 상부 고구려 온돌유구(국립중원문화재연구소, 2010)

사진 33. 고구려 온돌유구 세부 모습(국립중원문화재연구소, 2010)

탑평리 일대는 인근의 중원고구려비와 장미산성에서 확인되는 고구려계 유물로 인하여 고구려 문화층의 존재가 기대되었던 지역인데 3차 시굴조사에서 띠고리모양 손잡이가 달린 소위 대상파수라고 불리는 전형적인 고구려계 토기 및 중호문과 점열문이 혼합된 토기, 마연장경호편, 착두형철촉등 등 고구려 계통으로 추정되는 유물이 수습되었다. 토기는 태토에 사질이 다량 혼입되고, 문양의 타날 후 문양을 지운 현상, 대상파수의 접착기법 등으로 볼 때 5세기 중반의 재지적(在地的) 특성을 잘 보여주고 있다. 또한 유물이 수습된 1호 주거지 내부의 구들시설은 한강유역 고구려 관련 유적에서 확인되는 구들과 유상한 형태를 띠고 있어 주목된다.

탑평리유적은 백제-고구려-신라 순으로 유구가 좁은 면적에 중첩되어 나타나 당시 중원지역에서 삼국의 역학관계를 규명할 수 있는 중요한 유적이다.

7. 충주 온달장군 공기돌과 무덤

· 위 치 : 충북 충주시 수안보면 미륵리 56

월악산 국립공원 미륵리 미륵사지 내에 있으나 미륵사지와는 아무런 관련이 없다. 자연적인 바위에 약간의 인공이 가미된 바위로 생긴 모양이 거북이와 비슷하다하여 거북바위라 불리는 바위 위에 있는 직경 1m 가량의 둥근 돌(공기돌) 바위로 온달장군의 전설로 인해 공기돌 바위로 알려진 바위이다.

동쪽의 하늘재는 고구려와 신라의 접경지역이었으며 고구려 평원왕 때 온달장군은 스스로 군사를 청하여 신라에게 빼앗긴 한강 상류 지역인 이곳과 죽령부근의 단양 땅을 회복하려고 하였다.

이 지역에 주둔하며 성을 쌓을 때 휴식시간에 이 바위를 공기돌로 사용하여 놀았다 하여 온달장군의 공기돌 바위라 한다. 온달장군은 단양 영춘면 아단성에서 신라군의 화살에 맞아 전사했다고 한다. 장례를 치르려고 해도 도무지 관이 움직이지 않았는데 평강공주가 관을 어루만지며 "죽고 사는 것은 이미 결정 났으니 마음 놓고 떠나가시오"라고 하자 관이 떨어져 장례를 치룰 수 있었다고 한다. 그 돌을 들어내면 하늘이 노하여 마른 하늘에 청천벽력이 친다는 전설이 전하여 오고 있다.

사진 34. 온달장군 공기돌과 무덤

이러한 전설은 온달장군이 이 마을 사람들에게 인심을 잃지 않았고, 이곳 사람들은 온달장군이 이 지역을 차지해 주기를 바라는 염원에서 생긴 전설이 아닌가 추정된다.

또한 미륵사지 입구에 있는 밭 가운데에 말무덤으로 불리는 고분이 있다. 오랫동안 온달장군의 무덤이라고 전하여 온다. 규모는 길이 6.2m, 폭5.4m이며, 정식으로 발굴 조사되지는 않았다.[26)]

8. 망이산성(望夷山城)

· 위 치 : 경기도 안성시 일죽면, 이천시 율면, 충북 음성군 삼성면

· 지 정 : 경기도 기념물 제138호 (1993. 6. 3), 충청북도 기념물 제128호 (2003. 4.11)

· 규 모 : 약 2,080m - 외성

26) 충북대학교 중원문화연구소, 1998,『문화유적분포지도』-충주시.
충주시, 2001,『충주시지』.

■ 유적 현황

망이산성은 충청북도 음성군 삼성면 양덕리·대야리와, 경기도 안성시 일죽면 금산리·이천시 율면 산양리 일대의 망이산(望夷山 : 馬耳山)에 위치하고 있다. 행정구역상으로 2개도 3개 시·군에 자리하고 있다.

1992년 단국대학교 중앙박물관에 의하여 기초 학술조사가 실시되어 현황파악이 이루어진 후,[27] 이후 5차 발굴조사가 진행되었다. 1~3차의 발굴은 경기도와 안성시의 학술용역으로 단국대학교에서 실시하였고,[28] 2007년 4~5차 발굴조사는 충청북도와 음성군의 의해 음성군 삼성면 일대의 망이산성 충북구간에 대하여 실시되었다.[29] 1차 발굴조사는 남문지와 2호 치성, 조선시대 봉수대에 대한 조사가, 2차는 서문지에 대하여 이루어졌다. 3차 발굴조사는 서북쪽의 1호 치성과 팔각건물지에 대하여 조사가 실시되었다. 4~5차 발굴조사는 서남치성과 남치성 등 치성 2개소와, 남치성의 서측에 자리한 남평탄지 일원이다. 남평탄지 일원에서는 2001년 철제단갑이 출토된 바 있다.

망이산성은 망이산 정상부(해발 472.5m)를 둘러싸고 축조된 테뫼식 형태의 토축성(내성)이 있으며, 내성 외곽으로 계곡을 둘러싸고 축조된 포곡식 형태의 석축성(외성)으로 이루어져 있다. 지리적 위치는 중부지방을 가로지르는 차령산맥의 중간지점으로 서쪽 안성시 일대, 동쪽 이천·음성·충주방향, 남쪽 진천방향 등 사방 시야 확보 및 주변 교통로 등을 통제할 수 있는 요충지에 해당된다. 정상부에 자리하고 있는 망이산 봉수는 직봉인 음성 가섭산과 진천 소을산(봉화산)의 봉수를 받아 죽산 건지산을 거쳐 한양에 이르도록 하는 길목에 위

27) 단국대학교 중앙박물관, 1992, 『망이산성 학술조사 보고서』.
28) 단국대학교 중앙박물관, 1996, 『망이산성 발굴 보고서(1)』.
단국대학교 중앙박물관, 1999, 『안성 망이산성 2차 발굴조사 보고서』.
단국대학교 매장문화재연구소, 2006, 『안성 망이산성 3차 발굴조사 보고서』.
29) 중원문화재연구원, 2009, 『음성 망이산성』 충북구간 발굴조사 보고서.

치하고 있다.

이곳은 일찍부터 '망이'란 명칭으로 인하여 학계에 고구려 산성으로 주목을 받아왔다. 망이(望夷)란 지명은 고구려가 신라를 동이(東夷)라 하고 신라왕을 동이매금(東夷寐錦)이라고 표현한 중원고구려비와 같이 북쪽에서 신라 쪽을 바라본다는 의미의 산성 이름으로 해석되었으며, 주방어선이 남쪽을 향하고 있다는 점, 1980년대 지표조사에서 평양 지역 출토품과 유사한 고구려계 기와가 나오는 점, 충주 중원고구려비와 연결되는 교통로에 자리한 점 등이 고려된 해석이었다.[30)]

망이산성은 내성인 토축성과 외성인 석축성이 결합된 복합식 형태의 이중 구조이다. 내성과 외성으로 이루어진 망이산성에 대하여 내성과 외성이 한성백제기에 동시에 축조되었을 가능성과 고구려의 한강유역 진출이후 외성이 고구려에 의하여 축성되었을 가능성이 있으며,[31)] 현재까지 발굴조사 결과 축성기법과 출토유물을 통해 볼 때 토축성은 백제시대 한성기(漢城期)에 축성되었으며, 석축성은 통일신라시기에 초축된 후 고려시대에 수개축이 이루어진 것으로 파악된다.[32)]

30) 정영호, 1980,「음성 망이성에 대한 소고」,『문화재』, 1980. 8.

31) 외성이 삼국시대 한성 백제 또는 고구려에 의하여 축성되었을 가능성은 외성 외벽에 별도의 보강구조물(보축성벽)이 발견되지 않으며, 성 외면 면석의 가공이 면과 모서리를 빈틈없이 가공하여 다듬은 가공석을 사용한 점, 치성 하부에 가공한 장대석의 사용과 현저한 퇴축(들여쌓기, 굽도리)을 한 점 등으로 신라의 전형적인 성곽의 모습과 다른 형태를 하고 있다는 것을 들 수 있다. 또한 내성 외부인 외성 석축성 구간에서도 한성백제에 조성된 토기류가 다량 출토되고 있다.

32) 발굴조사를 통하여 1차 발굴조사 : 내성 토축성(한성백제시대), 외성 남문지(통일신라 후기~고려 초기), 외성 북치성(고려), 2차 발굴조사 : 외성 서문지(통신~고려전기), 3차 발굴 : 외성 서치성(통일신라 말~고려), 외성 팔각건물지(통일신라~고려)로 확인되었다.

망이산성은 지리적으로 중부와 남부지방을 가로지르는 차령산맥의 길목에 자리하고 있어 예로부터 군사적 요충지에 해당한다. 따라서 이곳은 고대 삼국이 영토 확장을 위하여 치열한 공방을 벌인 곳 중 하나이며, 특히 고구려 유물과 고구려 양식의 치성 등을 통해서 고구려 세력이 이 지역까지 진출한 사실을 살펴 볼 수 있다.[33]

■ 내성

삼국시대 백제에 의해 축성된 것으로 밝혀진 내성은 망이산 정상부가 있는 봉우리의 9부 능선을 따라서 흙을 이용하여 성벽을 축조한 테뫼식 형태의 토축산성이다. 내성의 잔존 규모는 둘레 약 350m이다. 평면 형태는 동서로 길쭉한 네모꼴을 하고 있다. 성벽은 흙으로 안과 바깥쪽 모두 쌓아올린 토루를 이루고 있다. 토루는 모래와 점토 등을 교대로 반복하여 다짐하면서 층층히 켜를 다진 판축(版築) 기법으로 기단부를 갖추지 않은 순수 판축 형식이다. 1차 발굴조사에서 판축을 하기 위하여 사용된 목주 흔적이 확인되었다. 목주는 성벽 바깥쪽 부분에서만 한 열을 이루고 있다. 목주간의 거리는 160㎝이다. 봉수대가 있는 동북쪽에 판축토성의 토루 흔적이 잘 나타나고 있다. 토루의 높이는 4~6m에 이른다. 내성 북동쪽 모서리 안쪽은 평평한 대지가 비교적 넓게 자리하고 있으며 바깥은 수직에 가까운 비탈을 이루고 있다. 이곳에서 성벽을 따라 북쪽으로 약 60m 지점에 성내로 출입하는 문지가 있다. 문지의 규모는 너비 300㎝, 높이 250㎝이다.

내성의 발굴조사를 통하여 출토된 유물은 모두 한성 백제시대에 제작된 것으로 토기류는 항아리·바리·굽접시·대접·단지·병·시루 등이 있으며, 철제류는 쇠로 만든 화살촉·낫·손칼·못 등이 있다. 성벽 아래에서 얻은 목탄으로 내성의

33) 국립문화재연구소, 2006, 『남한의 고구려 유적』, pp.278~281.

축조시기를 분석한 결과 방사성 탄소교정 연대값이 B.C 170~ A.D 318년 사이에 있어 한성백제에 의하여 축성되었음을 알려주고 있다.

■ 외성

외성은 계곡을 감사고 있는 포곡식 형태의 석축산성이다. 망이산은 내성 및 봉수대가 위치하고 있는 정상부의 산마루(해발 472m)와 이보다 낮은 2개의 봉우리(해발 458m·452m)가 북쪽에 솟아 산세를 이루고 있으며, 이 봉우리들을 뒤로 하여 동쪽에 주계곡부가 형성되어 있다. 외성은 이러한 지세를 이용하여 3개의 봉우리의 산줄기 8~9부 능선부를 따라 성벽 통과선이 진행되면서, 저지대의 북동쪽 계곡부를 포함하여 둘러싸는 형태이다. 외성의 규모는 전체 둘레 2,080m로 대규모 성곽에 속한다. 평면 모습은 장축 동서 500m, 단축 남북 340m의 장방형으로 지세를 이용하여 능성과 계곡부를 따라 축조한 관계로 전체 평면은 불규칙한 모습을 하고 있다.

성벽은 돌을 쌓아 체성을 축조한 석축성으로 바깥쪽만 면석으로 외벽을 쌓은 내탁(內托)이 주로 이용되었으며, 일부 구간에 안쪽면에 면석을 쌓은 내외협축 성벽이 확인된다. 외벽 면석에 사용된 성돌은 화강암 계열의 석재로 규격화하여 모두 면과 모를 정교하게 다듬어 '品'자형으로 정연하게 엇물리게 쌓아 올렸다. 외면에 보축성벽 등 보강구조물은 확인되지 않는다.

성내로 출입하는 문터는 모두 4곳으로 이 중 남문지와 서문지에 대하여 발굴조사가 이루어졌으며, 암문 형태로 추정되는 북문지와 동쪽 계곡부에 동문지가 있다. 남문지는 통로부 규모 길이 550㎝, 너비 410㎝이다. 바닥에 정연하게 석재를 깔아 부석(敷石) 시설을 놓았으며, 중심선 우측으로 배수구(너비 30㎝, 길이 20㎝, 경사도 8°)를 설치하였다. 관련 유물은 고려시대의 명문기와들과 통일신라시대에 제작된 토기류 등이 출토되었다. 서문지는 통로부 규모 길이 560㎝, 너비 480㎝이다. 통일신라시대에 초축되었으며, 이후 고려시대 전기까지 2

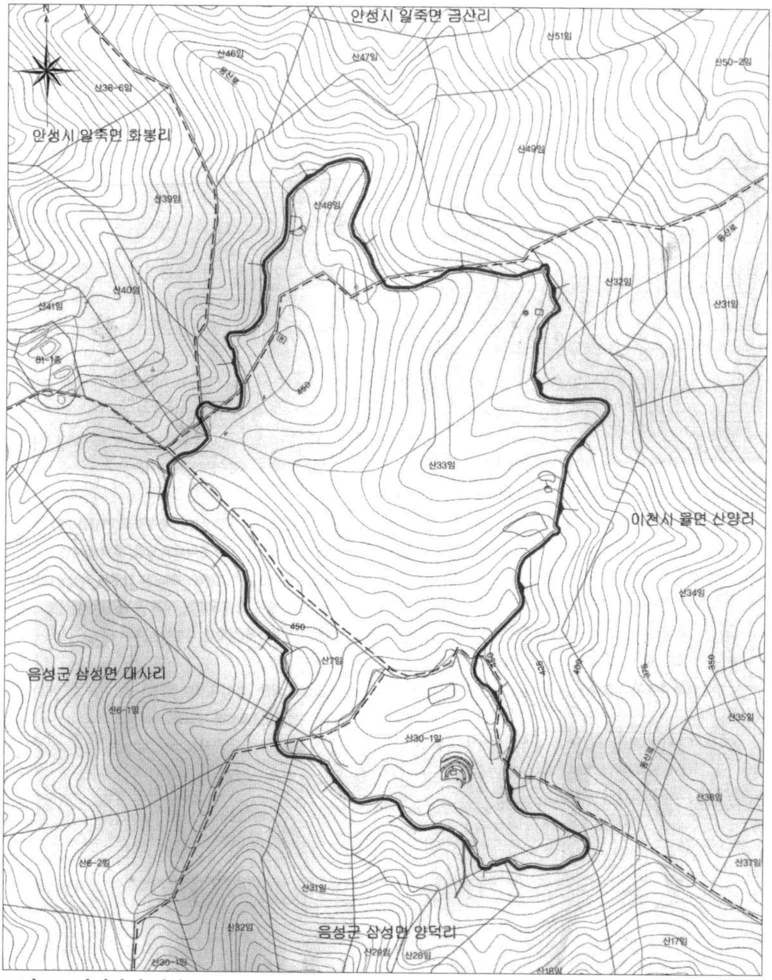

도면 12. 망이산성 현황도

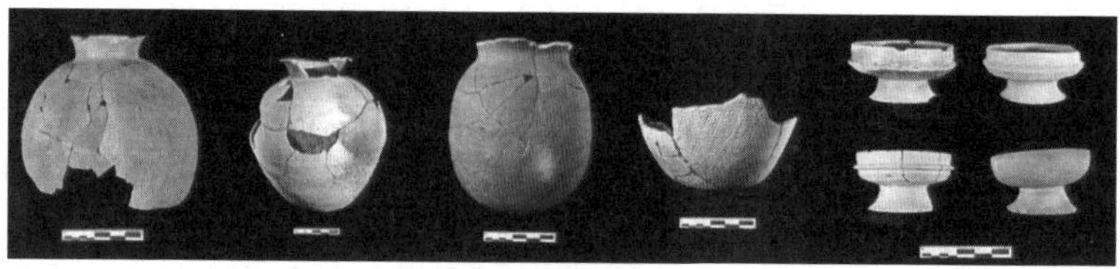

사진 35. 망이산성 내성 출토유물 토기류(1차 발굴조사)

사진 36. 망이산성 서문지 내측(2차 발굴조사)

사진 37. 망이산성 서남치성(4차 발굴조사)

차례의 개축이 이루어졌다. 성문의 형태는 입면 '凹'자형의 현문이 아니고 바깥쪽에 석축을 쌓아 대지를 마련한 후 성벽을 단절하여 개구부를 낸 개거식 평문이다. 암반을 정지한 후 경사도에 따라 잡석 다짐하여 바닥을 조성하였으며, 성문 측벽은 장대석으로 기단석을 놓았다. 서문지는 신라 석축성곽의 특징적인 요소의 하나인 현문(懸門)이 삼국 통일 이후 백제에 주요 특징인 평문 양식과 결합되어 나타난 성문이라 할 수 있다.

서문의 개축은 고려전기 광종과 현종 등 2차례에 이루어졌다. 2차 발굴조사 과정에서 많은 양의 명문기와들이 출토되었는데 이들은 절대연대를 알 수 있는 연호와 간지명 등이 기록되어 있어 문헌 기록이 충분하지 않은 당시 역사적 상황을 밝혀줄 수 있었다. 명문기와들은 고려시대 전기에 해당되는 광종~현종대에 제작된 기와들이다. 가장 주목되는 것은 "峻豊四年壬戌大介山竹…"과 "太平興國七年…" 등이다. 준풍(峻豊)은 고려 광종 11년(963)부터 14년(963)에 걸쳐 사용된 독자적인 연호로 광종은 혼란스럽던 나말여초 상황에서 호족세력의 척결을 통한 중앙집권과 과거제도 시행, 자주외교 정책 등 개혁정책을 표방하여 고려건국의 기초를 확립하였다. 광종은 안성 죽산에 태조 왕건의 진전사찰인 봉업사를 크게 중창하고, 망이산성을 전면 개축하는 등 대규모 토목공사와 불사를 일으켰으며, 고려 전기 왕권 강화 및 개혁정책에 있어 망이산성이 주요한 역할을 담당하였음을 알 수 있다.[34)]

Ⅱ. 금강 유역 고구려 유적

1. 진천 대모산성(鎭川 大母山城)

· 위 치 : 충북 진천군 진천읍 성석리 산1-4

34) 안성 죽산의 봉업사지는 통일신라시대 처음 창건되었으며, 고려 태조인 왕건의 진영을 모신 진전사찰로 경기도박물관의 발굴조사에서 망이산성 출토품과 동일한 명문기와들이 다수 출토되었다(경기도박물관, 2002, 『奉業寺』).

· 지 정 : 충청북도 기념물 83호 (1990.12.14)

· 규 모 : 둘레 1,260m

■ 유적 현황[35)]

대모산성은 진천군 진천읍 성석리 산 1-5번지 일원에 있는 해발 약 50m의 구릉지에 축조된 포곡식(包谷式) 토축평산성(土築平山城)이다. 속칭 할미성이라 불린다. 낮은 구릉을 이룬 산줄기를 이용하여 흙으로 성벽을 구축한 토성이다. 금강의 북쪽 상류에 해당하는 미호천과 백곡천이 진천분지의 중앙을 북서에서 남동방향으로 가로질러 흐르고, 산성은 두 하천 사이에 넓게 펼쳐진 충적평야의 중심부에서 낮은 구릉을 끼고 있다. 지형은 북고남서(北高南底)이고 계곡을 이룬 방향은 서남향이다. 성벽은 자연지형을 이용하여 주로 판축기법(版築技法)으로 쌓았다.

산성은 크게 자성(子城), 내성(內城), 외성(外城)을 갖춘 특이한 복합식 산성으로, 전체적인 평면 모양은 동서의 너비가 넓고 남북의 길이가 좁은 불규칙한 타원형이다. 내외성의 전체둘레는 약 1,250m에 달한다. 내성은 자성의 동벽과 서벽이 구릉의 능선을 따라 자연적으로 뻗어나간 연장으로, 남벽의 안쪽에 평탄한 대지가 넓게 형성되어 있다. 외성은 내성의 북벽 동단이 동쪽으로 연장되는 구릉의 능선을 타고 이어져서, 동단의 가장 높은 위치에서 남향한 구릉 능선을 따라 축조되어 서향하면서 곡부를 가로질러 내성의 동벽남단에 이어지는 남쪽벽을 축조한 것이다. 내성의 성벽은 자연상태의 구릉을 최대한 활용하여 만들어졌는데 전체 둘레가 827m에 달하고, 여기에 자성의 남벽 30m를 합하면

35) 충북대학교 호서문화연구소, 1996, 『진천 대모산성』지표조사 보고서.
이경식, 2000, 「충북지역 백제산성에 관한 연구」, 공주대학교 문학석사학위논문.
국립문화재연구소, 2006, 『남한의 고구려 유적』, pp.282~285.

성벽의 총 연장은 857m이다. 외성의 성벽은 전체의 길이 추정치가 660m이지만 남벽의 일부 구간이 없어져서 현존 성벽의 길이는 약 560m에 달한다. 자성은 내성의 북벽 전체와 동벽의 북부, 그리고 서벽의 일부를 공유한다.

대모산성은 신라 진평왕 38년(616)에 백제의 공격을 받은 것으로 『三國史記』에 기록된 모산성(母山城)에 비정되는 산성이다. 대모산성(大母山城)이라는 명칭은 조선시대의 지리지에서 처음 나타나며 이후 많은 자료에서 찾을 수 있다.[36)]

성안에서 선사시대 이래의 석기와 토기조각들이 발견되었으며, 고구려 토기가 출토됨에 따라 고구려 관련 유적으로 주목받고 있다. 주변 성석리와 송두리에서 삼한시대 토광묘, 백제 저장유구, 신라석실분 등이 확인됨에 따라 산성을 중심으로 한 이 일대가 고대 진천지역의 중심지였을 것으로 추정하고 있다. 고려시대 초기에 진천지역 호족인 임희(林曦)에 의하여 대대적으로 개축되어 오늘에 이르고 있어, 고대사회의 행정구역과 산성연구에 중요한 자료이다.

■ 축조방법과 시설물

성벽은 대부분 판축(版築)이며, 외성의 북문지 서쪽과 내성 남문지로 추정되는 곳에는 석재로 보강한 흔적이 있다. 내성의 벽은 자연지형을 충분히 이용하여 흙을 층층이 다져서 쌓았고, 외성의 벽은 아래 기초부분에 자갈돌을 넣고 점토가 많이 섞인 흙을 채웠다. 성의 외부는 경사가 급한 지형을 이루고 있으나 안쪽은 비교적 경사가 완만하다.

---

36) 『新增東國輿地勝覽』 卷16, 鎭川縣古蹟條. "母山城在縣東六里石築周二千六百七十尺內有一井金幣".

朝鮮輿勝覽』鎭川郡編, 古蹟條. 大母山城在縣東三里俱廢遺址.

『常山誌』, 1932, 城址條, 大母山城郡東十五町俱廢壞只遺墟.

朝鮮總督府, 1942, 『朝鮮寶物古蹟調査資料』, 忠淸北道編, p.30.

文化公報部文化財管理局, 1977, 『文化遺蹟總攬』 卷上, p.546.

사진 38. 대모산성 전경(국립문화재연구소, 2006)

사진 39. 대모산성 성벽 모습(국립문화재연구소, 2006)

사진 40. 내성(국립문화재연구소, 2006)

사진 41. 내성 남문지(국립문화재연구소, 2006)

내성의 서남쪽과 남쪽에 문터가 있고, 그 곡부에 수구가 마련되었다. 또한 이 내성에는 연못이 있었는데, 남벽을 넘어오는 적에 대한 방어와 우마(牛馬)의 급수용이었을 것으로 보인다. 성내의 수량은 일단 큰 연못 안으로 흘러들게 한 다음 남문 밑으로 만든 수구를 통하여 성 밖으로 배출하였다. 한편 북쪽의 가장 높은 위치에서 보다 북쪽의 안부(鞍部)로 이어지는 능선을 따라 작은 개구부(開口部)가 있어 북문지로 추정된다. 그리고 평탄면의 여러 곳에 건물이 있었을 가능성이 있다. 가장 중요한 건물은 기와편이 수습되는 자성의 내부에 있었을 가능성이 크다. 문터는 북문지와 남문지가 있다. 성벽은 너비가 거의 10m에 이르며, 높이는 5m 이상으로 축조되었음을 알 수 있다.

■ 출토 유물

성내외에서 유물이 채집되는데, 채집된 유물 중 가장 많이 보이는 것은 5세기대의 백제 토기로 회색타날문토기, 연질타날문토기, 회청색경질토기들이다. 그 중에서 승석문이 시문된 회청색 연질토기편이 대부분이며, 이는 산성 조영의 중심연대를 말해주고 있다.

산성의 중간지점에서 고구려 항아리 1점이 출토되어 학계의 주목을 끌었는데, 이는 표면이 마연된 흑색토기로 한강유역에서 발견되는 고구려토기와 기형에 있어서 매우 유사한 것이 특징이다.

또한 성 내부에서 철(鐵) 생산과 관련이 있는 유물이 채집되어 철의 생산이나 토기 또는 기와의 생산이 이루어졌을 가능성이 높다.

2. 청원 비중리 석조삼존불좌상(淸原 飛中里 石造三尊佛坐像)

· 위 치 : 충청북도 청원군 내수읍 비중리 209-1

· 지 정 : 충청북도 유형문화재 제 114호 (1982.12.17)

충청북도 청원군 비중리에 있는 석조 일광삼존불상(一光三尊佛像)이다. 1979년에 석조삼존불상의 파편, 석조불입상, 광배 등 여러 구의 석불상이 발견되었다. 석조삼존불상은 하나의 돌에 광배(光背)와 삼존불을 표현한 일광삼존불(一光三尊佛) 형식으로 발견 당시에 본존의 두광과 불신, 우협시보살상 등으로 나누어져 있었고, 본존상의 가슴 윗부분과 좌협시보살상 등은 완전히 파손된 상태였다. 4부분으로 조각나 있던 것을 복원한 것인데, 왼쪽의 협시보살은 없어졌다.

삼국시대 불상 가운데 고구려 양식을 띠는 국내에서 유일한 일광삼존불 형식으로 주목받고 있다. 삼존불이 전해오는 이 지역은 『삼국사기』에 보이는 낭비성(娘臂城)으로 6세기에는 고구려·백제·신라의 정치적 각축장이자 각 문화가 서로 교차하는 교통의 요지였으므로, 고구려 불상의 특징적인 요소를 비롯하여 삼국의 복합양식이 삼존불에 반영된 것으로 보인다.[37]

일광삼존불상은 하나의 돌에 삼존불, 광배, 대좌(臺座)를 돋을새김기법으로 입체감을 살펴 표현하였는데 발견 당시에는 본존상(本尊像)의 머리와 가슴 윗부분과 우협시보살상(右挾侍菩薩像)의 발과 대좌 등이 깨어져 있었으며, 좌협시보살상은 완전히 파손된 상태였다. 또한 잘 다듬어진 배면(背面)에는 삼존불상의 3중 두광(頭光)이 투시된 것처럼 묘사된 특이한 조각기법으로 주목받았다.

본존은 시무외(施無畏)·여원인(與願印)의 손 모양(手印)을 취한 좌상(坐像)으로 추정되고 있다. 'U'자형의 주름이 새겨진 옷자락은 무릎과 대좌를 덮으며 좌우로 흘러내리고, 대좌의 아랫부분에는 삼존불상과 사자(獅子)가 조각된 듯 관찰되나 마멸이 심해 세부를 확인할 수 없다. 대좌의 각진 모서리 형태나 사자의

37) 한국교원대학교 박물관, 1992, 『비중리 일광삼존석불 복원조사 및 원위치탐색조사보고서』.
국립문화재연구소, 2006, 『남한의 고구려 유적』, pp.302~303.

사진 42. 일광삼존불상 앞면과 뒷면(국립문화재연구소, 2006)

사진 43. 우협시보살상(국립문화재연구소, 2006)

사진 44. 본존상(국립문화재연구소, 2006)

사진 45. 일광삼존불상 실측도
(국립문화재연구소, 2006)

사진 46. 석불입상과 광배석
(국립문화재연구소, 2006)

모습은 중국 길림성 지안(輯安)의 5세기대 장천 1호분에 그려진 선정인(禪定印) 불상의 대좌와 유사하므로 매우 이른 고식임을 알 수 있다. 본존불의 광배는 전신광(全身光)이 있고, 머리와 몸 주위로 다시 두광과 신광이 몇 겹의 동심원으로 표현되어 있으며, 광배에는 작은 화불(化佛)들이 돌아가며 새겨져 있다.

본존의 오른편 우협시보살상은 양감있는 얼굴에 보발(寶髮)이 양 옆으로 늘어져서 머리 부분이 강조되어 보인다. 가슴에는 목걸이와 내의의 표현이 보이며, 천의(天衣)는 허리 아래에서 'X'자형으로 교차된 다음 양팔에 걸쳐진 채 늘어져 있고, 치마에는 수직의 주름이 새겨져 있다. 'X'자 천의는 6세기에 유행된 것으로 평양 원오리 출토 소불상 등에 나타나 있다.

비중리 일광삼존불상은 본존상의 옷자락이 대좌를 덮은 상현좌(裳懸左)인 점과 보살상의 전반적인 형식 등에서 고식의 표현을 엿볼 수 있어 조성시기를 대체로 6세기 중후반으로 추정하고 있다.

3. 청원 남성골산성 목책유적(南城谷山城 木柵遺蹟)

· 위 치 : 충청북도 청원군 부용면 부강5리

· 지 정 : 충청북도 기념물 제 130호 (2003,09.26)

· 규 모 : 둘레 약 270~360m

■ 유적 현황

충북 청원군 부용면 부강 5리 남성골 일대의 해발 106m 야산의 정상부와 사면에 걸쳐 있는데, 금강유역에서 발견된 고구려의 대규모 성책유적이다. 금강 상류의 북안으로, 남쪽에 인접하여 금강이 흐르고 서쪽으로는 미호천이 남류하고 있다. 남성골산성 주변으로 성재산성, 복두산성 등 10개의 산성이 주변을 둘러싸듯 위치하고 있어, 이곳이 고대로부터 중요한 전략적 요충지였음을 짐

사진 47. 남성골산성 전경 (국립문화재연구소, 2006)

사진 48. 남성골 산성 목책 노출모습

작할 수 있다.

2001년 청원 IC~부용간 도로확포장공사구간에 포함되어 2002년까지 1차 발굴조사가, 2006~2007년에 추가발굴조사가 실시되었다.[38]

남성골유적은 내·외곽을 이중으로 돌린 목책(木柵)과 내곽으로 이어지는 능선을 차단하는 4개의 호(壕), 그리고 내곽 정상부 동문터의 석축 벽체를 특징으로 하는 5세기 후반대의 성책유적이다. 둘레 약 270~360m 정도로 추정되는 성내부에서는 다수의 저장구덩이와 주거지, 토기가마, 단야로 등의 유구가 잘 남아있고, 정상부 북쪽과 서쪽으로 낮아진 사면대지에서는 목책 주열만 남은 치성 3개소가 확인되었다. 또한 방어를 위한 시설로서 성책 부근에 자갈돌을 쌓아둔 시설이 확인되었다.

출토유물은 장동호를 비롯한 회흑색의 연질토기들과 철촉 및 주조철부 등은 고구려 유물임이 밝혀졌다. 또한 2006년 발굴조사에서는 고구려 양식의 금귀걸이와 철제표비도 출토되었다.

성곽 내부에서 고구려 계통의 온돌과 부뚜막을 갖춘 집터 등이 확인되었으며, 고구려 토기를 굽던 가마터까지 발견되었다는 점에서, 남성골유적은 단순

38) 충북대학교 박물관, 2004, 『청원 남성골 고구려유적』
중원문화재연구원, 2005/2006, 「청원 부강리 남성골유적 발굴조사」 현장설명회 자료.

한 군사시설로 그치지 않고 주거기능까지 겸한 고구려 남진정책의 중요한 거점이었음을 알 수 있다.[39)]

■ 성곽 구조와 축조방법

내곽은 산 정상부의 서쪽과 북동쪽에 위치한 고대(高臺)와 그 사이의 안부를 감싼 형태로 서족과 동쪽에 문지가 있으며 둘레는 360m 내외이다. 내곽의 외연을 따라 시설된 이중의 목책과 치 1개소, 동문지의 석축벽체, 목책 안쪽의 원형 수혈구덩이군, 수혈 집자리 등이 확인되었다. 내외 이중으로 된 목책은 분리된 구조를 보이는 것이 아니라 하나로 이중의 목책에 의해 연결된 구조이다.

내측의 경우 목주(木柱)를 세우기 위한 각각 4의 목책구덩이를 말각장방형의 형태로 파고 직경 20㎝ 정도의 목주를 세웠는데 간격은 대체로 150~160㎝이다. 외측은 구(構)처럼 깊게 단면 'U'자형의 도랑을 파고 목주가 세워질 부분만 약간 깊게 굴착하고 목주를 세운 특징을 보이고 있다. 목주와 목주 사이는 작은 할석을 진흙에 섞어 개어서 석축담장을 쌓아 목주를 보강하고 있다. 외측 목책열은 작은 할석으로 석축벽을 만들고 위로 진흙을 바른 목책도니성(木柵途泥城)의 모습을 하였던 것으로 추정된다. 내곽 치성은 'ㄷ'자로 돌출되어 있으며, 규모는 300×400㎝ 정도이다.

외곽은 외연을 따라 이중의 목책이 시설되어 있으며, 안쪽으로 구들 집터와 목곽고(木槨庫), 수혈유구 등 주거·생산·저장과 관련된 시설들이 분포한다. 목주를 세운 후 점토와 할석을 섞어 석축담장을 쌓고 있으며, 목책의 외측에는 진흙을 바른 흔적이 토층상에 나타나고 있어 내곽의 외측 목책 구덩이열과 동일한 양상을 보이고 있다.

전체 구조를 요약하면, 정상부의 내곽과 서쪽으로 낮아진 사면대지의 외곽

39) 국립문화재연구소, 앞의 책, pp.300~301.

사진 49. 목책 내·외측열(국립문화재연구소, 2006)

을 이중으로 돌린 목책과 내곽에서 동쪽으로 낮아지며 이어지는 능선부를 차단하는 4중의 호, 성벽이 회절하거나 돌출된 부분에 시설된 치, 그리고 내곽 정상부 동문지의 석축벽체를 특징으로 하는 성책유적으로서 그 유래를 찾아볼 수 없는 독특한 구조를 가지고 있다.[40]

■ 수혈구덩과 온돌시설

수혈구덩은 목책구덩열 바로 안쪽에 분포하고 있는데 총 114개 정도가 확인되었는데, 특히 사면대지인 상단에 북동쪽으로 돌출한 설상(舌狀) 대지상에서 70여개의 수혈구덩이가 조밀히 분포하고 있다.

구들 집터는 2기가 있다. 대부분의 고구려 유적에서 조사된 구들이 'ㄱ' 혹은

40) 국립문화재연구소, 2011, 『韓國考古學專門事典』-城郭·烽燧篇.

사진 50. 온돌유구 1(국립문화재연구소, 2006)

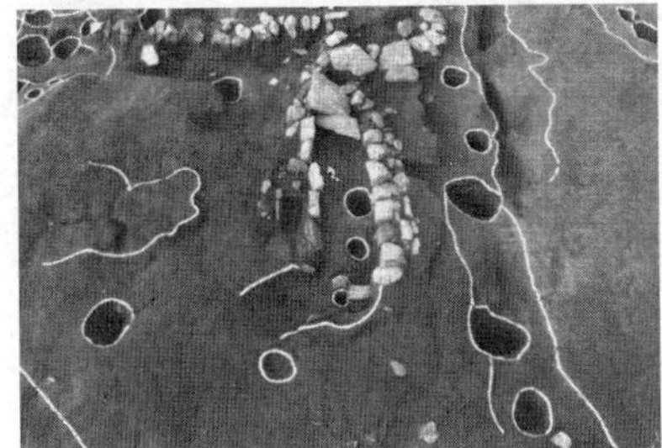
사진 51. 온돌유구 2(국립문화재연구소, 2006)

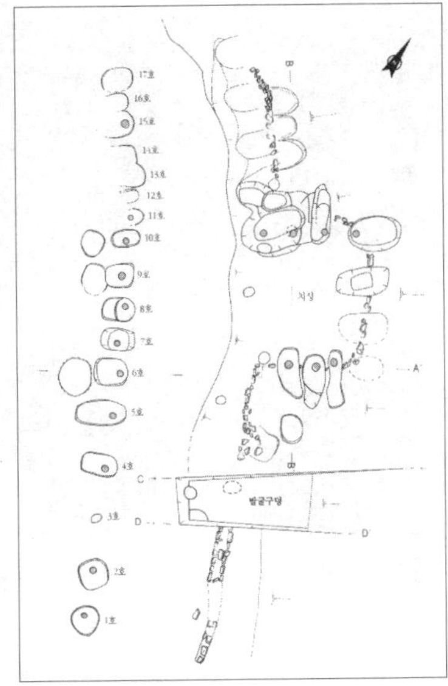
도면 13. 성벽과 목책치성

'ㄴ'자로 꺽인 것이 일반적으로 나타나고 있는데 반하여 2기 모두 직선으로 되어있는 것이 특징이다. 구들은 집터의 상면보다 위로 올라와 있으며, 화구가 구들의 진행방향과 나란하지 않고 90° 정도 틀어져 있어 고구려식 구들과 같은 구조를 보이고 있다. 구들이 시설된 집터는 고구려식 구들집터가 이미 금강유역에 나타나게 되었음을 알려주고 있다.

■ 출토유물

발굴조사에서 출토된 유물의 양상은 토기류와 철기류이다. 토기류는 대부분 평저기(平底器)로 동체에 2개의 가로띠손잡이가 달려있는 고구려 토기의 특징을 보이고 있다. 기종은 옹, 장동호, 호, 시루, 동이, 뚜껑, 이배, 완, 반 등이 있다. 이밖에 소수의 고배편, 개배편 등 백제토기편이 지표에서 채집되었으며, 신라계 유물은 확인되지 않는다.

사진 52. 출토유물 각종(국립문화재연구소, 2006)

철기류는 화살촉과 주조도끼가 대부분이며, 이밖에 횡공철부 1점과 살포 등이 있다. 화살촉 역시 백제나 신라유적에서 보기 드문 고구려계 화살촉의 특징적인 형태를 보이고 있으며, 2006년 발굴조사에서 금제이식 1점이 출토되었다. 태환식(太環式)의 금귀고리로 귀에 다는 고리(主環)와 중간 연결고리, 그리고 중간 장식(中間飾)의 끝부분이 분리된 채로 서로 얼마 떨어지지 않은 위치에서 출토되었다. 태환식의 귀에 다는 고리는 평면형태가 둥글고, 중간 연결고리는 평면 타원형의 형태를 띠고 있으며, 속이 비어 있는 형태로 보인다. 중간 장식은 구슬모양(球形)으로 만들고 그 바로 밑에 원추형의 끝장식을 직접 붙인 형태이다. 고구려계의 큰 고리 귀걸이 형태는 평양시 대성구역 안학동 출토품과 충북 청원군 강외면 상봉리 출토품과 거의 동일한 형태를 보이고 있다.

■ 경영시기

남성골산성의 축조 및 경영시기는 출토된 유물과 방사성탄소연대를 통하여 볼 때, 처음에는 백제에 의해 일정시기 동안 사용되었던 것으로 보이나, 당시 구체적인 모습을 확인하기 어렵다.

이후 고구려의 남진과정에서 5세기 후반경 고구려에 의해 축조되어 짧은 시기동안 경영되었던 것으로 보인다. 발굴조사에서 확인된 이중으로 된 목책 구조의 성책은 고구려에 의하여 축조되었다. 출토유물의 고구려계 토기는 한강 이북의 6세기대 고구려 보루에서 출토된 것과 비교하여 볼 때, 태토나 색조, 기형 등에서 약간 선행되는 것으로 파악되고 있으며, 방사성탄소연대가 475~520년으로 나온 것이 고구려의 경영시기와 관련된 것으로 보인다.

4. 대전 월평동산성(月坪洞山城)

· 위 치 : 대전광역시 서구 월평동 산20-1번지

· 지 정 : 대정광역시 기념물 제7호 (1989.03.16.)

· 규 모 : 둘레 680m

■ 유적 현황[41)]

대전 서구 월평동에 있는 야산(해발 137.8m)의 정상부를 따라 쌓은 포곡식 석축산성이다. 산성은 대전분지의 서쪽에 치우쳐 남에서 북으로 흐르는 갑천의 동변을 따라 남북으로 길게 뻗은 해발 100m 내외의 능선 북단부에 위치한다.

기존에 백제산성으로 알려져 왔으나, 인접한 월평동유적에서 별도의 방어시설과 고구려 유물이 확인됨에 따라 청원 남성골산성과 더불어 한강 이남의 고구려 유적으로 주목받고 있다. 월평동유적에서는 목책, 호, 성벽 등 각종 방어시설을 비롯하여 목곽고, 저장공과 같은 저상지설, 주거시설 등 대단위 유적이

41) 국립공주박물관·충남대학교박물관, 1999, 『대전 월평동유적』.
충청문화재연구원, 2003, 『대전 월평동산성』.

사진 53. 월평동유적 전경(국립문화재연구소, 2006)

밀집 분포하고 있으며, 고구려 토기가 출토되었다. 산성 자체에 대한 조사는 2001년에 성벽 및 고대지(高臺址) 절개조사를 중심으로 이루어졌다. 성벽 기초 아래에서 확인된 유구에서는 백제토기와 함께 5세기 말경을 하한으로 하는 옹, 장동호, 동이, 시루, 완, 접시 등 고구려 토기편 수점이 출토되었다.

이와 같이 고구려 토기가 월평동산성이 조영되기 이전부터 월평동유적을 포함한 일정 범위 내에서 지속적으로 출토된 점, 이와 관련이 있을 것으로 보이는 별도의 방어시설이 확인된 점은 당시 군사적 요충지였던 이 일대가 한동안 고구려 영향력 아래에 있었을 가능성을 보여준다고 할 수 있다.

월평동유적의 가장 이른 단계 방어시설인 목책의 축조 주체를 고구려로 본다면, 시기는 대체로 고구려가 한성을 함락한 475년~5세기 말년에 해당할 것으로 여겨진다.

■ 축조방법 및 시설물

성벽은 먼저 토루를 판축하여 조성한 뒤 외부에 석벽을 덧대어 쌓는 방식으로, 부여의 사비나성 및 부소산성과 동일한 사비기 백제의 축성기법이 확인되었다. 기반을 체성의 너비보다 약 2.5배(약 15m) 넓게 하여, 크고 작은 할석을 섞어 성토다짐으로 조성하였으며, 그 위에 하단 최대너비 620㎝, 현존 최고높이 426㎝로 판축토루를 조성하고 그 외면에는 장방형 40~50×30㎝로 치석한 돌로 '品'자형 바른층쌓기로 축조하였다.

그리고 외면 석축은 최고 15단으로 310㎝가 남아있는데, 하단의 기초석은 비교적 크고 세장한 형태이고 상단 쪽으로 가면서 상대적으로 작은 석재를 이용하여 들여쌓기로 축조하였다.

월평동유적의 목책은 능선 정상부를 따라 85m 정도 확인되었으며, 능선의 서쪽 사면 상단부에서 호(壕)가 110m 정도 조사되었는데 나란히 목책 1이 일정한 거리를 두고 배치된 양상을 보인다. 목책 2는 동쪽사면 중간부분에 있는데 등고선과 거의 평행하게 이중으로 설치되었다. 경사면을 'L'자상으로 삭토하고 너비 80㎝, 깊이 85㎝ 내외의 'U'자상의 구를 파고 그 안에 5m 간격으로 나무기둥을 세웠으며, 나무기둥 사이에 흙을 다짐하였다.

돌로 쌓은 성벽은 축조방법이 전혀 다른 2가지 종류가 동쪽 사면에서 조사되었다. 성벽 1은 자연지형을 따라 축조되었는데 1.5m 간격으로 나무기둥을 세운다음 기둥사이를 한 겹으로 쌓아 올리면서 그 앞쪽을 흙으로 다져 조성하였다. 성벽 경사면 아래쪽으로 5m 간격을 두고 호 2와 나란히 설치되어 있다. 이와 같이 목주를 세우고 돌을 쌓는 축성법은 평양 대성산성 소문봉에서 조사된 바 있다.

성벽 2는 석축성벽으로 크고 작은 할석을 이용하여 2겹으로 쌓았고 골짜기 통과지점은 성토다짐한 후 성벽을 축조하였으며, 성벽 1과 교차되는 지점은 성벽 2가 성벽 1의 위로 축조되어 있다. 이 성벽 2는 월평동산성의 동남벽 쪽을 향하여 남북 직선상으로 연결된다. 이들 성벽 시설은 월평동산성과 관련이 있는 것으로 추정된다.

고대지의 규모는 동서 44m, 남북 37m, 높이 10.5m이다. 조성은 기반조성→고대조성[토루부(판축다짐→외피다짐)→외면석축]→정상부 시설의 순으로 하

사진 54. 월평동유적 전경(국립문화재연구소, 2006)

사진 55. 월평동유적 목책 호 성벽
(국립문화재연구소, 2006)

사진 56. 월평동유적 성벽의 영정주 시설
(국립문화재연구소, 2006)

사진 57. 월평동산성 남서쪽 성벽
(국립문화재연구소, 2006)

사진 58. 월평동유적(국립문화재연구소, 2006)

였다.

문지는 남서북벽에 각각 3개소가 확인된다. 북문지는 산성 내의 유수가 흘러내리는 계곡부분으로 성벽이 약 3m 너비로 단절되어 있는데, 이곳이 문지였을 것으로 추정되며 수구지도 있었을 것으로 보인다.

이외 성내 시설물로는 추정 남문지 주변에 넓은 평탄지가 체육시설로 이용되고 있는데 이곳에 건물지가 있었을 것으로 보이며, 서문지 주변과 북문지 주변의 평탄지도 건물이 있었던 것으로 추정할 수 있다.

북문지 주변에는 우물지가 1개소 확인되며, 동벽 외부 경사면 아래에도 우물이 1개소 있다.[42]

42) 국립문화재연구소, 2011, 『한국고고학전문사전』-성곽·봉수편.

참고문헌

〈충주 고구려비〉

단국대학교 사학회, 1979, 『史學志』 13(중원고구려비 특집호).

任昌淳, 1979, 「中原高句麗碑小考」, 『史學志』 13(중원고구려비 특집호), 단국대학교 사학회.

金貞培, 1979, 「中原高句麗碑의 몇 가지 問題點」, 『史學志』 13(중원고구려비 특집호), 단국대학교 사학회.

李丙燾, 1979, 「中原高句麗碑에 대하여」, 『史學志』 13(중원고구려비 특집호), 단국대학교 사학회.

邊太燮, 1979, 「中原高句麗碑의 內容과 年代에 대한 檢討」, 『史學志』 13(중원고구려비 특집호), 단국대학교 사학회.

申瀅植, 1979, 「中原高句麗碑에 대한 考察」, 『史學志』 13(중원고구려비 특집호), 단국대학교 사학회.

李昊榮, 1979, 「中原高句麗碑 題額의 新讀-長壽王代의 年號 推論-」, 『史學志』 13(중원고구려비 특집호), 단국대학교 사학회.

田中俊明, 1981, 「高句麗の金石文」, 『朝鮮史研究會論文集』.

田中俊明, 1996, 「新羅中原小京の成立」, 『중원문화 국제학술회의 결과보고서』.

木村誠, 1997, 「中原高句麗碑立碑年次の再檢討」, 『朝鮮社會の史的展開と東アヅア』, 吉川出版社.

金昌鎬, 1987, 「中原高句麗碑의 재검토」, 『韓國學報』 47.

金昌鎬, 1992, 「高句麗 金石文의 人名表記」, 『先史와 古代』 3, 한국고대학회.

고구려연구회, 2000, 『高句麗研究』 10-中原高句麗碑 研究, 학연문화사.

李道學, 2000, 「中原高句麗碑의 建立目的」, 『高句麗研究』 10-中原高句麗碑 研究,

고구려연구회.

木村誠, 2000,「中原高句麗碑의 立碑年에 관해서」,『高句麗硏究』10-中原高句麗碑 硏究, 고구려연구회.

南豊鉉, 2000,「中原高句麗碑文의 解讀과 吏讀的 性格」,『高句麗硏究』10-中原高句麗碑 硏究, 고구려연구회.

李殿福, 2000,「中原郡의 高麗碑를 통해 본 高句麗 國名의 變遷」,『高句麗硏究』10-中原高句麗碑 硏究, 고구려연구회.

金昌鎬, 2000,「中原高句麗碑의 建立 年代」,『高句麗硏究』10-中原高句麗碑 硏究, 고구려연구회.

朴眞奭, 2000,「中原高句麗碑의 建立年代 考」,『高句麗硏究』10-中原高句麗碑 硏究, 고구려연구회.

林起煥, 2000,「中原高句麗碑를 통해 본 高句麗와 新羅의 關係」,『高句麗硏究』10-中原高句麗碑 硏究, 고구려연구회.

徐榮一, 2000,「中原高句麗碑에 나타난 高句麗 城과 國防體系」,『高句麗硏究』10-中原高句麗碑 硏究, 고구려연구회.

張彰恩, 2006,「中原高句麗碑의 연구동향과 주요 쟁점」,『歷史學報』189집.

〈충주 두정리 고구려 고분군〉

백종오, 2009,「남한의 고구려고분-최근 발굴 사례를 중심으로-」,『중원문화권 고분의 전개양상과 성격』, 제2회 국립중원문화재연구소 학술심포지엄 자료집.

尹武炳, 1975,「武寧王陵의 木棺」,『百濟硏究 6』, 충남대학교 백제문화연구소, pp.179~191.

崔種澤, 1999b.『高句麗土器 硏究』, 서울대학교 대학원 박사학위논문.

崔種澤, 2006,「南韓地域 高句麗 土器의 編年 硏究」,『先史와 古代 24』, 한국고대

학회.

梁時恩, 2007, 「中國 內 高句麗遺蹟에서 出土된 高句麗土器 硏究」, 『중국사연구 50』, 중국사학회.

張俊植, 1997, 『新羅 中原京 硏究-位置 比定을 中心으로-』, 단국대학교 대학원 박사학위논문.

鄭好燮, 2009, 『高句麗 古墳의 造營과 祭儀』, 고려대학교 대학원 박사학위논문.

張彰恩, 2006, 『新羅 上古期 高句麗 關係와 政治勢力 硏究』, 국민대학교 대학원 박사학위논문.

忠北大學校博物館, 2004, 『清原 南城谷 高句麗遺蹟』 조사보고 제 104책.

中原文化財硏究院, 2008, 『清原 南城谷 高句麗遺蹟-2006년 추가 발굴조사』 조사보고총서 제64책.

한국토지공사 토지박물관, 2007, 『漣川 瓠蘆古壘 Ⅲ 제2차 발굴조사보고서』 학술조사총서 제27집.

건국대학교박물관, 1994, 『忠州 丹月洞 古墳群 : 發掘調査報告書』 학술조사보고 제1집.

김일성종합대학 고고학 및 민속학강좌, 1973, 『대성산의 고구려유적』, 김일성종합출판사.

文化財管理局 文化財硏究所, 1991, 『北韓文化遺蹟發掘槪報』, 文化財管理局 文化財硏究所.

과학원 고고학 및 민속학연구소편, 1958, 「평안남도 대동군 화성리 쌍곽분 정리 보고」, 『고고학자료집 대동강류역 고분 발굴 보고』, 과학원출판사.

吉林省文物考古硏究所·集安市博物館, 2004, 『集安高句麗王陵』, 文物出版社.

한국문화재보호재단, 2007, 『성남 판교지구 문화유적 2차 발굴조사-5차 지도위원회의 자료-』.

충북대학교 중원문화연구소, 1998, 『문화유적분포지도-충주시-』, 충주시·충북대학교 중원문화연구소.
中原文化財硏究院, 2004, 『충주 대영베이스 대중골프장 부지내 문화유적 지표조사』.
文化財硏究所, 1991, 『中原 樓岩里 古墳群 發掘調査 報告書』.
國立中原文化財硏究所, 2009, 『忠州 樓岩里 古墳群 지표조사 및 발굴조사보고서』 학술연구총서 제2책.
충청문화재연구원, 2002, 『公州 金鶴洞 遺蹟』, 조사보고 제29집.
충청문화재연구원, 2008, 『보령 명천동·화산동 오야골 유적』, 조사보고 제78집.

〈건흥오년명 금동불 광배〉

趙東元, 1981, 『韓國金石文大系』 2, 원광대학교출판부.
張俊植, 1993, 「忠州地域에서의 三國時代 佛敎」, 『博物館誌』 2, 忠淸專門大學 博物館.
韓國古代社會硏究所 編, 1992, 『譯註 韓國古代金石文』 Ⅰ, 駕洛國史蹟開發硏究院.
張俊植, 2000, 「中原高句麗碑 附近의 高句麗 遺蹟과 遺物」, 『高句麗硏究』 10-中原高句麗碑 硏究, 高句麗硏究會.
곽동석, 2000, 『금동불』, 예경.
충주시, 2001, 『충주시지』.
동북아역사재단, 2007, 『고구려 불상과 중국 산동 불상』.

중원지역 불교고고학의 현황

김인한 | 충청대학교 박물관 학예실장

중원지역 불교고고학의 현황

- 최근 발굴 유적을 중심으로 -

Ⅰ. 머리말

충북 지역의 폐사지에 대한 발굴조사는 각종 개발사업 시행에 앞서 이루어진 구제발굴과 유적 정비에 따른 학술발굴로 나뉜다. 구제발굴조사가 처음 실시된 곳은 1977년 대청댐 건설사업 지구 내의 김생사지[1]이다. 1980년 충주댐 건설사업 지구에 대한 지표조사[2]에서도 많은 유적과 유물이 확인되었고, 이를 바탕으로 발굴조사[3]가 이루어졌다. 이때 발굴조사 된 불교유적으로는 제원(제천) 傳 淨金寺址,[4] 청풍 읍리 逸名寺址,[5] 중원(충주) 淨土寺址,[6] 단양 逸名寺址,[7]

1) 통일신라의 명필가인 金生이 주석했다고 전하는 충주의 김생사지와는 다른 곳으로 청원군 문의면에 있으며, 고려시대 초에 제작된 "金生寺太平興國(976-983)", "金生寺講堂草"명 기와가 출토되었다. 충주의 김생사지에서 "金生寺"명 명문기와와 통일신라 유물이 많이 출토된데 반해 문의의 김생사지에서는 고려시대 유물만이 출토되었다(충북대학교 박물관·문화재관리국 문화재연구소, 1979, 『대청댐 수몰지구 유적 발굴 보고서』 충청북도편, pp.167-184).

2) 충북대학교 박물관, 1980, 『충주댐 수몰지역 문화재 지표조사 보고서』.

3) 충북대학교 박물관, 1984, 『충주댐 수몰지구 문화유적 발굴조사 종합보고서』.

4) 정영호, 1984, 「제원 전 정금사지 발굴조사 보고」, 『충주댐 수몰지구 문화유적 발굴조사 종합보고서』, 충북대학교 박물관, pp.3-32.

단양 觀音寺址[8]이다. 이후 중부 고속도로 건설사업 구간에서 청주 內谷洞寺址[9]가 조사되었다. 2003년과 2004년에는 청주 산남동 택지개발사업 지구의 山南洞寺址,[10] 粉坪洞寺址[11]가 조사되었고, 2004년에 충주 용두-금가 간 우회도로 건설사업 시 김생사지[12]의 일부 지역이 조사되었다.

학술발굴조사는 1977년 중원 彌勒里寺址(彌勒大院·大院寺址)[13]가 첫 사례이다. 1980년대에는 중원 미륵리사지의 2~4차 발굴조사와 청주 句陽(雲泉洞)寺址,[14] 興德寺址[15]가 조사되었다.

5) 정영호, 1984, 「청풍 읍리 일명사지 발굴조사 보고」, 앞의 책, 충북대학교 박물관, pp.33-64.

6) 정영호, 1984, 「중원 정토사지 발굴조사 보고」, 앞의 책, 충북대학교 박물관, pp.65-152.

7) 정명호, 1984, 「단양 일명사지 발굴조사 보고」, 앞의 책, 충북대학교 박물관, pp.153-250.

8) 진홍섭, 1984, 「단양 관음사지 발굴조사 보고」, 앞의 책, 충북대학교 박물관, pp.251-274.

9) 문명대, 1986, 「청주 내곡동 건물지 발굴조사 보고」, 『중부고속도로 문화유적 발굴조사 보고서』, 충북대학교 박물관, pp.565-596.

10) 중앙문화재연구원, 2006, 『청주 산남3지구 택지개발사업지구 내 청주 산남동유적』.

11) 중앙문화재연구원, 2006, 『청주 산남3지구 택지개발사업지구 내 청주 분평동유적』.

12) 김생사지는 2차에 걸쳐 조사되었는데 1차 조사는 충청대학 박물관에서 2002년도에 학술조사로서 시행되었고, 중앙문화재연구원에 의해 2차 조사가 2004년도에 실시되었다(충청대학 박물관, 2006, 『충주 김생사지』; 중앙문화재연구원, 2006, 『충주 용두-금가 간 우회도로 건설구간 내 충주 김생사지』).

13) 충청북도, 1978, 『미륵리사지 발굴조사 보고서』, 청주대학 박물관.
청주대학 박물관, 1979, 『미륵리사지 2차 발굴조사 보고서』.
이화여자대학교 박물관, 1982, 『미륵리사지 3차 발굴조사 보고서』.
청주대학교 박물관, 1992, 『중원 미륵리사지-4차 발굴조사 보고서』.
청주대학교 박물관, 1993, 『대원사지·미륵대원지-중원 미륵리사지 5차 발굴조사 보고서』.

14) 청주대학교 박물관, 1985, 『청주 운천동사지 발굴조사 보고서』.

1990년대에도 학술발굴조사는 제한적으로 실시된다. 잔존 예가 희귀한 일광삼존불이 있는 청원군 북일면의 비중리사지[16] 발굴조사를 시작으로 중원 탑평리사지,[17] 충주 청룡사지[18]가 조사되었다. 그러나 이 시기에 있어 중요한 변화는 개별적인 불교유적의 정밀지표조사가[19] 이전 시기보다 활성화 되고, 각 지자체의 유적·유물에 대한 분포현황을 파악하는 학술조사가 시작되었다는 것이다.

2000년대에 접어들면서 학술조사가 실시된 유적을 중심으로 연차적인 계획하에 발굴조사가 이루어진다. 충주 숭선사지[20]는 현재까지 다섯 차례 조사가 진행되었고, 김생사지[21]는 두 차례 실시되었다. 영동 영국사[22]는 舊寺址 지역이 2

---

15) 청주대학교 박물관, 1986, 『청주 흥덕사지 발굴조사 보고서』.

16) 한국교원대학교 박물관, 1991, 『청원 북일면 비중리 一光三尊佛 지표조사 및 간이발굴조사 보고서』.
한국교원대학교 박물관, 1992, 『비중리 一光三尊佛 복원조사 및 원위치 탐색 조사보고서』.

17) 한국교원대학교 박물관, 1993, 『중원 탑평리사지 발굴조사 보고서』.
한국교원대학교 박물관, 1994, 『93중원 탑평리사지 발굴조사 보고서』.

18) 충주산업대학교 박물관, 1996, 『충주 청룡사지 발굴조사 보고서』.

19) 충주공업전문대학 박물관, 1990, 『青龍寺址 지표조사 보고서』.
청원향토문화연구회, 1993, 『石岩寺址 및 魯峰書院址 지표조사 보고서』.
청원향토문화연구회, 1995, 『松泉寺址 지표조사 보고서』.
충청전문대학 박물관, 1994, 『증평 南下里寺址 지표조사 보고서』.
충청전문대학 박물관, 1997, 『진천 寶塔寺』.
충청전문대학 박물관, 1998, 『영동 寧國寺』.
충청대학 박물관, 1998, 『제천 月光寺址』(附 : 제천의 불교유적).
충청대학 박물관, 1999, 『충주 金生寺址』.
충청대학 박물관, 2002, 『충주 義林寺址 지표조사 보고서 』.
예성동호회, 1995, 『崇善寺址 지표조사 보고서』.
청주대학교 박물관, 1997, 『음성 中洞里寺址 정밀지표조사 보고서』.

20) 충청대학 박물관, 2006, 『충주 숭선사지』(시굴 및 1~4차 발굴조사 보고서).
충청대학 박물관, 2011, 『충주 숭선사지 5차 발굴조사 보고서』.

회, 대웅전 기단부가 한 차례 발굴조사 되었다. 제천 장락사지[23]는 3차에 걸쳐 사지 전체가 조사되었고, 덕주사 극락전지,[24] 塔洞5層石塔 주변 지역,[25] 법주사 부도군[26] 등도 유적 복원 및 정비를 위해 조사되었다.

대청댐 수몰지역에서 처음 김생사지가 발굴된 이래 30여 년 동안 충북 지역에서 발굴조사가 이루어진 불교유적은 22곳이다. 개발사업을 목적으로 하는 구제조사로 시작되었다가 2000년대부터는 지방자치단체의 유적에 대한 정비사업에 바탕한 학술조사가 대부분이다. 특히, 충북 지역의 대표적인 폐사지라고 할 수 있는 충주 숭선사지, 제천 장락사지, 영동 영국사 舊寺址 조사를 통해 수많은 고고미술사적 자료가 발굴됨으로써 우리나라의 불교문화를 연구하고 이해하는데 있어 중요한 유적으로 주목받고 있다.

본고에서는 이들 세 유적에 대한 발굴조사 결과를 토대로 충북 지역 불교문화의 특징과 향후 연구과제에 대해 살펴보고자 한다.

Ⅱ. 現況

1. 忠州 崇善寺址

숭선사지는 2003년 5월에 사적 제445호로 지정되었다. 유적과 주변 지역에

21) 충청대학 박물관, 2006, 『충주 김생사지』.
중앙문화재연구원, 2006, 『충주 용두－금가 간 우회도로 건설구간 내 충주 김생사지』.
22) 충청대학 박물관, 2008, 『영동 영국사』.
23) 충청대학 박물관, 2008, 『제천 장락사지』.
24) 충청대학 박물관, 2006, 『제천 덕주사 극락전지 발굴조사 보고서』.
25) 청주대학교 박물관, 2005, 『청주 탑동5층석탑 주변 정비구역 발굴조사 보고서』.
26) 청주대학교 박물관, 2006, 『법주사 부도군 발굴조사 보고서』.

서 명문기와와 막새를 비롯한 많은 기와편이 수습되고, 당간지주가 남아있어 일찍부터 학계의 주목을 받아왔다.[27] 유적 내에서 수습된 "崇善寺"명 암키와편을 통해 『高麗史』 권 2 光宗 5년(954)조 "春 創崇善寺 追福先妣"의 기록과 일치되는 유적임이 입증되었고, 1995년부터 2009년까지 한 차례의 지표조사[28]와 5차례의 발굴조사[29]가 실시되었다.

숭선사지는 충청북도 충주시 신니면 문숭리 862-2번지 일원에 위치한다. 충주시내에서 3번 국도를 따라 음성군 생극면, 경기도 이천시 장호원읍 방면으로 약 25㎞ 거리에 있는 숭선마을의 북서쪽 계곡에 자리하고 있다. 숭선사지 입구의 이 길은 예부터 경상북도 문경-충북 괴산-충주-음성-경기도 이천시 장호원을 거쳐 서울로 통하는 지정학적 요충지이다.

수리산의 남쪽 사면에 여러 층단 형태로 조성된 산지가람터이며, 사역의 가장 상단인 북단부 지역에 중심사역이 조성되어 있다. 사역의 서쪽 계곡은 가람의 서쪽을 감싸며 초입의 당간지주까지 흐르고, 동쪽 계곡은 숭선사지의 북쪽 계곡에서 시작하여 사역을 남-북 방향으로 관통하다가 중단부에서 서쪽 계곡과 합류된다. 사지의 북쪽 계곡부에는 작은 규모의 완경사면이 형성되어 있는데, 유물이 출토되는 것을 볼 때 숭선사의 암자터일 것으로 여겨진다.

1) 연혁

숭선사는 고려 광종 5년(954)에 창건되어 크게 두 차례의 중창불사와 여러 차례의 소규모 중수불사가 있었던 것으로 추정된다. 1차 중창기는 고려 명종 12

27) 이재준, 1995, 『한국의 폐사』, pp.144-155.
김현길, 1981, 「숭선사지와 그 建造年代考」, 『예성문화』 제3호, pp.20-27.

28) 예성문화연구회, 1995, 『숭선사지 지표조사 보고서』.

29) 충청대학 박물관, 2006, 『충주 숭선사지(시굴 및 1~4차 발굴조사 보고서)』.
충청대학 박물관, 2011, 『충주 숭선사지 5차 발굴조사 보고서』.

년(1182)이고, 2차 중창기는 16세기 중엽이다.[30)]

창건 년대를 밝혀 준 유물은 "崇善寺三寶"명 암키와이다. 『高麗史』 권 2 光宗 5년(954)조 "春 創崇善寺 追福先妣"라는 기록과 일치하는 명문기와가 다수 출토되어 광종이 모후를 위해 창건한 왕실사원임이 입증되었다.

1차 중창기와 관련한 유물은 "□上□□監役副都監大師性林大匠暢交/大定二十二年壬寅四月日"명 암키와이다. "大定二十二年"은 고려 명종 12년(1182)인데 이 시기에 제작된 것으로 추정되는 많은 수의 와전류와 청자가 출토되었다. 명종대는 전국적으로 많은 불사가 이루어진 시기로, 충주 지역에서는 숭선사를 포함하여 대원사, 의림사, 오갑사 등이 창건되거나 중창불사가 이루어진다.

2차 중창기는 16세기경이다. 이 시기에 가장 중요한 점은 寺名이 변경되었을 가능성이 높다는 것이다. 중심사역의 금당지 앞쪽에서 출토된 기와편에 사찰의 명칭을 표현한 "□國寺"명 암키와가 출토되어 이를 뒷받침하고 있다. "國"字 앞부분이 잘려나가 명확한 사명을 알 수 없으나 이곳에 "希國寺"라는 절이 있

〈표 1〉 숭선사 관련 문헌 자료

명 문 내 용	시 기	출 전
春 創崇善寺 追福先妣	954년(高麗 光宗 5년)	고려사
大定 22년 壬寅	1182년(高麗 明宗 12년)	암키와
成化十五	1479년(조선 성종 10년)	암막새
嘉靖 二十九 申亥年/三月卄六日/化主志閑故…	1551년(조선 명종 6년)	수키와
嘉靖 四十年/辛酉四月日化…	1561년(조선 명종 16년)	수키와
萬曆/己卯	1579년(조선 선조 12년)	암막새
□國寺	16세기(추정)	암키와

30) 15세기경의 분청사기와 1479년 제작의 "成化十五"명 암막새를 근거로 한 15세기 중창설도 가능하지만 출토유물의 수량이 상대적으로 매우 적은 것을 감안하면 이 시기에는 소규모적인 불사가 이루어졌다고 보는 것이 타당하다.

었다는 승선마을의 전승과 명문의 내용이 부합된다고 할 수 있다. 따라서 16세기에 사찰을 중창하면서 寺名이 변경되었을 가능성이 매우 높다고 판단된다.

사료와 출토유물을 통해 본 승선사의 연혁을 표로 정리하면 〈표 1〉과 같다.

2) 유구

2000년부터 2009년까지 5차례에 걸쳐 중심사역과 동쪽 하단부 지역에 대한 발굴조사가 이루어졌다. 사역의 북쪽 상단에는 사찰의 중심사역이 있고 동쪽과 남쪽에도 배수로와 석축, 건물지 등이 조성되어 있다. 중심사역에는 금당, 영당(추정), 탑, 중문, 회랑, 답도, 우물 등을 조성하였으나, 상층 유구는 대부분 훼손되고 지금은 기단부나 적심시설만이 남아있다. Ⅱ지구와 Ⅳ지구에서는 12개소의 건물지와 10개소의 석축, 암거형 배수로, 노출형 배수로, 교각 등이 확인되었다.

(1) 건물지

중심사역의 건물지로는 금당지, 추정 영당지, 회랑지, 중문지가 있고, Ⅱ지구와 Ⅳ지구에서 12개소의 건물지와 회랑지가 확인되었다.

가. 금당지

정면 3칸, 측면 2칸의 규모로 중앙부에만 초석과 적심이 밀집되어 있을 뿐 남단과 북단에는 유구가 거의 남아있지 않다. 토층조사 결과 금당은 시기와 규모를 달리하여 최소 2차례 이상 건물의 개축이 이루어진 것으로 확인되었다.

창건기 금당지의 기단은 동-서 15.29m, 남-북 14m이다. 기단은 지대석-면석-갑석으로 이루어진 가구기단이다. 2단의 지대석을 놓은 후 상면에 탱주와 우주가 표현된 면석을 조성하였다. 면석에 탱주를 모각한 것도 있지만 별도의 'T'자형 탱주석을 두기도 하였다. 탱주석의 양 끝으로 돌출된 부분은 면석을 결구하고 이탈을 방지하기 위한 것이다. 면석 상면에는 하단을 호형으로 처리한 갑석을 올렸다. 정면의 주간 거리는 어칸 5m, 협칸 2.7m이다. 측면은 어칸 3.5m, 협칸 2.5m이다.

1차 중창기 금당은 창건기에 비해 규모가 축소되었다. 건물의 규모만 좀 더 작아졌을 뿐 칸수는 동일하다. 기단의 규모는 동–서 10m, 남–북 6m이고 주간 거리는 정면 어칸 4m, 협칸 2.5m이다.

2차 중창기 금당지의 유구는 초석과 적심, 장대석과 자연석으로 조성한 석열, 남쪽 기단 중앙에 마련된 계단 등이 남아있다. 1차 중창기 금당지보다 남쪽으로 이동하여 조성되었다. 주간 거리는 정면 어칸 3.5m, 협칸 2.5m이며, 기단의 규모는 동–서 12m로 추정된다.

나. 추정 영당지

금당지의 북쪽에 조성된 건물지로 3차례 이상 건물의 개축과 수축이 이루어졌다. 강당지로 보기에는 규모가 작고, 광종이 모후의 명복을 기원하기 위해 창사하였다는 기록을 바탕으로 하여 영당지로 추정된다. 동–서 12.7m, 남–북 6m의 기단을 마련한 후 조성하였다. 정면 3칸의 주간 거리는 동–서 4.12m로 일정하며, 측면은 1칸 2m만이 확인된다. 창건기 이후의 건물지는 유구가 많이 훼손되고 일부분만 잔존해 있어 전체적인 규모를 파악하기 어렵다.

다. 회랑지

중심사역과 동쪽 하단의 Ⅱ지구에서 확인되었다. 單回廊의 중심사역 회랑지는 장방형으로 치석한 장대석을 이용해 기단을 마련하였다. 기단 상면에는 갑석을 올렸다. 금당지의 동·서쪽과 중문지의 좌·우, 추정 영당지의 좌·우에서 확인되었다. 동·서회랑지는 금당지의 양쪽에 남–북 방향으로 조성하였고 북쪽 끝은 추정 영당지의 전면 석축과 만난다. 동회랑지 규모는 동–서 6.58~6.65m,

남–북 39m이다. 서회랑지의 주간 거리는 정면 4.5m, 측면 3.19m이다. 남회랑지는 중문지의 동·서편에 조성하였다. 회랑지의 본래 규모는 동–서 15m, 남–북 6m이다. 북회랑지는 추정 영당지 동·서편에 조성하였고 동단과 서단에서 'ㄱ'자로 꺾어 동·서회랑과 연결하였다.

Ⅱ지구는 중심사역의 하단 대지로서 동단부와 남단부에서 回廊이 확인되었다. 남회랑지는 현재 동–서 방향으로 정면 3칸, 측면 1칸이 확인되었다. 주간 거리는 동–서 2.8m, 남–북 3m이다.

동회랑지는 남–북 방향으로 정면 14칸, 측면 1칸이 확인되었다. 주간 거리는 동–서 3.3m, 남–북 4.4m이고, 적심의 크기는 120~160㎝로 원형이다.

라. 중문지

중문지의 남쪽은 중심사역의 남단 석축 상면에 장대석을 놓아 기단을 조성하였으며, 북쪽 기단은 배수로의 남쪽 측벽으로 이용하였다. 기단의 폭은 동–서 12m, 남–북 8m 규모로 정면 3칸, 측면 1칸이다. 주간 거리는 동–서 3.2m, 남–북 3.7m이다.

마. 기타 건물지

중심사역의 동쪽 하단 지역인 Ⅱ·Ⅳ지구에서도 12개소의 건물지가 확인되었다. 건물지는 경작 등 인위적 요인으로 인하여 많은 부분이 훼손되었고 중복된 사례가 많다. 토층조사 결과와 유구의 현황 등을 볼 때 최소한 2차례 이상 중창된 것으로 추정된다. 건물지의 현황을 정리하면 〈표 2〉와 같다.

〈표 2〉 Ⅱ·Ⅳ지구 건물지 현황

구 분	규모	주향	잔존유구	비고
제1건물지	동–서: 18.6m, 정면 5칸, 측면 3칸	남향	기단석열, 적심	
제2건물지	잔존길이: 6.7m	남향		

구 분	규모	주향	잔존유구	비고
제3건물지 (회랑지)	남–북: 61.6m	동향	적심	
제4건물지	적심 1기		적심	
제5건물지	정면 5칸	서향	적심	
제6건물지	남–북: 11m, 동–서: 5.6m		석열	
제7건물지	1차: 정면 2칸, 측면 1칸 2차: 정면 3칸, 측면 2칸	서향	초석, 적심	
제8건물지	정면 3칸, 측면 2칸	남향	초석, 적심 온돌시설	
제9건물지	동–서: 5.3m, 남–북: 5.6m	서향	적심, 초석	
제10건물지	정면 3칸(추정), 측면 2칸	남향	적심, 초석	
제11건물지	정면 1칸, 측면 1칸	서향	초석	
제12건물지	정면 3칸, 측면 2칸	동향	초석, 적심	

(2) 탑지

금당지에서 남쪽으로 10m 지점에 조성되어 있다. 동–서 5m, 남–북 5m의 규모로, 중앙에는 대형의 판석형 석재를 깔고 그 주변은 크고 작은 자연석을 깔아 기저부를 조성하였다. 3차 발굴조사 시 석탑부재로 추정되는 석재가 발견되어 이곳에 석탑이 조성되었을 것으로 추정되지만, 탑지의 중앙에 심초석으로 추정되는 석재가 있고, 유구 주변에서 기와가 출토된 점 등으로 미루어 목탑이 조성되었을 가능성도 배제할 수 없다.

(3) 배수로

사역으로 흘러든 우수를 처리하기 위해 중심사역의 중앙과 서쪽, Ⅱ지구의 동쪽에 조성하였다.

가. 중심사역 중앙배수로

동·서·남회랑의 안쪽 기단을 따라 조성한 것으로 '凹'자 형태이며 폭은 46㎝

이다. 2단 구조이고 1단과 2단 모두 장방형으로 치석한 장대석를 사용하였다. 2단 석재는 1단 석재보다 들여쌓기 하였다.

동남쪽 모서리의 집수구로 모인 우수는 중심사역 하단의 Ⅱ지구 남쪽 석축의 출수구로 배출된다. 집수구에서부터 출수구까지는 암거로 연결되었다.

나. 서쪽 배수로

추정 영당지 서쪽에서부터 Ⅱ지구 남쪽 석축까지 남-북 방향으로 조성하였다. 북단과 남단에 비해 중간부분의 폭이 넓은 형태이며, 길이는 66m가 확인되었다. 배수로의 동쪽 측벽은 서회랑의 서쪽 기단으로 대신하였다.

다. 동쪽 배수로

Ⅱ지구 동쪽 석축과 Ⅳ지구 서쪽 석축 사이에 축조된 배수로이다. 여러 시기에 걸쳐 규모와 형태를 달리 하며 조성되었다. 지상으로 노출된 배수로와 암거 형태의 배수로로 구분된다.

암거형 배수로는 기반암층에서부터 수많은 석재를 최대 폭 30m, 최대 높이 6m까지 쌓아 올려 Ⅳ지구의 석축과 건물지 기초를 조성하면서 그 내부에 길이 29m, 폭 160㎝, 높이 55㎝ 규모로 시설하였다. 내부 공간은 방형으로 마치 거대한 성벽에 시설된 배수시설과 같은 형태이다. 입수구와 출수구가 2개씩 마련되어 있다.

암거형 배수로가 폐기된 후 입수구 북쪽을 성토하고, 기존의 배수로 상면과 성토한 북쪽 부분에 남-북 방향의 석축을 축조하면서 지상으로 노출되는 배수로를 조성하였다. 현재까지 조사된 노출형 배수로의 길이는 54.4m이고, 폭은 1.2~11m이다. 배수로 내에는 Ⅱ지구와 Ⅳ지구의 통행을 위한 시설인 교각이 남아있다.

(4) 우물지

금당지 서편의 대형 건물지 앞쪽 답도를 훼손하고 2차 중창기에 조성되었다. 규모는 외부 지름 2.88m, 내부 지름 1m, 깊이 80㎝이다. 34㎝×33㎝~48㎝×28㎝ 크기의 자연석을 중앙에 1매, 주위에 6매를 돌려 깔아 바닥을 축조한 다음 자연석으로 면맞춤하여 허튼층쌓기 수법으로 축조했다. 현재 4~5단이 남아있다.

(5) 답도

2개소가 확인되었다. 답도 1은 금당지의 남쪽 기단에서 남쪽으로 약 1m 지점에 'ㅜ'자 형태로 남아있다. 판판한 석재를 이용해 1.45m 폭으로 조성하였다. 잔존 길이는 남-북 6.6m, 동-서 8.5m이다. 잔존 유구의 상황을 보아 본래는 중문지로부터 금당에 이르러 동쪽 및 서쪽 회랑과 연결되어 'ㅠ'자 형태를 이루었을 것으로 추정된다. 숭선사 창건기에 조성되었다.

답도 2는 금당지 서쪽 대형 건물지 앞쪽의 계단지 앞쪽에 조성되었다. 축조 시기는 1차 중창기로 추정된다. 2차 중창 시 답도 중앙에 우물이 조성되면서 시설 대부분이 파괴되었다. 답도 1과 같이 윗면이 판판한 석재를 사용하였고, 폭은 약 2.2m이고, 잔존 길이는 6.6m이다.

(6) 석축

석축은 경사진 지형에 평탄대지를 조성하고 그 대지에 건조물을 건립하기 위한 기축시설로 산지가람에서 가장 필수적인 토목구조이다. 수리산의 골짜기 사면에 위치한 숭선사도 많은 석축을 축조해 사역을 조성하였다. 현재까지 중심사역에서 5개소, 하단부의 Ⅱ지구에서 4개소, Ⅳ지구에서 9개소가 확인되었다.

남쪽을 향하고 있는 석축은 건물 건립과 대지 조성을 위해 축조되었고, 동쪽과 서쪽을 향한 석축은 배수로의 한쪽 측벽 기능도 겸하도록 하였다. 사용된 석재와 축석 방법에 따라서는 장대석 바른층쌓기와 자연석 허튼층쌓기로 구분된다. 장대석 바른층쌓기 방식으로 축조된 곳은 중심사역의 남쪽 석축과 추정 영당지 석축, Ⅱ지구의 북쪽 석축이다.

중심사역 남쪽 석축은 숭선사에서 가장 중심이 되는 것으로 '凸'자 형태이다. 높이 4m, 길이 45.47m의 규모이며, 지면으로부터 5~7단까지 남아있다. 정면을 장방형으로 치석한 장대석을 5㎝씩 바른층 들여쌓기로 축조하였다.

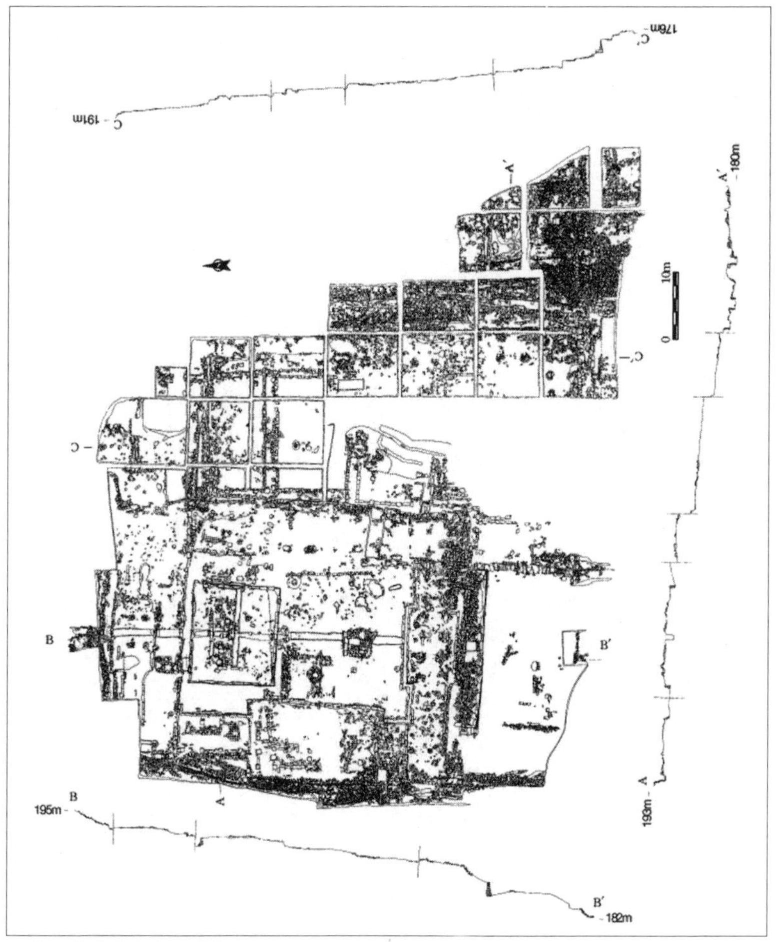

도면 1. 숭선사지 유구 평면도

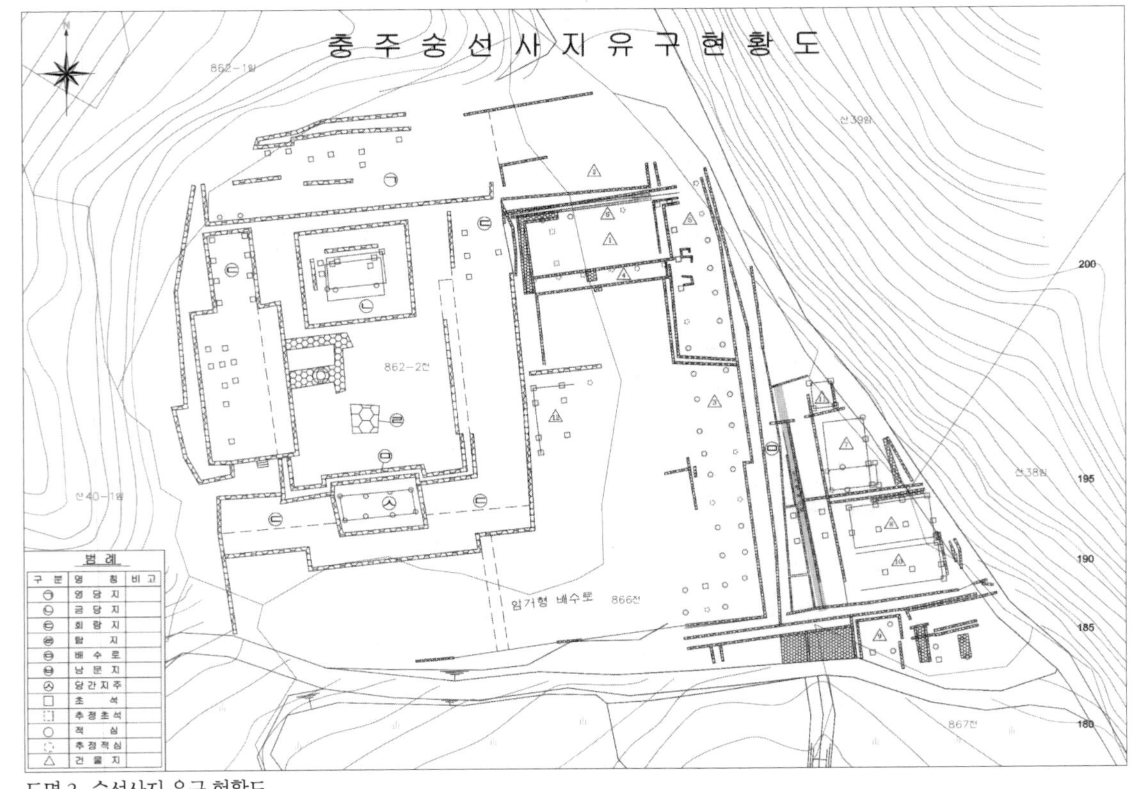

도면 2. 숭선사지 유구 현황도

사진 1. 숭선사지 금당지

사진 2. 숭선사지 금당지 서쪽 건물지

사진 3. 숭선사지 추정 影堂址 및 북회랑지

사진 4. 숭선사지 추정 影堂址

사진 5. 숭선사지 동회랑지

사진 6. 숭선사지 서회랑지

사진 7. 숭선사지 중문지

사진 8. 숭선사지 중심사역 남단 석축

사진 9. 숭선사지 탑지

사진 10. 숭선사지 중심사역 서쪽 배수로

사진 11. 숭선사지 중심사역 동쪽 배수로

사진 12. 숭선사지 동쪽 배수로 입수구

사진 13. 숭선사지 동쪽 배수로 출수구

3) 출토유물

다섯 차례에 걸친 조사에서 다종다양한 유물이 상당량 출토되었다. 와전류의 출토량이 가장 많고 도자기류, 토기류, 토제류, 석제류, 청동제류, 철제류 등도 출토되었다. 이 중 가장 주목할 만한 유물은 寺名이 새겨진 "崇善寺"명 암키와와 국내에서 최초로 발견된 금동연봉장식와정과 내용물이 담긴 채 출토된 분청사기장군이다.

(1) 와전류

숭선사지에서는 명문기와, 막새, 평기와, 서까래기와, 치미, 귀면와, 착고기와, 이형기와, 전 등이 출토되었다. 가장 주목할 만한 기와류는 숭선사의 寺名과 역사적 변화를 규명하는 결정적 단서인 명문기와이다. 사명을 알려주는 명문으로는 "崇善寺三寶", "□國寺"銘이 있고 역사적 변화시기를 알려주는 명문으로는 "大定二十二年壬寅", "成化十五", "嘉靖二十九申亥年", "嘉靖四十年", "萬曆"銘 기와 등이 있다.

창건기에 쓰인 연화문수막새는 고려 왕실 사원 중 하나인 안성 봉업사지에서 출토된 수막새와 동일한 형태이며, 귀면와 또한 봉업사와 같은 것이어서 주목된다.

(2) 도자기류

도자기류는 청자와 분청사기, 백자가 고르게 출토되었으며, 그중 백자가 가장 많다. 청자는 접시가 가장 많고 시기는 10세기부터 14세기경까지 다양하게 확인된다. 그중 중국에서 제작된 청자와 백자도 일부 포함되어 있어 주목된다. 분청사기는 접시가 가장 많이 출토되었으며 철화로 장식한 병이나 호가 일부 출토되었다. 이 중 백자완을 뚜껑으로 씌운 분청사기장군은 내부의 내용물이 그대로 보전된 채로 출토되어[31] 많은 관심을 받았다. 백자도 접시가 주종을 이루며 굽 안쪽 바닥, 굽 외면, 접시 내면 등에 기호나 한자를 점각한 것이 많다.

(3) 금속제류

금동보살상과 동탁, 금동연봉장식와정, 금동장식판, 낫, 호미, 칼, 보습, 자귀, 끌, 철정 등이 출토되었다. 특히 금동연봉장식와정은 창건기 금당의 지표층에서 다량 출토되었는데 국내에서 최초로 확인된 사례이다. 금동연봉장식와정은 철제와정 부분과 금동연봉형장식 부분으로 구별되며 금동연봉의 표면은 금으로 도금하였다. 기존의 와정장식은 청자와 백자 등의 도자기류 뿐이어서 금동연봉장식와정의 학술적 가치는 더욱 크다고 하겠다.

(4) 옥석제류

불상의 이마를 장식했던 수정 백호 2점과 環玉이 출토되었다. 또한 소형 석조불상의 머리부분과 머리가 잘린 석조불상, 석탑부재, 연화대석 등이 출토되었다.

사진 14. 숭선사지 출토 '崇善寺' 銘 명문기와류　사진 15. 숭선사지 출토 막새류

31) 장군 내의 액체 분석결과 알데히드계와 케톤계의 화합물이 검출되었고, 소량의 알코올도 검출되었다. 그리고 고체 성분의 분석결과 벌꿀과 비슷한 조직을 보이고 있다. 이러한 분석결과를 바탕으로 분청사기장군 내의 물질을 추측해 보면 벌꿀이었을 가능성이 높다.

사진 16. 숭선사지 출토 서까래기와

사진 17. 숭선사지 출토 귀면와

사진 18. 숭선사지 출토 석조보살좌상

사진 19. 숭선사지 출토 금동보살상

사진 21. 숭선사지 출토 금동연봉장식와정

사진 20. 숭선사지 출토 금동풍탁

사진 22. 숭선사지 출토 백자연봉장식와정

사진 23. 숭선사지 출토 분청사기장군

4) 조사 성과

숭선사지는 2000년부터 2009년까지 다섯 차례의 발굴조사와 한 차례의 시굴조사를 실시하였다. 조사결과 유적의 명칭과 사력은 물론 고려 왕실사원으로서의 면모를 엿볼 수 있는 유구와 유물을 밝혀낼 수 있었다. 조사성과를 살펴보면 다음과 같다.

첫째, 『高麗史』 권 2 光宗 5년(954년)조에 기록된 "春 創崇善寺 追福先妣"라는 내용이 유적에서 출토된 "崇善寺三寶"명 암키와를 통해 입증되었다. 또한 "숭선"이라는 마을이름과 "희국사"가 있었다는 전설 역시 "崇善寺"명 암키와와 "□國寺"명 암키와를 통해 증명됨으로써 지명이나 구비전승이 갖는 역사성의 의미를 다시 한 번 확인하게 되었다.

둘째, 숭선사는 당대 최고 기술력이 총동원되어 창건된 국찰이었으므로 고려시대 초기의 정치·사회·문화적인 시대상을 연구할 수 있는 매우 중요한 유적이라고 할 수 있다. 국내에서 최초로 출토된 금동연봉장식와정을 비롯해 왕실사원의 품격에 맞는 최고 수준의 유물이 다량 출토되었다. 그동안 학계에서는 청자연봉장식와정과 백자연봉장식와정만이 알려져 왔으나 표면에 금을 도금한 금동연봉장식와정이 최초로 발견됨으로써 건축사 연구에 매우 귀중한 자료가 되고 있다. 이밖에도 금동불상과 동탁, 중국 청자와 최고급의 고려청자, 연화문 수막새를 비롯한 각종 와전류 등은 숭선사의 수준을 가늠하는 자료로 평가된다.

셋째, 숭선사는 산지가람이면서도 중심사역만은 중문지-탑-금당-강당(추정 영당)이[32] 남-북 방향으로 놓이고 주위를 회랑으로 두르는 삼국시대의 전

---

32) 발굴조사에서 확인된 건물지의 규모가 작고, 신명순성왕후의 명복을 축원하기 위한 사찰의 창건 배경을 감안할 때 숭선사에서는 영당으로 건립되었을 것으로 추정하고 있다.

통을 계승한 형태로 조성하였다. 특히 회랑의 바닥에 전을 깔았으며, 많은 부분이 잔존하고 있어 학술적 의미가 크다.

넷째, 건물 조영에 있어 가장 큰 특징은 정교하게 다듬은 치석재의 사용과 가구기단이다. 건물의 기단과 석축은 물론 중심사역 내부의 배수로까지도 정교하게 치석한 장방형의 석재를 사용하였고, 금당이나 회랑과 같은 건물의 기단을 가구기단 형태로 조성하여 사찰의 격을 높였다. 현재 금당지와 서쪽 회랑지에 지대석-면석-갑석으로 이루어진 가구기단이 남아있다.

다섯째, 토목시설의 규모가 크고 우수한 기술력을 엿볼 수 있다. 특히 우수로부터 사찰을 보호하기 위한 배수시설이 대표적이다. 현재 길이 54.4m, 폭 1.2~11m가 조사된 중심사역 동쪽의 배수시설은 규모와 축조기법이 주목되고 있다. 동쪽 계곡의 기반암층면을 따라 최대 폭 30m, 최대 높이 6m까지 돌을 채운 후 상면에 석축을 쌓아 건물지를 조성하고, 석축 사이를 배수로로 활용하였다. 우수가 배수로 상면은 물론 내부에 채워진 수많은 석재 사이로 스며들어 기반암층면을 따라 물이 배출되도록 한 구조이다. 동쪽 계곡에 조성된 배수로의 토목시설 전체가 하나의 배수시설이라고 할 수 있다.

배수시설 중 가장 주목되는 시설은 중층으로 쌓은 석축 사이에 조성한 암거 형태의 배수로이다. 길이 29m, 폭 1.6m, 높이 55~64㎝에 달하는 암거형 배수로는 내부가 방형 구조이고 입수구와 출수구 모두 2개씩 마련하였다. 마치 성벽에 시설된 배수시설과 같은 구조이다.

2. 永同 寧國寺

영국사는 통일신라 하대에 창건되어 현재에 이르기까지 법맥을 이어오는 충북 지역의 유서 깊은 고찰로서, 사역 내에는 원각국사비(보물 제534호), 영국사삼층석탑(보물 제533호), 영국사망탑봉삼층석탑(보물 제535호), 영국사부도(보물 제532호), 영국사 靈山會後拂幀(보물 제1397호),[33] 영국사원구형부도(충청북도 유형문화재 제185호), 영국사석종형부도(충청북도 유형문화재 제184호), 대웅전(충청북도 유형문화재 제185호), "乾隆二十六年"銘 梵鐘, 石槽, 銘文石版, 獨聖幀畵, 山神圖收山初幀畵, 上壇幀新造成幀畵, 4점의 석탑 상륜부재(寶輪, 寶蓋, 水烟, 蓮峰形上輪部材), 요사채, 영국사 은행나무(천연기념물 제223호) 등의 많은 문화재들이 유존하고 있다. 뿐만 아니라 사찰 주변에서는 많은 암자터와 유물산포지도 확인되어 고려시대와 조선시대에는 영국사의 사세와 영향력이 컸음을 알 수 있다.

영국사에 대한 학술조사는 1998년 지표조사를 실시하여 영국사와 주변 유적의 현황을 파악하였고,[34] 이를 바탕으로 2003년 9월부터 2006년 7월까지 구사지를 2차례에 걸쳐 발굴조사 하였고, 대웅전의 지반침하로 인한 해체복원 과정 중 기단 하부에서 유구가 노출되어 2005년 5월 10일부터 7월 8일까지 발굴조사 하였다.[35]

영국사는 충북 영동군 양산면 누교리 1398번지 일원의 천태산 동록에 자리하고 있다. 영국사에 이르는 행로는, 옥천군 이원면과 영동군 학산면을 잇는 501번 지방도를 따라 두 길이 형성되어 있는데 등산로와 차량 진입로로 구별된다.

영국사는 3단의 평탄대지로 구성되어 있는데 현재의 사찰과 舊寺址로 구분된다. 하단 대지는 대웅전, 요사채, 영국사3층석탑(보물 제533호)이 조성되어 사찰의 중심을 이루며, 중단에는 최근에 건립한 산신각이 있다. 가장 상단 대지는 영국사의 구사지이다.

양산면은 영동군의 서쪽에 해당하며, 충북 옥천군과 충남 금산군, 전북 무주군과 인접하면서 충북의 남부 지역과 전라북도 내륙, 경상북도 북서부, 충청남

33) 불교중앙박물관에 기탁보관되어 있다.

34) 충청전문대학 박물관, 1998, 『영동 영국사』.

35) 충청대학 박물관, 2008, 『영동 영국사』.

도 동부 지역을 잇는 지리적 여건을 갖고 있다. 누교리와 양산면 소재지 사이에는 전북 무주에서 발원하여 금산군-영동군-옥천군-공주시-부여군을 거쳐 군산만으로 빠져나가는 금강이 흐르고 있다. 금강변을 따라서는 옥천과 영동, 금산, 무주를 잇는 도로가 개설되어 있다.

천태산의 북서부는 소백산맥과 노령산맥이 분기하는 산악지대로 삼국시대부터 백제와 신라의 영역 분쟁이 빈번했던 곳이다. 삼국시대에 국경선은 없었다고 하나 이 무렵 옥천의 관산성, 양산의 조천성, 합천의 대야성으로 연결되는 곳이 신라의 최전방 경계선이다. 때문에 다른 어떤 지방보다도 많은 성들을 축조하였다. 현재까지 알려진 성은 삼국시대에 축조된 원당리산성, 비봉산성, 노고산성, 봉화산성, 천태산성1과 고려시대 및 시대미상인 마니산성, 천태산성2 등이 있다.[36]

이처럼 양산 지역은 금강 수계에 위치한 입지여건으로 인해 삼국시대부터 전략적 요충지로 중요시 되어 이를 경영하기 위한 관방시설과 사원이 많이 조성되었던 곳이라고 할 수 있다.

1) 연혁

문헌이나 유물의 명문을 통해 영국사의 사력이 나타나는 시기는 원각국사비가 건립된 1180년에서부터 일제강점기 주봉조사가 중창한 1934년까지이다. 초창기에 해당하는 유구는 발견되지 않았으나 조사지역에서 출토된 동제여래입상 2구와 1934년 현재의 자리로 이건된 영국사삼층석탑, 통일신라 하대의 제작으로 추정되는 연화문수막새와 평기와류 등의 유물을 고려할 때 영국사 지역에는 늦어도 통일신라 하대에는 사찰이 창건되었던 것으로 추정된다.

1차 중창기는 영국사가 圓覺國師 德素의 하산처로 정해지고 그의 死後 석조

36) 중원문화재연구원, 2006, 『문화유적 분포지도-영동군』.

부도와 비가 건립되는 12세기로, 가장 격식 있는 건축미를 펼친 시기라고 할 수 있다. 이 시기에 해당하는 유구는 사역의 기초 시설인 석축 1·2·4~7, A지구의 제3건물지, 답도, 제4건물지의 하층 기단석렬, 제6건물지, 석축 1 상단과 B지구에 걸쳐 조성된 추정 누각건물지 등이다.

2차 중창기는 출토유물의 명문과 문헌자료는 발견되지 않았으나 제3건물지와의 토층관계 및 유물의 출토상황을 고려할 때 고려 후기에 A지구 제2·4·5건물지가 새로 조성되고 제 6건물지는 폐기되는 것으로 추정된다.

〈표 3〉 영국사 구사지 출토 명문 유물 및 문적

명문내용	시기	출전
…下安于陽山管內智勒山寧國寺	1180년	원각국사비
…資福寺 …寧國寺 …	1407년	조선왕조실록 태종 7년조
弘治十三年	1500년	수막새기와
寧國寺在智勒山 …	1530년	신증동국여지승람
嘉靖三十八年…	1559년	암막새기와
萬曆九年…	1581년	암막새기와
康□(熙)六年…	1667년	암막새기와
崇禎紀元後七十四年…	1701년	법당성조시주명록(대웅전 해체 시 발견)
康熙四十一年…	1702년	대웅전망와
康熙四十八年…	1709년	영국사 대웅전영산회후불탱
康熙五十年…	1711년	대웅전용마루기와
擁正七年…	1729년	상량문(대웅전 해체 시 발견)
乾隆二十四年…	1759년	대웅전망와
乾隆二十六年…	1761년	대웅전 내 범종
乾隆三十七年…	1772년	삼장탱화
乾隆肆拾參年…	1778년	영국사상량문(대웅전 해체 시 발견)
大淸光緖五年…	1874년	영국사사적문
光緖十九年…	1893년	영국사중수기, 대성산삼축당상량문
光武十一年…	1907년	산신탱화, 칠성탱화, 독성탱화, 상단탱화, 신장탱화
歲甲戌二月下…	1934년	영국사중수기

3차 중창기는 16세기로 A지구와 B지구의 가람이 모두 조성되는 시기이다. 제1건물지와 B지구 제1·2건물지가 새로이 조성되고, 기존의 건물들은 존속한다. 이 시기와 관련된 명문 유물은 "…弘治十三年(1500)"명 수막새, "嘉靖三十八

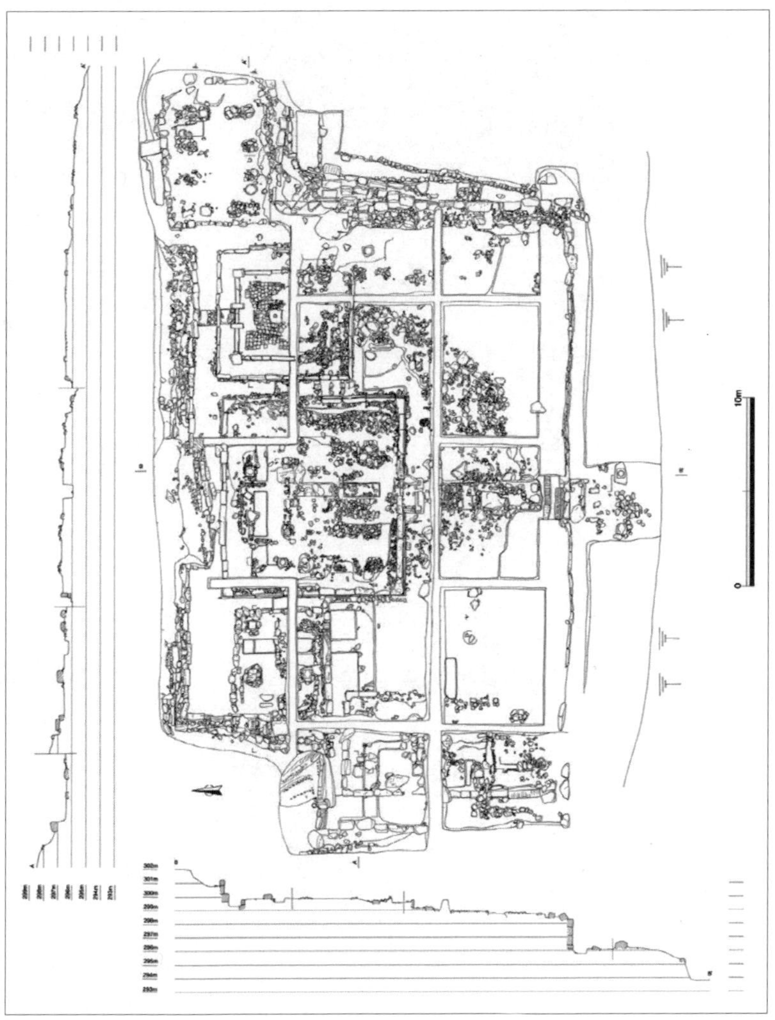

도면 3. 유구 평면도

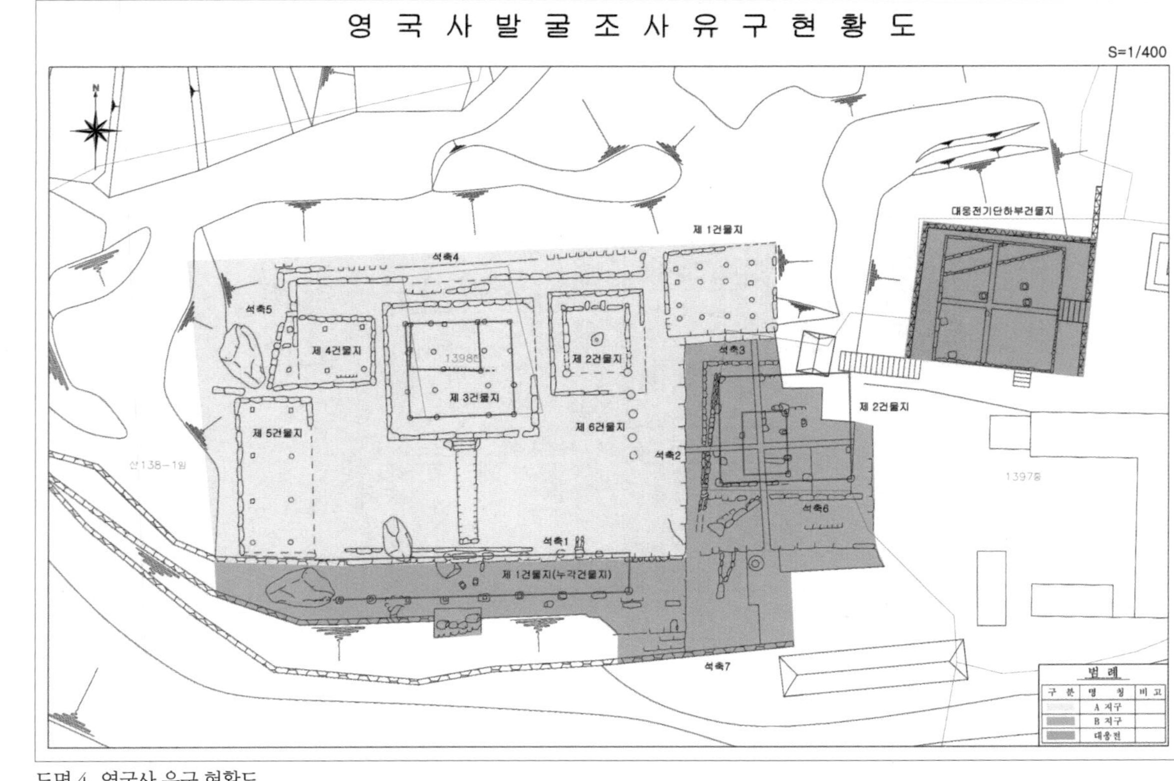

도면 4. 영국사 유구 현황도

年…(1559)"명 암막새, "萬曆九年…(1581)"명 암막새 등이다. 유물의 출토량이 많고 분포범위가 넓은 것을 볼 때 일부는 건물의 보수를 목적으로 번조되었기도 하겠지만 새로운 건물을 조성하면서 즙와하기 위해서도 번조하였을 것으로 여겨진다.

4차 중창기와 관련하여서는 "康熙六年(1667)"명 암막새, 대웅전 해체 과정에서 발견된 "崇禎紀元後七十四年(1701)"명 法堂成造施主名錄, "康熙四十一年(1702)"명 대웅전 망와, "康熙四十八年(1709)"명 대웅전 靈山會後拂幀, "康熙五十年(1711)"명 대웅전 용마루기와, 대웅전 해체 시 발견된 "擁正七年(1729)"명 상량문, "乾隆二十四年(1759)"명 대웅전 망와, "乾隆二十六年(1761)"명 대웅전 범종, "乾隆三十七年(1772)"명 삼장탱화, "乾隆肆拾參年(1778)"명 영국사 上樑文 등에서 확인되었다. 영국사에 있어서 가장 대규모적인 중창불사가 행해진 시기로서 최고 융성기라고 할 수 있다. 기존의 건물은 다시 중건되지만 A지구 제5건물지는 폐기되고, 현재의 대웅전도 이때 조성되었다. .

5차 중창기는 1874년부터 1907년까지의 중창불사 시기이다. 관련 문헌은 "寧國寺 事蹟文"과 1893년에 기록된 "영국사중수기", "大聖山三祝堂上樑文", "光武十一年"명 七星幀畵, 獨聖幀畵, 神將幀畵, 上壇幀新造成幀畵, 山神圖收山初幀畵 등이다. 큰 홍수 피해를 입어 대부분의 전각이 유실된 영국사는 이 시기에 삼축당을 새로이 짓고 A지구 제1·2건물과 대웅전을 보수하였고, 여러 불화 불사를 하였다.

6차 중창기는 1934년 주봉조사가 현 영국사를 중창한 시기로 1934의 "영국사중수기"에서 그 내용을 확인할 수 있다. 퇴락해가는 사찰을 중흥시키기 위해 새로이 불전을 짓고 폐사지에 있던 탑을 이전하여 다시 세웠다는 기록을 볼 때, 현재 남아 있는 영국사의 모습은 이때에 갖춰진 것으로 판단된다.

2) 유구

구사지에서 확인된 유구는 건물지 8개소, 답도, 석축 7개소 등이고, 대웅전 기단 하부에서는 18세기에 조성된 유구가 확인되었다. 천태산 동록 계곡 사면에 조성되었기 때문에 기축 시설인 석축을 축조하였고, 면적에 비해 건물의 밀집도가 높은 편이다.

(1) 건물지

가구기단 형식으로 축조된 중심 건물인 A지구 제3건물지와 규모 및 형태에 있어 보고된 바가 희소하여 학술적 가치가 있는 B지구 추정 누각건물지를 상술하고 나머지 건물지는 기본 현황만 정리하고자 한다.

가. A지구 제3건물지

제3건물지는 구사지의 중앙에 위치하고 있고, 규모와 유구의 조성수법을 고려할 때 옛 영국사의 중심건물지로 추정된다. 제3건물지가 처음 건립된 시기는 영국사의 1차 중창기인 12세기 후반이다. 좌우에 건물이 가까이 배치되기 때문에 맞배지붕을 하였을 것이다.

주향은 남향이고, 건물의 규모는 정면 3칸 9.7m이며, 측면 3칸 8.6m이다. 주간거리는 정면 어칸 490㎝, 양 협칸 240㎝이고, 측면 어칸 360㎝, 양 협칸 250㎝이다. 기단의 규모는 동-서 14m, 남-북 12.9m이다. 기단의 지대석과 면석, 갑석은 각기 별석으로 조성하였다. 또한 남쪽 정면에 계단을 설치하였다. 정교하게 치석한 석재를 이용해 지대석-면석-갑석의 가구기단으로 축조한 건물이다. 정면에는 계단의 지대석과 소맷돌이 남아있다.

기단 면석과 모서리에는 탱주와 우주를 각출하였다. 지대석은 상면에 각호각 3단의 몰딩을 주었는데 중간 단을 가장 크게 처리하였다. 갑석은 상면에 전을 끼울 수 있는 홈을 두었고, 하단에 2단의 부연을 표현하였다.

나. B지구 제1건물지(추정 누각건물지)

A지구 남쪽 석축을 따라 동-서로 길게 배치되고, 석축 1의 상면과 B지구 바닥면의 높이 차를 두고 배치된 점으로 미루어 누각건물지로 추정된다. 영국사 관련 기록 중 '영국사 사적문'에 기록된 '萬歲樓'터로 추정된다.

건물의 주향은 남향이고 현재 정면 8칸 27.6m, 측면 1칸 4m가 노출되었다. 그러나 석축 1의 직선 구간이 서쪽으로 더 이어져 있고, 출입시설이 있는 곳을 중앙부로 가정했을 때 서쪽에 1칸이 더 있을 가능성이 높다. 서쪽에 한 칸이 더 있었다면 최소 9칸 31m는 되었을 것으로 추정되며, 상·하단 높이 차는 2.6~2.8m이다. 영국사의 1차 중창기인 12세기 후반 경에 건립되었다.

2차 시기 건물지는 영국사가 대대적으로 중건되는 16세기경이며, 이후 임진·병자 양난 시기에 소실되었다가 17세기 말부터 18세기 사이에 중건된다. 1874년에 중수된 누각건물지는 얼마 지나지 않아 1893년 이전에 있었던 홍수로 인해 완전히 폐기되었다.

다. 기타 건물지

A지구 제3건물지와 B지구 제1건물지(추정 누각건물지) 이외에도 많은 수의 건물지가 확인되었다. 토층조사와 확인된 유구의 현황, 출토된 유물 등을 볼 때 6차례의 중창 불사가 있었다고 여겨진다. 건물지의 현황을 정리하면 〈표 4〉와 같다.

〈표 4〉 영국사 구사지 건물지 현황

구분	내용	주향	잔 존 유 구	비고
제1건물지	16세기에 정면 3칸, 측면 2칸으로 건립되고, 17-18세기에 정면 3칸, 측면 3칸으로 중건됨	남향	초석, 적심, 기단석열, 석축 등	
제2건물지	고려 말에 처음 건립되고, 17-18세기에 중건됨, 정면 3칸, 측면 1칸	남향	초석, 적심, 기단석열 등	

구분	내용	주향	잔 존 유 구	비고
제4건물지	고려 말기에 건립되고, 17-18세기에 중건됨, 정면 2칸, 측면 1칸	남향	초석, 적심, 기단석열, 석축 등	
제5건물지	고려 말기에 건립되고 임진·병자난 때 폐기, 정면 3칸, 측면 1칸	동향	초석, 적심, 기단석열 등	
제6건물지	12세기에 건립되었다가 2차 중창기 전에 폐기	동향	4기의 적심석만이 남-북 일직선상에 위치	
B지구 제2건물지	16세기에 정면과 측면 3칸으로 건립되고, 1차 유구 폐기시킨 상면에 규모가 축소된 정면과 측면 3칸으로 중건, 일시 폐기 후 1934년 중건됨	1차남향, 2차동향	초석, 적심, 기단석열, 배수로 등	
대웅전 기단 하부 건물지	1차시기(17세기): 정면 3칸(추정), 측면 2칸 2차시기(18세기): 현존 대웅전, 정면과 측면 모두 3칸	남향 동향	초석 5매, 적심 1기, 북쪽 기단 석축 초석 14매, 고막석, 기단 석축	

(2) 답도

답도는 제3건물의 정면 계단과 석축 1을 남-북으로 연결하고 있다. 길이가 8m이고 폭은 1.68m이다. 남쪽 지역의 답도석이 일부 유실되었지만 전체적으로 잔존상태가 양호한 편이다. 성토층 위에 답도의 범위를 설정하고 가장자리를 자연석재로 마감한 후 내부에 전돌과 윗면이 평평한 석재를 결구하는 방법으로 조성하였다.

답도 끝에는 정면한 면을 북쪽으로 한 2매의 장대석이 마주하고 있는데 추정 누각건물지의 기단석이다.

(3) 석축

석축은 경사진 지형을 평탄대지로 만들어 시설물을 축조하기 위한 기축시설이자 조성된 공간을 상단 지역으로부터 보호하기 위한 담장 역할을 하기도 한다. 영국사는 천태산 동쪽 사면을 따라 형성된 계곡과 상면의 능선에 자리한 산지가람이다. 현재의 영국사 경내와 발굴조사 지역은 계곡의 북쪽 사면과 능선의 끝자락에 조성되어 있기 때문에 대지의 남쪽 계곡과 동쪽에 장대석의 석축이 여러 곳에서 확인되고 있다. 담장 석축이 2곳이고 나머지는 모두 기반 석축이다.[37] 장방형으로 커다랗게 자른 후 표면에 정다듬한 홈이 세로로 여러 줄 나타나고 있다.

확인된 석축의 현황을 정리하면 다음과 같다.

〈표 5〉 영국사 구사지 석축 현황

구분		규모		수법	비고
		길이	높이		
석축 1		59.6m	2.6~2.84m	바른층쌓기	A지구를 조성하기 위해 축조한 기반 석축
석축2		19.4m	1.1~2m	바른층쌓기	'一'자 형태로 북쪽 끝이 석축 3과 직교
석축 3		8.8m	2.6~3m	들여쌓기	높이차를 두고 2단의 석축선
석축 4		34m	2.84m	3단 구조, 바른층쌓기(하단, 중단), 들여쌓기(상단)	A지구 사역의 북쪽을 보호하는 담장석축
석축 5	북쪽	11.58m	82~225㎝	바른층쌓기	단면상으로 2단이고, 장대석을 기반암층에 바로 올림
	중앙	556㎝	170~380㎝	바위를 깎아 이용	
	남쪽	8m	268㎝	바른층쌓기	북단부는 크고 작은 부정형의 석재를 층단식으로 축조
석축 6		17m	170㎝	들여쌓기(동쪽)	동쪽으로 갈수록 낮아지는 지세를 맞추기 위해 지대석 상면에 치석 상태의 정연성이 떨어지는 석재를 사용
석축 7		14.2m	316㎝(동쪽) 260㎝(서쪽)	층단식으로 높게 조성	영국사 舊寺地의 가장 기초가 되는 기반석축

37) A지구는 영국사의 상단 지역으로 건물 조성을 위한 대지의 기반 석축 3곳과 사역을 보호하기 위한 담장 석축 2곳이 확인되었다. 기반 석축은 사역의 전면부인 남쪽과 동

사진 24. 영국사 전경

사진 25. 영국사 A지구

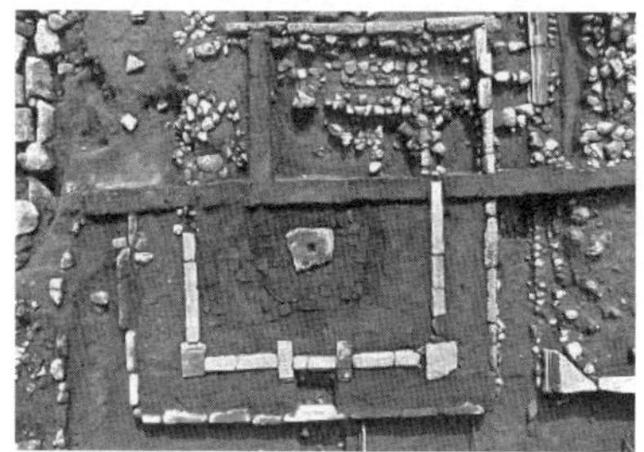
사진 26. 영국사 A지구 제2건물지

사진 27. 영국사 A지구 제3건물지

사진 28. 영국사 A지구 제3건물지 남쪽기단

사진 29. 영국사 A지구 제3건물지 남쪽 계단지

사진 30. 영국사 A지구 누각건물지 및 석축

사진 31. 영국사 대웅전 기단 하부 건물지

3) 출토유물

영국사에서는 기와류, 토기류, 자기류, 토제류, 석제류, 금속제류 등의 다양한 유물이 출토되었다. 출토량으로 보면 건물지 조사인 만큼 기와류가 가장 많고, 다음으로 도자기류와 토기류, 금속제류, 토제류, 석제류 순이다. 기와류 중에는 절대연대가 명기된 명문기와류가 다수 출토되어 유적의 역사와 기와류의 편년 설정에 좋은 자료가 되고 있다. 또한 통일신라시대의 청동·금동여래입상 2구와 연화문장식판, 백자연봉형와정장식, 국내에서 최초의 출토 사례인 소조부도 등은 가장 특징적인 유물이라고 할 수 있다.

(1) 와전류

영국사에서 출토된 와전류는 명문기와, 막새, 평기와, 치미, 귀면와, 이형기와 등이다. 그중 "…弘治十三年…", "嘉靖三十八年…", "萬曆九年…", "康熙四十一年…", "康熙五十年…", "乾隆二十四年…"명 기와들과 같이 절대연대를 알 수 있는 명문기와들이 다수 확인되었다. 막새류는 통일신라 말경으로 추정되는 연화문수막새와 고려시대의 연화문수막새, 귀목문수막새 및 암막새, 귀면문암막새, 당초문암막새·박공막새, 조선시대의 범자문수막새·암막새, 범자연화문수막새, 귀면문수막새, 당초문암막새, 초문암막새 등이 출토되었다.

(2) 토기·도자기류

출토유물 중 토기류가 차지하는 비율이 가장 적은 편으로 고려시대의 등잔

쪽에 축조되었고, 담장 석축은 사역 북쪽과 서쪽에 축조되었다. A지구의 평탄대지를 조성하기 위한 기반 석축 중 편의상 지역 정면에 해당하는 남쪽 석축을 석축 1로 하고, 제6건물지의 동쪽을 석축 2, 제1건물지 남쪽을 석축 3이라 명명하였다. 담장 석축은 사역 북쪽을 길게 보호하는 북쪽 석축을 석축 4라 하였고, 서쪽 지역을 석축 5로 부여하였다.

이 완형으로 출토되었을 뿐 대부분이 파편으로 수습되었다. 壺와 동이가 가장 많은 형태이고 병이 소량 확인되었으며 근대에 제작된 옹기편도 출토되었다.

자기류는 백자가 대다수를 차지하며 청자와 분청사기, 청화백자편들이 소량 출토되었다. 특히, 와정의 부식방지와 장식효과를 위해 쓰인 백자연봉형와정 장식이 다수 출토되었다.

(3) 토제류

영국사 출토유물 중 특기할 만한 것은 소조부도와 소조불상편, 토제나발 등의 토제류이다. 소조부도는 국내에서 단독적인 조형물로 발견된 최초의 사례이다. 기단부 일부가 결실되었지만 전체적인 형태는 완연하다.

소조불상편은 작은 파편들로 수습되어서 정확한 형태를 파악하기 어려우나 손가락편을 참고로 유추해 볼 수 있는 크기는 사람의 평균 키보다 약간 큰 듯하다.

(4) 동제류

청동여래입상과 금동여래입상이 출토되었다. 제3건물지 뒤편 석축의 무너진 석재 사이에서 頭像이 결실된 채로 한 점이 출토되었고, 다른 한 점은 나-1트렌치의 표토층 하면에서 출토되었다. 두상이 결실된 금동여래입상은 환조형태

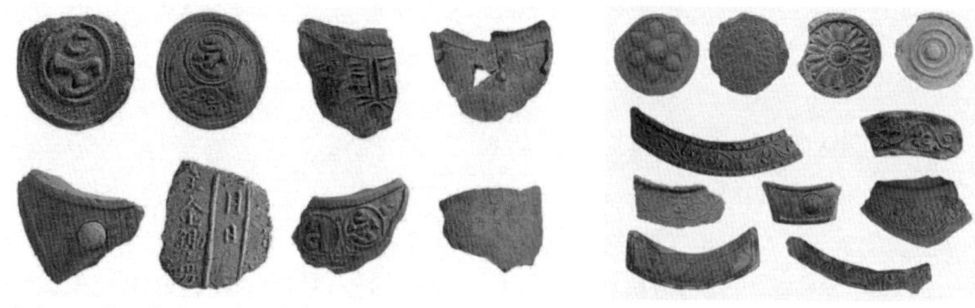

사진 32. 영국사 출토 명문기와류

사진 33. 영국사 출토 막새류

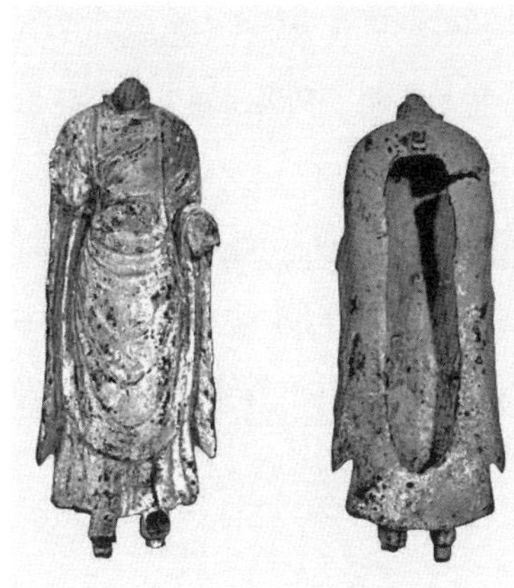
사진 34. 영국사 출토 금동여래입상

사진 35. 영국사 출토 청동여래입상

사진 36. 영국사 출토 팔각당형소조탑

사진 37. 영국사 출토 석제사자상

사진 38. 영국사 출토 나발

사진 39. 영국사 출토 백자연봉형와정장식

이고 상체가 약간 뒤로 젖혀져 있어 당당한 느낌을 주고 있으며 수인은 시무외·여원인의 통인을 결하고 있다. 불상의 수인이나 자세, 법의의 표현방법 등을 고려할 때 제작 시기는 적어도 8세기 말경으로 추정된다.

다른 청동여래입상은 불상 전면부만이 표현된 부조형태이다. 불상의 뒷면과 발바닥에는 광배와 불상을 고정시키기 위한 촉이 마련되어 있다. 어깨가 매우 당당하며, 수인은 시무외·여원인이다. 불상의 제작 시기는 위의 불상보다는 약간 늦은 통일신라 하대경으로 추정된다.

4) 조사 성과

영국사는 1998년 지표조사를 실시하였고, 이를 바탕으로 2003년부터 2006까지 1회의 시굴조사를 포함한 3회에 걸쳐 발굴조사를 실시하였다. 조사성과를 살펴보면 다음과 같다.

첫째, 고려시대 중기(12세기)부터 근대에 이르기까지 많은 유구를 통해 영국사의 변천 과정을 알 수 있게 되었다. 舊寺址는 2단의 평탄대지로 이루어졌다. 상단대지인 A지구에서는 건물지 6개소, 답도 1개소, 석축 5개소, 하단대지인 B지구에서는 건물지 2개소, 석축 2개소가 확인되었다. 6개동의 건물이 12세기부터 근대에 이르기까지 여러 차례의 중창과 폐기를 반복하였다.

B지구의 건물지 중 특징적인 것은 석축 1 상단과 B지구 면에 높이 차이를 두고 건립한 누각건물지이다. 현재는 8칸만이 노출되었으나 원래는 9칸, 31m에 이를 것으로 추정된다. 우리나라에 현존하는 건물이나 조사된 건물지 중 가장 큰 규모로 판단되며, 학술적 가치가 매우 높은 자료이다.

둘째, 조성연대가 기록된 기와나 불화, 범종, 상량문 등의 유물이 다수 출토되어 동일 유물이나 건축물의 상대편년 설정의 중요한 근거자료로 평가된다. 특히 조선시대 기와류의 제작시기 편년 연구에 많은 자료를 제공할 것으로 여겨진다.

절대연대를 알 수 있는 유물로는 "…弘治十三年…"·"嘉靖三十八年…"·"萬曆九年…"·"康熙四十一年…"·"康熙五十年…"·"乾隆二十四年…"명 기와들과 "崇禎紀元後七十四年(1701)"명 法堂成造施主名錄, "擁正七年(1729)"명 상량문, "乾隆肆拾參年(1778)"명 영국사 上樑文, "寧國寺事蹟文"과 1893년에 기록된 "영국사중수기", "大聖山三祝堂上樑文" 등의 문적류, "康熙四十八年(1709)"명 대웅전 靈山會後拂幀, "乾隆三十七年(1772)"명 삼장탱화, "光武十一年"명 七星幀畵, 獨聖幀畵, 神將幀畵, 上壇幀新造成幀畵, 山神圖收山初幀畵, "乾隆二十六年(1761)"명 대웅전 범종 등이 있다.

셋째, 영국사는 충북 남부권의 불교사 연구에 있어 학술적 가치가 매우 높다고 평가된다. 사역 내에 유존하고 있는 많은 지정문화재와 발굴조사 된 유구와 출토유물을 볼 때 영국사는 법주사와 함께 충북 남부지역의 명찰이었음이 확인되었다. 정교하게 다듬은 지대석-면석-갑석을 갖춘 가구기단이나 백자연봉형 와정장식과 같은 법당 의장유물을 비롯한 양질의 각종 유물들, 주변에 산재한 다섯 곳의 암자터와 세 곳의 유물산포지를 통해 영국사의 규모와 사격을 가늠할 수 있다.

3. 堤川 長樂寺址

長樂寺址는 충북 제천시 장락동에 위치한 평지가람으로 사역의 남쪽에는 長樂洞七層模塼石塔(보물 제459호)이 건립되어 있다. 사역의 지표에서 수습되는 다량의 삼국시대와 통일신라시대의 막새와 평기와로 인해 학계의 주목을 받아왔고, 제천시에서는 학술적 자료 획득과 유적 정비를 위한 발굴조사 계획을 수립하게 되었다. 충청대학 박물관에 의해 2003년부터 2008년까지 한 차례의 시굴조사와 세 차례의 발굴조사가 이루어졌다.[38]

38) 충청대학 박물관, 2004, 『제천 장락사지 시굴조사 보고서』.

장락동7층모전석탑의 건립시기와 관련하여 여러 이견이 있어 왔으나 발굴조사를 통해 건립시기와 중건시기가 밝혀지게 되었다. 발굴조사 내용을 살펴보면 다음과 같다.

장락사지는 충북 제천시 장락동 65-2번지 일대에 위치한다. 제천역에서 강원도 영월로 연결되는 38번 일반도로로 2.5㎞ 정도 진행하면 탑안마을에 이르게 되는데 이곳에서 동쪽으로 약 250m 거리에 유적이 자리하고 있다. 사지의 동쪽으로는 야트막한 산이 있고, 서쪽에는 古岩川이 남-북 방향으로 흐르고 있다.

제천은 충청북도의 북쪽에 자리하는 지리적인 환경 때문에 영월, 단양, 영주, 충주, 원주, 여주를 서로 이어주는 교차점이 되어, 예부터 강원도 남서부 지역과 경상북도 북부 지역, 한강 수계를 연결하는 교통의 요지가 되었다. 장락사지는 제천시의 북쪽에 자리하면서 충북의 단양·충주, 경북의 영주·문경으로 이어지고, 북으로는 강원도 영월 주천강을 따라 영월의 서부 내륙으로 연결된다. 주요 교통로가 분기하는 곳이자 두 지역에서 제천을 거쳐 남한강으로 진출하는 수륙교통로의 교차점이라고 할 수 있다.

장락사지의 이러한 교통로상의 지정학적 중요성은 통일신라시대 九山禪門 중 獅子山門의 본산인 興寧禪院[39]이 있는 강원도 영월군 수주면 법흥리 일대의 전설에 "예부터 흥녕선원에 이르는 길을 안내하는 3기의 탑이 있는데, 충북 제천시의 장락사탑과 영월군 주천면 주천리3층석탑, 수주면의 무릉리3층석탑이다"[40]라는 내용에서도 알 수 있다. 흥녕선원까지 이르는 길은 죽령을 이용한 경

충청대학 박물관, 2008,『제천 장락사지』.

39) 한림대학교 박물관, 1995,『영월군의 역사와 문화유적』.
강원문화재연구소, 2002,『사자산 흥녕선원 지표조사 보고서』.
강원문화재연구소, 2002,『영월 흥녕선원지 시굴조사 약보고서』.
강원문화재연구소, 2004,『영월 흥녕선원지 2차 시굴조사 약보고서』.
강원문화재연구소, 2006,『영월 흥녕선원지 3차 발굴조사 지도위원회의자료』.

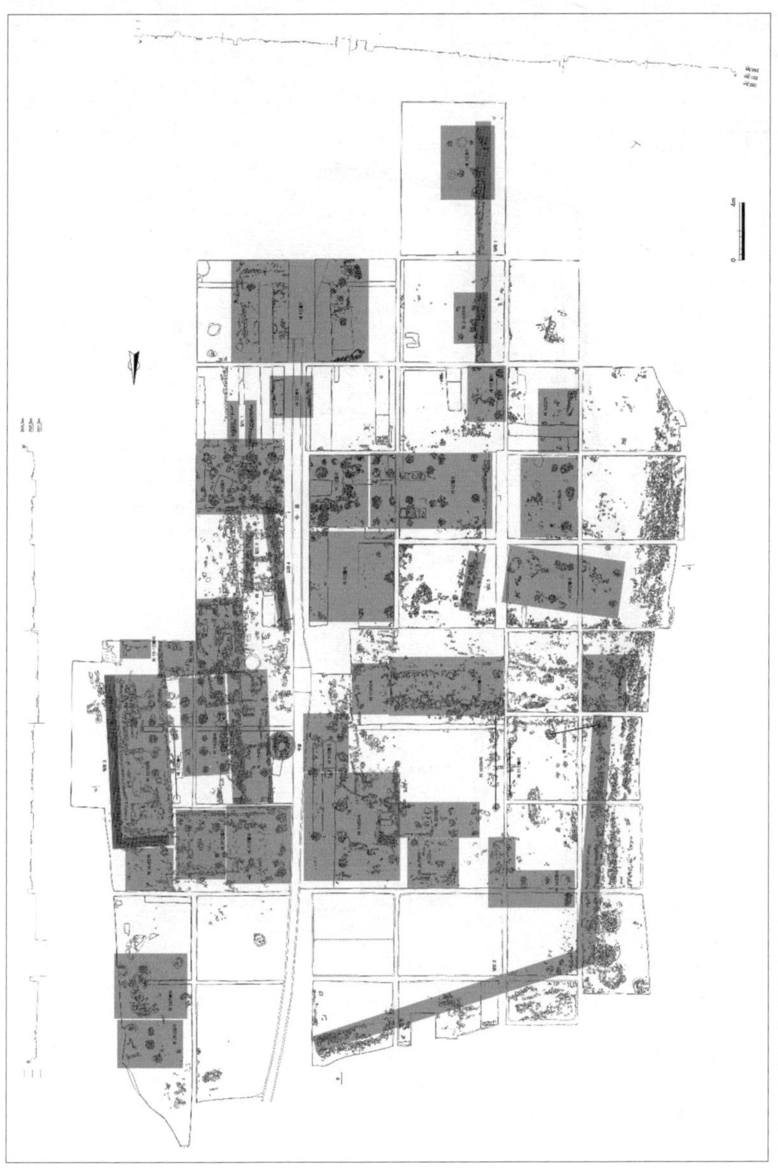

도면 5. 장락사지 유구 평면도

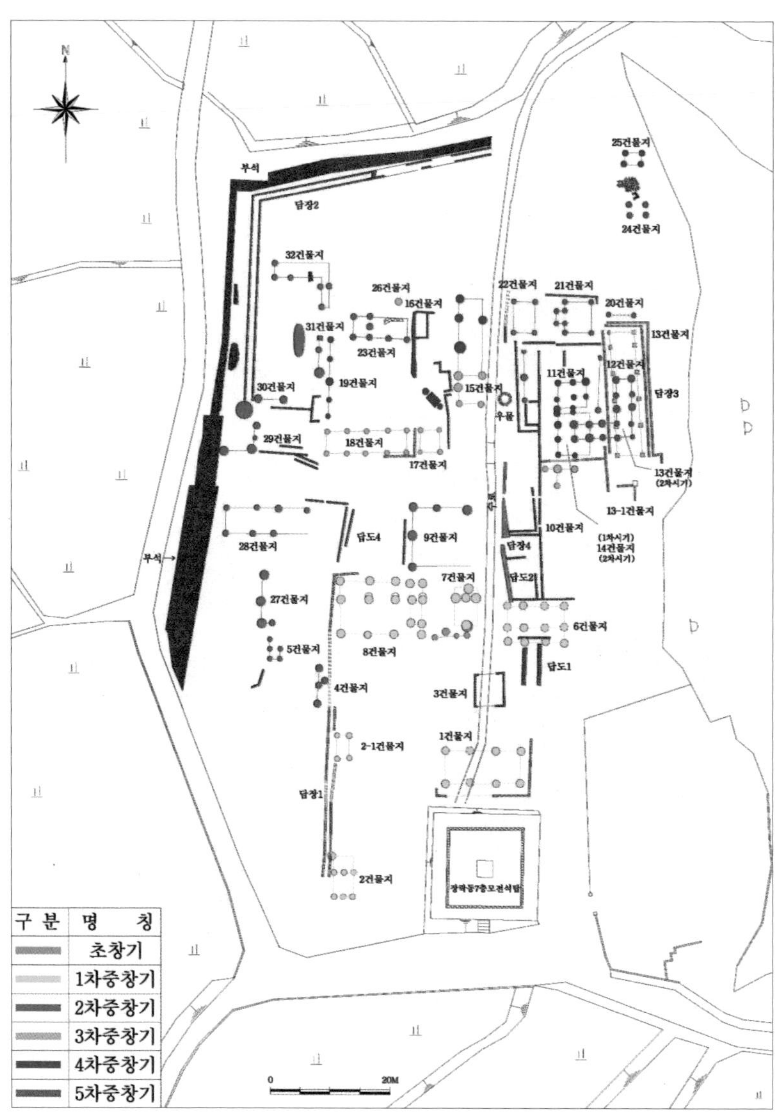

도면 6. 장락사지 유구현황도

북 북부지역-단양-제천(장락사지)-흥녕선원, 남한강을 이용한 여주-충주-제천(장락사지)-흥녕선원 등의 길이 있다. 따라서 장락사지가 고대 교통로의 운영을 위해 창건되었고, 장락동7층모전석탑은 당시 이곳을 지나던 사람들에게 신앙의 대상뿐만 아니라 교통로상의 표식적 역할까지 했음을 충분히 짐작할 수 있다.

1) 연혁

장락사지와 관련된 기록은 조선시대『太宗實錄』에 처음 나타난다. 그 이전의 기록은 현존하는 것이 없어 문헌기록을 기초로 장락사의 역사를 밝히는 데에는 한계가 있다. 그러나 장락사지에 대한 시굴조사와 3차례의 발굴조사 결과를 토대로 장락사의 역사를 추정해 볼 수 있다.

발굴조사 결과 장락사지에 처음 사찰이 조성된 시기는 삼국시대로 확인되었다. 초창기 유구는 제7건물지의 1차시기 건물지인데, 막새와 평기와의 제작기법을 토대로 할 때 그 시기는 6세기 후반~7세기 초반경으로 추정되고 있다.

장락사지가 사원으로서의 모습을 비로소 갖추게 되는 시기는 1차 중창기인 통일신라시대이다. 이 시기 유구로는 제1건물지, 제2건물지, 제2-1건물지, 제6건물지, 제7건물지의 2차시기 건물지, 제8건물지와 사역의 서쪽 경계인 담장지 등이다. 이들 건물지에서 출토된 기와류와 토기류, 당간지주 등의 시대편년을 근거로 할 때 조성시기는 늦어도 9세기 중반경으로 추정된다.

2차 중창기는 고려시대 중기인 12세기경으로 판단된다. 이 시기에 해당하는 건물지는 제1건물지, 제3건물지, 제4건물지, 제5건물지, 제6건물지, 제8건물지, 제9건물지, 제10건물지, 제11건물지, 제12건물지, 제22건물지, 제27건물지, 제28건물지, 제29건물지, 제30건물지, 제31건물지, 제32건물지, 부석시설,

40) 한림대학교 박물관, 1995, 앞의 책, p.100.

답도이고, 제5건물지와 제22건물지, 제26건물지 기단토에서 석탑부재가 전용된 사례가 확인되어 석탑도 이때 중건된 것으로 판단된다.

이 시기 유구 기단토에 고려백자편과 10~11세기경의 청자편이 포함되어 있는 점, 청자류 중 12세기 이후에 제작된 유물이 가장 많은 점을 고려할 때 고려초까지는 기존의 사세를 유지하다가 고려 중기에 이르러 중창불사가 크게 이루어지면서 사역이 확대된 것으로 추정된다. 조사지역 전반에 걸쳐 유구와 유물이 확인되고 있어 장락사지에 있던 사찰의 가장 융성했던 시기라고 할 수 있다. 또한 '長'자명 명문기와가 확인되어 늦어도 고려 중기부터는 '長樂寺'라는 사명으로 법맥을 이어왔음이 확인되었다.

3차 중창기는 고려시대 후기로, 유구 기단토층과 내부 석재에 고려 초~중기의 기와류와 청자류가 혼재되어 있는 점을 고려할 때 이 시기에 중창불사가 이루어진 것으로 짐작된다. 해당 건물지는 제10건물지, 제13건물지, 제13-1건물지, 제15건물지, 제17건물지, 제18건물지, 제26건물지, 제27건물지, 제28건물지, 제29건물지 등이다. 2차 중창기에 사역이 넓어졌던 것에 비해 이 시기에는 규모가 약간 줄어들고, 건물들의 축선이 기존의 남-북 방향에서 서향 중심의 가람배치로 변화된 모습을 보인다.

4차 중창기는 분청사기와 파도문기와를 볼 때 조선 전기인 15세기경으로 판단된다. 고려 패망과 조선 개국의 혼란 속에서 위축되었던 사세가 태종 7년 제천 지역의 資福寺로 지정되면서 안정을 찾아가며 중창이 이루어진 것으로 보인다. 해당 건물지는 제14건물지, 제16건물지, 제17건물지, 제18건물지, 제19건물지, 제25건물지 등이다. 사역 내에서의 위치와 건물의 규모를 볼 때 당시 중심건물은 제16건물지로 추정된다. 남향 건물과 서향 건물이 혼재하고 있지만 중심건물인 제16건물지와 제14건물지가 서향을 하고 있어 중심축선은 서향이다.

5차 중창기는 조선 중기이다. 해당 건물지는 제13건물지, 제20건물지, 제21건물지, 제23건물지, 제24건물지이다. 조선 전기에 비해 건물 수는 큰 변화가 없지만 건물의 규모가 작아지고, 사역도 약간 축소되었다. 또한 장락사는『東國輿地勝覽』의 기록에도 나타나지 않는 것으로 보아 사세가 많이 약해졌음을 짐작케 한다. 사역에서 18세기 이후의 유물이 극히 소량인 점을 고려할 때 늦어도 18세기 이전에는 폐사되는 것으로 추정된다.

2) 長樂洞七層模塼石塔

장락동7층모전석탑의 조성시기에 대해서는 사지에서 출토된 귀면문수막새[41]를 토대로 한 8세기 조성설[42]과 석탑의 양식사적인 면을 바탕으로 한 고려시대 조성설[43]이 있다. 의견의 차이가 존재하는 만큼 발굴조사를 통해 확인된 유구·유물과의 상관관계에 근거한 시대편년은 더욱 중요하다고 할 수 있다. 그동안의 발굴조사 결과를 토대로 장락동7층모전석탑의 건립 시기 및 그 기능에 대해 살펴보도록 하겠다.

모전석탑의 조성시기를 파악하기 위해서는 석탑의 기단부에 대한 발굴조사를 실시해야 했지만, 이미 해체복원작업이 이루어졌고 안전성 문제도 제기되어 시행하지 않았다. 그러나 발굴조사 중 석탑과 인접한 북쪽과 서쪽 지역에서 3개동의 건물지와 담장지 유구가 확인되어 석탑의 조성시기를 밝히는데 실마리가 되었다. 주변 건물지 기단토에서 출토된 삼국시대 승문평기와·선문평기와와 유구 상면에서 출토된 통일신라시대의 선문평기와·격자문평기와를 통해

41) 현재 이 유물은 동국대학교 경주캠퍼스 박물관에 소장되어 있는데 코와 한쪽 눈, 귀 등이 관찰되는 1/4편이다. 2003년의 시굴조사에서 이 수막새와 같은 편이 출토되었는데, 이(齒)가 송곳니 형태로 묘사되어 귀면문으로 보는 것이 타당할 듯하다. 2004년도의 1차 발굴조사에서도 막새의 오른쪽 눈을 포함하는 1/4편이 출토되어 귀면문수막새의 완전한 형태가 파악되었다. 이들 막새는 같은 종류지만 두 개체분에 해당한다.

42) 박홍국, 1998,『한국의 전탑 연구』, p.160.

43) 진홍섭 편, 1992,『국보』탑파, 예경출판사, p.248.
김지석, 2006,「고려시대 모전석탑 연구」, 단국대학교 대학원 석사학위논문.

볼 때 건물지의 조성시기는 통일신라시대라고 할 수 있다.

석탑 북쪽에서 확인된 건물지는 석탑과 남-북자오선상에 놓이게 되는데 이는 통일신라시대의 평지가람 양식과 같다. 그리고 건물지와 담장지가 형성하는 구조적 형태가 석탑이 있다는 것을 전제로 할 때 가장 어울리는 가람배치를 보인다. 이러한 점들로 미루어 볼 때 장락동7층모전석탑의 조성시기는 건물지와 같은 통일신라시대로 판단할 수 있다. 그리고 각각의 건물지는 석탑을 찾는 이들을 위한 법당과 출입을 위한 문지로 추정할 수 있다.

석탑은 어느 시기엔가 훼손되었다가 고려시대 중기에 중건되는 것으로 판단된다. 제5건물지, 제22건물지, 제26건물지 기단토에서 온전한 석탑부재가 전용된 사례가 확인되어 석탑의 중건 사실을 뒷받침하고 있다. 고려시대 건립설의 근거가 되고 있는 양식적인 특징이 석탑의 중건 과정에서 원형이 변형되었을 가능성 때문일 것으로 짐작된다.

모전석탑의 조성배경과 기능에 대해서는 여러 가지 복합적인 이유가 있을 것으로 추정된다. 먼저 고대 국가에 있어 국가 경영의 중심축이었던 교통로의 운영을 위해서는 길을 안내하는 표식과 신앙적 대상으로서의 역할을 할 상징물이 요구되었는데 이에 가장 적합한 것이 탑이다. 이러한 목적을 위한 탑은 무엇보다 규모가 커 멀리서도 조망이 가능해야 했다. 이에 적합한 것이 전탑이나 모전석탑이다. 전탑이나 모전석탑은 외부에서 가해지는 자극을 수직·수평 방향으로 분산시킴으로써 강한 내구력을 갖게 되는 구조이기 때문에 거대한 규모로 조성해도 오랜 시간 존속할 수 있는 것이다.

다른 이유로는 비보사탑적 기능을 생각할 수 있다. 탑의 조성은 불교와 연관이 없더라도 왕실 혹은 개인의 번영을 기원하는 목적으로 건립하는 원탑[44]과 산

44) 김희경, 1972, 「한국 건탑인연의 변천-원탑을 중심으로-」, 『고고미술』 158·159, 한국미술사학회, pp.8-9.

천비보사상에 의해 건립된 예[45]를 볼 수 있다. 장락사지가 자리한 제천의 동쪽 지역은 지기가 약하고 홍수에 의해 쉽게 침수되는 지역임을 감안하면 석탑의 조성목적 중 하나가 산천비보사상에 있음을 짐작할 수 있다.

이상에서와 같이 전탑이나 모전석탑의 대다수가 고층화를 이루고 있는 배경에는 국가 지배력의 중추신경망이라고 할 수 있는 교통로 경영에 큰 목적이 있으며, 이와 더불어 풍수사상에 의한 산천비보적인 신앙도 고려되었다고 할 수 있다.

3) 유구

장락사지에 대한 그간의 조사결과 사역에서 총 34개소의 건물지와 답도 3개소, 담장 4개소, 부석시설, 우물 등의 많은 유구와 유물이 확인되었다. 건물의 규모를 파악할 수 있을 만큼 유구의 잔존상태가 양호한 것은 극소수이고, 대부분이 하층의 적심유구 일부만이 남아 있다.

(1) 건물지

건물지는 총 34개소가 확인되었다. 그러나 유구의 잔존상태가 양호한 것은 제13건물지와 제18건물지 뿐이며 나머지 건물지는 유구의 훼손이 심하고 중복현상이 심해 정확한 규모를 파악하기 어렵다. 그러므로 여기서는 제13건물지를 중심으로 건물의 규모와 성격에 대해 살펴보고 다른 건물지는 표로 정리하고자 한다.

가. 제13건물지

초석, 기단석을 비롯하여 고래시설, 구들, 아궁이, 연도 등의 유구가 확인되

45) 김지석, 2006, 위 논문.

었다. 고려 후기와 조선 중기 두 시기에 걸쳐 조성되었으며 비교적 유구가 잘 남아있다.

1차 건물지의 기단 규모는 남-북 16~16.4m, 동-서 6.4~6.8m이며, 정면 5칸, 측면 1칸의 서향 건물이다. 기단은 서쪽에 비해 동쪽 기단이 좀 더 길고, 남쪽 폭에 비해 북쪽 폭이 더 넓다. 서쪽 기단은 정연하게 다듬은 장대석과 자연석을 혼용하여 상층 기단석으로 삼았고, 하단부는 작은 냇돌과 산돌을 혼용하여 2~4단으로 축조하였다. 동쪽 기단은 서쪽보다 크기가 작은 돌을 사용하여 1단으로 정연하게 축조하였다. 건물지의 서쪽 기단 하층에는 진단구 시설을 조성하였고, 건물지 내부의 기단토에서도 진단구로 매납된 토기호가 출토되었다. 건물지 내부에서 구들과 온돌시설 등의 유구가 확인되었다.

2차 건물지는 제13건물지와 제14건물지 상층에 조성되었다. 1차 건물지는 조선 전기에 일시적으로 폐기되었다가 조선 중기에 제14건물지 일부 유구를 재사용하면서 다시 중건된다. 건물지의 형태는 'ㄱ'자 형이며 규모는 서쪽을 기준으로 정면 4칸, 측면 4칸이다.

나. 기타 건물지

위에서 언급한 건물지 외에도 사역의 전 지역에서 34개소의 건물지가 확인되었다. 이미 언급한 제13건물지를 제외한 나머지 건물지의 현황을 정리하면 다음과 같다.

〈표 6〉 장락사지 건물지 현황

건물지 번호	내 용	주향	잔존유구	비고
1	정면 3칸, 측면 1칸 기단: 남쪽 기단(16.2m), 동쪽 기단(11.4m)	남향	적심, 기단	중복됨. 1·2차 건물지 규모 동일

건물지 번호	내 용	주향	잔존유구	비고
2	정면 2칸, 측면 2칸	서향	적심	정면은 3칸이었을 것으로 추정
2-1	정면 1칸, 측면 1칸	서향	적심	
3	동-서 5.3m, 남-북 4.8m	남향	기단	
4	1열로 배치된 3기의 적심과 방향이 다른 적심 1기 확인	서향	적심	
5	정면 1칸, 측면 2칸	남향	적심	
6	1차 : 정면 3칸, 측면 2칸 2차 : 정면 3칸, 측면 1칸	남향	적심, 기단, 배수로	중복됨
7	1차 : 정면 2칸, 측면 1칸 2차 : 정면 2칸, 측면 1칸	남향	적심, 추정 기단석열	중복됨. 3차 건물지 규모확인 불가
8	1·2차 : 정면 3칸 13.8m, 측면 2칸 7.6m, 통일신라 때 중심 법당 건물. 3차 : 고려 중기에 건립,	남향	적심 17기	
9	정면 2칸, 측면 2칸	남향	적심, 기단	
10	기단 : 남쪽-6.3m, 서쪽-14m, 북쪽-7.2m		적심, 기단, 배수로	4면에서 기단 확인
11	동쪽 기단 길이 : 18.9m		기단	
12	서쪽 기단 : 길이 4.7m		초석, 적심, 기단	
13-1	고막석열 잔존 길이 : 206㎝		초석, 고막석열	
14	1차 : 정면 2칸, 측면 2칸 2차 : 정면 3칸, 측면 2칸	서향	적심	중복됨. 1차 건물지는 정면 3칸이었을 것으로 추정
15	2차 : 정면 2칸, 측면 1칸	서향	적심, 석열	중복됨
16	정면 3칸, 측면 1칸	서향	적심, 기단	
17	정면 1칸, 측면 1칸	남향	적심	
18	정면 4칸, 측면 1칸	남향	초석, 적심, 석열	
19	1열의 4칸 초석(적심)열 확인	서향	초석, 적심	
20	1열의 적심 2기 확인		적심	
21	정면 2칸, 측면 2칸	남향	적심, 기단	
22	정면 1칸, 측면 1칸	남향	적심, 기단	
23	정면 3칸, 측면 2칸	남향	초석, 적심, 디딜방아 불씨	

건물지 번호	내 용	주향	잔존유구	비고
24	정면 1칸, 측면 1칸		초석, 적심, 온돌시설	
25	정면 1칸, 측면 1칸	동향	적심, 기단	
26	온돌시설 잔존 길이 : 340㎝		적심, 온돌시설	
27	정면 2칸, 측면 1칸	서향	적심	
28	정면 3칸, 측면 1칸	남향	적심	더 큰 규모였을 것으로 추정
29	정면 2칸, 측면 1칸	서향	적심	
30	기단석열 : 11.2m		적심, 기단	
31	적심 2기 확인		적심, 문확석	
32	정면 4칸, 측면 3칸	남향	적심	

(2) 우물

제11건물지 서쪽 기단석열과 인접한 곳에서 확인되었다. 우물의 지름은 230㎝이고, 깊이는 250㎝ 이상이다. 길쭉한 냇돌을 사용하여 우물의 벽을 조성하였는데, 석재를 옆으로 눕혀서 반듯한 부분이 안쪽을 향하도록 하여 허튼층쌓기 하였다. 뒤채움은 자연석을 이용하였고 1열만 조성하였다. 우물의 동쪽 토압이 서쪽보다 강해 동쪽 부분을 더 넓게 다짐하였다. 고려 중기에 조성된 제11건물지 기단토

사진 40. 장락동7층모전석탑

사진 41. 장락사지 1차 발굴조사 후 전경

사진 42. 장락사지 제13건물지 전경

층을 굴광 후 우물이 조성되었고, 우물 내부에서 고려 초~후기로 편년되는 기와편이 출토된 것으로 보아 우물의 조성 시기는 고려 중기 이후로 추정된다.

(3) 답도

답도는 제6건물지 남쪽, 제10건물지 서쪽, 제9건물지와 제28건물지 사이에서 각각 1개소씩 총 3곳에서 확인되었다. 모두 장락사지 2차 중창기인 고려시대 중기에 조성된 유구이다. 각각의 답도에서 나타난 특징을 정리하면 다음과 같다.

〈표 7〉 답도 현황

구분	위치	규모(잔존길이×폭)	특징
답도 1	제6건물지 남쪽	동쪽 : 4.4m×60㎝ 서쪽 : 5.4m×60㎝	2열로 조성
답도 2	제6건물지와 제10건물지를 연결	7.6m×80㎝	서쪽으로 가지를 뻗은 'ㅕ'자 형태
답도 3	제28건물지 동쪽	8.6m×1.3m	

(4) 부석시설

사역의 북쪽 중앙에서부터 서쪽 지역 외곽 전체를 감싸고 있는 시설이다. 이 지역은 하천의 범람이나 사역 북동쪽에서 유입되는 유수에 의한 피해가 우려되는 곳이므로 사역을 보호

사진 43. 장락사지 제13건물지 1차시기 건물지 서쪽기단 하부의 진단구 시설

사진 44. 장락사지 제13건물지 1차시기 건물지 진단구

사진 45. 장락사지 출토 당간지주편

사진 46. 장락사지 출토 석비

하기 위해 부석을 축조하였다. 노출된 부석시설의 잔존길이는 북쪽의 동-서 방향 40m, 서쪽의 남-북 방향 81m이며, 폭은 4~5.8m로 남서쪽 지역이 좀 더 넓게 남아있다.

4) 출토유물

그동안의 발굴조사를 통해 다양한 유물이 확인되었다. 와전류의 출토비율이 가장 높고 그 밖에 토기류, 도자기류, 철제류, 석제류 등이 출토되었다. 출토유물 중 가장 주목할 만한 것은 기와류로 삼국시대에 제작된 막새와 평기와들은 제천 지역 불교문화의 역사를 규명할 수 있는 중요한 자료로 평가되어 학계의 주목을 받아왔다.[46]

(1) 와전류

장락사지에서는 다양한 종류의 막새와 평기와, "長"·"戊寅六月大吉"·"大因"·"天□"·"吉三"명 등의 명문기와류가 출토되었다. 이밖에도 각종 이형기와와 치미, 전 등이 출토되었다. 장락사지에서 출토된 기와류는 삼국시대부터 조선시대에 이르기까지 다양하며 이를 통해 장락사지가 오랜 시간 존속했었음을 알 수 있다. 특히 삼국시대의 연화문수막새와 무문암막새 등은 충북지역에서 확인된 가장 이른 시기 기와의 예로 막새의 발전과정을 보여주는 좋은 자료이다. 그리고 기와의 제작기법에서 일반적으로 알려져 있는 삼국의 제와 기법이 고르게 관찰되고 있어 당시 제와 기술의 교류 및 전파를 연구하는데 귀중한 자료가 된다.

46) 한국기와학회에서는 지난 2007년 장락사지 출토 막새와 평기와를 대상으로 학술대회를 개최한 바 있다(한국기와학회, 2007, 『충북의 기와-제천 장락사지 출토 기와를 중심으로-』).

(2) 토기류

토기류는 통일신라시대부터 고려시대에 해당하는 것이 대부분이지만 드물게 선사시대 혹은 삼국시대에 해당하는 토기들도 확인되었다. 장락사지 출토 토기 중 가장 이른 시기의 것은 신석기시대 호가 대표적이다. 이러한 형태의 토기는 김천 송죽리 유적에서도 확인된 바 있다. 장락사지 토기에서 가장 주목되는 점은 건물지 기단토에서 진단구용으로 매납된 토기가 많이 출토된 것이다. 기종은 대형과 소형의 토기호가 주종을 이루고 병과 매병도 출토되었다. 진단구에 쓰인 유물은 그릇의 일부를 인위적으로 훼손하거나 소성하기 전에 몸체에 홈을 내는 것으로 구분된다.

(3) 도자기류

도자기류는 청자, 분청사기, 백자, 흑유자기, 중국자기 등이 출토되었고 이 중 청자가 50% 이상으로 가장 많은 수량을 차지한다. 청자는 대접과 접시가 주종을 이루고 완, 잔, 병 등의 기종이 고르게 출토되었다. 분청사기는 출토 비율이 가장 낮고 기종은 대접, 완, 접시, 병 등이다. 백자는 접시의 수량이 가장 많고 발, 완, 병 등의 기종이 확인되었다.

(4) 금속제류

철제류와 청동제류가 출토되었다. 철제류는 철정이 주를 이루고 그 외에 솥, 낫, 칼, 자물쇠 등의 일상생활에서 주로 사용되는 유물이 확인되었다. 그중 철솥은 건물지 기단토에서 진단구용으로 매납되었던 것이어서 주목된다. 청동류는 수량은 많지 않으나 합, 완, 뚜껑, 숟가락 등의 유물이 다양하게 출토되었다.

(5) 기타

당간지주편, 白碑, 석제호, 벼루 등의 석제류와 토제도가니, 토제벼루, 토제

구슬 등의 토제류가 출토되었다. 당간지주는 제10건물지에서 간공이 있는 부분에서 잘린 채로 출토되었다. 당간지주가 파손되어 제 역할을 상실하면서 건

사진 47. 장락사지 출토 치미류

사진 48. 장락사지 출토 수막새류

사진 49. 장락사지 출토 평기와류

사진 50. 장락사지 출토 진단구용 토기 1

사진 51. 장락사지 출토 진단구용 토기 2

사진 52. 장락사지 출토 진단구용 철제솥

물지 조성에 전용된 사례이다. 석제호는 진단구용 철제솥의 내부에서 청동접시로 구연부가 덮인 채 발견되었다. 碑身에 글씨가 새겨져 있지 않은 白碑 또한 출토 사례가 희귀한 자료이다. 조선시대에 제작된 것으로 碑身과 碑座를 갖추었다.

5) 조사 성과

장락사지는 2003년부터 2008년까지 한 차례의 시굴조사와 세 차례의 발굴조사가 이루어졌고, 많은 수의 유구와 유물이 확인되었다. 이를 토대로 장락동7층모전석탑의 건립시기와 중건시기, 장락사지의 창건과 중창, 폐사에 이르는 寺歷을 규명하였다. 장락사지에 대한 그간의 발굴조사 성과를 정리하면 다음과 같다.

첫째, 장락사지 출토 삼국시대 연화문수막새, 무문암막새, 승문 및 선문·사격자문평기와 등은 제작시기가 6세기 후반~7세기 초경으로 추정되고 있어 관련분야 연구자들은 물론 제천의 역사를 규명하는데 있어서도 매우 중요한 자료로 평가받고 있다.

둘째, 고려 중기의 제작으로 판단되는 "長"자명 평기와와 조선왕조실록의 내용을 토대로 할 때 '長樂寺'라는 寺名은 늦어도 고려 중기부터는 사용된 것으로 추정된다. 조선왕조실록 태종 7년조에 "지역의 명찰인 장락사를 자복사에 대신한다"는 내용을 볼 때 장락사가 고려시대부터 이미 제천 지역에서 천태종 계열의 명찰로서 존속했음을 알 수 있다.

셋째, 장락동7층모전석탑은 통일신라 후기에 건립된 후 고려 중기에 한 차례 중건된 것으로 확인되었다. 모전석탑과 남-북 축선을 같이 하는 제1건물지, 이곳을 출입하기 위한 문인 제2건물지, 제2-1건물지와 담장의 축조시기가 통일신라시대로 확인되었기 때문에 가람배치상 이들 건물들과 연결선상에 놓여 있는 모전석탑의 건립시기도 통일신라로 보는 것이 타당하다고 판단된다.

또한 고려 중기에 건립된 건물의 부재로 전용된 완형의 모전석탑재와 석탑 토축기단에 대한 조사[47]에서 확인된 기단토 내의 중건 흔적을 감안할 때 장락사의 2차 중창기인 고려 중기에 모전석탑도 중건되는 것으로 추정된다.

넷째, 사원 내의 중심 역할을 하는 사탑과 달리 장락동7층모전석탑은 국가 경영의 중추인 교통로의 운영과 신앙적 대상으로서의 기능을 위해서 건립된 것으로 판단된다. 가람의 중심이 아닌 남쪽에 치우쳐 사역 마당보다 높게 조성한 점이 가람 중심축선상의 석탑과 다른 점이다. 고층화된 석탑은 먼 곳에서도 조망되게 함으로써 교통로상의 표식으로 활용함과 동시에 오가는 사람들의 안녕과 소원을 바라는 예배 대상으로서의 기능을 했을 것이다. 고대 교통로상에 남아 있는 석탑의 대다수가 전탑과 모전석탑이 차지하고 있으며, 낙동강과 한강(남한강) 수계에 집중적으로 분포하는 것에서도 알 수 있다.

다섯째, 장락사지 발굴조사에서는 많은 수의 진단구들이 확인된 점도 특징이라고 할 수 있다. 장락사지에서 출토된 진단구들은 제6건물지의 철제솥을 제외하고는 모두 토기가 쓰였다. 기종은 대형 토기호가 주를 이루고, 작은 토기호와 토기병(매병) 등도 출토되었다. 그릇으로 진단구를 활용한 것 외에 제13건물의 서쪽 기단 하부에서는 석재로 축조한 방형곽 형태의 진단구 시설도 확인되었다.

Ⅲ. 特徵

충주 숭선사지, 제천 장락사지, 영동 영국사 舊寺址는 충북 지역의 대표적인

47) 강인구, 1968, 「제천 장락리모전석탑 기단부 조사」, 『고고미술』 제9권 제5호, 통권 94호.

폐사지로서 유적 정비를 전제하여 체계적으로 실시된 발굴조사이다. 이 유적들은 충주 대원사지(미륵리사지) 조사 이후 행정기관 주관 하에 연차적으로 이루어진 학술조사라는 데 의미가 있다.

충북 지역의 북부와 남부 지역에 위치한 이들 세 유적의 존속 시기는 삼국시대부터 일제강점기까지이다. 가장 이른 시기에 창건된 곳은 장락사지로 6세기 후반~7세기 초로 추정된다. 장락사지의 1차 중창기와 영국사의 초창기 유적은 통일신라시대에 해당하며, 세 유적 모두에서 나타나는 시기는 고려시대부터 17세기경까지이다. 이후 조선시대 후기와 일제강점기의 유적은 영국사 구사지와 대웅전 기단 하부 유구에서 확인된다.

삼국시대 불교유적의 특징은 삼국의 다양한 문화적 요소가 함께 나타난다는 것이다. 삼국시대의 충북 지역은 백제, 고구려, 신라가 국경을 마주하는 영토전쟁의 각축장이었다. 패권 향방에 따른 지배세력의 교체는 그 지역 백성들의 삶과 문화에도 많은 영향을 미쳤다. 일국 지배체제가 공고했던 지역에서 나타나는 일관성 있는 문화상에 비추어 충북 지역은 삼국의 선진기술이 교류와 전파를 거쳐 좀 더 다양하고 독창적으로 발전하게 되었다.

삼국시대 유적인 장락사지 출토 기와류에서 이와 같은 사례를 찾을 수가 있다. 삼국의 지배력이 모두 미쳤던 제천에서 가장 이른 시기의 불교유적인 장락사지는 막새와 평기와의 제작시기를 바탕으로 6세기 후반에서 7세기 초경에 건립되었을 것으로 여겨지고 있다. 이 시기의 기와류에서 일반적으로 알려져 있는 삼국의 제작기법이 골고루 관찰되고 있다. 암키와를 꺾어 내림새를 만든 암막새, 수막새의 자방과 연판 사이가 구상권대로 분리되고, 초벌 한 흙을 곱게 부수어 다른 점토에 다시 넣어 만든 소지, 매우 곱게 수비한 니질의 점토, 두께가 매우 얇고 회백색의 연질 소성, 소량의 모골와통 성형과 다수의 원통와통 성형, 석립과 사질이 약간 섞인 태토와 회색 경질 소성, 다량의 점토띠 소지와 소량의 점토판 소지 등의 제작기법을 몇 가지씩 섞어가며 혼용하여 제작하였다.

당시로써는 선진기술이었던 번와 기술이 삼국의 오랜 쟁패 과정에서 교류와 전파를 거치면서 보다 좋은 기법을 구현해 내고자 하는 목적에서 실험적으로 시도된 것으로 판단된다. 이는 특정한 한 기술로 제작된 기와가 대다수를 차지하기보다는 여러 가지 기법으로 제작된 다양한 기와들이 출토되는 것에서 증명되고 있다.

따라서 장락사지에서 출토되는 삼국시대 유물을 볼 때 삼국의 문화가 융합되면서 독창적인 형태로 재창출된 요소들을 보여주고 있는 것이며, 이는 제천의 역사·지리적인 환경에서 기인된 것이다. 이러한 특성은 충북 지역은 물론 비슷한 지정학적 환경이라면 나타날 수 있는 문화적 속성이라고 할 수 있다.

통일신라와 고려시대 유물에서 볼 수 있는 특성은 중앙의 보편적인 요소를 유지하면서도 이 지역만의 독창성을 창출하고 있다는 것이다. 기형이나 문양 모티브, 문양 배열 방식 등의 양식적인 기본 원칙은 유지하면서 부분적인 변화를 주어 수도인 경주나 개성과는 다른 모습을 보여 주고 있다. 숭선사지의 경우 중앙정부가 직접 건립한 왕실사원이기 때문에 사찰의 규모나 토목 기법, 각종 건물의 축조 기법이 당대 최고 수준으로 이루어졌지만 후대의 중창 과정에서 만들어진 유물들에서는 변화된 유형이 확인되고 있다. 토기나 도자기가 공급처의 특성이 반영되는 것과 같이 기와류 또한 조성집단에 따라 차이점들이 발생하게 된다. 이러한 현상은 통일신라보다는 고려시대와 조선시대로 갈수록 심화되는 양상을 보인다.

건축적인 부분에 있어서도 지방의 사찰이라고 해서 규모가 작거나 건축, 토목 기술이 낮다고 볼 수는 없다. 사찰의 지리적 여건보다는 창건 및 중창 당시의 사찰 위상과 더 밀접한 관계가 있음을 알 수 있다. 숭선사와 영국사는 고려시대에 창건되거나 중창된 사찰로 비록 개성에서 멀리 있지만 왕실사원과 圓覺國師 하산처로서의 격에 맞는 우수한 건축기법을 보이고 있기 때문이다.

숭선사의 중심사역 남쪽과 추정 영당지, Ⅱ지구 북쪽 석축은 입면상 직사각형으로 정교하게 다듬은 장대석을 높이 축조하여 상면에 조성되는 건물의 격을 더하였다. 기단부가 남아있는 중심사역 내의 금당, 회랑, 영당, 중문, 금당 서쪽 건물 등도 모두 정교한 치석재를 사용하여 축조하였다. 금당지와 금당 서쪽 건물지, 서회랑지에는 가구기단 구조가 남아있다. 기단은 지대석, 탱주와 우주를 갖춘 면석, 호형 부연을 둔 갑석으로 구성되었고, 금당과 금당 서쪽건물의 지대석은 1단의 각형 받침을 조출하였다. 탱주는 면석에 조출시킨 것도 있지만 단면상 면석 중간 중간에 'T'자 형태의 탱주석을 별도로 결구시키기도 하였다. 탱주석의 형태는 석재 양 끝으로 돌출된 부분에 면석을 결구시켜 이탈을 방지하기 위한 것이다. 다른 건물들은 상층부가 유실되어 명확치는 않으나 이와 같은 구조로 축조되었으리라 추정된다.

영국사는 원각국사의 하산처로 정해진 12세기 후반 경 크게 중창되었고, 이때의 건축물이 가장 우수한 기술로 축조되었다. 舊寺址 조성을 위한 기축시설인 석축은 숭선사지보다는 석재의 면이 거칠게 치석되었으나 웅장함과 정교함은 못지않다. 장방형으로 다듬은 석재의 면을 곱게 다듬지 않고, 세로로 정다듬한 자국을 남긴 것이 상이점이다. 중심 건물로 여겨지는 제3건물지의 기단은 세부 표현만 다를 뿐 숭선사지와 같이 가구기단 구조로 축조되었다. 각-호-각 3단의 받침이 새겨진 지대석, 탱주와 우주가 각출된 면석, 각-호형의 부연이 표현된 갑석으로 구성되었다. 기단의 뒤쪽과 나머지 부분이 지대석 높이와 면석받침 수가 다르다는 것이 주목되는 점이다. 숭선사보다 더 지방에 위치하였지만 그에 못지않은 寺格을 짐작할 수 있는 부분이다.

세 유적의 공통된 특징 중 하나는 고대 교통로 상의 중요 요충지에 건립되어 있다는 점이다. 고대 사회에서 교통로 개척과 운영은 국가 경영에 있어 핵심적 요소이다. 따라서 사찰은 단순한 종교적인 사원으로서의 기능뿐만 아니라 정치, 경제, 문화, 군사적인 역할도 고려하여 건립하게 된다. 이는 충북 지역의 주요 불교유적이 고대 교통로를 따라 많이 분포하고 있는 것에서도 알 수 있다.

충주댐 공사로 수몰된 정금사지를 비롯한 청풍 지역의 여러 폐사지와 교리사지, 충주 탑평리사지·대원사지(미륵리사지)·김생사지·정토사지·의림사지, 청주 흥덕사지·용두사지·운천동사지·사뇌사지, 괴산 외사리사지, 단양 보국사지, 음성 중동리사지 등 이루 헤아릴 수없이 산재하고 있다.

장락사지가 위치한 곳은 강원도 남서부 지역과 충북 북부 지역, 경북 북부 지역을 연결한다. 죽령을 거쳐 영남 지역과 연결되고, 충주-여주를 통해서는 한강 유역이 연결된다. 북쪽으로는 주천강을 따라 강원도 영월의 서부 내륙으로 통한다. 통일신라 때 九山禪門 중 獅子山門의 본산인 영월 興寧禪院이 장락사지로부터 직선거리로 약 23㎞ 거리에 위치한다. 따라서 장락사지는 삼국시대부터 조선시대까지 3개의 도를 넘나드는 수륙교통로가 교차하는 요충지에 자리하고 있었음을 알 수 있다.

숭선사지가 있는 신니면은 충주의 가장 서쪽 지역이다. 유적 입구의 22번 국도는 충주시에서 충북 음성군 감곡-경기도 이천시 장호원을 거쳐 서울로 통하는 도로로 예부터도 영남과 서울을 오가던 교통로로 중요시 되었다. 고려시대에는 22개 역도 중 서울-광주-이천-음죽-충주-문경에 이르는 廣州道에 속했고, 조선시대에도 영남과 서울을 오고가는 주요 교통로 역할을 하였다.

광주도의 또 다른 경로는 서울-용인-죽산-음성-괴산-문경인데, 숭선사지와 멀지 않은 죽산에도 고려 왕실사원인 봉업사지[48]가 있어 교통로와 사찰 건립과의 연관성을 다시 한 번 확인할 수 있다. 봉업사는 고려 태조의 진영을 모신 진전사원이다. 통일신라 때 창건되어 후삼국기에 죽주 지역에 기반을 둔 기훤과 궁예 세력과 연계되었다. 고려 건국 후에는 태조가 개국공신인 능달을 파견하여 사찰을 중창하였다. 광종은 충주의 숭선사 창건 이후 봉업사의 불사에도 직접 관여하였다.

48) 경기도박물관, 2002, 『봉업사』.

왕권 강화와 중앙집권적 정치제도를 갖추고자 하였던 광종은 母后의 고향이자 전략적 요충지인 충주에 숭선사를 창건하고, 개경과 청주를 잇는 요지인 죽주에 봉업사를 중창하면서 정치적·군사적·종교적 매개로 삼고자 하였던 것이다.

영국사는 충북 영동군 양산면 누교리에 자리하고 있다. 양산면은 영동군의 서쪽에 에 해당하며, 충북 옥천군과 충남 금산군, 전북 무주군과 인접하면서 충북의 남부 지역과 전라북도 내륙, 경상북도 북서부, 충청남도 동부 지역을 잇는 지리적 여건을 갖고 있다. 누교리와 양산면 소재지 사이에는 전북 무주에서 발원하여 금산군–영동군–옥천군–공주시–부여군을 거쳐 군산만으로 빠져나가는 금강이 흐르고 있다. 금강변을 따라서는 옥천과 영동, 금산, 무주를 잇는 도로가 개설되어 있다.

신라와 백제의 국경선이었던 양산의 이러한 지정학적 여건은 삼국시대부터 중요시 되어 두 나라의 각축장이 되었다. 때문에 삼국시대의 국경선인 옥천군 군북면 환산성에서부터 양산의 비봉산성까지 다른 어떤 지방보다도 많은 성들을 축조하였다. 현재까지 알려진 성은 삼국시대에 축조된 원당리산성, 비봉산성, 노고산성, 봉화산성, 천태산성1과 고려시대 및 시대미상인 마니산성, 천태산성2 등이 있다.[49] 천태산성1은 영국사의 주산인 천태산 정상부에 축조된 둘레 340m의 석성이다. 천태산성2는 영국사를 중심으로 천태산 정상의 천태산성1을 포함하여 산의 계곡과 능선을 둘러 쌓은 석성으로 둘레가 약 8㎞가 넘는다. 고려 공민왕이 난을 피해 이곳으로 피신하였다는 전설이 전하고 있다. 이처럼 양산 지역은 금강 수계에 위치한 입지여건으로 인해 삼국시대부터 전략적 요충지로 중요시 되어 이를 경영하기 위한 관방시설과 사원이 많이 조성되었던 곳이라고 할 수 있다.

49) 중원문화재연구원, 2006, 『문화유적 분포지도–영동군』.

따라서 영국사는 천태산의 수려한 자연경관과 풍수사상적인 여건을 포함하여 금강을 중심으로 전라북도와 경상북도, 충청남도로 통하는 수륙 교통의 요충지로서의 기능을 감안하여 건립되었다고 할 수 있다.

Ⅳ. 맺음말

이상과 같이 그동안 충북 지역에서 발굴조사 된 폐사지에 대해 최근 사례를 중심으로 살펴보았다. 수많은 유적 중 극히 일부분에 지나지 않지만 충북 지역의 불교문화를 연구하고 이해하는 데 있어 단초가 되리라 생각한다. 본 장에서는 향후 충북 지역 불교 유적, 특히 폐사지의 연구과제에 대해 살펴보면서 맺음말로 대신하고자 한다.

첫 번째로 중요 폐사지 유적에 대해 행정기관이 주도하는 정책적인 계획 하의 발굴조사 및 보존대책이 시급하다. 폐사지의 입지는 마을과 인접한 곳의 평지나 산지에 위치하는 경우가 대부분이다. 산에 있더라도 건물지 조성을 위해 평탄화 시킨 대지이기 때문에 요즘까지도 밭으로 경작되는 경우가 많아 이로 인한 유적의 훼손이 다른 어떤 유적보다도 심하게 진행되고 있다. 때문에 유적에 대한 더 이상의 훼손을 막고 학술자료의 축적과 정비를 위해서는 중요 유적의 발굴조사를 시급히 시행하여야 한다.

충북 지역에서는 1975년 대청댐 건설사업 지구 내의 김생사지를 기점으로 2012년 현재까지 22곳의 폐사지가 발굴조사 되었다. 지금까지 폐사지로 보고된 324곳[50] 중 30년이 넘는 기간 동안 발굴조사 된 곳이 22곳인 것이다. 구제발

50) 1998년부터 2007년까지 발행된 충북 지역 각 시·군의 문화유적 분포지도 보고서를 참조하였다. 지역별로 살펴보면 단양 10개소, 충주 51개소, 제천 27개소, 음성 15개소,

굴조사가 9곳, 학술발굴조사가 12곳이며 두 가지 유형이 합쳐진 곳이 1곳이다. 구제발굴조사를 제외한다면 순수한 학술적 목적을 갖고 행정당국 주도의 조사가 이루어진 곳은 고작 13곳뿐이다. 대규모 개발사업과 함께 많은 유적이 발굴되고 있지만 지리적 여건 상 분묘유적이 대다수를 차지하고 있고, 불교유적은 상대적으로 적은 사례를 보이고 있다. 지금까지와 같은 상황이 지속된다면 조사해 볼 기회를 갖기도 전에 수많은 불교유적·유물이 점차 사라져갈 것이다. 중첩유구가 많아 조사기간이 길어질 수밖에 없는 점과 학술발굴조사가 아니면 조사가 이루어지기 어려운 여건, 행정당국의 주도적 역할이 요구되는 이유가 여기에 있다.

두 번째로 여러 유적의 발굴조사에서 출토된 유물의 보편적 특성과 개별적 특성에 대한 검토 작업이 이루어져야 한다. 그러기 위해서는 우선 같은 시기로 편년되는 유물의 제작 방식, 양식적 특성에 대한 비교 검토를 통해 시대 편년의 공통적 기준과 차이점을 도출해야 한다. 한 유적의 유물에서 나타나는 개별적 특성만을 갖고 유적과 그 지역 문화의 보편적 특성으로 속단하는 오류를 방지하고, 당대의 문화적 보편성과 특수성을 규정할 수 있는 근거 자료가 되기 때문이다.

세 번째는 유적의 고고미술사적 분야와 관계된 사상사적·정치사적·사회사적 분야도 함께 연구되어야 한다. 유적과 유물의 외피적인 특성들에 기준한 건축사적·미술사적인 근거만으로 한 지역과 국가의 시대상에 대해 총체적인 모습을 규정한다는 것은 무리가 있다. 가능한 모든 분야와의 관련성 검토를 통하여 유무형적 역사의 모습을 밝혀내야 한다. 이는 땅속에 묻혀 있는 과거의 역사를 복원해낸다는 고고학 본연의 역할이기도 하기 때문이다.

괴산 5개소, 증평 2개소, 진천 24개소, 청주 17개소, 청원 23개소, 보은 67개소, 옥천 23개소, 영동 60개소이다.

<표 8> 중원지역 폐사지 발굴조사 현황

연번	유 적 명	소 재 지	조사년도	조사 형태	
				구제발굴	학술발굴
1	미륵리사지(대원사지)	충주시 수안보면	1977–1992	○	
2	傳 김생사지	청원군 문의면	1977		○
3	傳 정금사지	제천시 청풍읍	1982	○	
4	읍리 일명사지	제천시 청풍읍	1982	○	
5	정토사지	충주시 동량면	1984	○	
6	단양 일명사지	단양군	1983	○	
7	관음사지	단양군	1983	○	
8	구양(운천동)사지	청주시 운천동	1984		○
9	내곡동사지	청주시 내곡동	1985	○	
10	흥덕사지	청주시 운천동	1985		○
11	비중리사지	청원군 북일면	1991–1992		○
12	탑평리사지	충주시 가금면	1992–1993		○
13	청룡사지	충주시 소태면	1995		○
14	숭선사지	충주시 신니면	2000–2009		○
15	김생사지	충주시 금가면	2002		○
			2004	○	
16	분평동사지	청주시 분평동	2003	○	
17	산남동사지	청주시 산남동	2003	○	
18	영국사 구사지 및 대웅전 기단 하부	영동군 양산면	2003–2006		○
19	장락사지	제천시 장락동	2003–2008		○
20	덕주사 극락전지	제천시 한수면	2004		○
21	탑동5층석탑 주변 사지	청주시 탑동	2004		○
22	법주사 부도군	보은군 내속리면	2005		○
	합 계			10	13

당대를 대표하는 문화적 요소가 집약된 요체가 종교예술이라고 할 때, 1,600년 이상을 함께 해 온 불교문화에 대한 올바른 이해와 연구 없이는 우리나라의 역사와 문화사 정립은 어렵다고 할 수 있다. 잊혀진 우리 역사의 참모습을 밝혀내는 시금석으로서의 불교고고학 정립이 될 수 있도록 좀 더 활발한 조사와 연구가 진행되기를 기대한다.

참/고/문/헌

『고려사』

『조선왕조실록-태종실록』

『신증동국여지승람』

진홍섭 편, 1992, 『국보』탑파, 예경출판사.

이재준, 1995, 『한국의 폐사』.

박홍국, 1998, 『한국의 전탑 연구』.

김희경, 1972, 「한국 건탑인연의 변천-원탑을 중심으로-」, 『고고미술』 158·159, 한국미술사학회.

김지석, 2006, 「고려시대 모전석탑 연구」, 단국대학교 석사학위논문.

한국기와학회, 2007, 『충북의 기와-제천 장락사지 출토 기와를 중심으로-』.

강원문화재연구소, 2002, 『사자산 흥녕선원 지표조사 보고서』.

강원문화재연구소, 2002, 『영월 흥녕선원지 시굴조사 약보고서』.

강원문화재연구소, 2004, 『영월 흥녕선원지 2차 시굴조사 약보고서』.

강원문화재연구소, 2006, 『영월 흥녕선원지 3차 발굴조사 지도위원회의자료』.

경기도박물관, 2002, 『봉업사』.

예성동호회, 1995, 『崇善寺址 지표조사 보고서』.

중앙문화재연구원, 2006, 『청주 산남3지구 택지개발사업지구 내 청주 산남동유적』.

중앙문화재연구원, 2006, 『청주 산남3지구 택지개발사업지구 내 청주 분평동유적』.

중앙문화재연구원, 2006, 『충주 용두-금가 간 우회도로 건설구간 내 충주 김생사지』.

중원문화재연구원, 2006, 『문화유적 분포지도-영동군』.

청원향토문화연구회, 1993, 『石岩寺址 및 魯峰書院址 지표조사 보고서』.

청원향토문화연구회, 1995, 『松泉寺址 지표조사 보고서』.

충청북도, 1978, 『미륵리사지 발굴조사 보고서』(청주대학 박물관).

청주대학 박물관, 1979, 『미륵리사지 2차 발굴조사 보고서』.

청주대학교 박물관, 1992, 『중원 미륵리사지-4차 발굴조사 보고서-』.

청주대학교 박물관, 1993, 『대원사지·미륵대원지-중원 미륵사지 5차 발굴조사 보고서-』.

청주대학교 박물관, 1985, 『청주 운천동사지 발굴조사 보고서』.

청주대학교 박물관, 1986, 『청주 흥덕사지 발굴조사 보고서』.

청주대학교 박물관, 1997, 『음성 中洞里寺址 정밀지표조사 보고서』.

청주대학교 박물관, 2005, 『청주 탑동5층석탑 주변 정비구역 발굴조사 보고서』.

청주대학교 박물관, 2006, 『법주사 부도군 발굴조사 보고서』.

이화여자대학교 박물관, 1982, 『미륵리사지 3차 발굴조사 보고서』.

충북대학교 박물관·문화재관리국 문화재연구소, 1979, 『대청댐 수몰지구 유적 발굴 보고서』 충청북도편.

충북대학교 박물관, 1980, 『충주댐 수몰지역 문화재 지표조사 보고서』.

충북대학교 박물관, 1984, 『충주댐 수몰지구 문화유적 발굴조사 종합보고서』.

충주공업전문대학 박물관, 1990, 『青龍寺址 지표조사 보고서』.

충주산업대학교 박물관, 1996, 『충주 청룡사지 발굴조사 보고서』.

충청전문대학 박물관, 1994, 『증평 南下里寺址 지표조사 보고서』.

충청전문대학 박물관, 1997, 『진천 寶塔寺』.

충청전문대학 박물관, 1998, 『영동 寧國寺』.

충청대학 박물관, 1998, 『제천 月光寺址』(附 : 제천의 불교유적).

충청대학 박물관, 1999, 『충주 金生寺址』.

충청대학 박물관, 2002, 『충주 義林寺址 지표조사 보고서 』.

충청대학 박물관, 2006, 『충주 숭선사지』(시굴 및 1~4차 발굴조사 보고서).

충청대학 박물관, 2011, 『충주 숭선사지 5차 발굴조사 보고서』.

충청대학 박물관, 2006, 『충주 김생사지』.

충청대학 박물관, 2006, 『제천 덕주사 극락전지 발굴조사 보고서』.

충청대학 박물관, 2008, 『영동 영국사』.

충청대학 박물관, 2004, 『제천 장락사지 시굴조사 보고서』.

충청대학 박물관, 2008, 『제천 장락사지』.

김현길, 1981, 「숭선사지와 그 建造年代考」, 『예성문화』 제3호.

한국교원대학교 박물관, 1991, 『청원 북일면 비중리 一光三尊佛 지표조사 및 간이발굴조사 보고서』.

한국교원대학교 박물관, 1992, 『비중리 一光三尊佛 복원조사 및 원위치 탐색 조사보고서』.

한국교원대학교 박물관, 1993, 『중원 탑평리사지 발굴조사 보고서』.

한국교원대학교 박물관, 1994, 『'93중원 탑평리사지 발굴조사 보고서』.

한림대학교 박물관, 1995, 『영월군의 역사와 문화유적』.

中原 古墳遺蹟의 검토

박중균 | 한성백제박물관 발굴조사팀장

中原 古墳遺蹟의 검토

Ⅰ. 머리말

古墳이란 용어는 한국 고고학계에서 명확히 개념 정의가 이루어지지 않은 측면이 있지만, 일반적으로 지하 또는 지상에 매장시설을 만들어 시신을 안치하고 그 위에 흙을 높이 쌓아 올려서 만든 오래된 무덤을 가르킨다.[1] 한편, 좁은 의미로는 분묘 가운데 입지의 우월성, 매장주체부의 대형화, 무기의 개인집중화가 이루어진 무덤으로 정의되기도 한다.[2]

고분의 출현시점은 대체로 지역마다 다소 차이가 있다고 생각되지만, 한반도 중부 이남지역에서는 원삼국시대에 접어들면서 출현한 것으로 파악되고 있으며,[3] 하한은 잠정적으로 통일신라까지로 한정하는 데에 큰 이견이 없는 것으로 보인다. 따라서 본고에서 검토할 중원 고분유적의 대상은 원삼국시대에서 통일신라까지의 분묘로 한정한다.

이 글에서 대상으로 한 중원지역은 다음과 같이 규정하여 사용한다. 지금까

1) 김길식, 2009, 「고분」, 『韓國考古學專門事典(古墳篇)』, 國立文化財硏究所, pp.68~73.
2) 金龍星, 1998, 『新羅의 古冢과 地域集團－大邱·慶山의 例－』, p.45.
3) 영남지역의 경우 목곽묘를 발생기의 고분으로 파악하고 있다(김용성, 2009, 『신라왕도의 고총과 그 주변』, p.22).

지 그 공간적 범위는 중원문화라는 문화권 설정과도 밀접한 관련이 있는 것으로 보인다. 중원문화권의 범위에 대해서는 충주·청주를 축으로 하는 충북지구의 문화로서 경기와 강원 남부, 경북 북부의 일부지역을 포함한다는 견해[4]와 넓은 의미로 충청문화권 또는 충북문화권을 뜻하며, 좁은 의미로는 충주일원의 문화권으로 보는 견해[5] 등이 있다. 이러한 기존의 견해를 통해보면, 대체로 지금의 충청북도 지역을 중원 지역의 범위로 한정해도 큰 무리는 없을 것으로 보인다.

그러므로 본고는 지금의 행정구역상 충청북도 지역 내에서 확인된 원삼국시대~통일신라시기의 고분유적을 대상으로 유적의 양상을 검토함으로써 고분문화의 전개양상을 살펴보고자 한다.

Ⅱ. 중원지역 고분유적의 시대·지역별 양상

1. 원삼국시대 고분

중원지역의 원삼국시대[6] 고분유적은 수계에 따라 크게 한강 수계권과 금강

---

4) 김현길, 1995, 「中原地域의 歷史的 背景」, 『中原文化圈의 位相定立과 發展方向』, 충북대학교 호서문화연구소.

5) 申瀅植, 1996, 「역사·지리적 관점에서 본 중원문화권의 새로운 인식」, 『中原文化 國際學術會議 結果 報告書』, 忠北大學校 湖西文化硏究所.

6) 원삼국시대란 용어는 '삼국시대의 원초기' 또는 '원사단계의 삼국시대'란 의미로서 김원룡에 의해 주창되었는데, 용어의 적절성에 대한 논란은 있지만 현재 한국 고고학계에서 일반적으로 통용되는 시대구분 용어이다. 원삼국시대의 시간적 범위는 당초 서력기원 전후부터 기원후 300년까지의 300년간으로 설정하였는데(金元龍, 1986, 『韓國考古學槪說』 3판, p.128), 이후 상한을 기원전 100까지 상향하여야 한다는 주장(李熙濬, 2004, 「초기철기시대·원삼국시대再論」, 『韓國考古學報』 52, pp.88~91)이 제기되어 현

수계권으로 구분하여 살펴볼 수 있다.

1) 한강 수계권

중원지역에서 한강 수계에 속한 지역은 괴산, 충주, 제천, 단양 등지이다. 이들 지역에서 원삼국시대 고분유적은 현재까지 충주와 제천지역에서만 확인되고 있다.

<표 1> 한강수계권 원삼국시대 고분유적 일람표

지역	유적명	묘 제	출토유물
충주	금릉동유적	토광묘(합장묘) 149기, 옹관묘 1기	短頸壺, 深鉢形土器, 環頭大刀, 鐵矛, 鐵鏃, 鑣轡, 馬形帶鉤 등
	신효리유적	토광묘 9기	短頸壺, 深鉢形土器, 馬形帶鉤, 鐵矛
	문성리유적	토광묘(주구토광묘, 합장묘) 70기, 옹관묘 3기	短頸壺, 深鉢形土器, 環頭大刀, 鐵矛, 鐵鏃, 鐵鎌, 鐵斧, 鐵鑿, 刀子, 馬形帶鉤, 兩端環棒狀鐵器, 玉 등
제천	양평리유적	적석분구묘 2기	短頸壺, 環頭刀, 鐵矛, 鐵刀子, 鐵鎌, 鐵斧, 馬鐸, 靑銅環, 靑銅鈴
	도화리유적	적석분구묘 1기	短頸壺, 鐵矛, 鐵鏃, 鐵鎌, 鐵斧, 鐵刀子, 靑銅釧, 玉

재는 대체로 이를 받아들여 기원전 100년에서 기원후 300년까지로 설정하는 것이 일반적인 경향인 것으로 생각된다. 그런데 백제 중앙지역에서 멀리 떨어진 중원지역의 경우 대체로 4세기 전반까지 원삼국시대의 문화요소가 지속되고 한성백제의 물질문화요소가 확인되지 않고 있다. 이러한 부분은 동시기의 시대구분에 있어서의 상당한 어려움을 야기하고 있다. 이러한 시대구분의 어려움을 극복하기 위해 최근에는 한성백제가 성립한 이후 중서부지역에서의 지역세력이 병존하는 시기를 '원삼국-백제 교체기'(成正鏞, 2006, 「中西部地域 原三國時代 土器樣相」, 『韓國考古學報』 60, p.124), 혹은 '한성백제 Ⅰ기 병행기 원삼국사회 지역'(金成南, 2006, 「百濟 漢城時代 南方領域의 擴大過程과 支配形態 試論」, 『百濟硏究』 44)으로 지칭하기도 한다.

위의 〈표 1〉에서 보듯이 한강수계권의 원삼국시대 고분양상은 충주지역의 경우 토광묘가 일반적인 묘제[7]로 조영되었으며, 이보다 상류에 해당하는 제천지역은 조사된 사례가 많지는 않지만 적석분구묘가 조영된 특징을 보이고 있다. 이러한 지역에 따른 묘제의 차이는 지역 재지세력의 성격 차이를 반영하는 것으로 해석된다.

충주지역은 2000년대에 들어와 금릉동유적이 조사되면서 처음으로 원삼국시대 고분유적이 확인되기 시작하여 점차 신효리유적, 문성리유적 등 조사사례가 증가하고 있는 추세이다.

금릉동유적[8]에서는 149기의 토광묘와 1기의 옹관묘가 확인되었으며, 이들 분묘는 3세기 전반에서 4세기 전반의 이른 시기까지로 편년되고 있다.[9] 토광묘는 단장묘가 위주이나 서북한지역에 연원을 둔 합장묘 7기도 확인되었다. 매장주체시설을 기준으로 묘제를 구분하면, 목관만을 시설한 목관묘가 일반적이며,

7) 墓制는 무덤의 축조와 사용에 관련된 제도를 말하지만 일반적으로는 무덤의 구조 및 종류를 의미하는 용어로 사용되는 경우가 많다(권오영, 2009,「묘제」,『韓國考古學專門事典(古墳篇)』, 國立文化財硏究所, p.425). 또한 墓制는 葬制의 하위개념으로 장례의 기본적 관점인 靈肉別留 사상의 결과인 고분의 조성 방법만을 의미하는 것으로 이해하기도 한다(李南奭, 1995,『百濟 石室墳 硏究』, 학연문화사). 한편, 묘제의 분류에 있어서는 棺, 槨, 室 등 시신의 매납시설의 기능과 그 축조재료에 따라 분류하는 것(金龍星, 1998, 앞의 책, p.46)이 일반적이나, 마한권역인 중서부지역 토광묘의 경우 영남지역에서와 같이 목관묘단계에서 목곽묘단계로 이행하는 것이 뚜렷하게 나타나지 않고 있으며, 매납시설인 관·곽의 경우 시기성이나 각 지역집단의 특징을 보여주는 것이 아니라 피장자의 집단내 위계만을 보여주고 있다. 따라서 본고에서는 용어의 적절성에 문제가 있다고 생각되지만 중원지역 마한계 묘제로서 토광묘라는 용어를 사용하였으며, 그 하위 범주로 조성방식에 따라 주구토광묘와 합장묘로, 매장시설에 따라 목관묘와 목곽묘로 구분하였다.

8) 禹鍾允·成正鏞외, 2007,『忠州 金陵洞遺蹟』, 忠北大學校博物館.

9) 성정용, 2007,『忠州 金陵洞遺蹟』, 忠北大學校博物館, pp.343~344.

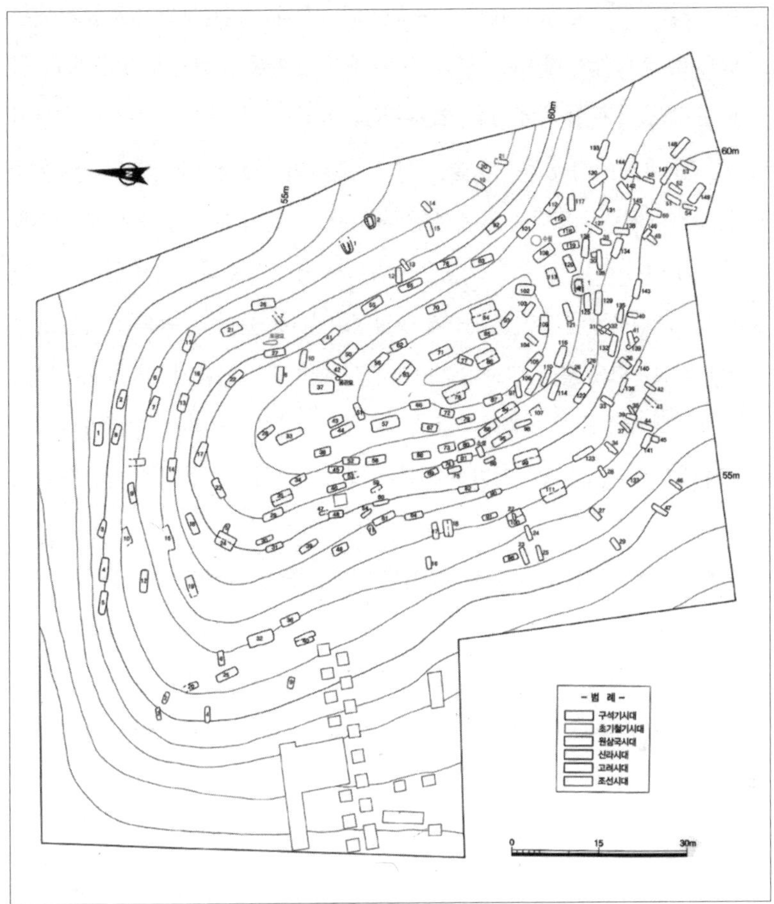

도면 1. 충주 금릉동유적 유구배치도(禹鍾允·成正鏞 외, 2007, 보고서에서 轉載)

목곽을 시설한 목곽묘는 7기에 불과하다. 목곽묘는 7기중 1기만이 목곽 내에 목관을 시설한 것이며, 6기는 목곽만 시설된 것으로 묘광벽 혹은 양 장벽을 따라 기둥구덩이 확인되고 있는 점이 특징이다. 이러한 기둥구덩이 확인되며, 목곽만을 시설한 목곽묘[10]는 중서부지역의 마한지역보다는 영남지역의 목곽묘에서 그 사례를 찾아 볼 수 있다.

부장유물의 양상은 토기류의 경우 원저단경호와 심발형토기가 조합을 이루고 있으며, 분묘간의 차이는 있지만 여기에 옹이나 동이 등의 토기와 마구, 환두대도·철모·철촉 등의 무기류, 철부·철착·철겸·도자 등의 농공구류, 청동마형대구, 구슬 등이 부장된 양상을 보이고 있다. 이렇게 원저단경호와 심발형토기가 조합을 이루고 있다는 점에서 중서부지역 마한의 분묘 내 토기 부장 전통과 궤를 같이하고 있다. 그리고 충주지역에서 처음으로 확인된 마형대구는 그 형태가 미호천유역권의 마형대구와 유사성이 높다. 특히, 주목되는 점은 충주지역에 기승문화의 유입을 보여주는 재갈이 확인되고 있는데, 78-1호에서 출토된 프로펠러형 표비는 중부지역 초기마구 중 가장 올라가는 시기의 것으로 파악되고 있으며, 그 제작기법의 전통은 북방지역의 마구문화에 기원을 두고 있다.[11)]

금릉동유적은 원삼국시대 충주지역에 기반을 둔 정치세력 중 읍락의 중심취락세력에 의해 조성된 고분군으로 보인다. 또한 분묘의 세부구조나 부장유물에서 영남지역의 색채를 띠는 것도 일부 있으나 전체적인 맥락에서 보면 중서부 내륙의 마한지역의 문화적 요소가 더 강하게 보이며, 특히 미호천유역권과 문화적으로 상당한 친연성을 보이고 있다.

신효리유적[12)]은 2009년도 발굴조사를 통하여 9기의 토광묘가 확인되었다. 토광묘는 대부분 목관을 시설한 목관묘이며, 주구토광묘나 합장묘가 분포하지 않

10) 보고자는 이러한 목곽묘를 '목곽계 목관묘'로 분류하고 있다(성정용, 2007, 앞의 보고서, p.333).

11) 諫早直人, 2007,「製作技術로 본 夫餘의 轡와 韓半島 南部의 初期 轡」,『嶺南考古學』43, 영남고고학회.

成正鏞·權度希·諫早直人, 2009,「清州 鳳鳴洞遺蹟 出土 馬具의 製作技術 檢討」,『湖西考古學』20, 호서고고학회.

12) 중원문화재연구원, 2009.11,『고속국도 제40호선 음성-충주간 건설공사 발굴(시굴)조사(제4구간 5·6공구지도위원회 자료집』.

고 무덤의 규모도 작은 것이 특징이다. 부장유물 또한 빈약한 편인데, 원저단경호와 심발형토기 각 1점을 부장한 것이 기본이며, 여기에 刀子·矛·馬形帶鉤 등의 금속유물이 일부의 분묘에 부장되어 있다. 유적은 읍락의 중심취락에 연결된 하위취락의 묘역으로 추정된다.

문성리유적[13]은 원삼국시대 토광묘 70기(주구토광묘 21기, 합장묘 3기)와 옹관묘 3기가 조사되었는데, 충주지역에서 처음으로 주구토광묘의 존재가 확인된 유적이다. 토광묘는 매장주체시설이 목관인 목관묘가 주를 이루고 있고, 유물의 부장은 한쪽 단벽 쪽에 부장하였는데, 그 부장공간의 방향이 동쪽을 편향한 것이 일반적이다. 부장유물은 토기류의 경우 역시 원저단경호와 심발형토기가 조합을 이루고 있으며, 여기에 철제 마구·무기류와 농공구류, 마형대구, 구슬 등이 부장되고 있다. 문성리유적은 이곳 일대에 존재하였던 읍락의 중심취락세력에 의해 조영된 고분군으로 판단된다.

제천지역에서는 마한의 전통적인 묘제인 토광묘가 확인되지 않고 남한강변의 제천 양평리유적[14]과 도화리유적[15]에서 적석분구묘[16]가 확인되고 있다. 이들 적석분구묘는 자연 모래언덕(砂丘)을 이용하여 그 위에 川石을 주위에는 1~2

---

13) 중원문화재연구원, 2010.5, 『고속국도 제40호선 음성-충주간 건설공사(4공구 3구간) 문화유적 발굴조사 충주 문성리 유적 지도위원회 자료집』.

14) 裵基同, 1984, 「堤原 陽坪里A地區 遺蹟發掘調査報告」, 『忠州댐 水沒地區 文化遺蹟發掘調査綜合報告書-考古·古墳分野(Ⅰ)』, 忠北大學校博物館.

15) 崔夢龍外, 1984, 「堤原 桃花里地區 遺蹟發掘調査報告」, 『忠州댐 水沒地區 文化遺蹟發掘調査綜合報告書-考古·古墳分野(Ⅰ)』, 忠北大學校博物館.

16) 이 묘제는 각 보고서에서 적석총이란 용어로 대부분 쓰여졌는데, 연구자에 따라 '葺石式積石墓'(朴淳發, 2001, 『漢城百濟의 誕生』, 서경문화사), '積石墳丘墓'(최병현, 2008, 「중원문화권 고분연구의 성과와 과제」, 『중원문화 정립을 위한 조사연구방향』, 국립중원문화재연구소 ; 성정용, 2009, 「중원지역의 원삼국시대 분묘양상」, 『중원문화권 고분의 전개양상과 성격』, 국립중원문화재연구소) 등으로 지칭되고 있다.

겹, 중심부는 5~8겹 정도 쌓아 만든 것으로 구조상 고구려의 무기단식 적석총과는 구분된다.[17]

적석분구묘의 축조시기에 대해서는 3세기 초~3세기 중엽,[18] 기원후 100년을 전후한 시점,[19] 3세기 무렵[20] 등으로 다양하다. 출토된 유물상을 통해 볼 때, 2세기 전후로 보는 것은 무리라고 생각되며, 3세기대로 보는 것이 좀 더 타당한 편년으로 여겨진다. 다만, 원저단경호의 기형이나, 有段鐵斧가 출토된 점 등으로 볼 때, 4세기 전반까지 내려올 가능성이 있다고 판단된다.

이러한 적석분구묘는 양평 문호리, 춘천 중도, 연천 삼곶리와 학곡리 등 한강 및 임진강 유역에 분포하고 있는 양상을 보이고 있다. 매장주체부는 그 구조가 확인된 것을 통해 보면, 임진강변에 위치한 연천 삼곶리 적석분구묘의 경우 매장주체부는 하나의 분구에서 2개의 석곽이 확인되었으며,[21] 학곡리 적석분구묘의 경우는 하나의 분구에서 4개의 석곽이 확인되었다.[22] 이런 점에서 보면, 한강과 임진강유역에 분포하고 있는 적석분구묘는 기본적으로 매장주체부가 복수인 多葬墓적 성격을 띠고 있다고 할 수 있다. 적석분구묘의 성격과 조영세력에 대하여는 이를 경질무문토기와 '呂'자형 혹은 '凸'자형 주거지와 묶어 '中島類型文化'로 규정하고 예계집단의 문화로 보는 견해,[23] 고구려 적석총에 그 계보를 두고 고구려 유이민 집단에 의해 축조된 것으로 파악한 견해,[24] 특정 정치

17) 朴淳發, 2001, 앞의 책, pp.132~133.
최병현, 2008, 앞의 논문, p.71.

18) 朴淳發, 2001, 앞의 책, p.136쪽.

19) 김성태, 2004, 「百濟積石塚의 歷史考古學的 性格과 그 意味」, 『漣川 鶴谷里 積石塚』, 기전문화재연구원, p.203.

20) 성정용, 2009, 앞의 논문, p.12.

21) 文化財管理局 文化財研究所, 1994, 『漣川 三串里 百濟積石塚 發掘調査報告書』.

22) 畿甸文化財研究院, 2004, 『漣川 鶴谷里 積石塚』.

23) 朴淳發, 2001, 앞의 책, pp.75~85.

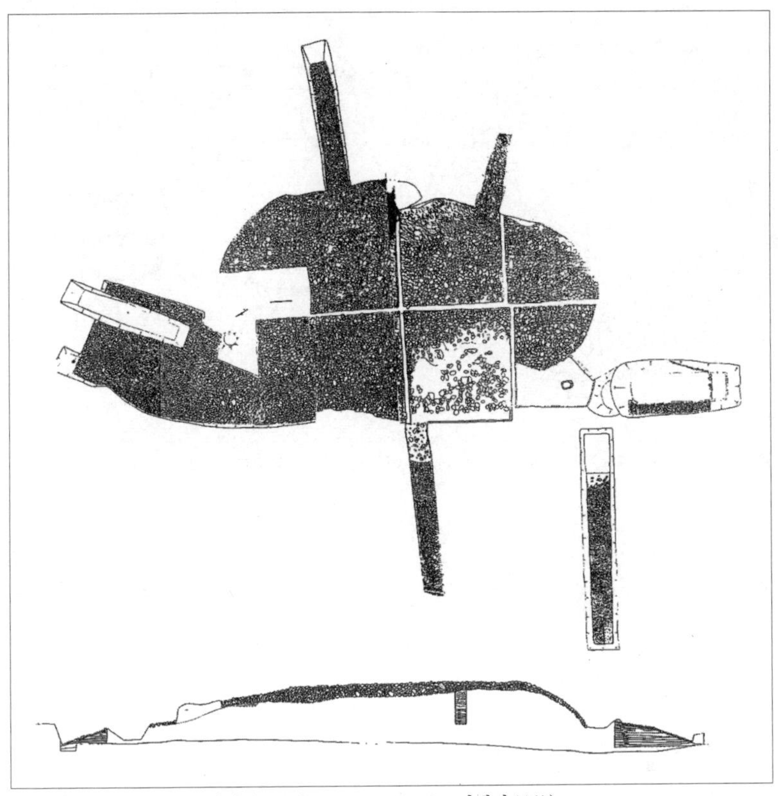

도면 2. 제천 양평리 2호 적석분구묘(裵基同, 1984, 보고서에서 轉載)

세력이나 종족과 관련시켜 보는 것은 무리이고 강변의 재지인들에 의한 자연발생적으로 축조된 것으로 추정한 견해,[25] 남한강 일대를 기반으로 하여 3세기 무렵 조영된 토착 집단의 공동체적 묘지의 성격을 띠고 있다는 견해[26] 등이 있다. 최병현의 지적처럼 제천지역의 적석분구묘는 조영세력을 예계집단이나 고구려

24) 김성태, 2004, 앞의 보고서, pp.196~199.

25) 최병현, 2008, 앞의 논문, pp.72~73.

26) 성정용, 2009, 앞의 논문, p.12.

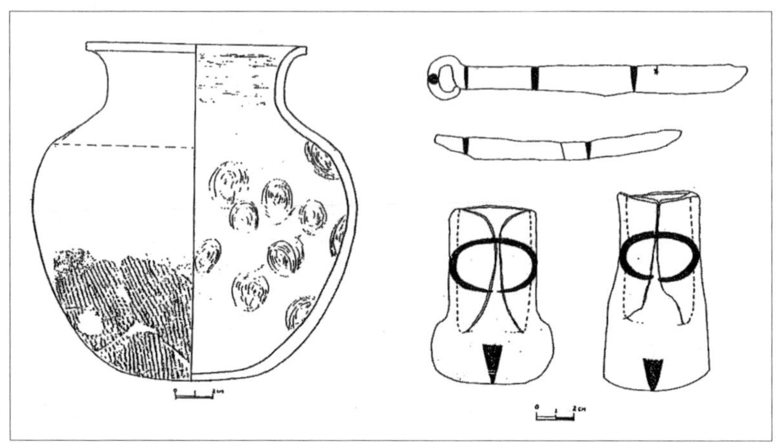

도면 3. 제천 양평리 2호 적석분구묘 출토유물(裵基同, 1984, 보고서에서 轉載)

유이민 집단 등 특정 정치세력이나 종족과 관련시켜 보는 것은 무리라고 판단되며, 이 지역 토착세력에 의해 조영된 것으로 판단된다.

2) 금강수계권

충북지역에서 금강수계에 속한 지역은 금강의 최대지류인 미호천유역권에 해당하는 지역과 금강상류의 옥천·영동지역들이며, 이들 지역 중 미호천유역권에 해당하는 지역에서 원삼국시대 고분이 주로 확인되었으나 최근에는 옥천지역에서도 확인된 사례가 있다. 미호천은 충북 음성군 삼성면 마이산에서 발원하여 진천, 증평, 청주, 청원지역을 거쳐 충남 연기군 합강리에서 금강에 합류한다. 따라서 미호천유역은 음성의 일부와 진천, 증평, 청주, 청원, 충남 연기의 일부지역이 해당한다. 이들 지역 중 현재까지 원삼국시대 고분이 확인된 지역은 진천, 증평, 청주, 청원, 충남 연기지역이며, 특히 청주·청원지역에 집중되어 확인되는 양상을 보이고 있다.

〈표 2〉 금강수계권 원삼국시대 고분유적 일람표

지역	유적명	묘 제	출토유물
진천	송두리유적	토광묘 2기	組合牛角形把手附壺, 兩耳附壺, 鐵鎌, 鐵斧, 8字形銅器 등
	신월리유적	주구토광묘 2기	土器片
	송두리 CQV유적	토광묘 1기	短頸壺, 鉢形土器
증평	증천리유적	주구토광묘 2기	土器片
청주	송절동고분군	토광묘, 주구토광묘, 합장묘 등 16기	短頸壺, 深鉢形土器, 甕, 兩耳附壺, 鐵矛, 鐵鏃, 鐵刀子, 鐵鑿 등
	봉명동유적	토광묘, 합장묘 등 240기	短頸壺, 深鉢形土器, 有孔土器, 바가지형토기, 釜形土器, 環頭刀, 木柄刀, 馬具, 鐵矛, 鐵鏃, 鐵刀子, 鐵鑿, 鐵鎌, 馬形帶鉤 등
	원흥이 I 유적	토광묘, 주구토광묘 등 6기	短頸壺, 深鉢形土器
	원흥이 II 유적	토광묘 3기	短頸壺, 深鉢形土器
	산남동 42-6번지유적	토광묘, 합장묘 등 12기	短頸壺, 深鉢形土器, 甕, 有孔土器, 甑, 鐵矛, 鐵鏃, 鐵刀子, 鐵斧, 鐵鎌, 馬形帶鉤, 玉 등
	아래탑골 II 유적	토광묘 11기	短頸壺, 甕, 玉
	미평동유적	토광묘, 주구토광묘 등 7기	短頸壺, 深鉢形土器, 有孔土器, 環頭刀, 鐵矛, 鐵鎌 등
청원	송대·상평리유적	토광묘, 주구토광묘, 합장묘 등 101기	短頸壺, 深鉢形土器, 甕, 有孔土器, 二重口緣壺, 甑, 環頭刀, 鐵矛, 鐵鏃, 鐵刀子, 鐵斧, 鐵鎌, 兩端環棒狀鐵器, 원통형철기, 馬形帶鉤, 玉 등
	만수리유적	토광묘	短頸壺, 兩耳附壺, 鐵斧 등
연기	응암리유적	토광묘, 주구토광묘, 합장묘 등 13기	短頸壺, 深鉢形土器, 有孔土器, 環頭刀, 鐵矛, 鐵鏃, 鐵刀子, 兩端環棒狀鐵器, 馬形帶鉤, 玉 등
	용호리유적	토광묘, 주구토광묘 등 7기	短頸壺, 圓底鉢, 蕨手文裝飾劍 등
옥천	가풍리유적	토광묘 1기	短頸壺, 컵형토기, 鐵鎌 등

(1) 미호천유역권

미호천유역권은 토광묘문화를 바탕으로 한 지역으로 중원지역에서 원삼국시대 고분이 가장 집중 분포하는 지역이다. 미호천유역권의 원삼국시대 고분유적은 위 〈표 2〉와 같다.

① 진천지역

미호천 상류에 위치한 진천지역에서는 진천 송두리와 이월면 신월리에서 원삼국시대 고분이 조사되었다.

진천 송두리유적[27]은 미호천유역에서 원삼국시대 분묘가 처음으로 확인된 유적이다. 유적은 미호천과 그 지류인 백곡천 사이의 낮은 구릉지대에 위치하고 있다. 이 유적에서는 원삼국시대 토광묘 2기가 확인되었다. 1호는 목곽묘이며, 유물은 목곽과 묘광벽 사이의 충전토 위에 부장하고 있다. 출토유물로는 8字형과 錘形의 銅器와 兩耳附壺·組合牛角形把手附壺 등의 토기가 있다. 2호는 목관묘이며, 묘광 바닥에 腰坑이 시설된 점이 특징이다. 유물은 충전토 위에 組合牛角形把手附壺와 鑿·鎌·斧 등의 철제 농공구를 부장하고 있다. 이러한 송두리유적 무덤의 구조와 출토유물은 영남지역의 2세기대 와질토기단계의 특징을 보이고 있어 주목을 받아왔다.

신월리유적[28]에서는 원삼국시대 주구토광묘 2기가 조사되었다. 주구토광묘의 주구는 묘광의 사면 위쪽 장벽과 양 단벽 쪽을 감싼 'ㄷ'字형이다. 청주 송절동 고분군과 청원 송대리유적 등 미호천유역 대부분의 주구토광묘는 묘광의 사면 위쪽 장벽과 주구와의 이격거리가 1m이상 되고 있으나, 신월리 1호 주구토광묘는 주구와 묘광의 간격이 50㎝ 정도로 극히 좁은 특징이 있다.

27) 車勇杰·趙詳紀, 1991, 『鎭川 松斗里遺蹟 發掘調査報告書』, 忠北大學校博物館.
28) 中央文化財硏究院, 2005, 『鎭川 梨月迂回道路建設區間內 鎭川 新月里遺蹟』.

② 증평지역

증천리유적[29]은 보강천 남안의 해발 79~92m 정도의 낮은 구릉지대에 자리한 유적으로 원삼국시대 주구토광묘와 토광묘 각 1기가 확인되었다. 비록 확인된 분묘 수는 2기에 불과하지만 증평지역에서 원삼국시대 토광묘가 처음으로 확인된 유적으로서 의미가 있다. 주구토광묘의 주구는 'ㄷ'자형으로 추정되며, 묘광의 크기는 길이 510㎝, 너비 150㎝로 남쪽에 인접하여 위치한 토광묘(길이 310㎝, 너비 100㎝)에 비하여 규모가 크다.

③ 청원지역

청원지역에서는 미호천 북안에 위치한 송대리·상평리유적에서 원삼국시대 토광묘군이 확인되었다. 오창 송대·상평리유적[30]은 미호천 북안의 해발 52~81m 정도의 낮은 구릉지대에 위치하고 있는 유적으로 미호천을 사이에 두고 송절동 분묘유적과 마주보고 있다. 송대·상평리 유적에서는 모두 101기의 원삼국시대 토광묘가 발굴되었는데, 이 중 합장묘가 6기, 주구토광묘가 11기이다.

묘광의 평면은 말각장방형이고 평면비 2.5:1 이상으로 비교적 세장한 편이며, 등고선 방향에 나란하게 조성하였다. 묘광 내부의 구조를 살펴보면 주검을 안치하는 매장주체부는 묘광의 장축방향이 동-서 방향에 가까울 때에는 거의 서단벽쪽에 치우쳐 안치하고 나머지 공간인 동단벽쪽의 공간을 유물부장부로 이용하여 토기를 부장하고 있는 특징을 보이고 있다. 피장자의 두향을 알 수 있는 확실한 자료는 없지만 13호의 경우 환두대도의 환두부가 동쪽으로 향하고

29) 김종길, 2006,『증평 증천리 유적-증평 초중~장동간 도로공사 구간 시굴조사 보고서-』, 中原文化財硏究院.

30) 韓國文化財保護財團, 1999,『淸原 梧倉遺蹟(Ⅰ)』.
韓國文化財保護財團, 2000,『淸原 梧倉遺蹟(Ⅳ)』.

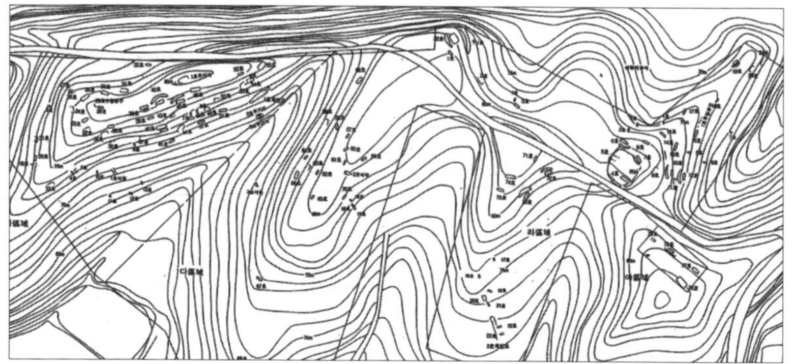

도면 4. 송대리·상평리유적 유구 배치도(韓國文化財保護財團, 1999, 보고서에서 轉載)

있어 피장자의 두향은 동향으로 보이며, 유물의 부장부는 피장자의 머리 쪽에 마련하였다.

합장묘는 병혈합장묘와 이혈합장묘가 존재하는데, 후자가 많은 수를 차지하고 있다. 병혈합장묘인 7호묘는 묘광의 형태와 크기에 있어서 송절동 93-B지구의 합장묘와 동일하나, 송절동의 경우 두 묘광의 바닥면이 단을 이루며 바닥면의 높이를 달리하고 있는데 반해 두 묘광의 바닥면 높이가 동일한 점이 특징이다.

④ 청주지역

청주지역의 원삼국시대 고분은 송절동과 봉명동, 그리고 산남동 일원에서 확인되었다. 송절동고분군[31]은 전체 유적 중 극히 일부만 발굴조사가 이루어졌는

31) 車勇杰·趙詳紀, 1994, 「清州 松節洞 古墳群 1次年度('92) 調査報告書」, 『漣川 三串里 百濟積石塚 發掘調査報告書』, 文化財管理局 文化財研究所.
車勇杰·趙詳紀·禹鍾允·吳允淑, 1994, 『清州 松節洞 古墳群』, 忠北大學校博物館.
車勇杰·趙祥紀, 1995, 『清州 松節洞 古墳群 發掘調査報告書-1993年度 發掘調査-』, 忠北大學校博物館.

데, 92년도에 4기, 93년도에 12기가 조사되어 총 16기의 토광묘가 조사되었다. 이 16기의 토광묘 중에는 묘광의 주위로 주구를 돌린 주구토광묘가 6기, 합장묘가 3기, 대형목곽묘가 1기가 있다.

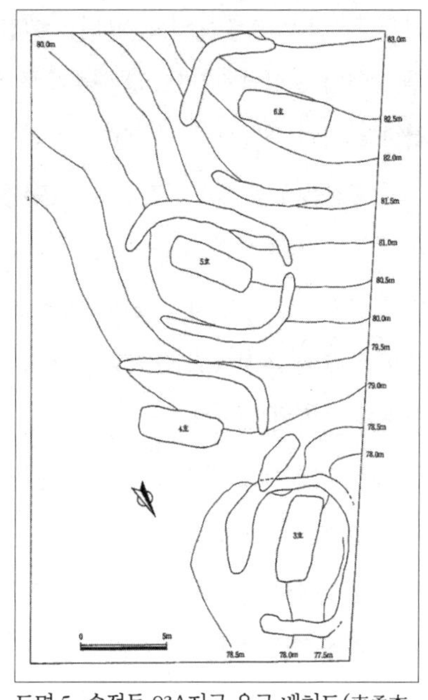

도면 5. 송절동 93A지구 유구 배치도(車勇杰·趙祥紀, 1995, 보고서에서 轉載)

무덤의 형태와 구조를 보면, 92년도와 93년도 조사 A지구는 주구토광묘 중심으로 조영되었는데, 묘광은 장단비가 2.5:1~3:1이 주를 이루며, 길이가 440㎝ 내외, 너비가 150㎝ 내외로 규모가 비교적 크며, 깊이가 70~120㎝ 정도로 깊은 것이 특징이다. 매장주체시설은 목관 혹은 목곽(93A-3호)을 사용하였다. 목관묘는 목관을 묘광의 한쪽 단벽 쪽으로 치우쳐 안치하고 나머지 공간을 유물부장부로 이용하여 토기를 부장하고 있으며, 목곽묘는 목곽 안에 한쪽으로 치우쳐 목관을 안치하고 나머지 부분을 유물부장공간으로 이용한 형태와 목곽 내에 목관을 안치하지 않고 칸막이로 매장주체공간과 유물부장공간을 분리한 형태(93A-4호)가 있다. 유물부장부와 매장주체부의 위치는 일정한 정형성을 갖고 있는데, 92년도 조사 지역의 무덤은 사면 아래쪽에서 보아 묘광의 오른쪽인 북동쪽에 치우쳐 유물부장부를 마련한 것이 일반적이고, 93년도 A지구는 사면의 아래쪽에서 보아 왼쪽인 남동쪽에 치우쳐 유물부장부를 마련하였다. 이렇게 무덤의 조성 위치가 다름에도 불구하고 동쪽으로 편향하여 유물부장부를 둔 점은 공통된다.

93-B지구에서는 6기의 토광묘가 발굴조사 되었는데, 이 중 3기는 합장묘이

며, 1기는 대형목곽묘이다. 묘의 구조를 살펴보면 묘광은 말각장방형으로 5호를 제외하고 장단비가 3.3:1 이상으로 세장하며, 특히 합장묘의 경우는 4:1이상으로 극히 세장하다. 木棺墓는 목관을 묘광의 한쪽으로 치우쳐 안치하고 나머지 공간을 유물 부장공간으로 이용하였으며, 木槨墓의 경우는 목곽의 내에 한쪽으로 치우쳐 목관을 안치하고 나머지 공간을 유물 부장공간으로 이용하였다.[32] B지구의 경우 사면 아래쪽에서 보아 시신을 안치하는 매장주체부는 오른쪽에 치우쳐 위치하고 있으며, 유물부장부는 왼쪽인 동쪽에 치우쳐 위치하는 공통점을 가지고 있다.

B지구에서는 이전의 중서부내륙지역 원삼국시대 묘제에 나타나지 않은 새로운 묘제인 대형목곽묘 1기와 합장묘 3기가 조사되었다. 대형목곽묘는 묘의 입지상 墓域의 사면 위쪽 중앙부에 자리하고 있으며, 다른 분묘들이 대형목곽묘를 중심으로 주변에 자리하고 있다. 이것으로 볼 때, 대형목곽묘는 동일 묘역 내에서 입지상의 우위를 점하고 있다. 합장묘는 형식상 병혈합장묘로 서북한 지역에서 많이 발견되는 형식으로서 묘광이 서로 잇닿아 있으면서도 묘광의 깊이 및 길이가 서로 다른 형태이다.

봉명동유적[33]에서는 240기의 원삼국시대 토광묘가 조사되었다. 유적의 북쪽에는 동에서 서로 무심천이 흐르고 있고, 토광묘는 대체로 해발 65~75m의 낮은 구릉의 안부를 이루는 평탄부와 양쪽 사면에 분포하고 있다.

토광묘군의 분포를 살펴보면, 능선의 평탄부와 사면을 따라 등고선 방향과 나란하게 일정한 간격으로 분포하고 있는데, 그 특징은 무덤간의 중복관계가 거

32) 다만 3-1호와 6-1호는 목곽내의 중간부에 목관이 위치하고 있으며, 목곽의 남쪽 장측판 쪽으로 약간 치우쳐 있는 특징을 보이고 있다. 그런데 이 경우에도 유물부장부는 동쪽의 공간을 활용하고 있다.

33) 차용걸·박중균·노병식·한선경, 2005, 『清州 鳳鳴洞遺蹟(Ⅱ)-Ⅳ地區 調査報告 ①-』, 忠北大學校博物館.

의 없다는 점이다. 이는 무덤을 조성할 당시 봉분이 존재하고 있었으며, 이 묘역에 무덤을 조성했던 집단의 변화가 없었다는 것을 보여주는 것으로 여겨진다.

A구역은 서쪽으로 뻗은 가지능선의 남사면에 해당하는 구역으로 78기의 원삼국시대 토광묘가 조사되었는데 이 중 5기가 합장묘이다. 토광묘는 능선의 평탄부와 사면을 따라 등고선 방향과 나란히 동서 방향으로 일정한 간격을 두고 조영되어 있으며, 능선의 평탄부와 사면 상단의 것이 묘광의 규모가 비교적 크고 깊다. 묘광은 평면이 말각장방형이고 장단비가 대체로 3.4:1 이상으로 세장하며, 4:1 이상으로 아주 세장한 것도 있다. 목곽이나 목관의 흔적이 확인된 것을 통해 볼 때, 대부분 목관묘이나 묘광의 규모가 500㎝ 이상으로 큰 것(27호, 41호, 76호)은 목곽묘로 보인다. 대형목곽묘의 경우에는 목곽을 시설한 후 목곽 안의 서쪽에 치우쳐 목관을 안치하고, 동쪽을 유물부장부로 사용하였다. 목관이 들어간 주검부와 유물부장부는 칸막이를 하여 분리 하였으며, 이 주검칸과 유물부장칸 사이에 직경 30㎝ 내외의 기둥구멍이 발견되는 것이 있다(27호, 39호, 41호). 묘광의 장축방향이 동–서 방향일 경우에는 대체로 매장주체부를 서단벽 쪽에 치우쳐 안치하고, 동단벽 쪽의 남은 공간을 유물부장부로 이용하였다. 이러한 묘광 내부의 구조는 송대리 유적 토광묘의 내부구조와 동일한 구조이다. 이외에 양쪽 장벽 충전토 위에 토기를 부장한 것(A–51호)도 있다.

B구역에서는 총 113기의 원삼국시대 토광묘가 조사되었는데, 이 중 합장묘 4기와 대형목곽묘 1기가 있다. 묘광은 평면이 말각장방형이고 장폭비가 대체로 3:1 이상으로 세장하며, 4:1 이상으로 극히 세장한 것도 있다. 묘광의 장축방향은 등고선 방향과 나란하게 조성되었는데, 동–서 방향의 경우 매장주체부를 서쪽에 치우쳐 마련하고 유물부장부를 동쪽에 마련한 일정한 경향성이 보인다. 대형목곽묘(52호)는 북쪽으로 뻗은 가지능선 말단의 평탄부 중앙부에 위치하고 있는데, 이를 중심으로 사면을 따라 토광묘가 분포하고 있는 특징이 있다.

C구역에서는 53기의 원삼국시대 토광묘가 조사되었는데, 대체로 능선 상단

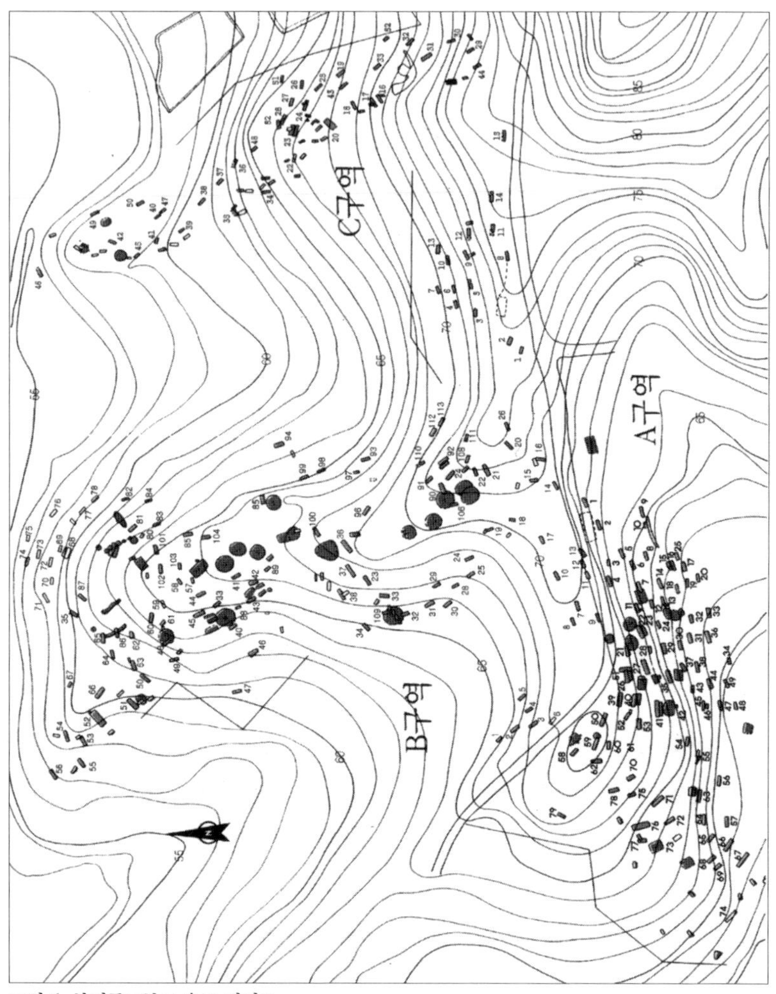

도면 6. 봉명동고분군 유구 배치도

의 평탄부에 조영된 목곽묘를 중심으로 사면을 따라 일정하게 열을 지으며 분포하고 있다. 대부분 도굴되어 매장주체시설의 형태 및 규모의 확인이 불가능하지만, 일부의 묘에서는 묘광을 목관(곽)이 안치되는 부분을 약간 단이 지게 깊게 굴광하거나, 관(곽)의 측판을 세우기 위해 묘광 내 장축방향의 중간지점

묘광벽과 매장 주체시설의 측판 사이에 기둥을 세운 흔적이 보이고 있다. C구역에서 묘광의 규모가 큰 C-20호의 경우에는 주검칸과 유물부장칸을 구분하기 위하여 기둥을 세웠던 기둥구덩이 보이고 있다.

청주 산남동에서 원삼국시대 고분이 확인된 유적으로는 아래탑골Ⅱ유적,[34] 원흥이Ⅰ[35]·Ⅱ유적,[36] 산남동 42-6번지 유적,[37] 미평동유적[38] 등이 있다. 이들 유적은 해발 164.1m의 구룡산 정상에서 分岐한 능선과 그 가지능선상에 각 고분군이 약간의 거리를 두고 떨어져 위치하고 있어 산남동 일대에 형성된 각 개별취락의 고분군으로 볼 수 있다.

원흥이Ⅰ유적에서는 원삼국시대 토광묘 6기가 확인되었는데, 이 중 주구토광묘는 2기이다. 무덤의 내부구조는 대부분 확인할 수 없으나, 4호는 목곽묘로 추정되며, 6호(주구토광묘)는 목관을 서쪽에 치우쳐 안치하고 동쪽에 별도의 부장곽을 만들어 유물을 부장하고 있다. 원흥이Ⅱ유적에서는 원삼국시대 토광묘 3기가 확인되었다. 3기 모두 잔존상태가 양호하지 못하여 무덤의 정확한 규모나 내부구조를 확인하기 어려우나 3호의 경우 목관묘로 추정된다.

산남동 42-6번지유적에서는 12기의 원삼국시대 토광묘가 확인되었는데, 이 중 3·4호, 6·7호, 10·11호가 합장묘이다. 합장묘의 형식은 3·4호와 6·7호는 송대리와 봉명동유적에서 확인된 합장묘와 같은 형식으로 두 묘광이 일정한 거리를 두고 나란하게 조성된 이혈합장묘이며, 10·11호는 송절동 93-B지구의 합장묘와 같은 병혈합장묘이다. 무덤의 내부구조는 미호천유역 3~4세기대 고분의 양상과 동일하게 매장주체시설 혹은 시신을 한쪽으로 치우쳐 안치하고 다른

34) 中央文化財硏究院, 2006, 『淸州 山南3地區 宅地開發事業地區內 淸州 粉坪洞遺蹟』.
35) 中央文化財硏究院, 2006, 『淸州 山南3地區 宅地開發事業地區內 淸州 山南洞 墳墓遺蹟』.
36) 中央文化財硏究院, 2006, 『淸州 山南3地區 宅地開發事業地區內 淸州 山南洞遺蹟』.
37) 宋錫重, 2009, 『淸州 山南洞 42-6番地 遺蹟』, 中原文化財硏究院.
38) 한선경·한민희, 2010, 『淸州 米坪洞 195-1番地 遺蹟』, 中原文化財硏究院.

한 쪽의 남은 공간을 유물부장부로 활용한 것이나 소형인 경우에는 목관을 묘광의 중앙에 안치하고 있다. 매장주체시설에 따라 구분하면 목관묘와 목곽묘로 구분되는데, 3·4호 목곽묘의 경우에는 목곽 내에 시신을 서쪽에 안치하고 유물을 동쪽에 부장하였다. 미호천유역의 원삼국시대 목곽묘는 대부분 목곽 내에 목관을 안치한 것인데 비해 그러하지 않은 점에서 특징이 있다.

유물은 토기류의 경우 원저단경호와 심발형토기가 조합을 이루며 부장되었으며, 이외에 유공토기와 옹이 있다. 철기류는 제작기법이 다른 재갈 2점과 유관연미형 철모·무경역자식과 사두형 철촉 등의 무기류, 鎌·斧·刀子 등의 농공구류가 있다.

⑤ 연기지역

연기 응암리유적[39]은 미호천과 금강이 합류하는 지점의 북안에 위치하고 있다. 이 유적은 해발 67.0m의 구릉정상에서 남동쪽으로 짧게 뻗은 능선의 상부를 경계로 동쪽에는 주거유적, 서쪽에는 분묘유적이 자리하고 있다. 분묘유적에서는 원삼국시대 토광묘 13기가 확인되었으며, 무덤의 형식은 단장묘, 동혈합장묘, 이혈합장묘, 주구토광묘, 주구합장묘 등 다양하다. 매장주체시설에 따라 구분하면, 목관을 사용한 목관묘와 목곽을 사용한 목곽묘로 구분되며, 묘광의 양 장벽 직하 혹은 묘광의 벽과 매장주체시설 사이에서 기둥구덩이 확인되고 있는 것이 있어 주목된다.

유물의 부장은 매장주체시설이 묘광의 중앙부에 위치하는 경우에는 별도의 유물부장공간을 마련하지 않고 상부에 부장하고 있으며, 목곽묘의 경우 목곽 내에 목관을 한쪽으로 안치하고 다른 한쪽의 공간에 유물을 부장한 예가 확인되고 있다.

39) 李南奭·李賢淑·尹英燮, 2008,『燕岐 鷹岩里 遺蹟』, 公州大學校博物館.

출토유물은 토기류의 경우 원저단경호와 심발형토기가 조합을 이루고 있으며, 여기에 옹이 추가되어 부장되는 양상을 보이고 있다. 철기류는 환두도·철모·철촉·물미 등의 무기류와 鎌·斧·刀子·鑿 등의 농공구류, 兩端環棒狀鐵器 등이 출토되었다. 이 밖에 청동마형대구 5점과 구슬이 있다.

용호리유적[40]은 응암리유적에서 남서쪽으로 1.4㎞ 정도 떨어진 구릉지역에 위치하고 있다. 이 유적에서는 원삼국시대 토광묘 7기가 확인되었는데, 이 중 3기가 주구토광묘이다. 그 가운데 1호와 3호에서는 木棺이 확인되었는데, 목관을 한쪽에 치우쳐 안치하고 다른 한쪽의 공간에 유물을 부장한 것이다.

출토유물은 토기류와 철기류가 있다. 토기류의 경우 원삼국시대 중서부 내륙지역의 분묘에 원저단경호와 조합을 이루며 부장되던 심발형토기가 부장되지 않고 대신에 영남지역의 토기 기종인 소형 원저발이 부장되고 있고, 철기류의 경우에도 영남지역에서 주로 확인되는 궐수문장식검이 출토되고 있어 앞으로 그 조영세력의 성격 파악이 주목된다.

(2) 금강 중상유역권

금강 중상류지역에 해당하는 옥천·영동지역에서는 그동안 원삼국시대 고분이 확인되지 않고 있었다. 그런데 최근 옥천읍 가풍리유적에서 원삼국시대 토광목곽묘 1기가 구릉 정상에서 조사되었다.[41] 가풍리유적의 토광목곽묘에서는 무경역자식철촉과 원저단경호, 컵형토기 등이 출토되었는데, 조성시기는 4세기대로 내려올 가능성이 있다.[42]

---

40) 李南奭·李賢淑, 2008, 『燕岐 龍湖里 遺蹟』, 公州大學校博物館.

41) 중원문화재연구원, 2009, 「옥천 의료기기전자농공단지 조성부지내 문화유적 발굴조사 2차 지도위원회자료집」.

42) 성정용, 2009, 앞의 논문.

2. 백제 고분

중원지역에서의 백제 고분은 현재까지 청주·청원지역에만 분포하는 양상을 보이고 있다. 조사된 백제 고분은 토광묘와 석곽묘, 횡혈식 석실분이 확인되고 있으며, 이외 논란의 여지가 있는 적석묘 1기가 있다.

청주지역에서는 백제고분의 주 묘제로 토광묘가 조영되고 있어 이전의 원삼국시대 묘제 전통이 강하게 유지되고 있는 특징을 보인다. 백제고분이 조사된 유적으로는 신봉동고분군과 명암동유적, 가경4지구유적이 있는데, 이 중 가장 대표적인 것이 신봉동고분군이다.

신봉동고분군[43]은 중원지역에서 가장 규모가 큰 백제고분군으로 1982년부터 2003년에 이르기까지 총 6차례의 발굴조사가 진행되었다. 신봉동고분군은 발굴조사를 통하여 다량의 철제 마구와 무기류가 출토되었으며, 가야, 왜와의 교류를 보여주는 甲冑, 須惠器系 蓋杯 등이 출토되어 한성백제시기의 마구와 무구에 대한 연구에 중요한 위치를 차지하는 유적일 뿐만 아니라 그 조영집단의 성격에 대해서도 많은 주목을 받고 있는 유적이다.

신봉동고분군에는 토광묘가 주묘제로 조영되어 있어 이전의 송절동 및 봉명동의 원삼국시대 묘제 전통을 강하게 유지하고 있으며, 여기에 더해 새로이 유입된 묘제인 횡혈식석실분이 구릉 정상부를 중심으로 조영되었다.

신봉동고분군의 토광묘는 매장주체시설에 따라 목관묘와 목곽묘로 구분된

---

43) 이융조·차용걸, 1983, 『淸州新鳳洞百濟古墳群發掘調査報告書-1980年度 調査-』, 忠北大學校博物館.
車勇杰 외, 1990, 『淸州 新鳳洞 百濟古墳群 發掘調査報告書-1990年度 調査-』, 忠北大學校博物館.
車勇杰·趙詳紀·吳允淑, 1995, 『淸州 新鳳洞 古墳群』, 忠北大學校博物館.
車勇杰·趙詳紀, 1996, 『淸州 新鳳洞 古墳群(-1995年度 調査-)』, 忠北大學校博物館.
차용걸 외, 2002, 『淸州 新鳳洞 古墳群』, 忠北大學校博物館.
차용걸 외, 2005, 『淸州 新鳳洞 百濟古墳群-2003年度 調査-』, 忠北大學校博物館.

〈표 3〉 중원지역 백제 고분유적 일람표

지역	유적명	묘 제	출 토 유 물
청주	신봉동유적	토광묘 320기, 횡혈식석실분 3기	短頸壺, 廣口長頸壺, 把杯, 高杯, 三足器, 蓋杯, 盌, 馬具, (三葉)環頭大刀, 木柄刀, 철모, 철촉, 호록, 鍛甲, 鐵斧, 鐵鎌, 刀子, 鐵鑿, 살포, 金銅細環 등
	명암동유적	토광묘 6기, 석곽묘 1기	短頸壺, 廣口長頸壺, 甁, 平底有肩壺, 蓋杯, 鉢形土器, 平底壺, 鐵鎌, 刀子, 鐵鏃 등
	가경4지구유적	토광묘 13기	短頸壺, 廣口長頸壺, 把杯, 甁, 鉢, 彎, 環頭大刀, 鐵矛, 鐵鏃, 鐵鎌, 鐵斧, 鐵鑿, 刀子
청원	주성리유적	토광묘 15기, 석곽묘 2기, 횡혈식석실분 2기, 적석묘 1기	短頸壺, 有肩壺, 廣口壺, 把杯, 甁, 平底小壺, 鉢, 馬具, 環頭大刀, 鐵矛, 鐵鏃, 살포, 鐵鎌, 鐵斧, 刀子, 鑿, 臺附長頸壺, 高杯 등
	부강리유적	횡혈식석실분 3기	短頸壺, 廣口(長頸)壺, 高杯, 平底壺, 蓋杯, 鉢形土器, 盌, 木柄刀, 鐵矛, 鐵鏃, 鐵斧, 刀子, 鐵鎌
진천	삼덕리유적	횡혈식석실분 1기	유물없음

다. 목관묘는 목곽묘에 비하여 주로 산 중턱 아래에 밀집 분포하는 특징이 있다. 출토유물에 있어서도 마구가 부장되지 않고 전체적인 철기의 부장이 빈약한 편이다. 반면, 목곽묘는 구릉 정상에 가까운 능선 사면의 비교적 윗부분에 분포하고 있으며, 바닥에 川石을 깐 것과 그렇지 않은 것으로 구분된다. 천석을 깐 것은 총 5기가 확인되었는데, 모두 해발 80m선 이상에 분포하고 있으며, 무덤의 규모도 월등히 크다. 이러한 목곽묘에서는 기본적으로 마구나 대도 혹은 화살통(箶簶)이 부장되고 있어 토광묘 조영집단 내에서 위계가 가장 높은 급에 해당하는 것으로 여겨진다.[44)]

한편, 신봉동고분군의 토광묘는 이전시기의 청주지역 원삼국시대 토광묘와

44) 차용걸, 2005, 「청주 신봉동유적의 고고학적 검토」, 『백제지방세력의 존재양태』, 한국학중앙연구원.

비교하여 묘광의 장단비, 내부구조와 유물부장에서 변화된 양상이 보인다. 묘제의 측면에서는 주구토광묘가 소멸하였지만 이혈합장묘는 신봉 92-50·51호에서와 같이 비록 극히 소수이기는 하나 그 전통이 이어지고 있다.

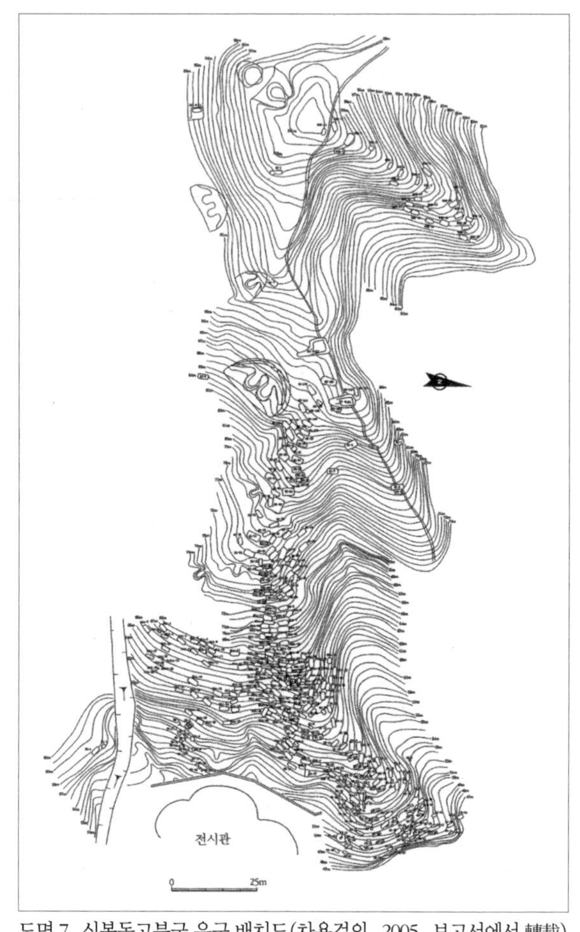

도면 7. 신봉동고분군 유구 배치도(차용걸외, 2005, 보고서에서 轉載)

원삼국 단계의 토광묘와 비교하면 먼저, 묘광의 장단비는 원삼국의 토광묘는 대부분 3:1 이상으로 세장한 것이 특징인데 비해 백제토광묘는 2:1~2.5:1로 세장도가 줄어드는 양상을 보인다. 내부 구조면에서도 원삼국단계의 토광묘는 목관묘의 경우 목관을 한쪽으로 치우쳐 안치하고 남은 공간을 유물부장공간으로 활용하고, 목곽묘 역시 목곽 내에 목관을 한쪽으로 치우쳐 배치하고 목관과 목곽의 단측판 사이의 빈공간에 유물을 부장하는 것[45]이 일반적인 양상인 반면 신봉동 백제 토광묘는 목관묘의 경우 매장주체시설을 묘광의 중앙에 배치시키고, 유물의 부장양상은 대부분 도굴되어 정확하게 파악하기는 힘드나 목관 위나 충전토 위에 부장한 것으로 추정된다. 이러한 목관묘의 내부구조 변화는 묘광의 장단비가 줄어든 것과 연관성이 있는 것으로 판단된다. 목곽묘는 목곽과 묘광 단벽 사이에 별도의 부장곽을 만들어 토기와 마구를 부장한 무덤(92-60호)과 별도의 부장곽을 마련하지 않은 것으로 구분된다. 주류는 후자이고, 이 경우 목관은 한쪽으로 치우치지 않고 목곽의 중앙에 배치하였다. 횡혈식석실분은 신봉동고분군에서 3기가 확인되었는데, 주로 산 정상부에 분포하는 특징이 있다. 3기 모두 상부가 파괴되어 천정 등 상부구조를 알 수 없지만 천정은 궁륭상이었을 것으로 추정되고 있다. 석실의 평면은 방형(신봉 82-1호), 장방형(신봉 92-1·2호)으로 구분되고 있는데 82-1호→92-2호→92-1호 순으로 점차 남북축이 길어지고(방형→장방형) 있는 양상을 보이고 있다.[46] 연도는 우편재(신봉 82-1·92-2호)와 좌편재(신봉 92-1)로 구분된다. 이러한 점에서 보면, 신봉동고분군의 석실분은 평면형태가 방형에서 장방형으로 가면서 연도도 우편재에서 좌편재로 변화하고 있다고 할 수 있다. 석실 내부에서는 관대가 확인된다. 이 횡혈식석실분의 조영시기는 여러 견해가 있지만 백제 한성기인 5세기 중엽 혹은 중

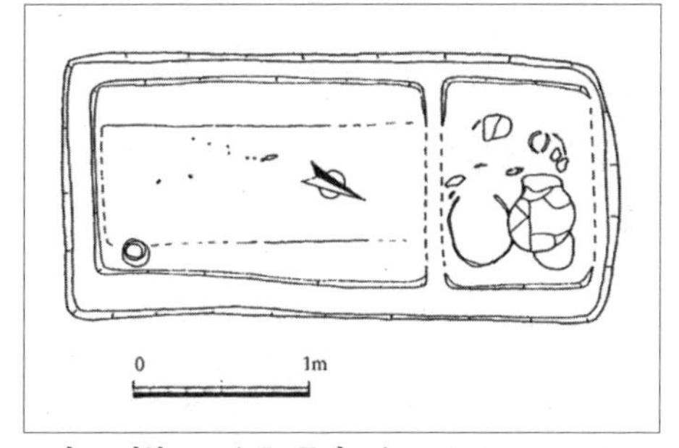

도면 8. 신봉 92-60호 목곽묘(車勇杰·趙詳紀·吳允淑, 1995, 보고서에서 轉載)

45) 이 경우 매장주체부와 유물부장공간을 칸막이로 구분한 것과 그렇지 않은 것으로 구분되며, 4세기대에는 매장주체부와 유물부장부 사이에 2개의 기둥구덩이 확인되는 것도 있다.

46) 차용걸, 2005, 앞의 논문.

후반으로 보는 것이 타당한 것으로 판단된다.[47)]

신봉동고분군에 대한 편년은 여러 이견이 있으나 대체로 4세기 후반~5세기 중·후반으로 보고 있는 견해[48)]가 일반적이다. 필자도 이러한 편년안에 이견은 없으나, 신봉동고분군의 하한을 5세기 중·후반으로 볼 경우 청주지역에 신라 고분이 등장하는 시점인 6세기 후엽과는 약 1세기 정도의 분묘축조 공백기가 발생되는데, 이를 극복하는 것이 문제로 남는다.

명암동유적[49)]은 1998년에 조사된 유적으로 백제 토광묘 6기와 석곽묘 1기가 확인되었다. 토광묘는 잔존상태가 양호하지 못하여 정확한 내부구조를 확인할 수는 없으나 신봉동고분군에서 확인된 것과 같이 묘광 바닥에 川石을 깐 것이 2기(2·3호)가 확인되었다. 석곽묘 1기는 잔존상태가 양호하지 못하여 정확한 양상을 파악하기 어려우나 벽석의 축조가 정연하지 못한 양상을 띠고 있다. 출토유물의 양상은 조영시기가 대체로 평행한 것으로 믿어지는 신봉동고분군과 비교하면 토기류의 경우 신봉동고분군에서 다수 출토된 소위 '신봉동식 파배' 라고 지칭된 파배가 없으며, 백제토기인 고배나 삼족기가 부장되지 않은 특징을 보인다. 그리고 철제 무기류의 부장이 극히 빈약하며, 마구류도 부장되지 않

47) 92-1호 석실분은 92-111호 목곽묘를 파괴하고 조성되어 있어 석실분은 신봉동 고분군 전체 조영기간 중 마지막 단계에 출현하는 것으로 보인다. 또한 92-1호에서 출토된 6세기 후반경으로 편년되는 신라 대부장경호로 인하여 석실분 조영시점에 대한 이론이 있지만, 석실내부에서 출토된 유물은 백제유물들이고 대부장경호는 교란층에서 출토되었기 때문에 조영시점을 판단하는 유물로 보기 어렵다.

48) 朴淳發, 1998,『百濟 國家의 形成 硏究』, 서울大學校 大學院 文學博士學位論文.
成正鏞, 1998,「3~5世紀 錦江流域 馬韓·百濟 墓制의 樣相」,『3~5세기 금강유역의 고고학』, 韓國考古學會.
金成南, 2000,『中部地方 3~4世紀 古墳群 一研究-細部編年과 古墳群 造營 樣相 分析-』, 서울大學校 大學院 碩士學位論文.

49) 國立淸州博物館, 2000,『淸州 明岩洞遺蹟(Ⅰ)-1998年度 發掘調査報告書-』.

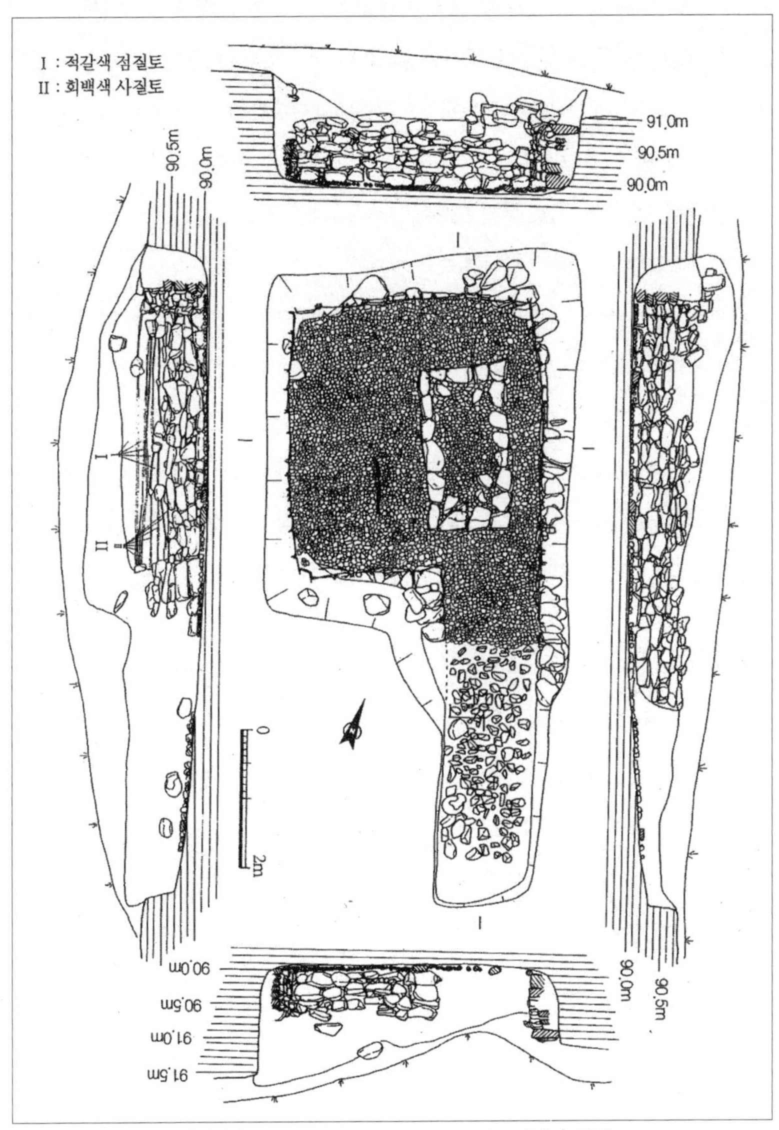

도면 9. 신봉 92-1호 석실분(車勇杰·趙詳紀·吳允淑, 1995, 보고서에서 轉載)

았다.

가경 4지구유적[50]은 2000년 12월~2001년 1월에 걸쳐 청주 제2순환도로구간에 대한 발굴조사를 통하여 확인된 유적으로 백제토광묘 13기가 확인되었다. 토광묘는 대부분 목관묘이나 목곽묘도 2기(8·13호)가 조사되었다. 목곽묘는 목관묘에 비하여 규모가 크고 특히 8호 목곽묘에서는 삼엽환두대도를 비롯한 철모, 철촉 등의 무기류와 철제 鑣轡인 마구가 부장되고 있어 고분군 내 최고의 위계를 보여주고 있다.

토광묘에서 출토된 유물은 토기류의 경우 삼족기나 고배가 부장되지 않았으며, 신봉동과 명암동 토광묘 출토 토기류와 비교하여 세부적인 양상의 차이를 보이고 있다. 예를 들어 신봉동 및 명암동 토광묘의 부장 기종인 심발형토기가 부장되지 않는 대신에 깊이가 얕은 평저 발이 부장되고 있으며, 파배 역시 신봉동의 파배와는 차이를 보이고 있다. 이러한 부장 토기의 차이는 동일한 청주 지역권이면서도 각 고분군을 조영한 집단 간에 성격 차이가 있었고, 거기에서 발생한 것으로 보인다.

청원지역에서 백제고분이 확인된 유적으로는 주성리유적[51]과 부강리유적[52]이 있다. 주성리유적에서는 토광묘와 석곽묘, 횡혈식실분, 적석묘 등 다양한 묘제가 확인되었으며, 백제고분의 조영시기는 4세기 후반~5세기 중·후반으로 보는 것이 일반적 견해이다. 토광묘는 모두 15기이며, 이 중 매장주체시설이 확인된 것은 목관묘 3기와 목곽묘 3기이다. 매장주체시설이 확인되지 않은 것도 토기들이 定置되어 출토되지 않은 것으로 보아 당초에는 목관 혹은 목곽 등을 시설한 것으로 추정된다. 주성리 백제토광묘 역시 이전의 인근 원삼국시대 고

50) 차용걸외, 2002, 『清州 佳景4地區 遺蹟(Ⅰ)』, 忠北大學校博物館.

51) 韓國文化財保護財團, 2000, 『清原 主城里遺蹟』.

52) 李弘鍾·崔鍾澤, 2002, 『芙江里 遺蹟』, 高麗大學校埋藏文化財硏究所.

분군인 송대리유적의 토광묘에 비하여 장단비가 줄어든 양상을 보이고 있으며, 유물의 부장도 매장주체시설 위에 부장한 것이 일반적이었던 것으로 여겨진다.

부장유물은 토기류의 경우 단경호와 심발형토기의 비율이 높으며, 이외에 부장빈도는 높지 않으나 유견호, 파배, 광구(장경)호, 병 등이 함께 부장되었다. 따라서 원삼국시대에 비하여 토기기종이 다양화되었으나 여전히 원저단경호와 심발형토기가 조합을 이루는 원삼국시대 토기 조합 전통이 이어지고 있다. 철기류는 무기류, 마구, 농공구, 관정, 꺾쇠 등이 출토되었다. 마구인 재갈은 3점이 출토되었는데, 2호 출토품은 이련식의 鑣轡로 함과 인수는 꼬지 않은 1가닥의 철봉으로 되어 있으며, 인수 외환이 꺾이고 인수와 함이 遊環으로 연결 5세기대 백제 재갈의 특징을 보이고 있다. 4호 출토품은 殘片이지만 4세기대 재갈의 일반적인 제작 전통인 꼬기 기법으로 제작된 것이다. 꺾쇠와 관정은 목곽묘인 7호와 14호에서만 출토되었다.

석곽묘는 2기가 조사되었다. 1호는 파괴가 심하여 구조를 파악할 수 없으나 2호 석곽묘는 수혈식석곽묘로 남북방향으로 긴 장방형이고, 석곽 내의 동벽에 치우쳐 관대를 시설하였다. 이러한 양상은 화성 마하리나 인근 천안 용원리유적 석곽묘의 평면형태나 내부구조와는 차이를 보이고 오히려 신봉동 횡혈식석실분의 내부 모습과 유사하다. 2호 석곽묘에서는 異形瓶, 甕, 廣口長頸壺, 金銅耳飾, 板轡, 鐙子, 鐵矛, 鐵鏃 등이 출토되었다.

횡혈식석실분은 2기가 조사되었다. 모두 무덤의 상부가 파괴되어 천정 등 상부구조를 알 수 없지만 궁륭상천정이었을 것으로 추정되고 있다. 1호는 평면이 장방형이며 연도는 우편재이고, 2호는 횡장방형에 가까우며, 연도는 약간 우측으로 치우친 중앙연도이다. 석실은 1호의 경우 5차례에 걸쳐 추가장이 이루어졌는데, 2~4차 추가장 시에는 관대를 시설하였으며, 5차 추가장 시에는 할석으로 屍床을 설치한 특징이 있다. 석실 내부에 관대를 시설한 것은 신봉동 석실분에서 그 예를 찾을 수 있는데, 2·3차 관대의 시설 방법이 신봉동의 것과 동일하여 주목된다. 1호 석실분에서 또 주목되는 점은 백제유물과 더불어 臺附長頸壺·高杯 등 6세기 후반대의 신라토기가 출토되었다는 점이다. 이 때문에 무덤 축조세력의 주체와 축조시기에 대하여 이견이 있지만, 1차부터 4차까지는 백제 한성기 유물이 출토되고 있고, 신라유물은 5차의 시상에서만 출토되고 있어 고분은 원래 백제 한성기에 축조된 것으로 판단된다.[53)]

끝으로 주성리유적에서는 적석묘로 보고된 고분 1기가 있다. 이 묘는 묘제가 신라적인 요소를 띠고 있다고 보는 견해[54)]와 기본적인 묘제는 토광목관묘나 목곽묘이며, 단지 목관 또는 목곽과 묘광벽 사이를 흙으로 충전하던 것을 바꿔 돌로 충전하였을 뿐이라고 파악하는 견해[55)]가 있다. 어쨌든 적석묘는 이 지역에서 이질적인 묘제이나, 부장유물은 백제 한성기 유물이며, 묘의 구조도 신라 묘제와의 연관성을 찾기 어렵다. 이런 점에서 적석묘는 백제 한성기에 조영된 변형된 토광묘의 한 형태로 생각된다.

부강리유적에서는 백제 횡혈식석실분 3기가 확인되었다. 모두 상부가 파괴되어 천정구조를 알 수 없다. 석실의 평면은 모두 방형이나 연도는 좌편재(1호), 우편재(3호), 중앙연도(2호)로 정형성이 없다. 부장유물은 백제 한성기의 것이고, 고분의 조영시기는 5세기 중엽경으로 보고 있다.

3. 고구려 고분

중원지역에서 고구려 고분유적이 조사된 유적으로는 충주 두정리유적[56)]이 유일하다. 두정리유적은 충주시 이류면 두정리 335번지 일원의 충주 클린에너지

53) 최병현, 2008, 앞의 논문.

54) 韓國文化財保護財團, 2000, 주 53)의 앞의 보고서.

55) 최병현, 2008, 앞의 논문.

56) 中原文化財研究院, 2010, 『忠州 豆井里遺蹟』.

파크 건설부지에 대한 발굴조사를 통하여 확인된 유적으로 B지구에서 고구려 석실분 6기가 조사되었다.

석실분 6기는 구릉이 아닌 평지에 나란히 일렬로 분포하고 있다. 석실의 평면은 장방형이고, 연도가 남아있는 경우는 모두 우편재이다. 석실의 바닥에 소결된 흔적이 있는 것이 있으며,[57] 벽석 내면에 회를 바른 흔적이 잔존한 것[58]도 있다. 출토유물은 빈약한 편이나 銀製指環 1점과 고구려토기인 長胴壺(2호), 平底壺(6호) 각 1점, 棺釘 등 고구려 유물이 출토되었다.

남한지역에서 고구려 석실분은 현재까지 강원도와 경기도 일원에서 극히 소수가 확인되었다. 강원도에서는 춘천 신매리(1기), 방동리(1기), 천전리(1기)에서 확인되었으며, 경기도에서는 연천 신답리에서 2기, 용인 보정리에서 2기, 성남 판교에서 쌍실분 1기와 단실분 1기, 화성 청계리에서 1기가 조사되었다. 이들 강원·경기지역에서 조사된 고구려 석실분은 석실의 평면형태가 장방형에 가까우며, 말각조정방식으로 축조되었고 연도는 우편재라는 공통점이 있다. 두정리 고구려 석실분은 파괴분으로 전체양상을 파악하기 힘드나 대체로 강원·경기 일원에서 확인된 고구려 석실분과 같은 양상을 보이고 있다.

충주지역은 일찍이 삼국시대에 삼국 중 백제에 이어 고구려가 진출하여 국원성을 설치한 지역이다. 고구려의 충주지역 진출 시기에 대해서는 여러 異見이 있지만 최소한 서기 475년 한성 함락 이후부터 진흥왕이 충주지역에 진출한 6세기 중엽까지는 고구려의 지배하에 있었으며, 이 시기 충주를 포함한 중원지역의 일부 지역도 고구려의 영향하에 있었던 것으로 보인다. 중원지역에 고구

57) 석실바닥에 소결 흔적이 있는 남한지역의 고구려 석실분은 성남 판교 1-①호분, 화성 청계리 석실분 등이다.

58) 남한지역 고구려 석실분에서 벽면에 회칠 흔적이 확인된 고분은 성남 판교 1-①호분, 연천 신답 1호분, 춘천 천전리·방동리 고분 등이 있다.

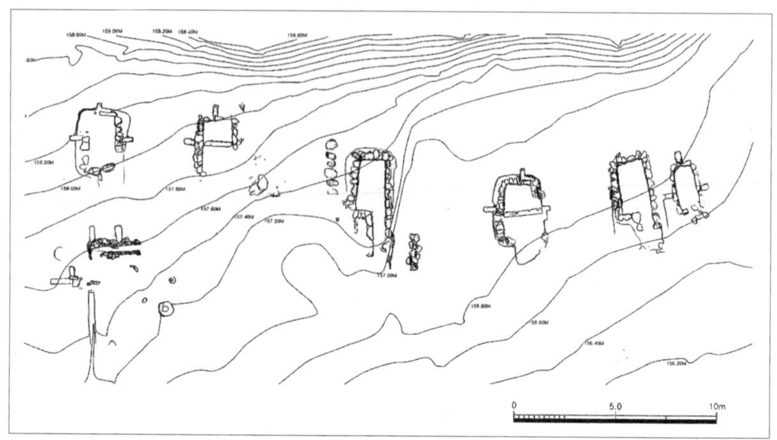
도면 10. 충주 두정리 고구려 석실분 배치도(中原文化財研究院, 2010, 보고서에서 轉載)

려의 진출과 관련된 유적과 유물이 확인된 사례를 보면, 청원 남성골유적에서 고구려의 목책성을 비롯한 고구려의 토기·금제 이식 등이 확인되었으며, 진천 회죽리와 충남연기에서 고구려 귀걸이가 수습되었고, 특히 두정리 고분군과 인접한 남한강변의 장미산성 내에서도 고구려토기로 볼 수 있는 점열문과 파상문이 시문된 발형토기가 확인되었다. 따라서 앞으로 중원지역에서 더 많은 고구려 고분이 발견될 가능성이 많다고 생각된다.

4. 신라 고분

중원지역은 거의 전 지역에 걸쳐 신라 고분이 확인되고 있다. 중원지역의 신라 고분의 형식은 수혈식석곽묘, 횡구식석곽묘, 횡혈식석실분, 횡구식석실분으로 구분되는데, 지역에 따른 고분형식의 차이가 엿보인다.

1) 충주·단양지역

충주지역은 중원지역에서 신라고분의 최대 밀집지역으로 누암리고분군, 하구암리고분군 등 대규모 신라 고분군이 분포하고 있다. 이러한 대규모 신라 고

<표 4> 중원지역 신라 고분유적 일람표

지역	유적명	묘 제	출토유물
충주	누암리 고분군	횡혈식석실분 25기, 석곽묘 8기	短脚高杯, 附加口緣長頸壺, 銙帶金具, 耳飾 등
	하구암리 고분군	횡혈식석실분 38기, 횡구식석곽묘 31기	석실분: 蓋, 高杯, 臺附盌, 臺附長頸壺, 臺附直口壺, 瓶, 盌, 短頸壺, 把手附盌, 帶金具 등. 석곽묘:蓋, 高杯, 臺附盌, 臺附長頸壺, 臺附直口壺, 瓶, 盌, 短頸壺, 把手附盌 등
	단월동	석실분 5기, 석곽묘 2기	有蓋盒 등
	하구암리 큰골유적	석실분 4기, 석곽묘3기	석실분:有蓋瓶, 瓶, 高杯, 有蓋高杯, 盌, 直口壺. 석곽묘:臺附盌
	하구암리 통점유적	석실분 1기, 석곽묘 1기	瓶, 附加口緣臺附長頸壺, 有蓋高杯, 高杯, 臺附盌, 壺 등
	하구암리 음달말유적	석곽묘 2기	高杯, 壺
	수룡리유적	석곽묘 4기	有蓋盒, 蓋, 瓶, 高杯
	금릉동유적	석곽묘 1기	帶金具
	용산동유적	석곽묘 13기	高杯, 盌, 瓶, 帶金具
	완오리유적	석곽묘 1기	鐵刀子, 銙板
제천	연곡리유적	골호 1기	有蓋盒
단양	하방리유적	석곽묘 4기	高杯, 有蓋臺附直口壺
음성	문촌리유적	석실분 6기, 석곽묘 8기	석실분: 臺附盌, 臺附長頸壺, 有蓋高杯, 瓶, 高杯, 盌, 蓋, 有蓋盌 등. 석곽묘: 高杯, 壺, 鉸具, 帶端金具, 有蓋臺附盌, 臺附盌 등
	미곡리유적	석곽묘 11기	瓶, 高杯, 蓋, 鉢, 盌, 平底小壺, 臺附長頸壺 등
	오궁리유적	석곽묘 2기	棺釘
진천	원덕리(교성리)유적	석실분 1기, 석곽묘 24기	有蓋高杯, 臺附長頸壺, 盌, 短頸壺, 臺附盌, 臺附壺, 臺附併, 瓶, 蓋, 鐵鎌, 刀子, 銙板, 帶端金具
	송두리유적	석곽묘 3기	瓶, 附加口緣臺附長頸壺, 有蓋高杯, 高杯, 盌 등
	사곡리유적	석곽묘 1기	瓶, 盌
	산수리유적	석곽묘 1기	盌
	죽현리유적	석곽묘 1기	短頸壺, 盌

지역	유적명	묘 제	출 토 유 물
진천	내촌리 당골유적	석곽묘 8기	高杯, 有蓋高杯, 附加口緣臺附長頸壺, 瓶
	금곡리 모치울유적	석곽묘 5기	盌, 高杯
	구산리유적	석곽묘 2기	有蓋高杯, 高杯, 附加口緣臺附長頸壺, 臺附直口壺, 盌, 蓋
	교성리 남산골유적	석곽묘 2기	有蓋高杯, 高杯, 附加口緣臺附長頸壺, 有蓋臺附盌, 盌, 蓋, 臺附長頸壺
청주	명암동유적	석곽묘 6기	有蓋臺附盌, 臺附盌, 盌, 把手附壺, 瓶, 有蓋高杯, 鉸具
	용담동유적	석곽묘 26기	臺附盌, 把手附壺, 瓶, 盌, 有蓋臺附盌
	용정동유적	석곽묘 16기	高杯, 蓋, 有蓋臺附盌, 臺附盌, 把手附壺,
	봉명 1지구유적	석곽묘 8기	有蓋盒, 瓶, 盌, 把手附壺, 帶金具
	비하동유적	석곽묘 4기	有蓋盒, 臺附盌, 高杯
청원	미천리고분군	석곽묘 14기	高杯, 臺附長頸壺, 鐵鏃, 鐵斧, 耳飾 등
	부강리유적	석곽묘 1기	有蓋盌
보은	상장리유적	석곽묘 3기	壺, 高杯, 盌
	부수리고분군	석실분 3기, 석곽묘 1기	석실분:臺附長頸瓶, 盌, 蓋, 高杯, 瓶, 銙板. 석곽묘: 蓋, 壺, 瓶, 盌 등
영동	지봉리고분	수혈식석곽묘 4기	高杯, 盌, 蓋, 盒, 臺附長頸壺, 壺, 鐵矛, 鐵鎌, 鐵斧 등
	가곡리고분	석실분 1기	有蓋長頸瓶, 有蓋盒, 銙帶金具, 鐵刀子 등
	유전리 고분군	석곽묘 33기	高杯, 臺附長頸壺, 蓋 등
옥천	금구리유적	석곽묘 12기	短頸壺, 臺附長頸壺, 有蓋高杯, 盌, 把杯, 耳飾

분군의 분포는 신라가 이 지역에 진출하여 진흥왕 18년(557)에 국원소경을 설치하고,[59] 그 이듬해인 19년(558)에 貴戚子弟 및 六部豪民을 이주시켰다[60]는 기록을 방증하고 있다.

누암리고분군(사적 제463호)[61]은 1989년 발굴조사가 시작된 이래 지금까지 3차례의 발굴조사를 통하여 석실분 25기와 석곽묘 8기가 조사되었다. 조사된 신라고분은 횡혈식석실분이 주류를 이룬다. 석실의 평면형태는 기본적으로 방형이 일반적이나 장방형과 횡장방형에 가까운 것도 있으며, 연도의 위치는 중앙, 우편재, 좌편재가 모두 존재하나 좌편재 연도가 높은 비율을 점한다. 석실 내부에는 비교적 높은 관대 혹은 시상이 설치되어 있다. 출토유물은 단각고배, 부가구연대부장경호 등의 신라후기양식토기가 주를 이루고 있다.

하구암리고분군[62]은 약 400여기에 달하는 신라 고분이 분포하고 있는데, 1999년 지표 및 시굴조사가 처음 실시된 이후 2007~2008년과 2009년 2차례의 발굴조사를 통하여 석실분 38기와 석곽묘 31기가 조사되었다. 석실분과 석곽묘가 거의 같은 비율로 조영된 점이 특징인데, 이는 석실분이 주를 이루는 누암리고분군보다 한 단계 낮은 위계에 해당하는 고분군으로 보는 근거가 된다.[63] 석실의 평면은 방형이 일반적이나 장방형, 횡장방형, 원형도 있다. 연도는 우편재, 좌편재, 중앙연도가 모두 존재하며, 석실 내부에는 거의 모두 屍床을 시설하였다. 석곽묘는 횡구식석곽묘의 구조를 보이고 있다. 출토유물은 단각고배와 뚜껑이 주를 이루는 토기류가 대부분을 차지하고 있고, 이밖에 이식, 과

---

59) 以國原爲小京(『三國史記』 新羅本紀 권4, 眞興王 18년).

60) 春二月 徙貴戚子弟及六部豪民 以實國原(『三國史記』 新羅本紀 권4, 眞興王 19년).

61) 文化財研究所, 1991, 『中原 樓岩里古墳群 發掘調査報告書』.
文化財研究所, 1992, 『中原 樓岩里古墳群 發掘調査報告書』.
車勇杰 외, 1993, 『中原 樓岩里 古墳群』, 忠北大學校博物館.
國立中原文化財研究所, 2009, 『忠州 樓岩里古墳群 地表調査 및 發掘調査報告書』.

62) 中央文化財研究院, 2010, 『忠州 下九岩里遺蹟』.
어창선, 2009, 「충주 하구암리고분군」, 『중원문화권 고분의 전개 양상과 성격』, 제2회 국립중원문화연구소 학술심포지엄.

63) 山本孝文, 2001, 「古墳資料로 본 新羅勢力의 湖西地方 進出」, 『湖西考古學』 4·5집, 湖西考古學會.
최병현, 2009, 「중원의 신라고분」, 『중원문화권 고분의 전개양상과 성격』, 국립중원문화재연구소.

대금구 등이 있다. 고분군의 조영시기는 단각고배와 부가구연장경호가 조합을 이루는 단계와 수적형문과 종열점열문이 시문된 단계로 구분하여 6세기 중후

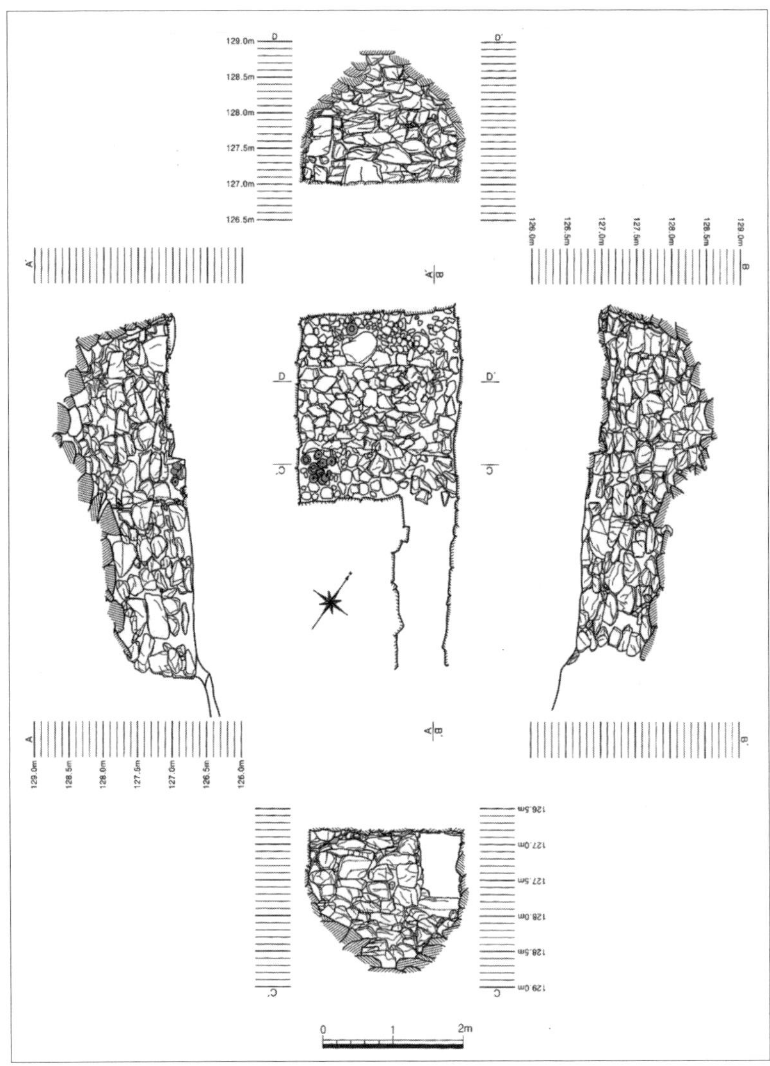

도면 11. 충주 누암리 가-45호분(國立中原文化財研究所, 2009, 보고서에서 轉載)

반~7세기 전반으로 보고 있다.[64]

단양지역은 고대부터 영남지역으로 통하는 교통로인 죽령로의 길목으로 한강수계중 가장 일찍 신라가 진출한 지역이며, 이와 관련하여 하방리고분군, 단양적성과 적성비 등의 유적이 있다. 하방리고분군[65]은 4기의 석곽묘가 조사되었는데 이 중 3기가 횡구식석곽묘이다. 횡구식석곽묘의 구조는 장폭비가 3.69:1~4.18:1 정도로 세장방형이며, 출토유물로는 고배와 대부직구호 등이 있다.

2) 음성지역

음성지역에서 신라고분이 확인된 유적으로는 문촌리유적, 오궁리유적, 미곡리유적 등이 있다.

문촌리유적[66]에서는 석실분 6기와 석곽묘 8기가 조사되었다. 석실분은 橫穴式으로 평면은 7호를 제외하고는 대부분 장방형이다. 석실의 내부에는 屍床臺를 마련한 것(나-3·7·8, 마-2호)과 관대를 마련한 것(다-1호)으로 구분된다. 시상을 설치한 경우는 1개만 설치된 나-8호를 제외하고는 대부분 추가장에 의해 2~3차례 걸쳐 설치되었다. 특히 석실의 구조에서 주목되는 점은 7호의 경우 석실 중앙에 장축방향과 나란하게 1枚의 대형 판상할석을 이용하여 間壁을 만들어 무덤방을 2칸으로 구획한 雙室墳이라는 점이다. 연도는 좌편재, 중앙, 우편재가 혼재되어 있다. 석실분은 臺附盌, 臺附長頸壺, 有蓋高杯, 高杯, 盌, 蓋, 有蓋盌 등의 출토된 토기로 보아 대체로 6세기 중후반대에 해당되는 것으로 보인다. 그중 나-3호의 경우는 1차 시상에서 출토된 토기는 6세기 중후반, 3차

64) 최병현, 2009, 위의 논문.

65) 吉徑澤·劉鳳熙·李善喆, 1997, 『丹陽 下坊里古墳群 發掘調査 報告書』, 忠州博物館.

66) 韓國文化財保護財團, 2001, 『陰城 梧弓里·文村里遺蹟(Ⅳ)』.

시상에서 출토된 토기는 7세기 중반 이후의 시기에 해당되는 것으로 볼 수 있어 상당한 기간에 걸쳐 추가장이 이루어진 것으로 추정된다. 그리고 다-1호 석실분에서는 瓶, 鉸具, 帶端金具, 銙板, 관고리 등이 출토되었는데, 이들 유물은 통일신라시기에 해당하는 것으로 보인다.

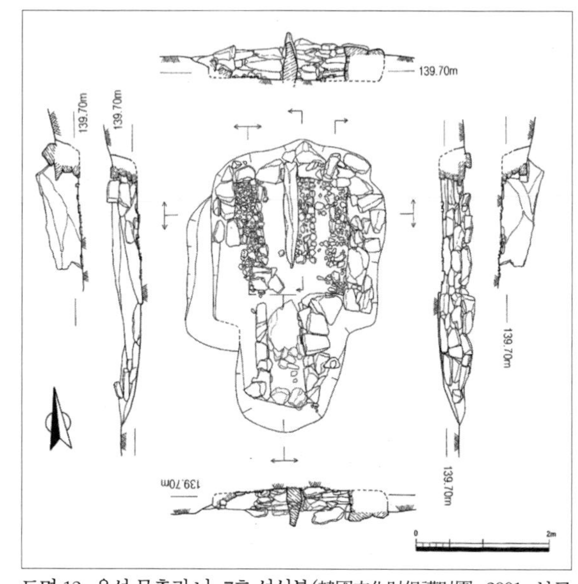

도면 12. 음성 문촌리 나-7호 석실분(韓國文化財保護財團, 2001, 보고서에서 轉載)

석곽묘는 잔존상태가 양호하지 못하여 정확한 양상을 파악하기 힘드나 대부분 규모가 소형이며, 바닥에 할석을 깔아 시상을 마련한 것이다. 석곽묘 가운데 高杯와 壺가 출토된 나-4호는 6세기 중후반에 해당하고, 鉸具, 帶端金具, 銙板, 有蓋臺附盌, 高杯, 臺附盌 등이 출토된 마지구의 석곽은 7세기 후반~8세기대에 해당하는 것으로 보인다. 따라서 문촌리유적의 신라고분은 신라가 6세기 중엽이후 음성지역에 진출한 이후부터 통일신라시기까지 조영된 것으로 판단된다.

미곡리유적[67]은 충북 음성군 대소면 미곡리 일원에 위치한 유적으로 2005년도에 실시한 발굴조사에서 신라 석곽묘 11기가 확인되었다. 석곽묘는 대부분

67) 中央文化財硏究院, 2006, 『安城-陰城間 高速道路建設區間內 美谷里·美蠶里·內村里遺蹟』.

수혈식으로 평면이 장방형이며, 대부분 길이가 200㎝ 미만으로 작은 것이 특징이다. 屍床은 7호를 제외한 모든 석곽묘에서 확인되는데, 할석을 1~2겹 정도 깔아서 만들었다. 유물은 서장벽 쪽에 부장한 11호를 제외하고는 일반적으로 북단벽 쪽 혹은 북단벽 쪽의 모서리부분에 토기를 부장하였다. 이 중 9호의 경우 머리방향이 북쪽이라고 추정하였는데, 그것이 일반적인이라면 머리쪽에 토기를 부장한 특징을 가졌다고 할 수 있다.

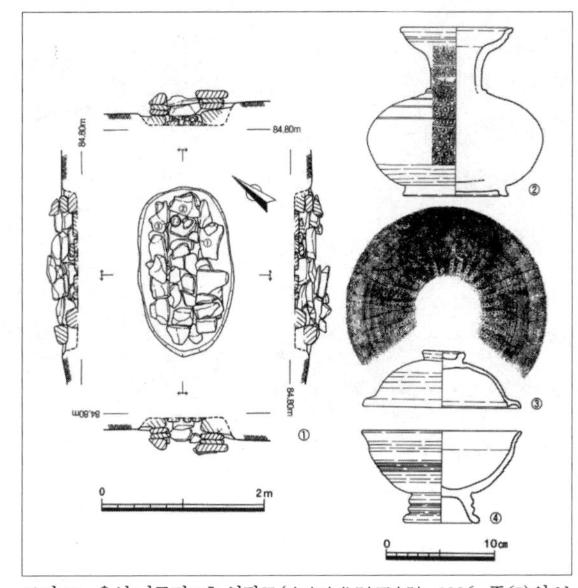

도면 13. 음성 미곡리 1호 석곽묘(中央文化財研究院, 2006, 주67)의 보고서에서 轉載)

출토유물은 瓶, 高杯, 蓋, 鉢, 盌, 平底小壺, 臺附長頸壺 등의 토기류로 二重圓文, 三角集線文+圓点文, 馬蹄形文, 馬蹄形文+二重圓文, 二重圓文+三角集線文 등의 문양이 시문되어 있다. 이들로 보아 석곽묘의 조성시기는 대체로 7세기대에 해당하는 것으로 여겨진다.

3) 진천지역

진천지역은 〈표 4〉와 같이 충주지역 다음으로 신라고분이 광범위하게 분포하고 있는 지역이다. 진천지역의 대규모 신라고분유적은 교성리유적이 있다.

교성리유적[68]은 충북 진천군 진천읍 원덕리 일원에 위치하고 있으며, 25기의 신라고분이 발굴 조사를 통하여 확인되었다. 묘제는 석곽묘가 24기, 석실분이 1기로 석곽묘 위주로 조영된 양상을 보이고 있어 충주지역과 차이를 보인다. 석곽묘는 횡구식이 주를 이루고 있다.

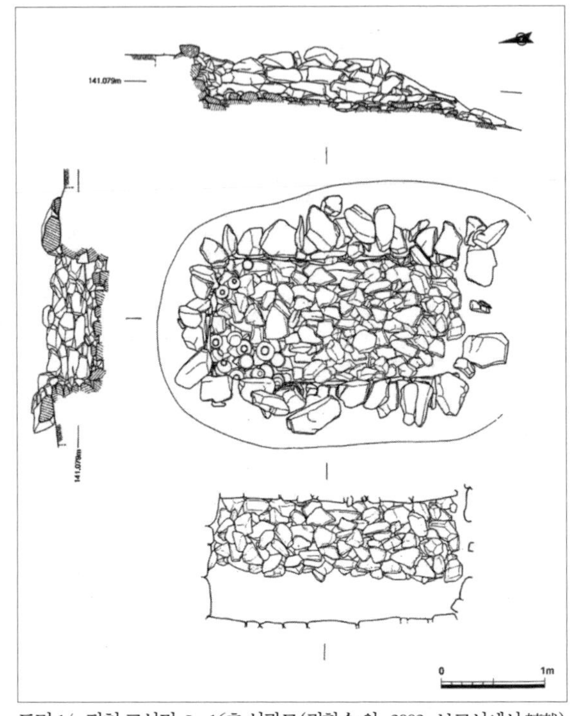

도면 14. 진천 교성리 Ⅰ-16호 석곽묘(권학수 외, 2002, 보고서에서 轉載)

출토유물은 토기류가 주를 이루고 있는데, 有蓋高杯, 臺附長頸壺, 盌, 短頸壺, 臺附盌, 臺附壺, 臺附併, 甁, 蓋 등이 있다. 이 중 高杯와 蓋가 과반수 이상을 차지하고 있다. 이들 출토유물을 통해 교성리유적의 무덤의 조성시기는 6세기 후반에서 7세기 전반으로 볼 수 있다.

이외에 송두리유적, 사곡리유적, 내촌리 당골유적, 구산리유적 등 신라 고분유적이 확인되고 있는데, 확인된 묘제는 역시 석곽묘가 주를 이루고 있으며, 유물은 고배와 부가구연대부장경호 등이 공통적으로 출토되고 있다.

---

68) 권학수 외, 2002, 「鎭川 校成里 發掘調査 報告書」, 『오창~진천간 도로 확·포장공사구간내 文化遺蹟 試掘·發掘調査 報告書』, 충북대학교 중원문화연구소.

4) 청주·청원지역

청주·청원지역은 신라의 이 지역 진출과 관련하여 원삼국시대와 백제 고분이 밀집 분포된 미호천유역과 문의지역으로 구분하여 살펴 볼 필요가 있다.

미호천유역의 신라고분은 위 〈표 4〉에 보이듯이 명암동유적, 용담동유적, 용정동유적, 비하동 유적, 부강리유적 등 여러 유적에서 조사되었다. 이외 신봉동 92-1호 석실이나 청원 주성리 1호 석실의 5차시상 등 백제석실분에 6세기 후반의 신라토기가 들어간 것이 확인되고 있다. 청주·청원지역에서 확인된 신라고분의 특징은 석실분이 없으며, 석곽묘만 조영되었다는 점과 고분의 조영시기도 청주 비하동유적을 제외하고는 7세기 후반~8세기대에 해당한다는 점이다.

한편 문의지역은 신라 자비마립간 17년(474)에 축성된 일모산성으로 비정되는 양성산성을 통하여 5세기 후반 신라가 이곳에 진출한 것으로 알려져 있다. 신라고분유적인 미천리고분군은 바로 양성산성이 위치한 산에서 동쪽으로 뻗어 내린 산 끝자락에 위치한다. 미천리고분군[69]에서 확인된 신라고분은 세장방형의 수혈식 혹은 횡구식의 석곽묘로 총 14기가 조사되었다. 출토유물로는 高杯, 短頸壺, 臺附長頸壺, 盌 등의 신라토기와 金製耳飾, 銀製帶金具, 金銅製三葉環頭大刀 등이 있다. 고분의 조성시기는 이들 유물에 의해 5세기 후반~6세기 전반경으로 비정되고 있다.

5) 보은·영동·옥천지역

중원지역에서도 보은, 영동, 옥천지역은 화령로 혹은 추풍령로를 통하여 신라가 일찍 진출한 지역이다.

보은지역은 5세기 후반 신라가 진출하여 470년 축성된 저명한 삼년산성이 위

69) 尹根一·金性泰 외, 1995,『清原 米川里 古墳群 發掘調查報告書』, 國立文化財研究所.

치한 지역으로 정식발굴조사는 이루어지지 않았지만 삼년산성 주변으로는 대규모 신라고분군인 대야리 고분군이 분포하고 있다. 또한 보은 원정리와 풍취리 등지에서도 일단투창 고배와 대부장경호 등 5세기 후반~6세기 전반의 신라토기가 보고되었다.[70] 따라서 5세기 후반 신라진출 직후부터 신라고분이 조영된 것으로 판단된다.

보은지역에서 신라고분이 발굴조사된 유적으로는 상장리유적[71]과 부수리유적[72]이 있다. 상장리유적에서는 석곽묘 3기가 조사되었는데, 단각고배와 완 등 출토유물로 보아 6세기 후반에 조영된 것으로 여겨진다. 부수리유적에서는 석실분 3기와 석곽묘 1기가 조사되었으며, 고분의 조영시기는 대부완, 대부장경병, 완, 뚜껑, 방형 과판 등 출토유물로 보아 대체로 7세기 후반경에 해당하는 것으로 여겨진다.

영동지역의 신라고분유적으로는 지봉리고분군,[73] 유전리고분군,[74] 가곡리 고분[75] 등이 있다. 이외 옥전리에서도 5세기 후반으로 편년되는 일단투창의 고배와 파수부호 등이 수습되었다.[76] 지봉리고분군은 1983년 발굴조사를 통하여 4기의 수혈식석곽묘가 조사되었다. 그 조성시기는 단각고배, 완, 뚜껑, 대부장경호, 부가구연대부장경호 등의 출토유물로 보아 6세기 중엽경으로 판단하고 있다.[77] 유전리고분군은 정밀지표조사를 통하여 약 33기의 고분이 확인되었는

70) 申鍾煥, 1997, 「忠北地方 三韓·三國土器의 變遷-遺蹟의 編年的 相對序列을 提示하며-」, 『考古學誌』 제8집, 韓國考古美術研究所.

71) 中央文化財研究院, 2004, 『報恩 上長里遺蹟』.

72) 中央文化財研究院, 2004, 『報恩 富壽里遺蹟』.

73) 최병현, 2008, 「영동 지봉리 고분군의 조사개요」, 『考古와 民俗』 11집, 한남대학교 중앙박물관.

74) 韓國文化財保護財團, 2005, 『永同 楡田里 古墳群』.

75) 車勇杰·趙詳紀 외, 1994, 『永同 柯谷里 古墳』, 忠北大學校博物館.

76) 申鍾煥, 1997, 앞의 논문.

데, 수습된 유물은 부가구연대부장경호와 단각고배 등으로 그 조성시기는 대체로 지봉리고분군과 평행한 것으로 보인다. 가곡리고분은 지상식 석실분으로 출토유물로 보아 7세기 중엽경에 축조된 것으로 파악되고 있다.[78)]

끝으로 옥천지역은 신라고분의 존재가 확인되지 않다가 2008-2009년 금구리고분군이 조사되면서 그 존재가 알려졌다. 금구리고분군에서는 12기의 신라 석곽묘가 조사되었는데, 횡구식석곽묘가 주를 이루고 있다. 출토유물은 단경호, 대부장경호, 유개고배, 완, 파배 등 토기류가 주종을 이룬다. 고분군의 조성시기는 5세기 말~6세기 중엽으로 보고 있다.[79)]

Ⅲ. 중원지역 고분문화의 전개양상

앞에서 원삼국시대부터 통일신라까지 중원지역 고분유적의 양상을 살펴보았다. 여기에서는 이를 바탕으로 하여 중원지역 고분문화의 전개양상에 대하여 살펴보도록 하겠다.

원삼국시대의 고분양상은 앞 장에서 살펴본 바와 같이 토광묘 문화권과 적석분구묘 문화권으로 구분되며, 제천지역을 제외하고는 모두 마한의 토광묘문화권에 해당하고 있다.

원삼국시대 토광묘는 매장주체시설에 따라 목관묘와 목곽묘로 구분된다. 중원지역의 원삼국시대 토광묘의 특징은 묘광의 장폭비가 3:1 이상으로 세장하다는 점과 영남지역에서와 같이 목관묘 단계와 목곽묘 단계가 뚜렷이 구분되며

77) 최병현, 2008, 앞의 보고서.

78) 車勇杰·趙詳紀 외, 1994, 앞의 보고서.

79) 김경호·이성용·임현묵, 2011, 『옥천 금구리 신라 고분군』, 중원문화재연구원.

목관묘 단계에서 목곽묘 단계로 이행하는 것이 아니라 같은 시기에 목관묘와 목곽묘가 공존하며 피장자의 위계에 따라 구분되는 양상을 보이고 있다는 점, 주구토광묘와 합장묘가 성행했다는 점 등을 들 수 있다.

목관묘는 묘광 내에 목관[80]만이 시설된 경우로 고분군 내에 조영된 무덤의 대다수는 목관묘이다. 목곽묘는 관·곽이 모두 시설된 경우와 곽만이 시설된 경우로 구분되는데 중원지역의 경우 곽만이 시설되는 것은 극히 드물고 관·곽이 모두 존재하는 경우가 일반적이다.[81] 유물의 부장은 2세기대의 송두리유적의 경우 목관과 묘광벽 혹은 목곽과 묘광벽 사이의 충전토에 부장되는 양상을 보이다가 3세기대 이후에는 목관묘의 경우 한쪽 단벽 쪽에 부장하는 것이 일반적이며, 목곽묘는 목관을 내부 한쪽으로 치우쳐 안치하고 유물은 목관과 목곽의 단측판 사이에 부장하는 경우가 일반적이다. 이 경우 목관과 유물부장부는 칸막이 혹은 기둥을 세워 분리한 경우도 있다.

중원지역 토광묘의 특징 중에 하나는 주구토광묘와 합장묘의 성행이다. 주구토광묘는 마한 묘제의 하나로 주로 중서부내륙지역을 중심으로 주 분포권을 형성하여 서해안지역을 중심으로 분포하는 분구묘의 분포권과는 구분된다.[82] 주 분포권을 이룬 중서부내륙지역의 주구토광묘는 천안지역에서 먼저 출현하여 주변지역으로 파급된 것으로 보인다. 이곳에서 성행시기는 3세기대이며, 4세기대로 이행하면서 점차 소멸하여 4세기 전반 이후에는 조영되지 않는 양상을 보이고 있다.[83]

80) 목관은 시신에 佩用되어 부장되는 부장품을 제외한 시신만을 안치하기 위해 마련한 시설만을 한정하며, 시신과 함께 토기와 철기를 같이 부장한 경우는 목곽으로 구분한다.

81) 진·변한지역의 경우 관이 없이 목곽만이 시설된 목곽묘가 일반적이다.

82) 최완규, 2000, 「馬韓墓制의 最近 調查 및 研究動向」, 『三韓의 마을과 무덤』, 嶺南考古學會. 박중균, 1999, 「清州地域의 原三國期 墓制의 基礎的 研究」, 『湖西考古學』 第2輯, 湖西考古學會.

중원지역의 경우 주구토광묘는 청주·청원지역과 충주지역에 중심 분포권을 이루고 있으며, 이 밖에 진천 및 증평지역에서도 조사되고 있어 그 사례가 증가하는 추세이다. 주구토광묘 조영세력은 집단 내 지배세력에 해당하며, 특히 송절동고분군과 송대리고분군에서는 3세기 후반 대형목곽묘가 등장하기 이전까지 수장급의 무덤으로 이 주구토광묘가 조영되었다.

합장묘는 중원지역에 3세기 말~4세기 초에 새로 유입된 묘제이다. 합장묘는 하나의 묘광 안에 합장한 동혈합장묘, 후행하는 무덤이 먼저 조성된 묘광의 한쪽 장벽을 파괴하고 조성된 幷穴合葬墓와 두 묘광이 일정한 간격을 두고 나란하게 조성된 異穴合葬墓로 구분되어 3가지 형식이 존재한다. 병혈합장묘는 서북한지역 낙랑 고분문화의 파급에 의해 이입된 묘제이다. 낙랑지역의 합장묘는 병혈합장묘에서 동혈합장묘로 이행하는 것으로 알려져 있다. 그리고 낙랑지역 병혈합장묘의 계통은 중국 漢代 화북지방의 목곽묘에 두고 있다.[84] 중원지역에 있어서도 현재까지의 자료를 통해 보면 병혈합장묘가 동혈합장묘보다 먼저 출현하고 있다. 그리고 이혈합장묘는 중원지역에서는 미호천유역의 청주·청원지역에만 분포하는 특징을 보이고 있다. 이외에 공주 하봉리유적 등 미호천유역의 인근 지역과 경주 황성동유적, 밀양 귀명리유적 등 진·변한지역에도 분포하고 있는데 지금까지 자료로 봐서는 경주지역에 가장 일찍 유입된 것이 아닌가 한다.

부장유물은 크게 토기류와 마구, 무구, 농공구, 장신구류로 나눌 수 있다. 토기류는 기본적으로 원저단경호와 심발형토기가 조합상을 이루며 부장되고 있는데, 3세기 후반에서 4세기 초로 이행하면서 토기 기종의 다양화와 경질토기

83) 成正鏞, 1998, 앞의 논문.
박중균, 2010, 「周溝土壙墓의 時·空間的 分布와 樣相」, 『忠北史學』 24집, 忠北史學會.

84) 高久健二, 1995, 『樂浪古墳文化 硏究』, 學硏文化社.

〈표 5〉 중원지역 원삼국시대 합장묘의 형식

동혈합장묘	병혈합장묘	이혈합장묘
	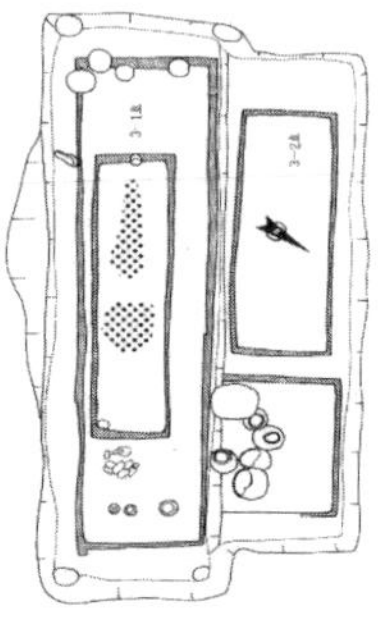	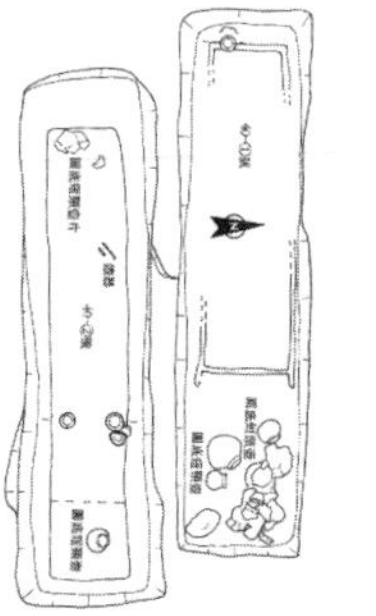
응암리 4호	송절동 B-3호	봉명동 40호

의 비율이 증가한다. 이러한 양상은 대형목곽묘, 합장묘, 기승문화의 유입과도 궤를 같이한다. 4세기대로 이행하면서 중원지역 분묘의 마구 부장은 이곳에 기승문화가 유입되었음을 알려준다. 마구는 기본적으로 재갈이 주를 이루고 있으며, 봉명동고분군의 경우 극소수이지만 등자도 부장되었다. 재갈은 鑣轡가 주를 이루며, 제작기법이 다양하다는 특징을 보이고 있다. 재갈의 제작기법은 꼬기 기법으로 제작한 것이 일반적이나, 봉명동 C-31호와 금릉동 78-1호 출토 재갈은 꼬지않기 기법으로 철봉을 'S'자형으로 구부려 양단을 함 본체에 단접하여 성형한 것으로 북방계통의 마구문화에 기원을 두고 있어 주목되고 있다.

백제고분은 앞 장에서 언급한 바와 같이 현재까지는 미호천유역의 청주·청원지역에서만 확인되는 양상을 보이고 있다. 따라서 이 지역에서는 원삼국시대에서 백제로 이행하는 고분의 계기적인 변화양상을 파악할 수 있다. 중원지역 백제고분의 묘제는 토광묘, 석곽묘, 횡혈식석실분으로 구분되는데, 토광묘의 조영이 주를 이루고 있으며, 석곽묘의 조영이 일반화되지 않았고 그 구조 또한 정형화되지 않았다는 특징이 있다. 이러한 양상은 이 지역의 마한 재지세력이 백제화된 이후에도 원삼국시대의 묘제 전통을 강하게 지속하고 있었음을 보여준다. 즉 송절동–봉명동–신봉동 토광묘군은 원삼국시대 이래 청주지역 재지 토착세력의 성장과정과 백제화하여 소멸하는 과정을 보여주는 것이다.[85]

백제 토광묘는 역시 목관묘와 목곽묘로 구분되는데 목관묘가 주를 이룬다. 신봉동고분군의 경우 목관묘와 목곽묘의 조영공간이 구분되는 양상이 보이고, 목관묘에 비하여 목곽묘가 무덤의 규모나 부장유물의 면에서 우월하여 고분군 조영집단의 위계를 반영하고 있다. 이는 이 지역 원삼국시대 토광묘와 같은 맥락이다.

원삼국시대 토광묘에서 백제 토광묘로의 변화는 주구토광묘의 소멸과 묘광장단비의 축소, 유물부장양상 등에서 나타나고, 이외에 대형 목곽묘의 경우 바닥에 川石을 깔은 것이 등장하여 양자 간의 차이를 보여준다.

중원지역에서의 횡혈식석실분의 출현은 백제 중앙과의 관계 속에서 이 지역 재지 수장층이 백제 중앙으로부터 수용한 것으로 판단되며,[86] 그 시점은 백제 한성기 말인 5세기 중엽경으로 보는 것이 일반적 견해이다. 횡혈식석실분의 특징은 구조가 다양하고 정형화되지 않은 점이다. 예를 들어 석실의 평면형태는 방형(신봉 82–1, 부강 1~3호), 종장방형(신봉 92–1·2호, 주성 1호), 횡장방형(주성 2호)으로 구분되며, 연도는 우편재(신봉 82–1·92–2호, 부강 3호, 주성 1호), 중앙(주성 2호, 부강 2호), 좌편재(신봉 92–1) 등으로 구분된다. 또한 석실 내부 시설로 신봉동 석실분과 주성리 1호 석실분의 경우 할석과 자갈로 만들어진 관대가 확인되고 있으며, 부강리 석실과 주성리 2호석실은 별도의 관대를 시설하지 않았다. 이렇듯 청주·청원지역에서 확인된 횡혈식석실분은 구조가 다양하다.

85) 최병현, 2008, 앞의 논문, p.74.

86) 성정용, 2009, 「중부지역에서 백제와 고구려 석실묘의 확산과 그 의미」, 『횡혈식석실분의 수용과 고구려사회의 변화』, 동북아역사재단.

신라고분은 신라의 중원지역 진출에 의한 산물이다. 따라서 각 지역별로 신라 진출의 시간적 선후와 중심거점지역과 주변지역이라는 지배방식의 차이에 따라 묘제와 출토유물의 양상이 다르게 나타나고 있다.

중원지역의 신라고분의 시기구분에 대하여 山本孝文은 배신과 각부 접합부의 직경이 극히 작은 1단 또는 2단투창고배와 대부장경호가 부장되는 단계(Ⅰ), 단각고배와 부가구연대부장경호가 부장되는 단계(Ⅱ), 인화문 합과 대부장경병이 부장되는 단계(Ⅲ) 등 3단계로 구분하였으며,[87] 최병현은 신라 전기 1(5세기 후반)·2(6세기 전엽)단계, 신라 후기 Ⅰ(6세기 후반~7세기 전반)·Ⅱ(7세기 후반~8세기 전반)·Ⅲ단계(8세기 후반~)로 크게 5단계로 구분한 뒤 신라 후기 Ⅰ·Ⅱ단계는 다시 4소기로 구분하였다.[88]

위와 같은 선행 연구와 앞 장에서 살펴본 바를 바탕으로 중원지역 신라고분의 전개양상을 살펴보면 다음과 같다. Ⅰ기는 5세기 후반~6세기 전반으로 중원지역에서 확인되는 신라고분 중 가장 이른 시기에 해당한다. 이 시기는 세장방형의 횡구식석곽묘와 1단투창고배 혹은 배신과 각부의 접합부 직경이 극히 작은 2단투창고배와 대부장경호를 특징으로 한다. Ⅰ기의 신라고분이 확인되거나 유물이 보고된 지역으로는 보은, 영동, 단양, 문의, 옥천지역이다. 보은지역은 앞 장에서 언급한 바와 같이 정식 발굴조사가 이루어진 것은 아니지만 보은 원정리와 풍취리, 그리고 영동 옥전리에서 5세기 후반~6세기 전반의 신라토기가 보고된 바 있으며, 문의 미천리고분군과 옥천 금구리고분군, 단양 하방리고분군은 6세기를 전후한 시점부터 고분이 축조되고 있다. 이들 세 고분군의 신라고분은 장폭비가 세장한 횡구식석곽묘 중심으로 조영되었다는 점이 특징이다. 이들 지역에 대한 신라의 진출경로는 경북 영주에서 죽령을 넘어 단양 하

87) 山本孝文, 2001, 앞의 논문.

88) 최병현, 2009, 앞의 논문.

방리로, 상주 쪽에서 화령을 넘어 보은→문의지역으로, 김천 쪽에서 추풍령을 넘어 영동→옥천지역으로 진출한 것으로 추정된다. 고분의 연대와 함께 고려하면 이들 주요 교통로를 따라 3개 지역군에서 동시 다발적으로 진출이 이루졌음을 보여준다.[89)]

Ⅱ기는 6세기 전반~7세기 전반으로 묘제는 횡혈식석실분, 석곽묘가 조영되고, 유물은 단각고배와 부가구연대부장경호, 누암리식 과대금구를 특징으로 한다. 또한 이 시기는 신라가 중원지역 거의 전역에 진출하였으며, 중심지역과 주변지역에 따라 묘제, 묘의 규모, 부장유물에서 차이를 보이고 있다. 이러한 차이는 해당지역에 대한 신라의 지배방식의 차이에서 기인했던 것으로 보인다. 이 기에 조영된 고분군으로는 대규모 고분군인 누암리고분군과 하구암리고분군을 비롯한 충주지역의 고분군과 음성지역 고분군, 진천지역 고분군, 영동 지봉리 고분군과 유전리고분군, 청주의 비하동고분 등이 해당한다. 이 시기 각 지역 고분군의 양상을 보면, 신라고분의 최대 밀집지인 충주지역의 경우 누암리고분군은 횡혈식석실분 중심으로 조영되었으며, 하구암리고분군은 석실분과 석곽묘가 비슷한 비율로 조영된 양상을 보여 고분군간 위계 차이를 보이고 있다. 또한 음성지역은 석실분과 석곽묘가 함께 조영되는 가운데 석곽묘의 비율이 높으며, 진천지역과 영동지역은 석곽묘 중심으로 조영된 양상을 보이고 있다.

Ⅲ기는 7세기 후반 이후인 통일신라기에 해당하며,[90)] 누암리나 하구암리 같은 대규모 고분군이 조영되지 않는 특징을 보이고 있다.[91)] 이 시기는 묘제의 경우 석곽묘가 주를 이루고 있으며, 석곽의 규모도 소형석곽이 많은 비율을 차지하고 있다. 그리고 이 시기 석곽묘는 거의 대부분 할석을 1~2겹 정도 깔아 시

89) 최병현, 2009, 앞의 논문, p.97.

90) 이 시기는 山本孝文의 Ⅲ단계, 최병현의 신라후기 Ⅱ·Ⅲ단계에 해당한다.

91) 최병현, 2009, 앞의 논문.

상을 마련하였으나 통일신라 후기로 가면서 시상을 마련하지 않고 목관을 사용한 예들이 확인된다. 유물은 종장연속마제형문과 종장연속점열문이 시문된 합과 대부완, 그리고 대부장경병 등의 신라토기와 당식과대를 특징으로 하고 있다. 청주지역에서 조사된 신라고분군의 대부분이 이 시기에 속한다.

Ⅳ. 맺음말

중원지역의 고분유적에 대하여 시기·지역별로 살펴보고 이를 바탕으로 중원지역 고분문화의 전개양상을 파악하였다. 고분은 묘제나 부장유물을 통하여 당시의 정치·사회·문화상을 파악할 수 있는 기본 자료로서 큰 의미를 지니고 있다. 중원지역의 고분조사는 1982년 신봉동고분군에 대한 발굴조사를 시작으로 지금까지 원삼국시대에서 통일신라시기에 해당하는 많은 고분이 조사되었으며, 이를 바탕으로 한 연구가 진행되어 묘제의 계통 및 전개양상, 출토유물의 편년 및 성격, 사회구조 및 문화상 등 다방면에 걸쳐 상당한 연구성과물이 집적되기도 하였다. 한편, 앞으로의 고분 조사 및 연구에 있어 많은 과제도 남아있다. 우선 최병현이 지적한 바와 같이 지금까지 조사된 원삼국시대 고분의 대부분이 2세기 중엽으로 편년되는 송두리유적을 제외하고는 모두 3세기 이후의 것이어서 기원전 1세기부터 기원후 1세기대가 공백상태로 남아 있다는 점이다. 이러한 점은 초기철기시대에서 원삼국시대로의 이행과정을 파악하기 어렵게 하고 있다. 또한 최근 옥천·영동지역에서도 원삼국시대 고분이나 토기가 극소수 조사되고 있는 추세에 있지만 원삼국시대 고분이 밀집 분포하고 있는 충주와 미호천유역권을 제외한 다른 지역에서의 원삼국시대 사회·문화상을 규명하는 문제와 청주지역에서의 신봉동 백제고분군 이후 6세기 후반 신라가 진출하기 직전까지의 약 1세기 정도의 공백을 해결하는 것도 같은 맥락에서 향후의 과제라 할 수 있다.

두 번째로는 지금까지의 연구가 대부분 고대국가를 형성한 백제, 고구려, 신라의 중앙세력 입장에서 진행되어 지역정치세력을 간과한 부분이 있는 것 같다. 따라서 지역정치세력의 입장에서 정치세력의 존재양태 및 성장과정, 그리고 백제, 고구려, 신라의 중앙세력 진출로 인해 지역 재지세력이 어떠한 변화과정을 거치고 재편되는지를 중앙의 지방지배방식과 관련하여 연구할 필요성이 있다고 생각한다.

참고문헌

國立文化財研究所, 2009, 『韓國考古學專門事典(古墳篇)』.

國立中原文化財研究所, 2009, 『忠州 樓岩里古墳群 地表調査 및 發掘調査報告書』.

國立淸州博物館, 2000, 『淸州 明岩洞遺蹟(Ⅰ)-1998年度 發掘調査報告書-』.

國立淸州博物館, 2001, 『淸州 明岩洞遺蹟(Ⅱ)-1999年度 試掘 및 發掘調査報告書-』.

國立淸州博物館, 2002, 『淸州 龍潭洞古墳群 發掘調査報告書-』.

權五榮, 2008, 「무덤연구의 새로운 시각」, 『무덤연구의 새로운 시각』 제51회 全國歷史學大會 考古學部 發表資料集, 韓國考古學會.

권학수·이경원·김현정, 2002, 「鎭川 校成里 發掘調査 報告書」, 『오창~진천간 도로확·포장공사구간내 文化遺蹟 試掘·發掘調査報告書』, 忠北大學校博物館.

金元龍, 1986, 『韓國考古學槪說』, 一志社(제3판).

畿甸文化財研究院, 2004, 『漣川 鶴谷里 積石塚』.

吉徑澤·劉鳳熙·李善喆, 1997, 『丹陽 下坊里古墳群 發掘調査 報告書』, 忠州博物館.

김경호·이성용·임현묵, 2011, 『옥천 금구리 신라 고분군』, 중원문화재연구원.

金成南, 2000, 『中部地方 3~4世紀 古墳群 一硏究-細部編年과 古墳群 造營 樣相 分析-』, 서울大學校大學院 碩士學位論文.

김성남, 2001, 「中部地方 3~4世紀 古墳群 細部編年」, 『백제연구』 33집.

金成南, 2006, 「百濟 漢城時代 南方領域의 擴大過程과 支配形態 試論」, 『百濟硏究』 44.

김성태, 2004, 「百濟積石塚의 歷史考古學的 性格과 그 意味」, 『漣川 鶴谷里 積石塚』, 기전문화재연구원.

金龍星, 1998, 『新羅의 古冢과 地域集團-大邱·慶山의 例-』, 춘추각.

金龍星, 2009, 『신라왕도의 고총과 그 주변』, 학연문화사.

김종길, 2006, 『증평 증천리 유적-증평 초중~장동간 도로공사 구간 시굴조사

보고서-』, 中原文化財硏究院.

김현길, 1995, 「中原地域의 歷史的 背景」, 『中原文化圈의 位相定立과 發展方向』, 충북대학교 호서문화연구소.

諫早直人, 2007, 「製作技術로 본 夫餘의 轡와 韓半島 南部의 初期 轡」, 『嶺南考古學』 43, 영남고고학회.

高久健二, 1995, 『樂浪古墳文化 硏究』, 學硏文化社.

文化財硏究所, 1991, 『中原 樓岩里古墳群 發掘調査報告書』.

文化財硏究所, 1992, 『中原 樓岩里古墳群 發掘調査報告書』.

文化財管理局 文化財硏究所, 1994, 『漣川 三串里 百濟積石塚 發掘調査報告書』.

朴淳發, 1998, 『百濟 國家의 形成 硏究』, 서울大學校 大學院 文學博士學位論文.

朴淳發, 2001, 『漢城百濟의 誕生』, 서경문화사.

박중균, 1999, 「淸州地域의 原三國期 墓制의 基礎的 硏究」, 『湖西考古學』 第2輯, 湖西考古學會.

박중균, 2010, 「周溝土壙墓의 時·空間的 分布와 樣相」, 『忠北史學』 24집, 忠北史學會.

裵基同, 1984, 「堤原 陽坪里A地區 遺蹟發掘調査報告」, 『忠州댐 水沒地區 文化遺蹟發掘調査綜合報告書-考古·古墳分野(Ⅰ)』, 忠北大學校博物館.

백종오, 2009, 「남한의 고구려고분-최근 발굴 사례를 중심으로-」, 『중원문화권 고분의 전개양상과 성격』, 국립중원문화재연구소.

山本孝文, 2001, 「古墳資料로 본 新羅勢力의 湖西地方 進出」, 『湖西考古學』 4·5집, 湖西考古學會.

成正鏞, 1998, 「3~5世紀 錦江流域 馬韓·百濟 墓制의 樣相」, 『3~5세기 금강유역의 고고학』, 韓國考古學會.

成正鏞, 2000.2, 『中西部 馬韓地域의 百濟領域化過程 硏究』, 서울大學校 大學院 博士學位論文.

成正鏞, 2006, 「중서부지역 원삼국시대 토기 양상」, 『한국고고학보』 60, 한국고고학회.

성정용, 2009, 「중원지역의 원삼국시대 분묘양상」, 『중원문화권 고분의 전개양상과 성격』, 국립중원문화재연구소.

성정용, 2009, 「중부지역에서 백제와 고구려 석실묘의 확산과 그 의미」, 『횡혈식석실분의 수용과 고구려사회의 변화』, 동북아역사재단.

成正鏞·權度希·諫早直人, 2009, 「清州 鳳鳴洞遺蹟 出土 馬具의 製作技術 檢討」, 『湖西考古學』 20, 호서고고학회.

宋錫重, 2009, 『清州 山南洞 42-6番地 遺蹟』, 中原文化財研究院.

申鍾煥, 1997, 「忠北地方 三韓·三國土器의 變遷-遺蹟의 編年的 相對序列을 提示하며-」, 『考學誌』 제8집, 韓國考古美術研究所.

申瀅植, 1996, 「역사·지리적 관점에서 본 중원문화권의 새로운 인식」, 『中原文化 國際學術會議 結果 報告書』, 忠北大學校 湖西文化研究所.

어창선, 2009, 「충주 하구암리고분군」, 『중원문화권 고분의 전개 양상과 성격』, 제2회 국립중원문화연구소 학술심포지엄.

禹鍾允·成正鏞·孫明洙·張洪善·咸在旭, 2007, 『忠州 金陵洞遺蹟』, 忠北大學校博物館.

尹根一·金性泰 외, 1995, 『清原 米川里 古墳群 發掘調査報告書』, 國立文化財研究所.

이남석, 1995, 『백제석실분 연구』, 학연문화사.

李南奭·李賢淑·尹英燮, 2008, 『燕岐 鷹岩里 遺蹟』, 公州大學校博物館.

李南奭·李賢淑, 2008, 『燕岐 龍湖里 遺蹟』, 公州大學校博物館.

이남석, 2009, 「중원문화권의 백제고분」, 『중원문화권 고분의 전개양상과 성격』, 국립중원문화재연구소.

이원복·김홍주 외, 1990, 「청주 신봉동B지구널무덤 발굴조사보」, 『清州 新鳳洞 百濟古墳群 發掘調査報告書-1990年度調査』.

이융조·차용걸, 1983, 『清州 新鳳洞 百濟古墳群 發掘調査報告書-1982年度調査

—』, 忠北大學校博物館.

李弘鍾·崔鍾澤, 2002, 『芙江里 遺蹟』, 高麗大學校埋藏文化財硏究所.

李熙濬, 2004, 「초기철기시대·원삼국시대再論」, 『韓國考古學報』 52.

中央文化財硏究院, 2004, 『報恩 上長里遺蹟』.

中央文化財硏究院, 2004, 『報恩 富壽里遺蹟』.

中央文化財硏究院, 2005, 『鎭川 梨月迂回道路建設區間內 鎭川 新月里遺蹟』.

中央文化財硏究院, 2006, 『淸州 山南3地區 宅地開發事業地區內 淸州 粉坪洞遺蹟』.

中央文化財硏究院, 2006, 『淸州 山南3地區 宅地開發事業地區內 淸州 山南洞 墳墓遺蹟』.

中央文化財硏究院, 2006, 『淸州 山南3地區 宅地開發事業地區內 淸州 山南洞遺蹟』.

中央文化財硏究院, 2006, 『安城—陰城間 高速道路建設區間內 美谷里·美蠶里·內村里遺蹟』.

中央文化財硏究院, 2010, 『忠州 下九岩里遺蹟』.

중원문화재연구원, 2009, 『옥천 의료기기전자농공단지 조성부지내 문화유적 발굴조사 2차 지도위원회자료집』.

중원문화재연구원, 2009.11, 『고속국도 제40호선 음성—충주간 건설공사 발굴(시굴)조사(제 4구간 5·6공구 지도위원회자료집』.

중원문화재연구원, 2010.5, 『고속국도 제40호선 음성—충주간 건설공사(4공구 3구간) 문화유적 발굴조사 충주 문성리 유적 지도위원회 자료집』.

中原文化財硏究院, 2010, 『忠州 豆井里遺蹟』.

車勇杰 외, 1993, 『中原 樓岩里 古墳群』, 忠北大學校博物館.

車勇杰·趙詳紀, 1994, 「淸州 松節洞 古墳群 1次年度('92) 調査報告書」, 『漣川 三串里 百濟積石塚 發掘調査報告書』, 文化財管理局 文化財硏究所.

車勇杰 외, 1990, 「淸州 新鳳洞A地區土壙墓群」, 『淸州 新鳳洞 百濟古墳群 發掘調査報告書—1990年度調査—』.

車勇杰·趙詳紀, 1991, 『鎭川 松斗里遺蹟 發掘調査報告書』, 忠北大學校博物館.

車勇杰·趙詳紀 외, 1994, 『永同 柯谷里 古墳』, 忠北大學校博物館.

車勇杰·趙詳紀·禹鐘允·吳允淑, 1994, 『淸州 松節洞 古墳群』, 忠北大學校博物館.

車勇杰·趙詳紀·吳允淑, 1995, 『淸州 新鳳洞 古墳群』, 忠北大學校博物館.

車勇杰·趙祥紀, 1995, 『淸州 松節洞 古墳群 發掘調査報告書－1993年度 發掘調査－』, 百濟文化開發硏究院·忠北大學校博物館.

車勇杰·趙詳紀, 1996, 『淸州 新鳳洞 古墳群(－1995年度 調査－)』, 忠北大學校博物館.

차용걸외, 2002, 『淸州 新鳳洞 古墳群』, 忠北大學校博物館.

차용걸외, 2002, 『淸州 佳景4地區 遺蹟(Ⅰ)』, 忠北大學校博物館.

차용걸, 2005, 「청주 신봉동유적의 고고학적 검토」, 『백제지방세력의 존재양태』, 한국학중앙연구원.

차용걸외, 2005, 『淸州 新鳳洞 百濟古墳群－2003年度 調査－』, 忠北大學校博物館.

차용걸·박중균·노병식·한선경, 2005, 『淸州 鳳鳴洞遺蹟(Ⅱ)－Ⅳ地區 調査報告 ①－』, 忠北大學校博物館.

차용걸, 2007, 「청주 봉명동 토광묘군의 편년과 성격」, 『忠北史學』 第18輯, 忠北大學校 史學會.

최병현, 2008, 「중원문화권 고분연구의 성과와 과제」, 『중원문화 정립을 위한 조사연구방향』, 국립중원문화재연구소.

최병현, 2008, 「영동 지봉리 고분군의 조사개요」, 『考古와 民俗』 11집, 한남대학교 중앙박물관.

최병현, 2009, 「중원의 신라고분」, 『중원문화권 고분의 전개양상과 성격』, 국립중원문화재연구소.

崔夢龍外, 1984, 「堤原 桃花里地區 遺蹟發掘調査報告」, 『忠州댐 水沒地區 文化遺蹟發掘調査綜合報告書－考古·古墳分野(Ⅰ)』, 忠北大學校博物館.

최완규, 2000, 「馬韓墓制의 最近 調査 및 硏究動向」, 『三韓의 마을과 무덤』, 嶺南

考古學會.

韓國文化財保護財團, 1999,『清原 梧倉遺蹟(Ⅰ)』.

韓國文化財保護財團, 2000,『清原 梧倉遺蹟(Ⅳ)』.

韓國文化財保護財團, 2000,『清原 主城里遺蹟』.

韓國文化財保護財團, 2000,『清州 龍岩遺蹟(Ⅰ)』.

韓國文化財保護財團, 2001,『陰城 梧弓里·文村里遺蹟(Ⅳ)』.

韓國文化財保護財團, 2005,『永同 楡田里 古墳群』.

한선경·한민희, 2010,『清州 米坪洞 195-1番地 遺蹟』, 中原文化財研究院.

충주 달천유역의 고구려계 고분에 대하여

김정인 | 중원문화재연구원 연구원

충주 달천유역의 고구려계 고분에 대하여*

- 두정리, 단월동 고분군을 중심으로 -

Ⅰ. 머리말

고구려 고분에 대한 연구는 중국 集安과 북한 대동강 일대에 분포하는 왕릉급의 고분을 중심으로 이루어져 왔으며, 특히 壁畵가 남겨진 고분에 대해 집중적으로 이루어져 왔다. 남한지역에서 고구려 고분이 처음 확인된 것은 춘천 방동리 고분[1]이 소개된 것이 그 시작으로, 이후 발굴조사의 증가에 따라 고구려 고분으로 추정되는 유적들이 경기도와 강원도 일대에서 조금씩 보고되었다.[2] 현재까지 조사된 고분은 20여기 정도로 많지 않으나, 점차 증가하는 양상을 보이고 있다. 고구려 고분에 대한 조사가 활발해지면서 최근에는 이를 바탕으로 남한지역의 고구려 고분만을 대상으로 한 종합적 검토[3]도 진행되고, 횡혈식 석

* 이 글은 「충주지역 고구려계 고분과 그 성격」(김정인, 2011, 『中原文化財硏究』 5, 중원문화재연구원)의 내용 일부를 수정하여 게재한 것이다.

1) 金元龍, 1981, 「春城郡 芳洞里 高句麗系 石室墳 二基」, 『考古美術』 149, 韓國美術史學會, pp.1~5.

2) 대표적인 유적으로는 용인 보정리 유적(2007), 화성 청계리 유적(2008), 성남 판교지구 유적(2008), 연천 강내리 유적(2010) 등이 있다.

실분의 수용 과정을 중심으로 고구려 고분의 특징을 다각도로 살펴본 연구[4]도 이루어지고 있다.

이러한 상황 속에서 과거 고구려의 國原城이었던 충주에서도 2008년 두정리 유적의 발굴을 계기로 고구려 고분이 존재하는 것이 확인되었다. 이 유적에서 확인된 고분들은 잔존상태가 좋지 않았지만, 무덤 양상과 출토유물이 평양의 대성산 일대 고구려 고분들과 유사하여 주목받았다.[5] 또 6기의 고분이 나란히 조영된 것이 확인되어 고구려의 충주 지배가 단기간이 아니라 비교적 장기간에 걸쳐 이루어졌음이 밝혀졌다. 한편 두정리 고분군과 달천을 사이에 두고 자리한 단월동 고분군[6]은 1994년 조사된 유적으로 기존에 통일신라시대 고분군으로 보고되었으나, 1차 발굴조사 당시 확인된 고분들 중 5호·10호분의 경우 고분의 형태와 출토유물 등에서 두정리 고분군과 유사성이 많은 것으로 확인되고 있다.

두정리 고분군의 조사를 담당하였던 필자는 2011년 5월 초 건국대학교 박물관의 호의로 단월동 고분군 5호·10호분의 출토유물을 실견하고 자세히 관찰할 기회를 가질 수 있었다.[7] 이를 통해 두 고분군의 석실 형태와 출토유물을 비교하면서 서로 간의 공통점이 많다는 것을 알게 되었고, 이것이 고구려 고분과 관련이 있다는 생각을 가지게 되었다. 비록 단 두 고분군만을 대상으로 관찰한 것이기 때문에 논거의 한계점은 있지만, 적어도 이들 고분군에서 확인된 양상들

3) 백종오, 2009, 「남한의 고구려고분」, 『중원문화권 고분의 전개양상과 성격』, 제2회 국립중원문화재연구소 학술심포지엄 자료집, 국립중원문화재연구소.

4) 권오영 외, 2009, 『횡혈식 석실분의 수용과 고구려사회의 변화』, 동북아역사재단.

5) 中原文化財研究院, 2010, 『忠州 豆井里 遺蹟』, 학술조사보고 제88집.

6) 建國大學校博物館, 1994, 『忠州 丹月洞 古墳群 發掘調查 報告書』, 學術叢書 第1冊.

7) 바쁘신 와중에도 흔쾌히 유물을 공개해 주시고 조언을 주신 건국대학교박물관 채현석 학예사님과 박물관 관계자 여러분께 진심으로 깊은 감사의 말씀을 전한다.

이 고구려의 영향을 받은 것은 분명해 보이기 때문에 이 두 고분군을 고구려계 고분으로 볼 수 있다고 생각된다. 이 글은 이러한 생각을 정리한 것으로 두 고분군에 대한 비교를 통해 충주지역 고구려계 고분의 양상과 성격을 알아보고자 한다.

Ⅱ. 충주지역의 고구려계 고분군

충주지역은 고구려가 국원성을 설치하였다는 문헌상의 기록[8]과 1979년 이 지역에서 발견된 중원고구려비[9]를 통해 일찍이 고구려의 강한 영향 아래에 있었던 지역으로 잘 알려져 있다. 또한 근래에 충주지역에서 이루어진 많은 발굴조사를 통해 고구려와 관계된 유물들이 조금씩 확인되었는데, 충주 장미산성[10]과 탑평리 유적[11] 등 중원고구려비 인근에 위치한 충주 북서쪽 지역에서 확인되고 있다. 고구려 고분의 경우 한강 유역의 여러 곳에서 확인된 바 있어 충주에서도 존재 가능성이 높은 것으로 추정되었지만 확인되지 않다가, 앞서 밝힌 바와 같이 두정리 유적에서 고구려 고분군이 발굴되면서 그 실체가 명확해졌다. 이 장에서는 본격적인 비교에 앞서 고구려계 고분군으로 추정되는 충주 두정리와 단월동 두 고분군에 대한 조사 내용을 정리하고자 한다(도면 1).

---

8) 『新增東國輿地勝覽』 券14, 忠淸道 忠州牧 "建置沿革 本高句麗國原城".

9) 鄭永鎬, 1979, 「中原高句麗碑의 發見調査와 硏究展望」, 『史學志』 13, 檀國大學校 史學會.

10) 장미산성에서는 백제토기가 주로 출토되었으나 일부 고구려토기의 특징을 가진 토기들도 확인되고 있다(中原文化財硏究院, 2006, 『忠州 薔薇山城-1차 발굴조사 보고서-』, 학술조사보고 제21집).

11) 국립중원문화재연구소, 2010, 「충주 탑평리유적(중원경 추정지역) 제3차년도 시굴조사 지도위원회 자료집」. 탑평리유적에서는 평탄지 상에서 고구려식의 온돌유구와 토기편 등이 확인되었다.

1. 충주 두정리 고분군

충주 두정리 고분군은 충주시 이류면 두정리에서 2008년 조사된 유적으로 총 6기의 횡혈식 석실분이 확인되었다(도면 2). 유적이 위치한 곳은 충주시 이류면 두정리 두담마을 북쪽 일대로 충주시에서 남서쪽으로 약 5㎞ 정도 떨어진 곳이다. 사면이 모두 급하게 경사진 산으로 막혀있는 좁은 평탄지에 해당한다.

석실분은 국귀봉에서 내려오는 가지능선의 하단 평탄지에 동-서 방향으로

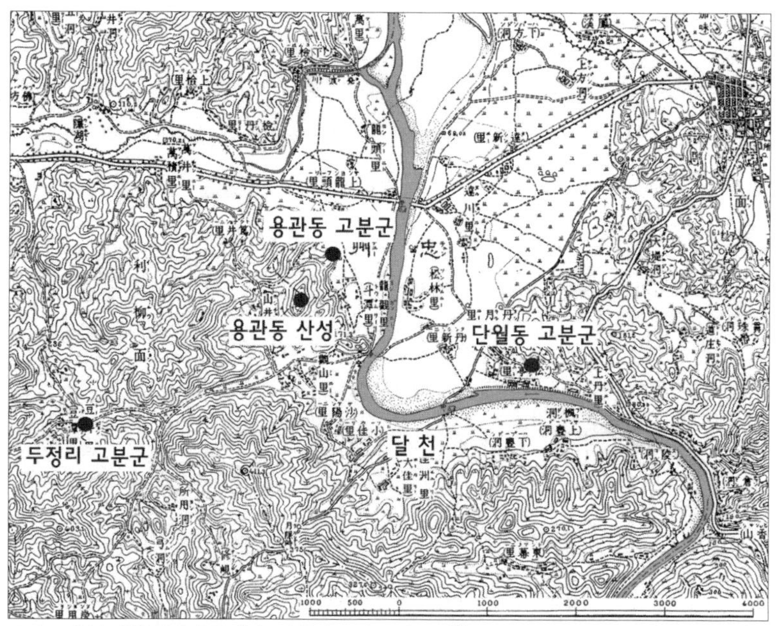

도면 1. 충주 달천 주변의 두정리, 단월동 고분군 분포도[12]

---

12) 도면 1을 살펴보면 두정리와 단월동 고분군 사이에는 용관동 고분군이 자리하고 있다. 그러나 용관동 고분군의 경우 고분의 형태가 횡혈식 석실이 아닌 소규모 석곽이며, 내부에서 확실한 7세기 이후의 인화문토기만 출토되고 있어 본고의 논의 대상에서 제외하고자 한다. 용관동 고분군에 대해서는 다음을 참조하였다(국립문화재연구소, 2010, 『忠州 龍觀洞 古墳群 발굴조사보고서』, 學術硏究叢書 第5冊).

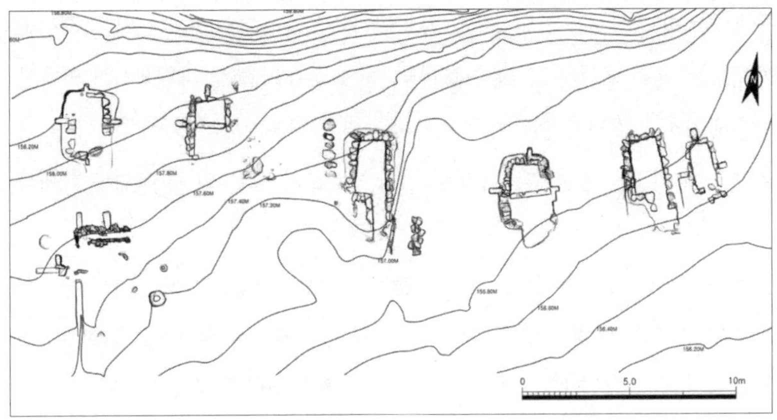

도면 2. 충주 두정리 고분군 배치도

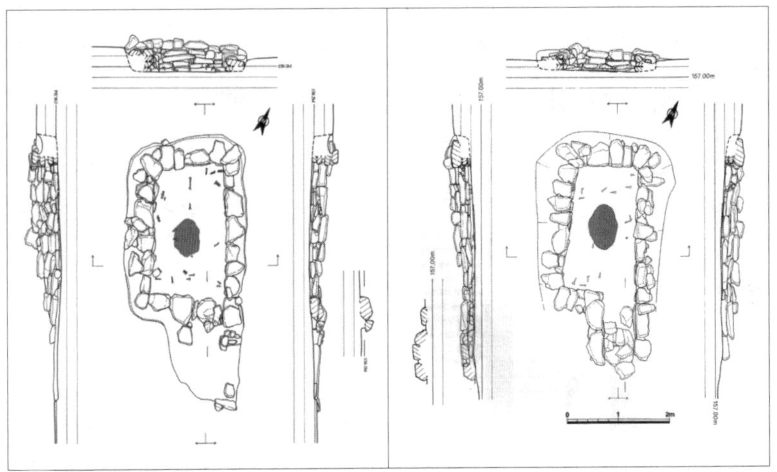

도면 3. 충주 두정리 유적 2호분(左), 4호분(右) 실측도

약 1m 내외의 간격으로 6기가 나란히 분포하고 있다. 장축방향은 모두 등고선과 직교한 남-북 방향이며 평면형태가 다른 1호분을 제외하고 모두 동편향의 羨道를 갖추고 있다. 잔존상태는 양호하지 못하여 석축의 벽석이 2~5단까지만 잔존한다. 축조형태는 1~2단까지는 길이가 긴 판석 형태의 돌을 쌓고, 그 상

단에 부정형의 할석들을 맞물리도록 쌓았다. 돌 사이의 빈공간은 작은 할석과 회 등으로 채워 넣었다. 1호를 제외한 나머지 유구의 석실 내부에서는 바닥의 중앙에 강하게 소결된 흔적이 있으며 소결된 범위는 50㎝ 내외이다. 2호분 경우 벽면에 회칠을 했던 흔적이 남아 있다. 2호분과 4호분의 경우 연도 폐쇄석이 잔존한다(도면 3).

유물은 2호분에서 단경호 1점, 6호분에서 장동호 1점이, 4호분에서는 은제 지환 1점이 여러 개의 관정과 함께 출토되었다. 단경호는 적갈색의 연질소성품으로 평저이며, 표면에는 타날한 후 물손질하여 정면한 흔적이 확인된다. 장동호는 흑갈색을 띠는 평저의 연질소성품으로 구연부는 결실되었다. 표면에는 동최대경을 따라 파상문과 횡침선을 시문하였으며 그 하단에는 암문을 시문하였다. 지환은 4호분에서 출토되었는데 지름 1.8㎝의 크기로 외면에는 별다른 장식은 없으며, 철봉을 얇게 펴서 오므려 붙이고 다시 한쪽면을 양방향으로 길게 늘린 형태를 띤다. 관정은 모든 석실분에서 확인되는데 각각 15~25점 내외로 출토되고 있다. 관정의 형태는 頭部의 크기가 크고 둥글며, 身部는 단면 사각형

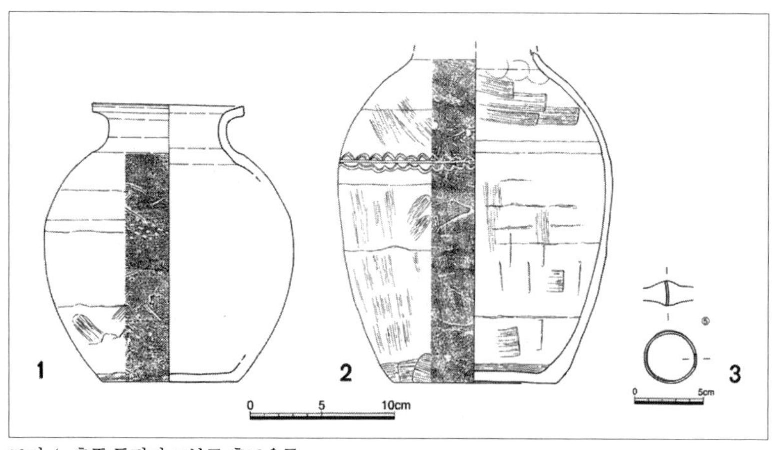

도면 4. 충주 두정리 고분군 출토유물
1: 단경호(2호분), 2: 장경호(6호분), 3: 지환 (4호분)

으로 길이가 길고 끝부분으로 갈수록 가늘어진다(도면 4).

2. 충주 단월동 고분군

단월동 고분군은 충주시 단월동 건국대학교 충주캠퍼스 내에 위치하며 1993~94년에 2차에 걸쳐 건국대학교 박물관에 의해 발굴조사되었다. 조사지역은 충렬사의 배후에 있는 해발 110m 내외의 남동향 능선에 해당한다. 1차 발굴조사는 1993년 7~8월 건국대학교 충주 단월동 캠퍼스부지와 연결된 단월동 산 5-1번지에 대해 실시되었다. 조사 결과, 통일신라시대 전기와 후기에 해당하는 7기의 석실분이 확인되었다(도면 5). 2차 발굴조사는 1994년 국도 3호선과 건국대학교를 연결하는 도로를 건설하는 과정에서 실시되었다. 조사 결과, 통일신라시대 석곽묘 2기, 고려시대 토광묘 5기와 석곽묘 1기 등이 확인되었다.

이 중 주목되는 것은 1차 발굴조사에서 확인된 석실분들로 석실의 형태와 출토유물에 따라 크게 2호·4호·6호·9호분과 5호·10호분으로 나뉜다. 전자의 경

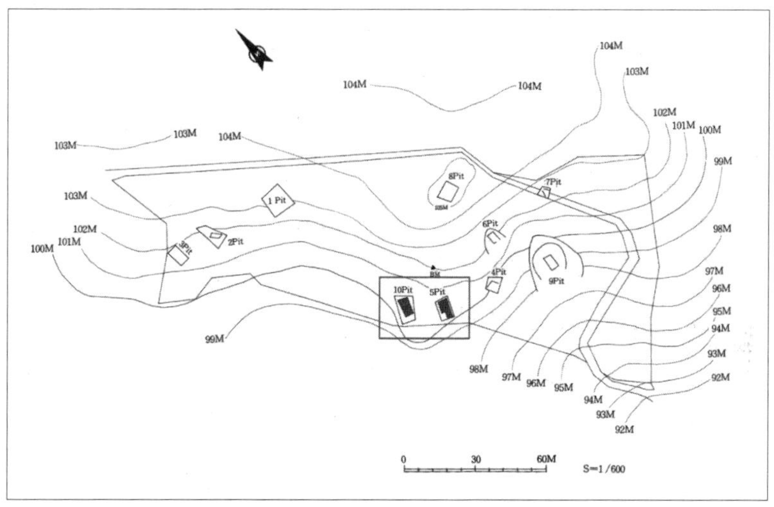

도면 5. 충주 단월동 1차 고분군 배치도

우 2호분과 4호분은 파괴가 심하여 일부 벽면만 확인되나 6호분과 9호분의 경우 잔존상태가 양호하다. 내부에는 강가의 냇돌(川石)을 사용하여 시상대를 설치하였으며 9호분에서는 호석을 돌린 것도 확인되고 있다. 출토유물은 대부분 통일신라시대의 인화문 토기들이 확인되었는데 기종은 뚜껑·유개고배·사발·병 등이 있다. 유구의 잔존형태와 유물 부장 양상은 충주지역의 신라계 횡혈식 석실분인 루암리 고분군, 하구암리 고분군에서 보이는 것과 유사하나 고분군의 규모가 작고, 출토유물 등에서 부분적인 차이를 보인다.[13]

반면, 단월동 5호·10호분의 경우 이와 다른 양상을 보이는데, 벽면은 잘 손질된 화강암 할석을 사용하여 축조하였으며 2호·9호분에서 사용된 냇돌은 찾아볼 수 없다. 단월동 5호분의 석실 규모는 연도를 포함한 동벽의 길이 440㎝, 북벽 190㎝, 서벽 250㎝이고 석실 내부의 폭은 120㎝이다. 연도는 남향으로 동벽에 붙어 있는데, 길이 150㎝, 폭 70㎝의 크기이다. 10호분의 경우도 5호분과 비슷하다. 다만 5호분의 경우 바닥을 편평한 판석으로 촘촘히 깔았는데 비해, 10호분은 별다른 시설 없이 흙바닥을 그대로 사용하고 있다.(도면 7) 내부에서는 관정이 다수 출토되고 있어 목관을 사용했음을 알 수 있고, 관정의 수량과 인골의 잔존 상태를 볼 때 추가장이 이루어졌음을 알 수 있다. 출토유물은 5호분의 경우 회백색의 장동호 1점과 팔찌, 지환 1점, 귀걸이 1쌍 등이 확인되었고(도면 12 참조), 10호분의 경우 단경호와 타날문 경질호, 철도자, 과대편, 지환 등이 확인되었다(도면 13~15 참조).

13) 최병현, 2009, 「중원의 신라 고분」, 『중원문화권 고분의 전개 양상과 성격』, 제2회 국립중원문화재연구소 학술심포지엄 자료집. pp.99~107.

Ⅲ. 고구려계 고분과 유물의 검토

고구려 고분은 일반적으로 묘제와 입지에서 다음과 같은 특징이 알려져 있다. 우선 묘제는 크게 축조 형태에 따라 積石塚과 石室封土墳으로 나눌 수 있다.[14] 전자의 경우가 더 이른 시기의 형태이고, 후자의 경우 대부분 횡혈식 석실 구조를 보이는 늦은 시기의 것으로 보는 것이 일반적인 견해이다. 횡혈식 석실은 중국의 영향을 받아 축조되기 시작한 형태로, 300년을 전후한 시점을 기준으로 적석총은 점차 사라지고 횡혈식 석실을 갖춘 석실봉토분으로 바뀌는 양상으로 전개된다.[15] 남한지역에서 확인되고 있는 고구려 고분은 과도기적 형태의 춘천 방동리 2호분을 제외하고 모두 석실봉토분의 형태를 보인다.[16]

입지는 대부분 평탄지나 낮은 구릉 상에 횡방향으로 열을 지어 축조한다. 封墳은 방형이나 원형의 형태로 축조되며, 일부는 周溝를 돌리기도 한다. 석실의 형태는 크고 편평한 할석을 말각조정의 수법으로 천정을 구성하고, 벽면 안쪽에 회칠을 전체적으로 하며 일부에서는 벽화를 그 위에 그렸다. 屍床臺를 사용하지 않고 木棺을 사용한 것이 대다수이며, 일부에서는 바닥에 불을 땐 흔적이 확인된다. 부장유물은 매우 빈약하여 귀거리, 팔지, 指環 등 금속류와 토기 1~3

---

14) 최무장, 1992,「高句麗와 渤海의 古墳 비교」,『先史와 古代』2권, 한국고대학회, p.25.

15) 이동희, 2009,「고구려 적석총에서 횡혈식석실묘로 전환」,『횡혈식 석실분의 수용과 고구려 사회의 변화』, 동북아역사재단, p.267.

16) 춘천 방동리 2호분은 장방형의 횡혈식 석실의 주위로 기단식 적석총과 같은 방형의 기단이 확인되고 있어 적석총과 같은 형태를 보이고 있다. 이러한 형태는 집안의 장군총과 태왕릉 등에서 확인되는 것으로 적석총에서 봉토석실분으로 넘어가는 과도기적 단계의 형태로 추정된다. 방동리 2호분의 경우 연도를 갖추어 추가장이 가능하도록 한 횡혈식 석실이 분명하므로 적석총의 범주로 보기 어렵다고 생각된다. 방동리 고분에 대해서는 翰林大學校博物館, 1995,『芳洞里 古墳 發掘報告書』, 博物館 研究叢書 8을 참조하였다.

점과 같이 확인된다. 일부는 관고리가 확인되기도 하나 일반적이지는 않다.

남한의 대부분 지역이 고구려의 변방에 해당하기 때문에 왕릉급의 큰 고분보다 비교적 작은 규모의 고분이 주로 확인되고 있으며, 한 유적에서 확인되는 고분의 숫자도 적은 편이다. 두정리와 단월동 고분군에서 확인되는 양상은 이와 같은 일반적인 고구려 횡혈식 석실분의 양상과 유사하나 개별적으로는 일부 차이점도 확인된다.

이 장에서는 두정리 고분군과 단월동 5호·10호분의 특징을 살펴보고, 아울러 충주지역의 다른 횡혈식 고분들과 비교하여 충주지역 고구려계 석실분의 자세한 특징을 알아 보고자 한다.

1. 석실의 축조방법과 특징

도면 3과 도면 6·도면 7을 비교해 보면 두정리 고분군과 단월동 5호·10호분은 잔존형태와 축조방법에서 유사한 점이 많은 것을 알 수 있다. 우선 두 고분군의 형태 상 공통점 중 가장 두드러진 것은 현실의 규모인데, 연도가 확인되지 않는 두정리 1호분을 제외하고 모두 비슷한 규모를 보인다. 현실의 크기는 245×135㎝ 내외에, 연도의 폭 60㎝ 내외로서 비슷한 크기로 조성되었다. 이를 평균에 따라 환산하면 약 1.7:1~2:1의 장단비를 이룬다. 즉 현실의 최대 너비가 현실 길이의 40% 이상을 넘지 않는다. 이를 충주지역의 신라 고분들과 비교해 보면 확연하게 차이가 나는 것을 알 수 있는데 표 1에서처럼 신라 횡혈식 석실들의 경우 장폭비가 대부분 0.9:1~1.2:1 정도로 일정하다. 단월동 1차 9호분(1.7:1)이나 하구암리 34호분(1.9:1), 35호분(2.2:1)처럼 예외적인 경우도 있으나 전체 대상 고분 중 극히 일부에 해당한다. 즉 신라 횡혈식 석실분은 대부분 길이와 너비가 거의 같은 방형을 띤다. 이에 비해 충주지역에서 조사된 고구려계 고분은 모두 너비에 비해 길이가 긴 장방형의 형태를 보인다(표 1, 도면 8).[17]

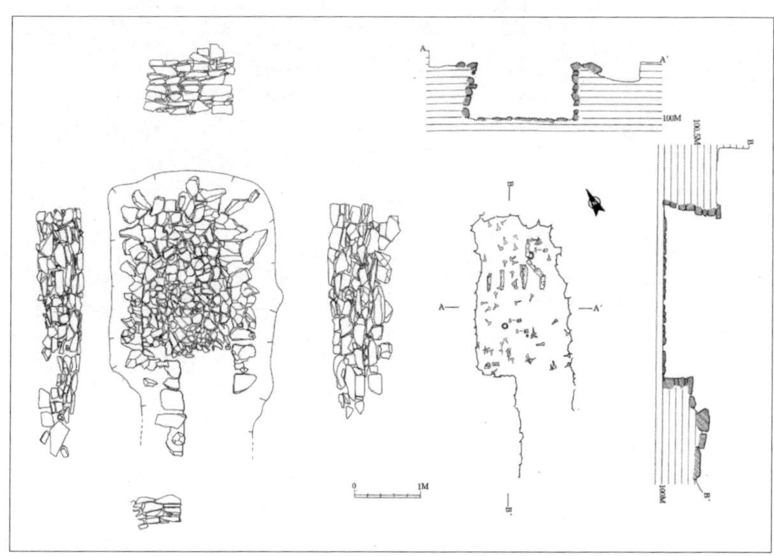

도면 6. 충주 단월동 5호분 실측도

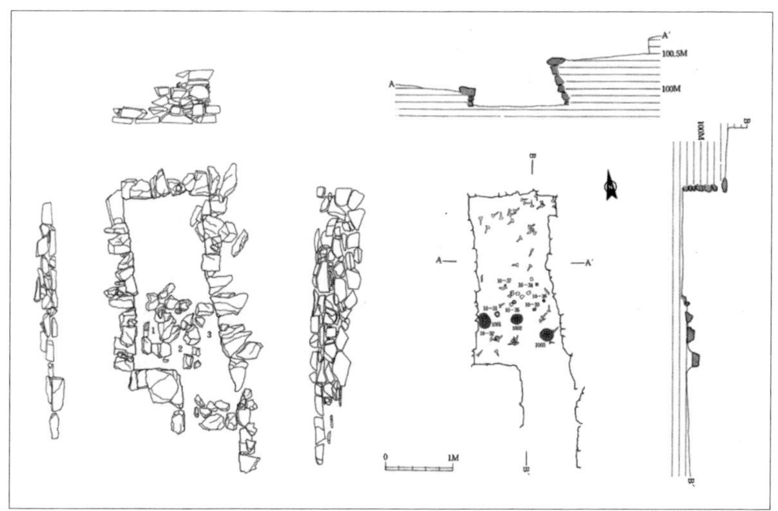

도면 7. 충주 단월동 10호분 실측도

〈표 1〉 충주지역 횡혈식 석실묘의 현실 규모 (단위 : ㎝)

번호	고분명	현실 폭	현실 길이	장단비	번호	고분명	현실 폭	현실 길이	장단비
1	두정리 2호	135	248	1.837	32	하구암리 27호	238	228	0.957
2	두정리 3호	137	260	1.897	33	하구암리 28호	168	229	1.363
3	두정리 4호	131	238	1.816	34	하구암리 29호	240	232	0.966
4	두정리 5호	142	238	1.676	35	하구암리 30호	205	146	0.712
5	두정리 6호	123	250	2.032	36	하구암리 32호	236	258	1.093
6	단월동 5호	132	221	1.674	37	하구암리 33호	224	244	1.089
7	단월동 6호	150	250	1.666	38	하구암리 34호	119	236	1.983
8	단월동 9호	100	190	1.9	39	하구암리 35호	98	220	2.244
9	단월동 10호	134	240	1.791	40	누암리(2009) 45호	230	262	1.139
10	하구암리 4호	249	217	0.871	41	누암리(2009) 50호	240	273	1.137
11	하구암리 5호	202	225	1.113	42	누암리(1993) 3호	250	252	1.008
12	하구암리 6호	210	240	1.142	43	누암리(1993) 7호	208	235	1.129
13	하구암리 7호	225	216	0.96	44	누암리(1993) 7-2호	257	221	0.859
14	하구암리 8호	214	225	1.051	45	누암리(1993) 8호	205	230	1.121
15	하구암리 9호	176	212	1.204	46	누암리(1993) 9호	215	195	0.906
16	하구암리 10호	196	254	1.295	47	누암리(1993) 10호	230	205	1.137
17	하구암리 11호	190	228	1.2	48	누암리(1993) 11호	240	200	0.833
18	하구암리 12호	261	261	1	49	누암리(1993) 12호	228	218	0.956
19	하구암리 13호	259	226	0.872	50	누암리(1993) 13호	225	205	0.911
20	하구암리 14호	208	242	1.163	51	누암리(1993) 14호	243	205	0.843
21	하구암리 15호	197	220	1.116	52	누암리(1993) 15호	223	198	0.887
22	하구암리 16호	249	213	0.855	53	누암리(1993) 16호	223	240	1.076
23	하구암리 17호	234	232	0.991	54	누암리(1993) 17호	250	215	0.860
24	하구암리 18호	180	220	1.222	55	누암리(1993) 18호	260	238	0.915
25	하구암리 19호	197	218	1.106	56	누암리(1993) 19호	265	250	0.943
26	하구암리 20호	204	234	1.147	57	누암리(1993) 21호	235	280	1.191
27	하구암리 21호	222	244	1.099	58	창동리 2호	218	245	1.123
28	하구암리 22호	201	242	1.203	59	통점Ⅱ 1호	207	243	1.173
29	하구암리 23호	261	243	0.931	60	큰골 1호	208	228	1.096
30	하구암리 25호	246	221	0.898	61	큰골 2호	182	230	1.263
31	하구암리 26호	212	214	1.009	62	큰골 4호	234	228	0.974

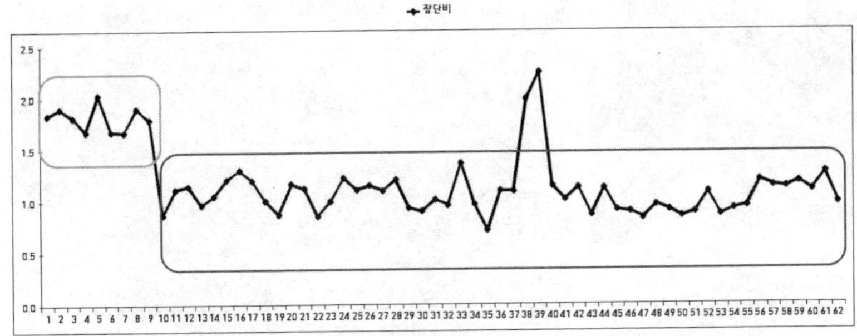

도면 8. 충주지역 횡혈식 석실분의 현실 장단비 비교
(■ : 두정리, 단월동 5호·9호·10호분 ■ : 루암리, 하구암리, 창동리, 신효리 큰골, 퉁점 고분)

또한 두 고분군 모두 각 고분의 규모가 그리 크지 않고, 장방형의 평면 형태로 축조하고 있다.[18] 장축방향은 남–북 방향에 가까우며 연도는 항상 물이 흐르는 곳을 향하고 있는 것도 같다.

축조 방법을 살펴보면 석실은 기반암 혹은 갈색 퇴적토를 굴착한 뒤 조성되지만 대부분의 공간이 지상에 있는 반지하식 혹은 지상식 형태로 축조된다. 연도는 모두 우편재 형태로 조성되었으며 폐쇄석을 쌓아 출입을 막고 있다. 연도의 폭은 55~80㎝ 정도로 상당히 좁다. 벽면은 비교적 편평한 화강암질 할석을 평면 장방형의 형태로 쌓아 올려 축조하는데 모서리는 바닥면을 직각이 되도록 하다가 2~3단 이상부터는 틈새에 할석을 넣어 말각의 형태가 되도록 조성하였

17) 1.5:1 이상의 장단비를 보이는 신라 고분의 경우, 횡혈식 석실의 구조라도 잔존 양상을 통해 볼 때 단장묘일 가능성이 높은 것으로 보인다. 하구암리 34호분은 관대가 좁은 현실의 중앙에 위치하고, 단월동 9호분은 내부에서 유물이나 목관의 흔적이 전혀 확인되지 않는다. 또한 모두 폐쇄석을 사용하여 연도를 완전히 막은 상태로 확인되고 있어 추가장이 있었다고 보기 힘든 구조이다.

18) 단월동 10호분의 경우 벽면이 일부 튀어나온 형태이나 토압에 의해 생긴 교란으로 본래 장방형의 형태로 축조된 것으로 보는 것이 더 타당할 것으로 생각된다.

5호 동북벽 모서리
5호 남서벽 모서리
5호 북서벽 모서리

도면 9. 충주 단월동 5호분 모서리 세부 모습(건국대박물관, 1994 전제)

다. 또 벽면의 안쪽에는 회칠하였던 흔적이 공통적으로 확인된다(도면 9).

석실의 내부에는 시상대를 쓰지 않고 목관을 사용하였는데, 棺臺는 확인되지 않았다. 목관은 頭部가 뭉툭하고 긴 관정을 여러개 사용하여 결구시켰던 것으로 보이는데, 개별 고분에서 15개 이상의 많은 수량이 확인된다. 그리고 모든 석실분에서 관고리는 확인되지 않는다.

이와 같이 고구려 고분들은 모두 목관을 안치하는 방식이고, 신라 고분은 대부분 시상대를 사용하는 방식으로 서로 다르다. 충주지역 신라 고분 중 관정이 확인된 고분은 루암리 14호·19호분, 하구암리 34호·35호분이 있으나 소수에 불과하다. 목관을 사용할 경우 추가장을 할 때 시신을 목관에 안치하여 석실 안으로 밀어 넣으면 되는데 비해, 목관을 사용하지 않고 시상대를 사용할 경우 석실 내부에서 새롭게 시상대를 만들어야 하는 부담이 있다. 이럴 경우 석실 내부에서 사람이 어느 정도 움직일 수 있는 작업 공간이 필요하게 되므로 폭이 좁은 장방형의 형태로는 어렵고 방형의 구조가 적합할 것으로 여겨진다. 따라서 목관의 사용 유무는 현실의 형태에 영향을 주는 것으로 생각되며, 이는 시신을 안치하는 장례 풍습의 차이에 따라 달라지는 것으로 보인다.

단월동 5호·10호분의 내부에는 잔존 상태가 좋지 않으나 서로 다른 성별의 인골이 섞여서 확인되고 있다. 2인 이상의 인골 파편과 석실의 규모에 비해 비교적 많은 양의 관정이 확인되고 있는 것을 볼 때, 이 고분들에는 계속 목관을 사용하여 추가장을 했던 것이 확실하다. 이와 같은 양상은 두정리 고분군에서도 확인되고 있는데 인골편은 2호분에서 1점 밖에 확인되지 않았으나, 각 고분별로 관정이 15~30개 내외로 비교적 많이 확인된다. 따라서 두 고분군 모두 추가장이 이루어졌을 가능성이 높은 것으로 생각된다.

이와 같은 공통점 외에 두정리 고분군과 단월동 5호·10호분의 형태 상 차이점은 석실 바닥의 구조에서 나타난다. 단월동 5호분의 경우 바닥면에 얇은 두께의 편평한 할석을 수평하게 깔아 바닥을 구성하였고, 10호분은 찰흙에 회반죽을 섞어서 바닥에 깔아 단단하게 만든 층이 있다고 보고하고 있다. 이는 두정리 모든 고분이 흙바닥을 그대로 사용하고 있는 것과 다르다. 또 두정리 유적의 모든 고분에서는 바닥 중앙에 불 땐 흔적이 나타나는데, 단월동 유적에서는 이러한 흔적이 확인되지 않았다. 바닥의 불 땐 흔적은 성남 판교 신도시 유적[19], 화성 청계리 유적[20] 등의 다른 지역의 고구려 고분군에

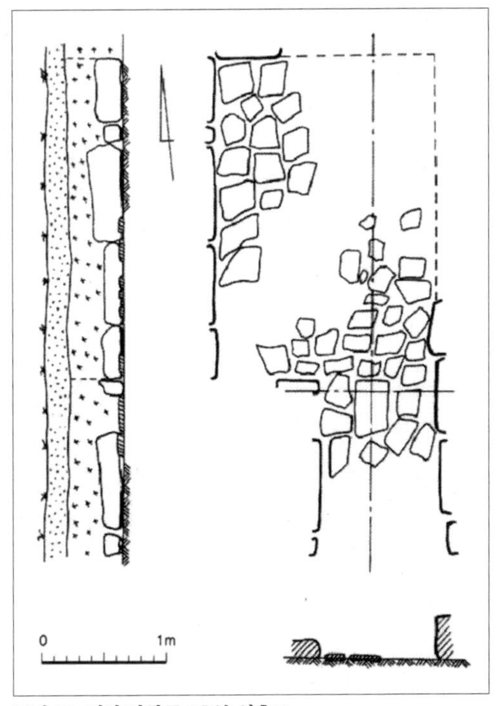

도면 10. 평양 안학궁 1호분 실측도

서도 확인되는데 고구려 석실분에서 공통적으로 확인되고 있다. 이렇게 바닥에 불을 피워 소결된 양상이 장례 의식의 과정에서 발생한 것으로 추정하는 견해[21]가 있는데, 이에 대해서는 앞으로 더 연구가 이루어져야 할 부분으로 생각된다.

이와 같이 바닥 시설이 차이가 나는 이유는 현재로서는 정확히 알 수 없으나 앞서 밝힌 견해와 같이 장례 풍습이 서로 달랐을 가능성도 있고, 단순히 소결 정도가 미약하여 발굴조사 당시 확인되지 않았을 가능성도 있을 것이다.

두정리 고분군과 단월동 5호·10호분은 바닥을 구성하는 방식에서 형식과 재료면에서 차이가 있지만, 모두 바닥면을 단단하게 만들기 위한 것이라는 공통점이 있다. 따라서 이것은 외부 영향에 의해 목관이 움직이는 것을 막고, 漏水 방지와 방습의 기능을 하였을 것으로 추정된다.

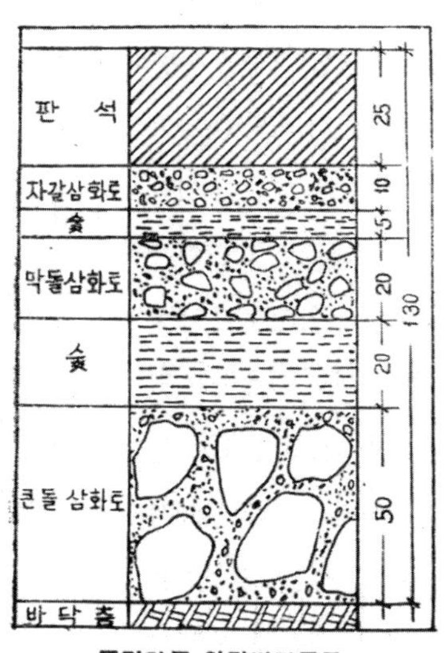

도면 11. 평양 동명왕릉 바닥 구조 토층도

이와 같이 현실 바닥을 다양한 방법으로 다짐하는 것은 주로 고분을 지상식으로 축조하였던 고구려 석실분에서 많이 보인다. 고구려 석실분에서 단월동 5호분과 같이 바닥에 할석을 전면적으로 까는 경우는 평양 안

19) 한국문화재보호재단, 2007, 「성남 판교지구 문화유적 2차 발굴조사-5차 지도위원회의 자료-」.
20) 한백문화재연구원, 2009, 「화성 동탄2(청계)지구 문화재 시·발굴조사 지도위원회의 자료」.
21) 中原文化財硏究院, 2010, 앞의 책, pp.156~159.

학궁 1호분(도면 10)[22] 등의 옛 고구려지역의 고분에서 비교적 많은 사례가 보고되어 있다. 또 10호분과 같이 바닥에 회를 섞어 단단한 바닥을 만드는 것은 평양 동명왕릉 조사시 확인된 구조와 유사하다(도면 11).[23]

이와 같이 단월동 5호·10호분은 석실 바닥을 제외한 대부분의 속성이 두정리 고분과 유사한 것으로 나타난다. 즉 현실의 규모와 형태, 벽면 회칠 등에서 많은 공통점을 찾을 수 있다. 따라서 단월동 5호·10호분의 조성 시기는 두정리 고분군과 크게 다르지 않을 것으로 보이며 축조 집단이 같거나 적어도 같은 장례 풍습을 가진 관계였을 것으로 생각된다.

2. 출토유물의 양상

고구려 고분은 기본적으로 薄葬으로 유물을 부장하지 않거나 연도와 가까운 곳에 토기 1~3점 정도만 부장하는 양상을 보이는 것으로 알려져 있다.[24] 두정리 고분과 단월동 5호·10호분에 부장된 유물도 그 수량이 많지 않은 편이며 부장유물보다 착장유물이 많은 것이 특징이다. 부장된 토기는 연질 소성의 호(壺)가 반드시 포함되며, 두정리 4호분, 단월동 5호·10호분에서는 피장자가 착장했던 은제 지환이 확인된다. 이 장에서는 유물의 출토양상이 다양한 단월동 5호·10호분의 출토품들을 중심으로 두정리 고분군 출토품과 비교하고자 한다.

우선 단월동 5호분에서 출토된 회청색의 연질 호의 경우, 두정리 유적에서는 비슷한 기형의 토기는 확인되지 않았으나 기형이나 소성도를 볼 때 오히려 고

22) 리영식, 2006, 「안학궁터에서 알려진 고구려무덤들의 축조연대에 대하여」, 『고구려 안학궁 조사보고서 2006』, 동북아역사재단, p.195.

23) 전재헌, 1994, 『동명왕릉에 대한 연구』, 사회과학출판사, p.24. 삽도에서 전제.

24) 권오영, 2009, 「고구려 횡혈식 석실분의 매장 프로세스」, 앞의 책, pp.13~14. 여기에서는 박장 현상의 원인을 율령적 지배에 의한 喪葬令의 변화와 관련있을 가능성을 들고 있다. 즉 장례의식의 변화로 많은 부장품을 필요로 하지 않게 되었다는 것이다.

구려 토기의 특징들을 가지고 있다. 단월동 5호분 출토 호는 평저이며, 경부에 비해 구연부가 넓게 외반한 형태이다. 외면에는 문양이 없고 동체부를 지나는 3줄의 침선만 확인된다(도면 12). 보고서에는 경질소성품으로 보고되었으나 실견한 결과 색깔은 내외면 모두 명회색을 보이지만 소성도는 경질보다는 연질에 가깝다. 형태와 소성도를 통해 볼 때 신라 토기에서는 유사한 기종을 찾기 어렵다. 그러나 태토가 정선되지 않고 일부 사립이 섞여 있어 니질로 보기 어렵고, 같은 시기 고구려 토기에서 자주 확인되는 암문이나 파상문의 형태도 찾을 수 없다. 따라서 이 토기가 정확히 고구려 토기의 범주에 들어가는가에 대해서는 논란의 여지가 있다. 이 토기에 대해 보고자도 고구려 토기와의 유사성을 지적하고 있으나, 고구려 토기를 모방한 통일신라시대 후기 토기로 판단하였다.[25)]

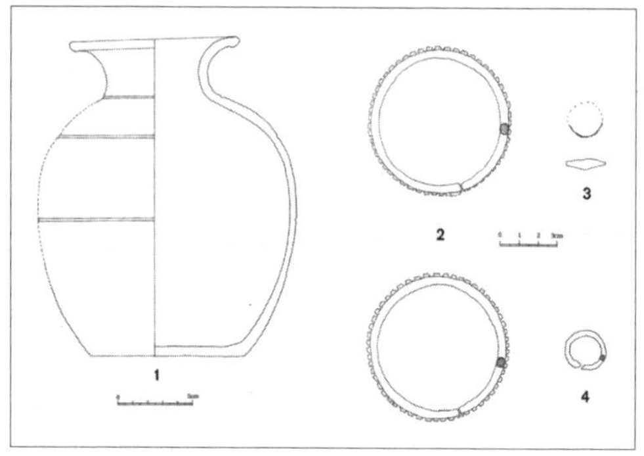

도면 12-1. 단월동 5호분 출토유물
1: 호, 2: 팔찌, 3: 지환, 4: 귀걸이

도면 12-2. 단월동 5호분 출토 호 세부 사진

그러나 고구려 토기를 모방한 통일신라시대 후대 토기에서 그 예를 찾기 어

25) 建國大學校博物館, 1994, 앞의 책, p.21.

렵고, 동반된 금속유물로 볼 때 고구려 토기로 보는 것이 더 합당하다고 생각된다. 즉 동반된 지환은 은제로서 일부분을 얇게 양쪽으로 편 형태로 평양 안학궁 2호분 출토품, 두정리 4호 출토품과 유사하여 고구려 지환의 특징을 보여준다(표 4 참조).

단월동 10호분의 경우 1기의 고분에서 비교적 많은 양의 유물이 확인되었는데 출토된 3점의 단경호가 각기 다른 형태를 띠고 있다는 점에서 주목된다. 이를 자세히 살펴보면 먼저 '단1001'[26]은 암청색을 띠는 단단한 경질소성의 호로 평저이며 동최대경은 동상위에 있다. 구연은 짧게 외반한다. 표면에는 소성 후 횡방향으로 정면한 흔적들이 부분적으로 확인된다. 저부는 평면이 원형인데 구연부는 타원형을 이루는 독특한 기형을 보인다. 이러한 기형은 의도한 형태라기보다는 소성할 때 휘어진 것으로 추정된다(도면 13).

'단1002'는 회백색을 띠는 경질소성의 단경호로 외면에는 전면에 걸쳐 승문타날하였다. 전체적인 기형은 구(球)에 가깝다. 경질소성이며 저부는 원저에 중

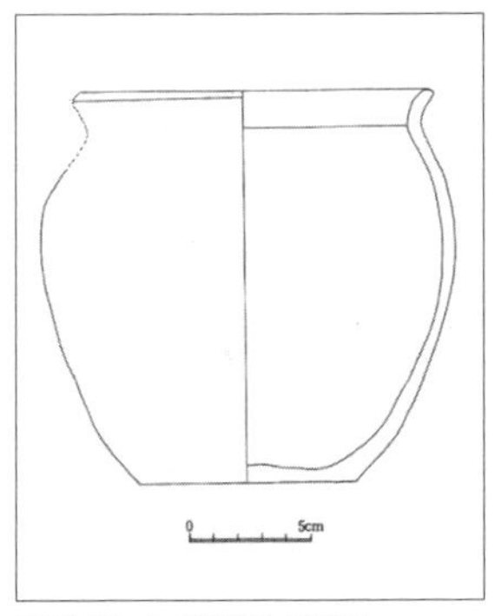

도면 13-1. 단1001 실측도

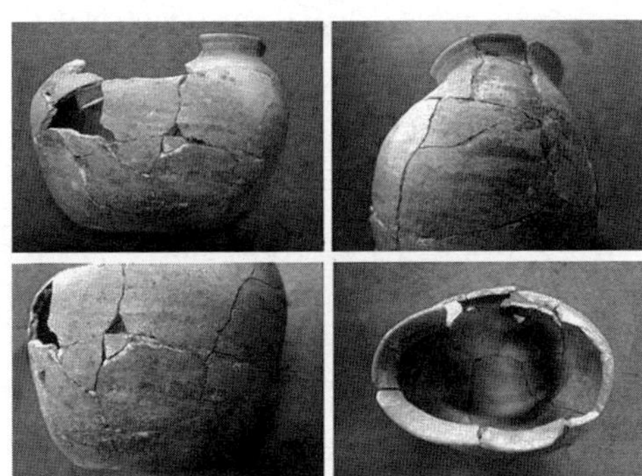
도면 13-2. 단1001 세부 사진

26) 단1001, 단1002, 단1003은 단월동 고분군 보고서(1994) 상에서 부여된 유물명으로 본고에서도 혼돈을 피하기 위해 그대로 사용하고자 한다.

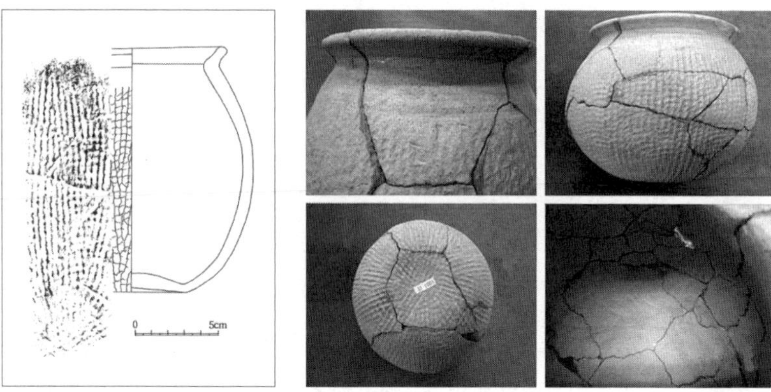

도면 14-1. 단1002 실측도　　도면 14-2. 단1002 세부 사진

앙부분이 살짝 들린 형태를 보인다. 승문타날은 타날의 깊이가 깊고, 구연에서 저부 방향으로 일정하게 모양을 내면서 돌리고 있다. 구연은 살짝 대각선 방향으로 외반하며, 내면에는 내박자를 대고 여러 차례 타날한 흔적이 확인된다. 구연부와 이어지는 견부는 타날 후 물손질하여 정면하였는데 타날문의 위쪽으로 희미하게 침선문이 돌아간다(도면 14).

'단1002'는 평범한 단경호로 보이지만 자세히 살펴보면 출토 사례가 많지 않은 형태로 충주지역에서는 확인되지 않으나 충주 이외 지역에서는 종종 확인되고 있다. 즉 대구 가천동 고분군 1호 수혈 출토품과 통영 안정리 고분군 1호 석실분 1차 시상 출토품 등에서 유사한 형태와 제작 기법이 보이고 있다. 이를 비교하면 표 2와 같다. 대구 가천동 1호 수혈은 석곽묘가 밀집한 지역에 인접하여 확인되었는데 보고자에 따르면 석곽묘가 집중적으로 조성된 시기는 6세기 중반으로 보고 있기 때문에 수혈도 이와 비슷한 시기에 조성되었을 가능성이 높다고 하였다.[27] 통영 안정리 1호분은 중앙 연도를 가지고 있고, 두 차례에 걸쳐 추가장이 이루어진 것이 확인되는 고분이다. 단경호는 1차 시상에서 출토되

27) 성림문화재연구원, 2011, 『大邱 佳川洞 新羅墓群』, 學術調査報告 第58冊, p.160.

〈표 2〉 단월동 10호분 출토 '단1002' 호와 유사 기종 비교

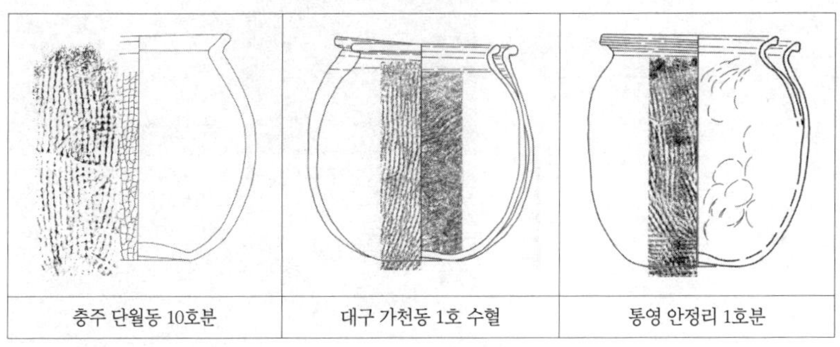

충주 단월동 10호분	대구 가천동 1호 수혈	통영 안정리 1호분

었는데 보고자에 따르면 공반된 고배와 대부장경호를 기준으로 이 석실분의 축조 연대를 7세기 전반으로 보고 있다.[28] 따라서 단월동 10호분 출토 '단1002'와 같은 경질의 승문타날 단경호의 경우, 정확한 연대는 알기 어려우나 유사한 기종이 출토된 다른 고분군의 사례를 통해 볼 때 대체로 6세기부터 7세기 전반까지 많이 제작된 신라토기로 생각된다.

'단1003' 호는 회백색을 띠는 연질 소성의 단경호로 바닥은 평저이며 저부는 횡방향으로 깎아서 정면한 흔적이 확인된다. 표면은 무문이며 전면에 걸쳐 물손질 정면하였다. 기형은 동최대경이 동체 중앙에 있으며 견부와 경부가 만나는 지점에서 살짝 단이 진다. 구경부는 단면 C자 형태로 외반하며 구순은 편평하다. 또 자세히 살펴보면 동체 양쪽의 대칭이 맞지 않고 한쪽면은 완만하게 올라가고, 반대쪽은 동최대경에서 약하게 꺾여 올라가는 형태를 보여 고구려 토기의 모습이 짙다. 더욱이 함께 부장된 유물인 은제 지환 2점과 팔찌 1쌍, 귀고리로 보이는 環 4점 등도 고구려 유적에서 확인되는 것과 유사하다는 점도 주목된다(도면 15).

이와 같이 단월동 5호·10호분은 석실의 축조 형태와 입지 등은 고구려 고분

28) 동서문물연구원, 2009, 『統營 安井里 古墳群』, 調査硏究報告書 第19冊, p.35.

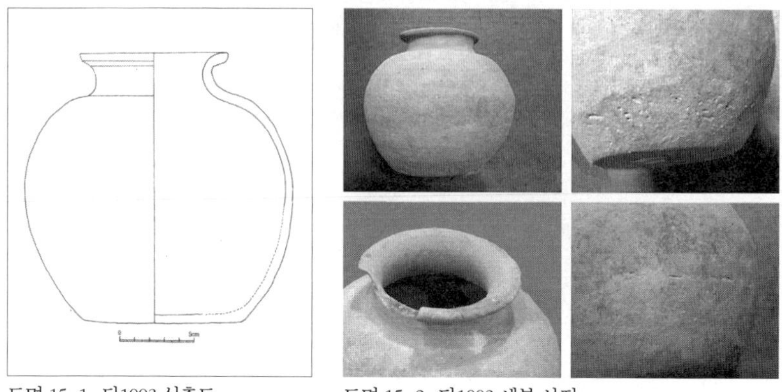

도면 15-1. 단1003 실측도

도면 15-2. 단1003 세부 사진

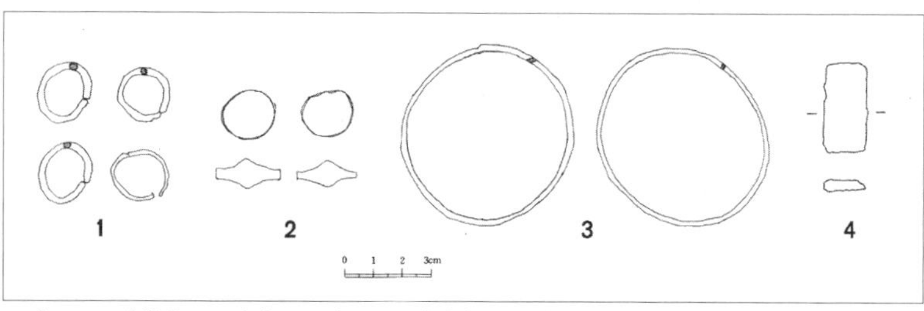

도면 15-3. 단월동 10호분 출토 금속류(1: 귀걸이, 2:지환, 3:팔찌, 미상 철기편)

의 양상을 보이고 있지만, 출토유물의 부장량이 비교적 많고 고구려가 아닌 다른 계통의 토기가 같이 부장되고 있다. 앞서 밝힌 바와 같이 10호분에서는 고구려 계통의 '단1003'과 다른 계통의 '단1001', '단1002'가 같이 부장된 것으로 나타나고 있는데, '단1001'과 '단1002'의 경우 전형적인 신라 토기는 아니지만 제작기법과 형태 등을 통해 볼 때 같이 부장된 '단1001'보다는 늦은 시기의 토기로 추정된다. 이와 같이 연도쪽에 호 3개가 나란하게 배치되는 양상(도면 7 참조)은 평양 안학동 7호분(도면 16)[29]에서도 확인된다. 안학동 7호분의 경우 출토 호의 형태가 단월동과는 다르고, 추가장을 통해 호가 추가된 양상으로 해석해야 되는지, 아니면 동시에 호 3개가 나란히 부장되었는지 현재로서는 고증하

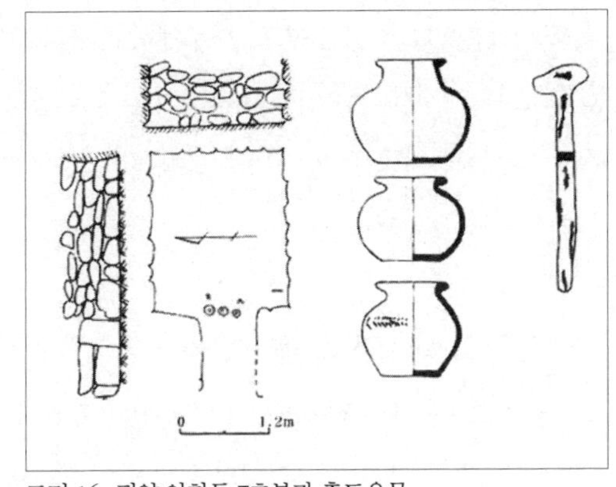

도면 16. 평양 안학동 7호분과 출토유물

기 어렵지만 주목되는 양상이다. 다만 단월동 10호분은 부장된 토기의 이질성으로 인해 추가장의 가능성이 더 높은 것으로 보인다.

이와 같이 단월동 10호분의 유물 부장 양상은 서로 다른 계통의 토기들이 동시에 부장된 것이 아니라 추가장을 통해 시간을 두고 차례로 부장되었다고 보는 것이 합리적이라고 생각된다. 단월동 10호분에 추가장이 이루어진 것은 앞서 밝힌 바와 같이 각각 다른 2인 이상의 인골이 확인된 것을 통해서도 알 수 있다. 즉 단월동 10호분은 고구려의 국원성 경영시에 축조되고, 이후 추가장을 하면서 고구려가 아닌 신라 계통의 토기 문화를 가진 인물이 고분으로 들어왔을 것으로 추정된다. 이 때문에 서로 다른 계통의 토기가 같이 부장된 양상으로 나타난 것으로 생각된다.

Ⅳ. 충주지역 고구려계 고분의 성격

앞에서 살펴본 바와 같이 충주지역에서 현재까지 확인된 고구려계 고분의 주요한 특징들은 우편재 연도를 갖춘 장방형 횡혈식 석실분의 벽면에 회칠한 흔

29) 김사봉·최응선, 1988,「안악동, 로산동 일대의 고구려무덤 발굴 보고」,『조선고고연구』 4호, 사회과학출판사, p.41.

적, 모서리를 말각조정한 구조, 내부에서 고구려 토기 또는 지환이 출토되는 점 등이 있다. 이 장에서는 이러한 특징들을 중국 동북지방과 북한에서 확인된 고구려 고분들과 비교해 보고 이를 통해 각 고분군의 성격에 대해 좀 더 구체적으로 살펴보고자 한다.

1. 고분의 형태와 피장자의 성격

두정리 고분군과 단월동 5호·10호분에서 확인되는 것과 같이 남한 지역의 고구려계 고분들은 대부분 우편재의 횡혈식 연도와 종장방형의 평면 형태를 보이고 있다. 이러한 고분 양상은 집안 일대의 고구려 고분들보다는 평양 일대에서 확인되는 고분들과 더 유사한 양상이라고 생각된다. 즉 평양 대성산의 안학동·로산동 일대 고분군(도면 17)[30]에서 확인된 고분들과 가장 유사한 형태이다. 그러나 평양 지역의 경우에도 대다수의 고구려 고분은 중앙연도에 방형의 평면 형태를 취하는 것이 많은데 비해, 남한 지역의 경우 연천 신답리 고분[31]과 춘천 천전리 고분[32]을 제외하고 모두 우편재 연도에 종장방형의 형태를 보인다. 이렇게 고구려의 도성인 집안, 평양 지역과 한반도 남쪽 고구려의 신경역(新境域)의 고분군이 차이를 보이는 것은 기존에 이미 지적된 바

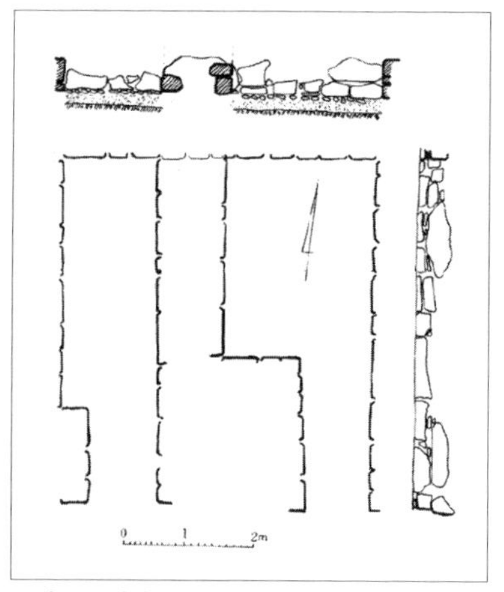

도면 17. 평양 안학동 3호분

30) 김사봉·최응선, 1988, 앞의 책.

31) 한국토지공사 토지박물관, 2003, 『연천 신답리 고분 발굴조사 보고서』.

32) 강원문화재연구소, 2005, 『春川 川田里 遺蹟』.

있다. 이에 대해 백제고분 영향설[33] 등이 제기된 바 있으나 아직까지 구체적인 논의는 이루어지지 못하고 있다. 다만 충주지역에 한정하여 보면 백제가 진출하였던 것은 최근 발굴조사된 탄금대 토성, 칠금동 유적 등을 통해 알 수 있으나, 백제 한성기 횡혈식 석실분은 이 지역에서 아직 조사된 예가 없기 때문에 백제의 영향력과 재지세력의 문화가 고구려 고분의 조성에 영향을 미쳤는지에 대해서는 논하기 어려운 것으로 보인다.

충주지역 고구려 고분의 전개 양상은 현재로서는 정확하게 알기 어렵지만, 단월동 10호분의 부장 양상에 대한 검토를 통해 충주지역 고구려 고분의 축조 말기 양상은 알 수 있을 것으로 생각된다. 앞서 살펴본 바와 같이 단월동 10호분에서는 고구려 계통의 토기로 보이는 '단1003'와 다른 계통의 '단1001', '단1002'가 같이 확인되었다. 이와 같은 현상이 나타나는 것은 단월동 10호분의 축조와 추가장이 이루어지는 사이에 고분 축조 집단과 관련된 정치적 변동이 있었기 때문이라고 볼 수 있다. 즉 고구려가 충주지역에서 물러나고 557년에 신라가 이 지역을 차지하면서, 소경으로 승격시키고 귀족의 자제 및 6부의 부유한 백성들을 사민시켰다는 『三國史記』 기사[34]와 관련된 현상으로 추정된다.

이러한 생각이 맞다면 충주지역의 모든 고구려계 고분은 557년 이전에 축조되었을 것이며, 고구려토기와 이 보다 늦은 신라계 토기가 함께 부장된 양상이 나타나는 단월동 10호분은 가장 늦은 시기에 축조된 고구려계 고분으로 추정된다. 즉 단월동 10호분의 축조 시기는 고구려의 국원성 경영 말기가 될 것이고, 피장자는 고구려와 관련된 인물일 가능성이 높다. 그러나 10호분에 추가장된 인물은 고구려와는 무관한 신라의 국원소경 또는 중원경 설치 이후 신라계

33) 권오영, 2009, 「고구려 횡혈식 석실분의 매장 프로세스」, 앞의 책, pp.13~63.

34) 『三國史記』 第4, 新羅本紀 第4, 眞興王 18年 "以國原爲小京", 19年 "春二月徙貴戚子弟及六部豪民以實國原."

문화를 받아들인 인물로 새로운 토기문화를 받아들인 사람이 이곳에 묻혔던 것으로 보인다. 대부분의 경우 추가장은 가족장의 성격을 띠기 때문에 원 피장자와 추가된 피장자는 가족 관계일 가능성이 높은데, 550년 전후로 충주지역에는 정치적 변동이 크게 일어났으며 이것이 분묘에 반영된 형태가 이와 같이 나타난 것으로 여겨진다. 또 단월동 고분군에서 단월동 5호·10호분의 주위로 후대 신라시대 고분이 5호·10호분을 파괴하지 않고 주변에 조영된 것을 통해 고구려 고분이 고구려의 지배가 끝난 이후에도 하위 지배계층은 큰 변화없이 계속 이어진 것으로 추정해 볼 수 있을 것이다. 피장자는 순수한 고구려인이 아니라 재지계 인물로 추정되는데, 국가가 바뀌는 정치적 변동에도 불구하고 새로운 신라계 유물을 갖고 추가장을 할 수 있었던 것으로 보아 신라 지배 이후에도 지배층 안에 들어간 집안의 사람으로 추정된다.

2. 출토유물의 특징

두정리 고분군에서 출토된 토기들은 다른 고구려 유적 토기들과의 비교를 통해 대략 5세기 후반 이후 만들어진 것으로 편년되고 있다.[35] 단월동 고분군은 5호·10호를 제외하고 6세기 이후 축조된 고분이 대부분을 차지하는 유적이며 고분에서 확인된 대다수의 출토품도 인화문 계열의 토기가 주를 이룬다. 단월동 고분군의 연대에 대해 보고자는 출토유물을 기준으로 2호·4호·6호·9호분은 통일신라시대 전기, 5호분과 10호분은 통일신라시대 후기에 속하는 것으로 보았다.[36] 이는 전자의 경우 안압지에서 출토된 통일신라시대 이른 시기 토기들과 문양이 유사함을 들고 있으며, 후자는 통일신라시대 후기에 이르러 토기가 무문화되는 경향을 반영하여 더 늦은 시기로 편년하였다. 이러한 구분은 발굴

35) 中原文化財硏究院, 2010, 앞의 책. pp.157~158.

36) 建國大學校博物館, 1994, 앞의 책, pp.37~39.

조사가 이루어진 당시의 연구성과를 반영한 것으로 타당한 편년안으로 생각된다. 그러나 근거리에 위치하고 있는 2007년 발굴한 두정리 고분군과 비교하여 볼 때 두 고분 간의 유사성이 확인되고 있으므로 이러한 편년안은 다시 검토할 필요성이 있다고 여겨진다.

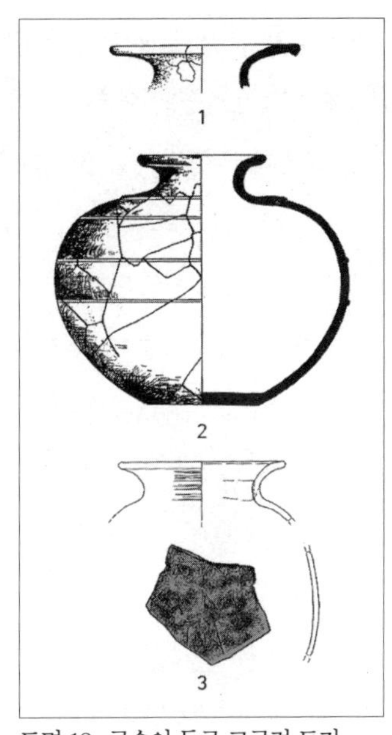

도면 18. 구순이 둥근 고구려 토기
1: 대성산 10호분, 2: 안학궁 3호분, 3. 남성골산성 정상부 수혈구덩 출토

단월동 5호분 출토 호(도면 12 참조)의 경우에는 기형과 소성도에서 고구려토기의 특징을 가지고 있고, 수평으로 넓게 벌어지다가 구순은 둥글게 처리한 구연부 형태가 평양 대성산 고분군의 10호분 출토 구연부편과 안학궁 3호분 출토 호류(도면 18-1·2)[37], 남성골산성 정상부 수혈구덩 출토 구연부편(도면 18-3)[38] 등과 유사한 것으로 보인다. 이러한 구연부를 가진 호는 최종택의 구연부 분류안 중 A형에 해당한다. 이러한 A형의 구연부를 가진 토기들은 일반적으로 구순을 밖으로 말아서 붙인 형태(최종택 2006 D형)보다 이른 시기부터 나타나는 것으로 알려져 있는데, 주로 6세기 이전에 조성된 고구려 유적의 토기에서 그 비율이 높은 것으로 나타나고 있다.[39] 그리고 5호분 출토 호의 동체 기형은 호 분류안의 B형[40]에 해당하는 것으로 보이는데, 동최대

37) 김일성종합대학 고고학 및 민속학강좌, 1973, 『대성산의 고구려유적』, 김일성종합출판사.

38) 충북대학교박물관, 2004, 『清原 南城谷 高句麗遺蹟』, 調査報告 第104冊, p.69.

39) 최종택, 2006, 「南韓地域 高句麗 土器의 編年 硏究」, 『선사와 고대』 제24집, 한국고대학회, p.290.

경이 동체 중앙에 위치하고 어깨가 발달되지 않은 형태이다. 이와 같은 기형은 동체 기형이 둥근 것에서 세장하게 변하기 전의 기형으로서 최종택의 편년안에 따르면 5세기 중반에 위치한다.[41] 따라서 단월동 5호분 출토 호는 두정리 고분군 출토 토기들과 같은 5세기 중반~6세기 초반에 제작된 것으로 보아도 무리가 없을 것으로 생각된다.

하지만 1점의 토기만 부장된 단월동 5호분과 달리 단월동 10호분에서 보이는 고구려토기 '단1003'과 다른 계통의 토기 '단1001', '단1002'가 같이 부장된 양상에 대해서는 좀 더 구체적인 해석이 필요하다. 10호분 출토 토기 중 주목되는 것은 '단1003'으로 두정리 2호분 출토 단경호와 기고(器高)가 거의 같고, 단지 동체 최대경이 1㎝ 정도 더 넓을 뿐이다. 또한 기형 및 형태, 제작 방식의 유사성이 두드러진다. 그러나 두정리 출토 단경호에 비해 '단1003'은 표면이 회백색에 가까운 회청색을 띠고 있고, 표면에 타날한 흔적이 확인되지 않는다. 하지만 두정리 출토품도 격자문을 타날한 후 물손질로 이를 지우는 기법을 사용하였으며, 격자문은 덜 지워져 일부 흔적이 확인된다. 따라서 '단1003'의 경우에도 외면을 타날한 후 이를 모두 지워 표면에서는 확인되지 않을 수 있다. 이러한 평저의 소형 단경호는 고구려 유적에서 비교적 많이 확인되는데 이 중에서 평양 만달산 고분군 출토 단경호[42], 대성산 고산동 11호분 출토 단경호와 많이 유사한 것으로 보인다(표 3). 정확한 도면과 사진이 적어 확실한 비교가 어렵지만 제한된 자료를 통해 볼 때 기형과 소성도는 비슷하나 태토가 충주지역 출토품들이 좀 더 거칠고, 평양 만달산 14호분 출토 호처럼 동체에 횡침선과 파

40) 최종택, 2006, 앞의 책, p.294.

41) 최종택, 2006, 위의 책, pp.292~293.

42) 野守健·榧本龜次郎, 1938, 「晩達山麓 高句麗古墳 調査」, 『昭和12年度 古蹟調査報告』, 朝鮮古蹟硏究會.

〈표 3〉 고구려 고분 출토 단경호 비교

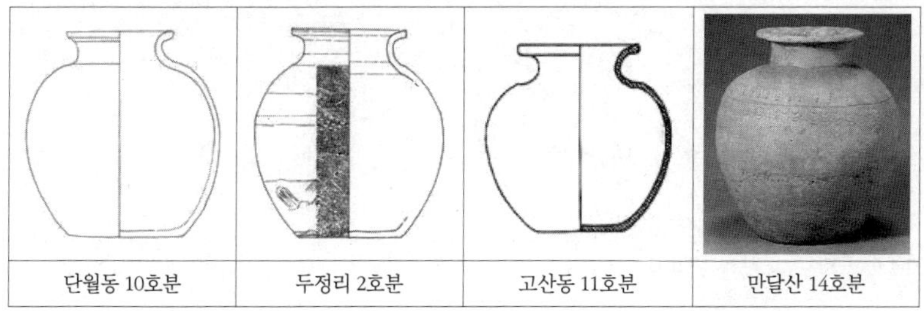

단월동 10호분	두정리 2호분	고산동 11호분	만달산 14호분

상문을 시문하지 않은 것이 다를 뿐 기형과 제작기법은 유사하다.

이처럼 단월동 '단1003'이 고구려토기의 속성이 확실한데 비해 '단1001'과 '단1002'는 전혀 다른 양상의 형태와 제작기법을 보인다. 이들은 경질 소성으로 매우 높은 온도에서 소성되었으며 '단1002'는 승석문이 동체 전면에 걸쳐 일정한 간격을 두고 타날되고 있고, 바닥은 평저가 아닌 가운데가 들린 바닥이다. '단1001'의 경우도 전체 형태가 제대로 복원되지 않지만 경질에 강한 소성도를 보이며 표면을 정면한 흔적이 일부 보인다. 이러한 토기들은 앞서 말한 것처럼 고구려토기의 속성과는 거리가 멀다. 정확하게 비슷한 기형을 다른 유적에서 찾기 어려우나 앞서 살펴 본 바와 같이 '단1002'가 6세기 이후 조성된 신라 고분의 출토품들과 유사한 것이 확인되고 있어 단월동 10호분의 토기들도 적어도 신라의 국원성 점령 이후에 부장되었을 것으로 추정된다. 두 토기의 성격은 일반적인 사용흔이 없고 연도쪽에 의도적으로 나란히 놓였던 출토 양상을 통해 볼 때 매납용으로 제작된 토기였을 가능성도 높은 것으로 생각된다.

한편 단월동 5호·10호분에서 공통적으로 출토된 은제 지환은 같은 형태의 것이 두정리 4호분에서 확인된 바 있다. 지환의 경우 백제지역에서는 출토 예가 드물고 경주의 신라 고분에서 많이 확인되는데 황남대총 98호 북분의 예[43]와

43) 국립중앙박물관, 2010, 『황남대총 : 황금의 나라 신라의 왕릉』.

〈표 4〉 각 지역 출토 지환의 비교

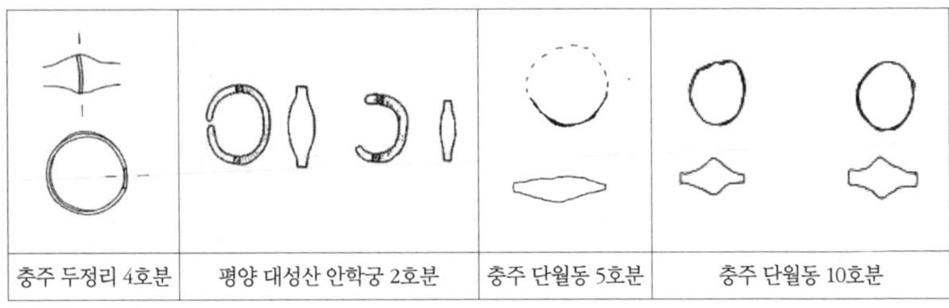

충주 두정리 4호분	평양 대성산 안학궁 2호분	충주 단월동 5호분	충주 단월동 10호분

같이 대부분 금제 또는 은제 지환으로 부가적인 장식이 붙고 수량도 4개 이상이 확인되는 경우가 많다. 이에 반해 두 고분군에서 확인되는 지환은 아무런 부가 장식이 없고 단순히 손가락의 등이 되는 부분을 양쪽으로 넓게 펴 만든 점에서 차이를 보인다. 이러한 형태의 지환은 평양 대성산 고분군[44]을 비롯해 약수리 벽화고분, 강서군 보림리 소동 12호분 등 북한의 여러 유적에서 보고된 바 있다(표 4).

또한 고분군에서 출토되는 관정도 두정리, 단월동 5호·10호분의 것과 북한 지역에서 확인되는 것이 형태가 유사하다. 이 유적들에서 출토된 관정들은 頭部의 평면 형태가 원형인 것이 많고, 단면은 넓은 버섯 모양을 한 형태가 많다. 身部는 단면이 정사각형을 띠며 비교적 길이가 길다. 신라와 백제 지역의 횡혈식 석실분에서 출토되는 관정들이 두부의 형태가 방형을 띠거나 뭉툭한 원형을 띠는데 비해 이러한 형태의 관정들은 일관된 형태를 띠고 있

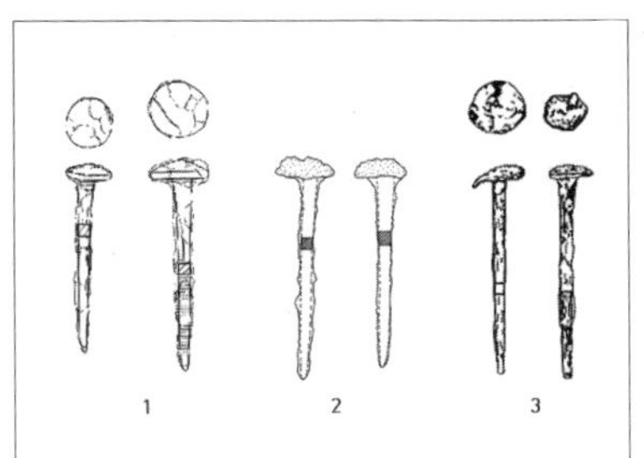

도면 19. 고구려계 고분 출토 관정 비교
1: 두정리 고분군, 2: 단월동 5호분,
3. 대성산 고분군

44) 김일성종합대학 고고학 및 민속학강좌, 1973, 앞의 책. pp.265~289.

어 주목된다(도면 19).

다만 단월동 5호·10호분의 경우 두정리 고분군과 달리 5점의 비교적 많은 鐵刀子와 팔찌가 함께 출토되었다. 철도자는 수량으로 보아 착장품으로 보는 것은 곤란하고 부장품으로 추정되는데 이는 다른 고구려계 고분에서 흔치 않은 사례여서 주목된다. 횡혈식 석실분에서 철도자가 부장된 경우는 일반적으로 신라 고분에서 많이 확인된다.[45] 팔찌는 청동제로 원형의 환에 바깥쪽으로 톱니와 같은 돌기가 연속적으로 붙어있는 형태와 은제의 단순한 고리 형태인 것 2종류가 확인되고 있다. 톱니와 같은 돌기가 있는 것은 북한에서 조사된 강원도 고성군 봉화리 고분[46]의 것과 유사하나 이 고분은 축조 형태로 볼 때 고구려 보다는 신라 계통의 수혈식 석실분으로 보이며, 보고자도 신라의 것으로 보고 있다. 따라서 단월동 5호·10호분에서 출토된 철도자와 팔찌 등의 유물은 축조 당시 부장된 것이 아니라 추가장을 통해 들어온 유물로 생각된다.

Ⅴ. 맺음말

충주지역에서 확인된 고구려 고분이 얼마되지 않는 가운데 많은 무리가 따름에도 불구하고 두정리 고분군과 단월동 고분군의 비교를 통해 그 성격을 정리하고자 하였다. 끝으로 이 글을 통해 밝히고자 한 몇 가지 사실에 대해 정리하면 다음과 같다.

---

45) 대표적으로 충주 루암리 15호·17호분(충북대학교박물관 1993), 하구암리 14호·21호분(중앙문화재연구원 2010), 상주 가장리 13호분(한국문화재보호재단 2002) 등이 있으며 이외에도 여러 지역의 신라 석실분에서 많이 확인된다.

46) 백련행, 1967, 「봉황리 무덤떼의 조사 보고」, 『고고민속』 1호, 사회과학원출판사, pp.37~39.

첫째, 충주 달천을 사이에 두고 마주하고 있는 충주 두정리 고분군과 단월동 고분군은 기존에는 단월동 고분군은 통일신라기의 고분으로, 두정리 고분은 고구려 고분으로 알려져 축조시기가 다른 별개의 고분군으로 여겨졌다. 하지만 조사된 고분의 축조 형태과 출토유물을 비교, 검토한 결과 단월동 5호·10호분의 양상은 두정리 고분군과 유사성이 높은 것으로 확인되었다. 따라서 단월동 5호·10호분은 두정리 고분과 같이 고구려가 국원성을 경영하던 5세기 후반부터 6세기 전반 사이에 축조된 것으로 추정된다.

둘째, 충주지역의 두 고분에서 보이는 축조 양상과 일부 유물들은 평양의 대성산, 만달산 고분군 등의 양상과 유사한 점이 많은 것으로 확인되었다. 따라서 충주지역에 횡혈식 석실의 장례문화를 도입한 세력은 고구려라고 생각되며, 그 문화가 직접적으로 전해져 나타난 결과로 볼 수 있다.

셋째, 단월동 10호분에서 확인되는 고구려 계통 토기와 다른 계통 토기가 혼재된 복잡한 양상은 고구려의 지배가 신라로 넘어간 이후 이 지역에 새롭게 신라 문화가 침투하면서 나타난 현상으로 보인다. 즉 추가장을 통해 지배층의 변화가 반영되어 나타난 것으로 이해된다. 그러므로 단월동 10호분은 충주지역에서 가장 늦게 조성된 고구려 고분으로 보아도 크게 무리가 없을 것으로 생각되며, 이는 당시 국원성 지배층의 변동을 알려주는 중요한 물적 자료라고 생각된다.

넷째, 두정리·단월동 고분군의 위치로 보아 고구려 국원성의 관할 범위는 충주 남쪽 지역까지 미쳤으며, 고구려는 고분군의 조영이 이루어질 만큼 일정기간 동안 이 지역에 대해 안정적인 점유를 했던 것으로 생각된다.

두정리 고분군과 단월동 5호·10호분에서 확인되는 고구려계 고분 문화는 문헌 상의 한 줄 기록으로만 남아 있는 고구려 국원성의 실체를 밝히고, 정치체의 변천에 따른 매장 문화의 변화를 설명할 수 있는 물질자료가 된다는 점에서 중요한 의의가 있다고 생각된다. 이와 같은 연구가 향후 충주지역을 넘어 타지역의 고구려계 고분군들과 비교를 통해 고구려 장례문화의 전파 또는 유입 과정을 파악하는데 도움이 될 수 있기를 바란다.

참고문헌

권오영 외, 2009,『횡혈식 석실분의 수용과 고구려사회의 변화』, 동북아역사재단.

건국대학교박물관, 1994,『忠州 丹月洞 古墳群 : 發掘調査報告書』, 학술조사보고 제1집.

국립문화재연구소, 2010,『忠州 龍觀洞 古墳群 발굴조사보고서』, 學術研究叢書 第5冊.

국립문화재연구소·대구대학교박물관, 1995,『順興 邑內里 壁畵古墳 發掘調査報告書』.

국립중앙박물관, 2010,『황남대총 : 황금의 나라 신라의 왕릉』.

국립중원문화재연구소, 2010,「충주 탑평리유적(중원경 추정지역) 제3차년도 시굴조사 지도위원회 자료집」.

吉林省文物考古研究所·集安市博物館, 2004,『集安 高句麗王陵』, 文物出版社.

김사봉·최응선, 1988,「안악동, 로산동 일대의 고구려무덤 발굴 보고」,『조선고고연구』4호, 사회과학출판사.

金元龍, 1981,「春城郡 芳洞里 高句麗系 石室墳 二基」,『考古美術』149, 韓國美術史學會.

김일성종합대학 고고학 및 민속학강좌, 1973,『대성산의 고구려유적』, 김일성종합출판사.

과학원 고고학 및 민속학연구소편, 1958,「평안남도 대동군 화성리 쌍곽분 정리 보고」,『고고학자료집 대동강 류역 고분 발굴 보고』, 과학원출판사.

동서문물연구원, 2009,『統營 安井里 古墳群』, 調査研究報告書 第19冊.

리영식, 2006,「안학궁터에서 알려진 고구려무덤들의 축조연대에 대하여」,『고구려 안학궁 조사보고서 2006』, 동북아역사재단.

文化財管理局 文化財研究所, 1991, 『北韓文化遺蹟發掘概報』, 文化財管理局 文化財研究所.

문화재연구소·대구대학교박물관, 1995, 『順興 邑內里 壁畵古墳 發掘調査報告書』.

백종오, 2009, 「남한의 고구려고분-최근 발굴 사례를 중심으로-」, 『중원문화권 고분의 전개 양상과 성격』, 제2회 국립중원문화재연구소 학술심포지엄 자료집.

백련행, 1967, 「봉황리 무덤떼의 조사 보고」, 『고고민속』 1호, 사회과학원출판사.

성림문화재연구원, 2011, 『大邱 佳川洞 新羅墓群』, 學術調査報告 第58冊.

사회과학원 고고학연구소, 2011, 『남포시 용강군 옥도리 일대 역사유적』, 동북아역사재단.

張俊植, 1997, 「新羅 中原京 研究-位置 比定을 中心으로-」, 단국대학교 대학원 박사학위논문.

鄭永鎬, 1979, 「中原高句麗碑의 發見調査와 研究展望」, 『史學志』 13, 檀國大學校 史學會.

鄭好燮, 2009, 「高句麗 古墳의 造營과 祭儀」, 고려대학교 대학원 박사학위논문.

중원문화재연구원, 2006, 『忠州 薔薇山城-1차 발굴조사 보고서-』, 학술조사보고 제21책.

중원문화재연구원, 2009, 『忠州 豆井里 遺蹟』, 학술조사보고 제88책.

충북대학교 중원문화연구소, 1998, 『문화유적분포지도-충주시-』, 충주시·충북대학교 중원문화연구소.

충북대학교박물관, 2004, 『淸原 南城谷 高句麗遺蹟』, 調査報告 第104冊.

최무장, 1992, 「高句麗와 渤海의 古墳 비교」, 『先史와 古代』 2, 한국고대학회.

최병현, 2009, 「중원의 신라 고분」, 『중원문화권 고분의 전개 양상과 성격』, 제2회 국립중원문화재연구소 학술심포지엄 자료집.

崔種澤, 1999, 「高句麗土器 研究」, 서울대학교 대학원 박사학위논문.

崔種澤, 2006,「南韓地域 高句麗 土器의 編年 硏究」,『선사와 고대』 제24집, 한국고대학회.

한국문화재보호재단, 2007,「성남 판교지구 문화유적 2차 발굴조사-5차 지도위원회의 자료-」.

한국토지공사 토지박물관, 2003,『연천 신답리 고분 발굴조사 보고서』.

한림大學校博物館, 1995,『芳洞里 古墳 發掘報告書』, 博物館 硏究叢書 8.

한백문화재연구원, 2009,「화성 동탄2 문화재 시·발굴조사(청계) 지도위원회의 자료」.

野守健·榧本龜次郎, 1938,「晩達山麓 高句麗古墳 調査」,『昭和12年度 古蹟調査報告』, 朝鮮古蹟硏究會.

삼국의 충주지역 진출과 지배

강진주 | 국립한국교통대학교 강사

삼국의 충주지역 진출과 지배

– 중앙탑면 일대 유적을 중심으로 –

Ⅰ. 머리말

남한강이 관류하는 충주는 '중원문화권'[1]의 중심지로서 선사시대부터 현재까지 단 한번의 문화적 단절없이 이어오고 있는 역사문화의 도시이다. 이 지역이 선사시대 이래로 주목을 받게 한 것은 '남한강' 때문이었다. 선사시대 남한강은 상류지역과 하류지역을 공동의 경제 및 생활권으로 묶는 역할을 하였으며 역사시대에는 남북을 잇는 가장 중요한 내륙교통로로서 기능했다.[2]

이러한 남한강이 주는 내륙교통로의 기능과 함께 중원의 주요자원은 바로 '철'

1) 중원문화권의 범위에 대해서는 학자마다 다른 견해를 갖고 있다. 초기에는 충주로 한정되어 보기도 하였으나 지금은 그 범위가 확대되어 충북 전체와 경북일원 그리고 강원도의 일부 지역까지도 포함시키고 있다. 또 과연 '중원문화권'이 하나의 문화권으로 성립될 수 있는가에 대해서도 여러 논쟁이 있어 왔다. 중원문화의 성격구명에 대한 학술적 논의는 충주문화원·예성동호회, 1981, 『제1회 중원문화 학술회의』 : 한국미술사학회, 1983, 『중원문화 학술대회』 : 충북대학교 선사문화연구소, 1983, 『선사시대의 중원문화』 : 충주공업전문대학박물관, 1992, 『중앙경과 중앙탑』 : 충북대학교 호서문화연구소, 1995, 『중원문화권의 위상정립과 발전방향』 : 국립중원문화재연구소, 2008, 『중원문화 정립을 위한 조사연구 방향』 ; 2009, 『중원문화권 고분의 전개 양상과 성격』 ; 2012, 『중원의 제철문화』, 2013, 『충주 탑평리유적의 발굴과 의의』 : 충주대학교박물관,

이다. 철은 인류가 발견한 것 중 가장 가공할 만한 위력을 발산한 금속으로 농업생산력 증대를 위한 농기구와 전쟁 무기를 만드는데 가장 중요한 재료였다. 충주는 이러한 철을 채굴할 수 있는 철광산과 주조를 하는데 필요한 활석광산까지도 위치해 있어 이 지역 확보를 위한 고대 국가들의 전투를 부채질 했을 것이다.[3] 때문에 이 지역은 삼국이 서로 바톤을 주고 받듯 백제에서 고구려로 또 신라로 점유국이 바뀌게 된다. 고구려는 이곳에 국원경을 설치해 남진의 교두보적 역할을 하였으며, 신라는 소경을 설치해 삼국통일의 기반을 마련하는 근거가 되었다.

충주를 중심으로 한 '중원문화'에 대한 관심은 1979년의 충주고구려비의 발견[4]부터이다. 남한의 유일한 고구려의 비이자 치열한 삼국의 각축지였음을 증명해주는 중요한 성과로 큰 주목을 받게 된다. 바로 이어 1981년 정부는 전국을 5대 고도문화권으로 설정하여 개발계획을 수립하면서 충주를 중심으로 한 충북지역이 '중원문화권'으로 설정됨에 따라 중원에 대한 본격적인 학술적 논의가 시작되었다.[5] 중원에 대한 범위와 문화권 설정에 대한 다양한 의견이 있으나 '중원'이라는 명칭은 신라 경덕왕 때 '중원경'으로 개칭[6]된 것에서 비롯되었으며, 그 중원의 중심이 '충주'라는 것에는 이론이 없다.

중원의 중심인 '충주'의 대표적인 고대 유적지는 대부분 충주 시내의 북서쪽

2007, 『중원문화의 발전방향』; 2008, 『중원과 한강』; 2009, 『중원의 불교문화』; 2010, 『중원문화재 발굴 100년, 회고와 전망』; 2011, 『중원의 생산유적』: 한국교통대학교박물관, 2013, 『고구려의 재발견』 등이 있다.

2) 서영일, 2008, 「남한강 수로가 중원문화 형성에 미친 영향」, 『중원과 한강』, 충주대학교

3) 최몽룡, 2012, 「中原文化와 鐵」, 『중원의 제철문화』, 국립중원문화재 연구소, p.9.

4) 鄭永鎬, 1978, 「中原高句麗碑의 發見調査와 硏究展望」, 『史學志』 13, 檀國史學會.

5) 각주 1) 참조.

6) 『三國史記』 卷35, 雜志4, 地理2 "中原京 本高句麗國原城 新羅平之 眞興王置小京 文武王時築城 周二千五百九十二步 景德王改爲中原京 今忠州".

에 위치한 중앙탑면[7]에 집중 분포되는 특징을 보인다. 중앙탑면은 남한강이 서편 경계를 이루고 서남쪽에서는 남한강이 달천과 요도천으로 갈라져 동서남북 사방으로 나갈 수 있는 교통의 요지에 해당된다. 또 충주의 철광산은 중앙탑면의 창동리를 비롯하여 인근 대소원면에 위치[8]해 있어 중앙탑면이 가진 지정학적 중요성을 드러내주고 있다. 중요 유적으로는 통일신라기에 조성된 충주 탑평리 칠층석탑(국보 제6호)가 동쪽 끝 중앙에 위치해 있으며 이를 중심으로 반경 5㎞내에 충주 고구려비(보물 제205호), 충주 봉황리 마애불상군(보물 1401호), 충주 장미산성(사적 제400호), 충주 누암리 고분군(사적 제463호), 하구암리 고분군, 탑평리 유적 등이 분포해 있다. 이들은 모두 백제, 고구려, 신라가 형성한 유적들로 단일 세력으로만 확인된 것도 있고 탑평리 유적과 같이 삼국이 모두 중첩되어 나타난 것도 있다. 이러한 유적의 분포로 인해 중앙탑면 일대가 국원경, 국원소경, 중원경 등의 중심지로 비정되고 있다.

본고에서는 현재까지 중앙탑면에서 조사된 고대 유적지의 분포와 조사 현황을 정리한 뒤, 유적의 편년과 기존의 연구성과를 통해 충주지역의 고대 삼국의 세력 변화를 살펴보고자 한다.

---

7) 2014년 2월 1일부터 행정구역명이 가금면에서 중앙탑면으로 개칭되었다. 이전에 가금면은 1914년 일제강점기 때 행정통폐합과정에서 기존의 '가흥면'과 '금천면'의 첫 글자를 따서 만든 것으로 지역의 역사성과 정체성을 반영하지 못하고 날짐승(가금)이란 이미지와 함께 인접한 금가면과도 혼동이 있어 개칭되었다. '중앙탑면'은 중원문화의 중심지인 이 지역에 통일신라시대에 세워진 국보 6호 충주 탑평리 칠층석탑(일명 중앙탑)을 활용한 지명이다(〈충주시 '중앙탑면' 명칭 알리기 나서〉 《충청투데이》 2014년 1월 29일).

8) 국립중원문화연구소의 조사에 따르면, 충주지역에는 철광산 4개소, 탄요유적 39개소 305여기, 야철유적 100여기 등이 확인되었다(어창선, 2012, 「충주 철광산의 조사 현황 보고」, 『중원의 제철문화』, 국립중원문화재 연구소 개소 5주년 기념 학술대회 발표자료집, p.161).

Ⅱ. 유적분포와 현황

중앙탑면에서 지금까지 밝혀진 유적은 북쪽에서부터 보면, 충주 봉황리 마애불상군(보물 제1401호), 충주 장미산성(사적 제400호), 충주 하구암리 고분군, 충주 고구려비(국보 제 205호), 충주 탑평리 유적, 충주 누암리 고분군(사적 제463호) 등이다. 이 유적들은 발견 당시부터 큰 주목을 받았으며 그 중요성을 인정받아 본고에서 다룰 6곳의 유적 중 4곳이 국가지정 문화재로 지정되어 있다. 즉, 중앙탑면은 고대 중원의 역사를 알려주는 보고라 할 수 있다.

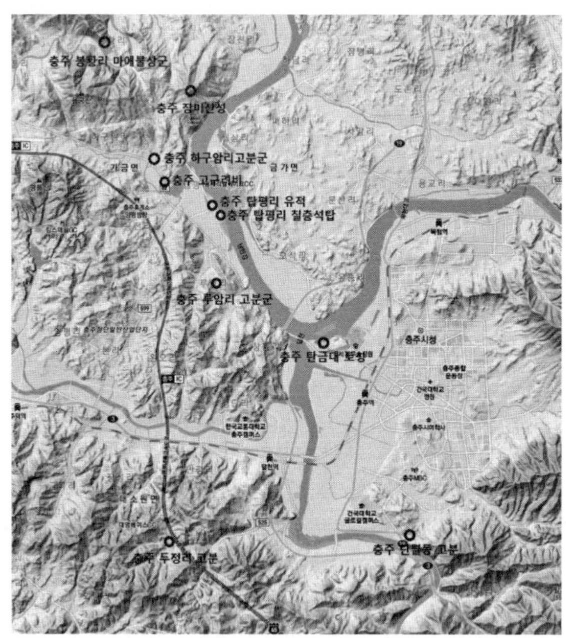

도면 1. 중앙탑면과 주변지역 고대 유적 현황 (Daum 지도)

1. 충주 봉황리 마애불상군

충주 봉황리 마애불상군은 행정구역상 중앙탑면 봉황리 산27이며, 안골부락에 위치한 해발 80m 햇골산 중턱에 자리잡고 있다. 이 유적은 서쪽과 동쪽에 약 30m의 간격을 두고 두 군데 마애불을 조성하였는데, 서쪽의 1구의 불좌상은 먼저 알려져 있었다. 동쪽에 있는 8구의 마애불상군은 1978년 단국대학교 유적조사단에 의해 발견되었다.

사진 1. 충주 봉황리 마애불상군 서편

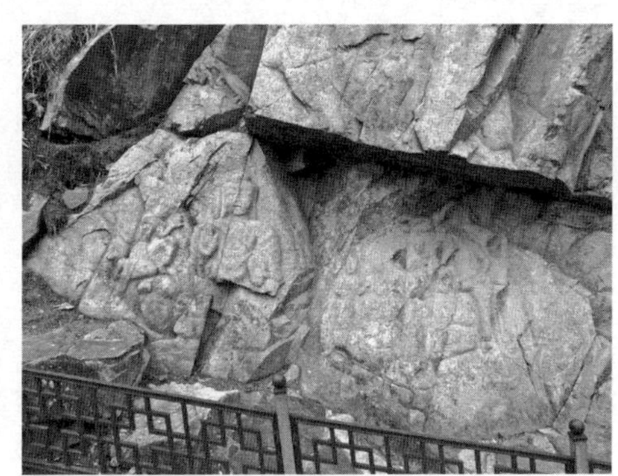
사진 2. 충주 봉황리 마애불상 동편

서쪽에는 높이 3.5m, 폭 8m의 바위면에 불좌상 1구가 세겨져 있다. 원래는 삼존불로 추정되며 좌우협시보살상은 결실된 것으로 보고 있다.[9] 통견으로 표현되었으며, 수인은 시무외여원인을 하고 있다. 목에는 삼도가 없으며 두광에는 화불이 묘사되었다.

동쪽의 불상군은 불좌상 1구와 공양상(供養像)·반가상(半跏像)을 중심으로 5구의 보살상 등 모두 8구가 새겨져 있다. 현재 마모가 심하여 그 형태를 잘 살피수는 없으나 반가사유상을 중심으로 좌·우에 협시 보살이 있다. 좌측 보살상(동쪽)은 손에는 보주를 들고 대좌 위에 서 있는데, 대좌는 원추형을 뒤집어 놓

9) 정영호, 1980, 「중원봉황리 마애반가상과 불보살군」, 『고고미술』 146·147, 한국미술사학회, p.20.

은 듯한 상광하협(上廣下狹)의 형태로 이러한 대좌의 형식이 고구려 불상 조각에 나타는 형식이라 하여 주목되었다.[10] 우측(서쪽)의 보살상은 마모되어 자세히 알 수 없으나 좌측과 유사한 것으로 보인다. 반가상과 우측의 보살상 사이에는 상체만 묘사된 보살상이 하나 더 있으며 원근법을 사용하여 주존과 우협시보살 사이에 표현된 것으로 보고 있다.[11] 우협시보살상의 오른쪽에도 2구의 보살입상이 있으며 또 그 오른쪽으로 여래상과 공양상이 1구씩 조각되었다. 여래상 또한 삼존불로 좌협시보살상이 결실된 것으로 추정되며 형태가 불분명하나 좌상으로 추정된다. 수인은 통인을 결하고 통견이다. 여래상과 우측의 공양상 사이에는 사자상이 새겨져 있다.

전체적으로 마멸이 심해 윤곽이 뚜렷하지는 않지만 마애불상 중 비교적 이른 시기의 것으로 중원지역을 알리는데 큰 역할을 하고 있다.

2. 충주 장미산성

장미산성은 중앙탑면의 장천리, 가흥리, 하구암리에 위치한 장미산(해발 337.5m)에 위치해 있으며 정상부와 계곡을 포함하는 포곡식 석축산성(둘레 2,932m)이다. 유적은 충주의 북서쪽에 위치해 있으며 남쪽에서 달천과 합류한 남한강이 산성 동쪽으로 돌아 북쪽으로 흘러나가 서쪽을 제외하고는 남·동·북쪽의 삼면이 강으로 둘려져 천연의 해자역할을 하고 있다.

이 유적은 1970년대 후반 충주고구려비와 햇골산 봉황리 마애불상군의 발견과 함께 노은면에서 출토되었다는 건흥오년명금동불광배를 통해 고구려와의 연관성이 처음으로 제기되었다.[12] 그러나 1992년 충북대학교 박물관에 의해 실

10) 정영호, 1980, 앞의 논문, p.21.

11) 서영일, 2002, 「중원 봉황리 마애불·보살상군의 조성주체와 그 목적 연구」, 『문화사학』 18, 한국문화사학회, p.92.

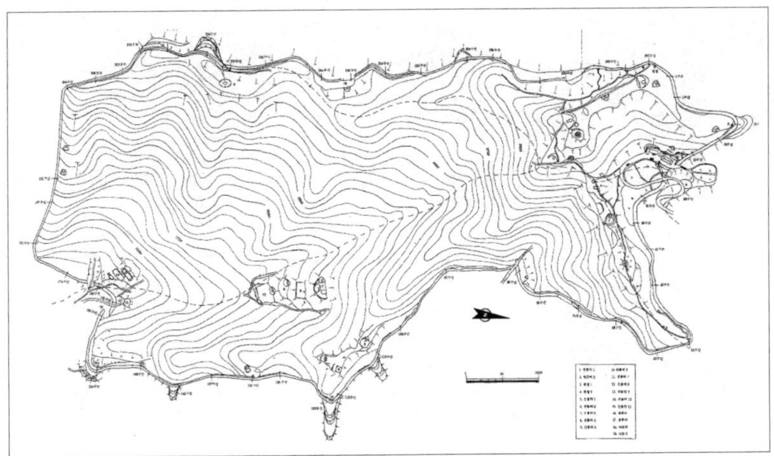

도면 2. 충주 장미산성 전체 현황도 (중원문화재연구원, 2006)

시된 지표조사에서 수습된 유물을 통하여 백제 한성기의 산성일 가능성을 제시하였다.[13] 이후, 2001~2002년에는 서북쪽 부분의 성벽 정비를 위한 시굴조사가 이루어졌는데, 시굴트렌치와 지표에서 백제토기가 수습되었다. 이듬해 이루어진 발굴 조사는 이전 시굴조사에서 제기된 북서쪽 성벽내측의 토루와 배수구, 수구시설 유무, 석축 기단부 확인 등을 실시하였다.[14]

산성 내에서는 주로 출토된 유물은 원저단경호를 비롯한 각종 호와 병, 발형토기, 완, 시루편 등 한성백제기의 토기류이다. 숯을 통한 방사성탄소연대측정결과 490A .D.가 나왔다. 조사 이후, 목책치성과 함께 보습, 소찰갑, 철촉, 철정 등의 철제유물 가운데 모봉형의 철촉들이 5세기 후반에서 6세기 전반으로 편년됨에 따라 고구려와 연관되고 있다.[15]

12) 藥城同好會, 1984, 『中原文化遺蹟圖報』, 藥城文化 6호 특집호.

13) 충북대학교 박물관, 1992, 『中原 薔薇山城』.

14) 중원문화재연구원, 2006, 『忠州 薔薇山城 -1次 發掘調査 報告書-』.

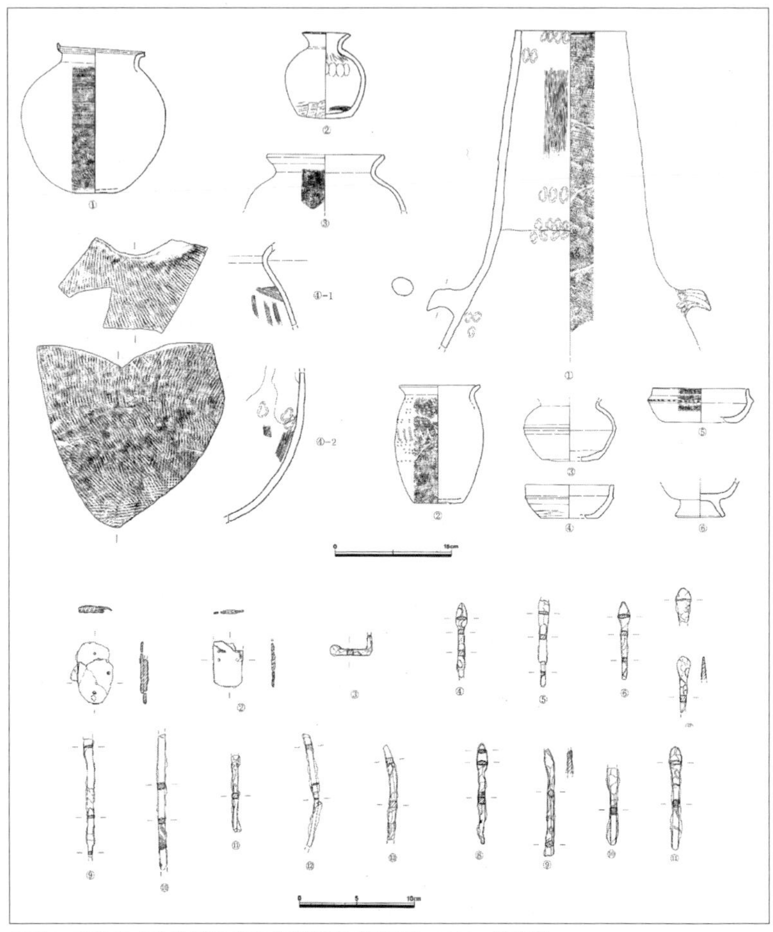

도면 3. 충주 장미산성 출토 유물 (중원문화재연구원, 2008, 재편집)

15) 백종오, 2013,「탑평리 유적과 고구려」,『충주 탑평리 유적의 발굴과 그 의의』, 국립중원문화재연구소 학술심포지엄.

3. 충주 하구암리 고분군

하구암리 고분군은 1992년 충북대학교박물관에서 실시한 충주 누암리고분군 지표조사 당시 알려졌다.[16] 이후 보다 구체적인 분포를 파악하기 위해 1999년 충북대학교 중원문화연소에서 지표조사를 실시하였으며 8개 구역에서 386기의 고분을 확인하였다.[17]

본격적인 조사는 중북내륙 고속도로 건설 구간에 하구암리가 포함되면서 지표조사[18]를 토대로 시·발굴조사[19]가 진행되었다. 또, 2007~2008년에는 조이간

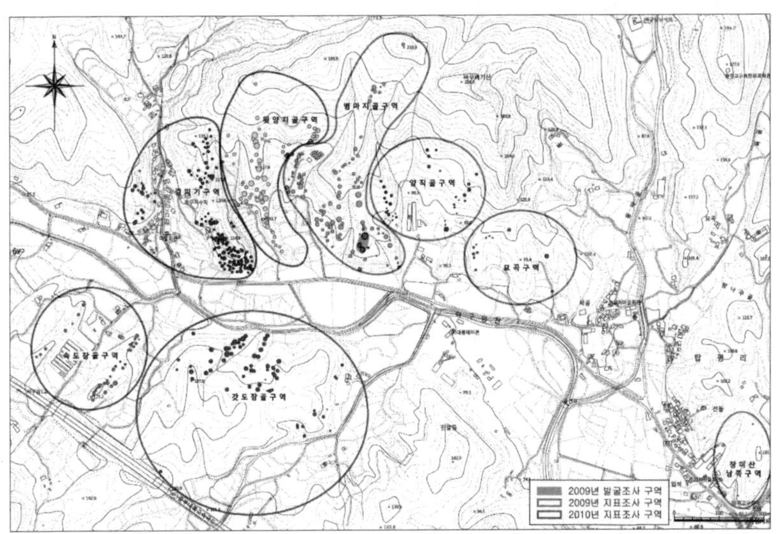

도면 4. 하구임리고분군 분포도 및 조사구역 위치도 (국립중원문화재 연구소, 2011b)

16) 忠北大學校博物館, 1992, 『中原 樓巖里 古墳群 地表調査報告書』.

17) 忠北大學校 中原文化財研究所, 2000, 『忠州 下九岩里 古墳群 地表調査 및 試掘調査 報告書』.

18) 忠州博物館, 1997, 『中部內陸高速道路(忠州-槐山間)建設豫定地域 文化遺蹟 地表調査 報告書』.

19) 韓國文化財保護財團, 2001a, 『中部內陸高速道路 忠州區間 文化遺蹟 試·發掘調査 報告書』. 韓國文化財保護財團, 2001b, 『中部內陸高速道路 忠州區間 文化遺蹟 發掘調査 報告書』.

산 구역에 공장조성을 위한 문화재조사에서 석실분 35기, 석곽묘 31기 등 66기가 조사되었다.[20] 가장 최근 조사는 국립중원문화재연구소의 정밀지표조사[21]와 병마지골의 횡혈식석실분 3기의 발굴[22]이다. 2009년 정밀지표조사를 통해 모두 8개 지역에서 총 469기의 고분을 보고하였다. 현재까지의 하구암리 고분군 조사 현황은 다음 표와 같다.

<표 1> 하구암리 고분군 조사 현황
(國立中原文化財硏究所, 2011a, 『忠州 下九岩里古墳群 지표조사보고서』, 재구성)

조사연도	조사기관	조사성격	조사지역	고분수	비고
1991	충북대학교박물관	지표	루암리, 통점, 양직골	254기	
1997	충주박물관	지표	능골, 큰골, 도장골, 통점 Ⅰ·Ⅱ·Ⅲ		
1999	충북대학교 중원문화재연구소	지표, 시굴	장미산 남쪽, 묘곡, 양직골, 병마지골, 윗양지골, 걸피기, 속도장골, 갓도장골, 조이간산	386기(8기 시굴)	
2001	한국문화재보호재단	시굴, 발굴	통점	1기(석실)	
2001	한국문화재보호재단	발굴조사	큰골	7기(석실4, 석곽 3)	
2007~2008	중앙문화재연구원	발굴조사	조이간산	66기(석실 35, 석곽 31)	
2009·2010	중원문화재연구소	지표	장미산 남쪽, 묘곡, 양직골, 병마지골, 윗양지골, 걸피기, 조이간산, 속도장골, 갓도장골	469기	
2009·2010	중원문화재연구소	발굴	병마지골	3(석실분)	

최근 조사된 병마지골의 고분은 25·27·28호분이다. 3기 모두 연도가 마련되어 있는 횡혈식 석실분으로 이미 도굴이된 상태로 발견되었다. 25호분은 원형

20) 中央文化財硏究院, 2010, 『忠州 下九岩里遺蹟』.

21) 國立中原文化財硏究所, 2011a, 『忠州 下九岩里古墳群 지표조사보고서』.

22) 國立中原文化財硏究所, 2011b, 『忠州 下九岩里古墳群 발굴조사보고서』.

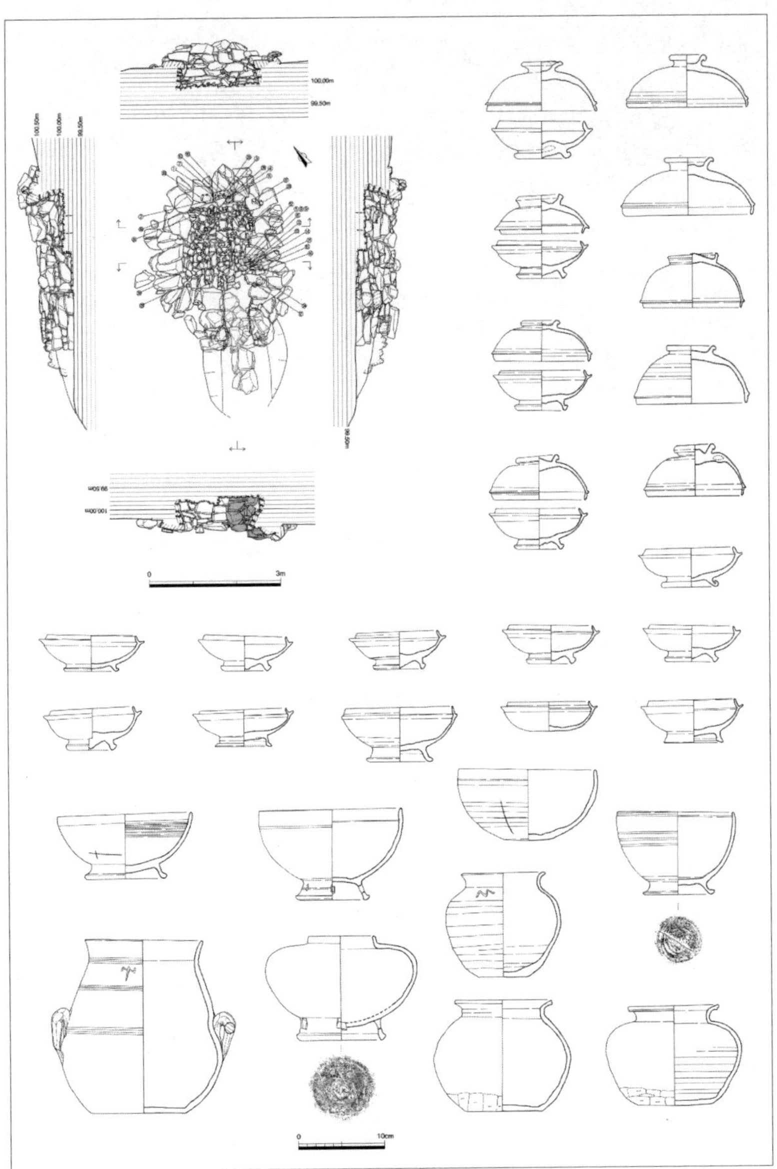

도면 5. 충주 하구암리 고분군 18호 석실 평면·입면도 및 출토유물 (중앙문화재연구원, 2010)

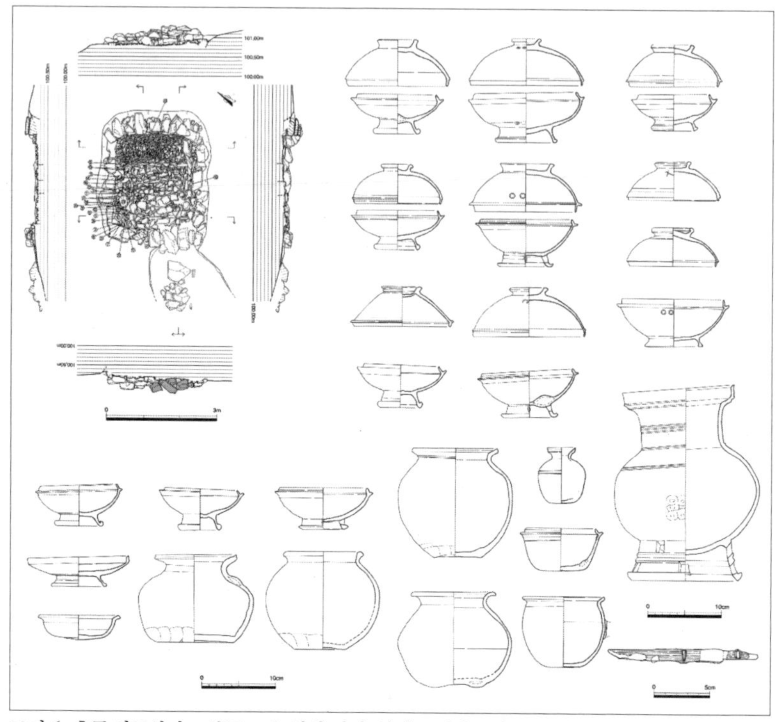

도면 6. 충주 하구암리 고분군 21호 석실 평면·입면도 및 출토유물 (중앙문화재연구원, 2010)

분으로 호석이 둘러져 있으며 봉분의 직경 약 13m, 잔존 높이가 4m이다. 석실은 250㎝(동－서)×280㎝(남－북)이며 화강암 할석을 이용하여 축조하였다. 천장부는 붕괴되었으나 궁륭형으로 추정되며 연도는 중앙에 나있다. 시상은 생토면 위에 장방형의 긴할석으로 외곽을 만든 뒤, 내부를 대형 활석으로 채웠으며 사면은 할석과 천석을 이용하여 편평하게 조성하였다. 유물은 고배, 반구형개, 완, 대부장경호 등의 토기류와 금동제이식 한쌍, 금동제허리띠장식 6점이 출토되었다. 27호는 원형으로 봉분의 직경은 약 9.4m이고 잔존 높이는 약 3m이다. 석실은 봉분의 정중앙에 위치하며 210㎝(동－서)×260㎝(남－북)으로 장방형에 가까운 형태이다. 연도는 우측으로 편재되었다. 시상은 총 3차에 걸쳐

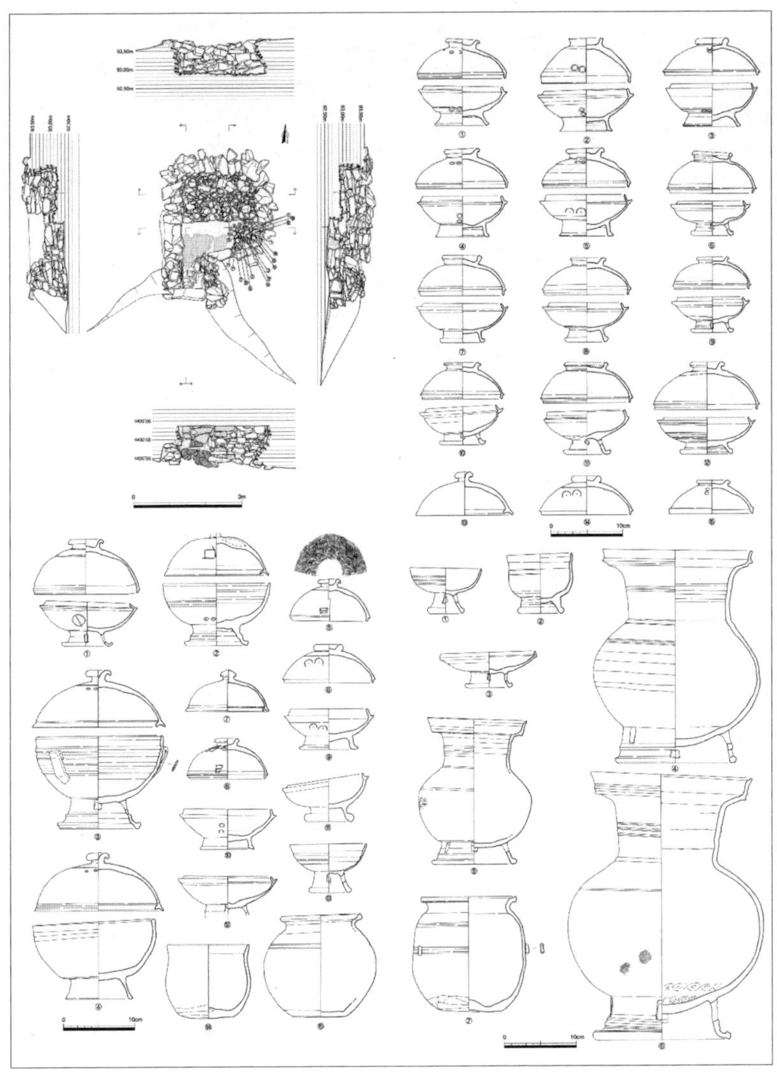

도면 7. 충주 하구암리 고분군 25호 석실 평면·입면도 및 출토유물 (중앙문화재연구원, 2010)

조성되었으며 25호분과 마찬가지로 틀을 만든 뒤 작을 돌을 채우고 편평한 돌로 마무리하였다. 1차 시상에서는 부곽이 확인되었는데 덮개돌 상부 모서리에

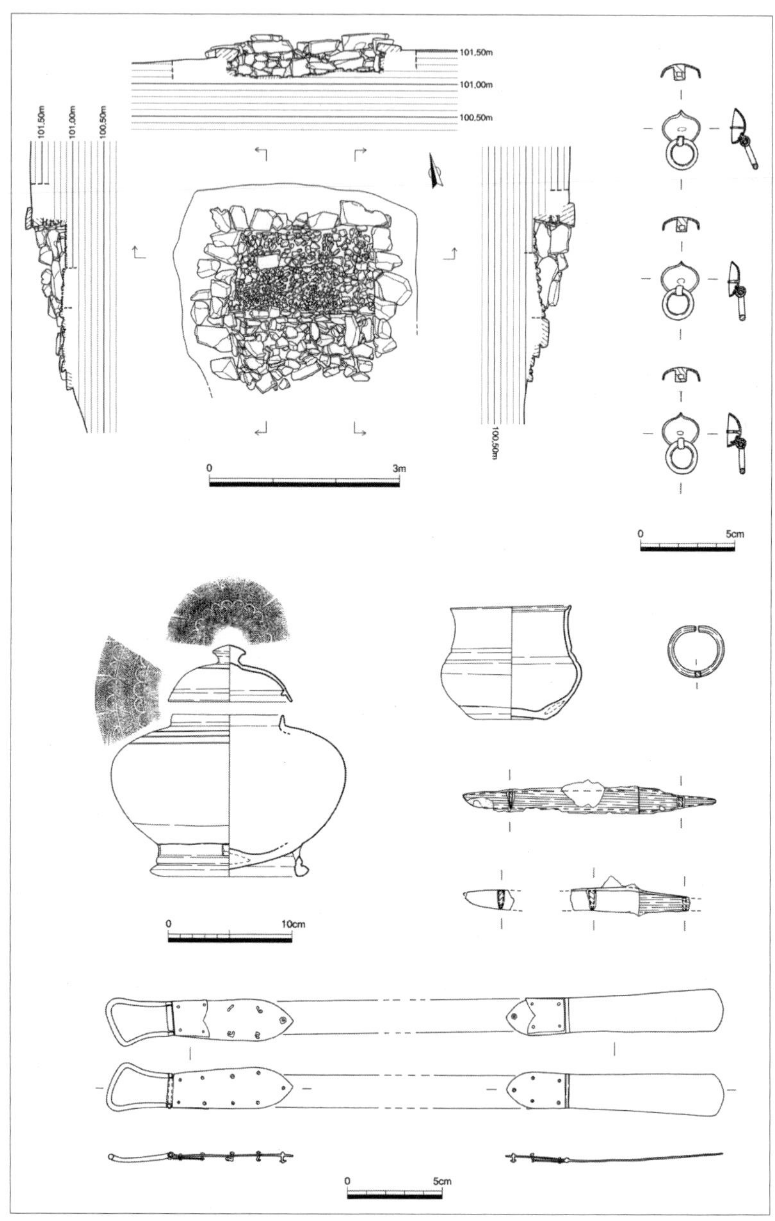

도면 8. 충주 하구암리 고분군 31호 석실 평면·입면도 및 출토유물 (중앙문화재연구원, 2010)

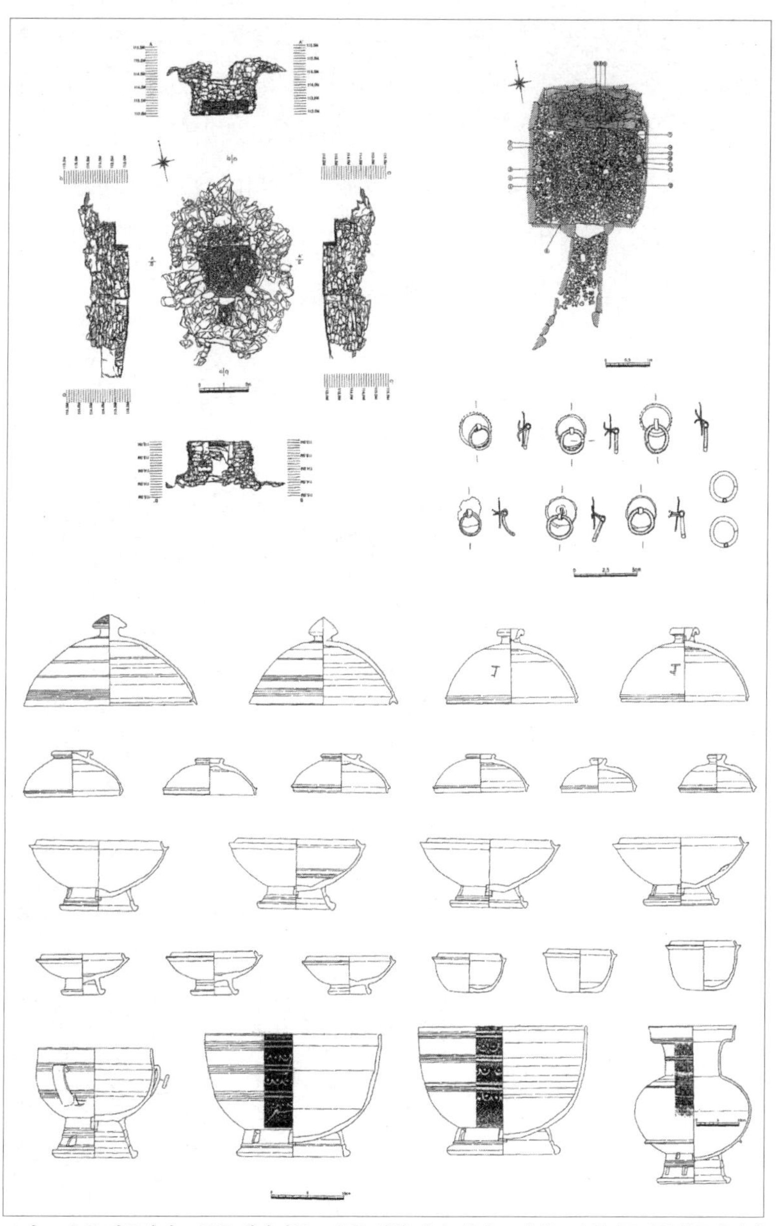

도면 9. 충주 하구암리 고분군 병마지골 25호분 석실 평면·입면도 및 출토유물 (국립중원문화재연구소, 2010b)

토기 7점이 있었고 내부에는 피장자와 관련된 유기물이 매납된 것으로 추정된다. 유물은 총 14점으로 고배, 뚜껑, 병, 잔 등의 토기류와 철도자, 철제 교구 등이 출토되었다. 28호분은 봉분 직경이 10.3m, 잔존 높이는 약 4m이다. 석실은 215㎝(동－서)×240㎝(남－북)로 벽은 화강암재 할석을 이용하여 쌓았다. 궁륭형 천장으로 추정되며 연도는 우측으로 나있다. 시상은 2차에 걸쳐 축조되었으며 할석을 이용하여 조성하였다. 유물은 고배, 뚜껑, 완, 방추차 등 17점이 출토되었다.

지금까지 조사된 현황을 보면, 하구암리에는 누암리와 같이 대규모의 고분군이 자리한 것을 알 수 있다. 출토된 유물은 고배와 반구형 뚜껑, 부가구연대부장경호 등 6세기 중반의 신라 후기양식을 대표하는 토기가 주류를 이루고 있다.

4. 충주 고구려비

충주 고구려비(국보 제205호)는 충주시 가금면 용전리에서 발견되었으며, 현재는 충주고구려비전시관 내에 위치해 있다. 비는 1979년 4월 8일 예성동호회와 단국대학교 학술조사단에 의해 발견되자마자 남한의 유일한 고구려비로 학계와 세간에 큰 반향을 일으켰다.[23)]

사진 3. 충주 고구려비 (국립중원문화재연구소, 2011)

비가 발견된 직후 명문 확

인 작업과 해독작업을 통해 '高麗大王', '前部大使者', '諸位', '下部', '使者' 등 고구려의 관직 이름과 광개토대왕 비문에서와 같은 '古牟婁城'의 이름과 '募人三百', '新羅土內' 등 고구려가 신라를 불렀던 말들이 쓰여 있어 고구려비임을 확인하게 되었다. 규모는 높이 135㎝, 전면 너비 55㎝, 우측면 너비 37㎝이고 석주형으로 자연석의 형태를 이용하여 각자면을 다듬고 비문을 새겼다. 자경은 3~5㎝이며 4면비로 보이지만 마모 상태가 심하여 현재는 앞면과 왼쪽 측면만 해독이 가능하다.

충주 고구려비는 마멸로 인해 비문의 내용을 판독하고 해석하는 과정에서 여전히 쟁점이 되고 있으나 한반도 유일의 고구려비로서 5세기의 상황을 전해주는 자료로 절대적 가치를 지니고 있다.

5. 충주 탑평리 유적

탑평리 일대의 조사는 처음 한국교원대학교 박물관에서 충주탑평리칠층석탑(국보 제6호)의 주변지역에 대한 발굴이었는데, 건물지와 삼국시대 유물이 확인되었다. 25년이 지난 이후, 2008년 국립중원문화재연구소가 탑평리 일대의 지표조사 및 지하 물리탐사를 진행하여 유적의 존재가능성이 높은 곳을 중심으로 총 3차례의 시굴조사와 1차례의 발굴조사가 실시되었다. 3차 시굴조사에서 건물지 관련 시설과 수혈주거지 및 구상유구 등 총 30기의 유구를 확인하였다. 이에 따라 2011년 발굴조사가 실시되었으며 백제주거지 10기, 옹관묘 1기, 고구려 구들 1기, 신라주거지 16기, 수혈유구 52기, 건물지 5기, 적심유구 1기, 구상유구 5기, 소토유구 2기, 신라우물 1기, 경작 유구 1기 등 총 96기의 유구가 조사되었고 유물은 토기 및 철기류 등 총 578점이 출토되었다.[24]

---

23) 충주 고구려비의 연구사에 대해서는 다음의 글에 잘 정리되어 있다.
정제규,, 2012, 「〈中原高句麗碑〉의 研究史的 檢討」, 『中原文物』 4, 한국교통대학교 박물관.

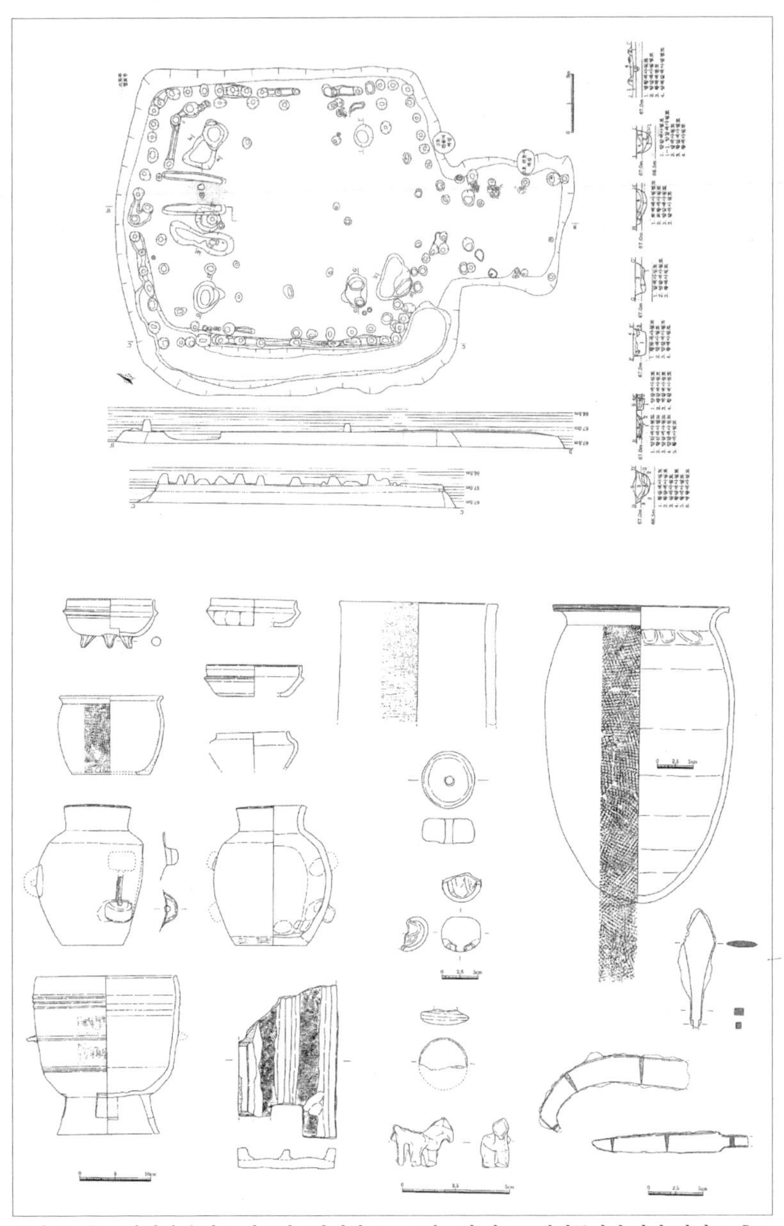

도면 10. 충주 탑평리 유적 국립중원문화재연구소 조사구역 내 1호 백제주거지 평면·단면·토층도 및 출토유물 (국립중원문화재연구소, 2013)

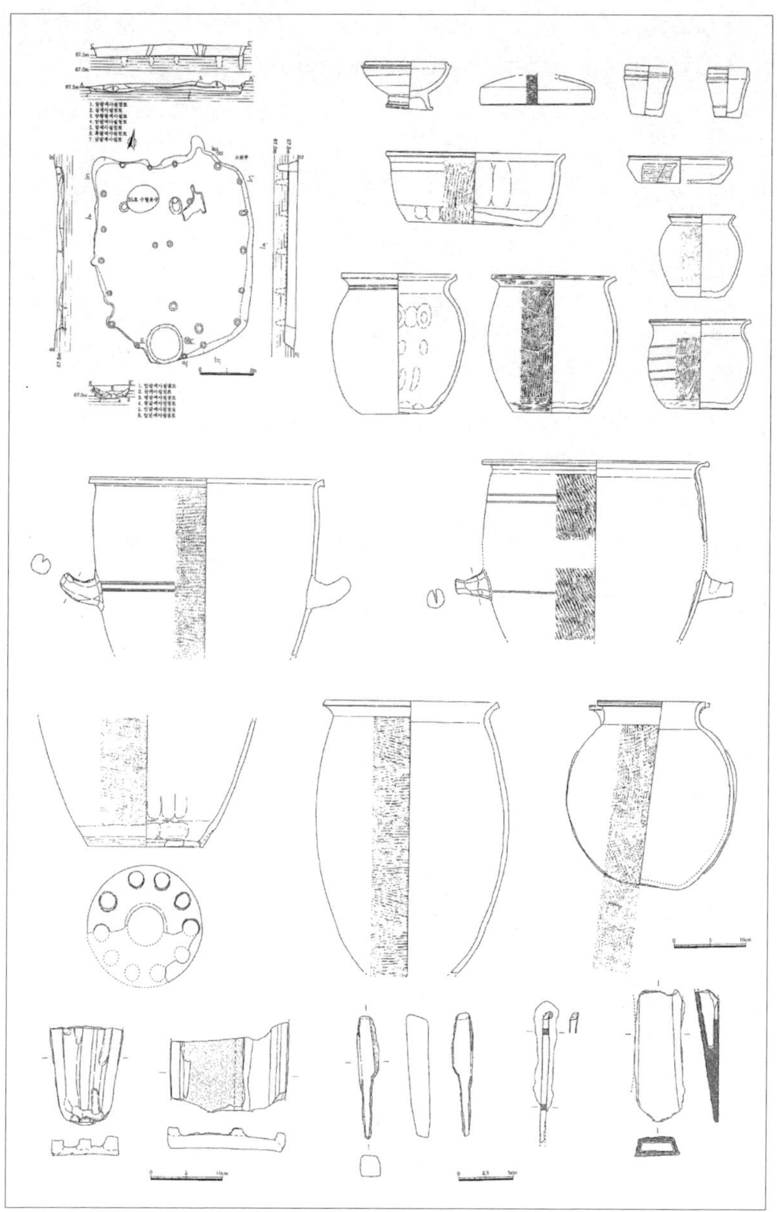

도면 11. 충주 탑평리 유적 국립중원문화재연구소 조사구역 내 3호 백제주거지 평면·단면·토층도 및 출토유물 (국립중원문화재연구소, 2013)

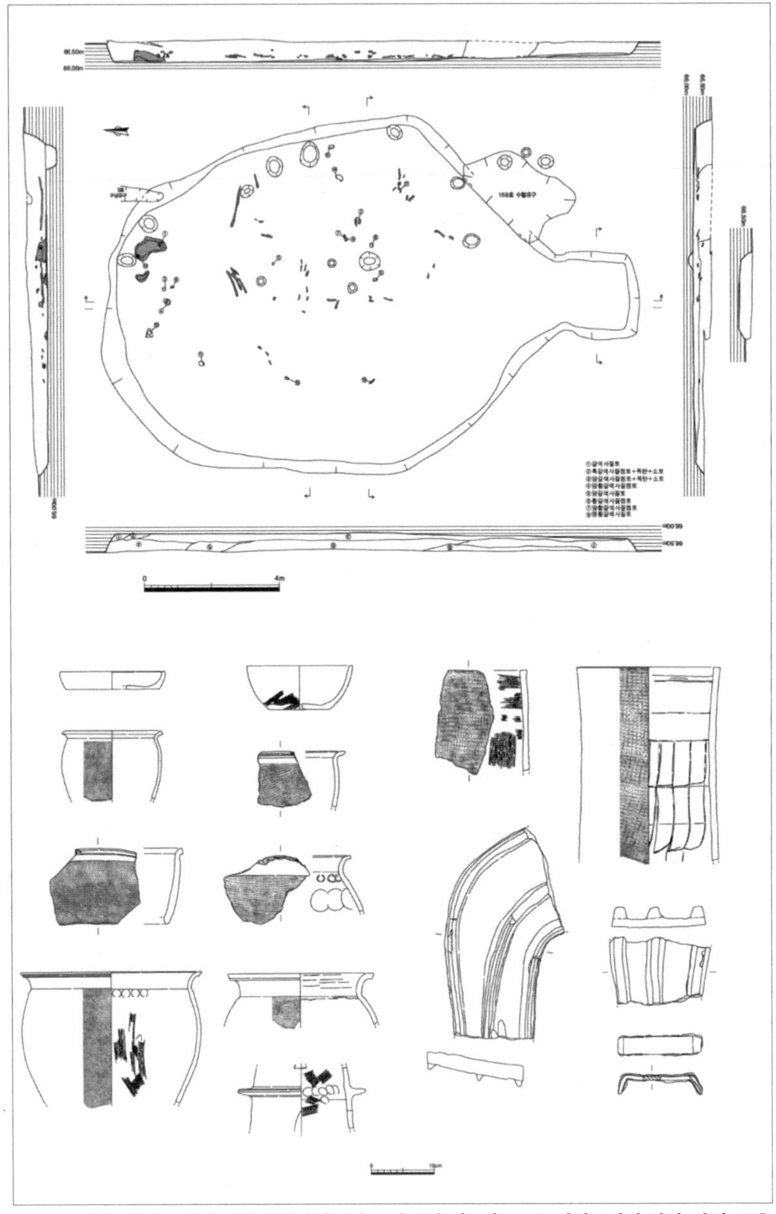

도면 12. 충주 탑평리 유적 중앙문화재연구원 조사구역 내 2지구 8호 백제주거지 평면·단면·토층도 및 출토유물 (중앙문화재연구원, 2013)

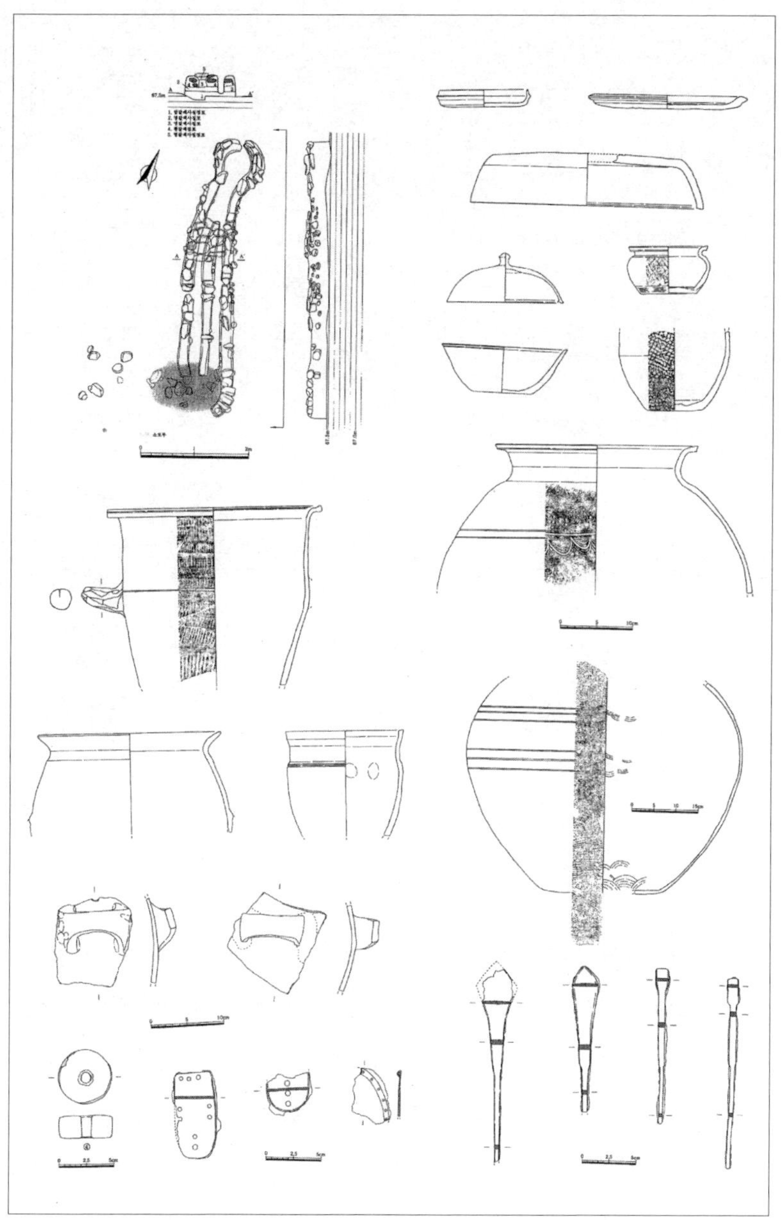

도면 13. 충주 탑평리 유적 국립중원문화재연구소 조사구역 내 고구려 구들 평면·단면·토층도 및 출토유물 (국립중원문화재연구소, 2013)

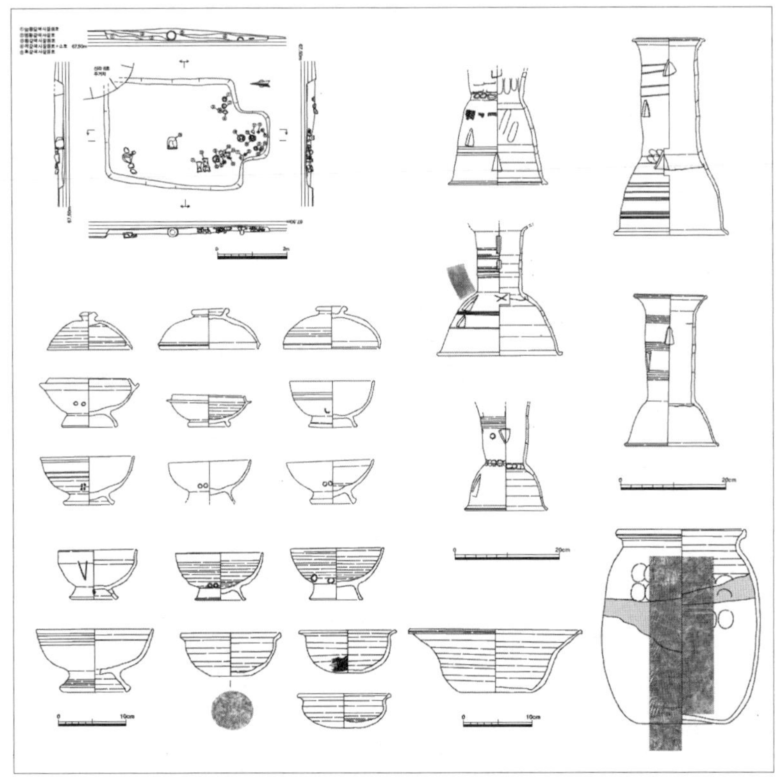

도면 14. 충주 탑평리 유적 중앙문화재연구원 조사구역 내 1지구 9호 신라주거지 평면·단면·토층도 및 출토유물 (중앙문화재연구원, 2013)

또한, 2013년 세계국제조정경기를 유치하기 위해 탑평리일원에 의한 조사가 중앙문화재연구원에 의해 진행되었다. 2011년 7월부터 다음해 5월까지 약 1년동안 시굴조사 3차, 발굴조사 4차가 실시되었다. 조사결과 백제주거지 25기, 신라주거지 36기, 통일신라 주거지 1기, 삼국시대건물지 21기, 적석유구 5기, 소성유구 2기, 구상유구 12기, 석열유구 8기, 수혈유구 311기 등 총 445기의 유

24) 국립중원문화재연구소, 2013, 『中原 塔坪里遺蹟(中原京 추정지) 발굴조사보고서』.

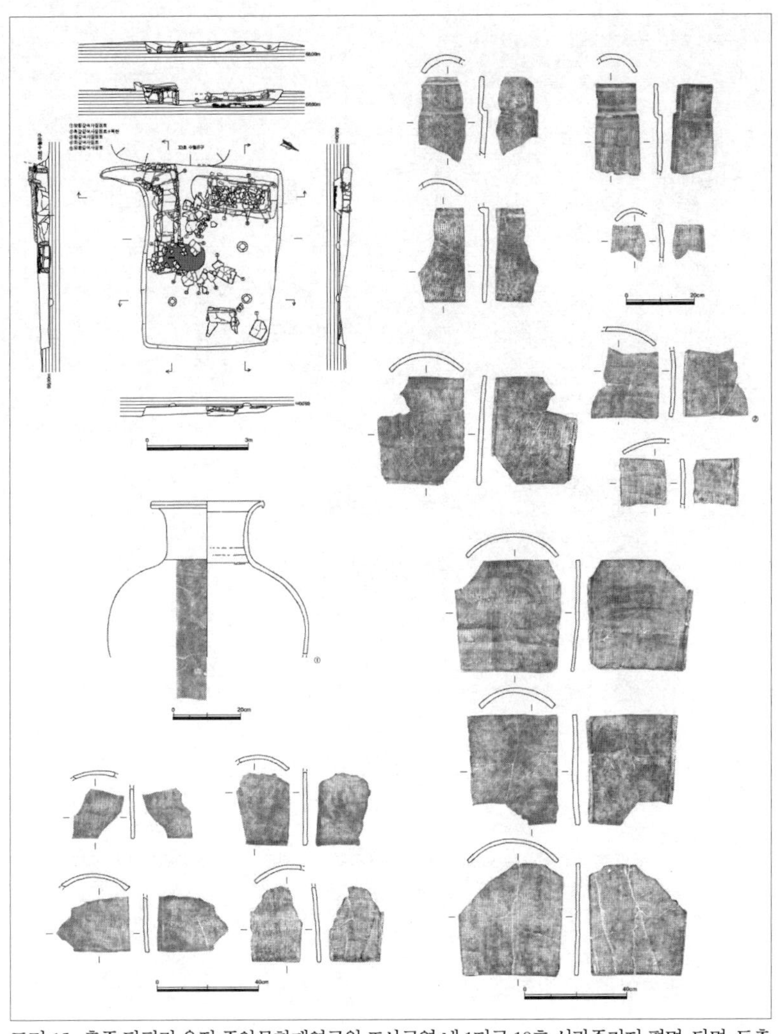

도면 15. 충주 탑평리 유적 중앙문화재연구원 조사구역 내 1지구 10호 신라주거지 평면·단면·토층도 및 출토유물 (중앙문화재연구원, 2013)

구가 확인되었고, 유물은 479점이 출토되었다.[25)]

탑평리 유적은 2010년 이후 새롭게 보고된 유적으로서, 탑평리 일대의 고대

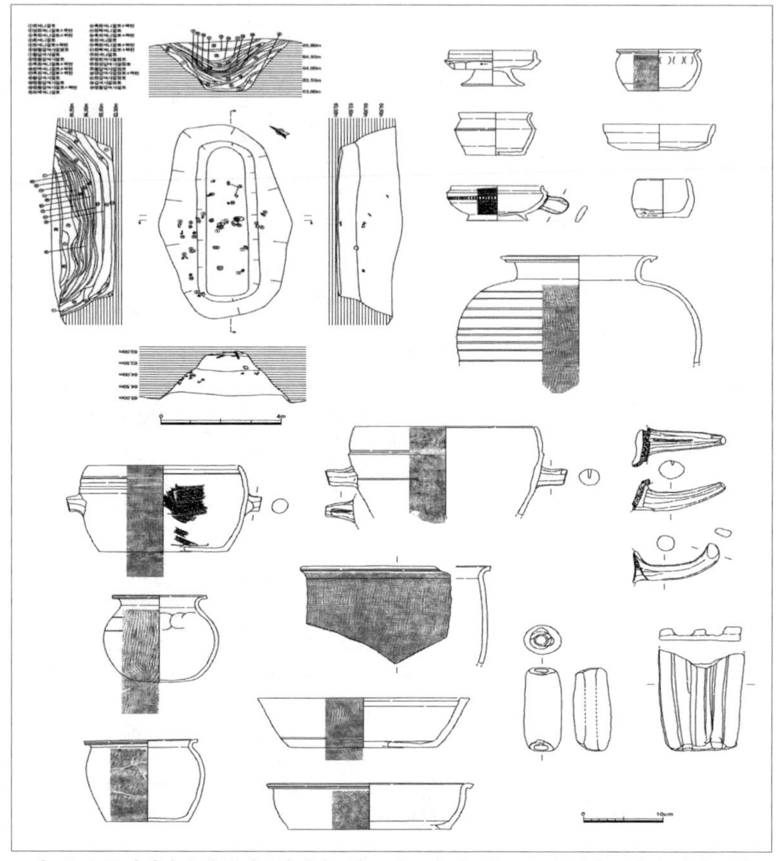

도면 16. 충주 탑평리 유적 중앙문화재연구원 조사구역 내 2지구 7호 수혈유구 평면·단면·토층도 및 출토유물 (중앙문화재연구원, 2013)

도시 존재를 알리는 매우 중요한 단서를 제공하고 있다. 또한, 백제 고구려 신라의 유구가 모두 확인됨에 따라 이곳이 삼국의 각축장이었음을 여실히 드러내주고 있다.

25) 중앙문화재연구원, 2013, 『中原 塔坪里遺蹟』.

6. 충주 누암리 고분군

누암리 고분군은 충주시 가금면 누암리 산 41번지 일대로 1980년 중원문화

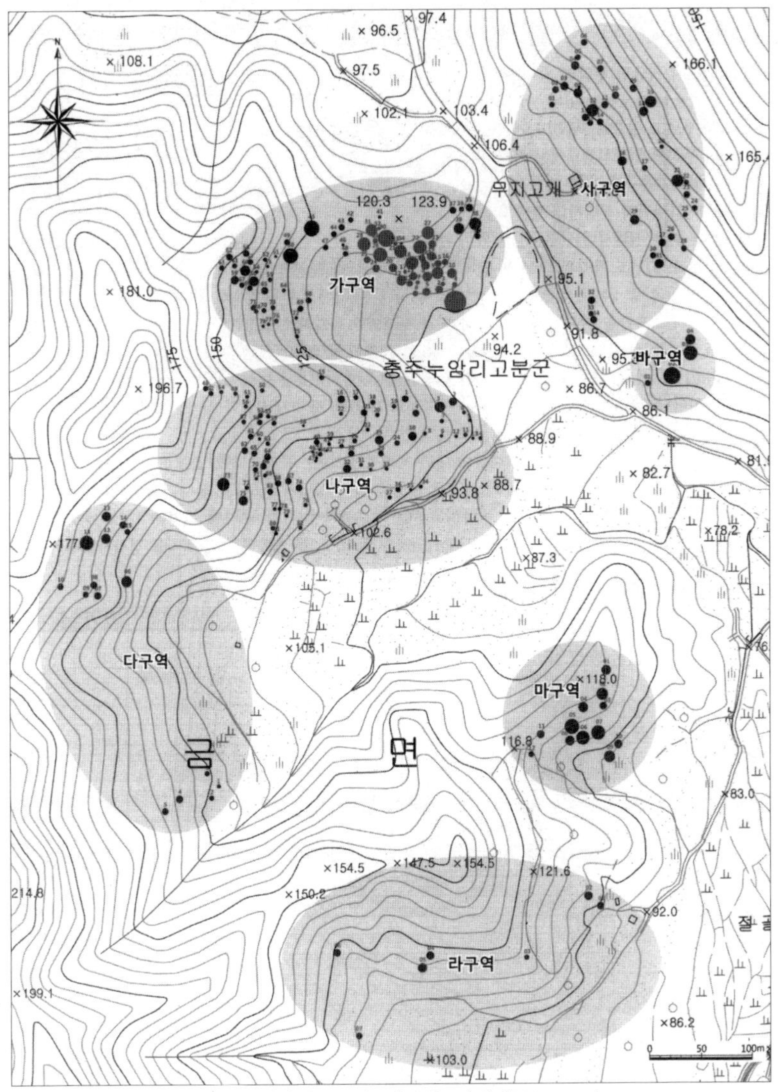

도면 17. 충주 누암리 고분군 지역별 분포도 (국립중원문화재연구소, 2009)

권 설정을 위한 지표조사에서 처음 보고되었다. 당시 조사에서 대규모 고분이 밀집분포된 것을 확인하였으며 이는 신라의 중원경에 대한 관심을 일게 하였다. 이후, 그 중요성을 인정받아 1983년 3월 30일 충청북도 기념물 제 36호 지정되었으며, 2005년 3월 25일에는 사적 제463호로 승격되었다. 1991년 지표조사를 통해 누암리와 하구암리를 포함하여 총 254기가 확인[26]되었으며 2008년 국립중원문화재연구소에 의한 정밀지표조사에서 234기를 재확인[27]하였다.

〈표 2〉 충주 누암리 고분군 조사현황
(國立中原文化財研究所, 2009, 『忠州 樓岩里古墳群 地表調查 및 發掘調查報告書』, 재구성)

조사연도	조사기관	조사성격	유구현황				계	비고
			신라·통일신라	고려	조선	미상		
1989	국립문화재연구소·충북대학교박물관	발굴	2기	4기	–	–	6기	
1990	국립문화재연구소·충북대학교박물관	발굴	4기	2기	1기	–	7기	
1991	중원군·충북대학교박물관	발굴	22기	1기	2기	–	25기	
2008	국립중원문화재연구소	발굴	2기	–	2기	1기	5기	석렬유구 1기
1991	충북대학교박물관	지표	루암리(가~사 구역), 통점, 양직골				254기	
2008	국립중원문화재연구소	지표	루암리(가~사 구역)				234기	

발굴조사는 1989년 문화재연구소[28]와 충북대학교박물관을 시작으로 이듬해 2차 발굴조사[29]가 이루어졌으며, 1991년에는 충북대학교박물관에서 가장 많은 25기를 발굴하였다.[30] 2008년 국립중원문화재연구소에 실시한 지표조사에 따라 유적의 보존과 정비가 시급한 것으로 판단되어 '가'구역에 대한 표본 발굴을

26) 忠北大學校博物館, 1992, 『中原 樓岩里 古墳群 地表調查報告書』.
27) 國立中原文化財研究所, 2009, 『忠州 樓岩里古墳群 地表調查 및 發掘調查報告書』.
28) 文化財研究所, 1991, 『中原 樓岩里 古墳群 發掘調查報告書』.
29) 文化財研究所, 1992, 『中原 樓岩里 古墳群 發掘調查報告書』.
30) 忠北大學校 博物館, 1993, 『中原 樓岩里 古墳群』.

실시하였다.[31] 현재까지 조사현황을 정리해 보면 〈표 2〉와 같다.

가장 최근 발굴된 것은 '가'구역의 45호분과 50호분이다. 45호분은 원형의 봉문에 호석이 돌려져 있었으며 높이가 약 4.4m에 달하는 고총형이다. 석실은 우측 연도가 있는 방형의 횡혈식 석실분으로 궁륭형의 천장까지 남아있어 석실분 연구의 좋은 자료를 제공한다. 석실은 암반층 'ㄴ'자형으로 파내려가 바닥면을 정지한 후 축조하였으며 벽면은 30~40㎝의 화강암재 할석을 이용하여 쌓았다. 시상은 천석을 편평하게 깐 위로 총 3차까지 조성되었다. 유물은 고배, 반구형 뚜껑, 대부호 등의 토기류와 금제이식, 은제대단금구, 은제역심협판, 유리 구슬, 곡옥, 철도자, 토제방추차 등 다양하게 출토되었다. 또한 봉분 서쪽 호석열에 인접한 곳에서 지름 1.1m의 타원형 매납유구가 확인되었는데, 내부에서는 고배류, 대부장경호, 단경호, 잔 등 40여점의 토기가 수습되었다. 50호분은 도굴갱과 천장부가 함몰되어 있는 상태였으나 봉분이 약 5.5m에 달하고 있어 현재까지 중원지역에서 확인된 고분 가운데 최대 규모이다. 석실은 240(동-서)×273(남-북)㎝로 거의 방형을 띠며 벽석은 대형 할석 사이에 소형할석을 채워 넣는 방식으로 축조하였다. 시상은 45호분과 마찬가지로 3차에 걸쳐 축조되었으며, 시상 위에서는 단 1점의 유물도 확인되지 않았다. 유물은 석실바닥에서 고배, 뚜껑, 소호 등 약 30여점이 출토되었다.

충주 누암리 고분군은 현재까지 중부지역에서 발견된 가장 큰 규모의 신라 고분군으로서 6세기 중반, 신라의 한강유역 진출을 증명해주는 유적으로 그 의의가 매우 높다.

---

31) 國立中原文化財硏究所, 2009, 앞의 보고서.

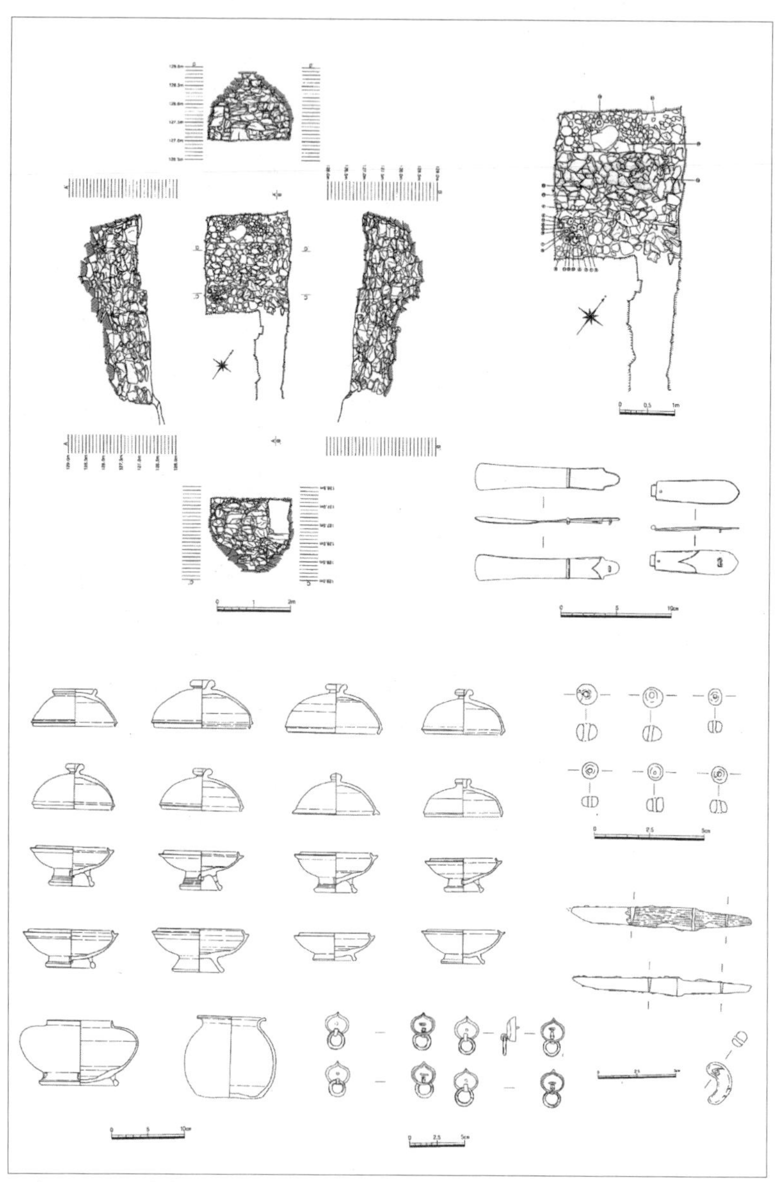

도면 18. 충주 루암리 고분군 가-45호분 석실 평·입면도 및 출토유물 (국립중원문화재연구소, 2009)

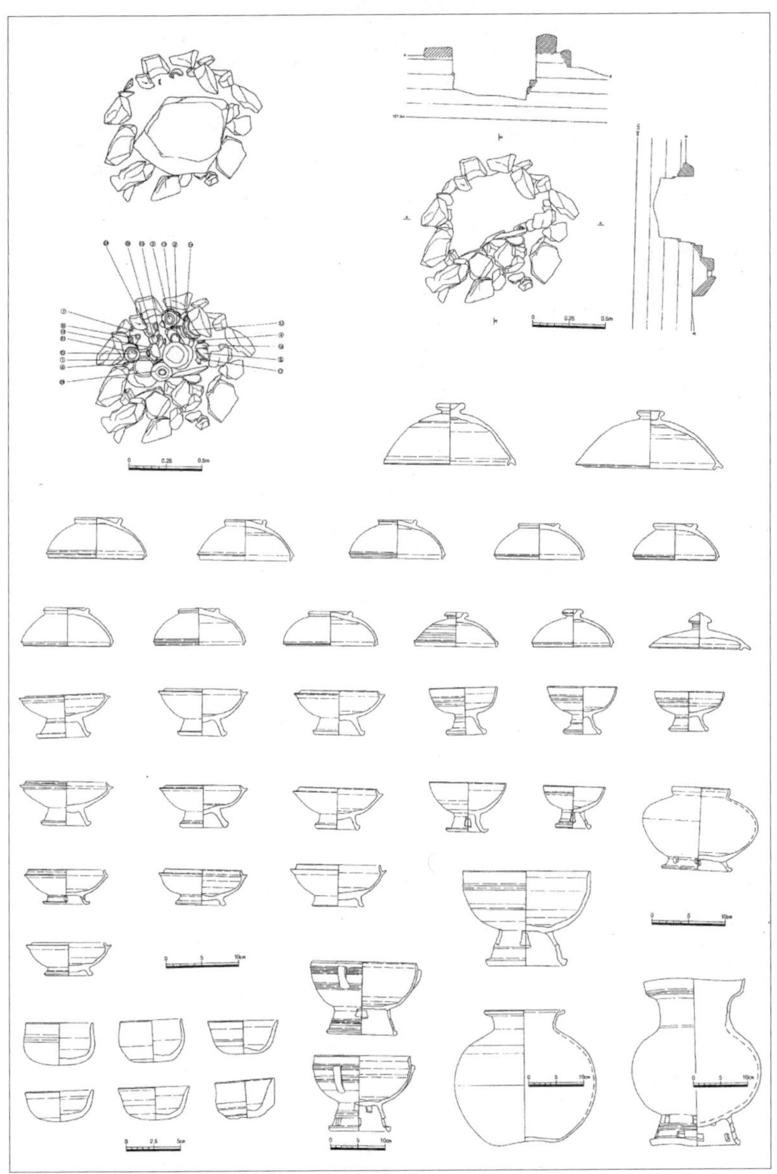

도면 19. 충주 루암리 고분군 가-45호분 매납유구 평·단면도 및 출토유물 (국립중원문화재연구소, 2009)

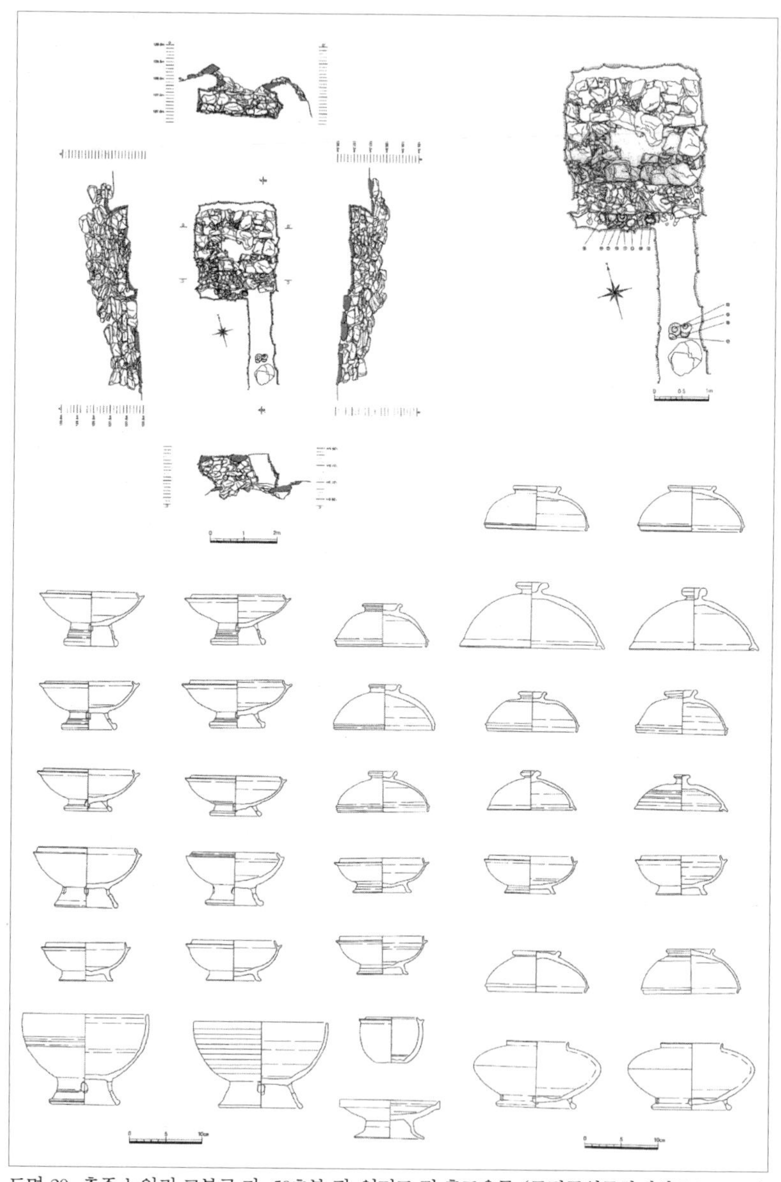

도면 20. 충주 누암리 고분군 가-50호분 평·입면도 및 출토유물 (국립중원문화재연구소, 2009)

Ⅲ. 유적의 형성시기

1. 백제

삼국 중 가장 먼저 중원에 자리를 잡은 것은 백제였다. 충주 금릉동[32]과 문성리 유적[33]에서 마한의 토광묘가 확인되어 마한의 동쪽 경계로 여겨지고 있다. 이후 백제와 관련한 유적은 중앙탑면에 위치한 장미산성과 탑평리 유적이다. 장미산성은 여러 차례의 조사결과 백제유물이 대부분을 차지해 백제의 석축산성으로 밝혀졌다. 2002년 시굴조사에서 판축토루의 존재 가능성을 추정[34]하였으나 2004년 발굴조사에서 판축토루의 가능성이 적고 초축부터 석성으로 축조된 것으로 보고하였다.[35] 따라서 현재까지로 볼 때, 백제 한성기에는 석성을 축조하지 않았다는 기존 주장을 불식시킬 수 있는 유적으로 그 가치가 크다고 할 수 있다. 성벽은 별도의 기단을 설치하지 않고 생토면과 암반을 그렝이하여 처음부터 수평눈금을 철저히 고려하여 면석을 다듬어 조성하였다. 기저부를 정지한 다음 뒷채움만 축조하다 내벽과 외벽이 만나는 부분부터는 내외면을 동시에 쌓아올렸으며, 대체적으로 성벽의 높이는 지형에 따라 조금씩 차이는 보이나 높이 6m, 너비 5m 정도를 보이고 있다. 성의 축조시기는 조족문토기, 원저호 그리고 탄요의 방사성탄소연대측정을 통해 5세기대로 추정하였다.[36] 또한, 백제와 관련하여 중앙탑면과 인접한 칠금동의 탄금대에서는 토성과 함께 덩이쇠가 5매씩 묶음으로 40매가 출토되었다. 이는『日本書紀』의 기록 중 백제가 왜의

32) 忠北大學校博物館, 2007,『忠州 金陵洞 遺蹟』.

33) 中原文化財研究院, 2012,『忠州 化石里·文城里 遺蹟』.

34) 박중균, 2003,「장미산성의 구조 및 축성 주체에 대한 一考察」,『한국성곽연구 논총』2, 한국성곽연구회 정기학술대회.

35) 중원문화재연구원, 2006, 앞의 보고서, p.123.

36) 중원문화재연구원, 2006, 앞의 보고서, p.133.

사진 4. 충주 탄금대토성 성벽 내측 발굴구덩 중심토루 하부 석렬모습 (중원문화재연구원, 2008)

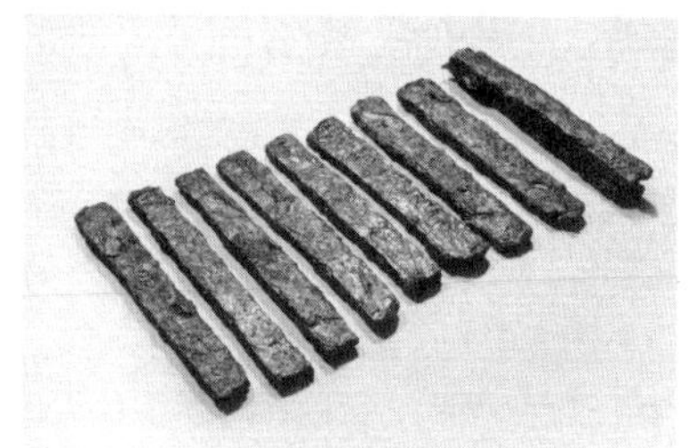
사진 5. 충주 탄금대토성 출토 철정 (중원문화재연구원, 2008)

사신에게 덩이쇠 40매를 주었다는 기사[37]와 관련되어 당시 철의 유통 과정을 알 수 있는 단서가 되고 있다.

최근에는 2013년 충주에서 열린 세계조정선수권대회 개최를 위한 관계시설 조성 사업부지에서 백제의 주거지와 관련 유구들이 다수 조사되었다. 중앙문화재연구원에서 발굴한 지역에서는 '凸'자형 3기, '呂'자형 7기, (장)방형 11기 등 총 25기가 조사되었다. 수혈유구 또한 311기가 확인되었는데, 이 중 2구의 7호 수혈유구가 의례시설과 관련되어 주목된다. 크기는 길이 860㎝, 너비 444㎝, 최대깊이 219㎝에 달하고 내부에 목탄과 소토가 여러 차례 판축된 형태로 퇴적되었다. 내부에서는 고배, 심발형토기, 대옹, 파수부호, 완, 이형토기, 아궁이장식[38] 등 여러 종류의 토기가 출토되었다. 이를 통해 탑평리 일대가 의례를 행할 만큼 중요한 지역이었음을 알 수 있다.

또 중원문화재연구소가 진행한 조사구역에서의 백제주거지는 시굴조사에서

37) 『日本書紀』 神功皇后 46年條.

38) 토제로 된 아궁이장식은 중앙문화재연구원이 조사한 지역에서 총 15점이 출토되었다. 보고자는 아산 갈매리유적 출토품과 형태적으로 유사하나 세부적 특징은 풍납토성과 몽촌토성의 출토품과 더 유사하다고 보고하였다(중앙문화재연구원, 2013, 앞의 보고서, p.575).

2기, 발굴조사에서 10기가 확인되었으며 형태는 '凸'자형 2기이고 나머지는 (정)방형를 띤다. 따라서 중원문화재연구소와 중앙문화재연구원이 조사한 탑평리 유적의 백제주거지는 모두 37기이다. 보고서에 따르면 '凸'형 주거지가 33.3%로 가장 많은 비율을 보이며 장축은 기본적으로 남향으로 조성되었다. 주거지가 폐기된 원인은 대체로 화재로 인한 소실로 보이며, 일부 주거지의 폐기 원인은 범람으로 추정되고 있다.[39] 유적에서 출토되는 유물을 통해 보고자들은 각각 4세기 후반~5세기 전반경[40]으로 추정하였다. 특히 주목되는 것은 주거지에서 출토된 송풍관과 괴련철, 철제망치, 다량의 철기 및 슬래그 등이다. 이는 철제 도구 제작과 관련된 작업이 탑평리 유적내에서 이루어진 것을 보여주는 것으로 신라시기까지 지속된 것으로 추정된다.

2. 고구려

충주 고구려비는 1979년 4월 8일 단국대학교 박물관 학술조사단에 의해 발견되었다. 당시의 위치는 가금면 용전리 입석부락이었으며 발견 즉시 남한의 유일한 고구려비로서 큰 주목을 받았다.[41] 현재까지도 이 비의 내용과 건립시기에 대해서 많은 논란이 있어 명확한 결론을 내리지 못하는 실정이다. 그러나 명백해진 것은 이 비가 발견됨으로써 고구려의 국원성이 충주라는 사실이다. 이 비의 건립시기에 대해서는 5세기 대에 건립이 된 것에는 의견이 통일되나 세부적으로 초·중·후반이냐에 대립각을 세우고 있다.[42] 그러나 대부분 비의 내용은

39) 중원문화재연구소, 2013, 앞의 보고서, pp.263~264.

40) 중앙문화재연구원, 2013, 앞의 보고서, p.589 ; 중원문화재연구소, 2013, 앞의 보고서, p.275.

41) 鄭永鎬, 1979, 「中原高句麗碑의 發見調査와 研究展望」, 『史學志』 13, 檀國大學校 史學會.

42) 관련 연구의 대표로서 1979년 발견직후 공동학술회의를 개최한 뒤 발간한 중원고구려비 특집호 '단국대학교 사학회의 『사학지』 13'와 2000년 고구려연구회의 국제워크샵

장수왕대로 비의 건립은 문자명왕대로 보는 데는 동의하고 있다. 한편, 이러한 기존의 설과는 달리 최근에는 비의 내용과 건립이 모두 문자명왕대라는 새로운 주장이 제기되기도 했다.[43)]

고구려와 관련되어 알려진 유적으로는 1978년 발견된 충주 봉황리마애불상군이 있다. 충주 고구려비에서 북서쪽으로 약 5㎞ 떨어진 봉황리 안골 부락 햇골산에 위치해 있다. 충주고구려비의 발견으로 인해 충주가 고구려의 국원성임이 확실해짐에 따라 이 마애불상군 또한 고구려인들의 작품으로 인식되어 왔다.[44)] 현재까지 전해지는 삼국시대 불상의 사례가 적은데다 최초의 고구려 마애불이라는 점에서 학계의 큰 주목을 받았으며, 조성시기는 대체로 600년을 전후한 것으로 보았다. 그러나 이 시기는 신라가 중원지역을 차지한 다음으로 조성주체에 대한 논란이 제기되었다. 때문에 신라의 국원소경 설치 이후, 신라 왕실의 발원에 의해서 조영된 국가적 사업으로 보고 있다.[45)] 단, 고구려적 요소를

을 통해 발간된 '고구려연구회, 2000, 『중원고구려비 연구』(고구려연구 10), 학연문화사'가 있다.

43) 최근의 새로운 연구에는 '박성현, 2010, 「6세기 초 고구려·신라의 화약과 정계」, 『역사와 현실』 76, 한국역사연구회 ; 우선정, 2011, 『신라 마립간시대의 성립과 전개』, 경북대학교 박사학위논문 ; 서지영, 2012, 「5세기 나·려 관계변화와 〈중원고구려비〉의 건립」, 『한국고대사연구』 68, 한국고대사학회'가 있다. 이에 대한 논지 정리와 함께 비의 대한 내용은 449년, 비의 건립은 450년이 합리적이라는 발표한 '장창은, 2013, 「〈忠州高句麗碑〉 연구의 최근 동향 -비문의 내용연대와 비의 건립연대를 중심으로-」, 『고구려의 재발견』, 한국고대학회·한국교통대학교박물관'이 있다.

44) 鄭永鎬, 1980, 「中原鳳凰里 磨崖半跏像과 佛像菩薩群」, 『考古美術』 146·147, 韓國美術史學會 ; 黃壽永, 1984, 『國寶』 2, 藝耕産業社 ; 문명대, 1991, 『마애불』, 대원사 ; 강우방, 「햇골산 마애불상군과 단석산마애불상군」, 『李基白先生古稀紀念 韓國史學論叢』 上, 一潮閣 ; 진홍섭, 1995, 『한국의 석조미술』, 문예출판사.

45) 徐榮一, 2002, 「中原 鳳凰里 磨崖佛·菩薩群의 造成主體와 그 目的 硏究」, 『文化史學』 18, 韓國文化史學會 ; 김창호, 2006, 「중원 봉황리 마애불상군의 재검토」, 『불교고고학』 6, 위덕대학교.

통해 조각을 직접 담당한 것은 고구려 유민으로 추정된다.[46)]

1980년대에는 충주 누암리 고분군 발견과 충주 탑평리 칠층석탑(국보 제6호) 주변 발굴조사를 통해 고구려보다는 신라의 초점이 맞춰졌다. 그러다 2000년대 들어와 장미산성과 탑평리 유적 그리고 두정리 고분군의 발굴로 다시금 고구려가 수면 위로 떠올랐다. 장미산성에서 고구려 토기는 출토되지 않았지만, 북서쪽 곡선구간의 목책 치성과 5세기 후반에서 6세기 전반으로 편년되는 모봉형 철촉 그리고 숯의 방사선탄소연대가 490년으로 측정되어 고구려와의 관련성이 엿보이고 있다.[47)] 장미산이 위치한 곳은 남한강과 달천강이 자연해자의 역할을 하고 충주분지 일대가 한눈에 전망되기 때문에 고구려에 있어서도 전략상 매우 중요하게 여겨졌을 것이다. 중앙탑면 일대에 고구려유적들이 입지한다는 것도 장미산성 또한 고구려에 의해 사용되었을 가능성을 높여준다.

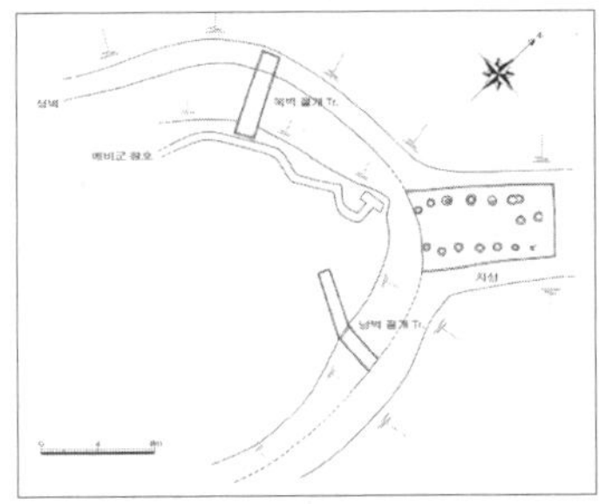
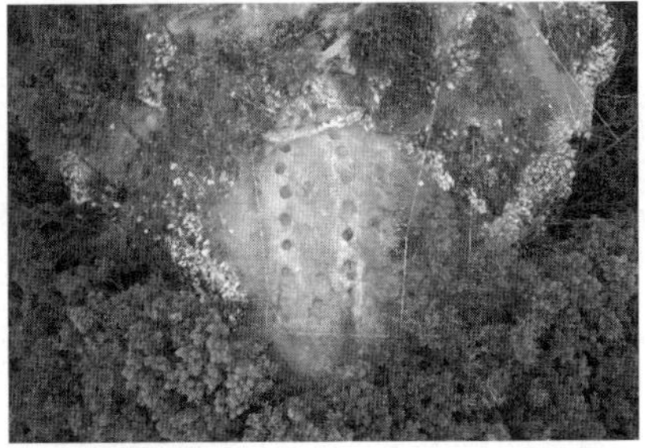

도면 21. 충주 장미산성 목책치성 (백종오·오강석·최진호, 2010)

한편, 국립중원문화재연구소에서는 2008년부터 중원경 치소에 대한 조사를 위해 탑평리 일대에서 백제주거지와 신라 건물지 등을 확인하였다. 또,

46) 徐榮一, 2002, 위의 논문.

47) 백종오, 2013, 「중원지역 고구려 유적 유물의 검토」, 『고구려의 재발견』, 한국고대학회·한국교통대학교 박물관, pp.91~92.

2011~2012년에는 2013년 세계조정선수권대회를 개최지가 탑평리로 확정됨에 따라 관련 시설 조성을 위한 문화재 조사가 실시되었다. 바로 이 조사에서 고구려계[48] 구들과 토기가 출토되어 고구려 국원성의 실체에 가깝게 다가갈 수 있는 기회가 마련되었다. 고구려계 쌍구들시설은 국립중원문화재연구소의 조사구역 내 남동쪽의 1호 백제주거지가 폐기된 이후 주거지 상부의 북동쪽에 조성되었다. 구들은 천석과 점토를 이용하여 잔존 길이 5.1m, 너비 0.7~1.1㎝, 높이 0.4m 규모로 조성하였으며, 구조는 연소부, 연도부, 배연부로 이루어졌다. 고구려계 유물은 구들 내부와 구들의 서편의 2m 이내 산포되어 출토되었으며, 토기류 14점, 방추차 1점, 철기류 9점 등 총 24점이다.[49] 이 유물들은 토기를 통해 대략 5세기 중엽경으로 편년되고 있다.[50]

이외에 고구려의 고분은 대소원면(前.이류면)과 단월동에서 확인되었다. 대소원면의 두정리 고분군은 2007~2008년 중원문화재연구원에 의해 6기의 석실분이 발굴되었다.[51] 완만한 경사면에 일정한 간격을 두고 등고선 방향으로 배치된 것은 백제나 신라의 고분의 입지와는 다른 양상을 보여주는데, 이를 두고 발굴보고자는 평양 대성산 고분군이 5~6기를 단위로 횡방향으로 배치되는 것

48) 탑평리 유적의 구들과 그 내부에서 출토된 유물들을 '고구려계'라고 보고하였다. 현재까지 고구려 유적에서 출토된 고구려토기는 한성백제인이 사용한 고구려 토기로 추정하거나 백제한성기에 제작된 고구려계 토기로 보기도 한다(양시은, 2010, 「고구려의 한강유역 지배방식에 대한 검토」, 『고고학』 9-7, 중부고고학회 ; 2011, 「남한에서 확인되는 고구려의 시공간적 정체성」, 『고고학』 10-2, 중부고고학회). '고구려계'라고 하는 것은 남한에서 출토된 고구려 유적과 유물의 정체성에 대해 명확한 규정이 어렵기 때문이다. 탑평리 유적의 고구려토기는 보고서 고찰에 따르면 고구려토기와 고구려계토기가 혼재된 양상으로 판단하였다(국립중원문화재연구소, 2013, 앞의 보고서, pp.280~281).

49) 국립중원문화재연구소, 2013, 앞의 보고서, pp.89~96.

50) 백종오, 2013, 앞의 논문, p.92.

51) 중원문화재연구원, 2010, 『忠州 豆井里 遺蹟』.

과 유사하다고 보고하였다. 이러한 입지는 고구려의 주요 교통로와 관련된 것으로 강 주변에 형성된 자연 교통로를 중심으로 거점 지역에 산성이나 보루를 설치하고 완만한 경사면 혹은 평탄면에 입지하는 공통점을 보인다. 두정리 고분은 출토된 토기를 통해 대략 5세기 후반경으로 추정된다.[52] 또한, 충주 단월동에서는 1993년 6기의 고분이 조사[53]되었는데, 당시에는 5호와 10호분이 통일신라 후기 고분으로 보고되었으나 최근 고구려 고분으로 밝혀졌다.[54] 중앙탑면은 아니지만, 인근에 위치해 있어 고구려 국원경의 위치와 경영에 대해 직접적인 자료가 되고 있다.

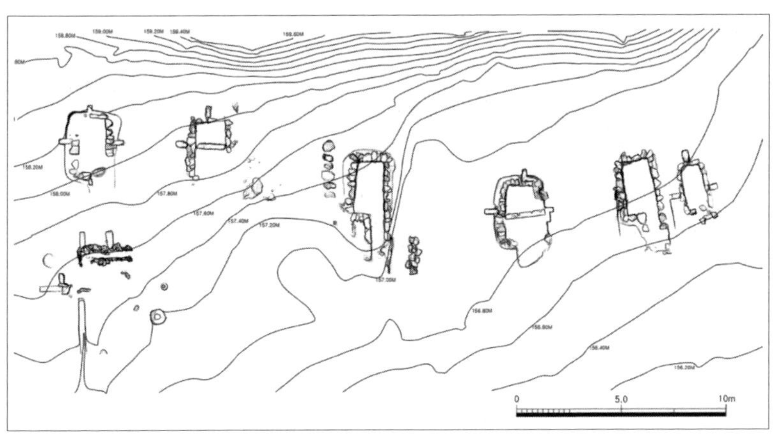

도면 22. 충주 두정리 고분 (중원문화재연구원, 2009)

52) 백종오, 2009, 「남한내 고구려 고분의 검토」, 『고구려발해연구』 35, 고구려발해학회, p.243.

53) 건국대학교 박물관, 1994, 『충주 단월동 고분군 발굴조사보고서』.

54) 김정인, 2011, 「충주지역 고구려계 고분과 그 성격」, 『중원문화재연구』 5, 중원문화재연구원.

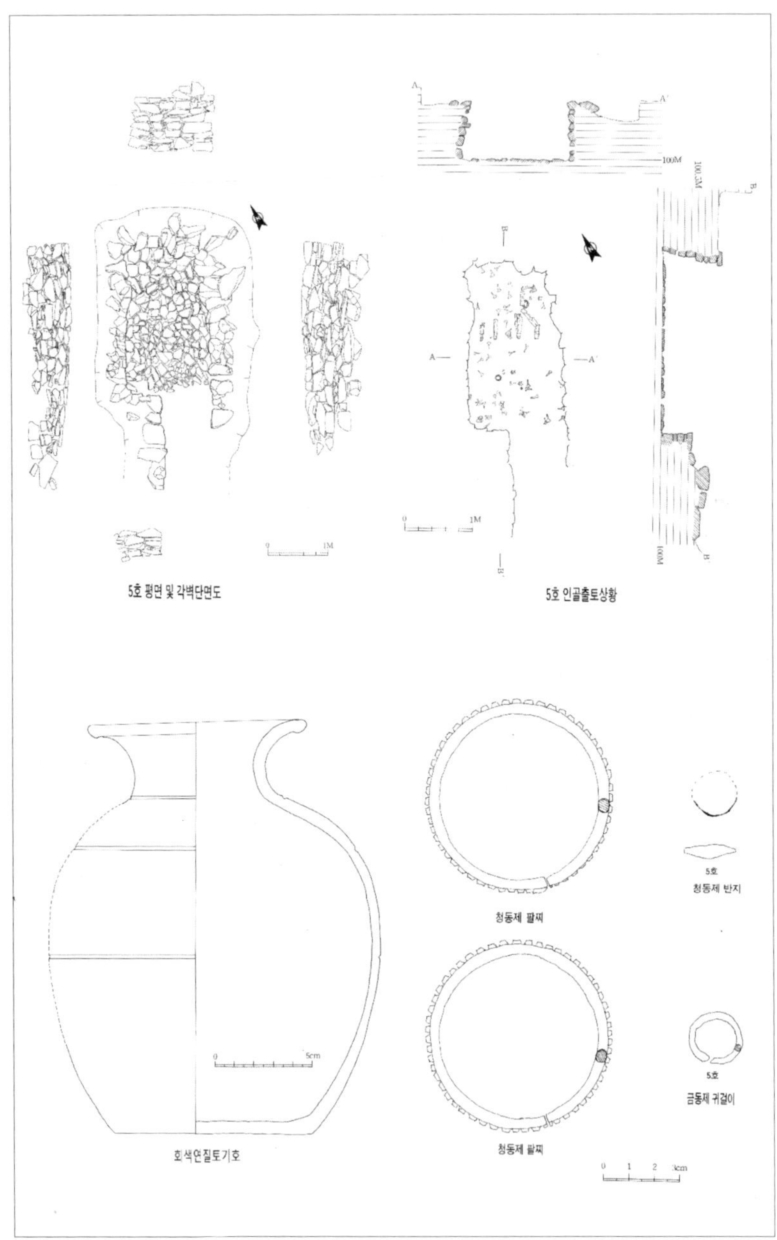

도면 23. 충주 단월동 고분군 5호분 평면·입면·단면도 및 출토 유물 (백종오, 2013a, 전재)

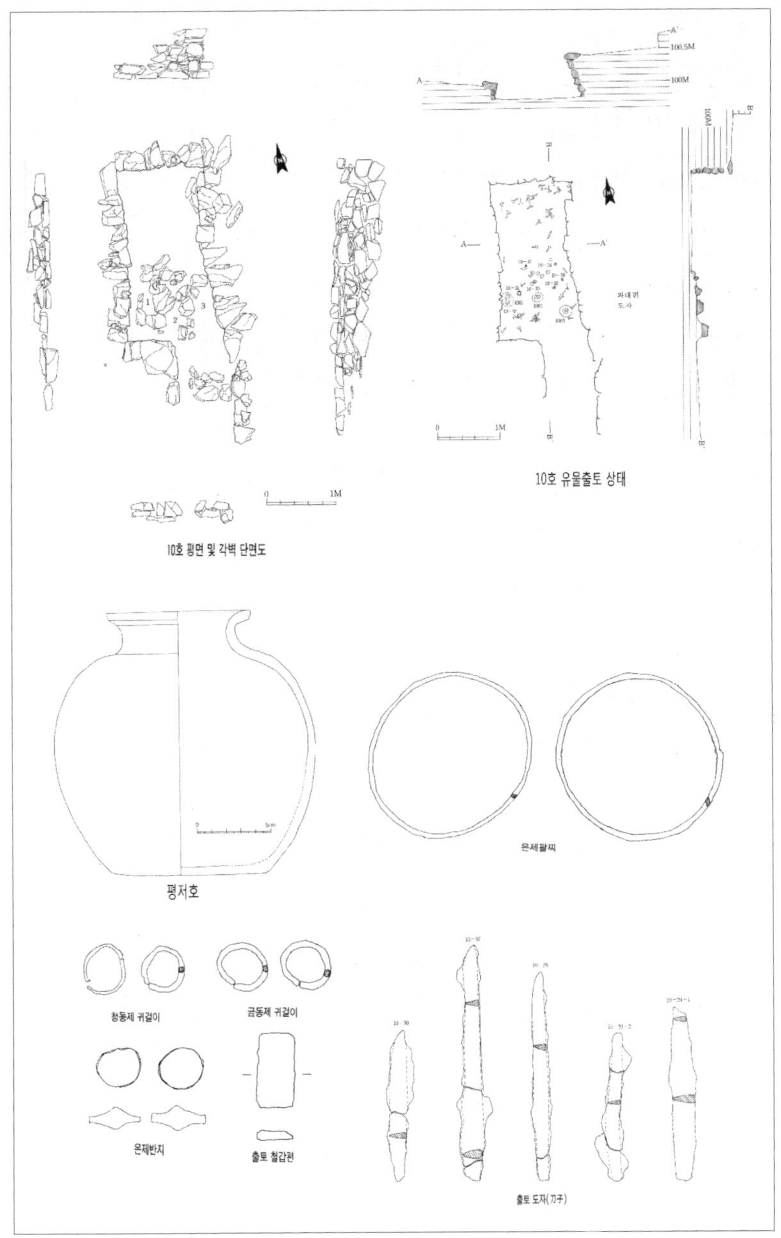

도면 24. 충주 단월동 고분군 10호분 평면·입면·단면도 및 출토 유물 (백종오, 2013a, 전재)

3. 신라

중원에서 처음 신라유적으로서 주목을 받은 것은 충주 누암리 고분군이었다. 1980년 중원문화권 설정을 위한 지표조사에서 처음 보고된 후 1989년부터 2008년까지 학술발굴조사가 이루어졌다. 발견 당시, 신라의 왕경인 경주 외에 누암리 고분군만큼 규모가 크고 고분의 수가 많은 것이 없었기 때문에 큰 관심을 불러일으켰다.

누암리 일대에 270여기의 고분군이 분포한 것으로 추정되며, 40여기가 발굴되었다. 총 4차례의 발굴조사에서 6세기 중반경의 신라 석실묘 44기가 조사되었으며, 그 내부에서는 전형적인 신라후기양식토기와 함께 금귀걸이, 허리띠장식, 유리구슬 등 장신구들도 출토됨에 따라 중원경의 실체가 드러나기 시작했다.

1992년에는 누암리의 북서쪽에 위치한 하구암리에서 약 380여기에 달하는 고분군이 확인되었다. 총 3차례 걸쳐 발굴조사되었으며 특히 2007~2008년 중앙문화재연구원에 의해 조이간산 지역에서 66기가 발굴되었다. 누암리 고분군과 마찬가지로 6~7세기 대의 신라후기양식토기가 주로 출토되었고 최근 병마지골에서 3기의 발굴조사에서는 금동제 귀걸이와 허리띠장식이 확인되었다.

누암리 고분군과 하구암리 고분군은 출토된 유물을 통해 6~7세기경에 형성된 것으로 신라의 한강유역 진출의 실질적 근거가 되고 있다. 특히, 진흥왕 18년(557)에 국원을 소경으로 삼고 이듬해 귀척자제와 육부호민을 이주시켰다는 기록[55]에 따라 고분에 묻힌 피장자의 신분적 위치 또한 가늠케한다.

루암리와 하구암리 고분군은 주로 석실 평면이 방형에 연도가 있는 횡혈식 석실분이 나타나고 있다. 시상은 생토 위에 할석재나 천석재를 이용하여 별도

55) 『三國史記』 卷 4, 眞興王 18年條 "以國原爲小京".
『三國史記』 卷 4, 眞興王 19年條 "九年春二月 徙貴戚子弟及六部豪民 以實國原".

의 비교적 높은 시상대를 마련하였으며 위치는 연도의 맞은 편 벽에 조성되는 게 일반적이다. 매납 유구는 누암리 1·7·13·17호분과 최근 조사된 가-45호분, 하구암리의 7·12·13·25·26호분에서 봉토 내에 호석과 인접하여 1~3개씩 설치하였는데, 소형 석곽에 유물을 매납한 것이 특징이다. 이러한 특징들은 대체로 경주와 안동 등 영남 중북부지역에서 주로 확인되는 것이라 하여 왕경과의 관련성이 이야기되고 있다.[56] 반면, 낮은 시상대, 중앙과 좌측 연도, 하구암리 34·35호과 누암리 14·19호에서 의 관고리와 관정 출토 등은 영남 서남부인 합천 의령 함안 창원 등의 요소와 관련된 것으로 보고 있다.[57] 이러한 고분의 양식적 혼재는 신라가 고구려의 국원경 지역을 점령한 뒤, 왕경민들과 가야계 그리고 재지 세력 등 주민의 구성이 다양했음을 보여주는 직접적인 근거이다.

충주지역에 위치한 신라고분군은 대략 두 시기로 나뉘는데, 신라후기양식토기가 출토되는 6세기 중반경과 통일기양식토기 즉, 인화문토기가 출토되는 시기이다. 전자에 해당되는 누암리와 하구암리 고분군은 남한강과 달천이 합수되는 지점의 서편에 위치하고 있으며 통일기의 석실분으로는 동편의 단월동 고분군이 있다. 이로 볼 때, 신라의 고분군은 서편에서 동편으로 점차 축조 범위가 확대되어 간 것으로 여겨진다.[58]

최근, 탑평리 일대 조사가 진행되면서 신라 주거지가 조사되었다. 중앙문화재연구원 조사구역 1·2지구에서 각각 11기, 25기 그리고 중원문화재연구소 조사구역에서 16기 등 42기가 확인되었다. 교란과 중복이 심해 전체 평면 형태를 알 수 있는 것은 19기인데, 방형 혹은 장방형으로 구분되며 장방형이 많은 편

---

56) 김진영, 2007, 「한강유역 신라 석실묘의 구조와 성격」, 『선사와 고대』 27, 한국고대학회, p.216.

57) 김진영, 앞의 논문, p.216 ; 오재진, 「忠州地域 新羅 石室墓의 構造와 系譜」, 『중앙고고연구』 4, 중앙문화재연구원, p.107.

58) 오재진, 앞의 논문, p.103.

이다. 온돌시설은 'ㅡ', 'ㄱ', 'T'형이 확인되었다. 중앙문화재연구소에서 조사된 1·2지구에서는 'ㅡ', 'ㄱ'형이 있으며 'ㄱ'형은 방형 주거지에, 'ㅡ'형은 장방형 주거지에 사용되는 특징이 보인다. 중원문화재연구소에서 조사된 지역에서는 'ㄱ', 'T'형이 조사되었는데 전체적으로 'T'형이 많았다. 건물지는 중앙문화재연구소 지역에서 16기, 중원문화재연구소는 시·발굴조사를 합해 7기가 조사되었다. 이외 배수로로 여겨지는 구상유구가 확인되었다. 유물은 토기가 조사구역에서 각각 242점, 256점으로 총 500여점 가까이 출토되었으며 이외에 철촉, 도자, 철부, 철보습 등 철제유물도 출토되었다. 토기류는 고배류가 가장 많은 수를 차지하고 그 다음으로는 완이 차지하고 있다. 그러나 전체적인 수량으로 봤을 때, 호·접시·동이·시루 등 일상 생활용기가 다수를 점하고 있다. 기와는 중앙문화재연구원 지역에서 31점이 출토되었는데, 암키와가 23점, 수키와가 7점이며, 이 중 25점이 주거지에서 수습되었다. 원통와통을 사용하고 점토띠와 점토판 소지가 관찰되며 단판타날에 의한 선문만 확인된다. 기와를 사용한 건물이 있었다는 것은 그만큼 신라에 있어 탑평리 일대가 중요한 위치를 점하고 있었다는 것을 보여준다. 출토된 유물로 통해 볼 때, 편년은 6세기 중반경으로 누암리와 하구암리 고분군과 비슷한 시기로 상정할 수 있다.

같은 중앙탑면에 위치한 누암리와 하구암리 고분군 그리고 탑평리 유적에서 출토된 토기들은 그 형태와 시문된 문양의 종류, '井', 'V' 자형 등의 음각 부호를 통해 비슷한 양상을 띠고 있어 탑평리 유적을 형성한 사람들과 고분군의 피장자들의 관계를 유추해 볼 수 있다.

Ⅳ. 국원성, 국원소경, 중원경으로의 변화

우리가 중원의 중심이라 여기는 충주지역이 가진 이점은 무엇보다 남한강이

주는 수원과 수로에 있다. 세계사적으로 볼 때도 인류가 처음 도시를 세우고 문명이 발달한 중심에는 강이 있었다. 마찬가지로 중원문화의 중심에는 남한강이 있다. 남한강은 일찍이 선사시대부터 수로로 이용되어 왔으며, 한반도의 역대 왕조에서 가장 중요시되었던 내륙수로였다.[59] 남한강이 수로로서 가치가 큰 것은 한반도를 남북으로 연결해 주는 교량적 역할을 하였기 때문이다. 남한강은 한강본류에서 남쪽으로 흘러 이천과 여주를 지나 충주, 원주로 흐르고 동쪽의 상류방향으로는 제천, 단양, 영월, 정선 등을 지난다. 이 남한강이 흐르는 길은 상류방향으로는 죽령이 있고, 남쪽방향으로는 계립령과 가까이 있어 경상도와 서울·경기지역을 이어주는 남-북 교통로의 주축이었다. 게다가 상류방향으로 가면 강원도지역과도 연결되고 있어 동-서의 교통로도 매우 중요한 구실을 하였다. 이러한 남한강 유역 중 가장 중심지역으로 손꼽히는 곳은 현재의 충주 지역이었다. 이는 앞서 살펴 본 것과 같이 충주지역 특히, 중앙탑면 일대에서 고대 유적지들이 밀집 분포된 것에서도 알 수 있다. 또 지금까지 철생산과 관련되어 조사된 것은 4개소의 철광산, 39개소 305여기의 탄요유적, 100개소의 야철유적 등에 이른다.[60] 이는 남한강 유역에서 가장 큰 철생산 규모를 짐작하게 하며, 이는 왜 중원지역이 고대국가 이래로 더욱 중요시 되었는지 알 수 있는 근거이기도 하다.

이러한 남한강 유역의 중심인 충주에 자리를 잡은 것은 삼국 중 백제였다. 그러나 중원지역에서 백제가 차지하는 위상은 매우 미미한 편이었다. 그 이유는 1980년대 전후로 하여 충주고구려비와 봉황리마애불상군 등 남한에서는 찾기

59) 서영일, 2003, 「한성 백제의 남한강수로 개척과 경영」, 『문화사학』 20, 문화사학회, p.16.

60) 어창선, 「충주 철광산의 조사 현황 보고」, 『중원의 제철문화』, 국립중원문화재연구소, p.161.

힘든 고구려 유적지가 발견됨에 따라 큰 이슈가 되었으며, 그 이후로는 누암리 고분군이 발견되어 신라의 중원경으로 초점이 맞춰졌기 때문이다. 또한, 백제로 확증할 만한 유적지조차 발견되지 않음에 따라 자연스레 소외되었다. 그러나 2000년대 후반부터 마한의 토광묘인 금릉동, 문성리 유적 등이 발견되고 백제의 탄금대토성, 장미산성, 탑평리 유적 등이 잇따라 발굴조사 됨에 따라 분위기가 반전되기 시작했다. 탄금대토성과 장미산성은 백제의 토성과 석축산성의 축조 기법을 보여주는 좋은 자료가 되고 있다. 탄금대토성은 일반적인 판축토성과는 달리 중심 기저부에 석렬을 계단상으로 배치한 석심토루이며, 장미산성은 초축세력이 백제로 밝혀짐에 따라 논란이 많았던 백제 한성기 석축산성의 사례가 되고 있다. 또한 탑평리 유적에서 '凸', '呂', 방형의 주거지 등이 40기 가까이 조사됨에 따라 백제 역시 중앙탑면 일대를 점유했던 것으로 증명되었다. 주거지의 형태와 규모, 의례와 관련된 시설로 추정되는 수혈유구, 제철과 관련된 유물 등은 고구려나 신라와 다름없이 백제 또한 중앙탑면 일대를 중심지역으로 여겼던 것으로 판단된다. 백제 유적 형성시기는 지금까지 보고된 자료를 종합하면, 4세기 후반~5세기 전반경으로 보고있다.

백제가 남한강을 통해 물류를 유통시킨 사례는 가까운 원주 법천리 고분군에서 알 수 있다. 이 유적은 4세기 말~5세기 초로 편년되는데, 중앙탑면 일대의 백제 유적지와 시기가 비슷하다. 조사된 고분 중 4호분 석실 바닥에서 조기, 사어, 민어, 돔, 정어리, 준치 등 6종 7마리의 바다 생선뼈가 출토되었는데,[61] 이는 모두 서해에서 어획된 것으로 최소한 150㎞ 이상 남한강 수로를 이용해 법천리로 왔다. 그리고 생선과 함께 인간 생활에 가장 필요한 소금도 같이 유통되었을 것이다.[62] 또, 충주지역에서는 철이 남한강을 이용해 하류로 이동되었

61) 국립중앙박물관, 『법천리』Ⅰ, p.170.

62) 소금 교역을 백제국가 형성과 관련하여 본 것은 '이도학, 1997, 『백제 고대국가 연구』,

다. 즉, 서해에서 얻어진 물류가 하류에서 상류인 내륙으로 이동되었으며, 하류로는 철이 유통된 것으로 추정된다.

현재까지 남한강의 상류지역에서는 4세기 후반 이전까지 백제의 유물이 확인되지 않는데, 이는 중앙탑면 일대의 백제 유적에서도 알 수 있다. 4세기 후반까지 백제가 남한강 상류지역에 진출하지 못했던 것은 말갈과 관련이 있다. 경기도 북부, 함경도 남부, 강원도 영서 및 영동, 충청북도 북부 등에 위치했던 말갈은 백제와 3세기 이전부터 자주 충돌하다 고이왕 25년(258)을 이후로는 말갈의 침입이 사라진다. 말갈은 4세기 초 고구려의 남하와 백제의 압박으로 점차 와해된 것으로 보이며 이 시기를 기점으로 백제가 남한강으로 진출하기 시작한다. 이 과정에서 파트너로 삼은 세력이 원주 법천리 고분군을 조성한 세력이었으며, 이들의 포섭을 통해 충주까지도 장악한 것으로 여겨진다. 이 시기가 대략 4세기 후반경으로 추정된다. 이 시기 백제가 남한강 상류인 충주에 집중한 것은 분명 '철' 때문이었다. 그렇다면, 충주지역 진출과 남한강수로의 활용은 백제에게는 국가적 사업이었을 것이다.[63] 따라서 백제에 의해 탄금대토성, 장미산성, 탑평리 유적 등이 조성될 수 있었다.

백제는 적어도 5세기 초반까지는 남한강 상류지역을 점유했던 것으로 여겨지는데, 이후 고구려와의 전투에서 수세에 몰림에 따라 5세기 중반경에는 고구려에게 남한강 상류지역을 상실한 것으로 보여진다. 이는 중앙탑면 일대의 고구려 유적에서 알 수 있다. 먼저, 충주고구려비는 그 건립연대에 대한 의견이 대립되고는 있으나 기록된 내용은 5세기 중반경으로 보는 것이 타당할 것이다. 내용이 5세기 중반경의 상황이라면, 국원성의 설치 시기도 이와 비슷할 것이다.[64] 이를 뒷받침할 근거는 탑평리 유적의 고구려계 토기, 장미산성 숯의 탄소

일지사, pp.147~165'이 있다.

63) 서영일, 2003, 「한성 백제의 남한강수로 개척과 경영」, 『문화사학』 20, 문화사학회.

연대 측정 값, 두정리 고분군의 토기 등이 대략 5세 중반~5세기 후반경으로 편년된 것이다. 또한, 이전의 백제시기 유적들이 모두 5세기 초반경으로 편년된 것과도 연결된다.

고구려에게 충주지역은 '國原城[65]'이다. '國原'을 두고 國都 성격으로 본 견해[66]가 있기도 하고 진흥왕 때 설치한 국원소경의 명칭에 부회하여 기록한 것이라 보기도 한다.[67] 이러한 명칭에서부터 의견이 갈리는 이유는 고구려의 국원지역 경영과 관련되어 있다. 다시 말해, 충주고구려비 외에는 충주지역에서 고구려 유적과 유물이 미미한 상황에서 비롯된 것이라 할 수 있다. 그러나, 충주가 갖는 지정학적 위치와 철생산지 규모로 볼 때 고구려가 이 지역을 간과했을 리가 없다. 450년 실직에 있었던 고구려 변장 살해 사건[68]을 계기로 신라와의 관계가 급격히 흔들리기 시작한 상황에서 국원지역은 더욱 중요시 되었을 것이다. 남한강 상류지역을 잃는다는 것은 한강 본류로 들어가는 가장 중요한 대로

64) 광개토대왕릉비의 영락6년(396)기록에 따라 이미 충주지역을 장악한 견해(이도학, 1988, 「영락6년 廣開土王의 남정과 國原城」, 『손보기박사 정년기념 한국사학논총』)도 있으나, 당시 정황상 고구려의 남하는 원주, 제천, 단양, 영주, 안동, 경주로 이어지는 중부내륙도를 이용했을 가능성이 크다(양기석, 2002, 「高句麗의 忠州地域 進出과 經營」, 『중원문화논총』 6, 충북대학교 중원문화연구, p.65). 또한, 당시 남한강 수로가 백제에 의해 장악되었다는 의견(서영일, 2003, 앞의 논문)도 있는데 이는 여주, 원주, 충주 지역에서 나타는 백제 유적의 편년이 시기적으로 동일함에 따라 더욱 설득력이 있다. 따라서, 4세기 후반경의 충주는 백제 세력권으로 봐야 할 것이다.

65) 『三國史記』 卷35, 雜志4, 地理2 "中原京 本高句麗國原城 新羅平之 眞興王置小京 文武王時築城 周二千五百九十二步 景德王改爲中原京 今忠州".

66) 이도학, 2003, 「高句麗史에서의 國原城」, 『白山學報』 67, 白山學會.

67) 양기석, 2002, 「高句麗의 忠州地域 進出과 經營」, 『중원문화논총』 6, 충북대학교 중원문화연구소.

68) 『三國史記』 卷3, 新羅本紀3, 訥祇麻立干 三十四年條. "秋七月 高句麗邊將獵於悉直之原 何瑟羅城主三直出兵掩殺之 麗王聞之怒 使來告曰 孤與大王 修好至歡也 今出兵殺我邊將 是何義耶 乃興師侵我西邊 王卑辭謝之 乃歸".

를 상실한다는 의미였다. 또한, 고구려는 중원을 교두보로 하천을 이용해 진출하였는데, 남한강과 달천 주변에는 충주고구려비, 장미산성, 두정리고분, 단월동고분이 위치하고 있다. 두정리고분은 달천의 서쪽에 위치하며, 충주에서 달천과 합류하는 요도천을 통해 서쪽으로 가면 미호천과 만나는 교통로에 입지한다. 이 미호천은 음성, 진천, 청주지역과 세종특별자치시에서 금강과 만나 충남방면으로 진출하는데 큰 역할을 하는 하천이다. 현재까지 한강유역에 남아있는 고구려 유적들로 볼 때, 고구려는 교통로상의 군사적 요충지에 성을 축조하고 이를 거점으로 각 지역의 여러 집단을 행정단위로 편제하는 거점 지배방식을 취하였다. 특히 고대 국가에 있어 가장 중요한 교통로는 하천이었다. 때문에 중원지역이 고구려에게 중요하지 않아서가 아니라, 그들이 취한 지배방식의 차이로 인해 유적과 유물의 수가 적을 수 있다는 것이다.[69]

5세기 중후반, 고구려와 신라는 충북 일대를 중심으로 각축을 벌인 것으로 보이는데, 신라가 보은을 중심으로 축성사업을 진행[70]한 것에서도 알 수 있다. 6세기에 들어서는 주목되는 삼국의 각축은 도살성과 금현성 전투이다. 기록에 따르면, 550년 백제가 고구려의 도살성을 빼앗고 다시 고구려가 백제의 금현성을 함락시켰는데, 바로 뒤 신라가 틈을 타서 두 성을 차지했다고 한다.[71] 도살성은 증평의 추성산성(이성산성) 혹은 진천의 두타산성으로 비정되며 금현성은 세종특별자치시 전의면에 있는 금성산 일대로 보고 있다.[72] 고구려가 이렇게 증

69) 양기석, 2002, 앞의 논문, pp.81~82.

70) 『三國史記』 卷3, 新羅本紀3, 慈悲麻立干 十三年條. “築三年山城 … 十四年 春二月 築芼老城 … 十七年 築一牟沙尸廣石沓達仇禮坐羅等城”.

71) 『三國史記』 卷4, 新羅本紀4, 眞興王 11年條 ; 『三國史記』 卷19, 高句麗本紀7, 陽原王 18年條 ; 『三國史記』 卷26, 百濟本紀4, 聖王 28年條.

72) 장창은, 2011, 「6세기 중반 한강 유역 쟁탈전과 管山城 戰鬪」, 『진단학보』 111, 진단학회, pp.6~7.

평, 진천, 세종 등으로 진출할 수 있었던 것은 달천에서 갈라진 요도천이 서쪽으로 향하다 미호천을 만나기 때문에 자연스럽게 교통로가 형성된 것이다.

그렇다면 신라는 과연 언제 충주로 진출한 것일까? 신라가 550년에 도살성과 금현성을 탈취하고 이듬해 3월 낭성에 순수를 갔다 국원에 있던 우륵(于勒)과 그의 제자 니문(尼文)을 불러 음악을 연주하게 하였다. 우륵이 투항하여 국원에 안치를 시킨 후, 551년 낭성에 순수를 갔다 우륵을 불렀다는 것은 이미 551년 이전에 신라가 고구려의 국원을 장악한 것으로 해석된다.[73] 신라가 충주로 진출한 루트는 죽령이었을 것으로 추정되는데, 이는 단양신라적성비를 통해서도 확인된다. 국원성을 차지한 신라는 바로 소경을 설치하고 귀척자제들과 육부호민을 사민[74]시킨다. 여기에는 우륵과 같이 대가야인들도 포함되었다. 이들이 흔적은 누암리고분군과 하구암리고분군에서 직접적으로 드러나고 있으며, 고분의 크기, 석실의 형태, 출토유물의 양상 등으로 볼 때 왕경과의 관련성을 알 수 있다. 그러나, 영남 서남부인 합천 의령 함안 창원 등의 요소와도 관련된 고분도 확인[75]됨에 따라 다양한 주민 구성을 유추해볼 수 있다. 또, 탑평리 유적에서 신라주거지를 비롯한 건물지, 구상유구 등이 확인됨에 따라 소경으로서의 도시 구조를 갖췄던 것으로 보인다.

국원소경은 경덕왕 16년(757)에 중원경으로 개칭되는데, 국원경-국원소경-중원경으로의 명칭 변화는 역사적 상황과 관계있다. 국원경과 국원소경으로의 변화는 점유국이 고구려에서 신라로의 전환되었음을 나타나는 것이고 중원경으로의 개칭은 점차 중앙집권력의 와해를 막아보고자 하는 경덕왕의 노력이

73) 양기석, 2003, 「신라 5소경의 설치와 서원소경」, 『신라 서원소경 연구』, 서경, pp.72~73.

74) 『三國史記』 卷4, 新羅本紀4, 眞興王 17年條.

75) 김진영, 앞의 논문, 216쪽 ; 오재진, 앞의 논문, 중앙문화재연구원, p.107.

었다. 그렇다면 명칭에 따라 치지에 변화도 있었던 것일까? 그간의 연구로 볼 때, 시종일간 중앙탑면이 중심이었다는 의견[76]과 고구려는 중앙탑면에, 신라는 현재 충주 시내쪽에 치지가 있었다는 주장이 있다.[77] 후자의 의견에서 시내쪽으로 옮겨간 시기는 신라가 국원소경을 설치시기부터로 보는 견해와 문무왕 때 국원소경에 여러 성을 쌓으며 정비[78]한 때로 보기도 한다. 치지를 충주 시가지로 보는 데는 대부분의 학자들이 봉현성지를 주목하고 있다. 시종일관 중앙탑면에 치지가 있었다는 의견은 대부분의 고대 유적이 밀집한 것을 큰 이유로 들고 있는데, 통일기 이후에는 충주탑평리7층석탑 이외에 다른 유적이 발견되지 않는 점이 문제이다. 그리고 충주 시내인 봉현성지로 옮겨갔다는 의견도 소경의 위용을 갖출 수 있는 면적에서는 설득력이 있으나 아직까지 뚜렷하게 통일신라기의 유구나 유물이 출토되지 않고 있다. 최근 호암지택지개발지구에서 봉현성지의 일부분으로 추정되는 토성이 발견되었는데, 성벽주변에서 통일신라기의 기와가 수습되어 통일신라 토성일 가능성이 제시되었다.[79] 그러나 기저부에서 고려시대 유물이 출토됨에 따라 현재까지의 성과로는 봉현성지가 중원경의 치지일 가능성은 낮다. 그러나 어찌되었든 중앙탑면 일대에 고대 유적지가 집중되는 것은 누구도 부정할 수 없기에 적어도 삼국시대에 중심은 중앙탑면 일대였다. 다만, 하구암리 고분군과 누암리 고분군이 형성된 후 통일기의 단월동 고분이 달천 동편에 위치하고 소량이나 호암동 토성에서 통일신라기의 유물

76) 장준식, 1998, 『신라중원경연구』, 학연문화사 ; 2012, 「신라중원경」, 『국원경·국원소경·중원경』, 국립청주박물관, pp.186~199.

77) 尹武炳·朴泰祐, 1992, 「五小京의 位置 및 都市構造에 대한 一考察」, 『中原京과 中央塔』, 忠州工業專門大學博物館 ; 田中俊明 , 2011, 「中原小京の諸問題 : 特に國原小京の意義」, 『선사와 고대』 34, 한국고대학회 ; 황인호, 2013, 「탑평리 유적과 신라」, 『충주 탑평리 유적의 발굴과 그 의의』, 중원문화재연구소.

78) 『三國史記』 卷4, 新羅本紀7, 文武王 13年條.

79) 충청북도문화재연구원, 2011, 『충주 호암동유적』.

이 수습되는 것은 신라가 국원을 점유한 뒤 점차 동편으로 확장되는 과정을 보여주는 자료이다.

Ⅳ. 맺음말

지금까지 중앙탑면 일대에서 고고학적 조사 결과로 얻어진 유적의 형성시기을 바탕으로 고대 삼국의 세력변화 과정을 살펴보았다. 백제는 4세기 후반, 원주지역의 법천리 세력을 포섭하면서 충주지역으로 진출한 것으로 판단된다. 이에 장미산성, 탑평리 유적 또 인근의 탄금대토성 등의 유적을 형성하면서 고대 삼국 중 가장 처음 충주에 도시 기반을 닦아나갔다. 이후, 5세 중반경 고구려의 남진으로 충주 일대가 고구려의 세력하에 놓이면서 '국원경'이라 불린다. 고구려의 남진정책은 하천과 육로 등 주요 교통로 인근에 관방시설을 설치하고 운영하는 거점지배 방식을 취하였다. 때문에, 현재까지 밝혀진 한강 이남의 고구려의 유적들은 주요 교통로에 입지하는 특징을 보인다. 국원지역 또한 장미산성, 충주고구려비, 탑평리 유적, 단월동고분, 두정리고분 등의 고구려 유적이 남한강과 달천 인근에 위치해 있다. 551년 진흥왕이 낭성으로 순수를 갔다 국원에 안치시킨 우륵을 불렀다는 것에서 이미 551년 이전에 고구려의 국원을 장악했다는 것으로 파악된다. 신라는 대중교통로를 여는데 큰 열망이 있었기 때문에 한강유역을 꼭 장악해야만 했다. 특히, 남북교통로의 중심축인 남한강과 철생산지까지 겸비한 고구려의 국원지역은 신라에 있어 보물과도 같은 곳이었다. 이에 국원을 차지한 신라는 바로 소경을 설치하였으며, 왕경의 귀척자제를 사민시킬 만큼 큰 공을 들인 곳이다. 누암리고분군과 하구암리 고분군의 조성만 보더라도 역사적 사실을 충분히 알 수 있으며, 최근의 탑평리유적의 발굴은 소경의 도시적 면모까지도 밝힐 수 있게 되었다.

이처럼, 중앙탑면은 고대 삼국 중 백제를 필두로 하여 고구려, 신라가 차례로 장악하여 그 흔적을 남겼다. 이 흔적은 4세기 후반~6세기 중반까지 한강유역을 둘러싼 삼국의 긴박했던 역사적 상황을 대변해주며, 그 면모는 삼국 모두의 치지로 추정될 만큼 위상이 높다. 남한강유역에서도 충주가, 또 충주에서도 중앙탑면이 주목된 가장 큰 요인은 남한강과 달천이라는 하천 교통망 때문이다. 그리고 인근에 분포한 철광산도 한 요인으로 작용했을 것이다. 그러나 중앙탑면은 통일기의 유적과 유물이 드물어 중원경까지 과연 치지의 역할을 했는지에는 확신을 주지 못하고 있다. 중원경의 논란 외에도 충주고구려비의 내용과 건립연대, 충주봉황리마애불상군의 조성주체와 연대 등 아직까지 미제로 남겨져 있는 것들이 많다. 또 누암리와 하구암리 고분군은 전체 700여기에 해당되는 고분에 대한 분포만 밝혀진 채 각 구역별 조사나 보호가 미비하여 도굴과 훼손이 지속되는 것도 문제이다. 중앙탑면은 고대 문화의 보고이기에 무분별한 개발과 훼손에서 적극적으로 보호되어야 하며 활발한 학술조사가 이루어져야 할 것이다. 이로 인해 사료가 전해주지 못하는 생생한 역사가 더욱 자세히 밝혀지길 기대한다.

참고문헌

『三國史記』

『日本書紀』

건국대학교 박물관, 1994, 『충주 단월동 고분군 발굴조사보고서』.

국립중앙박물관, 『법천리』Ⅰ.

國立中原文化財硏究所, 2009a, 『忠州 樓岩里古墳群 地表調査 및 發掘調査報告書』.

國立中原文化財硏究所, 2009b, 『忠州 塔坪里 遺蹟(中原京 추정지) 시굴조사보고서』.

國立中原文化財硏究所, 2011a, 『忠州 下九岩里古墳群 지표조사보고서』.

國立中原文化財硏究所, 2011b, 『忠州 下九岩里古墳群 발굴조사보고서』.

國立中原文化財硏究所, 2013, 『中原 塔坪里遺蹟(中原京 추정지) 발굴조사보고서』.

文化財硏究所, 1991, 『中原 樓岩里 古墳群 發掘調査報告書』.

文化財硏究所, 1992, 『中原 樓岩里 古墳群 發掘調査報告書』.

中央文化財硏究院, 2010, 『忠州 下九岩里遺蹟』.

中央文化財硏究院, 2013, 『中原 塔坪里遺蹟』.

중원문화재연구원, 2006, 『忠州 薔薇山城 −1次 發掘調査 報告書−』.

중원문화재연구원, 2009, 『忠州 豆井里 遺蹟』.

중원문화재연구원, 2012, 『忠州 化石里·文城里 遺蹟』.

忠北大學校 博物館, 1992a, 『中原 樓巖里 古墳群 地表調査報告書』.

忠北大學校 博物館, 1992b, 『中原 薔薇山城』.

忠北大學校 博物館, 2007, 『忠州 金陵洞 遺蹟』.

忠北大學校 中原文化財硏究所, 2000, 『忠州 下九岩里 古墳群 地表調査 및 試掘調査 報告書』.

忠州博物館, 1997, 『中部內陸高速道路(忠州−槐山間)建設豫定地域 文化遺蹟 地表

調査 報告書』.
충청북도문화재연구원, 2011, 『충주 호암동유적』.
韓國文化財保護財團, 2001a, 『中部內陸高速道路 忠州區間 文化遺蹟 試·發掘調査 報告書』.
韓國文化財保護財團, 2001b, 『中部內陸高速道路 忠州區間 文化遺蹟 發掘調査 報告書』.

고구려연구회, 2000, 『중원고구려비 연구』(고구려연구 10), 학연문화사.
국립중원문화재연구소, 2008, 『중원의 산성』.
국립중원문화재연구소, 2009, 『중원의 고분』.
국립중원문화재연구소, 2010, 『고대도시유적 중원경-유적편』.
국립중원문화재연구소, 2011, 『고대도시유적 중원경-유물편』.
국립청주박물관, 2012, 『국원경·국원소경·중원경』.
서영일, 1999, 『신라 육상 교통로 연구』.
이도학, 1997, 『백제 고대국가 연구』, 일지사.
장준식, 1998, 『신라중원경연구』, 학연문화사.
충북대학교 선사문화연구소, 1983, 『선사시대의 중원문화』.
충북대학교 호서문화연구소, 1995, 『중원문화권의 위상정립과 발전방향』
충주공업전문대학박물관, 1992, 『중앙경과 중앙탑』.
충주문화원·예성동호회, 1981, 『제1회 중원문화 학술회의』.
한국미술사학회, 1983, 『중원문화 학술대회』.

김정인, 2011, 「충주지역 고구려계 고분과 그 성격」, 『중원문화재연구』 5, 중원문화재연구원.
김진영, 2007, 「한강유역 신라 석실묘의 구조와 성격」, 『선사와 고대』 27, 한국

고대학회.

김창호, 2006, 「중원 봉황리 마애불상군의 재검토」, 『불교고고학』 6, 위덕대학교.

박성현, 2010, 「6세기 초 고구려·신라의 화약과 정계」, 『역사와 현실』 76, 한국역사연구회.

박중균, 2003, 「장미산성의 구조 및 축성 주체에 대한 一考察」, 『한국성곽연구논총』 2, 한국성곽연구회 정기학술대회.

백종오, 2009, 「남한내 고구려 고분의 검토」, 『고구려발해연구』 35, 고구려발해학회.

백종오, 2013a, 「중원지역 고구려 유적 유물의 검토」, 『고구려의 재발견』, 한국고대학회·한국교통대학교 박물관.

백종오, 2013b, 「탑평리 유적과 고구려」, 『충주 탑평리 유적의 발굴과 그 의의』, 국립중원문화재연구소.

백종오·오강석·최진호, 2010, 「忠州 薔薇山城 北壁部 遺構와 遺物」, 『中原文物』 22, 충주대학교박물관.

徐榮一, 2002, 「中原 鳳凰里 磨崖佛·菩薩群의 造成主體와 그 目的 研究」, 『文化史學』 18, 韓國文化史學會.

徐榮一, 2003, 「한성 백제의 남한강수로 개척과 경영」, 『문화사학』 20, 문화사학회.

徐榮一, 2008, 「남한강 수로가 중원문화 형성에 미친 영향」, 『중원과 한강』, 충주대학교박물관.

양기석, 2002, 「高句麗의 忠州地域 進出과 經營」, 『중원문화논총』 6, 충북대학교 중원문화연구.

양기석, 2003, 「신라 5소경의 설치와 서원소경」, 『신라 서원소경 연구』, 서경.

양시은, 2010, 「고구려의 한강유역 지배방식에 대한 검토」, 『고고학』 9-7, 중부고고학회.

양시은, 2011, 「남한에서 확인되는 고구려의 시공간적 정체성」, 『고고학』 10-2,

중부고고학회.

어창선, 2012, 「충주 철광산의 조사 현황 보고」, 『중원의 제철문화』, 국립중원문화재 연구소.

蘂城同好會, 1984, 『中原文化遺蹟圖報』, 蘂城文化 6호 특집호.

오재진, 「忠州地域 新羅 石室墓의 構造와 系譜」, 『중앙고고연구』 4, 중앙문화재연구원.

尹武炳·朴泰祐, 1992, 「五小京의 位置 및 都市構造에 대한 一考察」, 『中原京과 中央塔』, 忠州工業專門大學博物館.

이도학, 2003, 「高句麗史에서의 國原城」, 『白山學報』 67, 白山學會.

장창은, 2011, 「6세기 중반 한강 유역 쟁탈전과 管山城 戰鬪」, 『진단학보』 111, 진단학회.

장창은, 2013, 「〈忠州高句麗碑〉 연구의 최근 동향 –비문의 내용연대와 비의 건립연대를 중심으로–」, 『고구려의 재발견』, 한국고대학회·한국교통대학교박물관.

田中俊明, 2011, 「中原小京の諸問題：特に國原小京の意義」, 『선사와 고대』 34, 한국고대학회.

鄭永鎬, 1979, 「中原高句麗碑의 發見調查와 研究展望」, 『史學志』 13, 檀國大學校史學會.

정영호, 1980, 「중원봉황리 마애반가상과 불보살군」, 『고고미술』 146·147, 한국미술사학회.

정제규, 2012, 「〈中原高句麗碑〉의 研究史的 檢討」, 『中原文物』 4, 한국교통대학교 박물관.

최몽룡, 2012, 「中原文化와 鐵」, 『중원의 제철문화』, 국립중원문화재 연구소.

황인호, 2013, 「탑평리 유적과 신라」, 『충주 탑평리유적의 발굴과 그 의의』, 중원문화재연구소.

충주 제철유적의 조사현황과 성격

어창선 | 국립중원문화재연구소 학예연구사

충주 제철유적의 조사현황과 성격

Ⅰ. 머리말

중원문화권(中原文化圈)은 고대 삼국이 성립된 이후 끊임없는 영역확장 과정의 한반도에서 접점이 되는 지역으로 삼국의 문화가 중첩되어 공존하는 곳이다. 이견이 없는 것은 아니지만 지금까지 정리된 중원문화권의 범위는 넓은 의미에서 행정구역상 충청북도와 강원, 경북 일부를 포함시키며, 협의의 개념으로는 중원경(中原京)의 옛 치소가 있었던 충주지역을 중심으로 중원문화의 범위로 보는 것에는 대체로 동의하고 있다.

중원문화권의 중심지였던 충주는 고대부터 영역확장과 물류유통의 중심인 남한강(南漢江)을 중심으로 주요 지천(支川)이 얽혀 있어 편리한 내륙수로를 갖추고 있으며, 한반도 3대 철산지로 무기와 농공구의 대량 생산을 통한 국가 경쟁력의 강화를 위해 필요한 양질의 철을 안정적으로 확보할 수 있는 곳이었다. 이러한 이유로 백제-고구려-신라 順의 삼국시대 고고학적 유적과 유물이 중앙탑면(中央塔面)을 중심으로 집중적으로 분포하고 있으며, 그 주변으로는 철(鐵) 생산을 위한 야철유적이 인접한 금릉동과 대소원면 일대를 아울러 폭넓게 자리하고 있다.

2011년 국립중원문화재연구소에서 실시한 충주지역 제철유적 지표조사에서는 삼국~조선시대에 이르기까지 폭넓은 시간동안 철생산 활동이 이루어졌으며, 지금까지 조사결과 제철유적 90개소와 철생산에 필요한 숯을 확보하기 위한 탄요유적 39개소를 포함해 철생산 관련 유적 129개소에 대하여 조사하였다.

본고에서는 충주지역 제철유적의 조사현황과 지표조사 과정에서 채집한 슬래그(slage)와 철광석에 대한 자연과학적 분석자료를 검토하여 충주지역 제철유적의 성격을 정리해보고자 한다.

Ⅱ. 충주지역 제철 관련 유적의 조사현황

1. 충주지역 제철유적 현황

행정구역상 충주에서 지금까지 확인된 제철유적은 앞서 언급한대로 제철유적 90개소와 발굴과정에서 확인된 탄요유적 39개소를 포함한 129개소가 확인되었다. 또한 철광석을 공급하기 위한 철광산 3개소가 충주시 중앙탑면과 대소원면에 분포하고 있다.

충주지역 제철유적의 현황을 정리하면 다음의 표와 같다.

〈표 1〉 충주지역 제철유적 분포현황

연번	지역명	유적명	소 재 지	시대	조사	주요 출토·수습유물
1	칠금동 (2개소)	칠금동 제철유적	칠금동 400-1	백제	발굴	슬래그, 토기편, 기와편
2		탄금대유적	칠금동 산 1-1 일대	백제	발굴	슬래그, 철기, 토기편
3	중앙탑면 (7개소)	큰골유적	하구암리 산 23-1	고려	발굴	(슬래그, 숯, 재)
4		하구암리 야철지	하구암리 528	미상	지표	슬래그
5		탑평리유적	탑평리 117 일대	백제	발굴	슬래그, 송풍관, 토기편
6		창동리 쇠꼬지유적	창동리 산 1	고려 조선	발굴	슬래그, (기와편, 청자편, 백자편)
7		창동리 유물산포지	창동리 254	조선	지표	슬래그, 토기편, 백자편
8		장천리 유물산포지②	장천리 산 23-2 일원	백제	발굴	(슬래그, 토기편, 송풍관편)
9		까치골 추정 야철지	용전리 법현마을	미상	지표	슬래그, 소결토
10	노은면 (15개소)	연하리 야철지(1)	연하리 하남마을	고려	지표	슬래그, 노벽편
11		연하리 야철지(2)	연하리 하남마을 입구	고려	지표	슬래그, 경질·연질토기, 노벽편
12		가신리 야철지(1)	가신리 신흥동	미상	지표	슬래그, 노벽편

연번	지역명	유적명	소 재 지	시대	조사	주요 출토·수습유물
13	노은면 (15개소)	가신리 야철지(2)	가신리 신흥동 490	고려	지표	슬래그, 노벽편
14		법동리 야철지	법동리 3반 서덕천	고려	지표	(슬래그)
15		법동리 사냥골 야철지	법동리 사냥골	고려	지표	슬래그, 기와편, 토기편
16		법동리 쇠똥배기 야철지	법동리 점터 쇠똥배기	고려	지표	슬래그, 토기편
17		대덕1구 야철지	대덕1구	고려	지표	슬래그, (노벽편, 자기편)
18		대덕리 야철지	대덕리 508-1	고려	지표	슬래그, 노벽편
19		신효리 야철지	신효리 2구 겨자실	고려	지표	슬래그, 노벽편
20		신효리 수룡 야철지	수룡리 폭포 주차장 옆	조선	지표	슬래그, 노벽편
21		수룡리 무쇠점 야철지	수룡리 711	고려 조선	지표	슬래그, 토기편, 노벽편
22		수룡리 원모롱이 야철지	수룡리 2구 47-7	고려	지표	슬래그, 토기편
23		수룡리 천룡 야철지	수룡리 천룡	고려	지표	슬래그, 토기편, 기와편, 노벽편
24		수룡리 산막골유적	수룡리 산막골 산88-1	고려 조선	발굴	(슬래그, 도기저부편) 토기편
25	수안보면 (6개소)	미륵리 점말 야철지	미륵리 점말	조선	지표	슬래그, 토기편, 백자편
26		미륵리 만수 야철지	사문리 쇠부리	조선	지표	슬래그, 노벽편
27		사문리 석문 새절골야철지(1)	사문리 새절골	조선	지표	슬래그
28		사문리 석문 새절골야철지(2)	사문리 새절골	미상	지표	슬래그
29		사문리 석문 점골 야철지	사문리 140	조선	지표	슬래그
30		사문리 야철지	사문리 산 25-7	조선	지표	슬래그,
31	앙성면(12 개소)	본평리 야철지	본평리 복상골	미상	지표	슬래그, 노벽편
32		영죽리 야철지(1)	영죽리 음촌	미상	지표	슬래그, 노벽편
33		영죽리 야철지(2)	영죽리 음촌	미상	지표	슬래그, 노벽편
34		영죽리 야철지(3)	영죽리 음촌	미상	지표	슬래그, 노벽재
35		중전리 야철지	중전리 저전마을	조선	지표	슬래그, 토기편
36		모점리 야철지	모점리 동막	조선	지표	슬래그, 노벽편
37		지당리 야철지	지당리 지당고개	조선	지표	슬래그, 백자편, 노벽편
38		용대리 국망산 야철지(1)	용대리 국망산	미상	지표	슬래그, 노벽편
39		용대리 국망산 야철지(2)	용대리 국망산	미상	지표	슬래그, (노벽편)
40		사미리 야철지(1)	사미리 사리골	고려	지표	슬래그, 노벽편
41		사미리 야철지(2)	사미리 사리골	고려	지표	슬래그, 백자편, 노벽편
42		돈산리 야철지	돈산리 아래산전	조선	지표	슬래그
43	소태면	야동리 풀무골 야철지	야동리 풀무골	미상	지표	슬래그, 노벽편
44	신니면	대화리 제철유적	신니면 대화리	삼국	발굴	(슬래그, 송풍관편, 토기편)
45	대소원면 (46개소)	금곡리 아래쇠실 야철지	금곡리 하금곡	고려	지표	슬래그, 토기편, 노벽편
46		금곡리 조랫말 야철지	금곡리 하금곡	고려	지표	슬래그, 토기편, 노벽편
47		두정리 버드실 야철지	두정리 산정	고려	지표	슬래그, 토기편
48		두정리 산정마을 야철지	두정리 90-1	고려	지표	슬래그, 토기편
49		두정리(파소골) 야철지	두정리 파소골	미상	지표	(슬래그, 토기, 자기)
50		두정리유적	두정리 355일원	통신	발굴	(슬래그, 숯, 소토편)
51		용관동 신규 야철지	용관동	미상	지표	슬래그, 노벽편

연번	지역명	유적명	소 재 지	시대	조사	주요 출토·수습유물
52	대소원면 (46개소)	매현리 사당말 야철지	매현리 526	고려	지표	슬래그, 토기편, 송풍관편
53		매현리 술음재 야철지	매현리 596-1	고려	지표	슬래그, 노벽편
54		문주리 팔봉 야철지	문주리 팔봉마을	고려	지표	슬래그, 기와편
55		문주리 수주 탑말 야철지	문주리 748-2	고려	지표	슬래그, 토기편, 기와편
56		본리 노계(1) 야철지	본리 376	고려	발굴	슬래그, 토기편, 기와편
57		본리 노계(2) 야철지	본리 998-2, 998-3	고려	지표	슬래그, 토기편, 기와편, 노벽편
58		본리 노계(3) 야철지	본리 300-1,302,303-2	고려	지표	슬래그, 토기편, 기와편
59		본리 노계마을(다인철소지)	본리 535-10	고려	발굴	슬래그, 노벽편
60		본리 독동 야철지	본리 46-1, 46-2	고려	지표	슬래그, 토기편, 자기편
61		본리 평장골 야철지	본리 12, 12-1, 13	고려	지표	슬래그, 토기편, 노벽편
62		본리 독동제 야철지	본리 6, 6-1	고려	지표	슬래그, 송풍관편, 토기편
63		본리 가르멜(2) 야철지	본리 산 38	고려	지표	슬래그, 토기편
64		본리 새터골못 야철지	본리 121	고려	발굴	(슬래그, 백자편, 토기편)
65		본리 사당골 야철지	본리 191, 192, 186-3	고려	지표	슬래그, 토기편, 자기편
66		본리 장고개 야철지	본리 514	고려	지표	슬래그, 토기편, 기와편
67		본리 음달말 야철지	본리 32-8, 33-1	고려	지표	슬래그, 토기편
68		본리 당저Ⅰ 야철지	본리 당저마을	미상	발굴	(슬래그)
69		완오리 검은들 야철지	완오리 811, 812	고려	지표	슬래그, 토기편, 자기편
70		완오리 야철유적	완오리 861-2	조선	발굴	슬래그, 토기편, 기와편
71		완오리 이안(2) 야철지	완오리 산 145	고려	지표	슬래그, 기와편
72		완오리 이안(3) 야철지	완오리 867-1, 864	고려	지표	슬래그, 토기편, 기와편
73		완오리 이안(4) 야철지	완오리 907	고려	지표	슬래그, 토기편, 기와편
74		완오리 이안 신규 야철지	완오리 이안마을	고려	지표	슬래그, 기와편
75		완오리 이안초교(1) 야철지	완오리 886, 887	고려	지표	슬래그, 토기편, 기와편
76		완오리 이안초교(2) 야철지	완오리 884, 831	고려	지표	슬래그, 토기편, 기와편, 노벽편
77		완오동 야철지	완오리 산 141-5	고려	지표	슬래그, 토기편
78		완오리 거리실 야철지	완오리 512-1	고려	지표	슬래그, 토기편, 기와편
79		완오리 이안지 야철지	완오리 831-1	고려	지표	슬래그, 토기편
80		완오리 암소고개 야철지	완오리 836	고려	지표	슬래그, 토기편, 기와편
81		완오리 사래실 야철지	완오리 991, 881-1	고려	지표	슬래그, 토기편, 기와편
82		장성리 먼학이골 야철지	장성리 190, 190-1	고려	지표	슬래그, (토기편)
83		장성리 성안들 야철지	장성리 438-4	고려	지표	슬래그, 토기편, 노벽편
84		장성리 갈거리고개 야철지	장성리 497-2, -3, -4	고려	지표	슬래그, 기와편
85		장성리 갈가실 야철지	장성리 530-4, 530-5	고려	지표	슬래그, 토기편
86		장성리 능골(1) 야철지	장성리 551-1, 산 94	고려	지표	슬래그, (노벽편, 소토)
87		장성리 능골(2)야철지	장성리 537-2	고려	지표	슬래그, 토기편
88		장성리 양장고개 야철지	장성리 553-1	고려	지표	슬래그
89		영평리 야철지	영평리 산 25-1	미상	지표	슬래그, 토기편, 노벽편
90		영평리 두산 신규 야철지	영평리 두산마을	고려	지표	슬래그, 토기편, 노벽편

※ 국립중원문화재연구소에서 2011년도 지표조사 결과를 바탕으로 작성

〈표 1〉을 보면 야철지 90개소 중 46개소에 이르는 51%가 대소원면에 집중적으로 분포하고 있는 것을 확인할 수 있다. 야철지가 집중적으로 분포하고 있는 대소원면 일대는 지질학적으로 옥천지향사에 해당하며, 시대미상의 변성퇴적층 가운데 계명산층에서 철광상이 주로 분포한다고 보았다.[1] 이는 지표조사 결과에서도 동일한 양상으로 나타나는데 계명산층에 해당하는 중앙탑면과 대소원면 일대에서 양질의 원료를 확보하기 용이한 곳에 철 생산시설을 갖췄던 것으로 판단된다.

또한 충주에 소재하는 철광산은 대소원면에 3개소, 금릉동과 연수동에 각 1개소로 모두 5곳에 철광석이 매장되어 있는 것으로 보고되어 있다. 충주의 철 매장량은 2,088천톤으로 추정되고 있으며, 철의 품위는 39.2%에 해당한다. 이는 남한에 소재하는 31개 철광산의 전체 매장량 50,439천톤의 4.1%에 해당하는 양으로 단일 광산으로는 대소원면에 있는 충주광산이 1,259천톤으로 5번째 매장량을 보유한 것으로 추정하고 있다.[2] 충주 소재의 철광산 역시 모두 계명산층에 해당하는 지점에 위치하고 있어, 고대로부터 최근까지 지속적으로 철을 생산했던 것을 알 수 있다.

〈표 2〉 전국 광산별 철 매장량(품위 평균값은 최대값을 기준으로 산출, 2010.12.31 현재)

번호	지역	광산명	소재지	품위(%) Fe	매장량(천톤)		
					확정	추정	계
1	경기	연평	인천 옹진 송림	49.3		429.7	429.7
2		영흥도	인천 옹진 송림	52		80.0	80.0
3		동원리소스	경기 포천 관인	47.2		280.5	280.5
4		포천	경기 포천 영북	41.7	6919.0	5266.0	12185.0
5	강원	율곡	강원 강릉 강동	42.52		207.0	207.0
6		원동	강원 삼척 하장	46.3		83.0	83.0

1) 국립지질조사소, 1965, 『한국지질도 1:50,000 충주도폭』.

2) 지식경제부·한국광물자원공사, 2011, 『광물자원 매장량 현황-2010.12.31 현재-』.

번호	지역	광산명	소재지	품위(%) Fe	매장량(천톤)		
					확정	추정	계
7	강원	양양	강원 양양 서	45		2467.0	2467.0
8		영월옥동	강원 영월 하	41.59		539.7	539.7
9		한덕(신예미)	강원 정선 신동	41.6	2885.2	23133.0	26018.2
10		강원	강원 평창 미탄	34.6		581.0	581.0
11		홍천	강원 홍천 두촌	34.64		3197.0	3197.0
12		서석	강원 홍천 서석	42.3	4.9	451.1	456.0
13	충북	대래	충북 괴산 불정	45		30.0	30.0
14		보영	충북 괴산 불정	28~72.1		319.2	319.2
15		연풍	충북 괴산 연풍	19.2~47.3		20.0	20.0
16		입석	충북 괴산 연풍	42		50.0	50.0
17		옥산	충북 괴산 연풍	28~62.5	17.3	41.5	58.8
18		옥천	충북 옥천	40	68.3	72.7	141.0
19		수산	충북 제천 수산	24.91		140.0	140.0
20		청풍	충북 제천 청풍	34		20.0	20.0
21		삼산	충북 충주 대소원	30		30.0	30.0
22		상검	충북 충주 대소원	35		30.0	30.0
23		충주	충북 충주 대소원	44	309.3	950.0	1259.3
24		연수동	충북 충주 금릉	30~44	552.0	192.0	744.0
25		대교	충북 충주 연수	43		25.0	25.0
26	충남	대한	충남 금산	36.0		14.0	14.0
27	경북	풍기	경북 영주 풍기	32		20.0	20.0
28	경남	김해	경남 김해 대동	44		32.0	32.0
29		매리	경남 김해 상동	47		50.0	50.0
30		물금	경남 양산 물금	38	394.5	304.4	698.9
31		울산	울산 울주 농소	42.5	10.6	222.4	233.0
전국		31광산		42.6	11,161.1(매장량 합계)		

지표조사의 특성상 유적의 정확한 연대를 판단하기 어렵지만 조사과정에서 수습한 슬래그와 함께 토기 및 기와 등을 검토하고, 2011년 지표조사에서는 수습하지 못했지만 기존의 지표조사에서 수습된 유물을 토대로 작성한 보고서를 참고하면 삼국~조선시대까지로 편년되며, 유적의 대부분은 고려시대에 해당하는 것으로 보여진다.

충주지역에서 발굴조사가 이루어진 철생산 유적은 모두 11개소로 가장 이른 시기의 제철유적은 백제와 관련된 유적에서 확인되고 있는 것이 특징이다.

도면 1. 충주 야철유적 분포도

칠금동 제철유적[3]은 충주지역에서 가장 오래전에 철을 생산했던 유적으로 직경 1.5m의 대형 원형로(圓形爐) 1기가 백제토기와 함께 발굴되었다. 이 원형로는 바닥에 숯을 깔고 점토를 덧발라 방습처리를 하였으며, 주변에서는 구경이 10㎝ 이상의 대구경 송풍관과 제련과정에서 유출된 슬래그가 대량으로 확인되었다.

이와 인접한 탄금대토성[4]에서는 공방으로 추정되는 2호 주거지에서 용해로 또는 단야로와 관련된 송풍관과 슬래그 등이 확인되었으며, 특히 수조유구에서 확인된 철정(鐵鋌) 40매는 제련공정에서 생산된 탄소 함유량이 낮은 연철(鍊鐵) 등을 2차 가공한 철기 제작용 소재(素材)로 인근의 제련로에서 생산된 것으로 판단하고 있다.

백제시대 생산된 철기의 소비와 2차 가공이 이루어진 곳으로 추정되는 곳 중 한곳은 탑평리유적[5]이다. 노적(爐蹟)은 확인되지 않았지만 출입구를 가진 백제 주거지 내부에서는 다량의 철괴(鐵塊)와 함께 망치, 송풍관, 슬래그 등 철 또는 철기제작과 관련된 유물이 함께 확인되고 있다.

최근에 발굴된 대화리유적[6]은 진천 석장리[7]와 충주 칠금동 제철유적에서 확인되는 제철로와 유사한 원형 제철로 2기가 발굴되었다. 직경 145~150㎝의 제철로는 경작으로 유실되어 하부구조만 잔존하고 있으며, 함께 출토되는 송풍

3) 中原文化財研究院, 2008, 『충주 칠금동 400-1번지 개인주택설립부지내 충주 칠금동 제철유적』.

4) 中原文化財研究院, 2009, 『2007年度 發掘調査 報告-忠州 彈琴臺土城Ⅰ』.

5) 國立中原文化財研究所, 2009, 『忠州 塔平里遺蹟(中原京 추정지)시굴조사보고서』.
국립중원문화재연구소, 2010, 『충주 탑평리유적(중원경 추정지역) 제3차년도 시굴조사 약보고서』.

6) 송석중, 2010, 「충주 대화리 유적」, 『호서지역문화유적 발굴성과』, 제22회 호서고고학회 학술대회.

7) 國立淸州博物館·浦項産業科學研究院, 2004, 『鎭川 石帳里 鐵生産遺蹟』.

관은 대구경 송풍관으로 석장리와 칠금동에서 확인되는 송풍관과 유사하다. 제철로를 중심으로 반경 1㎞ 안에서는 측구식탄요 13기가 분포하고 있는데 이는 철생산에서 필요한 목탄을 조달했을 것으로 판단하고 있다.

두정리[8]에서는 철생산과 관련된 소성유구 3기가 확인되었는데 내부에서는 슬래그가 출토되었다. 유적의 성격으로 통일신라시대에 해당하는 유적으로 보고자는 판단하고 있다.

지표조사와 발굴조사 결과를 종합하면 고려시대에 접어들면 충주에서 철생산이 폭발적으로 증가한 것으로 보여진다. 발굴조사가 이루어진 유적을 포함하여 전체 90개소의 야철지 중 63%에 해당하는 57개소가 고려시대와 관련된 것으로 추정하고 있다.

특히 충주시 대소원면 일대는 발굴조사 결과 고려시대의 다인철소(多仁鐵所)[9]로 비정되는 지역으로 최근 발굴조사 된 노계마을 고려시대 야철유적[10]에서는 제철로 3기를 포함하여 추정공방지 3기 등 철생산과 직접적으로 관련된 유구가 확인되어 주목되고 있다. 노계마을을 중심으로 인근의 본리와 하구암리 큰골유적에서도 고려시대 노적이 확인되고 있어 대소원면을 중심으로 고려시대부터 대규모의 철생산이 이루어진 것으로 보인다. 고려 충렬왕(忠烈王) 3년(1277)에는 원(元)의 요구로 충주에서 환도(還刀) 1,000자루를 충주에서 주조케 한 기록[11]을 통해서도 짐작할 수 있다.

---

8) 中原文化財硏究院·忠州市, 2010,『충주 클린에너지파크 조성부지 발굴조사 보고서 忠州 豆井里 遺蹟』.

9)『高麗史』卷56 地理1 忠州牧,「高宗四十二年 以多仁鐵所人禦蒙兵有功 陞所爲翼安縣」.

10) 中原文化財硏究院, 2010,『忠州 尖端地方産業團地 進入道路 開設 事業部地內 遺蹟 發掘調査 報告書−老鷄마을 高麗時代 冶鐵遺蹟』.

11)『高麗史』卷28 忠烈王 3年,「夏四月 癸亥 禘于大廟 丁卯元遣劉弘忽奴來 王命李藏茂 偕往忠州 鑄環刀一千」.

『신증동국여지승람(新增東國輿地勝覽)』 토산조(土産條)[12]에는 충주는 철이 첫 번째로 기록되어 있는데, 이는 고려시대 철생산의 중심역할을 조선시대에도 지속적으로 수행했던 것으로 판단된다.

지금까지 발굴조사 된 충주지역 제철유적을 정리하면 다음과 같다.

〈표 3〉 충주지역 제철유적 발굴조사 현황

연번	시대	유적명	철 생산유구	출토유물	조사기관
1	삼국(4)	칠금동유적	제련로 1기 배재부	철광석, 철광석분, 노벽체, 유출재, 철재, 송풍관편	중원문화재연구원, 2008
2		탄금대토성	–	철정(40매), 송풍관편, 철재	중원문화재연구원, 2009
3		대화리유적	제철로 2기 폐기장 1개소	슬래그, 송풍관편	중원문화재연구원, 2010
4		탑평리유적	–	슬래그, 송풍관, 쇠망치, 철괴	국립중원문화재연구소, 2009
5	통일신라	두정리유적	소성유구 3기 등	슬래그, 노벽편	중원문화재연구원, 2010
6	고려(5)	큰골유적	제련로 2기, 단야로 1기 등	슬래그, 소형박편, 단조박편	한국문화재보호재단, 2001
7		노계마을야철유적	제련로 2기, 폐기장 2개소, 소성유구 1기, 추정공방지 3기 등	슬래그, 노벽편, 단조박편, 철가루, 철기유물, 모루로 추정되는 대석 등	중원문화재연구원, 2010
8		본리 당저Ⅰ	제철로 1기, 폐기장 추정 퇴적층 등	슬래그, 송풍관편	중앙문화재연구원, 2009
9		본리 노계Ⅱ	제철로 2기	슬래그, 노벽편,	중앙문화재연구원, 2009
10		본리 새터골Ⅲ	제철로 1기, 폐기장 추정 퇴적층, 소성유구 6기 등	슬래그, 노벽편	중앙문화재연구원, 2009
11	조선	완오리유적	제철로 1기	철촉, 철도자, 쇠망치	충주박물관, 1998

12) 『新增東國輿地勝覽』 卷14 忠淸道 忠州牧 古跡條, 「翼安廢縣 在州西三十里 本州之多仁鐵所 高麗高宗四十二年以土人禦蒙兵有功 陞爲縣 仍屬」 土産條, 「鐵出周連里 海松子 松蕈 活石 水獺 蜂蜜 紫草 棗 人蔘 麝香 安息香…」.

〈표 4〉 충주지역 제철로의 형태 및 규모

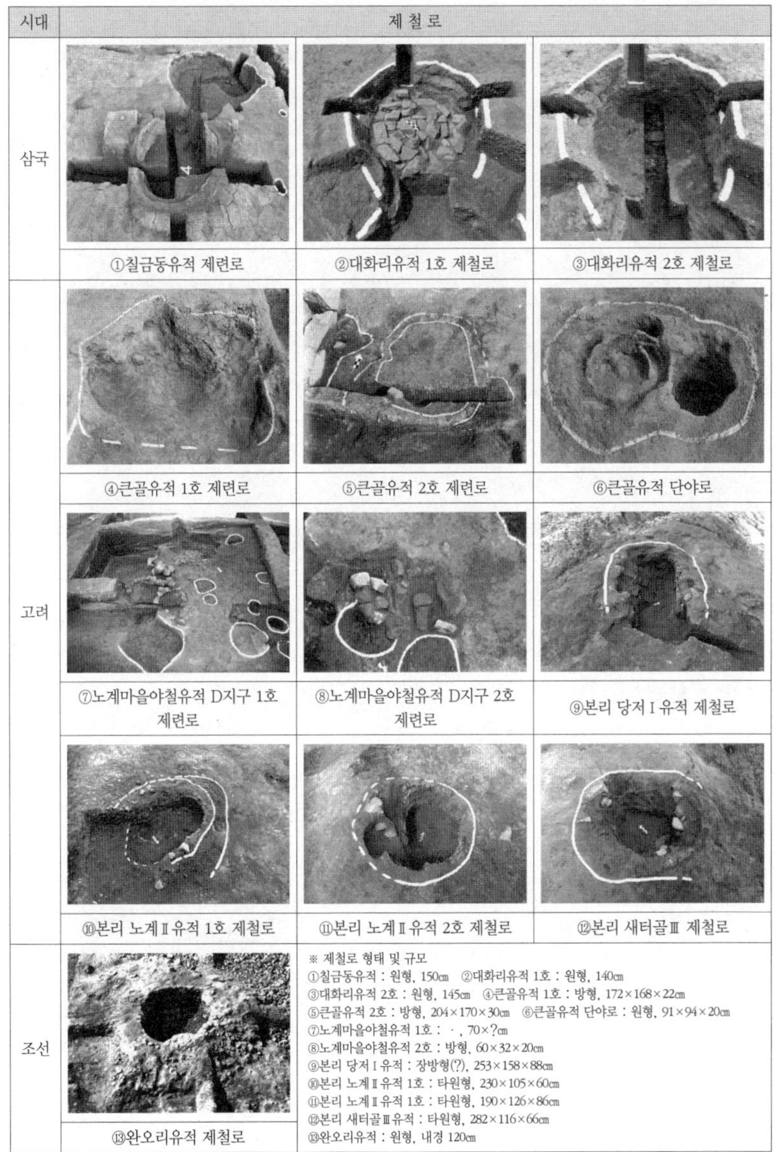

시대	제 철 로		
삼국	①칠금동유적 제련로	②대화리유적 1호 제철로	③대화리유적 2호 제철로
고려	④큰골유적 1호 제련로	⑤큰골유적 2호 제련로	⑥큰골유적 단야로
	⑦노계마을야철유적 D지구 1호 제련로	⑧노계마을야철유적 D지구 2호 제련로	⑨본리 당저 I 유적 제철로
	⑩본리 노계Ⅱ유적 1호 제철로	⑪본리 노계Ⅱ유적 2호 제철로	⑫본리 새터골Ⅲ 제철로
조선	⑬완오리유적 제철로	※ 제철로 형태 및 규모 ①칠금동유적 : 원형, 150㎝ ②대화리유적 1호 : 원형, 140㎝ ③대화리유적 2호 : 원형, 145㎝ ④큰골유적 1호 : 방형, 172×168×22㎝ ⑤큰골유적 2호 : 방형, 204×170×30㎝ ⑥큰골유적 단야로 : 원형, 91×94×20㎝ ⑦노계마을야철유적 1호 : ·, 70×?㎝ ⑧노계마을야철유적 2호 : 방형, 60×32×20㎝ ⑨본리 당저 I 유적 : 장방형(?), 253×158×88㎝ ⑩본리 노계Ⅱ유적 1호 : 타원형, 230×105×60㎝ ⑪본리 노계Ⅱ유적 1호 : 타원형, 190×126×86㎝ ⑫본리 새터골Ⅲ유적 : 타원형, 282×116×66㎝ ⑬완오리유적 : 원형, 내경 120㎝	

2. 충주지역 탄요유적 현황

풍부한 철을 생산하기 위해서는 원료(原料)인 양질의 철광석을 안정적으로 확보하는 것만큼 중요한 것이 철광석을 가공하기 위한 연료(燃料)인 목탄(木炭)의 공급이다. 1,200℃ 이상의 고온을 필요로 하는 제철공정에서 열효율이 뛰어난 목탄을 대량으로 공급해야 하는 작업으로 품위가 높은 철광석과 목탄을 쉽게 조달해야 한다.

한반도에서 생산되는 목탄은 제조방법과 탄의 외형적 색깔에 따라 백탄(白炭)과 흑탄(黑炭)으로 구분되며, 백탄은 삼국~통일신라시대 백탄가마에서 흑탄은 고려시대 이후의 흑탄가마에서 주로 생산되었다. 따라서 고대의 제철원

<표 5> 충주지역 탄요유적 조사현황

연번	지 역	유 적 명	소 재 지	탄요	연번	지 역	유 적 명	소 재 지	탄요
1	직동	용산동유적	용산동 1655	2	21	대소원면	본리 당저Ⅰ유적	본리 당저마을	5
2	중앙탑면	충주산성	직동 산24-1	3	22		본리 당저Ⅱ유적	본리 당저마을	3
3		큰골유적	하구암리 상구	8	23		본리 새터골Ⅰ유적	본리 새터골	9
4		사기점골가마터	하구암리사기점골	4	24		본리 새터골Ⅱ유적	본리 새터골	1
5		통점고분군Ⅱ	하구암리 산10	1	25		영평리 Ⅱ유적	영평리	1
6		하구암리유적	하구암리 산1	14	26		만정리유적	만정리 산 37-1,5,38	8
7		장미산성	장천리 산73	2	27	주덕면	무푸레골유적	영평동 일원	37
8	노은면	뒷골유적	신효2리 산99	7	28		용전리 삼막골유적	용전리 일원	31
9		신효리유적	신효리 일원	55	29		화곡리 절골유적	화곡리 일원	10
10		수룡리 산막골유적	수룡리 산88-1	18	30		화곡리 동막유적	화곡리 동막	4
11		문성리유적	문성리 산31-2	1	31		화곡리 큰골1유적	화곡리 일원	26
12	소태면	구룡리 백자요지	구룡리 일원	2	32		화곡리 해가마골유적	화곡리 일원	10
13		구룡리유적	구룡리	1	33		당우리 유물산포지3	당우리 일원	3
14		야동리유적	야동리	1	34	앙성면	제피로스G.C 부지	사미리·조천리	7
15		동막리유적	동막리	3	35	엄정면	율능리유적	율능리 산70-1	1
16	대소원면	완오리유적	완오리 산76-4	4	36	산척면	영덕리유적	영덕리 산190임	5
17		완오리 법고개유적	완오리 법고개	16	37	신니면	대화리유적	신니면 대화리	22
18		완오리 법고개 유물산포지	완오리 법고개	7	38		모남리 유물산포지	모남리 일원	13
19		완오리 가정Ⅱ유적	완오리 가정마을	1	39	수안보면	수안보~살미간 도로확장공사 구간	공이리 일원	1
20		본리 능안Ⅰ유적	본리 능안마을	9	합 계				356

도면 2. 충주 탄요유적 분포도

료로는 백탄을, 중세 이후에는 송풍기술의 발전과 함께 충분히 화력을 유지할 수 있었기 때문에 흑탄도 사용한 것으로 판단하고 있다.[13)]

충주지역 탄요유적은 유구가 지하에 존재하는 특성상 모두 발굴조사 과정에서 확인되었으며, 지금까지 알려진 탄요유적 39개소에서 356기가 확인되었다. 총 356기의 탄요 중 백탄요로 알려진 것은 222기, 흑탄요는 134기가 조사되었다.

탄요유적은 대부분 제철유적이 분포하고 있는 곳과 인접한 구릉의 경사면에 위치한다. 대소원면을 중심으로 인접한 주덕면과 중앙탑면 일대는 충주시내의 서쪽을 감싸고 있는 낮은 구릉지대로 탄요유적이 집중적으로 위치하고 있다. 대화리유적의 경우처럼 제철로에서 반경 1㎞ 이내 분포하면서 철생산에서 필요한 목탄의 조달을 용이하게 하면서 낮은 구릉지대의 배후 산에서 목탄의 재료인 목재를 쉽게 구할 수 있는 곳에 입지하고 있다.

탄요유적에서 확인되는 목탄의 수종은 충주 뒷골과 큰골유적의 분석결과[14]를 참고하면 소나무, 오리나무류, 밤나무, 상수리나무, 졸참나무류, 느티나무, 자귀나무류 등 총 7종의 수목이 식별되었다. 야철지에서도 상수리나무류 2점과 졸참나무류 1점이 식별되었으며, 목탄의 원료는 주로 참나무류와 소나무류가 주로 이용되었다. 특히 참나무류는 숯이 되었을 때 치밀한 밀도를 가짐으로써 화력이 좋아 초기 목탄생산을 위해 주로 사용된 것으로 보고 있다.

3. 충주지역 제철유적의 입지

철생산을 위한 기본적인 입지조건은 철광석을 쉽게 조달할 수 있는 곳으로 철광산과 거리상 가깝게 위치하고, 연료(木炭)를 안정적으로 확보하기 좋은 곳에 자리한다. 또한 철을 생산하는 과정에서 필요한 철광석과 목탄을 운반하기 편리한 수로는 거의 모든 제철유적이 갖추고 있는 특징이며, 고대 국가에 있어

13) 金權一, 2003, 「南韓地域 古代 製鐵爐에 對한 一研究」, 한신大學校 大學院 國史學科 碩士學位 請求論文.

14) 강애경, 2001, 「충주 2차 큰골, 뒷골 유적 출토 목탄의 수종」, 『中部內陸高速道路 忠州區間 文化遺蹟 發掘調査 報告書』, 韓國文化財保護財團·韓國道路公社.

제철생산은 중요 기간산업으로 국가적 관리가 용이한 곳에 위치하는 것으로 보인다.

제철유적의 입지에 영향을 미치는 것 중에 주목할 만한 것은 시대에 따른 입지변화이다. 제철유적이 입지하는 곳은 평지형, 구릉지형, 산지형으로 나눌 수 있는데 제철유적은 점차 평지에서 산지로 이동하는데 이는 연료의 수급문제와 함께 장인의 신분 하락 및 과도한 철물수취를 피해 잠채(潛採)가 성행한 것을 그 원인으로 보기도 하였다.[15]

충주에서 확인되는 삼국~통일신라에 해당하는 제철유적은 탑평리유적이나 칠금동 제철유적처럼 평지에 자리를 잡거나 탄금대토성과 같이 완만한 구릉의 정상부에 위치하기도 하며, 산지형인 대화리유적의 경우처럼 배후에 땔깜을 용이하게 수급하고 외부에 개방되어 있는 양상으로 나타나는 특징이 있다. 또한 이용 가능한 수로가 100m 이내에 근접해 있으며, 남한강과 400m 떨어진 칠금동 제철유적의 경우에도 주변의 평탄한 도로를 이용한다면 남한강에 접근하는데 어려움이 없는 곳에 위치하고 있다.

고려~조선시대로 편년되는 노계마을 야철유적, 본리의 당저, 노계야철유적, 큰골유적 등은 구릉지형의 골짜기에 분포하는데 요도천과 약 400m 떨어진 구릉의 계곡부에 위치하며, 멀게는 큰골유적의 경우처럼 남한강과 3㎞ 이상 떨어진 골짜기의 계곡부에 위치하는 것으로 확인되었다.

발굴조사가 이루어진 충주지역 제철유적의 입지유형을 정리하면 다음과 같다.

15) 김권일, 2010, 「제철유적 조사연구법 시론」, 『文化財』 제43권·3호, 국립문화재연구소.

〈표 6〉 충주지역 발굴조사 제철유적 입지유형

연번	시대	유적명	유구 및 유물	지형조건	이용 가능 수로 및 직선거리
1	삼국(백제)(4)	칠금동제철유적	제련로 1기, 송풍관, 슬래그	평지형	남한강(400m), 달천, 요도천
2		탄금대토성	철정, 송풍관, 슬래그	구릉지형	남한강(20m), 달천, 요도천
3		대화리유적	제철로 2기, 폐기장 1개소, 삼국시대 토기	산지형	대화천(20m), 요도천
4		탑평리유적	철괴, 송풍관, 슬래그, 망치	평지형	남한강(20m), 달천, 요도천, 하구암천
5	통일신라	두정리유적	소성유구 3기 등	산지형	인접천(20m), 달천(2.6㎞)
6	고려(5)	큰골유적	제련로 2기, 단야로 1기	구릉지형	인접천(500m), 남한강(3㎞)
7		노계마을야철유적	제련로 2기, 폐기장 2개소, 소성유구 1기 추정공방지 3기 등	구릉지형	인접천(300m), 요도천(400m), 남한강
8		본리 당저 Ⅰ	제철로 1기, 폐기장 추정 퇴적층 등	구릉지형	인접천(500m), 요도천(1.5㎞)
9		본리 노계 Ⅱ	제철로 2기	구릉지형	인접천(200m), 요도천(900m)
10		본리 새터골 Ⅲ	제철로 1기, 추정 폐기장, 소성유구 6기	구릉지형	인접천(700m), 요도천(1.7㎞)
11	조선	완오리유적	제철로 1기, 자기편	구릉지형	인접천(250m), 요도천(700m)

Ⅲ. 충주지역 제철유적 분석사례[16)]

국립중원문화재연구소에서는 충주지역 제철유적에서 수습된 슬래그, 노벽 및 철광석을 대상으로 각 유적에서 행해졌던 제철관련 정보를 얻고, 그 상관관계를 밝히기 위해 공주대학교와 공동으로 과학적 분석을 실시하였다. 분석 시료는 90개 제철관련 유적 중에서 대표적인 제철유적 14개 유적을 대상으로 총 40개의 시료를 선정하여 분석하였다.

16) 충주지역 제철유적의 과학적분석을 위한 유물(슬래그, 철광석 등)은 2011년도 국립중원문화재연구소에서 실시한 지표조사 과정에서 채집한 유물이며, 향후 연차적인 학술연구를 위하여 공주대학교와 업무협약을 체결하고 공동으로 분석을 실시하였다.

<표 7> 분석대상 시료 목록

연번	시료명	시대	유적명	비고	연번	시료명	시대	유적명	비고
1	슬래그	미상	완오리 이안 신규	지표	21	슬래그	조선	사문리 석문 새절골 야철지 I	지표
2	노벽				22	슬래그			
3	슬래그	고려	본리 음달말 야철지	지표	23	슬래그			
4	슬래그				24	슬래그			
5	슬래그				25	노벽			
6	철광석				26	슬래그	미상	용대리 국망산 야철지 I	지표
7	슬래그	고려	금곡리 아래쇠실 야철지	지표	27	슬래그			
8	슬래그				28	슬래그			
9	슬래그				29	슬래그			
10	노벽				30	노벽			
11	철광석				31	철광석	고려	본리 독동 야철지	지표
12	슬래그	고려	수룡리 원모롱이 야철지	지표	32	철광석	고려	완오리 이안초교 I 야철지	지표
13	슬래그				33	철광석	미상	두정리(파소골) 야철지	지표
14	슬래그				34	철광석	백제	칠금동 제철유적	발굴
15	슬래그				35	철광석	고려	완오리 사래실 야철지	지표
16	노벽				36	철광석	고려	장성리 성안들 야철지	지표
17	슬래그	미상	야동리 풀무골 야철지	지표	37	철광석	고려	두정리 버드실 야철지	지표
18	슬래그				38	철광석			
19	슬래그				39	철광석			
20	노벽				40	철광석			

슬래그, 노벽, 철광석을 대상으로 제철공정에 대한 정보를 밝히기 위해 실시한 분석 방법으로, 주성분 분석은 파장 분산형 X-선 형광분석기(XRF) 이용하여 분석하였고, 화합물 조사는 X-선 회절분석(XRD), 미세조직 관찰과 미세조직 내 화학조성분석은 금속현미경과 SEM-EDS로 관찰하였다. 미량 및 희토류 원소는 유도결합 플라즈마 질량분석기(ICP-MS)를 이용하여 분석하였다.

1. 화학조성분석결과

1) 슬래그의 화학조성

슬래그에 포함된 주요성분을 분석하여 전철량, 조재제 및 석회질 물질의 첨가 유·무, 제철 원료의 종류를 알아보고자 하였다.

① **전철량** : 전철량은 철 제련시 슬래그에 남아 있는 철 성분의 함량으로써 그 값이 낮으면 제련시 생성된 철의 회수율이 좋았음을 알 수 있다. 보통 고대에서 발견되는 전철량은 30~50% 범위인데 충주 제철유적의 경우 본리 음달말 야철지, 금곡리 아래쇠실 야철지, 수룡리 원모롱이 야철지, 사문리 석문 새절골에서는 고대 슬래그에서 보이는 일반적인 전철량의 범위를 보여주고 있으나, 완오리 이안 신규, 야동리 풀무골 야철지, 용대리 국망산 야철지 I 유적은 다른 유적에 비해 전철량이 적어 철의 회수율이 높았음을 알 수 있다.

② **조재제** : 조재제는 슬래그의 유동성을 좋게 해주어 철재와 금속 철의 분리를 원활하게 도와주고 제철시 용융온도를 낮춰 작업이 용이하게 이루어질 수 있도록 도와준다. 옛 제철에서 흔히 볼 수 있는 조재량(SiO_2+Al_2O_3+CaO+MgO)의 범위는 17~40%로, 분석결과 대부분 일반적인 조재량이거나 약간 높은 범위에 속해있으나, 야동리 풀무골 야철지(42.97~88.25wt%)와 용대리 국망산 야철지 I (40.11~88.85wt%)의 경우 조재량이 상당히 높아 다른 유적들에 비하여 제련시 슬래그와 철의 분리가 원활하게 이루어졌음을 추정할 수 있다.

③ **석회물질** : 제련과정 중 석회물질을 첨가하여 가열하면 산화칼슘(CaO)으로 변화하며, 융점을 낮추고 점성을 줄여 탈황(脫黃), 탈인(脫燐) 작용에 효과적이다. 성분분석 결과 산화칼슘(CaO)의 함량은 노벽의 경우 0.26~0.84wt%의 범위이며, 철광석에는 거의 포함되어 있지 않았다. 그러나 슬래그에서 검출된 산화칼슘의 함량은 0.99~5.98wt%의 범위로 의도적인 석회물질을 첨가했다는 것을 알 수 있다.

④ **사철제련의 유무** : 이산화티타늄(TiO_2), 오산화바나듐(V_2O_5)의 존재여부와 양에 따라 제철 원료로서 철광석을 사용했는지 사철을 사용했는지의 여부를 판단할 수 있다. 제철 과정에서 사철을 원료로 제련된 슬래그는 티탄(Ti), 바나듐(V), 지르코늄(Zr)의 함량이 높게 나타나며, 티탄(Ti), 바나듐(V)의 함량에 따

라 각각 1.0wt% 이하, 0.01wt% 이하를 철광석 제련재로 구분한다. 〈표 8〉을 참고하면 대부분의 유적에서 출토된 슬래그의 이산화티타늄(TiO_2) 함량은 1.0wt% 이하로서 상당히 적은 양이 포함되어 있어 철광석 제련으로 추정되나, 금곡리 아래쇠실 야철지와 수룡리 원모롱이 야철지, 야동리 풀무골 야철지와 사문리 석문 새절골 야철지Ⅰ에서 출토된 일부 슬래그는 이산화티타늄(TiO_2), 산화지르코늄(ZrO_2)의 함량이 높은 것으로 보아 사철을 원료로 사용했을 가능성도 조심스럽게 짐작할 수 있다.

⑤ **염기도** : 염기도($CaO+MgO/SiO_2+Al_2O_3$)는 철을 제련할 때 사용한 내화재의 특성을 파악하는 지수로서 염기도가 1보다 크면 염기성 조업, 1보다 작으면 산성조업을 하였음을 의미한다. 이번에 분석한 슬래그들의 내화도는 0.03~0.17 범위로서 1보다 모두 작으므로 산성조업을 하였음을 알 수 있었다.

2) 노벽의 화학조성

노벽의 주요 성분을 분석한 결과 산화알루미늄(Al_3O_3)의 함량이 일반 점토에 비하여 대체로 낮은 것으로 보아 이때 사용한 점토는 제철로 제작에 적합한 고알루미나질의 내화성 점토가 아닌 일반 점토를 사용했음을 알 수 있었다.[17)]

3) 철광석의 화학조성

제철유적에서 수습한 철광석들의 주요 성분을 분석한 결과 대체로 중간 정도의 철 함유량을 지니고 있으나 그중 부광으로 속하는 것들은 금곡리 아래쇠실 야철지, 두정리 야철지, 칠금동 야철지, 완오리 사래실 야철지, 두정리 버드

17) 일반적으로 제철로와 같이 고온에서 용해를 위해 사용되려면 Al_2O_3가 다량 함유된 고알루미나질의 내화점토로 제작되어야 내식성이 높고 고온에서도 안정성이 유지될 수 있다.

실 야철지에서 수습된 철광석들로 56.86~68.99wt%로 많은 양의 철을 함유하고 있으며, 빈광에 속하는 곳은 장성리 성안들 야철지와 두정리 버드실 야철지에서 수습된 철광석들로 40wt% 이하의 철을 함유하고 있다.

특히 본리 독동 야철지와 완오리 이안초교Ⅰ 야철지, 두정리 버드실 야철지에서는 다른 유적과는 다르게 이산화티타늄(TiO_2)과 산화지르코늄(ZrO_2)이 미량 포함되어 있는 특이점을 발견할 수 있었다.

2. 화합물 분석

1) 슬래그의 화합물

완오리 이안 신규, 야동리 풀무골 야철지, 용대리 국문산 야철지Ⅰ에서 수습된 일부 슬래그들의 주요 화합물은 석영(Quartz)을 주요상으로 하며, 홍연석(Cristobalite), 멀라이트(Mullite) 등이 특징적으로 검출되어 내부 모든 기지부분이 유리질화 되었음을 알 수 있고, 본리 음달말 야철지, 금곡리 아래쇠실 야철지, 수룡리 원모롱이 야철지, 야동리 풀무골 야철지, 사문리 석문 새절골 야철지Ⅰ, 용대리 국문산 야철지Ⅰ에서 수습된 대부분의 슬래그들은 주요상으로 철감람석(Fayalite)가 검출되며, 그 외 뷔스타이트(Wüstite) 또는 석영(Quartz) 등이 확인되어 모두 제련작업을 통해 생성된 제련재임을 알 수 있다. 특히 야동리 풀무골 야철지에서 수습된 슬래그에서는 사철을 이용하여 제련했을 경우에 나타나는 첨정석(Ulvospinel)이 검출되어 사철제련을 추정할 수 있다.

2) 철광석의 화합물

철광석들의 경우 완오리 이안 신규와 두정리 버들실 야철지에서 수습된 철광석은 적철석(Hematite)이며, 나머지 철광석들은 적철석(Hematite)과 자철석(Magnetite)이 서로 혼합되어 있음을 확인할 수 있었다.

〈표 8〉 충주 제철유적 출토 슬래그, 노벽, 철광석의 주요 화학조성

연번	시료명	유적명	주요성분(wt%)													조재제(wt%)	내화도
			T·Fe	Fe2O3	SiO2	Al2O3	MnO	MgO	K2O	CaO	TiO2	ZrO2	SrO	P2O5	Na2O	$SiO_2+Al_2O_3+$ $CaO+MgO$	$CaO+MgO/$ SiO_2+Al2O_3
1	슬래그	완오리 이안 신규	25.40	36.31	45.10	7.80	0.16	1.17	2.53	5.26	0.35	0.08	0.05	0.17	1.01	59.33	0.12
2	노벽		3.70	5.29	71.73	15.10	0.08	2.54	3.03	0.26	0.69	0.03	0.01		1.12		
3	슬래그	본리 음달말 야철지	29.47	42.14	43.87	7.65	0.10	0.44	2.46	1.67	0.49	0.06	0.02	0.18	0.92	53.63	0.04
4	슬래그		47.48	67.89	28.80	0.93	0.09	0.43	0.28	0.99	0.10	0.05			0.46	31.15	0.05
5	슬래그		41.20	58.91	35.60	2.25	0.10	0.26	0.96	1.84	0.13					39.95	0.06
6	철광석		45.09	64.46	35.00	0.56											
7	슬래그	금곡리 아래쇠실 야철지	40.01	57.20	31.90	3.92	0.16	0.53	1.94	3.88	0.25	0.03	0.03	0.20		40.23	0.12
8	슬래그		40.01	57.20	31.80	3.93	0.17	0.57	1.95	3.90	0.26	0.03	0.03	0.20		40.2	0.13
9	슬래그		39.36	56.28	31.50	4.39	0.26	0.67	2.08	3.29	1.26	0.05		0.23		39.85	0.11
10	노벽		3.87	5.53	69.82	18.60	0.07	0.77	2.87	0.41	0.71	0.06	0.01		1.19		
11	철광석		68.38	97.76	1.64	0.60											
12	슬래그	수룡리 원모롱이 야철지	36.98	52.87	33.00	3.51	0.62	1.11	2.35	5.98	0.24	0.06	0.04	0.26		43.6	0.19
13	슬래그		44.47	63.58	29.00	2.84	0.12	0.37	1.45	2.47	0.15	0.01	0.02			34.68	0.09
14	슬래그		42.63	60.95	28.70	3.54	0.17	0.67	1.80	3.63	0.44	0.03	0.03			36.54	0.13
15	슬래그		42.54	60.82	26.00	4.26	0.45	0.88	1.91	4.12	1.10	0.07	0.03	0.39		35.26	0.17
16	노벽		2.92	4.17	67.97	17.70		0.68	4.63	0.36	0.51	0.03	0.02		3.70		
17	슬래그	야동리 풀무골 야철지	34.30	49.04	33.40	6.01	0.53	0.82	1.67	2.74	4.11	0.65		0.21	0.78	42.97	0.09
18	슬래그		4.20	6.00	68.98	17.00	0.07	0.87	3.00	1.40	0.59	0.04	0.03		2.04	88.25	0.03
19	슬래그		32.91	47.05	34.20	7.35	0.46	0.88	1.70	3.35	3.61	0.40		0.24	0.68	45.78	0.10
20	노벽		2.00	2.86	71.74	16.70	0.04	0.60	4.15	0.84	0.45	0.03	0.03		2.54		

연번	시료명	유적명	주요성분(wt%)													조재제(wt%)	내화도
			T·Fe	Fe2O3	SiO2	Al2O3	MnO	MgO	K2O	CaO	TiO2	ZrO2	SrO	P2O5	Na2O	$SiO_2+Al_2O_3+CaO+MgO$	$CaO+MgO/SiO_2+Al2O_3$
21	슬래그	사문리 석문 새절골 야철지 I	37.90	54.18	35.40	4.20	0.23	0.91	1.65	2.21	0.62	0.08			0.47	42.72	0.08
22	슬래그		39.17	56.00	33.80	4.92	0.16	0.30	1.67	1.80	0.68	0.07			0.62	40.82	0.05
23	슬래그		37.80	54.04	34.00	4.72	0.23	0.56	1.76	2.61	1.22	0.08		0.26	0.57	41.89	0.08
24	슬래그		35.50	50.75	36.00	5.12	0.18	0.55	2.03	3.40	0.98	0.09		0.17	0.68	45.07	0.10
25	노벽		1.61	2.31	75.69	14.00	0.06	0.29	5.04	0.34	0.22	0.02			2.08		
26	슬래그	용대리 국망산 야철지 I	37.83	54.09	34.70	2.81	0.06	0.54	1.41	2.72	0.33	0.10	0.02		2.88	40.77	0.09
27	슬래그		3.59	5.14	67.83	17.90	0.07	1.01	3.24	1.71	0.62	0.04	0.03		2.44	88.45	0.03
28	슬래그		39.22	56.08	34.50	2.78	0.09	0.48	1.19	2.35	0.67	0.13			1.55	40.11	0.08
29	슬래그		3.67	5.25	70.48	15.40	0.08	1.57	3.70	1.40	0.72	0.04	0.03		1.33	88.85	0.03
30	노벽		3.23	4.62	69.83	16.80	0.09	1.70	4.25	0.58	0.65	0.04	0.02		1.37		
31	철광석	본리 독동 야철지	48.21	68.93	30.10	0.47					0.32	0.16					
32	철광석	완오리이안초교 I 야철지	45.18	64.59	34.40	0.62	0.17				0.13	0.07					
33	철광석	두정리(파소골) 야철지	56.86	81.29	18.10	0.47			0.11								
34	철광석	칠금동 제철유적	68.99	98.63	0.98	0.31				0.08							
35	철광석	완오리 사래실 야철지	63.52	90.82	7.64	1.05	0.12		0.22		0.12						
36	철광석	장성리 성안들 야철지 철광석	34.60	49.47	49.89	0.58			0.06								
37	철광석	두정리 버드실 야철지	59.82	85.52	13.80	0.48					0.10	0.10					
38	철광석		59.27	84.74	14.10	0.86	0.06		0.06		0.13	0.04					
39	철광석		58.70	83.93	15.10	0.58					0.17	0.20					
40	철광석		33.43	47.80	51.16	0.53					0.33	0.16					

3) 노벽의 화합물

노벽에 대한 주요 화합물을 분석한 결과 노벽 외부의 소성을 받지 않은 부분에서는 대부분 석영(Quartz), 장석(Feldspar)이 검출되었으며, 일부 시료에서는 소량의 멀라이트(Mullite)가 검출되었다.

내부 즉, 소성을 받은 부분을 보면 완오리 이완 신규와 용대리 국망산 야철지Ⅰ에서 수습된 노벽에서는 석영(Quartz), Mullite와 함께 고온상의 홍연석(Cristobalite)이 검출되는 것으로 보아 1,250℃ 이상의 고온에서 소성되었음을 알 수 있다. 금곡리 아래쇠실 야철지에서 수습된 노벽에서는 석영(Quartz),

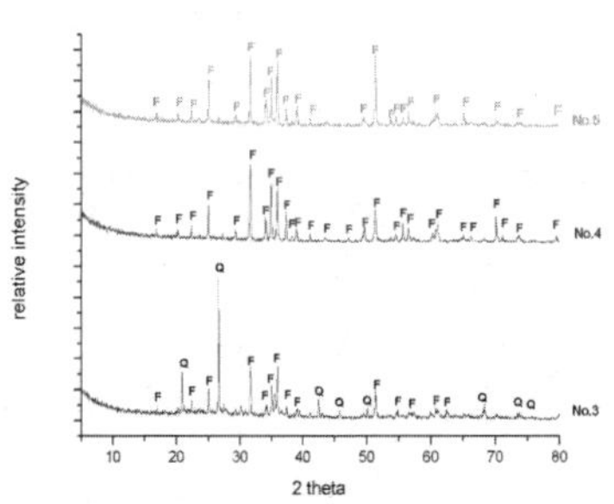

도면 3. 본리 음달말 슬래그 XRD결과

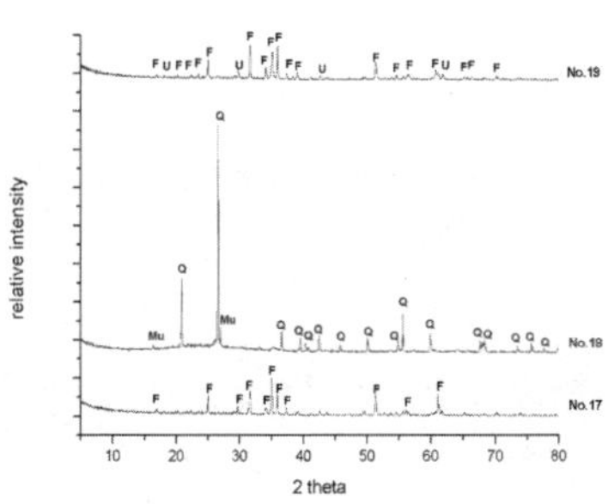

도면 4. 야동리 풀무골 슬래그 XRD결과

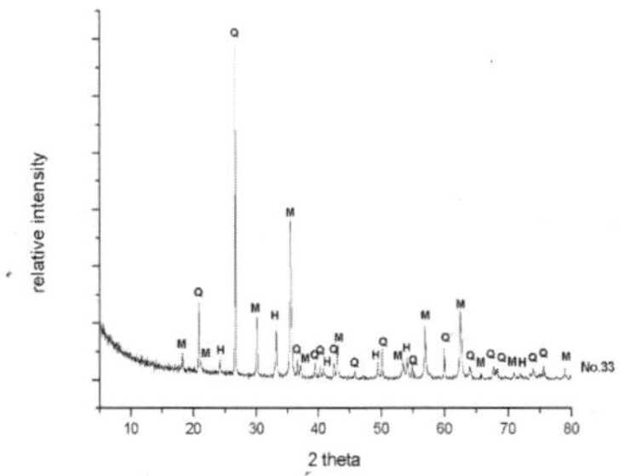

도면 5. 두정리 버드실 철광석 XRD결과

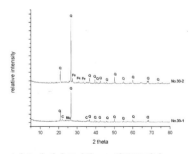

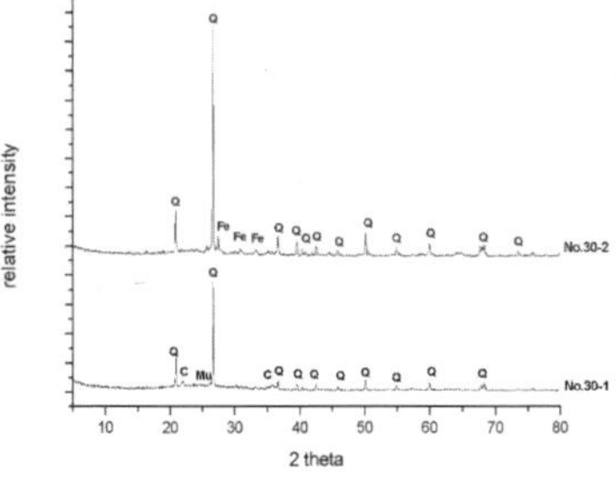

도면 6. 용대리 국망산Ⅰ 노벽 XRD결과

(Q: Quartz, Fe: Feldspar, C: Cristobalite, Mu: Mullite, F: Fayalite, W: Wüstite, U: Ulvospinel, M: Magnetite, H: Hematite)

Mullite, 장석(Feldspar)이 검출되었고, 수룡리 원모롱이 야철지, 야동리 풀무골 야철지에서 수습된 노벽에서는 석영(Quartz)과 Mullite만 검출되어 유적간 차이를 보이고 있다. 사문리 석문 새절골 야철지 I 에서 수습된 노벽은 다른 노벽과 다르게 내부에서 석영(Quartz), 외부에서는 석영(Quartz)와 자철석(Magnetite)이 검출되었다. 이는 슬래그의 내부와 외부 모두 유리질화되어 나타난 현상으로 보인다.

3. 미세조직분석

대체로 모든 유적에서 기본적으로 주요상인 철감람석(Fayalite)과 함께 뷔스타이트(Wüstite)가 공존하는 제련재로 추정되며, 그중 금곡리 아래쇠실 야

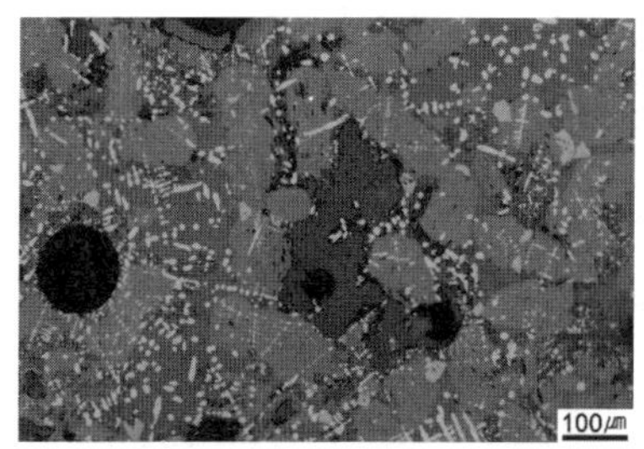

사진 1. 수룡리 원모롱이 슬래그(no. 15)의 금속현미경 사진(×100)

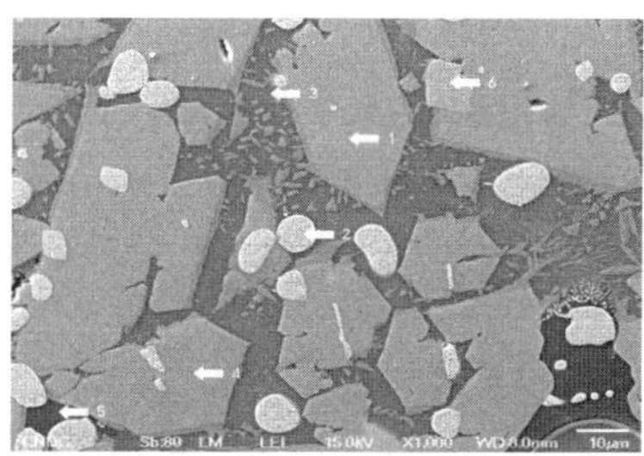

사진 2. 수룡리 원모롱이 슬래그(no. 15)의 SEM 사진

<표 9> 수룡리 원모롱이 야철지 슬래그(no. 15)의 EDS 분석결과

sample	Analysis position	Element(wt%)										
		C	N	O	Mg	Al	Si	K	Ca	Ti	Mn	Fe
No.15	1	3.50		35.61	0.98		9.72		1.77		0.78	47.64
	2	3.04		27.69		0.78				1.50		66.99
	3	2.85		42.08		11.43	19.46	14.64				9.54
	4	2.87		36.17	1.10	0.13	10.53	0.42	1.84		0.73	46.19
	5	2.21	1.41	44.32		11.79	21.17	17.63				1.47
	6	2.98		31.43		2.92				13.9		48.82

철지, 수룡리 원모롱이 야철지, 야동리 풀무골 야철지, 사문리 석문 새절골 야철지 I 에서 수습된 슬래그들은 Ulvospinel($TiFe_2+2O_4$)로 추정되는 조직이 발견되어 사철을 이용한 제련의 가능성도 예상할 수 있다.

4. 미량성분

충주 제철유적에서 수습한 슬래그와 철광석에 대하여 미량원소를 분석하여 상관관계를 알아보았다. 그 결과 크게 두 개의 그룹으로 나눌 수 있었다. I 그룹은 완오리 이완 신규, 금곡리 아래쇠실 야철지, 수룡리 원모롱이 야철지, 용대리 국망산 야철지 I 에서 수습된 슬래그들이 그룹을 이루며, Ⅱ그룹은 사문리 석문 새절골 야철지에서 수습된 슬래그들이 그룹을 이루고 있어 슬래그 간 미량성분의 상관관계가 크다는 것을 의미한다.

그러나 본리 음달말 야철지, 수룡리 원모롱이 야철지, 야동리 풀무골 야철지, 용대리 국망산 야철지 I 슬래그들은 같은 유적지에서 수습되었어도 각 슬래그들의 미량성분의 차이가 크게 나타나 같은 그룹을 이루지 못해 한 유적에서도 사용한 원료가 다를 수 있음을 추정할 수 있다. 하지만 제철과정에서는 조업의

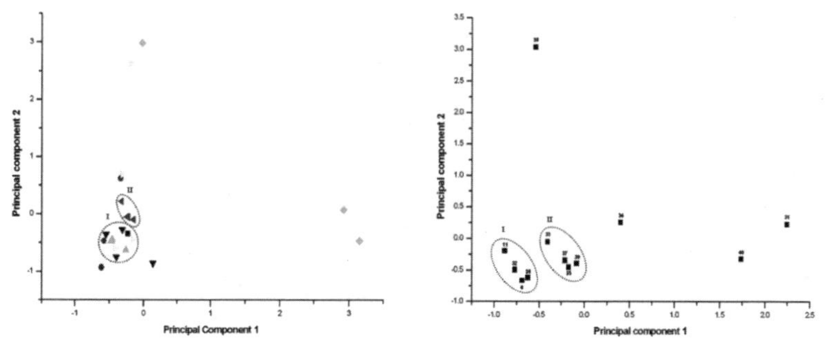

도면 7. 슬래그 미량성분 분석결과 주성분 분석　　도면 8. 철광석의 미량성분 분석결과 주성분 분석

■ 완오리 이완 신규, ● 본리 음달말 야철지, ▲ 금곡리 아래쇠실 야철지, ▼ 수룡리 원모롱이 야철지,
◆ 야동리 풀무골 야철지, ◀ 사문리 석문 새절골 야철지, ▶ 용대리 국망산 야철지

〈표 10〉 충주 지역 제철 유적 출토 슬래그, 노벽, 철광석의 미량원소

	시료명	유적명	미량 원소 (ppm)																	
			Ba	Sr	Co	Cr	Ni	Ga	Li	Cu	Zn	Sc	V	Zr	Rb	Y	Mo	Sn	Sb	Cs
1	슬래그	완오리 이안 신규	629.4	460.1	5.51	62.21	8.30	4.89	16.76	8.70	21.5	4.26	38.0	679.6	85.48	19.78	0.79	32.44	15.53	1.65
3	슬래그	본리 음달말 야철지	509.7	175.8	3.48	17.04	5.75	16.07	16.47	9.84	56.0	3.76	51.3	438.7	97.40	18.21	5.82	19.09	60.39	2.12
4	슬래그		78.7	43.2	0.67	2.71	0.54	10.26	7.25	4.58	11.8	1.36	33.6	402.1	11.58	7.67	0.25	8.70	3.19	0.18
5	슬래그		175.0	131.8	0.60	6.01	0.79	9.95	7.73	3.12	19.3	1.60	42.7	108.5	33.56	5.81	2.07	7.03	2.32	0.73
6	철광석		2.32	0.85	0.48	0.43	0.24	9.84	1.43	1.16	27.3	0.27	28.0	34.5	7.24	1.20	7.77	7.23	31.65	0.05
7	슬래그	금곡리 아래쇠실 야철지	360.3	245.8	0.88	8.60	1.16	6.63	8.02	4.03	13.1	2.34	50.8	277.1	56.77	12.45	4.09	4.49	2.16	1.12
8	슬래그		361.1	248.5	0.93	8.37	1.08	4.54	13.19	3.73	11.2	2.31	48.3	269.6	56.27	12.15	4.61	4.47	1.79	1.19
9	슬래그		549.7	113.6	1.00	35.95	1.54	2.71	9.06	5.38	10.9	4.92	140	420.4	73.54	23.21	3.30	4.32	0.82	1.24
11	철광석		2.01	1.22	2.60	1.05	0.75	20.93	6.09	0.80	34.8	0.67	42.4	28.1	5.86	1.18	0.86	3.26	1.38	0.06
12	슬래그	수룡리 원모롱이 야철지	685.9	345.8	1.54	7.32	1.30	0.00	7.48	3.77	17.0	2.78	59.5	516.5	66.10	16.90	1.17	2.81	0.46	0.77
13	슬래그		367.0	205.2	1.17	5.93	1.12	10.27	5.52	3.56	13.3	1.48	47.2	161.0	47.30	6.46	6.67	2.94	1.77	0.76
14	슬래그		376.3	234.2	1.21	13.52	1.30	8.35	8.75	3.91	13.2	3.00	83.3	239.1	59.06	15.92	7.89	2.83	1.26	0.78
15	슬래그		571.9	214.7	2.32	30.35	2.23	0.00	6.88	5.25	17.5	6.99	225	613.7	49.18	38.32	1.18	3.53	0.28	0.66
17	슬래그	야동리 풀무골 야철지	347.0	113.4	2.28	142.0	1.41	0.62	12.63	5.91	18.0	16.63	551	1070	57.87	203.5	0.48	31.71	0.28	1.30
18	슬래그		699.7	244.8	6.99	18.94	9.31	20.92	57.35	6.85	85.1	6.49	51.8	185.8	181.0	21.42	0.69	7.35	0.83	7.59
19	슬래그		323.1	126.9	2.25	132.8	1.56	13.03	18.79	6.22	23.2	16.85	537	1049	64.92	219.8	0.48	29.03	0.26	1.60

	시료명	유적명	미량 원소 (ppm)																	
			Ba	Sr	Co	Cr	Ni	Ga	Li	Cu	Zn	Sc	V	Zr	Rb	Y	Mo	Sn	Sb	Cs
21	슬래그	사문리 석문 새절골 야철지	374.8	77.8	2.17	17.51	1.83	9.24	17.48	5.11	20.5	3.80	89.2	629.3	86.99	38.52	1.23	9.04	1.90	1.99
22	슬래그		1540	82.5	1.80	22.33	1.38	12.77	20.45	4.92	16.9	4.59	97.1	571.0	98.32	28.44	1.17	4.33	0.77	2.48
23	슬래그		1239	95.7	1.62	29.67	1.58	7.34	18.49	4.51	17.0	6.91	149	610.5	99.29	31.70	0.07	1.64	0.83	2.23
24	슬래그		1557	130.2	0.98	27.22	1.54	10.44	22.46	3.10	10.6	5.56	116	729.1	104.7	35.03	0.00	1.37	0.31	1.25
26	슬래그	용대리 국망산 야철지	236.8	171.0	1.46	17.50	2.24	13.80	9.15	3.92	14.3	2.60	45.2	832.2	39.58	18.06	1.27	3.09	4.58	1.31
27	슬래그		675.3	243.2	7.50	17.08	9.26	22.78	50.60	5.96	76.1	5.18	45.0	161.1	169	18.09	0.81	5.99	0.56	5.32
28	슬래그		180.7	154.1	1.39	27.66	1.42	17.76	12.05	4.06	17.5	3.62	84.7	908.9	38.28	37.02	0.63	5.33	2.53	1.22
29	슬래그		840.8	192.6	14.1	109.6	45.4	14.06	38.45	20.8	78.4	8.35	72.8	234.8	83.33	16.78	0.45	2.75	0.86	6.26
31	철광석	본리 독동 야철지	2.94	1.96	3.63	2.30	0.99	17.27	1.86	2.17	25.9	0.96	36.5	39.4	1.71	34.56	1.41	8.47	17.00	0.05
32	철광석	완오리 이안초교Ⅰ 야철지	5.08	1.33	9.30	0.66	9.56	13.51	4.76	0.30	138	2.04	44.6	29.4	4.95	3.04	0.84	13.64	10.44	0.09
33	철광석	두정리(파소골) 야철지	15.34	1.43	5.84	3.67	0.65	27.87	3.00	7.02	111	0.38	40.1	16.3	5.87	5.67	0.14	1.44	1.75	0.23
34	철광석	칠금동 제철유적	13.91	2.62	7.83	2.62	18.6	42.85	2.18	0.47	129	1.32	51.3	20.9	1.86	14.41	7.35	7.86	1.64	0.00
35	철광석	완오리 사래실 야철지	32.71	1.99	3.20	0.67	1.11	19.31	2.81	0.30	238	0.97	46.0	17.7	12.15	3.81	9.04	6.40	0.28	0.09
36	철광석	장성리 성안들 야철지	9.26	1.38	1.89	0.22	0.49	10.11	2.43	0.35	73.7	0.23	20.9	15.2	5.21	2.44	35.5	1.84	8.94	0.06
37	철광석	두정리 버드실 야철지	7.38	2.40	7.50	0.71	0.61	24.20	4.56	19.6	91.9	0.24	41.7	61.6	3.21	5.41	10.7	7.28	32.46	0.09
38	철광석		22.49	2.87	1.58	3.99	1.45	19.26	8.97	6.57	114	0.77	55.1	61.6	6.05	3.31	6.15	3.48	39.72	0.30
39	철광석		4.13	1.45	0.78	1.59	0.30	17.53	1.65	0.77	15.3	1.39	36.5	187.7	6.29	9.08	6.55	16.63	108	0.06
40	철광석		5.54	0.85	1.92	1.24	1.12	13.15	1.62	0.80	31.1	0.79	30.8	30.2	5.51	28.44	1.08	5.89	12.37	0.06

효율성을 높이기 위해 철광석 외에도 다양한 성분들이 투입되기 때문에 투입된 성분들의 종류와 양에 따라 변수가 생길 수 있으므로 좀 더 많은 분석을 통해 검증작업이 필요하다.

다음은 충주 지역 제철 유적지에서 수습된 철광석 간의 상관관계를 알아본 결과 본리 음달말 야철지, 금곡리 아래쇠실 야철지, 완오리 이안초교 I 야철지, 장성리 성안들 야철지에서 수습된 철광석들은 미량성분 간 유사성이 높아 산지도 같을 가능성이 크며 두정리(파소골) 야철지(No. 33), 완오리 사래실 야철지(No. 35), 두정리 버드실 야철지(No. 37, 39)에서 수습된 철광석들도 같은 산지에서 유출되었을 것으로 보인다. 그러나 나머지 철광석들은 미량성분 간의 유사성이 없으므로 산지가 서로 다른 곳에서 유입되었을 것으로 보인다. 즉, 충주에서도 같은 산지가 아닌 서로 다른 산지에서 철광석이 유입되어 철을 제련하는데 이용했음을 추정할 수 있다.

Ⅳ. 충주지역 제철유적의 성격

충주에서 철생산이 이루어지기 시작한 시기는 마한(馬韓)에 의해 생산되었을 것으로 보이지만 아직까지 충주에서 마한과 직접적으로 관련된 제철유적은 확인되지 않고 있다. 대표적인 마한의 고분유적인 금릉동유적[18]과 문성리유적[19] 등에서는 마한의 토광묘가 밀집해 분포하고 있다. 이들 고분의 내부에서는 다양한 토기를 비롯한 구슬, 청동대구 등의 유물과 함께 종류는 제한되지만 철기

18) 충북대학교박물관, 2007, 『忠州 金陵洞 遺蹟』.

19) 중원문화재연구원, 2010, 「고속국도 제40호선 음성-충주간 건설공사(4공구 3구간) 문화유적 발굴조사 현장설명회 자료」.

가 다량으로 부장되고 있어 충주지역에서 마한에 의해 철생산이 이루어졌을 것으로 짐작할 수 있다.

충주에서 철이 본격적으로 생산되기 시작한 시기는 한강유역을 확보한 백제가 충주로 진출한 4세기경으로 보인다. 충주는 백제 한성기에 철과 관련된 기록과 밀접한 관련이 있는데, 『일본서기(日本書紀)』의 기록 중에 근초고왕이 왜(倭)의 사신인 이파이(爾波移)에게 비단, 활, 화살과 함께 철정 40매를 주었다[20]는 내용과, 근초고왕의 하사품인 칠지도(七支刀)의 제작지가 '곡나철산(谷那鐵山)'이라는 기록[21] 등이 그것이다.

탄금대토성의 수조유구에서 확인된 철정 40매는 시사하는 바가 크다. 철정은 철기를 생산하기 위한 중간 소재로 재화(財貨)의 가치를 겸하는 것으로 철을 생산하여 운반하기 편하게 제작된 것이다. 탄금대토성은 남한강을 끼고 축조된 토성으로 추정둘레 420m로 작은 규모지만 달천과 남한강의 합류하는 주요 길목에 위치하고 있어 주변으로부터 물자수송이 매우 편리한 곳이다.

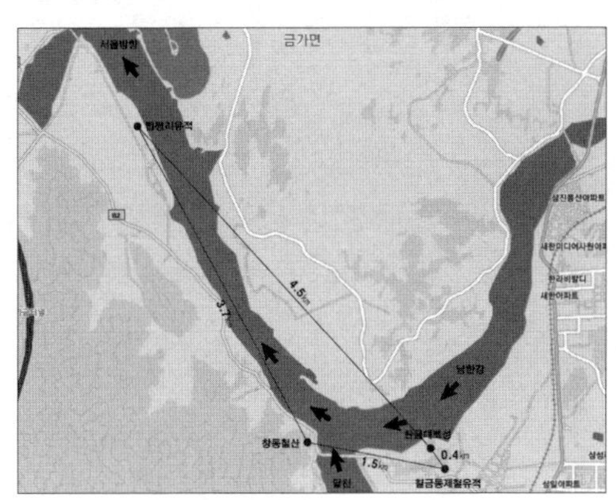

도면 9. 백제시대 철생산 관계도

탄금대토성의 수조유구를 중심으로 지금은 폐광이 된 창동철산과 연수철산

20) 『日本書紀』 卷九 神功皇后攝政四六年 「時百濟肖古王 深之歡喜而厚遇焉 仍以五色綵絹各一疋 及角弓箭 并鐵鋌四十枚」.

21) 『日本書紀』 卷九 神功皇后攝政五十二年 「五十二年秋九月丁卯朔丙子 久氐等從千熊長彦詣之 則獻七枝刀一口七子鏡一面 及種種重寶 仍啓曰 臣國以西有水源 出自谷那鐵山 其邈七日行之不及 當飲是水 便取是山鐵 以永奉聖朝」.

이 위치하고 있다. 여기에서 생산되는 철광석은 남한강을 이용하면 쉽게 주변 지역의 제련로로 운반이 가능한 곳이다.

창동·연수철산에서 채광한 철광석은 가까운 제련유적으로 운반하게 되는데 칠금동 제철유적과 인근의 창동철산은 약 1.5㎞ 가량 떨어진 곳에 위치한다. 남한강을 이용하여 쉽게 제철시설까지 운반이 가능한 거리로 칠금동 제철유적에서 철을 얻기 위한 제련공정이 이루어졌을 것으로 보인다. 발굴조사 부지가 좁은 관계로 제련로 1기만 확인되었지만 지표조사 결과 칠금동 제철유적 주변의 밭과 민가에는 상당량의 슬래그와 백제토기가 확인되어 이곳에서 대규모의 제련작업이 있었음을 짐작할 수 있다.

칠금동 제철유적에서 생산된 철은 탄금대토성에서 철기를 제작하기 위한 철정이나 기타 철괴(鐵塊)의 운반을 위한 중간 기착지 역할을 했던 곳으로 남한강을 이용하여 소비지로 운반되었을 것으로 보인다.

탄금대토성에서 남한강의 하류로 4.5㎞를 가면 넓은 충적대지가 펼쳐진 탑평리에 이르게 된다. 탑평리에서는 최근 충주에서는 처음으로 백제 육각형주거지가 발견되어 주목받고 있다. 이 주거지 내부에서는 다량의 철괴와 함께 삽날, 망치, 철촉, 도자 등 철기가 다량으로 발견되고 있으며, 주거지 주변에서는 슬래그와 노벽이 확인되고 있어 1차 가공된 철괴를 이용하여 철기를 제작했던 곳으로 추정하고 있다. 여기에서 생산된 철기는 남한강을 이용하여 한성으로 운반되거나 충주 현지에서 소비되었을 것으로 보인다.

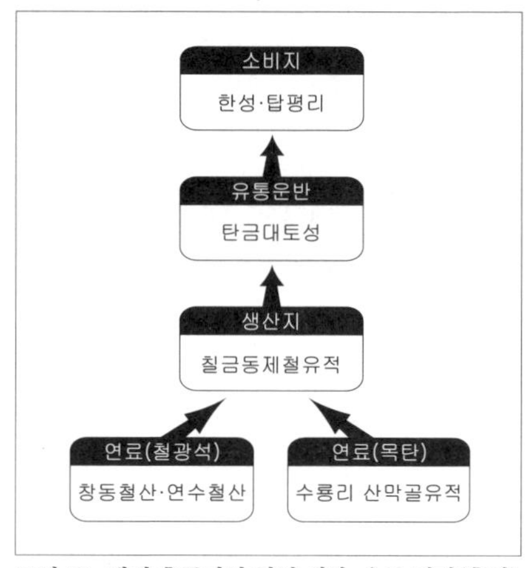

도면 10. 백제 충주지역 철의 생산·유통 체계(추정)

현재까지 충주에서 확인된 유

적을 중심으로 백제에 의한 충주지역의 철생산 체계를 추정해보면 원료는 창동·연수철산에서 채광하였으며, 연료는 수룡리의 산막골유적[22] 등 인근의 탄요에서 생산했던 것으로 보인다. 이렇게 확보한 원료와 연료는 칠금동 제철유적에서 철을 1차로 생산했으며, 탄금대토성에서 소비지인 탑평리유적과 멀리는 한성으로 운반되었던 것으로 추정해 볼 수 있다.

고려시대에 이르면 충주는 철과 관련된 다인철소, 원나라에 조공할 환도의 주조, 고려시대 최자(崔滋)가 쓴 삼도부(三都賦)의 내용 등 여러 기록에 의해 철생산이 활발히 이루어졌던 것을 확인할 수 있다.

지표조사 결과에서도 전체 제철유적 중 63%에 해당하는 57개 유적이 고려시대에 운영되었던 것으로 추정하고 있다. 지금까지 고려시대 제철로가 확인된 곳은 큰골유적, 노계마을야철유적, 본리 당저Ⅰ유적, 본리 노계 Ⅱ유적, 본리 새터골 Ⅲ유적에서 모두 9개가 확인되었다. 큰골유적의 단야로를 제외하고는 모두 제련로로 추정되고 있으며, 제련로의 형태는 기본적으로 원형으로 노계마을야철유적 D지구 2호 제련로로 60㎝로 규모가 작은 편이며, 본리 노계 Ⅱ유적 1호 제련로처럼 타원형의 직경이 230㎝에 이르는 대형의 제련로도 확인되고 있다.

충주에서 확인되는 고려시대의 제철유적은 다인철소로 비정되고 있는 노계마을을 중심으로 주변지역에 전체적으로 슬래그가 분포하고 있는 것으로 미루어 이 지역에서는 상당히 오랫동안 또는 짧은 시간 광범위하게 제철작업이 이루어졌던 것으로 판단된다. 또한 노계마을을 중심으로 한 주변의 구릉지인 첨단지방산업단지 부지에서는 철생산에 필요한 다수의 탄요유적이 분포하는 것으로 확인되었다.

『신증동국여지승람(新增東國輿地勝覽)』의 토산조(土産條)에서 충주는 첫째로

22) 충청북도문화재연구원, 2010, 『나라 C.C 조성 확장사업부지내 충주 수룡리 산막골유적』.

철이 기록되어 있는데 고려시대 대규모의 철 생산은 조선시대까지 그 전통이 이어졌던 것으로 보인다.

지표조사 결과에서도 고려시대 제철유적 다음으로 조선시대의 제철유적이 가장 많이 분포되는 것으로 확인되었으나 발굴조사가 이루어진 유적은 완오리 유적에서 제철로 1기가 확인되었을 뿐이다.

완오리유적의 제철로는 상부는 유실되고 하부구조만 남아 있었는데, 하부구조는 석재를 이용하여 축조한 후 그 위를 흙으로 발랐다. 형태는 원형으로 내경이 120㎝이며, 주변에서 확인된 송풍관은 내경이 15~25㎝에 이르는 대구경 송풍관으로 확인되었다. 현재까지 조선시대 제철유적의 자료가 부족해 향후 구체적인 성격을 밝힐 수 있을 것으로 보인다.

충주지역 제철유적 14개소 40개의 시료를 분석하여 제철유적의 성격을 파악하기 위하여 분석한 결과, 분석을 실시한 모든 슬래그는 석영(Quartz)과 철감람석(Fayalite)를 주성분으로 하며, 그 외 뷔스타이트(Wüstite), 홍연석(Cristobalite), Mullite가 검출되어 모두 제련작업을 통해 생성된 제련재로 밝혀졌다. 특히 야동리 물무골 야철지, 금곡리 아래쇠실 야철지, 수룡리 원모롱이 야철지, 사문리 석물 새절골 야철지 I 에서 수습된 슬래그에서는 사철을 이용하여 제련했을 경우에 나타나는 첨정석(Ulvospinel)이 검출되어 사철제련도 생각해 볼 수 있다.

제철유적에서 수습한 철광석에 대한 주요 성분을 분석하면 대체로 중간 정도의 철 함유량을 지니고 있으나 56.86~68.99wt%가 함유된 완오리 사래실, 두정리 버드실, 금곡리 아래쇠실 야철지에서는 고함량의 철광석도 확인되고 있다.

미량성분 분석을 통해 본 철광석 간의 상관관계는 본리 음달말 야철지, 금곡리 아래쇠실 야철지, 완오리 이안초교 I 야철지, 장성리 성안들 야철지에서 수습된 철광석들은 미량성분 간 유사성이 높아 산지도 같을 가능성이 크며, 두정리(파소골) 야철지, 완오리 사래실 야철지, 두정리 버드실 야철지에서 수습된 철광석들도 같은 산지에서 채광되었을 것으로 추정할 수 있다.

V. 맺음말

충주는 고대 삼국의 접경지역으로 편리한 수로와 풍부한 철을 두고 격전을 벌였던 곳이다. 이러한 이유로 충주지역에는 고대 삼국이 남긴 유적과 유물이 한 곳에 남아 있으며, 때로는 문화 접변을 통한 복합적인 문화를 형성하기도 한 곳이다.

풍부한 철은 고대 각국의 국가 경쟁력 확보 차원에서 반드시 필요했던 산물로 충주지역은 백제에 의해 본격적으로 철광산과 제철시설이 개발되기 시작했으며, 고구려와 신라는 백제 성장을 억제하는 동시에 개발된 철산지를 확보하기 위해 노력했던 것으로 보인다.

충주지역에는 삼국~조선시대까지 광범위한 제철 생산 활동으로 지금까지 알려진 제철유적이 90개소에 이르며, 철 생산에 필요한 목탄을 생산하던 탄요도 39개소 356기가 확인되어 제철 생산을 위한 핵심지역이었다.

충주지역에 분포하는 각 제철유적의 상관관계 및 제철 관련 정보를 알아보기 위한 제철유적 수습 유물에 대한 분석에서는 충주지역에서 사철제련의 가능성을 확인했다. 아직까지 충주지역에서 사철을 이용한 철이 생산이 확인된 유적은 없지만 분석에 의한 가능성은 농후해 향후 사철제련의 과정도 복원될 것으로 기대한다.

지금까지 충주지역 제철유적의 조사현황과 성격을 개괄적으로 정리해 보았다. 발굴조사 자료가 부족해 성격 규명에 어려운 점은 있지만, 향후 조사자료의 축적과 지속적인 분석자료가 축적된다면 중원문화의 핵심지였던 충주의 제철문화를 밝힐 수 있을 것으로 기대한다.

참고문헌

■ 단행본

『三國史記』

『高麗史』

『新增東國輿地勝覽』

『日本書紀』

국립지질조사소, 1965, 『한국지질도 1:50,000 충주도폭』.

충주시·충북대학교중원문화연구소, 1998, 『文化遺蹟分布地圖-忠州市-』.

國立中原文化財硏究所, 2010, 『고대도시유적 中原京-遺蹟篇-』.

지식경제부·한국광물자원공사, 2011, 『광물자원 매장량 현황-2010.12.31 현재-』.

■ 논문

길경택, 2008, 「최근에 조사된 충주의 제철유적」, 『충주 철불과 제철유적』, 예성문화연구회.

김경호, 2006, 「한국 고대 목탄요 연구-백탄요의 구조적 특징과 목탄의 이용을 중심으로」, 충남대학교대학원 석사학위논문.

김권일, 2003, 「南韓地域 古代 製鐵爐에 對한 一硏究」, 한신대학교대학원 석사학위논문.

김권일, 2010, 「제철유적 조사연구법 시론」, 『文化財』 제43권, 제3호, 국립문화재연구소.

김정인, 2008, 「南韓地域 無側口付式 木炭窯」, 충북대학교대학원 석사학위논문.

金鎬詳, 2000, 「古代 木炭窯 考察-白炭窯를 중심으로-」, 『慶州史學』 第19輯, 慶州史學會.

송석중, 2010,「충주 대화리 유적」,『호서지역문화유적 발굴성과』, 제22회 호서고고학회 학술대회.

尹鍾均, 1998,「古代 鐵生産에 대한 一考察」, 全南大學校大學院 碩士學位論文.

이남규, 2008,「충주의 제철문화」,『충주 철불과 제철유적』, 예성문화연구회.

장경숙, 2010,「고대 제철원료에 대한 연구 현황-철광석을 중심으로-」,『보존과학의 연구동향과 새로운 시각』, 영남문화재연구원.

조록주, 2011,「중원지역 철 생사유적에 대한 성격」,『제7회 한국철문화연구회 학술세미나』, 한국철문화연구회.

최몽룡, 2008,「南漢江 中原文化와 高句麗-탄금대의 철생산과 삼국의 각축」,『제2회 중원문화학술회의-중원과 한강』.

■ 보고서 및 도록

忠州博物館·國立中央科學館, 1997,『忠州 完五里 冶鐵遺蹟』.

國立中原文化財研究所, 2009,『忠州 塔平里遺蹟(中原京 추정지)시굴조사보고서』.

국립중원문화재연구소, 2010,『충주 탑평리유적(중원경 추정지역) 제3차년도 시굴조사 약보고서』.

國立淸州博物館·浦項産業科學研究院, 2004,『鎭川 石帳里 鐵生産遺蹟』.

기호문화재연구원, 2009,「충주 노은지구 대중골프장 조성부지 내 문화유적 발굴조사 현장설명회의 자료」.

기호문화재연구원, 2010,『충주 앙성 제피로스 G.C조성사업부지 내 유적발굴조사 약보고서』.

세연철박물관, 2003,『충주 앙성면의 야철지』, 세연철박물관.

中央文化財研究院, 2002,『中部內陸高速道路 및 忠州支社建設工事敷地內 忠州 水龍里遺蹟』.

중앙문화재연구원, 2005,『忠州 九龍地區 農業用水開發豫定地內 忠州 九龍里 白

磁窯址』.

중앙문화재연구원, 2006, 『충주 기업도시 건설도시 문화재 지표조사보고서』.

중앙문화재연구원, 2007, 『忠州 龍頭-金加間 迂廻道路建設區間 內 忠州 倉洞里 遺蹟』.

中央文化財研究院, 2007, 『忠州 龍山洞遺蹟·大谷里·長城里遺蹟』.

중앙문화재연구원, 2007, 『충주 첨단지방산업단지조성부지 내 발굴조사약보고서』.

中央文化財研究院, 2008, 『忠州 尖端地方産業團地 進入道路 開設事業 敷地內 忠州 完五里遺蹟』.

중앙문화재연구원, 2009, 「충주 만정리 골프장 조성사업부지 내 유적 발굴조사 지도위원회의자료」.

中央文化財研究院, 2009, 『忠州尖端地方産業團地 造成事業部地內 忠州 本里·永平里·完五里遺蹟』.

中央文化財研究院, 2010, 『忠州 下九岩里 (주)애강工場敷地內 忠州 下九岩里遺蹟』.

중앙문화재연구원, 2010, 『충주 기업도시 부지내 유적 발굴(시굴) 약보고서』.

中原文化財研究院, 2004, 『충주 노은골프장 조성사업예정부지내 문화유적 시굴조사 약보고서』.

中原文化財研究院, 2007, 『忠州 新孝里 遺蹟』.

中原文化財研究院, 2008, 『忠州山城 北門址 發掘調査 報告書』.

中原文化財研究院, 2008, 『충주 칠금동 400-1번지 개인주택설립부지내 충주 칠금동 제철유적』.

중원문화재연구원, 2009, 『충주 귀래~목계간 도로확·포장공사구간 문화유적 발굴조사 동막리·야동리·구룡리 유적』.

中原文化財研究院, 2009, 『2007年度 發掘調査 報告-忠州 彈琴臺土城 I 』.

중원문화재연구원, 2009, 「고속국도 제40호선 음성-충주간 건설공사 문화유적 발굴(시굴)조사(제 4구간 5·6공구)지도위원회의 및 현장설명회의 자료」.

중원문화재연구원, 2009, 『수안보－살미간 도로 확장공사구간내유적 발굴조사 약보고서』.

중원문화재연구원, 2009, 『충주 가금－칠금간 도로확·포장공사구간내 4지역(비대안구간) 문화재 발굴(시굴)조사약보고』.

중원문화재연구원, 2009, 『충주 중원지방산업단지 진입도로 개설부지내 문화유적 발굴조사 약보고서』.

中原文化財硏究院, 2010, 『忠州 尖端地方産業團地 進入道路 開設 事業部地內 遺蹟 發掘調査 報告書－老鷄마을 高麗時代 冶鐵遺蹟』.

中原文化財硏究院·忠州市, 2010, 『충주 클린에너지파크 조성부지 발굴조사 보고서 忠州 豆井里 遺蹟』.

중원문화재연구원, 2010, 『고속국도 제40호선 음성－충주간 건설공사(4공구)(3구간)문화유적 발굴조사 약보고서』.

忠北大學校 中原文化硏究所, 1998, 『文化遺蹟分布地圖－忠州市－』.

忠州博物館, 1996, 『忠州 利柳面 冶鐵遺蹟 地表調査 報告書』.

충주박물관·국립중앙과학관, 1998, 『忠州 完五里 冶鐵遺蹟』.

忠州産業大學校博物館, 1995, 『忠州山城 2次 發掘調査 報告書』.

충청북도문화재연구원, 2010, 『나라 C.C 조성 확장사업부지내 충주 수룡리 산막골유적』.

충청북도문화재연구원, 2010, 「고속국도 제40호선 음성~충주간 건설공사 5구간 문화유적 발(시)굴조사 8차 현장설명회의·지도위원회의자료」.

韓國文化財保護財團, 2001, 『中部內陸高速道路 忠州區間 文化遺蹟 試·發掘調査報告書』.

韓國文化財保護財團, 2001, 『中部內陸高速道路 忠州區間 文化遺蹟 發掘調査 報告書』.

남한 고구려 성의 구조와 성격

양시은 | 서울대학교 박물관 학예연구사

남한 고구려 성의 구조와 성격 *

Ⅰ. 머리말

우리나라에서는 아이러니하게도 1980년대 후반 한성 백제의 도성이었던 몽촌토성에 대한 발굴조사를 통해 한강 유역에 고구려 유적이 존재하고 있음이 알려졌다. 이후 1990년대 초반에는 지표조사를 통해 서울 및 경기 북부 지역에 고구려 성이 분포하고 있음을 확인하였고, 90년대 후반부터는 구리시 아차산 4보루 발굴조사를 시작으로 남한 내 고구려 성에 대한 집중적인 조사와 연구가 이루어졌다. 그 결과, 20년이 채 안 되는 짧은 기간에 중국이나 북한에 비해 상대적으로 많은 연구 성과를 이룰 수 있었다.

남한의 고구려 성은 중국, 북한과 달리 소규모 보루가 대부분이지만, 성벽과 성 내외에 대한 전면적인 조사를 통해 고구려의 축성 기술과 성의 구조에 대한 구체적인 자료를 축적할 수 있게 되었다. 문헌기록에 따르면, 고구려는 남한 지역에 5세기 이후에야 성을 축조할 수 있었다. 그리고 한강 유역의 고구려 자료는 475년에서 551년이라는 절대적인 시간대를 상정할 수 있어 편년 연구의 기준이 될 수 있다는 점에서 매우 중요하다. 또 조사한 내용이 대부분 보고서로

* 본고는 『고구려발해연구』 36집(2010)에 게재한 논고 「남한 내 고구려 성의 구조와 성격」을 수정·보완한 것이다.

간행되었다는 점에서도 연구에의 활용 가치가 크다고 하겠다.

이에 본고는 크게 두 가지 목적을 달성하고자 하였다. 첫 번째는 그동안 남한에서 발굴조사 된 고구려 성의 축성과 관련한 구조적인 특징을 종합적으로 검토해보는 것이다. 이러한 작업은 추후 고구려 성 연구에 있어 기초 자료로써 활용될 수 있을 것으로 기대된다. 두 번째는 그동안 여러 연구자들에 의해 논의된 바 있는 주제로, 남한에 분포하는 고구려 성의 성격, 즉 분포상의 특징이나 편년 그리고 이와 관련된 방어 체계 등을 고고학 자료를 중심으로 검토해보는 것이다. 일부 선행 연구에서는 개별 유적에 대한 단편적인 특징만을 다룬다거나 고구려에 의해 축조되지 않았더라도 점유되었을 가능성이 있는 모든 고구려 유적을 하나의 틀에서 분석하거나 또는 고고 자료의 정밀한 검토 없이 역사 기록만을 가지고 이해하려고 하는 경우가 있었다. 본고에서는 이러한 오류를 최소한으로 줄이고자 발굴조사를 통해 확실히 고구려에 의해 축조되었음이 밝혀진 성을 중심으로 논지를 진행하고자 한다.

Ⅱ. 대상유적의 현황

앞서 언급한 바와 같이 현재까지 확인된 남한 내 고구려 성의 분포는 크게 4개의 영역으로 구분될 수 있는데, 임진강·한탄강 유역, 양주 일대, 한강 유역, 금강 유역으로 나뉜다.

1. 파주 덕진산성 2. 연천 호로고루 3. 연천 당포성
4. 연천 무등리보루 5. 연천 은대리성 6. 연천 신답리고분군
7. 포천 성동리유적 8. 양주 태봉산보루 9. 양주 도락산보루
10. 양주 독바위보루 11. 양주 불곡산보루군 12. 양주 천보산보루군
13. 의정부 사패산보루군 14. 서울 수락산보루
15. 서울 아차산보루군(홍련봉보루, 용마산보루, 아차산보루, 망우산보루, 시루봉보루 등)
16. 서울 몽촌토성 건물지 17. 성남 판교고분 18. 용인 보정동고분군
19. 화성 청계고분군 20. 춘천 방동리고분군 21. 춘천 신매리고분
22. 춘천 천전리고분 23. 홍천 철정리유적 24. 홍천 역내리유적
25. 원주 건등리유적 26. 충주 중원고구려비 27. 충주 두정리고분
28. 청원 남성골산성 29. 대전 월평동유적

도면 1. 남한 내 주요 고구려 유적 분포도

현재까지 시·발굴조사가 이루어진 고구려 성은 모두 15개소이다. 남한에서 가장 먼저 발굴된 고구려 성 유적은 1977년에 조사된 구의동보루지만, 당시 조사단은 남한에 고구려 유적이 존재할 것이라고는 생각하지 못하여 백제 고분으로 잠정결론 내린 바 있다. 이후 구의동보루는 1988년 몽촌토성 발굴조사에서 고구려의 대표 토기인 광구장경사이옹이 출토되면서 고구려 유적으로 재인식되었다. 아차산 일대 유적은 일제강점기에도 독도면(纛島面) 광장리·구의리·능리 성지 등으로 보고된 바(朝鮮總督府 1942) 있는데, 조선총독부박물관의 1937년도 진열품 중 능리에서 발견된 고구려 태환이식을 백제의 유물로 판단(朝鮮總督府博物館 1938)한 것을 보면 당시 확인한 성 또한 백제 유적으로 파악하고

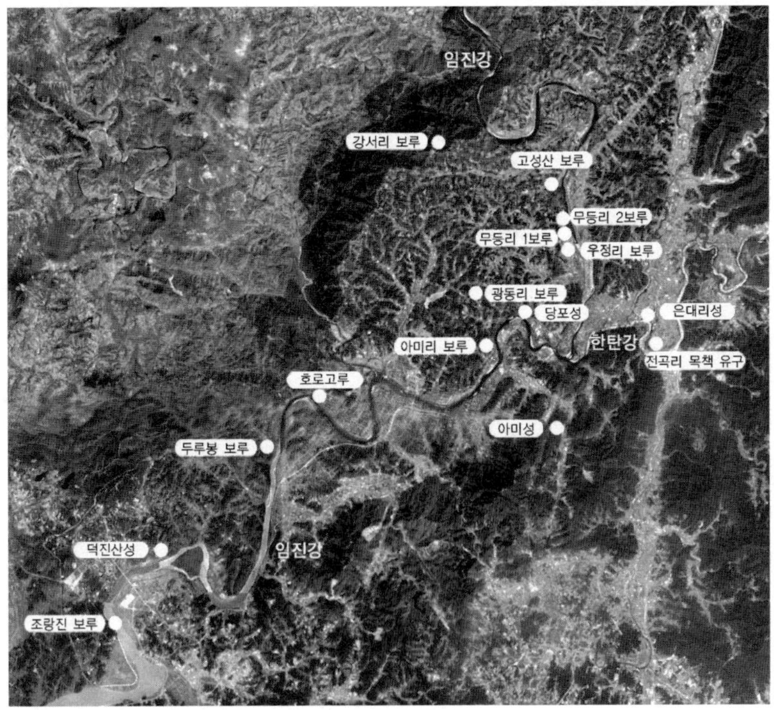

도면 2. 임진강·한탄강유역의 고구려 성 분포

있었던 것으로 보인다.

앞서 언급한 바와 같이 1990년대 중반에 이르러 아차산 고구려 보루군을 시작으로 임진강 일대의 고구려 성, 양주 일대의 고구려 보루군 등 서울과 경기 북부 지역에서 고구려 성이 추가로 발견되기 시작하면서 고구려 유적에 대한 조사가 본격화 되었다. 그동안 임진강·한탄강 유역에서는 호로고루, 당포성, 은대리성, 무등리 2보루, 전곡리 목책유구가, 양주 일원에서는 천보산 2보루가, 한강 유역에서는 아차산 3·4보루, 홍련봉 1·2보루, 용마산 2보루, 시루봉보루, 구의동보루가, 금강 유역에서는 남성골산성과 월평동 목책유구가 발굴조사 되었다. 그 외 파주 덕진산성과 서울 몽촌토성에서 고구려 유구와 유물이 확인되었고, 인천 계양산성과 진천 대모산성에서도 고구려 토기가 수습된 바 있다.

그동안 이들 고구려 성들에 대한 현황은 여러 논고나 보고서에서 자세히 다루어진 바 있으므로, 본고에서는 아래와 같이 표로 간략하게 정리하는 것으로 대신하도록 하겠다.

〈표 1〉 임진강·한탄강 유역 고구려 성의 주요 발굴 현황

명칭	해발(m)	둘레(m)	내용
덕진산성	80	600?	▷2004년, 2012~2013년 발굴조사 (육군사관학교 화랑대연구소 2004; 중부고고학연구소 2012) ▷고구려 보루(토축?), 통일신라 석축 ▷보고서 미간으로 고구려 시기의 유적 구조나 유물의 특징에 대해 명확히 밝혀진 바가 없음
호로고루	28	401	▷2001년, 2006년, 2009년, 2011년 시굴 및 발굴조사 (한국토지공사 토지박물관 2007, 2009, 2011) ▷선 2중목책, 후 석축(기단부와 성벽 내외부는 토축) 성벽 ▷수직기둥홈과 돌확 ▷우물, 기와 지상건물지, 지하식 벽체 건물지 ▷연화문와당, 치미, 착고, 절풍모형 토기, 저울추, 벼루, '相鼓'명문 토기(악기) ▷각종 철기 및 탄화곡물, 동물뼈 등 출토

명칭	해발(m)	둘레(m)	내용
당포성	36	450	▷2002~2003년, 2005~2006년 발굴조사 (육군사관학교 화랑대연구소 2006; 경기도박물관 2008) ▷북벽(기단부 및 중심부는 점토로, 성벽 외면만 석축) ▷수직기둥홈과 돌확, 기둥구멍 ▷고구려 기와 및 토기, 철기 등 출토
은대리성	60?	1005	▷2003년 시굴조사 (단국대학교 매장문화재연구소 2004) ▷내성과 외성으로 이루어진 복곽식 구조? ▷동벽: 토석혼축(토루 외면에 석재 보강), 배수 위한 구(溝) ▷기와는 출토되지 않았으며, 5세기대 토기, 철기 출토
무등리2보루	93	350+	▷2010~2012년 시굴 및 발굴조사 (서울대학교박물관 2010, 2011, 2012) ▷선 목책, 후 석축성벽 ▷치2, 방형 석축유구, 축대, 온돌건물지, 배수로 ▷고구려 기와, 토기, 탄화곡물(쌀, 조) 출토 ▷철기(투구+찰갑 1세트, 사행상철기 세트2 등), 철제슬래그 출토
전곡리 목책유구	55	?	▷서울대학교박물관 2006년, 2010년 시굴조사 한양대학교 문화재연구소 2008년 발굴조사 (서울대학교박물관 2008, 2010; 한양대학교 문화재연구소 2010) ▷전곡리토성 없음을 확인(후대 교란층 및 자연층) ▷전곡리선사박물관 부지 일부 구간에서 목책과 건물지 확인 ▷고구려 토기 극소량 출토

<표 2> 양주 일대 고구려 성의 주요 발굴 현황

명칭	해발(m)	둘레(m)	내용
천보산2보루	335.8	?	▷2012년 발굴조사 (서울대학교박물관 2012) ▷선 목책, 후 석축성벽 ▷치1, 온돌건물지 2, 지상식 건물지1, 저수시설1 등 ▷토기, 철기(철촉, 철모, 철준, 철부 등)

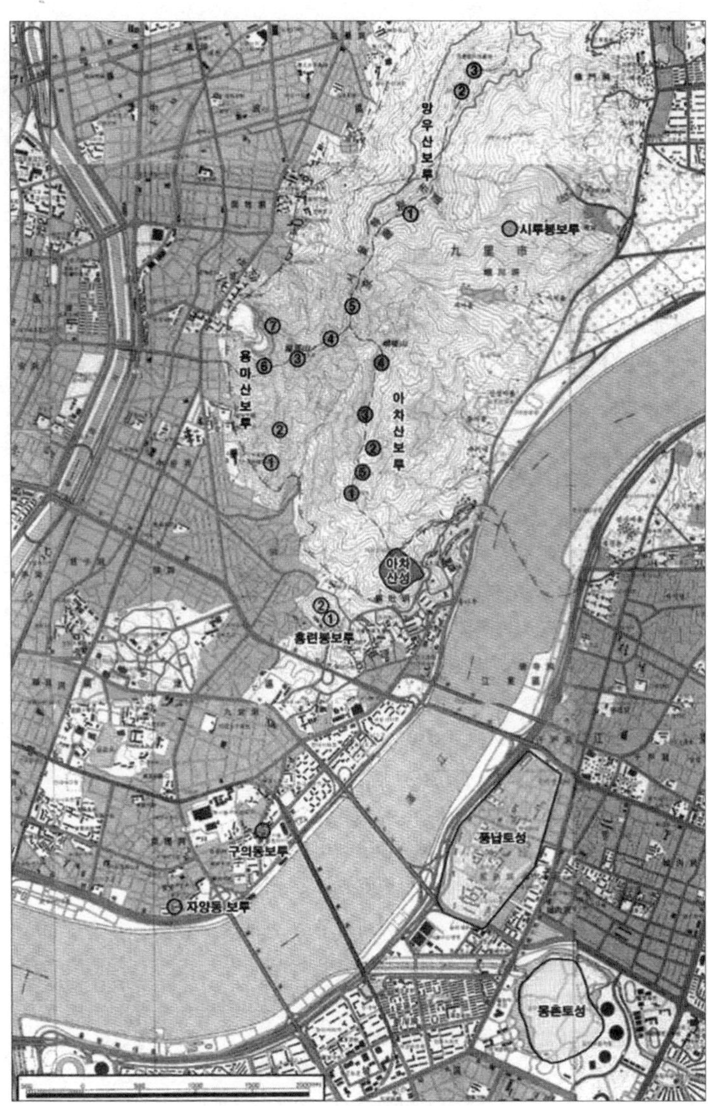

도면 3. 아차산일원 고구려유적 분포도(최종택 2008 : 도 2)

<표 3> 아차산 보루군의 주요 발굴 현황

명칭	해발 (m)	둘레 (m)	내용
구의동보루	53	46	▷1977년 발굴조사 후 현재 멸실 (구의동보고서 간행위원회 1997) ▷화재로 전소된 유적, 외곽에 목책 존재 가능성 있음 ▷석축성벽, 온돌 1기, 배수로 1기, 저수시설 1기 ▷토기: 19개 기종 369개체 ▷철기: 1,347점(철솥, 대도 등)
홍련봉1보루	125	140	▷2004년 발굴조사, 2012~2013년 발굴조사 (고려대학교고고환경연구소 2007; 한국고고환경연구소 2013) ▷목책, 석축성벽(겹성벽 및 수직기둥홈), 기단건물지 18기, 수혈건물지 1기, 수혈유구 2기, 저수시설 3기, 배수시설 4기 등 ▷토기: 23개 기종 453개체 + ▷기와: 연화문와당 6점 및 다량의 기와 + ▷철기: 89점 +
홍련봉2보루	126	204	▷2005년 발굴조사, 2012~2013년 발굴조사 (고려대학교고고환경연구소 2007; 한국고고환경연구소 2013) ▷목책, 석축성벽, 외황, 건물지 8기, 저수시설 3기, 배수시설, 집수정 2기, 소성유구, 단야시설, 계단시설, 축대 등 ▷토기: 21개 기종 360개체('庚子'(520년), '官瓮' 등) + ▷철기: 340점 +
아차산3보루	296	420	▷2005년 1차 발굴조사만 실시 (고려대학교고고환경연구소 2007) ▷석축성벽, 기단건물지 8기, 배수시설 3기, 방앗간 1기, 단야시설 1기, 저장시설 1기, 계단식 출입시설 등 ▷토기: 22개 기종 401개체 ▷철기: 185점
아차산4보루	286	256	▷서울대학교박물관 1997~1998년 발굴조사 국립문화재연구소 2007년 성벽 중심 발굴조사 (서울대학교박물관 2000; 국립문화재연구소 2009) ▷목책, 석축성벽, 치 5기(이중구조 치 1기), 건물지 7기, 저수시설 2기, 배수시설 4기, 온돌유구 1기 ▷토기: 26개 기종 538개체 이상 (명문: '冉牟兄', '支都兄', '後部都○兄', '下官') ▷철기: 330점 (투구 1식, 등자, 재갈 등)

명칭	해발(m)	둘레(m)	내용
용마산2보루	230	150	▷2005~2006년에 걸쳐 발굴조사 (서울대학교박물관 2009) ▷석축성벽, 치 3기(방어시설 1기), 건물지 4기, 부속시설 1기, 저수시설 2기, 저장시설 1기, 창고 1기, 수혈 1기, 나무사다리 등 ▷토기: 24개 기종 327개체(명문: '井') ▷철기: 197점
시루봉보루	206	260	▷1999~2000년, 2009년~2011년 발굴조사 (서울대학교박물관 2002, 2013) ▷목책(先), 석축성벽(後), 치 4기, 2중 석렬 유구, 건물지 12기 이상, 저수시설 1기, 배수로 3기(유적 전체 감싸는 배수로 1기) ▷토기: 25개 기종 506개체 (명문: '大夫井大夫井' 등) ▷철기: 77점

〈표 4〉 금강 유역 고구려 성의 주요 발굴 현황

명칭	해발(m)	둘레(m)	비고
남성골산성	105	360	▷충북대학교박물관 2001~2002년 시굴 및 발굴조사 중원문화재연구원 2006년 발굴조사 (충북대학교박물관 2004; 중원문화재연구원 2006) ▷2중 목책, 호(壕), 동문지-석축성벽, ▷온돌 건물지 6, 온돌 유구 2, 수혈 등 ▷5세기대 토기(양이부호, 장동호, 호, 시루, 동이, 완 등) 출토 ▷철기(철촉, 철부, 살포 등), 금귀걸이 등 출토
월평동 목책유구	130	?	▷국립공주박물관 1994~1995년 발굴조사 충청문화재연구원 2001년 발굴조사 (국립공주박물관 1999; 충청문화재연구원 2003) ▷목책, 수직기둥홈 있는 석축성벽, 호(壕) ▷월평동유적과 산성에서 모두 5세기대 고구려 토기편 확인

Ⅲ. 남한 고구려 성의 구조

1. 성벽

성은 방어를 목적으로 한 구조물로, 성벽의 구조 및 축조 방식이 가장 중요한 요소라 할 수 있다. 고구려 성은 축조 재료에 따라 木柵, 土築, 石築 등으로 구분할 수 있다. 고구려 성은 자연 지형을 최대한 이용하여 축성을 하기 때문에 주변에서 쉽게 구할 수 있는 재료를 이용하는 경우가 대부분이다. 중국의 蓋州 高麗城山城이나 吉林 龍潭山城처럼 하나의 성곽 내에서 구간에 따라 석축, 토석혼축, 토축 등 다양한 축성 재료가 이용된 사례가 있다. 그렇지만 성문과 같이 방어를 강화해야 할 필요가 있을 경우에는 특정 재료나 방식으로 성벽을 축조하기도 한다. 예를 들어, 대부분의 성벽을 성토법으로 축조한 토성이라도 성문 일대는 판축공법으로 보다 튼튼한 성벽을 쌓는 경우가 대부분이며, 목책성인 청원 남성골산성에서도 문지 구간만큼은 석축 성벽으로 축조하여 방어력을 강화하고 있음이 확인된다.

1) 목책

지금까지 목책이 확인된 성은 임진강·한탄강 유역의 호로고루, 무등리 2보루, 전곡리 목책유구, 양주분지의 천보산 2보루, 한강 유역의 구의동보루, 홍련봉 1·2보루, 아차산 4보루, 시루봉보루, 금강유역의 남성골산성과 월평동 목책유구이다.

목책이 확인된 유적 중 가장 대표적인 것은 남성골산성을 들 수 있다. 산성은 내곽과 외곽으로 구성된 복곽식 구조로 이루어져 있는데, 목책은 내곽과 외곽 모두 2중으로 설치되어 있다. 목책의 축조 방식을 살펴보면 우선 구덩이를 파서 지그재그로 나무 기둥을 세워 기초 틀을 만들고 이후 목재를 귀틀로 짜서 나무벽을 만들고 그 위에 점토를 발랐다. 목책의 바깥면 아래쪽으로는 작은 할석을 쌓아 목책을 지탱하도록 하였다. 나무기둥 간의 간격은 일정치 않은데, 경사가 없는 경우에는 대략 1.5m의 간격을 대체로 유지하지만, 경사면에서는 0.7~1.3m 가량으로 그 간격이 줄어든다. 나무기둥은 직경은 20㎝ 내외이며, 안쪽과 바깥쪽 목책렬 간격은 대체로 4~5m이다. 목책에 판재를 끼워 연결하였던 흔적은 홍련봉 1보루에서도 확인되었다.

한편, 남성골산성 2중 목책 구조는 아차산 4보루 추가 조사와 호로고루 3차 조사에서도 발견되었다. 다만, 아차산 4보루의 경우에는 바깥쪽 목책에서 보루 안쪽으로 약 5~6m 떨어진 곳에 직경 20~40㎝ 정도의 작은 수혈[1)]이 바깥쪽 목책렬과 짝을 이루어 열을 이루고 있어서, 2중 목책 구조이기는 하나 세부적인 면에서는 차이를 보여주고 있다. 호로고루의 경우에는 내외 목책의 간격이 2m로 남성골산성이나 아차산 4보루에 비해 좁다는 점에서 차이가 난다.

남성골산성에서는 목책으로 이루어진 치(雉)의 흔적도 확인되었다. 아차산 4보루에서도 석축으로 된 서북치 서벽 아래에서 치와 동일한 진행 방향으로 목책렬이 확인되고 있어, 역시 목책 치가 존재하고 있었을 가능성이 있다.

아차산 4보루에서는 앞에서 언급한 서북치의 경우 석축 아래에서 목책렬이 확인되고 있어, 목책이 폐기된 후에 석축 성벽이 구축되었음을 알 수 있다. 시루봉보루에서도 일부 목책 구덩이가 석축 성벽의 뒷채움흙 아래에서 확인되어 석축 성벽의 축조 이전에 봉우리 정상부의 평탄면을 에워싸고 목책이 설치되어 있었던 것을 확인할 수 있었다. 다만 목책과 석축 성벽이 어느 정도의 시간적 차이를 두고 설치되있는지는 알 수 없었는데, 목책이 대형 석축 기단과 배수로의 바깥쪽에 축조되어 있고 여타 유구와 중복되지 않는다는 점을 감안한다면, 목책이 활용되던 때 이미 보루 내부에 각종 건물지와 저수시설, 배수로 등과 같

1) 국립문화재연구소의 보고서(2009)에서는 해당 수혈의 기능에 대한 더 이상의 추정을 하지 않았으나, 본고에서는 목책렬로 판단하는 바이다.

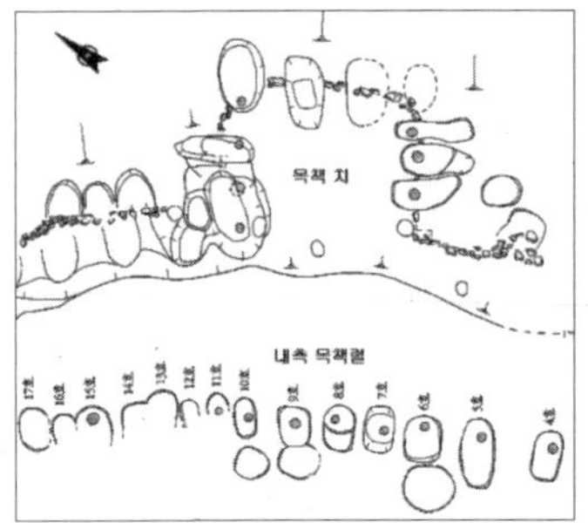

도면 4. 左 : 남성골산성 북쪽 내측 목책렬(충북대학교박물관 2004 : 도면 8)

左 : 아차산 4보루 서북 치(국립문화재연구소 2009 : 사진 58)

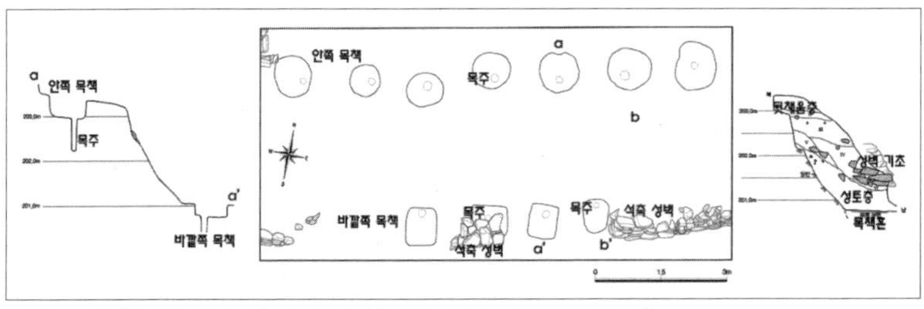

도면 5. 시루봉보루 남벽 평·단면도(서울대학교박물관 2013 : 도 16)

은 기본 시설물이 갖추어졌을 가능성이 높다. 호로고루에서도 현재 남아있는 석축 성벽의 진행 방향과는 달리 성벽 안쪽으로 이어지는 이른 시기의 목책렬이 조사된 바 있다. 이러한 예들을 미루어볼 때, 남한 내 고구려 성은 석축 성벽 이전에 목책을 이용한 방어 단계가 있었던 것으로 추정해 볼 수 있다.

반면, 심광주(2013)는 아차산 보루군과 무등리 2보루 등에서 발견되는 목책을 방어용이 아니라 석축 성벽의 뒷채움 흙을 지탱하기 위한 일종의 버팀목, 즉 영정주(土芯石築工法)로 판단하기도 한다. 물론 최근 조사된 홍련봉보루는 토축부가 다른 보루에 비해 높아 토압을 지탱하기 위해 유사 판축기법이 활용되면서 토축부에 영정주와 횡장목이 이용되었고, 무등리 2보루의 경우에도 다른 보루와는 달리 석축 성벽의 축조 상태가 불량하고 일부 목책용 수혈이 영정주의 위치와 겹치는 부분도 있기 때문에 석축 성벽 축조와 영정주의 사용 문제는 좀 더 고민해 볼 문제이다. 그러나 보통 영정주는 석축 성벽과 함께 외면에 드러나기도 하며 목책에 비해 깊이가 낮다. 남한에서는 남성골산성이나 전곡리 목책유구 등과 같이 목책으로만 방어시설을 구축한 사례도 확인되고 있을 뿐만 아니라, 시루봉보루의 성벽 절개 단면 토층 조사에서 석축 성벽의 기단부가 목책을 파괴하고 그 위에 축조되었음이 확인되었다는 점에서 목책의 존재를 전면 부인하기는 어렵다.

한편, 남한에서 목책이 사용된 시기를 살펴보자면, 우선 남성골산성이나 월평동유적에서 출토된 토기의 경우 호·옹류의 구연 형태가 구단부의 별다른 처리 없이 둥글게 마무리되거나(A형)이나 직선으로 마무리된 것(B형)이 대부분을 차지하고 있고, 타날이 물손질에 의해 지워지거나 동체부에 파상문이 시문된 것이 있어 금강유역의 고구려 목책은 5세기 중후반경에 해당되는 것으로 파악된다. 아차산보루군의 경우에는 표토 바로 아래에서부터 별다른 층위없이 유구가 노출되고 있어 그 시기를 파악하기가 쉽지 않기 때문에, 홍련봉 1보루나 아차산 4보루에서와 같이 중복이 확실한 유구에서 출토된 유물을 대상으로 분석을 실시해야 하나 동체부 파편이거나 유구가 교란되어 정확한 시기를 파악할 수 없었다. 다만 아차산보루군에서는 5세기로 편년될 수 있는 문양적인 요소나 타날이 지워진 흔적 등이 거의 확인되지 않는 것으로 보아 목책의 설치 시점 역시 5세기보다는 늦은 시기일 가능성이 있다. 호로고루의 경우에는 목책렬과 토광유구에서 출토된 직구단경호에 어깨 부위에 점열문과 파상문이 돌아가고 있는 유물이 확인되어, 호로고루의 목책 설치 단계는 5세기로 추정해 볼 수 있다.

2) 토축(외면 석축 부가 방식)

지금까지 확인된 바에 따르면 남한 내 고구려 성 중에서 토축 성벽이라고 할 수 있는 곳은 은대리성 뿐이다. 그렇지만 은대리성 또한 토축으로만 이루어진 전형적인 토성은 아니며, 중심부는 토축이지만 외면에 석축을 부가하는 방식으로 축조되었다. 이러한 외면 석축 부가 방식의 토축 성벽은 평양의 안학궁에서도 확인된다. 다만 안학궁의 경우에는 치석된 석재를 정연하게 쌓아올린 반면, 은대리성은 토루의 내외면에 일정한 높이까지 할석으로 쌓아올렸다는 점에서 다소 차이가 있다. 또한 은대리성은 석축부 축조 후에 성벽의 전면에 점토와 모래를 섞어 다짐으로써 석축이 외부에 노출되지 않도록 하였다. 한반도 고대 토성에서 기단 석렬 내지는 기단 석축 부가 방식이 본격적으로 등장하는 것은 통일신라 이후로 알려져 있으며, 고구려 성 또한 외면 석축 부가 방식의 토축 성벽은 평양 천도 이후에 등장한다.

은대리성은 한탄강과 차탄천의 합류 지점에 형성된 삼각형의 하안단구 위에 축조된 평지성이다. 인근에 위치한 연천 호로고루와 당포성과 유사한 입지 조건을 보여주고 있는데, 대부분의 남한의 고구려 성이 산성(보루)인 것과는 차이를 보인다. 이들 성은 강에 접한 높은 현무암 절벽을 그대로 자연 성벽으로 삼고, 개활지로 연결되는 나머지 한 면에만 성벽을 쌓았다.

은대리성 동벽의 축조 방식을 살펴보면, 우선 구 지표면을 정리하고 그 위로 점토를 30~50㎝ 정도 다져 올려 기저부로 삼았다. 기저부 위로는 적갈색 점토와 모래에 작은 현무암 할석을 섞어 중심 토루(토축)를 조성하였다. 토루의 양쪽 바깥면으로는 석재를 정연하게 쌓아올리지 않고 토루에 일정 높이로 붙이는 방식으로 성벽을 조성하였다. 성벽의 안쪽으로는 토축 구간이 무너지지 않도록 하기 위해 기둥을 세우고 석재를 덧붙여 보강을 하였고, 이와는 별도로 성벽 내부에 스며드는 빗물을 처리하기 위해 동서 폭 2m, 깊이 0.3m 규모의 배수구를 조성하기도 하였다. 석축부 축조 후에는 다시 성벽의 전면에 점토와 모래를 섞어 다짐으로써 석축이 외부에 노출되지 않도록 하였다.

은대리성의 경우 토루가 성벽의 중심 기능을 담당하고 석축부는 토루를 보호하기 위해 부가적으로 설치되었다면, 호루고루와 당포성은 판축토에 석축부

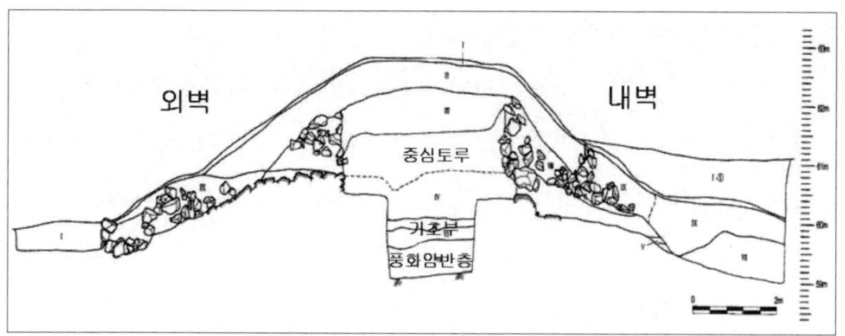

도면 6. 은대리성 동벽 2지점 트렌치 단면도(단국대학교 매장문화재연구소 2004 : 도면 16)

를 정연하게 축조하고 외벽의 바깥 부분에는 보축을 실시하여 차이를 보인다. 호로고루는 사질토 판축 내외면 모두 석축을 하였으나 당포성은 가공된 석재를 이용하여 외면만 정연하게 쌓아 올렸다는 점이나 당포성은 기저부 조성에 있어 구 지표 위에 점토를 경사지게 다짐하여 쌓아올린 반면 호로고루와 은대리성은 기저부를 점토 판축을 하였다는 점 등에서도 세부적인 차이를 보인다.

한편, 은대리성의 성벽 구조에 대해 서영일(2009)은 주변에서 양질의 석재를 구할 수 없어 토성을 축조한 것이고, 토루의 조성 방식이 조잡하고 공력도 적게 든 것을 볼 때 성벽을 급하게 축조해야 하는 이유가 있었을 것으로 파악한 바 있다.

3) 석축

석축 산성은 우선 성벽 축조 방식에 따라 내탁식(內托式, 단면축조법)과 협축식(夾築式, 양면축조법)으로 나누어볼 수 있다. 내탁식은 경사면을 정리하여 석축을 쌓고 그 안쪽을 흙과 돌로 채워 넣는 방식으로, 남한 내 고구려 보루는 모두 여기에 해당된다. 대형 산성의 경우에는 주로 내탁식으로 축조하나 지형에 따라 일부 구간을 협축식으로 쌓기도 하는데, 특히 성문 주변의 성벽을 쌓을 때 주로 이용된다. 석축 평지성은 모두 협축식에 해당되며, 호로고루 역시 협축식으로 성벽을 축조한 것이다.

고구려 석축 성벽의 가장 일반적인 축조 방식은 우선 지면을 정지한 다음 비교적 큰 돌을 이용하여 성벽의 기단을 튼튼하게 하고 나서 일반 크기의 성돌을 들여쌓기 등의 방식으로 쌓는 것이다. 고구려 대형 성의 경우에는 성벽이 높기 때문에 그 하중을 받치기 위하여 기초를 조성하는데 많은 노력을 기울이나, 남한의 고구려 보루는 규모가 작은 관계로 최소한도의 공력만을 들이는 것을 알 수 있다. 호로고루나 당포성의 경우에서처럼 그나마 규모가 있는 성의 경우에는 구지표면에 점토를 보강하여 기저부를 조성하였으나, 아차산 보루군에서는 암반풍화토를 약간 다듬거나 일부 성토하여 수평을 잡는 정도로 기초를 조성하는 경우가 많았다. 또한 성벽을 쌓아야 하는 곳에 큰 암반이 위치한 경우에는 암반면대로 성돌을 깎거나 쌓아 기저부를 만드는 이른바 그렝이 공법을 사용한 부분도 확인되고 있다.

지표면을 다듬은 이후에는 성돌을 쌓아 올리게 되는데, 대형 성의 경우에는 큰 기단석을 놓고 성돌을 쌓을 때 한 단마다 약간씩 안으로 들여쌓음으로써 성벽이 무너지지 않도록 하는 것이 일반적인데 비해, 남한의 고구려 보루에서는 일부 치를 제외하고는 들여쌓기 방식이 확인되지 않는다. 또한 보통의 고구려 성벽은 바깥쪽에서 보면 잘 다듬어진 장방형 형태이지만 위쪽에서 보면 평면형태가 쐐기 형태로 앞부분에 비해 뒷부분의 뿌리가 길쭉하게 치석된 쐐기형 성

도면 7. 성산산성(左)과 시루봉보루(右)의 성벽 축조 방식 비교

돌과 앞부분은 쐐기형 성돌과 맞물릴 수 있도록 얇고 전체적으로는 길쭉하게 치석한 능형석(菱形石)을 서로 맞물려 지탱될 수 쌓는 것(도면 7-左)이 일반적이나, 남한 내 고구려 보루에서 확인되는 성벽은 대체로 1~2겹으로 쌓는 경우(도면 7-右)가 많다. 성돌은 대체로 주변에서 구하기 쉬운 화강암을 사용하여 치석하는데, 아차산 4보루의 경우 전투시 가장 중요한 남·동성벽의 경우에는 20~30㎝ 두께의 돌을 정면 너비 30~40㎝의 폭으로 뒷부분은 뾰족한 쐐기꼴형으로 잘 가공한 성돌로 정연하게 쌓아 보다 견고하게 축조하는데 반해, 그렇지 않은 구간에서는 석재를 대강 다듬은 성돌로 높이만 맞추어 쌓고 있다. 성벽은 거의 수직이기는 하나 윗부분을 약간 안쪽으로 들어가도록 쌓아 무너지지 않도록 하였다. 또한 성벽의 두께가 얇기 때문에, 성벽 안쪽으로는 흙이나 잡석들을 이용하여 뒷채움을 하는 것이 일반적이다. 이처럼 아차산 보루군의 체성벽은 성돌을 한 겹이나 두 겹으로 쌓아 성벽을 축조한 관계로, 성벽이 토압에 밀려나 균형이 깨어진 곳이나 성벽이 완전히 무너져버린 곳도 확인된다.

한편, 아차산 보루군에서는 산 봉우리를 둘러싸고 석축 성벽을 세우고 뒷채움을 함으로써, 성이 기본적으로 갖는 방어를 위한 본연의 목적 이외에도 부족한 평면을 확보해 생활공간을 확장하기 위한 목적도 있었던 것으로 보인다. 한 겹이나 두 겹으로 쌓은 석축 성벽을 높게 쌓는 것은 불가능하므로, 산 정상부의 평탄면 정도까지 성벽을 높였던 것으로 여겨진다. 이러한 이유로 남한의 고구

도면 8. 홍련봉 1보루(高麗大學校考古環境研究所 2007 : 원색사진 4)와 시루봉보루

려 보루에서는 중대형 고구려 성에서 확인되는 여장의 흔적을 찾아볼 수 없다.

2. 부속 시설

1) 치

성벽 구조물 중 치는 보통 적들을 관측하기 쉬운 곳 혹은 추가적인 방어의 필요가 있는 곳에 주로 설치한다. 일반 성벽에서는 적과 1:1로 마주보고 전투를 치러야 하는 반면, 돌출된 방형(Π) 형태의 치는 성벽을 공격하는 적의 측면을 공격할 수 있어, 매우 효과적인 방어 시설이다. 남한 내 고구려 성에서도 대부분 치가 설치되어 있는데, 홍련봉 1보루와 당포성에서는 치가 확인되지 않고 있다.

아차산 보루군의 예를 살펴보면, 치는 보통 체성벽에 비해 보다 견고하게 축조되어 있는데, 이는 성 내에서의 치가 차지하는 중요도와도 밀접한 관련이 있는 것으로 생각된다. 치의 위치는 성에서 전망이 좋아 적들의 동태를 관찰할 수 있는 곳이나 등산로 등과 같이 적들이 올라올 수 있는 길목 즉, 방어상 취약한 곳에 설치되고 있음을 알 수 있다. 또한 치는 체성벽과는 달리 큰 돌로 기단부를 만들고 그 위에 치석된 석재들을 조금씩 들여쌓는 경우도 종종 확인되고 있으며, 성벽을 1~2겹(홑겹쌓기)이 아니라 3~4겹의 성돌을 이용하여 담장식으로 쌓는 일종의 양면쌓기를 이용하여 축조하기 때문에 비교적 견고한 편이다. 치의 내부는 돌로 채워진 것과 흙으로 채워진 것으로 구분된다. 한편, 치가 설치된 체성벽의 경우 다른 구간에 비해 비교적 보존상태가 양호한 경우가 많은데, 이는 치가 방어적인 목적 외에도 체성벽을 지지하여 마치 보축의 역할도 함께 수행하였기 때문이다.

치와 체성벽의 연결 부위에 대한 관찰을 통해 성벽의 축조 순서에 대해서도 확인이 가능하다. 아차산 4보루의 경우에는 이중구조의 치가 동·남벽과 함께 맞물려 있는데 이는 성벽과 동시에 치가 축조되었음을 알 수 있고, 동북치는 동벽 바깥쪽으로 치성벽이 붙여져 있기 때문에 동벽이 축조 이후에 치가 축조되었음을 알 수 있으며, 서북치의 경우에는 치성벽이 체성벽 안쪽으로 연결되어 있어 치를 먼저 축조한 이후에 성벽을 연결하였음을 알 수 있다.

한편, 근래 아차산 보루군에서는 특이한 구조를 가진 치가 확인되고 있는데, 출입시설과 연관되어 있을 가능성이 크다. 관련 내용을 살펴보면 아래와 같다(양시은 2013).

먼저 아차산 4보루의 이중구조 치는 치와 별도의 방형 석축 구조물로 구성되어 있다. 치는 남북길이 6m, 동서 6.5m, 너비 1.2m이며, 방형 구조물은 남북 7.2m, 동서 6m이다. 치와 방형 구조물은 분리되어 있으며, 그 거리는 약 2.5m 정도이다. 성벽과 치의 연결부 석축이 서로 견고하게 맞물려 있고, 치와 방형 구조물의 기저부가 동일한 층위에 있는 것을 볼 때, 남쪽 성벽과 치, 그리고 방형 구조물은 모두 같은 시기에 축조된 것으로 판단된다. 치와 방형 구조물은 모두 쐐기꼴 돌로 쌓았는데, 방형 구조물은 보통의 성돌보다 가로 길이가 2~3배 정도 큰 돌로 기저부를 조성한 뒤 들여쌓기 하였다. 치는 내부를 흙으로 뒷채움 한 반면, 방형 구조물은 부정형의 석재들을 채워 넣었다. 한편, 치와 방형석축 구조물 사이의 빈 공간에는 치의 성벽과 잇대어 축조한 4개의 보축 석단이 확

도면 9. 아차산 4보루 이중구조 치(국립문화재연구소 2009 : 원색사진 6·도면 26)

도면 10. 용마산 2보루 삼중구조 치(서울대학교박물관 2009 : 삽도 6)

인되고 있는데, 보축 석단의 하단부가 치의 하단부보다 20~30㎝ 가량 높은 지점에 놓여 있는 것을 볼 때, 다른 구조물에 비해 늦게 축조되었음을 알 수 있다.

시루봉보루에서는 4개의 치가 발견되었는데, 그 중 제3치가 출입시설과 관련된 것으로 추정된다. 제3치는 성벽과 분리되어 있으며, 성벽과의 간격은 2.4m이다. 성벽과 마주보고 있는 치의 북벽은 길이가 6.5m, 서벽은 6.8m, 남벽과 북벽은 5.8m이다. 치가 경사면에 설치되어 있어, 성벽과 치 남단은 약 3m의 높이 차이가 있다. 치의 내부는 흙으로 채워져 있는데, 성벽과 마주보는 북

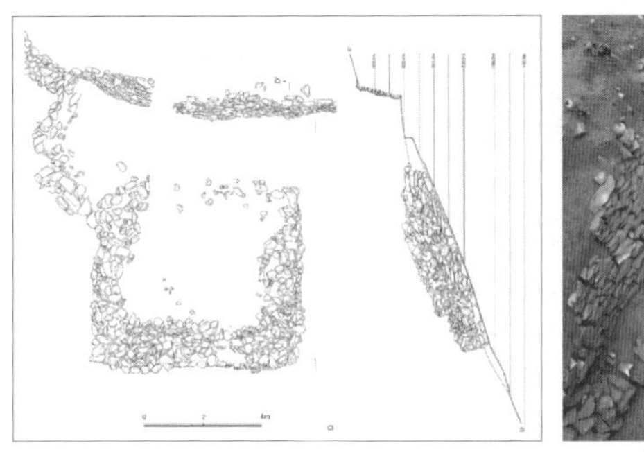

도면 11. 시루봉보루 제3치(서울대학교박물관 2013 : 삽도 37·유적사진 76)

벽만 점토 벽체에 불을 맞아 경화된 상태로 발견되었다. 성벽과 치 사이의 빈 공간은 동쪽에서만 진입이 가능하며, 맞은편인 서쪽은 보축으로 인해 출입이 불가능한 구조이다. 해당 공간과 그 주변으로 탄화된 각재를 비롯한 불 맞은 흔적이 전면에 노출되어 있어, 치 상면에는 당시 성 내부로 출입할 수 있는 구조물이 설치되었던 것으로 추정된다.

2) 출입시설

남한 고구려 성 중에서 발굴조사를 통해 출입시설이 확인된 사례는 많지 않다.

남성골산성에서는 정상부의 동쪽에서 문지가 확인되었다. 목책과 석축 사이에 문지가 조성되어 있으나 별도의 시설이 남아있지는 않다.

또한 강안평지성인 은대리성에서는 3기의 문지가, 호로고루에서는 동벽 남쪽에 1기가, 당포성에서도 1기의 문지가 존재하는 것으로 보고되었다. 은대리성의 경우에는 발굴조사가 이루어지지 않아 그 내용을 자세히 파악하기 어렵고, 호로고루나 당포성은 조사 결과 훼손으로 인해 문지와 관련된 흔적을 확인할 수 없다.

한편 발굴조사가 집중적으로 이루어진 아차산 보루군에서도 아직까지 확실한 형태의 문지가 발견된 예가 없다. 출입시설이 확인된 아차산 3보루의 경우에도 성문이 아닌, 성벽 안쪽으로의 진입을 위한 출입시설 즉, 일종의 등성시설이 축조되어 있을 뿐이다. 출입시설은 보루 내로 이어지는 주 등산로에 위치하는데, 10~15단 정도의 계단 형태이다. 구조물의 서쪽 면은 3차에 걸쳐 보축되었는데, 지면이 약한 기저부에는 불다짐을, 2차 보축 성벽 하부에는 배수시설을 하여 출입시설을 유지하기 위한 여러 가지 보완 장치를 마련하였다.

3보루를 제외한 다른 아차산 보루에서는 명확한 출입시설이 확인된 바가 없어, 보루 내로 진입한 방법에 대해 고려해볼 필요가 있다. 상식적으로 생각해보면, 보루 내로 출입하기 위해서는 우선 능선을 따라 나있는 등산로를 이용하

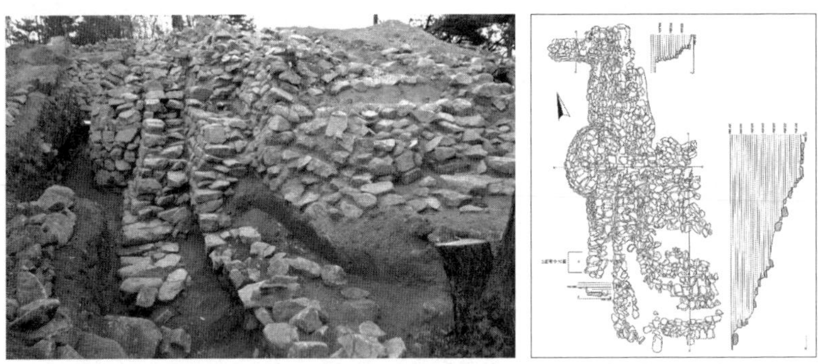

도면 12. 아차산 3보루 출입시설(고려대학교고고환경연구소 2007 : 원색사진 10·도면 6)

는 것이 가장 편한 방법이다. 출입시설은 적에게 첫 번째 공격 대상이 되는 만큼 성문 주위의 성벽을 높고 견고하게 구축하는 것이 일반적이므로, 등산로 상에 위치하고 있고 강화된 방어물의 존재 등을 감안해본다면, 용마산 2보루의 방어시설, 아차산 4보루의 이중구조 치가 출입시설로 사용되었을 가능성이 있다. 시루봉보루의 서남치도 문루가 보루 위에 설치되었다면 출입시설로써 충분히 이용 가능하다. 다만 이들 시설물들은 사다리와 같은 보조 수단을 통해서만 성 내로 진입하였을 것으로 판단된다. 이와 관련하여 용마산 2보루에서는 보루 정상부에 위치한 건물(2호 건물지)에 출입하기 위해 1m 이상 낮은 통로에서 건물의 입구에 걸쳐두었던 나무사다리가 불에 탄 채로 발견되어 당시 사다리가 출입을 위한 보조적인 도구로 사용되었음을 확인할 수 있었다.

3) 수직기둥홈

고구려 석축 성벽에서는 1.5~2m 간격으로 한 변의 길이가 20~30㎝ 가량인 방형의 수직기둥홈이 발견되기도 한다. 그동안 평양의 대성산성과 연천 당포성에서만 수직기둥홈이 보고되었으나, 최근 남한에서도 추가 사례가 발견되고 있다(양시은 2013).

호로고루의 수직기둥홈은 2011년 발굴조사 당시, 바깥 성벽으로부터 안쪽으로 1.2m 들어온 지점에서 확인되었다. 기둥홈이 있는 내성벽은 대성산성과 마찬가지로 바깥쪽 성벽보다는 부정형의 성돌을 이용하여 축조하였다. 수직기둥홈은 깊이 30~34㎝, 너비 22~24㎝이며, 간격은 2.15m이다. 기둥홈은 성벽의 기초부인 판축 토층까지 연결된다. 수직기둥홈이 축조된 내벽 바깥으로는 외벽을 쌓았는데, 외벽의 기초부에는 일정한 간격으로 놓인 돌확이 발견되었다. 돌확은 외성벽과 보축 성벽의 사이에 위치하며, 수직기둥홈에서 약간 떨어져 있다. 호로고루에서의 돌확과 수직기둥홈은 모두 축성과정에서 나무기둥을 세우기 위한 보조 구조물로 판단된다.

당포성은 호로고루와 달리 수직기둥홈 하단부에 돌확이 놓여 있다. 기둥홈의 성벽은 대성산성이나 호로고루의 내벽과는 달리 비교적 정연하게 축조되어 있다. 당포성의 기둥홈과 돌확은 성벽의 판축 기저부 위에 놓여 있으며, 보축성벽을 쌓아 보강하였다. 성벽 외면에서는 30~60㎝ 너비의 기둥홈 10개가 1.6~1.8m 간격으로 발견되었는데, 수직기둥홈 내부 석재의 물림 상태를 볼 때, 성벽을 축조할 때 만들어진 것으로 보인다. 돌확의 홈은 상단부 직경이 31cm, 하단부 직경이 22㎝, 깊이는 7㎝이다. 수직기둥홈에서 안쪽으로 약 5m 떨어진 곳에서는 깊이 1.5m 이상의 돌구멍 2개가 확인되었는데, 중국에서 확인되는 돌구멍에 비해 축조의 완성도가 떨어지고, 바깥 성벽으로부터 약 1m 가량 안쪽에 위치하고 있는 것과도 차이가 있어 당포성의 돌구멍은 여장보다는

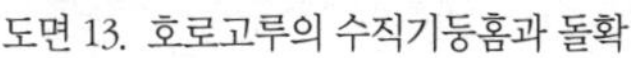

도면 13. 호로고루의 수직기둥홈과 돌확

수직기둥홈과 관련이 있는 것으로 추정된다.

최근 홍련봉 1보루에서도 수직기둥홈이 발견되었다. 다른 성과 마찬가지로 겹성벽의 안쪽 성벽의 겉면에서 기둥홈이 확인되고 있는데, 그 간격은 약 1.5m이다. 고구려 보루에서 수직기둥홈이 발견된 것은 현재까지 홍련봉 1보루가 유일하다. 1보루에서는 바깥 성벽으로도 일정한 간격으로 기둥홈이 발견되고 있는데, 외성벽을 지지하던 기둥의 흔적으로 판단된다. 이 밖에도 월평동산성에서 고구려 시기의 2중 목책 뒤쪽에 있는 석축 성벽에서도 수직기둥홈이 발견되었다는 기록이 있다.

이상에서 살펴본 수직기둥홈은 일정한 간격으로 나무기둥을 세워 석축 성벽을 축조하는 방식을 보여주는 것으로, 외벽이나 보축벽을 통해 내벽의 기둥홈을 보호하는 것이 특징이다.

한편, 수직기둥홈은 남한의 춘천 삼악산성, 보은 호점산성, 단양 독락산성, 문경 노고성, 제천 와룡산성 등에서도 확인되고 있는데, 모두 고려 이후의 유물이 수습되고 있어 축조 시기가 상대적으로 늦다. 지금까지 수직기둥홈이 확인된 고구려의 성 또한 모두 평양 천도 이후에 축조된 것임을 고려해볼 때, 수직기둥홈을 이용한 축성 방식은 고구려 후기에 새롭게 등장한 것으로 보인다.

4) 저수 및 저장시설

산성과 관련하여 방어시설 만큼 중요한 것이 물을 확보하는 것이다. 장기간 농성을 하기 위해서 물은 반드시 필요한 요소이다. 남한 내 고구려 보루와 같은 작은 산성의 경우에는 수원을 확보하기 어려우므로, 물을 모아두는 저수시설을 마련하고 있다. 저수시설은 대체로 풍화암반토를 네모나게 굴토한 다음, 물이 새어나가지 않도록 뻘을 이용하여 방수처리를 하였다. 뻘을 바른 벽에는 통나무를 쌓아 뻘이 고정될 수 있도록 하였는데, 홍련봉 2보루 경우에는 통나무 대신 석축이 되어 있다. 홍련봉 1보루의 경우 저수시설 주위로 작은 기둥구멍들이 확인되고 있어 지붕 구조물 존재의 가능성을 높여주고 있다. 보루에 따라 저수시설의 개수가 차이가 있는 경우도 있다. 이 밖에도 호로고루에서는 석축 우물이 1개소 확인되었는데, 물이 솟는 샘이 아닌 것으로 보아 아차산 보루군의 저수시설처럼 지표수나 빗물을 담아두는 용도로 축조된 것으로 보인다.

이 밖에도 저수시설 외에 저장시설이 확인되기도 한다. 용도를 정확히 알 수는 없지만 홍련봉 1보루, 용마산 2보루 및 구의동보루의 외곽에서 인공적으로 뻘층이 형성된 수혈유구가 확인되고 있어서 수중저장고 등과 같은 용도로 사용되었을 가능성이 있다.

5) 배수로

고구려 성에는 물이 빠져나갈 수 있도록 배수시설이 잘 갖추어져 있다. 큰 비가 내렸을 때 원활한 배수가 이루어지지 않으면 성벽을 포함한 산성의 여러 시설물들이 파괴될 위험이 있기 때문에, 사전 대비책의 일환으로 배수시설을 설치한 것으로 보인다. 아차산 보루군에서 확인되는 배수로는 건물지의 기단 석축 아래나 온돌이나 건물지 아래에서 발견되고 있어 내부 건물지 조성 이전에 이미 배수로를 갖추었음을 알 수 있다. 시루봉보루에서는 건물 안쪽에서 바깥쪽으로 난 배수로와 보루의 정상부를 둘러싸고 길게 설치된 배수로가 서로 연결되어 성 바깥쪽으로 물을 흘려보내고 있어, 보루에서도 배수시설을 잘 갖추었음을 알 수 있다.

6) 건물지

남한 내 고구려 성에서는 여러 구조의 건물지가 확인되고 있다. 구조에 따라 지상식과 반지하식으로 나누어볼 수 있다. 수혈 건물지가 일부 발견되고 있지만 대부분은 방형이나 장방형 지상 건물지이다. 수혈 건물지의 경우 벽체는 구의동보루나 용마산2보루에서 벽면에 탄화된 판재가 가로로 길게 확인되는 것을 볼 때, 판자벽을 사용한 것으로 보인다. 지상 건물지는 우선 석축으로 건물의 기초를 삼고 그 위에 점토와 볏집 등을 섞어 만든 벽체를 올린 담장식 벽체를 사용하였다. 건물지에는 대체로 1개 이상의 쪽구들이 설치되어 있다.

한편, 홍련봉 1보루와 호로고루에서는 기와 건물지도 확인되었는데, 모두 지하식 벽체 건물지에 기와 건물이 들어섰던 것으로 추정되고 있다. 기와는 당시 매우 고급 건축 자재로, 왕궁이나 사찰, 관청, 귀족집 등에서만 사용된 것으로 알려져 있다. 이를 통해 홍련봉 1보루나 호로고루에서는 당시 계급이 높은 관리가 머물렀음을 추정해 볼 수 있다.

7) 기타

기타 시설로는 우선 아차산 3보루와 6보루에서 각각 확인된 방앗간 시설을 들 수 있다. 3보루의 경우 방아확과 볼씨가 있는 디딜방아로 추정되는데, 안악 3호분에 그려진 방아시설과 흡사한 것으로 알려져 있다.

성은 군사적 목적에 의한 건축물이므로, 해당 유적에서는 각종 무기나 공구들을 사용하게 된다. 아차산 4보루에서는 이러한 철기를 간단하게 수리할 수 있는 대장간 시설이 갖추어져 있었을 것으로 추정되고 있으며, 아차산 3보루에서는 풍화암반토를 굴착하여 조성한 단야시설이 확인되었다. 용마산 2보루에서도 단조 집게 및 슬래그가 확인되어 철기 수리와 관련된 시설이 존재하고 있었을 가능성이 높다.

이 밖에도 최근 시루봉보루에서는 석축 성벽 바깥쪽에 용도미상의 이중석렬 유구가 발견되었다. 유구는 외곽 성벽에서 5m 가량 바깥쪽으로 떨어진 경사면에 자연 암반을 평면형태 'Γ'자형으로 깎아낸 다음 축조하였다. 안쪽 석렬은 암반을 약간 다듬은 후 석축을 했으나, 반대쪽은 암반에 약 30㎝ 가량 점토를 깔고 그 위에 석축을 하였다. 이중석렬 내부 바닥에서는 직경 30㎝ 크기의 구덩이 3개가 확인되고 있어서, 나무기둥이 설치된 구조물이 있었던 것으로 추정된다.

홍련봉 2보루의 외황과는 구조적으로 차이를 보이는 점이다.

Ⅳ. 남한 고구려 성의 성격

우선 이 장에서는 고구려에 의해 축조된 성만을 검토 대상으로 한다. 만약 고구려가 일시 점유했거나 단순히 고구려 유물이 출토되었다고 해서 검토 대상에 포함시킬 경우 고구려 성의 분포적인 특징을 포함한 여러 논의에 있어 오류를 범할 가능성이 높기 때문이다.

1. 분포상의 특징

남한 내 고구려 성 분포의 특징에서 단순하지만 가장 중요한 요소 중 하나는 대체로 강 북쪽에 유적이 위치하고 있다는 점이다. 고구려는 남에서 북으로 또는 동남에서 서북으로 진격해오는 백제나 신라의 병력을 방어해야 하기 때문에, 방어의 효율성을 높이기 위하여 강의 북쪽이나 또는 강의 서북쪽에 성을 축조한 것이다. 고구려의 성이 강 남쪽에 있는 경우 북쪽에 있는 것보다 적에게 쉽게 노출되어 공격을 당할 위험성이 높아지기 때문에 고구려가 전투에서 승리하여 일시적으로 점유하는 경우를 제외하고는 강의 남쪽에는 성을 축조하지 않는 것이 일반적이다.

이미 언급한 바와 같이 현재까지 조사된 고구려 성은 크게 4개의 권역 즉, 임진강·한탄강 유역, 양주 일대, 한강 유역, 금강 유역에 분포하고 있다. 이는 시기적인 측면을 고려하지 않은 것이다. 동해안 일대를 포함한 남한의 다른 지역에서는 아직까지 고구려의 성이 보고된 바 없지만 추가로 확인될 가능성은 배제할 수 없다.

금강 유역은 다른 권역에 비하면 해당 권역에 포함된 고구려 성의 숫자가 매우 작은 것이 특징이다. 이는 아마도 해당 지역이 고구려에서 남쪽으로 가장 멀리 떨어진 곳이고, 백제와 신라를 대치하고 있는 최전방인 관계로 두 나라의 견제가 심해 해당 지역을 오랫동안 점유할 수 없어 고구려가 이 일대에 대해 안정적인 방어 체계를 구축할 수 있는 시간이나 기회가 없었기 때문으로 추정된다. 이는 금강 유역의 고구려 보루가 아차산 보루군이나 호로고루처럼 성벽이 목책에서 석축 단계로 전환되지 못한 채 폐기될 수밖에 없었던 것과도 연계되어 있는 것으로 여겨진다.

이와는 대조적으로 한강 유역의 아차산 보루군이나 임진강 유역의 호로고루는 목책과 석축단계가 모두 확인되고 있어서, 해당 지역은 금강 유역과는 달리 방어 체계를 목책에서 석축 단계로 전환하기에 필요한 만큼의 시간 즉, 석축 성벽을 구축함과 동시에 방어 체계를 완성할 수 있는 시간을 가질 수 있을 정도의 비교적 안정적인 상황이 유지되었음을 알 수 있고, 동시에 석축 단계로 전환해야만 하는 방어상 전략적인 필요가 발생하였음을 유추해볼 수 있다.

한편 성 분포의 특징을 검토함에 있어 고려해야 할 중요한 점은 성의 축조 시기 및 활용 기간, 그리고 점유 주체에 대한 검토가 함께 이루어져야 한다는 점이다. 백종오(2007)는 임진강 유역의 고구려 관방체계를 분석하면서 임진강 북안의 경우에는 강안평지성을 중심으로 하는 거점성과 그 주변의 소규모 위성보루가 조합관계를 이루며 북동–남서 방향을 중심축으로 하는 선상방어체계를 형성하고, 임진강과 한탄강의 합류지역에는 동서교통로와 남북교통로가 교차하고 있으며 이곳에 성을 능형의 평면형태로 배치하는 능형방어체계를 구축하였다고 주장하였다. 그러나 이러한 주장은 앞서 언급한 것처럼 임진강 유역의 개개 성의 축조 시기 및 활용 기간 그리고 점유 주체가 동일하지 않을 수 있다는 점을 고려하지 않은 채, 고구려가 일시적으로 점유하기만 하였을 수도 있는 모든 유적을 한데 묶어 분석하였다는 점에서 오류가 발생할 수 있다. 서영일(2009)은 은대리성의 경우 475년 장수왕의 한성 공략과 관련하여 한성에 진출하는 고구려군을 지원하기 위한 목적으로 축조되었고, 6세기 초 백제의 반격으로 고구려의 한강 유역 방어전략이 바뀌면서 활용이 중지되었을 것으로 추정한 바 있다. 만약 이처럼 은대리성이 5세기 후반까지만 활용되고 6세기에 들어서 더 이상 성으로 기능을 하지 않았고, 소규모 위성 보루는 5세기가 아니라 6세기에 축조되었다고 한다면, 거점성과 위성 보루의 조합관계는 성립할 수 없게 된다. 또한 고구려와 백제 유물이 함께 출토되고 있는 육계토성의 경우에도, 해당 유물이 남한에서 가장 이른 시기에 해당되는 고구려 유물이라는 점에서 분포상의 해석에 좀 더 신중을 기할 필요가 있다.

사실 여러 연구자들이 지적하고 있는 것처럼 남한 내 고구려 성의 분포는 지역마다 차이를 보이고 있다. 임진강 유역 내 고구려 성은 강을 따라 횡으로 분포하고 있고, 한강 유역과 양주 일대는 종방향의 분포를 보인다. 그러나 이러한 분포상의 특징은 앞서 언급한 바와 같이 시간적인 개념이 전혀 고려되지 않은 것으로, 분석에 주의가 요구된다. 박동선(2009)은 이러한 분포상의 특징을 들어 고구려는 5세기에 임진강 이북까지만 영역으로 인식하고 있었기 때문에 임진강 유역에는 기와 건물을 축조하고 지방관을 파견하였으나, 반대로 임진강 이남 지역 즉, 한강 유역 등은 그렇지 않았음을 주장하였다. 그러나 호로고루 뿐만 아니라 홍련봉 1보루에도 와당을 비롯한 기와건물지가 확인되고 있어 그의 주장은 신빙성이 없다.

임진강 유역에 있어 고구려 성의 횡방향 분포는 고구려의 남쪽 경계가 불안정하게 된 6세기 중반이나 또는 그 이후 신라의 대대적인 축성이 일어나면서 고구려의 방어적인 대응 중의 하나로써 진행되었을 가능성도 있기 때문에, 시간적인 조건을 고려하지 않은 채 분포상의 특징만을 가지고 당시의 지역 지배 방식에 대해 논하는 것은 납득하기 어렵다. 또한 5세기 전·중반의 임진강 유역의 경우 금강 유역과 마찬가지로 고구려가 예성강 유역을 장악하고 얼마되지 않은 시점이기 때문에 안정적인 방어 체계를 구축할 수 있는 여건이 갖추어지지 않았을 가능성이 높다. 따라서 백제군의 도하 가능 지점 등과 같은 방어가 우선적으로 필요한 지점에만 목책 단계의 성을 구축하였을 가능성도 고려해볼 필요가 있다고 생각된다.

2. 규모상의 특징

남한 내 고구려 성은 중국이나 북한에 분포하고 있는 중대형 성과는 달리 둘레가 1㎞ 내외인 은대리성을 제외하면 모두 둘레 500m 이하의 소규모 성들이다. 심광주(2006)는 예성강 이북지역인 황해도 일대에는 장수산성을 중심으로 2~10㎞에 이르는 대규모의 고구려 성들이 20~40㎞ 정도의 간격으로 분포되어 있음을 언급하고, 북한의 이러한 대형 성과 남한에 분포하고 있는 고구려 보루와는 기능적인 면에서 분명한 차이가 있을 것으로 파악하고 있다. 즉 남한 지역의 고구려 성들은 교통로를 따라 남-북 방향으로 길게 이어지며 부분적으로 밀집분포되는 현상을 보이고 있기 때문에 행정중심지라기보다는 교통로를 확보하기 위한 전략적인 거점으로 활용되었다는 것이다.

소규모 성의 운용은 분명 여러 전술적인 운영 측면에서 대형 성 보다 효율성을 가지고 있다. 그러나 성의 축조는 당시의 정치적 상황에 따른 전략과 적합한 입지의 선택과 같은 지형적인 측면도 함께 고려될 필요가 있다. 황해도는 고구려 수도였던 평양의 바로 아래에 위치해 있는 만큼 방어적인 중요도에서 임진강이나 한강과는 당연히 차이가 날 수 밖에 없는데 이러한 이유가 규모와 분포에서의 차이를 가져오게 되었다고 생각한다.

본고에서는 대형 성과 소규모 성인 보루를 1:1로 비교하기보다는 한강 북안의 아차산 보루군처럼 보루가 집중 분포한 경우에는 보루군을 하나의 중대형 성곽으로 이해해 볼 필요도 있다고 생각하여, 필자는 아래와 같은 논지를 전개해 보고자 한다.

한강 유역의 고구려 성은 아차산 일원의 모든 산 봉우리에 축조되어, 아차산 보루군에서는 중랑천과 한강 그리고 왕숙천 일대를 모두 살피며 정보를 수집할 수 있도록 되어 있다. 또 수로를 통제하기 위하여 필요한 경우 구의동보루와 같이 한강변에 바로 인접한 곳에 소규모 초소를 설치하기도 하였다. 이들 보루군은 여러 개의 보루로 구성되어 있지만 하나의 명령 체계 하에 서로 유기적으로 연결되어 아차산 보루군 자체가 마치 하나의 대형 성과 같은 기능을 담당했을 수도 있다.

물론 그 중심은 기와 건물이 축조되어 있던 홍련봉 1보루였을 것이다. 만약 전략적인 거점 즉, 군사적인 목적만을 가지고 있었다면 굳이 작은 보루에 기와 건물을 조성하였을 필요는 없었다고 생각된다. 산성에 기와건물을 세우는 일은 제작, 이동, 축조 등 여러 가지 면에서 많은 공력이 필요한 일이다. 고구려에서는 '佛寺·神廟 및 王宮·官府만이 기와를 쓴다(唯佛寺·神廟及王宮·官府乃用瓦)'는『舊唐書』의 기록에 따라 홍련봉 1보루에 관청이 존재하였던 것으로 보인다. 만약 보루가 군사적인 목적만을 가지고 축조되었다면 기와 건물은 홍련봉 1보루보다 규모가 크고 많은 내부 시설과 중요 유물이 출토된 아차산 3보루나 4보루에 있었을 것이지만, 아차산 보루군에서 가장 남쪽이자 낮은 곳에 위치하여 접근성이 용이한 홍련봉 1보루에 對民 기능을 담당하는 행정 관청이 들어섰던 것으로 보인다.

한편, 아차산 4보루에서도 일반 병사들이 사용하던 유물이 아닌 토기 제작자가 토기를 굽기 전에 새겨 특정인에게 공급하였던 '後部都○兄', '冉牟兄', '支都兄' 등과 같은 명문 접시가 출토되고 있어 일정 계급 이상의 지휘관이 주둔하고 있었을 가능성도 있다. 또한 고구려가 백제의 한성을 점령한 이후 몽촌토성이 남진의 중요 거점으로 사용되었을 가능성과 이곳에서 사이장경옹이나 원통형 삼족기 등과 같은 비실용기가 출토되었던 점 그리고 이러한 기능을 이후 아차산 보루군이 승계하였던 것으로 파악해본다면, 아차산 보루군에는 다양한 계층의 장수 내지는 관리가 파견되어 군사업무 뿐만 아니라 한강 유역 일대를 다스리는 행정 관청으로서의 역할도 담당했을 가능성도 충분하다고 생각한다(양시은 2010b).

이 밖에도 한강 유역에 중대형 성이 설치되지 않은 점에 대한 또 하나의 가정은 지형적인 원인에서 찾아볼 수 있을 것이다. 한강 하류 일대는 남쪽에서 북쪽으로 올라오는 적을 견제하고 서해상으로 진출할 수 있는 수로를 통제하는 것이 가장 중요한 방어적 요소인데, 해당 지역의 지형을 살펴보면 과거 백제의 수도였던 몽촌토성, 풍납토성 일대를 포함하여 남에서 북으로 올라오는 고구려와 신라를 살펴보기에는 아차산 일대가 가장 입지적으로 뛰어난 곳이다. 또한 수로의 통제에 있어서도 해당 지점은 광나루 등을 포함하고 있어 매우 중요한 곳이다. 한강에서 좀 떨어진 북쪽 지역에 산성을 조성하는 것은 남쪽을 방어해야하는 고구려에게는 그리 좋지 못한 선택이다. 이러한 지형적인 원인으로 인해 한강 유역에서는 작은 보루들을 연계하여 활용하는 방식이 효율을 극대화하지 않았나 싶다. 서해상으로 진출하기 위한 한강 하류역의 통제와 관련하여 아차산 보루군은 중심을 담당하고, 고양 등과 같은 지역 즉, 강 북쪽에 있으면서 한강과 서해안이 만나는 지점을 통제할 수 있는 곳에도 고구려 성이 존재하고 있었을 것으로 생각된다. 이와 관련하여『三國史記』지리지 중 한산주(漢山州)에 대해 현재의 고양 일대로 추정되는 왕봉현과 달을성현에 고구려의 안장왕와 한씨미녀에 대한 기록이 있는 것을 참조해볼 수 있겠다.

위에서 살펴본 기존의 견해와는 다른 두 가지 방식의 해석은 보루의 전략적 거점 역할을 부정하는 것은 아니며, 소규모 보루의 유적들이 집중적으로 발견된다고 해서 이를 무조건 적으로 고구려군의 교통로만의 확보라는 측면에서 볼 것이 아니라는 점에서 고려해본 것이다.

한편, 성의 규모는 중국이나 북한에 비해 작지만 호로고루 또한 홍련봉 1보루와 마찬가지로 임진강 유역의 중심 성으로서 충분히 기능하였을 것으로 여겨진다. 호루고루에서는 와당, 치미, 착고 등과 함께 다량의 기와가 확인되어 당시 성 내에 기와 건물이 축조되어 있었음을 알 수 있게 해주었다. 또한 토제 벼루가 확인되어 행정 업무를 관장하고 있던 관리가 존재하고 있었고, '相鼓' 명문이 새겨진 토기를 통해 호로고루 내에서 의례행사 등도 행해졌음을 알 수 있다.

3. 편년

남한 내 고구려 성에 대한 편년은 출토 유물과 함께 유구 및 유적의 선후 관계를 종합적으로 고려하여 판단해 볼 필요가 있다. 그동안 남한의 고구려 성에 대한 편년에 대해 여러 연구자들의 연구가 있었으나 가장 큰 문제는 역사기록과 고고학 자료가 완전하게 일치되지 않는다는 점이었다. 일부 연구의 경우『三國史記』의 기록에 너무 치중하여 기존에 발표된 고고 자료나 연구 성과들이 소홀히 취급되기도 하였다.

심광주는 그의 박사논문(2006)에서 임진강 유역을 제외한 남한 지역 고구려 성의 존속 기간이 20~30년을 넘지 않으며, 금강 유역의 진출시점을 530년대로 파악하는 등 「百濟本紀」의 기록에 근거하여 고고 자료를 해석하는 오류를 범하였다. 사실 금강 유역에서 확인되는 남성골산성이나 월평동유적에서 출토되는 토기는 양시은의 연구(2009)에 따르면 모두 5세기 후반의 것이다. 따라서 심광주의 주장처럼 고구려가 금강 유역으로 진출한 시기는 530년이 아니라 백제의 한성을 점령한 5세기 후반이 될 수밖에 없다. 더욱이 최근 한강 이남지역에서 고구려의 남진과 관련된 고고 자료들이 새롭게 추가됨에 따라『三國史記』의 백제본기 기록만을 중시하던 기존의 접근은 이제 재고되어야만 할 것이다.

이후 심광주(2008)는 금강 유역의 고구려 성이 존재하였던 시기를 530년경이 아닌 5세기 후반으로 수정한 바 있다. 그는 남한 고구려 유적을 총 3단계로 나누어 분석하였다. Ⅰ기는 임진강 유역과 몽촌토성을 포함한 한강 이남의 유적, 그리고 금강 유역의 고구려 유적으로, 그 시기는 고구려군의 남하시점부터 6세기 중엽 즉 Ⅱ기의 유적으로 교체될 때까지로 보았다. 다만, 금강 유역의 경우 5세기 후반 중 매우 짧은 시기에만 존속하였던 것으로 추정하였다. Ⅱ기는 아차산 보루군과 양주 일대의 고구려 성들이 중심이 되는 시기로, 6세기 중엽부터 551년 전후로 매우 짧은 시기에 존속하였던 것으로 인식하였다. 그는 Ⅰ기와 Ⅱ기의 차이를 시기적인 것 보다는 부대의 교체 등과 같은 인적 교체가 주된 것으로 보았다. Ⅲ기는 고구려가 한강유역을 상실한 이후 호로고루의 석축성과 당포성, 무등리 1·2보루와 같은 임진강 유역의 고구려 유적들이 해당되는데, 나당 연합군이 임진강을 점령하는 7세기 후반까지로 파악하였다.

고구려 성에 대한 개별 편년에 대해서는 추후에 다른 논고를 통해 자세히 밝히겠지만, 필자가 생각하는 대체적인 편년안은 다음과 같다. 남한 내 고구려 성 중 가장 먼저 축조된 것은 임진강 유역의 호로고루 목책과 은대리성이다. 호로고루의 목책에서는 점열문과 파상문이 시문된 직구호가 출토되었고, 은대리성에서는 격자 타날이 흔적이 남아있는 양이부호가 출토되었는데 이들 유물들은 5세기에 해당되는 것으로 판단된다.

고구려는 임진강 유역을 발판삼아 475년에 백제의 한성을 점령하게 되고, 이후 몽촌토성을 근거지로 삼고 남진하여 금강 유역에까지 이르게 된다. 남성골산성이나 대전 월평동 목책 유구는 모두 이 시기에 해당하며 출토 유물로 보면 모두 5세기 중후반에 해당된다. 이와 관련하여 한강 이남지역에서 확인되는 고구려 석실분에서 출토되는 토기의 경우 모두 5세기 중후반으로 편년된다는 사실 또한 한강 이남지역으로 고구려가 그 세력을 넓혔음을 보여주는 증거가 된다.

한편, 금강 유역에서 확인된 고구려 성은 모두 목책으로, 5세기 중후반에 아차산에도 목책 단계의 고구려 보루가 조성되는지에 대해서는 알 수가 없다. 다만 아차산 보루군에서 5세기 중후반으로 편년되는 토기들이 거의 출토되지 않는다는 점을 고려하면 아차산 보루군의 목책 단계는 금강 유역보다 좀 더 늦은 시기임은 분명하다.

6세기 초, 백제가 점차 세력을 회복하게 되면서, 이제 금강 유역의 고구려 성은 폐기된다. 아마도 이 시기에 아차산 보루군을 비롯한 경기 북부지역의 보루가 목책에서 석축단계로 전환하는 것으로 여겨진다. 홍련봉 2보루에서는 520년에 비정되는 '庚子'라는 명문이 새겨진 접시가, 홍련봉 1보루에서는 평양 일대에서 확인되는 고구려 연화문 와당이 출토되고 있고, 아차산 보루군의 석축 성벽과 관계된 토층에서 대체로 6세기의 고구려 토기들이 출토되고 있는 것으로 보아, 6세기 전반기에는 이미 석축 단계로 전환되어 있었을 것으로 생각된다. 그렇다면 아차산 보루군의 목책은 매우 짧은 기간 동안만 유지되었을 가능성도 배제할 수 없다. 석축 단계로의 전환 내지는 석축 성벽 단계의 중심 시기에 있어서 일부 보루 간에 시기적인 차이가 있을 수는 있지만 큰 차이는 없을 것으로 생각된다.

이후 백제와 신라의 연합군이 한강을 점령하게 되는 551년에는 아차산 보루군이 폐기된다. 고구려의 방어선이 한강에서 점차 임진강으로 옮겨오게 되는 6세기에 호로고루는 석축 단계로의 전환을 마쳤을 것으로 추정된다. 호로고루에서 출토되는 대부분의 토기 역시 6세기대로 추정된다. 다만 호로고루 출토 와당의 경우 평양 일대에서 확인되는 연화문 와당이 아닌 집안 일대에서 주로 보이는 연화문 와당이라는 점에서 해당 유물의 시기 내지는 성격이 문제가 될 수 있다. 호로고루를 발굴조사한 심광주는 2009년도 발굴조사 약보고서 자료집에서 호로고루의 기와 건물은 6세기 이후에 사용된 것으로 파악하고 있으며, 해당되는 연화문 와당이 집안 지역에서 주로 보이는 것과 관련하여 기와를 제작하는 장인의 차이 또는 장인을 포함한 군부대의 차이에 기인하였을 가능성을 제기한 바 있다. 필자는 해당 와당의 계통상의 차이에 대해서는 아직까지 뚜렷한 의견을 가지고 있지 못한 관계로, 이 문제에 대해서는 추후 다루도록 하겠다.

한편, 김영섭(2009)은 석사논문에서 아차산 고구려 보루군이 5세기 후반부터 7세기 중반까지 반복적으로 점유되었을 가능성을 제기한 바 있다. 551년에 고구려군이 한강 유역에서 물러났으나 568년 신라가 북한산주를 갑자기 폐한 것과 토기의 제작기법 분석을 통해 시루봉보루의 중심연대가 아차산 4보루나 구의동보루 보다 늦을 수 있다는 필자의 견해(2003) 등을 근거로, 568년부터 604년까지 고구려가 다시 한강 하류지역까지 진출하였을 가능성을 언급한 것이다. 그러나 북한산주를 폐한 정황만을 가지고 고구려의 한강유역 재진출을 언급하기에는 그 근거가 너무 빈약하며, 『三國史記』 고구려본기에 전하는 603년 기사를 보면 고구려가 신라의 북한산성을 쳤으나 성공하지 못하고 물러났다는 내용이 전하고 있어 김영섭의 주장은 설득력이 없다.

Ⅴ. 맺음말

이상으로 남한 내 고구려 성을 대상으로 구조와 성격에 대해 살펴보았다. 현재까지 남아있는 다수의 고구려 산성이 오랜 기간이 지났음에도 보존 상태가 매우 양호하다는 점이나 고구려와 隋·唐과의 전쟁에서 隋·唐의 대군이 고구려 성을 쉽게 점령하지 못하였음이 기록된 문헌 자료 등은 고구려의 높은 축성 기술 수준을 짐작케 한다. 비교적 짧은 시간이었지만 1990년대 이후 남한에서도 많은 고구려 유적이 발견되었고, 90년대 후반부터는 다수의 고구려 성이 발굴조사 되었다. 물론 중국이나 북한과는 달리 소규모 성이 대부분이지만, 전면적인 발굴조사 덕분에 고구려 성의 구조와 축성 기술에 대해 어느 정도 파악이 가능하게 되었다. 본고에서는 남한 내에서 그동안 조사된 고구려 성의 기초 자료를 통해 성벽의 축성 방식과 성 시설에 대해 전반적으로 살펴보았다. 이러한 작업을 통해 국내 고구려 성의 구조적 특징을 보다 명확히 할 수 있었다.

또한 본고에서는 남한 내 고구려 성의 성격에 대해서도 살펴보았다. 우선 고구려에 의해 축조된 남한 내 성은 신라나 백제에 대한 방어의 효율성을 높일 수 있는 강 북안에 위치하고 있음을 확인할 수 있었다. 또한 그동안 많은 연구자들이 임진강·한탄강 유역의 고구려 보루의 분포상을 연구함에 있어 개별 성의 축조 시기 및 활용 기간, 점유 주체 등을 고려하지 않음으로써 발생한 문제점에 대해서도 살펴보았다. 성의 규모적인 측면에서는 남한의 성은 중국이나 북한과 비교가 되지 않을 정도로 작은 보루가 많지만, 아차산 보루군의 경우에는 여러 개의 보루가 유기적으로 연결되어 마치 하나의 대형 성으로서 기능할 수 있음을 밝혔다. 이를 통해 보루군이 기존에 논의된 것처럼 단순히 교통로를 확보하기 위한 전략적인 거점으로서의 역할뿐만 아니라 특정 지역을 관할할 수 있는 행정중심지의 역할도 충분히 할 수 있음을 밝혔다. 또한 남한에 분포하고 있는 성에 대한 편년과 관련된 연구를 진행함에 있어 그동안 역사기록에 너무 치중하여 오히려 잘못된 해석을 내리는 예가 있음을 지적하고, 잘못된 편년관을 수정하고자 하였다.

참고문헌

경기도박물관·육군사관학교 화랑대연구소, 2008, 『연천 당포성Ⅱ－시굴조사 보고서－』.

고려대학교고고환경연구소, 2007a, 『紅蓮峰 第1堡壘－發掘調査報告書－』.

고려대학교고고환경연구소, 2007b, 『紅蓮峰 第2堡壘－1次 發掘調査報告書－』.

고려대학교고고환경연구소, 2007c, 『峨嵯山 第3堡壘－1次 發掘調査報告書－』.

구의동보고서 간행위원회, 1997, 『한강유역의 고구려요새－구의동유적 발굴조사 종합보고서』.

국립공주박물관·충남대학교박물관, 1999, 『大田 月平洞遺蹟』.

국립문화재연구소, 2009, 『아차산 4보루 발굴조사보고서』.

김영섭, 2009, 「峨嵯山 高句麗 堡壘群의 재고찰」, 단국대학교 석사학위논문.

김현숙, 2009, 「高句麗의 漢江流域 領有와 支配」, 『百濟研究』 50, 충남대학교 백제연구소.

노태돈, 2005, 「고구려의 한성 지역 병탄과 그 지배 양태」, 『鄕土서울』 66, 서울특별시사편찬위원회.

단국대학교 매장문화재연구소, 2004, 『연천 은대리성 지표 및 시·발굴조사 보고서』.

박동선, 2009, 「城郭을 통해서 본 5세기 高句麗의 지방지배체제」, 한신대학교 석사학위논문.

백종오, 2007, 「南韓地域 高句麗 關防體系－臨津江流域을 중심으로－」, 『先史와 古代』 27, 한국고대학회.

서영일, 2009, 「연천 은대리성 축조공법과 성격 고찰」, 『文化史學』 31, 한국문화사학회.

서울대학교박물관, 2000b, 『아차산 제4보루–발굴조사 종합보고서–』.
서울대학교박물관, 2002, 『아차산 시루봉 보루–발굴조사 종합보고서–』.
서울대학교박물관, 2007, 『경기도 전곡 선사박물관 건립부지 발굴조사 보고서』.
서울대학교박물관, 2009, 『龍馬山 第2堡壘 發掘調査 報告書』.
서울대학교박물관, 2010, 『연천 고구려성곽(3개소) 발굴 및 정밀지표조사 약보고』.
서울대학교박물관, 2011, 『연천 무등리 2보루 2차 발굴조사 약보고서』.
서울대학교박물관, 2012a, 『양주 천보산 2보루 발굴조사 약보고서』.
서울대학교박물관, 2012b, 『연천 무등리 2보루 3차 발굴조사 약보고서』.
서울대학교박물관, 2013, 『시루봉보루Ⅱ』.
심광주, 2006, 「南韓地域 高句麗 城郭硏究」, 상명대학교 박사학위논문.
심광주, 2008, 「고구려의 관방체계와 경기지역의 고구려성」, 『경기도 고구려 유적 종합정비기본계획』, 경기문화재단 경기문화재연구원.
심광주, 2013, 「청주 부모산성 축조 방법」, 『청주 부모산성의 종합적 고찰』, 충북대학교박물관.
양시은, 2003, 「漢江流域 高句麗土器의 製作技法에 대하여」, 서울대학교 석사학위논문.
양시은, 2010a, 「남한 내 고구려 성곽의 구조와 성격」, 『高句麗渤海硏究』 36.
양시은, 2010b, 「고구려의 한강유역 지배방식에 대한 검토」, 『고고학』 9–1.
양시은, 2011, 「남한에서 확인되는 고구려의 시·공간적 정체성」, 『고고학』 10–2.
양시은, 2012, 「아차산 고구려 보루의 구조 및 성격」, 『古文化』 79.
양시은, 2013, 「高句麗 城 硏究」, 서울대학교 박사학위논문.
육군사관학교 화랑대연구소 국방유적연구실, 2004, 『파주 덕진산성 시굴조사 지도위원회의 자료』.
육군사관학교 화랑대연구소, 2006, 『漣川 堂浦城 발굴조사 보고서』.
中原文化財硏究院, 2008, 『淸原I·C～芙蓉間 道路工事區間內 淸原 南城谷 高句麗遺蹟(-2006年度 追加 發掘調査-)』.

채희국, 1964,『대성산 일대의 고구려유적에 관한 연구』, 사회과학원 출판사.

최종택, 2004,「남한 지역의 고구려 유적과 유물」,『고구려의 역사와 문화유산』, 고대사학회.

최종택, 2008,「고고자료를 통해 본 백제 웅진도읍기 한강유역 영유설 재고」,『百濟研究』47.

충북대학교박물관, 2004,『清原 南城谷 高句麗遺蹟』.

충청문화재연구원, 2003,『大田 月平洞山城』.

한국고고환경연구소, 2013,『홍련봉 제1·2보루 유적』, 현장설명회 자료집.

한국토지공사 토지박물관, 2007,『漣川 瓠蘆古壘Ⅲ(第2次 發掘調査報告書)』.

한국토지공사 토지박물관, 2009,『漣川 瓠蘆古壘(제3차 발굴조사 현장설명회 자료)』.

한국토지주택공사 토지주택박물관, 2011,『漣川 瓠蘆古壘(제4차 발굴조사 학술자문회의 자료)』.

한양대학교 문화재연구소, 2010,『연천 전곡리성-전곡선사박물관건립부지 내 문화재 발굴조사 보고서』.

朝鮮總督府博物館, 1938,『博物館陳列品圖鑑』12.

朝鮮總督府, 1942,『朝鮮寶物古蹟調査資料』.

중국 내 고구려 산성의 성문에 대한 연구

정원철 | 동북아역사재단 연구위원

중국 내 고구려 산성의 성문에 대한 연구*

Ⅰ. 머리말

고구려 산성은 중국의 요녕성과 길림성 일대를 중심으로 압록강 이남의 북한과 한국 중북부 지역에 이르기까지 광범위하게 분포하고 있다. 지금까지 고구려 산성에 대한 연구는 중국, 북한, 한국 세 나라의 각기 다른 형편에 따라 개별적으로 연구가 이루어져 왔는데, 주로 고구려 산성의 각 지역별 분포, 발굴이나 지표 조사가 이루어진 특정 지역 또는 특정 산성의 유적 내 상황과 출토 유물 등에 대한 분석, 그리고 문헌과의 비교를 통한 역사적 고증과 관련된 연구가 대부분을 차지하였다. 반면 고구려 산성의 실제적인 모습을 알 수 있는 여러 가지 시설에 대한 형태와 구조, 기능, 연대 등을 알 수 있는 종합적이고 구체적인 연구는 상대적으로 부족한 형편이라고 할 수 있다.

고구려 산성은 가장 기본적인 시설인 성벽을 비롯하여 성문, 치, 성가퀴, 돌구덩이(石洞), 장대와 망대, 저수 및 배수 시설 등 여러 시설들로 구성된다. 그 가운데 성문은 성 안팎으로 병력과 물자가 출입하는 통로인 동시에 전투가 벌어졌을 때는 적군이 성 내부로 진입하기 위하여 1차 공격 목표로 설정하는 중

* 이 글은 최몽룡 편저, 『21세기의 한국고고학-Ⅳ』에 수록했던 글을 재편집, 일부 수정 보완한 것이다.

요한 시설이다. 성문은 보통 개구부(開口部) 좌우의 성벽이 양쪽에서 일직선상으로 내려와 만나는 형태의 평문(平門)으로 이해되는 것이 일반적인데, 고구려 산성에서는 이러한 형식의 평문도 많이 발견되지만 산지의 지형적 특성을 이용한 꽤 다양한 형태의 성문도 확인되고 있다. 현재 일정한 규모의 고구려 산성은 중국과 북한에 주로 분포하고 있는데, 북한 내 고구려 산성은 최근까지도 특별한 연구 성과가 확인되지 않고 있으며 앞으로도 획기적인 연구 성과를 기대하기 힘든 상황이다. 반면 중국 내 고구려 산성은 북한에 비하면 상대적으로 고구려 당시의 모습을 그대로 유지하고 있는 산성이 꽤 많이 남아 있는데, 이들 가운데 일부는 최근 발굴조사가 이루어져 고구려 산성의 성문과 관련된 내용을 단편적이지만 분석, 검토할 수 있는 정도의 자료가 확인되고 있다.

이 글에서는 그 가운데에서도 중국 내 고구려 산성 성문의 형태와 구조, 그리고 성문 제작에 사용된 건축재료에는 어떤 것들이 있는지 구체적으로 살펴보고자 한다.

Ⅱ. 성문의 형태와 구조

1. 문터[1)]

고구려 산성의 성문은 세부적으로 문을 여닫는 문짝과 문짝의 부속품, 문짝을 달기 위해 필요한 기초 시설인 문틀과 문주춧돌, 이를 감싸는 석축 구조물 등으로 구성되며, 성문 상부에는 문루를 축조하는 경우가 많았을 것으로 추정된다. 그러나 성문은 주로 목조 구조 또는 목조 구조와 결합되어 있기 때문에

1) 중국 학계에서는 門道라고 하며 한국의 일부 학자는 이를 그대로 번역하여 문길이라는 용어를 사용하였다. 본고에서는 문터라는 용어를 사용하고자 한다.

성곽의 폐기 후 그 구조물이 원형 그대로 남아 있는 경우는 없다. 따라서 현재 고구려 산성에서 원래 성문이 자리하던 곳은 거의 대부분 빈 공간으로 남아 있다. 그동안 고구려 산성의 성문에 대한 연구는 이 빈 공간을 측정하여 문터의 너비와 길이를 제시하는 정도에 그쳤을 뿐 형태와 그 형태와 구조가 어떠하였는지를 밝힌 연구는 거의 없었다. 그런데 최근 중국에서는 문터의 크기뿐만 아니라 성문의 형태와 구조를 파악하는데 참고가 될 만한 몇 곳의 산성에 대한 발굴조사가 이루어졌다. 대표적인 예로 오녀산성, 환도산성, 석대자산성을 둘 수 있다.

1) 오녀산성[2)]

오녀산성에서는 3곳의 성문이 확인되었다. 상대적으로 완만한 지형을 통해 접근할 수 있고 다른 성문에 비해 규모가 큰 동문이 정문으로 사용되었을 것으로 판단된다. 오녀산성 동문은 "二"자 꼴로 평행한 성벽의 한쪽 성벽을 "ㄱ"꼴로 꺾어서 만든 일종의 옹성 형태의 성문이다. 문터는 잘 남아 있는데 남아 있는 너비는 4.3m이다. 성문의 동쪽 벽체가 잘 남아 있어 문터의 길이를 어느 정도 추정할 수 있는데 성문 동쪽 벽체의 아래 지름은 5.2m이다(도면 1~3).

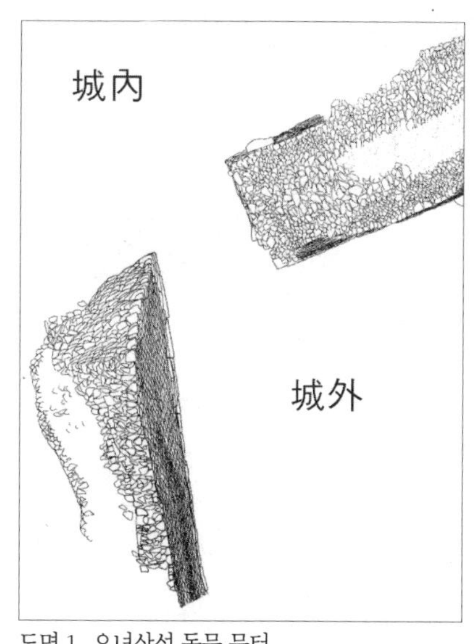

도면 1. 오녀산성 동문 문터

2) 辽宁省文物考古研究所, 2004, 『五女山城』, 文物出版社, pp.29~42.

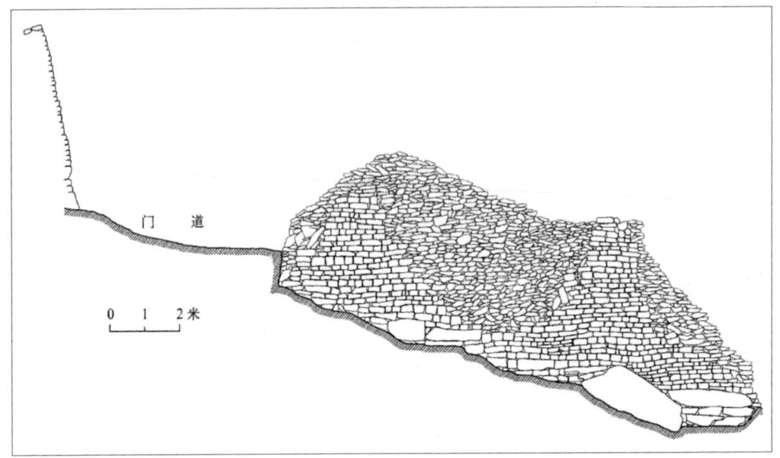

도면 2. 오녀산성 동문 문터(성밖)

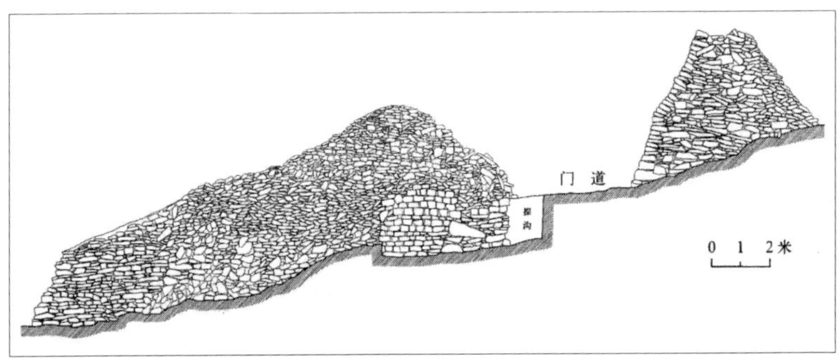

도면 3. 오녀산성 동문 문터(성안)

오녀산성 서문은 주변의 지형을 이용하여 "凹"자꼴로 만든 옹성문으로 너비는 약 3m이다. 성문 남벽은 너비 6.8m, 북벽 너비는 4m로 두 벽체의 너비는 같지 않은데, 문주춧돌이 놓인 위치를 통해 볼 때 문터의 길이는 북벽의 너비인 4m 정도 되었을 것으로 추정된다. 성문 바깥쪽에는 성문으로 들어서기 위해서 만든 돌계단이 남아 있는데 이 돌계단을 오르자마자 성문 입구 양쪽에 2개의 문주춧돌이 놓여 있다. 문주춧돌의 위치에 따라 성문의 문짝(门扇)이 달린

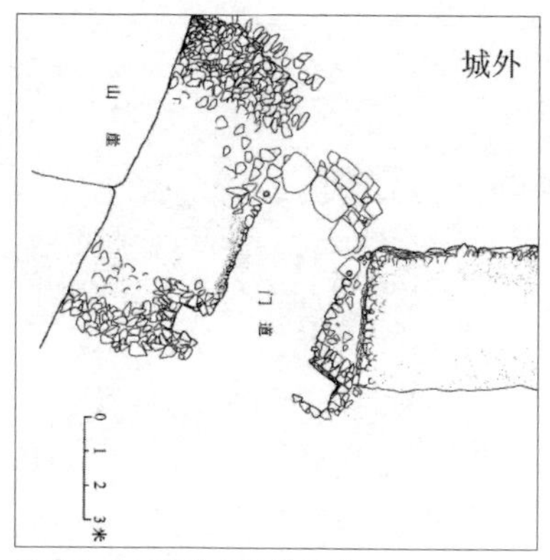

도면 4. 오녀산성 서문의 문터

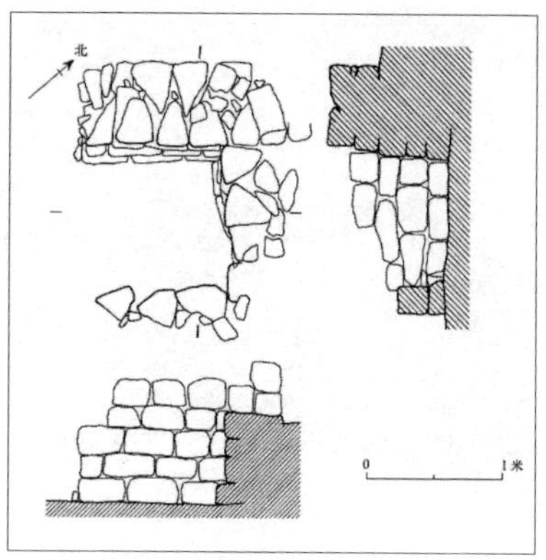

도면 5. 오녀산성 서문 수위실

위치는 상대적으로 성문의 앞쪽에 치우쳐져 있었던 것으로 판단된다. 문터의 뒤쪽에는 특이하게도 "凹"자꼴로 만든 수위실이 문터 양쪽에 만들어져 있는데 고구려 산성의 성문에서 수위실이 발견된 것은 현재까지 오녀산성 서문이 유일하다(도면 4·5).

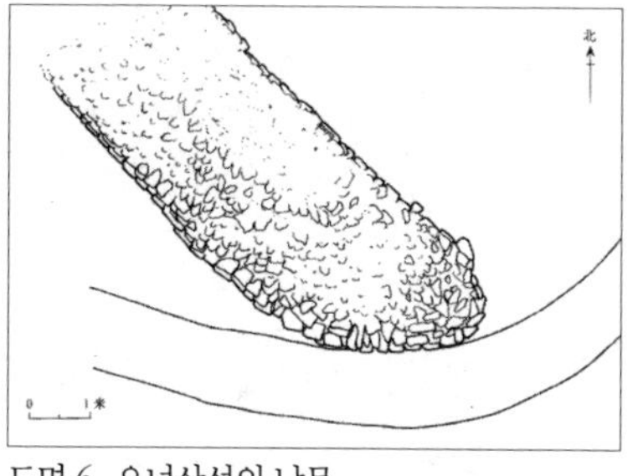

도면 6. 오녀산성의 남문

오녀산성 남문은 동문, 서문과 달리 일정한 형식을 갖춘 성문이 아니라 성벽과 낭떠러지가 만나는 지점에 너비 2.3m의 트인 곳을 성문으로 활용하였다. 동문과 서문에 비해 규모가 작고 간단한 구조로 되어 있는 것으로 보아 암문과 같은 용도로 사용했을 것으로 추정된다(도면 6).

2) 환도산성[3)]

환도산성에서는 모두 7곳의 성문이 확인되었다. 그 가운데 정문인 남문(1호

3) 吉林省文物考古研究所·集安市博物馆, 2004, 『丸都山城』, 文物出版社, pp.7~53.

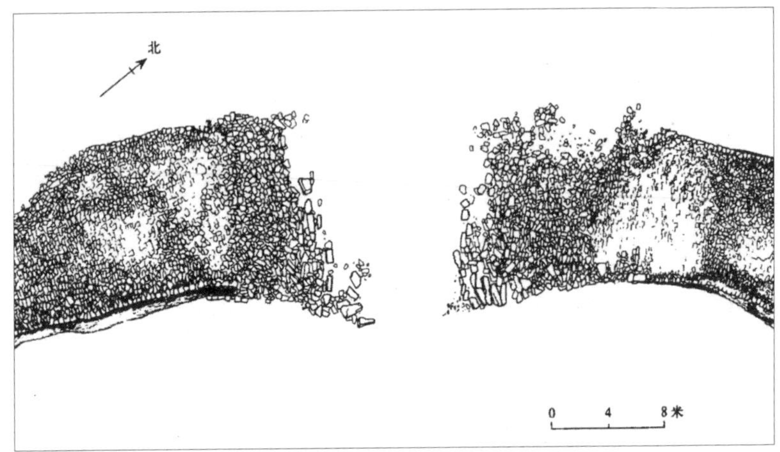

도면 7. 환도산성 남문 문터

문)은 현재 문터의 너비가 10m로 상당히 넓은 편인데 성문 양쪽 측벽이 제대로 남아 있지 않아 원래의 정확한 너비는 알 수 없다. 현재 남아 있는 문터 양쪽 벽체의 너비는 동벽 13m, 서벽 12m로 문터의 길이도 이와 비슷하였을 것으로 판단되는데, 이와 같다면 환도산성 남문의 크기는 최대 너비 10m×길이 12~13m로 상당히 컸을 것으로 추측된다(도면 7). 남문은 지금도 사람이 드나드는 산길이 성 안으로 연결되어 있으며, 산성 안에서 밖으로 흘러 내려오는 계곡수(山川)가 밖으로 배출되는 주요 통로이기도 한데 원래 남문 아래로는 이를 내보내는 배수로와 배수구가 축조되었을 것으로 추측된다.[4)]

환도산성 남벽 서쪽에 위치한 서남문(2호 문)은 문터가 잘 남아 있는 편이다. 서남문은 독특한 형태의 옹성문인데 문터 바깥쪽으로 한쪽 성벽을 내어 쌓아 마치 주머니 모양으로 문터를 감싸고 있다. 문터의 너비는 입구 5.4m, 출구 5.2m이며, 길이는 8.4m이다. 출구에서 안쪽으로 2.5m 되는 지점의 문터 양쪽

4) 吉林省文物考古研究所·集安市博物馆, 2004, 『丸都山城』, 文物出版社, p.8.

에서는 각각 문주춧돌이 발견되었다. 문터 노면에는 평평하게 다듬은 널돌(石板)을 깔았는데, 널돌 대부분은 네모꼴이며 길이는 약 40㎝, 두께는 약 8㎝이다. 또한 노면 가장자리에는 양쪽 모두 문주춧돌을 포함한 20개 정도의 네모꼴 돌을 이용하여 돌계단과 같은 형태로 노면보다 20㎝ 높게 쌓았다(도면 8·9).[5]

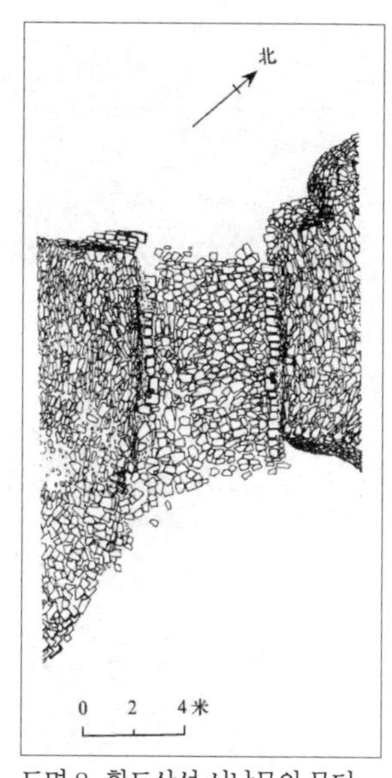

도면 8. 환도산성 서남문의 문터

환도산성 서벽 남단에 위치하는 3호 문도 보존 상태가 비교적 양호하다. 문터의 너비는 3.6m, 길이는 5.25m이며 성문 양쪽 벽체의 너비는 북벽 4.65m, 남벽 4.85m이다(도면 10·11). 현재 문터는 빈 공간으로 남아 있지만 발

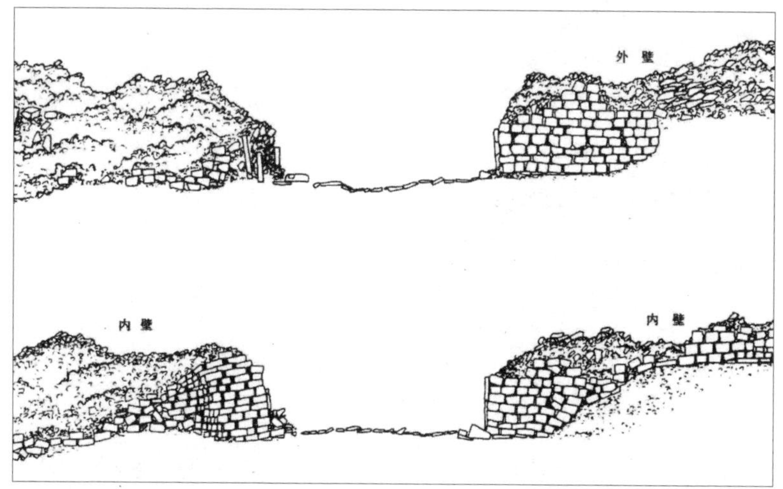

도면 9. 환도산성 서남문 문터 내외측도

5) 吉林省文物考古研究所·集安市博物馆, 2004,『丸都山城』, 文物出版社, p.22.

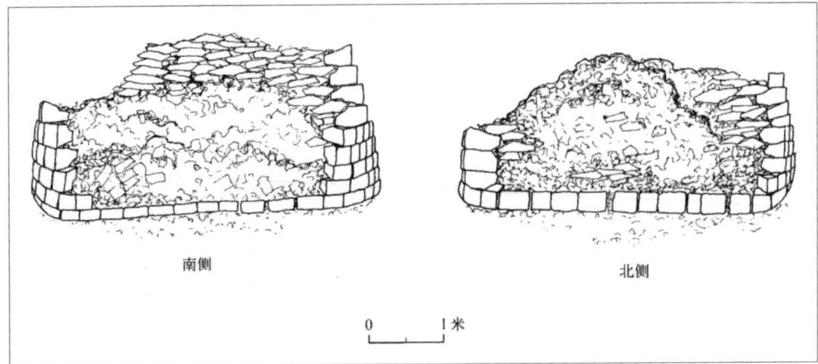

도면 10. 환도산성 3호문 양쪽 벽체

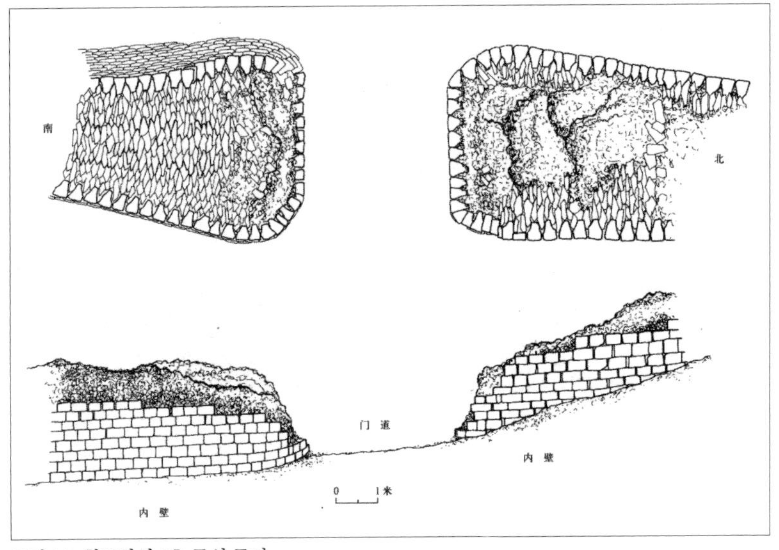

도면 11. 환도산성 3호 문의 문터

굴조사에 붉은색 수키와와 암키와가 확인된 것으로 보아 원래는 기와를 올린 성문이었던 것으로 판단된다.[6] 그밖에도 환도산성에서는 동벽, 북벽, 서벽에서

6) 吉林省文物考古研究所·集安市博物馆, 2004, 『丸都山城』, 文物出版社, pp.51~52.

모두 4개의 문이 더 확인되었으나 훼손 상태가 심하여 문터의 크기와 형태를 정확하게 파악할 수 없다.

3) 석대자산성[7)]

석대자산성은 1997년~2006년대까지 10년에 이르는 꽤 오랜 기간에 걸친 발굴 조사가 이루어졌다. 성문에서는 문주춧돌을 비롯하여 성문에 사용된 부속품 등이 출토되었으며, 체계적으로 설계된 배수 시설이 확인되어 당시 고구려 산성 성문의 구조를 이해하는데 굉장히 중요하다.

석대자산성에서는 모두 4곳의 성문이 확인되었다(도면 12).[8)] 먼저 석대자산성의 정문인 동문은 파괴 정도가 심하여 문터 남벽은 아래 부분만 남아 있고, 문터 북벽은 기초의 하부만 남아 있다. 문터의 남은 너비는 3.5m, 문터의 길이는 6.15m이다.[9)] 문터 남벽은 두 층만 남아 있으며 높이는 0.48m이다. 쐐기꼴 석재를 사용하여 쌓았으며 들여쌓기 방식을 사용하여 아래층에 비하여 위층 벽체는 벽체 안쪽으로 들어가 있다. 아래 층 벽체의 성돌은 기초 대(基臺)를 이루는데 대의 너비는 0.28m이다. 성문 바깥쪽에서 안쪽으로 1.6m 되는 지점에서는

---

7) 辽宁省文物考古研究所·沈阳市文物工作队, 1999-10, 「辽宁沈阳市石台子高句丽山城第一次发掘简报」, 『考古』; 沈阳市文物工作队, 2001-3, 「辽宁沈阳市石台子高句丽山城第二次发掘简报」, 『考古』; 沈阳市文物考古研究所, 2007-3, 「沈阳市石台子高句丽山城2002年Ⅲ区发掘简报」, 『北方文物』; 沈阳市文物考古研究所, 2007, 「沈阳石台子山城2004年Ⅲ区发掘简报」, 『沈阳考古文集』 第1集, 科学出版社; 沈阳市文物考古研究所, 2007, 「沈阳石台子山城2006年Ⅲ区发掘简报」, 『沈阳考古文集』 第1集, 科学出版社; 沈阳市文物考古研究所, 2007, 「沈阳石台子山城西门址的补充发掘」, 『沈阳考古文集』 第1集, 科学出版社; 辽宁省文物考古研究所·沈阳市文物考古研究所, 2012, 『石台子山城』, 文物出版社.

8) 李晓钟, 「石台子高句丽山城复原研究」에는 보고서의 西北门을 北门으로, 西南门을 西门으로 다르게 지칭하였다. 본고에서는 1차, 2차 보고서의 분류 예를 따른다.

9) 「辽宁沈阳市石台子高句丽山城第一次发掘简报」에는 문터 길이 7m, 남은 너비 3.5m으로 되어 있으나 발굴 결과 길이가 더 줄어들었고, 남은 너비는 같은 것으로 나타났다.

보존 상태가 양호한 문주춧돌 1점이 발견되었다. 문터 위에는 불에 타고 무너져 내린 성돌과 목탄, 풀을 섞어 다져 만든 진흙덩이 등이 흩어져 있었다. 목탄은 보존 상태가 비교적 좋았는데 최대 지름은 0.28m이다. 그 밖에도 문터 위에서는 문장부 외테(铸铁门户)와 문장부 덧씌우개(铁门轴), 철제 리벳(铁铆钉), 철제 문짝 고정 띠(铁箍门带), 토기 등이 확인되었다. 또한 문터 노면에는 한 층으로 된 석재들이 깔려 있는데 석재들은 비교적 가지런하였으며 깨진 돌과 흙을 메워 평평하다. 문터와 문밖의 경사지는 계단식으로 되어 있다.

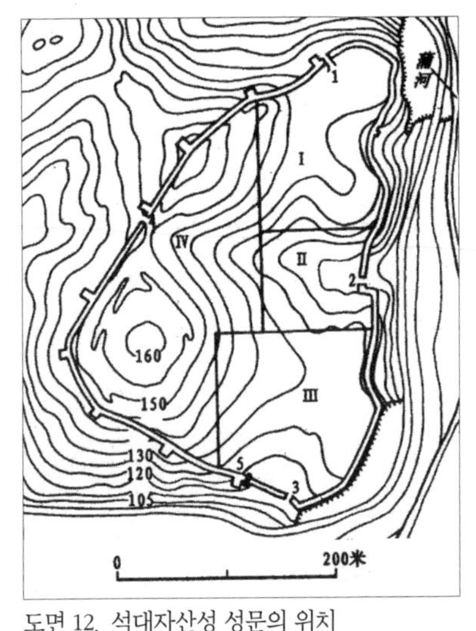

도면 12. 석대자산성 성문의 위치

한편 동문의 배수시설은 2개의 배수도랑(排水沟)과 잠함(沉井), 배수로(涵洞), 개수로(明渠)가 하나로 연결되어 있다(도면 13).

배수도랑1은 문터 내 남쪽 부근을 지나는데 서쪽에서 동쪽으로 이어진다. 깊이는 0.5~0.8m이다. 남벽에는 후대에 쌓은 물막이 담 벽체가 위를 누르고 있는데 현재 확인할 수 있는 도랑의 너비는 1.2m이다. 도랑 바닥은 산 바위로 되어 있으며 부분적으로 물이 잘 흐르도록 파낸 곳도 있다. 발굴조사에서 확인된 배수 도랑의 길이는 7.5m이다. 배수도랑 동쪽 끝은 잠함과 연결되는데 잠함으로 들어가는 입구는 비교적 좁으며 물의 흐름을 막아주는 돌덩이가 가로 놓여 있다. 너비는 0.24m이다. 배수도랑과 잠함이 서로 연결되는 곳에는 작은 규모의 물저장 시설(蓄水池)이 하나 있는데 모래를 걸러 잠함이 막히는 것을 막는 기능을 했던 것으로 판단된다.

배수도랑2는 문터 안쪽의 서쪽 2.5m 되는 곳에 자리한다. 북-남쪽으로 이어지며 꽤 정연한 돌을 쌓아 도랑의 벽을 만들었다. 평면은 가운데 허리를 속아맨 형태로 너비는 0.4~0.8m이며 도랑 양끝이 약간 넓다. 깊이는 0.36m이다. 그 북쪽은 후대에 파괴가 되어 현재 약 4m의 길이로 남아 있으며 도랑의 바닥은 노란 모래가 퇴적되어 있다. 잠함으로 들어가는 입구는 나팔모양이며 그 안쪽에는 2개의 쐐기꼴 돌을 올려놓았다. 층위 관계를 분석해 보면 배수도랑2는 배수도랑1이 폐기된 뒤에 새로 만들어진 배수시설이었던 것으로 판단된다.

잠함의 평면 형태는 타원형에 가깝고 동서 길이는 3m, 남북 너비는 1.2m이다. 바닥은 노면보다 1.2m 정도 낮은데 아래 부분 동쪽에는 평평한 널돌을 깔았으며 서쪽은 산 바위가 노출되어 있다. 잠함의 벽은 석재를 쌓아 만들었으며 남쪽 벽체와 동문 안쪽의 흙막이 보호담이 서로 연결된다. 잠함 입구 북쪽에는 커다란 돌이 동서 방향으로 놓여 있다. 그 서쪽은 배수도랑1의 입구이며 북쪽은 배수도랑2의 입구이다. 그리고 잠함 바닥의 동북모서리는 배수로 입구로 통하는 입수구에 해당한다. 잠함의 입수구은 긴 네모꼴로 남향이며 높이는 0.3m, 너비는 0.6m이다. 입수구 양쪽은 네모꼴의 돌을 들여 잠함 덮개돌을 받치고 있어 배수로와 잠함 사이의 연결을 축소시켜 주는데 그 형식은 카드를 끼워 넣는 식으로 입구 안쪽이 잠함이 된다.

배수로(3호)는 남북 방향으로 이어지다 뒤에는 동쪽으로 직각으로 굽어지는데 문터 남벽 안쪽으로 이어져 문밖으로 통한다. 남북 끝 길이는 2.3m이며 동서 끝의 길이는 11.5m이다. 배수로 통로의 높이는 0.8m, 너비는 0.9m이다. 배수로 바닥에는 큰 널돌을 깔았으며 벽체에는 쐐기꼴 돌과 긴 석재를 이용하여 3층으로 쌓고 위에는 덮개돌을 덮었다. 문터 바깥쪽에는 3개의 덮개돌이 있는데 너비는 3m이며 문터의 노면을 넓히는 역할도 함께 하였다. 배수로 바깥쪽은 동쪽으로 나 있는 개수로와 연결된다.

개수로는 동쪽으로 연결되는데 끝부분은 산의 낭떠러지까지 이어진다. 양쪽의 개수로 벽체는 석재를 이용하여 쌓았다. 배수로 바깥쪽은 여기에서부터 동

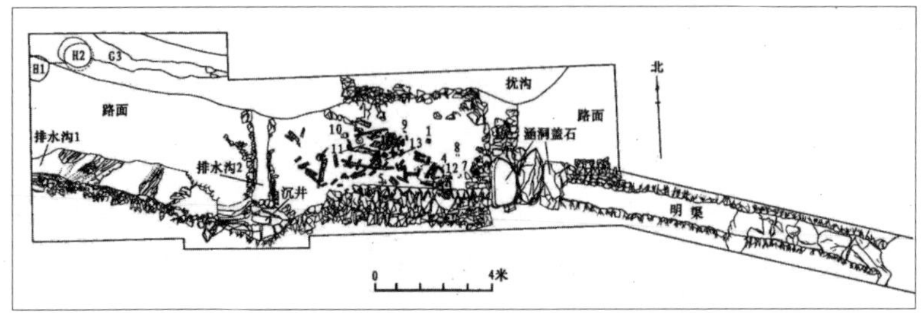

도면 13. 석대자산성 동문과 배수시설 평면도

쪽으로 이어지면서 석벽은 3층에서 2층으로 2층에서 1층으로 점차 줄어든다. 개수로 바닥은 암반으로 되어 있는데 부분적으로는 인공적으로 파낸 곳도 있다. 개수로의 가장 높은 곳은 0.8m, 너비는 1m, 길이는 14m에 이른다.[10)]

석대자산성의 서북문은 보존 상태가 양호하다. 서북문 문터의 너비는 4m, 길이는 6m이다. 성문의 동쪽 벽체는 거의 남아 있지 않아 벽체 안쪽에만 높이 0.4m의 성돌이 남아 있다. 문터 서쪽 아래쪽은 쐐기꼴 돌로 쌓은 석대(石臺)인데 길이는 6m이며, 남은 너비는 0.34m, 높이는 0.4m이다.[11)] 이 석대 위의 첫 번째 열의 성돌들은 위쪽 성돌보다 안쪽으로 0.05m 더 들어가 있는데 아마도 석대 위에는 문터 양쪽 문틀 기둥(排叉柱) 아래 위치에 자리하는 횡목(地袱)이 놓여 있었을 것으로 추정된다. 이 횡목은 돌로 쌓은 위층의 벽체 아래에 들어가고 문틀 기둥은 문터의 벽체를 보호할 뿐 아니라 문터 통로 위에 위치하는 상인방을 지탱해 주는 역할을 했을 것이다.[12)] 문터의 동서 양쪽으로는 성문 벽체

10) 沈阳市文物考古工作队, 2001, 「辽宁沈阳市石台子高句丽山城第二次发掘简报」, 『考古』, 2001-3, pp.36~42; 李晓钟, 2005, 「石台子高句丽山城复原研究」, 『边疆考古研究』, 科学出版社, pp.145~146.

11) 「辽宁沈阳市石台子高句丽山城第一次发掘简报」에는 남은 높이 5.6m, 너비 0.34m, 높이 0.4.m로 되어 있는데, 李晓钟, 「石台子高句丽山城复原研究」은 발굴 후에 정확한 수치를 기록한 것이기 때문에 여기서는 이효종 논문의 수치를 사용하였다.

에 연하여 안쪽으로 낮은 담이 쌓여 있는데 불규칙한 석재로 쌓았다. 높이는 0.4~0.5m이며 평면 형태는 나팔 모양이다. 문터의 땅 위와 그 부근에는 불에 탄 대량의 돌덩이와 목탄, 재, 풀을 섞어 만든 진흙덩이 등이 퇴적되어 있었다. 네 성문의 퇴적물에서는 돌로 된 아치형 석재는 확인되지 않았으며 굵은 목탄이 대량으로 발견되었는데, 이 목재는 문터 위쪽에 사용된 상인방이었을 것으로 여겨진다. 문터 안에서는 동서 양쪽에서 완전한 형태의 문주춧돌과 문장부 외테가 발견되었다(도면 14).

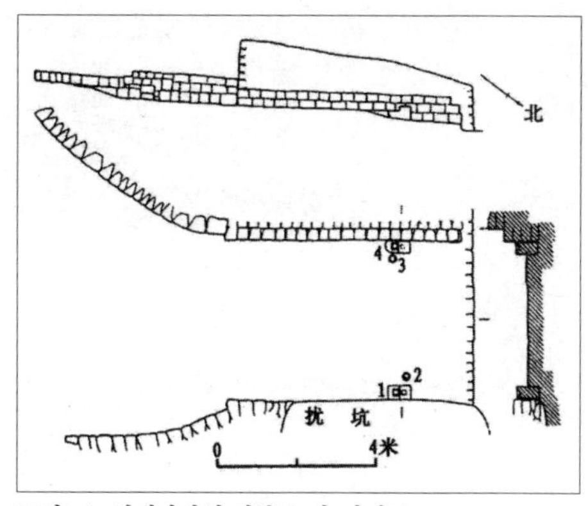

도면 14. 석대자산성 서북문 평·단면도

한편 서북문 아래쪽에서는 물막이 담(擋水檣), 2곳의 입수구(入水口)와 잠함, 배수로 및 개수로가 하나로 연결된 배수 시설이 확인되었다(도면 15).

물막이 담은 문터 안쪽에 위치하며 동서 길이는 3.5m이다. 크기가 다른 돌을 사용하여 쌓았는데 돌담의 너비는 0.15~0.25m이다. 그 동쪽 끝과 보호벽(护坡墻)은 서로 이어지는데 담 높이는 0.6m이며 그 서쪽은 지표와 평행하다. 담의 북쪽에는 얕은 배수도랑이 있는데 동쪽 끝의 너비는 0.6m, 깊이는 0.3m이다. 서쪽에도 물이 넘쳐 모여 드는 배수도랑이 있는데 배수도랑 동, 북쪽 앞뒤에서는 2곳의 배수로 입수구가 발견되었다.

입수구1은 산성 안 동쪽 보호벽의 남부 서쪽에 자리하고 있다. 평면은 불규칙한 둥근꼴이며 북, 서쪽은 돌덩이로 둘러 싸여 있어 물이 넘쳐 문터로 흘러

12) 李晓钟, 2005,「石台子高句丽山城复原研究」,『边疆考古研究』, 科学出版社, p.153.

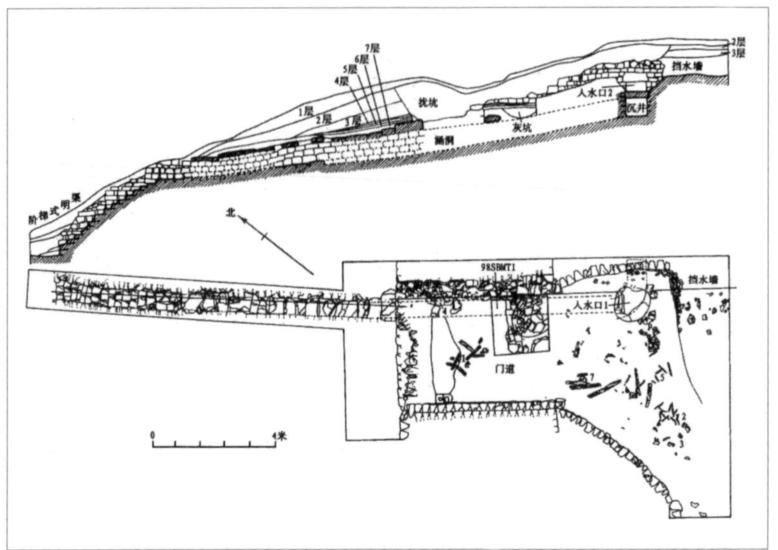

도면 15. 석대자산성 서북문 배수시설 평·단면도

내려오는 것을 막아 준다. 지름은 1.1m, 깊이는 0.9m이다.

입수구2 역시 산성 안 동쪽 보호벽의 남쪽 아래쪽에 위치한다. 입구는 서쪽을 향해 있고 긴 네모꼴이며 길이는 0.76m, 높이 0.36m이다. 서쪽에 있는 입수구1에서 0.56m 떨어져 있는데 배수로 덮개돌 하나의 간격만큼 떨어져 있다. 입수구 안쪽은 잠함으로 되어 있다(도면 16).

잠함은 보호벽 안쪽에 위치하는데 형태는 긴 네모꼴이다. 바닥에는 널돌을 깔았으며 동, 서, 북 3면은 쐐기꼴 돌을 6층으로 쌓아 만들었다. 벽체는 모두 두 부분으로 나뉘는데 아래 3층은 벽체가 약간 밖으로 튀어 나와 있으며 한쪽 너비는 0.6m이다. 위쪽은 길이 0.76m, 너비 0.67m, 높이 0.47m이고 잠함의 전체 높이는 1.1m이다. 잠함 위에는 긴 네모꼴의 돌덩이가 덮여 있는데 그 위쪽이 바로 보호벽이다. 잠함 서쪽은 배수로와 연결된다.

배수로(4호)의 바닥에는 널돌을 평평하게 깔았으며, 통로는 쐐기꼴 돌을 3층으로 쌓아 만들었다. 표면은 가지런한 편이며, 위쪽에는 덮개돌을 덮었다. 통로의 높이는 0.56m, 너비는 0.52m이다. 배수로의 진행 방향은 잠함을 따라 서쪽으로 0.9m 되는 곳에서 북쪽으로 휘어지고, 문터의 동벽 아랫부분의 한쪽을 통과하여 성문 밖으로 통한다. 전체 길이는 18.1m이다. 그 가운데 문터 바깥쪽 7.8m 되는 문 밖 노면 아래로는 배수로 바깥쪽 북쪽으로 이어지는 개수로가 있다.

개수로는 석재를 쌓아 양쪽 벽체를 만들었다. 바닥에는 쐐기꼴 돌로 산세를 따라 계단식으로 쌓았는데 바닥돌은 모두 15단에 이른다. 개수로 끝은 약간 동쪽으로 치우쳐져 산골짜기의 낮은 웅덩이 쪽으로 이어진다. 개수로의 전체 길이는 4.7m, 개수로 높이는 0.6m, 너비는 0.7m이다. 낙차는 2.4m인데 한 단마다 평균 약 16㎝이다. 물막이 담 끝에서 개수로 끝까지의 전체 길이는 28.6m, 낙차는 5.5m이다.[13)]

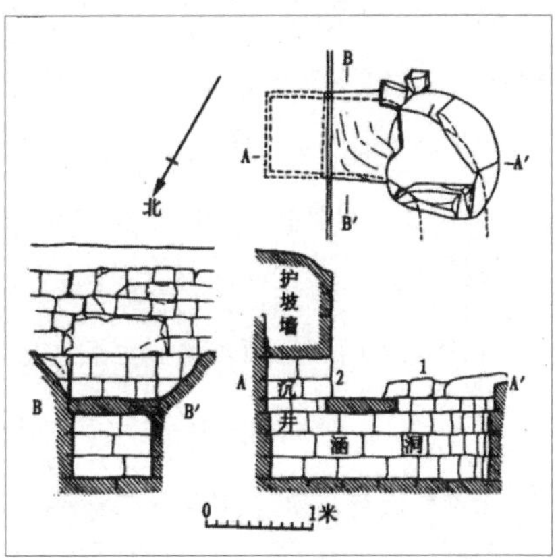

도면 16. 석대자산성 서북문 입수구1·2 평면·측면·단면도

석대자산성 서남문 문터의 평면은 긴 네모꼴로 성벽과 수직을 이룬다. 동서 길이는 6.2m, 남북 너비는 3.6m, 성문 벽체의 남은 높이는 0.2m이다.[14)] 문터

13) 沈阳市文物考古工作队, 2001, 「辽宁沈阳市石台子高句丽山城第二次发掘简报」, 『考古』, 2001-3, p.37 ; 李晓钟, 2005, 「石台子高句丽山城复原研究」, 『边疆考古研究』, 科学出版社, pp.147~148.

14) 「辽宁沈阳市石台子高句丽山城第一次发掘简报」에는 너비 4m, 길이 6m로 되어 있어

는 서쪽이 높고 동쪽이 낮으며, 남북 양쪽은 가운데 지점보다 약간 높다. 가장 높은 곳은 문터 서쪽 끝에서 1.3m 떨어진 지점이다. 문터 서쪽 가장 자리는 돌을 사용하여 쌓았는데 성벽 바깥쪽 아래쪽과 이어지며, 남북 양 가장자리에는 한 층의 벽체 기초만 남아 있다. 벽체 기초는 쐐기꼴 성돌을 사용하여 쌓았는데 남아 있는 너비는 0.4m 정도이며 양쪽 가장 자리 벽체 기초의 바깥쪽은 남아 있지 않다. 남쪽 가장자리 벽체 기초는 비교적 가지런한 편이지만 그 서쪽 끝은 남아 있지 않다. 현재 남은 길이는 4m 정도이다. 북쪽 가장자리 벽체 기초도 비교적 완전하게 남아 있는 편이지만 그 안쪽은 심하게 무너져 있다. 목재 하인방은 문터 서쪽의 가장 높은 곳에 자리한다. 땅 속에 묻혀 있었는데 표면은 지면과 나란하였다. 남아 있는 길이는 2.2m, 너비는 0.24m이다. 문터 북쪽 끝과 북벽 기초와 연결되는 지점에서는 한 변 길이 15㎝의 문장부 아래 확쇠[15)]가 끼워져 있는데 가운데 부분은 솥 아래와 같은 모양이다. 남쪽 끝은 이미 파괴가 되어 문장부 아래 확쇠가 남아 있지 않다. 즉, 석대자산성의 동문이나 서북문에서는 문장부 주춧돌 부분에 확쇠를 끼워 넣었으나 서남문(서문)은 특이하게도 목재 하인방의 양쪽 가장자리에 문장부 확쇠를 끼워 넣었다는 것을 알 수 있다. 하인방 양쪽은 모두 약간 경사가 져 있는데 바깥쪽 경사도는 비교적 완만하며 안쪽은 경사가 비교적 급하다. 하인방 양쪽 끝의 바깥쪽에서는 몇 개의 돌덩이가 발견되었다. 문터의 중간에는 세로로 두 개의 긴 목탄이 남아 있는데 목탄 탄화 정도가 높지 않아 부분적으로 붉은 갈색을 띠었다. 그 가운데 가장 긴 것은 길이가 4.7m에 달했다. 문터 벽체 바깥쪽 양 가장자리는 활꼴(弧形)이며, 활꼴 벽체 기초에 남아 있는 길이는 2.4~3.2m이다(도면 17).[16)]

수치에 약간의 차이가 있으나 교란이 많이 된 상태인 점을 감안하면 큰 차이가 있는 것은 아니다.

15) 보고서에는 문지도리(门枢)로 되어 있으나 문장부를 끼우는 확쇠라는 것을 알 수 있다.

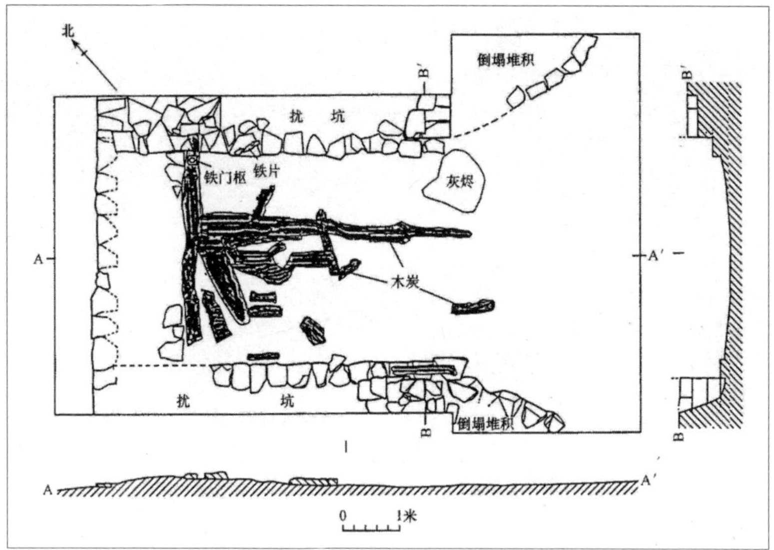

도면 17. 석대자산성 서남문(서문) 평·단면도

석대자산성 남문은 파괴 정도가 심하여 문터 동쪽 벽체는 남아 있지 않다. 문터 서쪽 벽체 아래 부분만 남아 있는데 남아 있는 길이는 2.5m이다. 남아 있는 문터 바깥벽의 기초 부분을 통해 남문의 문터 길이가 약 6.15m임을 알 수 있다. 그리고 서쪽 벽체에서부터 동벽 안쪽 보호벽까지의 수치를 계산해 보면 그 너비는 4.1m이다. 문터 위에서는 문장부 외테(门户), 문장부(门轴), 문짝 고정띠(铁箍带), 철제 리벳(铁铆钉), 토기와 같은 유물이 확인되었다(도면 18).

남문의 배수시설로는 배수로(1호)만 확인되었다. 배수로는 문터 아래로 나 있으며 덮개돌을 문터의 노면으로 사용하였다. 배수로 입구는 문터 안쪽 통로 쪽에 있는데 동쪽에서 서쪽으로 이어지다가 안쪽 벽체에 이르러 남서쪽으로 꺾

16) 辽宁省文物考古研究所·沈阳市文物考古研究所, 2007, 「沈阳石台子山城西门址的补充发掘」, 『沈阳考古文集』 第1集, 科学出版社, pp.93~94.

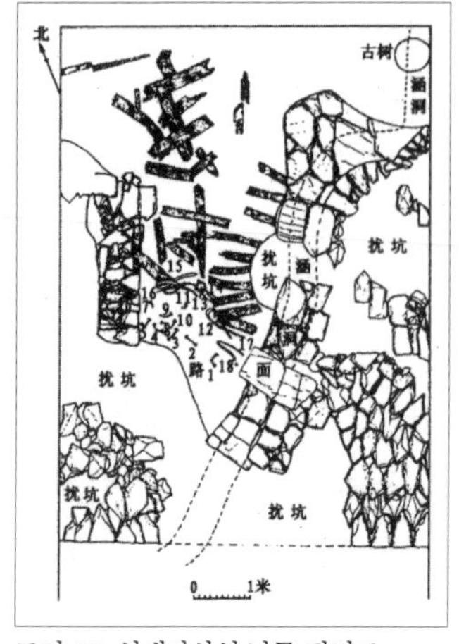

도면 18. 석대자산성 남문 평면도

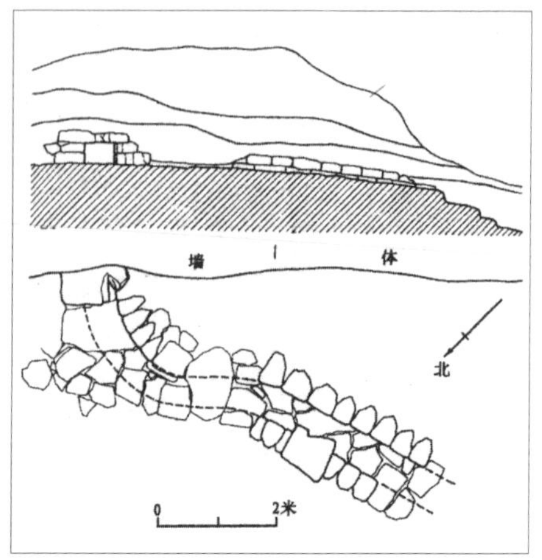

도면 19. 석대자산성 남문 아래 배수로 평·단면도

어진다. 배수로는 먼저 산비탈에 도랑을 파고 도랑 바닥에는 널돌을 깔고 두 층의 쐐기꼴 돌을 쌓아 벽체를 쌓았다. 평면은 "S"자 꼴이며 높이는 0.38m, 너비는 0.68m, 길이는 8m이다(도면 19).[17]

2. 문루(门楼)

문루는 성문 위에 지은 다락집으로, 평소에는 성 전체의 위엄을 나타내면서 성문을 드나드는 인원을 통제하고, 전쟁과 같은 유사시에는 성문을 통해 성안으로 들어오려고 하는 적의 공격을 1차적으로 방어해 내는 역할을 하였던 곳이다. 현재 고구려 당시의 성문이 온전하게 남아 있는 곳이 한 곳도 없기 때문에 성문 위에 자리하는 문루 역시 마찬가지로 당시의 모습을 정확하게 알 수는 없다. 그러나 고구려 산성의 성문에 문루가 있었다는 것은 분명하다. 그것은 문터에서 출토된 기와를 통해서 알 수 있다. 하지만 그것만으로 문루의 형태를 파

17) 李晓钟, 2005,「石台子高句丽山城复原研究」,『边疆考古研究』, 科学出版社, pp.146~147.

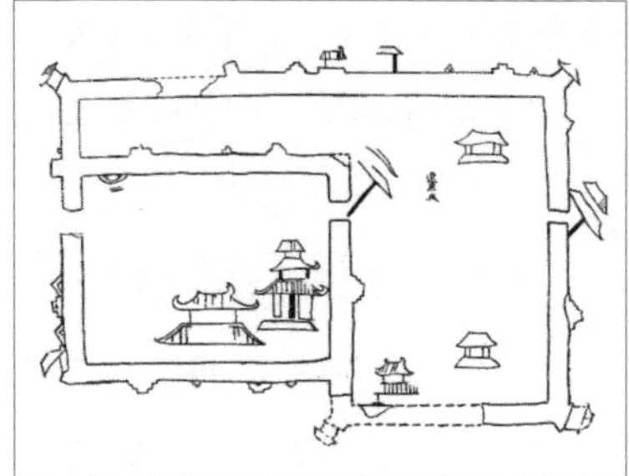
도면 20. 요동성총 문루

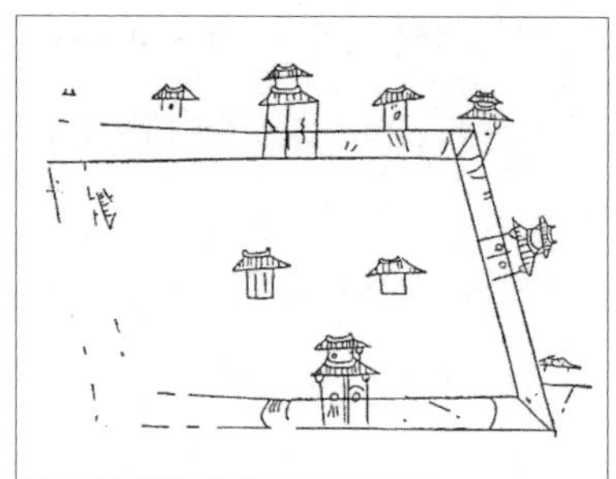
도면 21. 약수리무덤 문루

도면 22. 삼실총 문루

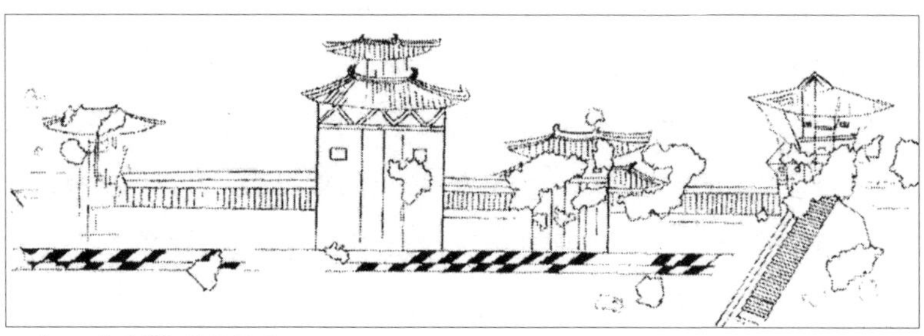
도면 23. 용강대총 북문 문루

악하는 것은 힘들다. 현재로서는 고구려 성곽의 모습을 그린 고구려 고분 벽화에 나타난 문루의 그림을 통해 그 모습을 대략적이나마 짐작해 볼 수밖에 없다.

고구려 성곽이 그려져 있는 무덤으로는 요동성총(辽东城冢), 삼실총(三室冢), 약수리벽화무덤(药水里壁画坟), 용강대총(龙岗大冢)이 대표적이다(도면 20~23).

먼저 요동성총의 문루는 대단히 간단하게 그려져 있지만 요동성의 문루가 중층(2층)으로 되어 있었다는 것을 분명히 알 수 있다. 삼실총과 약수리무덤에서도 문루는 마찬가지로 2층으로 되어 있는데 문루 지붕에는 기와를 올리고 지붕의 용마루는 치미(鸱尾)로 장식하였음을 알 수 있다. 이 가운데 용강대총의 문루 그림이 가장 자세하고 분명하다. 이 벽화에서도 문루는 기와를 올린 지붕으로 표현되어 있는데 역시 2층으로 구성되어 있고, 지붕의 형식은 우진각지붕이었다는 것을 알 수 있다. 그리고 1, 2층 용마루에는 모두 치미로 장식했으며 1층 문루의 지붕 아래로는 삼각형 모양이 눈에 띠는데 이것은 "八"자형 대공을 표현한 것으로 추측된다.[18] 그리고 성문 자체는 굳게 닫혀 있는 모습인데 아치문이 아닌 네모꼴로만 표현한 것으로 보아 통로 형태는 평거형으로 추측된다.

하지만 위의 벽화에 그려진 성곽에서 성벽은 직선으로 표현되어 있기 때문에 위에 그려진 성곽은 모두 평지성인 것으로 여겨진다. 산성의 경우는 평지성보다 성문을 만들고 문루를 만들 때 일정한 난이도가 필요하기 마련이다. 산이라는 지형의 특성상 일정한 경사가 존재하며 평평한 공간이 평지에 비해서 적어 공간의 확보에도 어려움이 따를 수 있기 때문이다. 상황에 따라 차이가 있겠지만 산성의 문루가 평지성의 경우처럼 반드시 2층 기와로 된 문루가 만들어졌다고 장담 할 수는 없다. 실제로 고구려 산성의 모든 성문 문루에 기와를 사용했던 것도 아니다.[19] 그리고 같은 산성이라고 하더라도 각 산성마다 등급의

18) 徐廷昊, 2000, 「高句麗時代 城郭 門樓에 關한 研究」, 『高句麗研究』 9, 학연문화사, pp.30~32.

19) 발굴이 비교적 자세하게 이루어진 고구려 성곽 가운데 환도산성과 국내성에서는 문

차이가 있고 지형적 차이도 있을 수 있기 때문에 많은 고구려 산성에서 기와 대신 나무와 같이 강도와 불에 약한 재료를 사용해서 지붕을 만들었을 가능성도 있다. 즉, 고구려 산성 문루의 형태 또한 상황에 따라서 약간씩 달랐을 것으로 추측되는데, 그 가운데 석대자산성 문루의 경우는 문터 위에서 확인된 유물을 통해 볼 때 기와를 사용하지 않고 목조 구조로만 이루어진 문루였을 것으로 추정되고 있다(도면 24).[20]

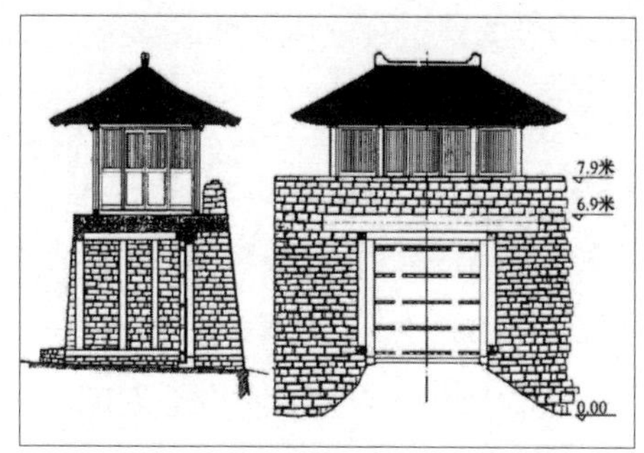

도면 24. 석대자산성 서북문(북문)지 복원 입단면도(李晓钟, 2005)

Ⅲ. 성문의 건축 재료

1. 문주춧돌(门础石)

문주춧돌은 문기둥을 세우고 문짝을 다는데 필요한 기본시설인데 그동안 고구려 산성에서 확인된 완형의 문주춧돌은 거의 없었다. 그런데 최근 발굴 조사가 이루어진 오녀산성과 환도산성, 석대자산성 그리고 평지성인 국내성의 성문터에서는 모두 문주춧돌이 확인되었다.

오녀산성의 문주춧돌은 서문의 문터 양쪽에서 발견되었다. 두 주춧돌은 모

터에서 기와가 출토되었으나 오녀산성, 석대자산성의 문터에서는 기와가 출토되지 않았다.

20) 李晓钟, 2005, 「石台子高句丽山城复原研究」, 『边疆考古研究』, 科学出版社, p.154.

두 화강암을 가공하여 만들었다. 남쪽에 위치한 주춧돌은 긴 네모꼴로 길이 56㎝, 너비 43㎝, 두께 22㎝이다. 끝부분에는 둥근 홈이 파여 있으며 홈 바닥은 평평하다. 홈의 윗지름은 16㎝, 아래 지름은 11㎝, 깊이는 8㎝이다. 북쪽에 위치한 문주춧돌은 모서리가 둥그스름한 네모꼴에 가까우며 길이 49㎝, 너비 47㎝, 두께 22㎝이다. 주춧돌 뒤쪽 모서리 가까운 곳에 둥근 홈이 파여 있는데 홈의 바닥은 역시 평평하다. 홈의 윗지름은 15㎝, 아래 지름은 10㎝, 깊이는 8㎝이다(도면 25).[21]

오녀산성 보고서에는 두 문주춧돌을 문장부 주춧돌(门枢础石)로 부르고 있는데 이 개념을 그대로 따르자면 서문에서는 비록 문설주 주춧돌(门柱础石)은 발견되지 않았지만 환도산성과 국내성의 경우와 같이 문설주 주춧돌과 문장부 주춧돌이 따로 분리된 형태였을 가능성을 먼저 생각해 볼 수 있다. 그런데 문주춧돌이 발견된 위치를 살펴보면 두 문주춧돌은 성문으로 들어서는 계단의 끝 즉, 문터의 입구 앞쪽으로 굉장히 치우쳐져 있음을 확인할 수 있다(도면 4). 이것은 입구의 안쪽에서 문주춧돌이 발견된 환도산성이나 국내성, 석대자산성과는 약간 다른 구조이다. 〈도면 4〉와 같은 경우라면 문장부 주춧돌 앞에 문설주 주춧돌이 놓일 만한 자리가 마땅치 않아 보인다. 만약 문설주 주춧돌이 놓인다고 하더라도 문터에서 지나치게 앞쪽에 문기둥을 세우는 셈이 되기 때문에 구조적으로 안정성이 떨어지는 성문이 축조될 수밖에 없었을 것으로 판단된다.

한편 문장부 주춧돌의 형태는 긴 네모꼴이면서 둥근꼴의 문장부 홈은 뒤쪽에 치우쳐 있는 특징이 나타난다.[22] 만약 이와 같은 구조라면 오녀산성 서문의

21) 辽宁省文物考古研究所, 2004, 『五女山城』, 文物出版社, p.33.

22) 환도산성 서남문과 국내성 북벽 서문의 문장부 주춧돌에서 문장부 홈은 문장부 주춧돌의 앞쪽에 위치한다는 것을 알 수 있는데, 오녀산성의 문장부 홈은 이와는 정반대로 주춧돌의 뒤쪽에 위치하고 있다. 오녀산성 보고서에서는 남쪽의 문주춧돌은 이동되지 않았을 가능성이 높다고 하였으나 이동되었을 가능성도 배재할 수 없다고 여겨진다.

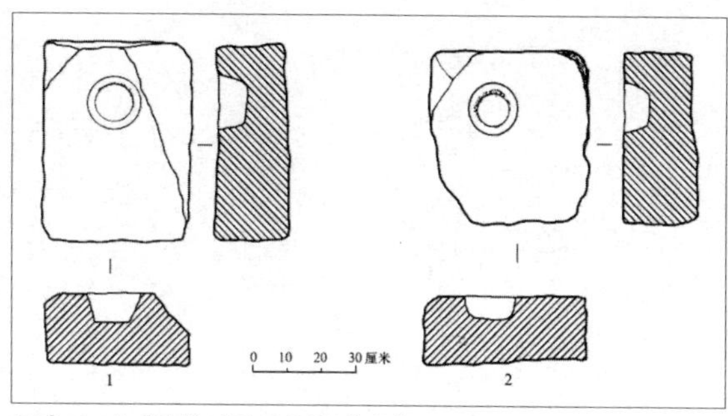

도면 25. 오녀산성 서문 문초석 평단면도
1. 남쪽 문주춧돌, 2. 북쪽 문주춧돌

문주춧돌은 문설주 부분과 문장부 부분이 결합된 형태로 볼 수도 있을 것으로 판단된다. 즉 문장부 홈 앞부분의 빈 공간에 직접 문설주를 세우던가 아니면 문설주의 기초가 되는 별도의 돌을 이 빈 공간에 올려놓고 문설주를 세웠을 가능성도 있다고 여겨진다. 물론 여기서도 홈을 만들어 문설주를 세울 수 있는 구조가 아니기 때문에 안정성은 떨어질 수밖에 없다고 판단된다.

환도산성 서남문에서는 완전한 형태의 문주춧돌이 출토되었다. 문주춧돌은 문설주(문기둥, 门柱部)부분과 문장부(문지도리, 门枢部)부분의 주춧돌이 분리된 형식이다. 문주춧돌은 성문 입구에서 2.5m 안쪽으로 들어선 지점에 자리한다. 주춧돌은 남북으로 배열되어 서로 대칭한다. 북쪽(아래 그림의 동측 주춧돌)의 주춧돌 위에는 둥근꼴의 홈이 파여 있는데 문장부[23]를 끼우는데 사용되었다. 주춧돌의 크기는 길이 50㎝, 너비 60㎝, 높이 22㎝이며, 홈의 지름은 15㎝이다. 남쪽의 주춧돌은 북쪽의 것보다 높이가 약간 높으며 위쪽에는 네모꼴 홈이 파여 있다. 문설주(문기둥)을 세우는데 사용된 주춧돌로 크기는 길이 64㎝, 너비 60㎝, 높이 36㎝이며, 홈의 한 변 길이는 15㎝이다(도면 26).

23) 『환도산성』에는 문설주(门柱)를 끼우는 용도로 사용되었다고 하였다. 그러나 둥근 홈이 있는 문주춧돌은 문장부 주춧돌로 이는 보고서를 작성한 사람의 실수이다. 여기서는 문설주(门柱)에서 문장부(门枢)로 수정하였다(吉林省文物考古研究所·集安市博物馆, 2004, 『丸都山城』, 文物出版社, p.22 및 p.25 도면).

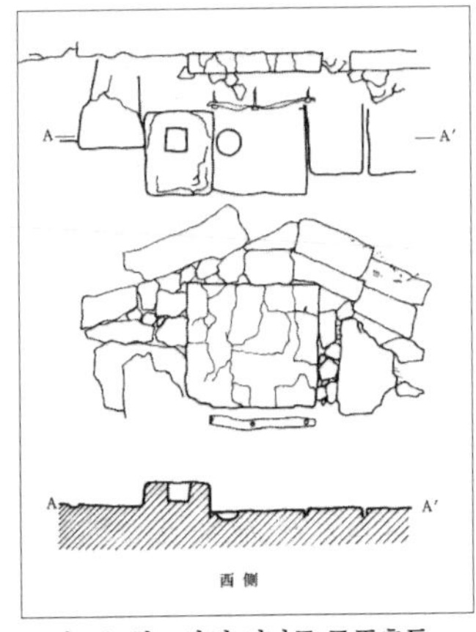

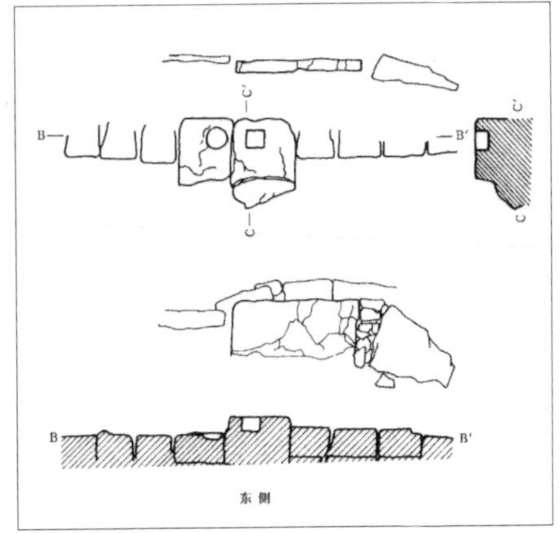

도면 26. 환도산성 서남문 문주춧돌

참고적으로 평지성인 국내성 북벽 서문에서도 역시 완전한 형태의 문주춧돌이 출토되었는데, 그 형태가 환도산성에서 확인된 문주춧돌과 거의 비슷하여 직접 비교가 된다. 국내성 서문의 문주춧돌은 문터 동쪽의 가장 자리 북쪽에서 5번째, 6번째 되는 기단석과 서쪽 가장 자리 북쪽에서 6번째, 7번째 되는 기초석에 위치한다. 그 가운데 동쪽의 북쪽에서 5번째, 서쪽의 북쪽에서 6번째 되는 기단석은 다른 기단석에 비해서 분명하게 밖으로 돌출되어 있다. 이 두 기단석 위쪽에는 긴 네모꼴의 홈이 파여 있다. 동쪽의 것은 홈 길이 13㎝, 너비 10㎝, 깊이 7㎝이며, 서쪽의 홈은 길이 12㎝, 너비 11㎝, 깊이 7㎝이다. 동쪽 북에서 6번째, 서쪽 북쪽에서 7번째 되는 기단석의 표면에는 각각 하나씩의 둥근 홈이 파여 있는데 홈의 크기는 지름 약 15㎝, 깊이 약 5㎝로 동일하다. 여기에서 네모 홈이 있는 기단석은 문설주 주춧돌(门柱础石)이며 둥근 홈이 있는 기단석은 문장부(门枢部) 주춧돌이다. 서로 대칭하고 있는 문주춧돌은 문터 입구 양 모서리의 가장 자리에서 3.15m 떨어져 있으며 양자 사이의 거리는 5.9m이다. 문장부 주춧돌의 둥근 홈은 문기둥 홈의 위치보다 약간 밖으로 나와 있는데 두 둥근 홈 사이의 거리는 5.65m이다(사진 1).[24]

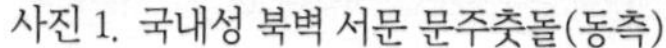
사진 1. 국내성 북벽 서문 문주춧돌(동측)

사진 2. 국내성 서벽 남문 문설주 주춧돌

그밖에도 국내성 서벽 남문에서도 문주춧돌이 발견되었는데 네모 홈이 있는 문설주 주춧돌 하나만 확인되었다. 북벽의 서문과 마찬가지로 원래는 문설주 주춧돌과 문장부 주춧돌이 따로 분리된 형태이었을 것으로 판단된다. 문주춧돌의 전체 길이는 2.5m로 아주 큰 편이며, 최대 너비는 75㎝, 두께는 60㎝에 이른다. 문주춧돌 위에는 네모꼴의 홈이 파여 있는데 문설주를 세우는 용도로 사용되었다. 네모꼴 홈의 한 변 길이는 12㎝, 깊이는 12㎝이다. 홈 안쪽에는 계단식처럼 된 오목한 홈이 파여 있는데 홈의 세로 길이는 60㎝, 가로길이는 55~70㎝, 깊이는 10㎝이며 네모꼴 홈과 이 홈 사이의 거리는 50㎝이다(사진 2).[25] 그 형태로 봤을 때 이 홈은 〈사진 1〉의 국내성 북벽 서문 문주춧돌 안쪽의 홈과 동일한 형태로 문틀의 기초에 가로 놓이는 횡목(地袱)을 놓는 위치였을 것으로 추측된다.

석대자산성의 문주춧돌은 환도산성, 국내성과 달리 문설주 주춧돌과 문장부 주춧돌이 하나로 결합된 형태이다. 이러한 형태의 문주춧돌은 서북문과 동문에서 확인되었다. 먼저 서북문에서 출토된 문주춧돌은 문터 양쪽에서 모두 발견되었는데, 서쪽 문주춧돌은 길이 57.5㎝, 너비 31.5㎝이며 그 가운데 문장부

24) 吉林省文物考古研究所·集安市博物馆, 2004, 『国内城』, 文物出版社, pp.29~31.
25) 吉林省文物考古研究所·集安市博物馆, 2004, 『国内城』, 文物出版社, pp.37~38.

부분의 길이는 28.2㎝이다. 문설주 주춧돌의 가운데에는 네모꼴의 홈이 있으며 한 변 길이는 9.2~10㎝, 깊이는 6.2㎝이다. 문장부의 기초면은 문설주 기초면보다 14㎝ 낮으며, 길이는 29.3㎝이다. 문장부 기초면 가운데에는 가장 자리가 네모지고 아래가 반원형인 문장부 아래 확쇠(铸造门枢)가 끼워져 있다. 확쇠의 한 변 길이는 16㎝, 안쪽 오목한 곳은 지름 11.5㎝, 깊이는 4.2㎝이다. 동쪽 문 주춧돌은 길이 60㎝, 너비 32㎝인데 그 가운데 문설주 주춧돌 부분은 길이 32㎝이다. 문설주 주춧돌 위에는 네모꼴 홈이 있으며 한 변 길이 9.5㎝, 깊이 6.3㎝이다. 문장부 주춧돌 부분은 길이 28㎝이며 문설주 주춧돌 부분보다 14㎝ 더 낮다. 문장부 주춧돌에는 네모꼴의 오목한 홈이 파여 있으며 한 변 길이는 16㎝, 깊이는 5㎝이다. 안에 있었을 것으로 생각되는 확쇠는 남아 있지 않다(도면 27·28).[26]

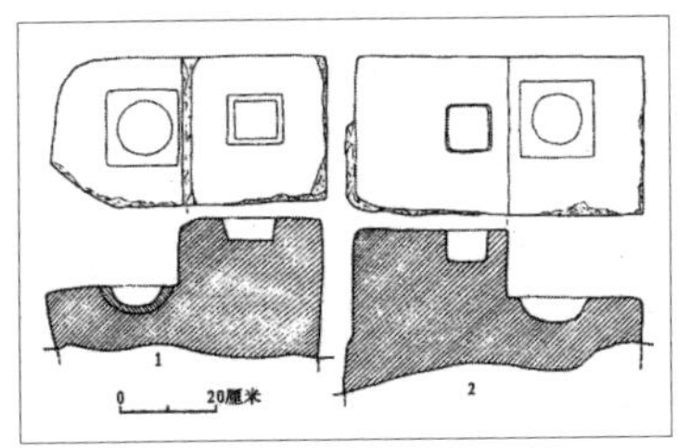

도면 27. 석대자산성 서북문 출토 문주춧돌

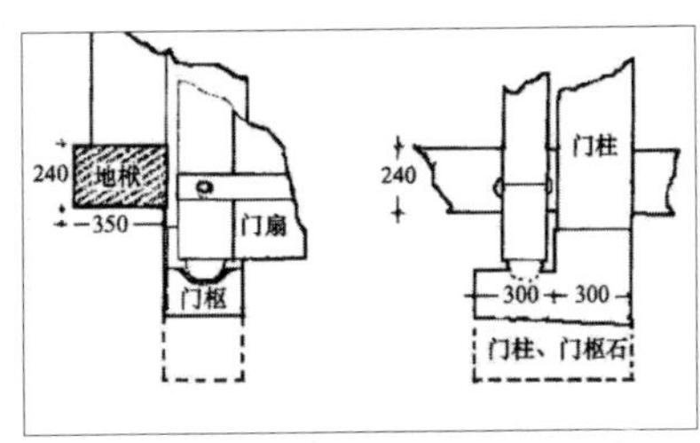

도면 28. 석대자산성 서북문 문주춧돌 복원도

동문의 문주춧돌은 남쪽의 것만 발견되었다. 역시 문설주와 문장부 부분이 결합된 형태인데 전체 길이는 53㎝, 너비 28㎝이다. 그 가운데 문설주 주춧돌 부분은 길이 34㎝이며 가운데에는 네모꼴 홈이 파여 있다. 한 변 길이는 9㎝, 너비 8㎝, 깊이는 6.4㎝이다. 문장부 부분은 문설주 부분보다 12㎝ 낮으며 길이

26) 辽宁省文物考古研究所·沈阳市文物考古工作队, 1998, 「辽宁沈阳市石台子高句丽山城第一次发掘简报」, 『考古』, 1998-10, p.5.

는 19㎝이다. 위쪽에는 네모꼴 홈이 파여 있으며 그 안쪽에는 역시 네모지고 아래가 구형인 문장부 확쇠가 끼워져 있다. 한 변 길이는 16㎝이며 반구형의 지름은 11.5㎝, 가운데 깊이는 4.2㎝이다.[27)]

한편 성산산성 서남문에서도 문설주 부분와 문장부 부분이 서로 결합된 형태의 문주춧돌이 확인되는데, 그 형태는 석대자산성과 유사하다.[28)] 필자가 조사한 바에 따르면 동쪽의 문주춧돌은 문설주부분이 길이 41㎝, 너비 30㎝이며, 위쪽 가운데에는 길이 15㎝, 너비 7㎝의 긴 네모꼴 홈이 파여 있다. 문장부 부분은 길이 24㎝, 너비 30㎝로 가운데에는 둥근 홈이 파여 있는데 그 지름은 10㎝ 정도로 그리 크지 않다. 이와 마주 하는 서쪽의 문주춧돌은 문설주 부분의

<표 1> 고구려 성곽 문주춧돌 일람표

성곽명	성내 위치	형태	주춧돌 크기 (길이×너비×높이, ㎝)			홈 크기(형태-길이×너비×깊이,㎝)	
			위치	문설주부분	문장부부분	문설주 홈	문장부 홈 (지름×깊이)
오녀산성	서문-문터 앞쪽	결합형? 분리형?	남		56×43×22		○-16(윗지름)×11(아래지름)×8(깊이)
			북		49×47×22		15(″)×10(″)×8(″)
환도산성	서남문-입구에서 2.5m	분리형	동	64×60×36	50×60×22	□-15×15×?	○-15(지름)
			서	?	?	?	?
국내성	북벽 서문-입구에서 3.15m	분리형	동	?	?	□-13×10×7	○-15×5
			서	?	?	□-12×11×7	○-15×5
	서벽 남문-입구에서 3.5m	분리형	서	250×75×60	?	□-12×12×12	?
석대자산성	서북문-입구에서 1.6m	결합형	동	32×32×?	28×32×?	□-9.5×9.5×6.3	□-16×5
			서	28.2×31.5×57.5	29.3×31.5×43.5	□-9.2~10×6.2(깊이)	□-16/内○-11.5×4.2
	동문	결합형	남	34×28×?	19×28×?	□-9×8×6.4	□-16/内○-11.5×4.2
성산산성	서남문	결합형	동	41×30×?	24×30×?	□-15×7×?	○-약 10?×?
		결합형	서	30×30×?	24×30×?	□-15×7×?	○-약 10?×?

27) 沈阳市文物考古工作队, 2001, 「辽宁沈阳市石台子高句丽山城第二次发掘简报」, 『考古』, 2001-3, p.39.

28) 서길수, 2005, 『고구려 축성법 연구-성문(2)』, 고구려연구회 37차 정기학술발표회.

길이가 30㎝로 차이가 날 뿐 나머지 부분은 대체로 동일하다.

〈표 1〉과 같이 몇몇 고구려 산성에서 출토된 문주춧돌의 상황을 살펴보면 고구려 산성에 사용된 문주춧돌은 석재로 된 건축 재료로서 성문의 문틀을 이루는 주요 구성 부분인 문설주를 세우고 문짝을 여닫는데 필요한 문짝의 축(문장부)을 고정시키는데 사용된 건축 재료였다는 것을 알 수 있다. 그 기능에 따라 문설주를 세우기 위한 문설주(门柱部) 주춧돌 부분과 문장부를 달기 위한 문장부(门枢部)주춧돌 부분으로 나뉜다. 비교 예가 많지 않아 단편적인 비교가 되겠으나 문주춧돌의 형태는 크게 분리형과 결합형 두 가지 유형으로 구분할 수 있으며 여기에는 지역적 차이가 확인된다. 집안 지역에 위치한 환도산성과 국내성은 문설주 부분과 문장부 부분이 떨어져 있는 분리형이다. 환인 오녀산성에서 발견된 문주춧돌은 문설주 부분은 발견되지 않았고 문장부 주춧돌만 발견되었는데 일단 분리형처럼 보인다. 그러나 주춧돌의 형태와 성문에서의 위치를 고려해 봤을 때 다른 고구려 산성의 것과는 다른 형태로 문설주 부분과 결합되었을 가능성이 있으며 문주춧돌이 이동되었을 가능성도 있는 것으로 추측된다. 반면 요동 서부, 요동 반도에 위치하는 석대자산성과 성산산성은 문설주 주춧돌과 문장부 주춧돌이 한데 모인 결합형이라는 특징이 있다. 앞으로의 발굴조사 결과를 좀 더 기다려봐야 하겠지만 두 유형의 차이는 단순한 지역적 특성이라기보다는 시간적인 변화에 따라 분리형→결합형으로 발전해 갔을 가능성이 높다고 판단된다.

2. 문짝과 문짝 부속품

1) 문장부 외테(门户)·문장부 덧씌우개(门樞套)

먼저 문장부 외테는 석대자산성의 서북문[29], 동문과 남문[30]에서 모두 4점이 출토되었다. 형태는 대롱(管)모양이며 바깥쪽에는 3개의 돌기가 나와 있다.

서북문: 2점이 출토되었다. 서쪽에서 출토된 것은 바깥쪽 지름 17.1~17.4㎝, 안쪽 지름 13.4㎝, 높이 9~11.5㎝이다. 돌기의 단면은 사다리꼴이며 높이는 2.2㎝, 너비는 2㎝이다. 동쪽에서 출토된 것은 바깥쪽 지름 16.8~17㎝, 안쪽 지름 13.6~13.7㎝, 높이 9.5~10.5㎝이다. 돌기의 형태와 크기는 서쪽의 것과 같다(도면 29).

동문: 1점이 출토되었는데 주조하여 만들었다. 크기는 바깥쪽 지름 16.6㎝, 안쪽 지름13㎝, 높이 10.42㎝, 두께 1.3㎝이다. 돌기는 사다리꼴이며 높이 1.5㎝, 너비 2㎝이다.

남문: 1점이 출토되었다. 바깥쪽 지름은 17㎝, 안 지름 13.4㎝, 높이 8.2㎝이다.

동문과 남문[31]에서는 문장부 덧씌우개(门樞套)도 각각 1점씩 확인되었다.

동문: 주조하여 만들었다. 쇠조각을 원통형으로 말아 합쳤는데 쇠못으로 문장부에 고정하였다. 문장부 외테와 함께 출토되었다. 높이는 20㎝, 두께는 0.35㎝이다.

남문: 두드려서 만들었으며(锻制) 단면은 송곳모양(锥体)이다. 높이 18㎝, 아래지름 약 15㎝, 윗지름 약 13㎝이다.

29) 辽宁省文物考古研究所·沈阳市文物考古工作队, 1999, 「辽宁沈阳市石台子高句丽山城第一次发掘简报」, 『考古』, 1998-10, p.6.

30) 沈阳市文物考古工作队, 2001, 「辽宁沈阳市石台子高句丽山城第二次发掘简报」, 『考古』, 2001-3, p.47.

31) 沈阳市文物考古工作队, 2001, 「辽宁沈阳市石台子高句丽山城第二次发掘简报」, 『考古』, 2001-3, p.47.

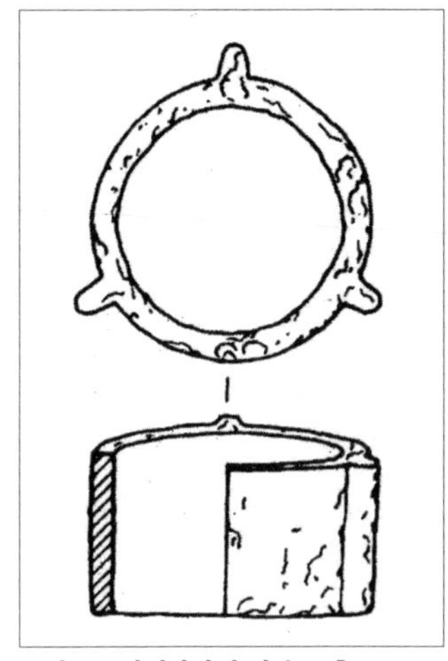

도면 29. 석대자산성 서북문 출토 문장부 외테

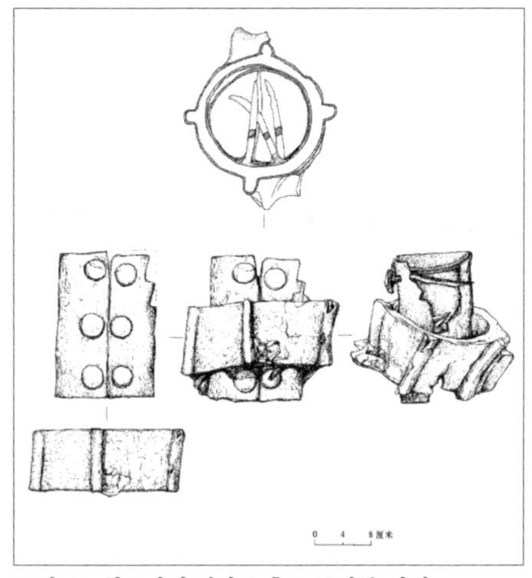

도면 30. 환도산성 서남문 출토 문장부 외테, 문장부 덧씌우개

한편 이와 동일한 형태의 유물이 환도산성 서남문에서도 발견되었다.[32] 안쪽에는 원통형(筒状)의 부속품이 남아 있는데 원통의 길이는 20㎝, 지름은 14.4㎝, 두께는 0.4㎝이다. 양쪽 끝의 결합부에는 나란히 2개의 못 구멍이 남아 있는데 여기에는 길이 12.4㎝ 대못이 그대로 남아 있다. 바깥쪽에는 둥근꼴의 문장부 외테가 둘러싸고 있는데 지름은 18.6㎝, 두께는 2.4㎝이다. 외테에는 4개의 돌기가 달려 있다(도면 30).

32) 환도산성 보고서에는 수레 굴통쇠(车辖)라고 하였다. 형태에 있어 양자는 둥근꼴이며 돌기가 달려 있어 비슷한 형태이다. 수레 굴통쇠는 지금까지 오녀산성, 패왕조산성, 고이산성, 성산산성 등에서 출토되었는데 석대자산성과 환도산성에서 출토된 문장부 외테에 비해서 크기가 작고(대부분 최대 지름 10㎝ 내외) 돌기 수가 모두 6개라는 특징이 있다. 환도산성의 문장부 외테는 석대자산성의 것보다 크기가 약간 더 크고 돌기는 4개이다. 문장부 외테와 결합된 부속품의 형태는 석대자산성 동문에서 출토된 것과 아주 유사하다.

유물의 출토 양상을 통해 볼 때 문장부 외테와 문장부 덧씌우개는 별도로 사용된 것이 아니고 둘 다 문장부와 관련된 유물이라는 것을 알 수 있다. 문장부는 문둔테의 구멍에 끼워 문을 열고 닫는데 있어 회전축의 구실을 하도록 만든 둥근 촉인데 문장부 덧씌우개는 이러한 문장부가 닳지 않도록 문장부 밖으로 쇠 조각을 말아서 감싸고 못으로 고정하였던 부속품으로 볼 수 있다. 문장부 외테는 이러한 문장부 덧씌우개 바깥쪽에 끼워져 있는 형태로 출토되었는데 윗장붓구멍이 닳아 부서지지 않도록 하기 위해 위쪽의 상인방 부분에 끼워 넣었던 건축 재료로 판단된다(도면 31).

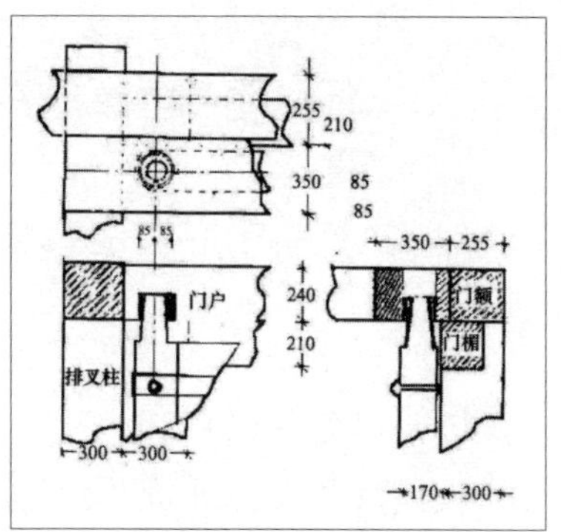

도면 31. 석대자산성 성문 상부 복원도
(李晓钟, 2005)

2) 문짝 리벳(门扇铆钉)

현재까지 석대자산성에서만 확인되었다. 석대자산성 남문과 동문의 문터에서 모두 17점이 출토되었다. 모두 두드려서 만들었으며, 리벳의 대가리는 반원형으로 못대가리와 비슷한 형태이며 대(杆)는 네모꼴이다. 그 용도는 성문 문짝을 연결하거나 문짝 고정 띠와 결합하여 문짝을 고정하는 용도로 사용되었던 것으로 판단된다.

> **석대자산성 남문 출토**: 약간 굽어 있는데 몸체 길이는 18㎝, 리벳 대가리 지름은 3㎝, 두께는 1.5㎝이다. 리벳의 대는 네모꼴이며 두께는 1.1㎝이다. 전체 길이는 21㎝인데 리벳의 길이는 성문 널판의 두께와 비슷했을 것이다(도면 32).[33]

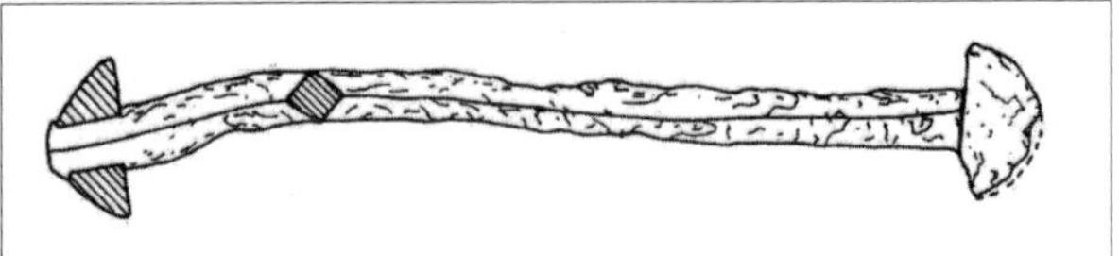

도면 32. 석대자산성 출토 문짝 리벳

3) 문짝 고정 띠(箍门带)

문짝 고정 띠는 리벳과 함께 문짝을 고정하는데 사용된 부속품으로 장식의 효과도 있었던 것으로 판단된다. 석대자산성에서 그 용도를 추정할 수 있는 완전한 형태의 유물이 출토되었고, 환도산성에서도 유사한 형태의 유물이 확인되었다.

석대자산성에서는 모두 4점의 문짝 고정 띠가 출토되었다. 두드려서 만들었는데(锻制) 출토 당시 형태는 "⊂"꼴이었다. 리벳이 문짝 고정 띠 위를 뚫고 양쪽 끝을 조이면서 연결된 것으로 보아 이 유물은 리벳과 함께 문짝을 고정하는데 사용된 것으로 여겨진다. 너비는 6㎝, 두께는 0.4~0.5㎝, 전체 길이는 1.4~4.1m이다.[34]

환도산성 서남문에서도 유사한 형태의 부속품이 확인되었다. 형태는 긴 네모꼴로 양쪽과 가운데에는 각각 못 구멍이 하나씩 나 있다. 못 구멍에는 길이 14.2㎝의 쇠못이 그대로 남아 있다. 전체 길이는 약 51.2㎝이며, 너비는 4㎝, 두께는 0.3㎝이다(도면 33).[35]

석대자산성의 그것보다 크기가 작고 리벳이 아닌 긴 못으로 문짝을 고정시

---

33) 沈阳市文物考古工作队, 2001, 「辽宁沈阳市石台子高句丽山城第二次发掘简报」, 『考古』, 2001-3, p.47.

34) 沈阳市文物考古工作队, 2001, 「辽宁沈阳市石台子高句丽山城第二次发掘简报」, 『考古』, 2001-3, p.47.

35) 吉林省文物考古研究所·集安市博物馆, 2004, 『丸都山城』, 文物出版社, pp.46~47.

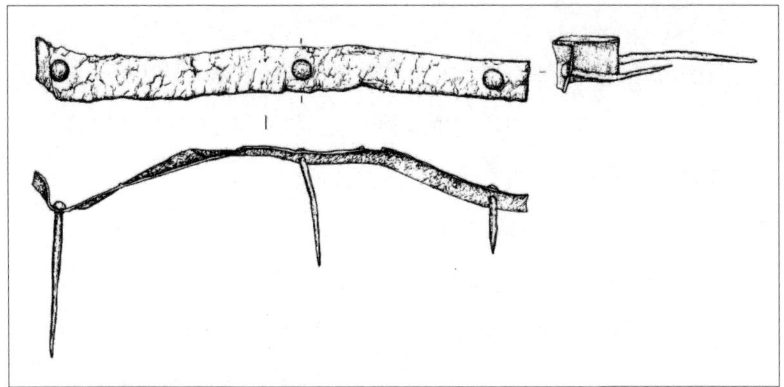

도면 33. 환도산성 출토 문짝 고정 띠

켰을 것으로 보이는데 석대자산성에 비하면 결합 방법이 더 단순하다.

4) 쇠못(铁钉)

쇠못은 당시 일상생활에서도 사용되었겠지만 성문 제작에도 함께 사용되었을 것으로 여겨진다. 구체적으로는 문장부 덧씌우개에서 못을 사용했던 흔적이 확인되며, 성문의 문틀을 연결하거나 문짝을 만들 때도 쇠못이 사용되었을 것으로 생각된다. 오녀산성 서문, 환도산성 서남문, 석대자산성 동문 등에서 많은 쇠못이 발견되었는데 못머리(钉帽)와 못대(顶身)의 형태에 따라 몇 가지 형태로 나눌 수 있다(도면 50).

A형: 오녀산성 서문, 환도산성 서남문에서 출토되었다. 못머리는 평평하고 못대는 뾰족한 송곳 모양으로 단면은 긴 네모꼴에 가깝다. 오녀산성에서 출토된 것은 길이 8.8~16㎝, 너비 0.8~1.9㎝이다.[36] 환도산성에서 출토된 것은(标准2003JWN2T303②:70) 길이 28㎝, 못대 너비 1㎝, 못대가리 지름은 2.2㎝이

다.[37]

B형: 오녀산성 서문에서 출토되었다, 못머리는 마름모꼴이며 못대는 송곳 모양, 단면은 긴 네모꼴이다. 길이는 8.3~13.5㎝, 너비는 1.1~1.5㎝이다.[38]

C형: 환도산성 서남문, 석대자산성 동문에서 출토되었다. 환도산성에서 출토된 것은 전체 길이 12.6㎝, 못머리 지름 3.6㎝이다.[39] 석대자산성에서는 2점이 출토되었는데 1점은 길이 3.65㎝, 지름은 0.3㎝, 못머리 지름은 2㎝이다. 다른 1점은 길이 8.3㎝, 지름은 2.6㎝이다.[40]

D형: 환도산성 서남문에서 출토되었다(标准2003JWN2T303

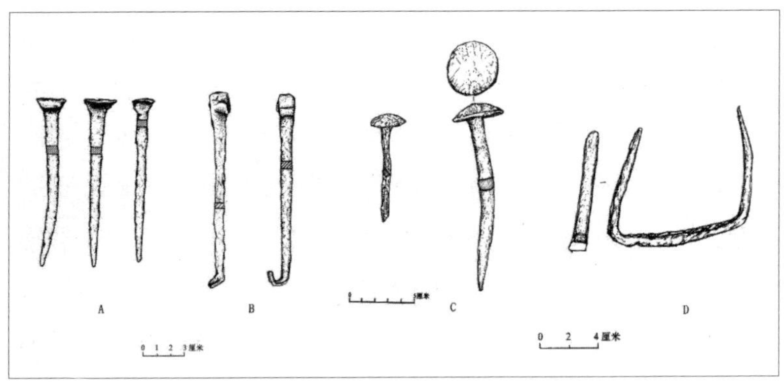

도면 34. 고구려산성 문터 출토 쇠못(A~D형)

36) 辽宁省文物考古研究所, 2004, 『五女山城』, 文物出版社, pp.39~40.

37) 吉林省文物考古研究所·集安市博物馆, 2004, 『丸都山城』, 文物出版社, p.42.

38) 辽宁省文物考古研究所, 2004, 『五女山城』, 文物出版社, pp.39~40.

39) 吉林省文物考古研究所·集安市博物馆, 2004, 『丸都山城』, 文物出版社, p.42.

40) 沈阳市文物考古工作队, 2001, 「辽宁沈阳市石台子高句丽山城第二次发掘简报」, 『考古』, 2001-3, p.47.

②:72). 전체 형태는 "∪"자꼴에 가깝다. 양쪽 끝은 뾰족하며 단면은 긴 네모꼴이다. 전체 길이는 24㎝, 단면의 길이는 1.2㎝, 너비는 0.6㎝이다.[41]

5) 문짝(门扇)

성문의 문짝은 적의 공격이 집중되는 곳이고 충격과 열에 약한 나무로 만들어지기 때문에 전투시 가장 먼저 파괴가 이루어지는 곳이다. 그리고 고구려가 멸망한 후 1300년이 훨씬 넘는 긴 기간이 지났기 때문에 당시 고구려 산성 성문의 실물이 현재까지 남아 있는 곳은 한 군데도 없다. 다만 최근 중국 내에서 석대자산성을 비롯한 일부 고구려 산성에서 일부 유물들이 출토되면서 단편적이나마 당시 고구려 산성 성문 문짝의 형태를 유추해 볼 수 있게 되었다. 중국 내 고구려 산성 가운데 가장 오랫동안 그리고 자세하게 발굴된 석대자산성의 경우를 통해 당시 문짝의 형태를 추측해보면 다음과 같은 설명이 가능하다(도면 35).

석대자산성 두 문장부 주춧돌 사이의 거리는 약 3.8m인데 문짝은 절반씩 나누어 여닫는 널판문(木板门)으로 문짝의 너비는 그 절반인 약 1.9m이다. 문 가장자리와 천대(穿帶)[42]의 두께는 문짝 리벳의 길이를 통해 볼 때 20㎝ 정도였던 것으로 추정된다. 문짝 고정 띠(门箍带)는 문 가장자리의 위 아래로 천대의 위치에 자리하였을 것이다. 문짝의 천대는 문짝의 높이를 통해 볼 때 2조나 3조

41) 吉林省文物考古研究所·集安市博物馆, 2004, 『丸都山城』, 文物出版社, p.42.

42) 천대(穿帶)는 우리말에서 바꿀 수 있는 적당한 용어를 찾지 못하였다. 보통 중국에서 가구나 문을 만들 경우 못을 사용하지 않고 여러 장의 널판을 연결할 때 주로 사용된다. 보통 긴 널판 여러 장을 세로로 놓고 널판을 가로 지르는 홈을 파는데 이 홈에 맞춰 가로로 된 홈에 끼워 넣는 나무를 천대라고 한다.

로 되어 있었을 것으로 보이며, 문짝의 두께는 최소한 문 가장 자리 두께의 절반으로 약 10㎝ 정도는 되었을 것이다. 문짝은 여러 장의 긴 널판을 이어 붙여 만들었다고 판단되는데 문짝 고정 띠(门箍带)와 철제 리벳(铁铆钉)은 이러한 널판이 견고하게 하나로 일체 되도록 고정 시키는 역할을 했으며 장식적인 효과도 있었을 것으로 생각된다. 문장부 외테(门户)는 윗문장부 구멍이 닳지 않도록 상인방에 고정시키는 부속품으로 추정되는데 상인방에 이를 고정시킬 수 있는 것은 밖으로 돌출된 3개의 돌기가 있기 때문에 가능한 것으로 보인다. 목재로 된 문장부 외부에는 문장부 덧씌우개(门轴套)로 그 밖을 감싸 문장부가 닳는 것을 방지하였다. 문장부 덧씌우개의 단면은 원통형이나 송곳모양이며 마지막에는 쇠못을 사용하여 목재 문장부와 결합시켰다. 미리 만들어진 성문의 문틀에 마지막으로 문짝을 위쪽의 상인방이 있는 문장부 외테 안으로 넣고 아

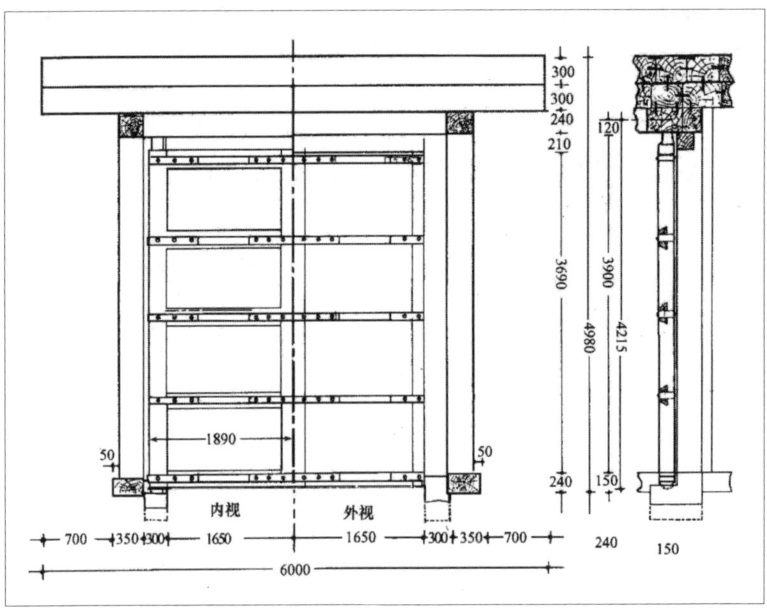

도면 35. 석대자산성 성문 복원도(李晓钟, 2005)

래로는 문장부 주춧돌의 확쇠에 끼워 넣음으로써 문짝의 설치 과정을 마치게 된다. 성문의 높이는 문 통로 상인방에서 문장부까지의 높이에 해당한다.[43]

Ⅳ. 맺음말

성문은 기능면에 있어 성 안팎 출입을 목적으로 하며 전쟁과 같은 유사시에는 가장 먼저 공격을 받을 뿐만 아니라 구조적으로는 목조 구조와 결합되기 때문에 파괴 정도가 심한 시설이라고 할 수 있다. 따라서 자세한 발굴 조사가 이루어지지 않는다면 성문의 형태와 구조를 제대로 파악하기 어려운 시설이다. 현재까지 중국 내 고구려 산성 가운데 성문을 자세하게 발굴 조사한 경우는 몇 곳에 지나지 않는다. 발굴 조사된 예가 많지 않지만 이들의 조사 결과를 통하여 고구려 산성 성문의 형태와 구조를 파악하는데 상당한 도움을 주고 있다.

문터는 성문이 들어서는 공간으로 고구려 산성의 폐기 후 빈 공간으로 남게 되지만, 비교적 최근 발굴 조사가 이루어진 오녀산성, 환도산성, 석대자산성의 문터에서 문주춧돌을 비롯한 성문과 관련된 각종 건축 재료가 확인되어 단편적이나마 그 형태와 구조를 추정할 수 있게 되었다. 그 가운데에서도 석대자산성은 문터 아래쪽으로 물막이 담(擋水檣), 입수구(入水口), 배수도랑(排水沟)와 잠함(沉井), 배수로(涵洞), 개수로(明渠) 등의 성문과 함께 체계적인 배수 시설이 결합되어 있다는 것을 확인할 수 있다.

성문 위에는 문루가 축조되었다. 문루는 평소에는 성 전체의 위엄을 나타내면서 성문을 드나드는 인원을 통제하고, 전쟁과 같은 유사시에는 성문을 통해

43) 李晓钟, 2005,「石台子高句丽山城复原研究」,『边疆考古研究』, 科学出版社, pp.153~154 참조.

성안으로 들어오려고 하는 적의 공격을 1차적으로 방어해 내는 역할을 하였던 곳이다. 현재 문루가 남아 있는 곳은 한 군데도 없기 때문에 당시의 모습을 정확하게 알 수는 없다. 하지만 고구려 벽화 무덤의 예와 같이 문루에 기와지붕을 올리기도 하였을 것이며, 조건에 따라서는 목조 구조로만 이루어진 문루도 축조되었을 가능성이 있는 것으로 판단된다.

문터 출토 유물 가운데 문주춧돌은 석재로 된 건축 재료로서 성문의 문틀을 이루는 주요 구성 부분인 문설주를 세우고 문짝을 여닫는데 필요한 문장부를 고정시키는데 사용된 건축 재료이다. 그 기능에 따라 문설주를 세우기 위한 문설주(门柱部) 부분과 문장부를 달기 위한 문장부(门枢部) 부분으로 나눌 수 있는데, 그 형태는 분리형과 결합형 두 가지 유형으로 구분할 수 있다. 앞으로의 발굴조사 상황을 기다려봐야 하겠지만 두 유형의 차이는 단순한 지역적 특성이라기보다는 시간적인 변화에 따라 분리형→결합형으로 발전해 갔을 가능성이 충분하다고 판단된다.

그밖에도 문터에서는 기존에 확인되지 않았던 여러 건축 재료들이 출토되어 그 사용 용도를 추정할 수 있다. 문짝의 건축 재료로는 문장부 외테(门户)·문장부 덧씌우개(门枢套), 문짝 리벳(门扇铆钉), 문짝 고정 띠(铁箍门带), 쇠못(铁钉) 등이 있다. 이들 건축 재료 각각의 용도를 추정해 보자면 문장부 덧씌우개(门枢套)는 문장부가 닳지 않도록 문장부 밖으로 쇠 조각을 말아서 감싸고 못으로 고정하였던 부속품이었으며, 문장부 외테(门户)는 윗장붓구멍이 닳아 부서지지 않도록 하기 위해 위쪽의 상인방 부분에 끼워 넣었던 건축 재료로 판단된다. 그리고 문짝 리벳(门扇铆钉)은 성문 문짝을 연결하거나 문짝 고정 띠와 결합하여 문짝을 고정하는 용도로 사용된 것으로 추정되며, 문짝 고정 띠(铁箍门带)는 리벳과 함께 문짝을 고정하는데 사용된 부속품으로 장식의 효과도 있었던 것으로 여겨진다. 이러한 몇 가지 건축 재료를 이용하여 문짝을 짜고 마지막으로 문짝을 위쪽의 상인방이 있는 문장부 외테 안으로 넣고 아래로는 문장부 주춧돌의 확쇠에 끼워 넣음으로써 문짝을 설치한 것으로 판단된다.

최근 중국에서는 고검지산성, 봉황산성, 연주성, 서풍 성자산산성 등에서 성문에 대한 발굴조사가 이루어진 것으로 보고되고 있다. 하지만 기본적인 도면이나 사진 자료가 빠져 있으며 그 내용도 소략하게 소개하는 것으로 그치고 있어 해당 산성의 성문에 대한 자세한 내용을 파악하기에는 어려움이 따르고 있다. 앞으로 좀 더 자세하고 유용한 비교 자료가 중국 측에서 출판되기를 기대한다.

참고문헌

서길수, 2005, 「고구려 축성법 연구-성문(1)」, 『한국 고대문화 연구』, 백산자료원.
서길수, 2005, 「고구려 축성법 연구-성문(2)」, 고구려연구회 37차 정기학술발표회.
서정호, 2000, 「高句麗時代 城郭 門樓에 關한 硏究」, 『高句麗硏究』 9, 학연문화사.
정영진, 1999, 「연변지역의 성곽연구」, 『高句麗山城硏究』, 학연문화사.
조선유적유물도감편찬위원회, 1989, 『조선유적유물도감』, 외국문종합출판사.
차용걸, 2008, 「한국 고대산성 성문구조의 변화」, 『중원문화재연구』 2.
채희국, 1985, 『고구려 역사 연구-고구려 건국과 삼국 통일을 위한 투쟁, 성곽』, 김일성종합대학출판사.
吉林省文物工作队, 1985, 「高句丽罗通山城调查简报」, 『文物』 1985-2期.
吉林省文物考古研究所·集安市博物馆, 2004, 『国内城』, 文物出版社.
吉林省文物考古研究所·集安市博物馆, 2004, 『丸都山城』, 文物出版社.
大连市文物考古研究所, 2006, 「大连城山山城2005年调查报告」, 『东北史地』 2006-4期.
抚顺市博物馆, 1992, 「辽宁新宾县高句丽太子城」, 『考古』 1992-4期.
抚顺市博物馆·新宾县文化局, 1985, 「辽宁省新宾县黑沟高句丽早期山城」, 『文物』, 1985-2期.
抚顺市文化局文物工作队, 1964, 「辽宁抚顺高尔山古城址调查简报」, 『考古』 1964-12期.
方起东, 1962, 「吉林辑安高句丽霸王朝山城」, 『考古』 1962-11期.
徐家国·孙力, 1987, 「辽宁抚顺高尔山城发掘简报」, 『辽海文物学刊』 1987-2期.
沈阳市文物考古工作队, 2001, 「辽宁沈阳市石台子高句丽山城第二次发掘简报」,

『考古』 2001－3期.
沈阳市文物考古研究所, 2007, 「沈阳市石台子高句丽山城2002年Ⅲ区发掘简报」, 『北方文物』 2007－3期.
沈阳市文物考古研究所, 2007, 「沈阳石台子山城2004年Ⅲ区发掘简报」, 『沈阳考古文集』 第1集, 科学出版社.
沈阳市文物考古研究所, 2007, 「沈阳石台子山城2006年Ⅲ区发掘简报」, 『沈阳考古文集』 第1集, 科学出版社.
沈阳市文物考古研究所, 2007, 「沈阳石台子山城西门址的补充发掘」, 『沈阳考古文集』 第1集, 科学出版社.
辽宁省文物考古研究所·沈阳市文物考古工作队, 1998, 「辽宁沈阳市石台子高句丽山城第一次发掘简报」, 『考古』 1998－10期.
辽宁省文物考古研究所·沈阳市文物考古研究所, 2012, 『石台子山城』, 文物出版社.
辽宁省文物考古研究所, 2004, 『五女山城』, 文物出版社.
李晓钟, 2005, 「石台子高句丽山城复原研究」, 『边疆考古研究』, 科学出版社.
周向永·赵守利·刑杰, 1993, 「西丰城子山山城」, 『辽海文物学刊』 1993－2期.
周向永·王兆华, 1996, 「辽宁铁岭催阵堡山城调查」, 『考古』 1996－7期.
周向永·王兆华, 2001, 「辽宁铁岭张楼子山城调查」, 『北方文物』 2001－2期.
陈大为, 1995, 「辽宁高句丽山城再探」, 『北方文物』 1995－3期.
关野贞, 1914, 「滿洲輯安縣及び平壤附近に於ける高句麗時代の遺蹟」, 『考古學雜誌』 第5卷 第3號, 聚精堂.
朝鲜总督府, 1915, 『朝鮮古蹟圖寶』(1973년 名著出版 영인본).

高句麗와 中原文化

엮은이 | 최몽룡·백종오
펴낸이 | 최병식
펴낸날 | 2014년 4월 28일
펴낸곳 | 주류성출판사
서울시 서초구 강남대로 435(서초동 1305-5)
전화 | 02-3481-1024 / 전송 | 02-3482-0656
www.juluesung.co.kr
e-mail | juluesung@daum.net

책 값 | 30,000원
ISBN 978-89-6246-215-9 93910

* 잘못된 책은 바꿔 드립니다.